本书受中央民族大学城市民族学学科建设专项经费资助出版

中国经验
在华外国人社会融入案例研究

何俊芳　等◎著

光明日报出版社

图书在版编目（CIP）数据

在华外国人社会融入案例研究 / 何俊芳等著.
北京：光明日报出版社，2025.4. -- ISBN 978 - 7 - 5194 - 8659 - 4

Ⅰ.D669.9
中国国家版本馆 CIP 数据核字第 20252PH764 号

在华外国人社会融入案例研究
ZAIHUA WAIGUOREN SHEHUI RONGRU ANLI YANJIU

著　　者：何俊芳　等	
责任编辑：杨　茹	责任校对：杨　娜　李学敏
封面设计：中联华文	责任印制：曹　净

出版发行：光明日报出版社
地　　址：北京市西城区永安路 106 号，100050
电　　话：010-63169890（咨询），010-63131930（邮购）
传　　真：010-63131930
网　　址：http://book.gmw.cn
E - mail：gmrbcbs@gmw.cn
法律顾问：北京市兰台律师事务所龚柳方律师
印　　刷：三河市华东印刷有限公司
装　　订：三河市华东印刷有限公司
本书如有破损、缺页、装订错误，请与本社联系调换，电话：010-63131930
开　　本：170mm×240mm
字　　数：509 千字　　　　　　　　印　张：28.5
版　　次：2025 年 4 月第 1 版　　　印　次：2025 年 4 月第 1 次印刷
书　　号：ISBN 978 - 7 - 5194 - 8659 - 4
定　　价：99.00 元

版权所有　　翻印必究

撰稿人

何俊芳　　刘　梅　　崔希涛　　沈凯琪
石欣博　　潘梦俐　　王迎迎

前　言

20世纪以来，随着全球化进程的加速发展，跨境人口迁移成了人类社会活动的一个显著特征。根据联合国经济和社会事务部的统计数据，2019年全球移民总量突破2.7亿人，占全球人口的3.5%。与此相伴的是技术、资本等资源在全球范围内的流动，世界各国也被越来越紧密地联结在一起，构成人类命运共同体。

当前，全球人口迁移的大趋势仍然是从发展中国家流向发达国家，但近些年来部分发展中国家也开始成为吸引人口流入的国家，其中，随着中国不断扩大对外开放及全球化进程的加深，越来越多的外国人来华学习、工作和生活，使得长期以来一直为世界主要国际移民来源国的中国，也在逐步向国际移民目的地国转变。据世界银行的报告显示，2011年中国已成为世界第十大移民目的地国，2015年中国已成为世界第四大侨汇汇出国[1]；另据英国汇丰银行2013年对全球近100个国家和地区的调查研究发现，中国凭借较高的经济收入，成为全球最受欢迎的移居地。[2] 2017年，国家主席习近平提出要"聚天下英才而用之"[3]，中国开始将国际移民发展与人才强国的国家战略布局相结合。在这些大背景下，为应对中国国际移民发展的新局面、新挑战，国家移民管理局于2018年正式成立，标志着中国对国际移民的管理、治理开始向系统化、专门化的发展方向迈进。

伴随着来华国际移民与日俱增的情况，从不同学科角度对该群体的研究也越来越受到学术界的重视。如近年来就有多项与来华外国人相关的国家社会科

---

[1] 王辉耀，苗绿. 中国国际移民报告：2018 [M]. 北京：社会科学文献出版社，2018：57.

[2] 王辉耀. 中国国际移民报告：2014 [M]. 北京：社会科学文献出版社，2014：47；
王辉耀，苗绿. 中国国际移民报告：2018 [M]. 北京：社会科学文献出版社，2018：57.

[3] 习近平：聚天下英才而用之 [EB/OL]. 人民网，2017-03-14.

学基金项目立项，主要有：外籍人口在中国的城市融入研究（2017）、我国国际化城市外国人的语言生活与语言规划研究（2018）、当代滇西常住外国人宗教活动状况调查与治理研究（2018）、来华外国人适应的社会资本逻辑及对治理的启示（2018）、来华经商外国人聚居社区治理研究（2019）、人类命运共同体视域下在华非洲移民聚居地创新治理研究（2020）、来华跨国商人的梯度社区参与及其驱动机制研究（2023）等，这些项目的完成及其他相关研究都会在一定程度上推动我国国际移民研究的发展。尽管如此，与国际上的移民研究和国内有关境内流动人口的研究都比较成熟相比，对来华外国人的研究还比较缺乏，尚处于初步探索阶段。另外，现有的相关研究主要集中于有关外国人的跨文化适应及其管理和社区治理等方面，而有关其社会融入状况的研究还十分少见。因此，本书以案例研究的形式，尝试对在华外国人的社会融入情况等进行比较深入的探讨，希望可以丰富我国常住外籍人口的第一手调查资料，为相关研究提供新的探究思路，为有关部门了解国际移民群体的融入状况、融入意愿和融入模式等提供参考个案，并且希望通过对研究中发现的问题和结论的呈现，促进调研地外国人相关管理规范的制定与完善。

本书总体分为七部分。第一部分为总论，在本部分对本研究的意义、研究方法等以及社会融合的相关理论、测量维度、在华外国人的总体特征进行了简要概述；第二部分对在京外国人的社会融入状况、融入动机、过程和模式及其影响因素进行了比较全面的描述和分析；第三部分主要从社会网络的视角对义乌阿拉伯商人群体的社会融入状况、机制及其类型等进行了归纳和分析；第四部分以来自印度、巴基斯坦的移民为研究对象，主要描述和分析了其在文化方面的融入情况及其类型、策略、影响因素等；第五部分描述和总结了来华非洲留学研究生群体的学术适应现状、适应机制及存在的问题等；第六部分以北京Y国际社区为例，探讨了该社区内中、外居民的群际交往状况及其制约因素等；第七部分是研究总结和相关政策建议，该部分在对本书各案例研究结论进行总结的基础上，针对促进在华外籍人口的融入及其治理、留学研究生群体的学术适应、国际社区内的群际交往等提出了一些相关政策建议。

如果本书对在华外国人的研究及治理方面能有一定的参考意义，则幸甚。

何俊芳

目录 CONTENTS

第一章 总 论 ········· 1
  第一节 导论 ········· 1
  第二节 社会融合研究的相关理论与测量维度 ········· 15
  第三节 在华外国人总体特征 ········· 40

第二章 在京外国人的社会融入研究 ········· 45
  第一节 导论 ········· 45
  第二节 外国人群体的社会融入现状 ········· 59
  第三节 外国人社会融入动机 ········· 79
  第四节 外国人社会融入过程 ········· 95
  第五节 外国人社会融入模式 ········· 105
  第六节 外国人社会融入的影响因素分析 ········· 121
  第七节 总结与讨论 ········· 138

第三章 社会网络视角下义乌阿拉伯商人的社会融入研究 ········· 148
  第一节 导论 ········· 148
  第二节 阿拉伯商人的社会融入状况 ········· 157
  第三节 阿拉伯商人社会网络中的融入机制 ········· 165
  第四节 阿拉伯商人的社会融入类型 ········· 178
  第五节 总结与讨论 ········· 188

第四章　在蓉印度、巴基斯坦人士的文化融入研究 192
第一节　导论 192
第二节　印巴人士的文化融入总体状况 201
第三节　印巴人士文化融入的类型与策略 251
第四节　印巴人士文化融入的影响因素分析 258
第五节　总结 270

第五章　来华非洲留学研究生的学术适应研究 272
第一节　导论 272
第二节　整体表现与类型差异：来华非洲留学研究生学术适应现状分析 283
第三节　保护性逆向适应：中国政府与高校的有力支持 294
第四节　内倾性能动适应：留学生个体与群体的调适策略 314
第五节　意外后果：促进来华非洲留学研究生学术适应的非预期影响 329
第六节　总结与讨论 342

第六章　北京国际社区中的群际交往研究 348
第一节　导论 348
第二节　Y国际社区的群际交往概况 356
第三节　国际社区中群际交往的影响因素分析 373
第四节　总结 394

第七章　研究总结与相关政策建议 397
第一节　研究总结 397
第二节　对策建议 417
第三节　研究展望 434

主要参考文献 436

后　记 445

第一章

总 论

第一节 导 论

历史上,中国一直是移民输出国,大量的中国移民迁往欧洲和北美洲等地,国际移民输入量非常少。2008年奥运会以后,我国的国门逐渐开放,来华外国人不断增多。但到目前为止,与伦敦、纽约等国际化程度较高的城市相比,我国包括北京、上海、广州等大城市的国际化水平实际上仍然较低,外籍人口的数量和规模还相对较小。此外,就外国人与本地人在社会文化方面的融合程度而言,北京、上海等城市也还没有达到国际化城市的要求。

另外,由于受制于国情,目前我国大陆境内的国际移民仍主要属于劳务移民,而非定居型或永久居留型移民。在全球化和逆全球化并存发展的今天,在世界各国对国际人才的竞争越发激烈、在国际移民政策呈现"紧中有松""人才导向"的大背景下,中国作为世界大国及其经济、政治影响力的日益增强,必将会吸引更多的国际人才来华就业和定居,外籍人口的社会融入必将成为我国国内日益凸显的问题。

一、问题的提出与研究意义

迁移人口进入移居地后面临的首要问题之一是社会文化方面的适应、融入问题,在华外籍移民也不例外。社会融入是个体之间、群体之间、文化之间互相接触、相互竞争、相互冲突、互相适应的过程。[1] 相关研究表明,在进入移居地伊始,初来乍到的迁移人口在一个陌生环境里,原有的社会资本大多丧失,

---

[1] PARK, ROBERT E. Human Migration and the Marginal Man [J]. American Journal of Sociology, 1928, 33 (5).

经济资本相对贫乏，普遍存在语言障碍，并且在生活习惯、行为方式，特别是价值观念等方面与移居地社会存在巨大差异，再加之移居地社会的制度障碍或社会排斥，只有极少数第一代移民能够融入当地社会，而绝大多数人则沦为弱势群体，处于边缘地位，他们需要经历几代人的漫长过程才能逐步融入移居地主流社会中去。

迁移人口进入移居地后如何融入所在地的社会生活，国家、移入地政府及社会组织如何帮助有融入意愿的移入人口较为顺利地融入当地社会，不仅是相关政府部门高度重视的社会现实问题，也是社会学学者历来特别关注的重要学术议题。国内外的相关研究表明，融入的内涵是复杂的，涵盖多个维度，既包括客观指标，也包括主观指标；融入是一个相对的概念，有融入可能就会有排斥，即使没有排斥也不意味着就能融入；融入的过程是漫长的，往往需要多代人才能实现；融入的途径是复杂的，既需要迁移者自身有融入的意愿，也需要当地人的接纳和包容，是多方互动的结果；融入的影响因素是多方面的，既包括制度性、结构性等宏观因素，也包括迁移者自身的发展能力以及迁入地居民的包容接纳等微观因素，是多种因素综合作用的结果。①

在华外籍人口的社会融入问题，不仅仅是单纯的个人问题，而且是复杂的群体现象和综合性的社会问题。其融入状况不仅从总体上反映着中国作为新兴的国际移民的目的地国之一对全球移民及人才的吸引力，也体现出国家对外籍移民的宏观制度、公共政策及治理能力；不仅反映着外籍移民的融入意愿和努力行为，也关涉国人对他们是否持有合法证件并采取接纳的态度和行为。因此，外籍移民的社会融入是中国在全球化及逆全球化并存的背景下、在当今世界经历百年未有之大变局情况下，一个事关国际人才战略及应对本国人口老龄化及劳动力不足等的重大现实问题，因此加强对该问题的研究具有重要的理论和现实意义。

首先，从学术价值上看，本研究是对在华外籍人口研究之不足的有效补充，有助于推进对在华外国人社会融入的研究。目前，我国已把国际移民的发展与人才强国的国家战略布局密切结合，因此，促进外籍人口特别是高层次人才的社会融入已经成为中国经济社会发展的重要议题之一，也应是学术界重点关注的问题之一。从目前已有的研究看，一些学科，如法学、管理学、地理学、语

---

① 杨菊华. 中国流动人口经济融入 [M]. 北京：社会科学文献出版社，2013；
梁玉成. 广州外国人研究报告 [M]. 北京：中国社会科学出版社，2019；
AIBA R. Remaking the American Mainstream: Assimilation and Contemporary Immigration [M]. Cambridge: Harvard University Press, 2003.

言学、人口学、社会学等从不同角度对在华外籍人口展开了研究，但从社会学角度展开的研究还较为少见，仅有少量有关外籍人口生活现状、社会适应、社会融入以及社会分层、社会交往和社会支持等方面的研究，而有关外籍人口社会融入的、较有深度的专项研究则极为少见。本研究对外国人群体社会融入的多案例研究，有关他们的融入状况、模式及其影响因素以及有关国际社区、留学研究生学术适应等方面的调查和分析可以弥补这方面研究的一些不足，本文的一些研究发现也有助于深化学界对在华外籍人口在移居地的生存发展状况的认识。

另外，本研究可以和已有的研究理论进行对话，也可以为检验现有的社会融合理论提供更丰富的实证参考。现有的移民社会融合理论多源于对美国等移民国家的移民问题的解释，但中国并不是一个典型的移民国家，移居到中国的外国人也呈现出更加多元化的趋势，不仅有经济落后地区人口向经济发达地区的迁移，也有越来越多的发达国家人士移居到中国，在移民种类、社会融入方式等方面都出现了一些新的状态，目前已有的、关于移民社会融合的理论并不能强有力地解释在华外国人的社会融入现状。本研究对北京等城市常住外国人群体与本地人之间的交往关系及其融入状况进行了较大规模的调查，对相关现象的描述和分析，能够为该领域的研究提供新的实证样本。本研究中呈现的相关数据及个案资料，也能为相关学科的教材提供本土研究的材料，以改变在相关教材中外文资料占绝对优势的状况。

其次，从现实意义上看，在华外国人数量的逐年递增，使得全面了解该群体的社会融入状况、分析其社会融入模式、完善对在华外国人群体的管理制度等问题日益重要，因此，本研究具有以下现实意义：

第一，本研究有利于相关部门更好地服务外国人才。在华外国人不仅是迁移到中国各地居住的居民，也是一种新型的人力资源，他们在华工作，为中国的建设贡献着自己的力量。本研究对几座城市外国人的社会融入状况进行深入调查，发现其存在的深层次问题，有助于相关部门更好地了解外国人的融入障碍，进而制定更完善的服务政策，吸引、留住、利用好外国人才力量，更好地推动北京等城市走向世界城市的进程。

第二，本研究成果能为更好地了解在华外国人的社会融入状况提供参考依据。和谐社会的构建，不仅涉及中国的本地人与外地人、汉族与少数民族之间的关系，也涉及中国居民与大量外国人之间的关系。本研究对在华外国人社会融入的现状、动机、结果、融入模式以及影响因素等方面进行的研究，可以为促进外国人在中国的良性融入、维护中国包容的城市精神及和谐关系的全面建设建言献策。

第三，本研究能为完善中国外国人管理制度提供参考。随着中国一些城市外国人数量的逐年递增，相关部门对外国人的管理从边缘性管理向重要性管理转变，本研究对在华外国人的社会融入及其管理中存在的问题进行调查研究，可以为国家及案例城市外国人管理制度的进一步完善提供一定的参考意见。

二、国内外籍人口社会融入研究简要述评

西方社会的移民潮是随着工业化、全球化的过程而兴起的，尤其是"二战"之后，国际移民以较大规模实现跨国流动。正是伴随着移民人口的大规模流动及相关社会问题的凸显，西方学界逐步将移民的社会融入作为一个重要研究议题纳入其研究议程当中，并进而将其形成的研究性知识传递到实际的社会治理、政治决策等层面。总体上而言，为了能在全球化进程中加快发展，国内对国际移民的关注和重视程度越来越深，各大城市都将城市内的外籍人口群体作为建设国际大都市的重要支撑力量，吸引更多的国际移民为我国所用是一个重要的课题。

从目前已有的研究来看，各学科，如法学、管理学、地理学、语言学、人口学、社会学等从不同角度对在华外籍人口展开研究，其中关注较多的是在华外籍人口的法律及相关政策，可见国内学术界对外籍人口的行为规范及社会治理等宏观层面最为关注。与法学和政策管理等宏观研究视角相比，社会学、人口学类的关注点更为中观和微观，主要是为了了解在华外籍人口的生存和适应现状。

首先，从社会学角度来看，相比西方的国际移民研究和国内流动人口的研究而言，总体上国内对外籍人口社会学角度的研究还比较少见，仅有少量外籍人口生活现状、社会适应、社会融入以及极少量的社会分层、社会交往和社会支持等方面的研究，且从文献发表时间来看，以2008年为节点，此前仅有少量的初步探索。如对社会融合理论的探讨[1]；对外籍人口的生活现状、社会适应等问题的研究[2]；对移民集聚区的调查研究，如何波、马晓燕等对北京望京韩国村的调查等。[3] 从2008年以后，2009年首都经济贸易大学的调查是目前学术界内

---

[1] 嘎日达，黄匡时. 西方社会融合概念探析及其启发 [J]. 理论视野，2008 (1)：47-49.
[2] 辛潇. 上海外籍人士居住问题调查研究 [D]. 上海：同济大学，2007.
[3] 何波. 北京市韩国人聚居区的特征及整合：以望京"韩国村"为例 [J]. 城市问题，2008 (10)：59-64；马晓燕. 移民社区的多元文化冲突与和谐：北京市望京"韩国城"研究 [J]. 中国农业大学学报（社会科学版），2008，25 (04)：118-126.

规模较大、较为系统的调查研究。尤其是2010年以后，学术界对外籍人口的社会适应、文化适应和社会融入方面的研究逐年递增。

从已有的对外籍人口的研究来看，首先，国内有关外籍人口的调查主要分布在改革开放较早、对外交流较多且外籍人口规模数量较大的几个城市，主要是上海、广州和北京等，其中对广州外国人的研究最为丰富。[①] 此外，从调查研究对象来看，也主要集中在对某一特定群体，如韩国人、广州非洲人、留学生等，或是有关外籍人口聚集居住的社区调查，包括北京望京地区、上海古北国际社区和广州的"巧克力城"等国际化社区。调查主题主要关注某一人群的生活现状、社会适应、文化适应和社会融入状况，或是有关某一国际社区的形成演变过程、空间分布影响因素、特征以及多元文化冲突与和谐等。

其次，从研究理论成果来看，目前国内对在华外籍人口的研究尚处于初步探索阶段，鉴于国际上已有十分完善且成熟的相关理论体系，因而国内对外籍人口研究的理论体系和概念内涵、操作指标等基本沿袭国际已有研究。但是，不同于国际上普遍通用的针对欠发达地区往发达地区人口迁移趋势的研究，中国的国际移民成分较为复杂，除了亚非两洲的国家之外，也有一大部分是来自韩国、美国、芬兰、瑞典等社会经济发达的国家，因此，已有的国际理论体系并非完全适用于中国的国际移民。国内外籍人口的国籍和文化背景不同，在我国的行为方式和社会融入也有一定的区别，在同一地区，学者指出广州小北路黑人聚集区具有促进中非贸易与文化交流的作用，也有学者将其视为一种"底层全球化"，而广州韩国人的融入则具有极为明显的工具性，表现为一种基于生存和发展需要而实践的浅层融入。[②] 有关移民的融入总体上都较为认可移民的融入程度不仅与移民群体自身的努力有关，也与移入地的社会经济结构密切相关，融入并非静态的适应、认可过程，而是移民群体与社会结构性、经济性因素深入互动的动态过程。[③]

---

① 如主要的著作有：许涛. 在华非洲商人的社会适应研究 [M]. 杭州：浙江人民出版社，2013；
李志刚，等. 广州国际移民区的社会空间景观 [M]. 南京：东南大学出版社，2016；
梁玉成. 广州外国人研究报告 [M]. 北京：中国社会科学出版社，2019；等等。
② 李志刚，杜枫. 中国大城市的外国人"族裔经济区"研究：对广州"巧克力城"的实证 [J]. 人文地理，2012，27（06）：1-6；
周大鸣，杨小柳. 浅层融入与深度区隔：广州韩国人的文化适应 [J]. 民族研究，2014（02）：51-60，124.
③ 汪琳岚. 职业匹配与社会适应：内地知识型移民在香港的社会融入 [J]. 青年研究，2016（02）：86-93，96.

最后，从对以往文献的梳理来看，对外籍人口社会融入的评价维度大致被划分为经济层面、政治层面、社会层面、文化层面和心理层面等。其中经济层面的因素是外籍人口移居大陆的主导性动因，也是促进移民融入移居地的重要因素；语言是影响社会融入的关键因素，文化背景、生活习惯和传统习俗等影响移民在移居地社会融入的广度；其他诸如，身份、移居地的社会接纳、社会关系网络等影响移民社会融入的深度。① 企业、宗教团体等社会团体和组织的活动是促进跨文化交流和外籍人口社会融入的重要媒介，酒吧、沙龙、俱乐部、教堂等则是承担着交流与融入功能的具体场所。

在其他的宏观层面，诸如，涉外社会政策等政治环境、社区环境、医疗环境等也是影响外籍人口对移居地认可、交往融入主动性的重要因素。有学者指出，语言掌握能力、职业以及本地化社会互动网络是国际移民融入当地社区的三个最主要的因素。② 王名、杨丽通过对北京市朝阳区国际化社区治理的研究，指出语言、相对封闭的居住环境和传统的入户工作方式难以推行等多方面原因，影响了社区了解境外人士需求的准确性和及时性，相对较为生硬的居委会工作方式让许多境外人士感觉与本国居住的社区差别较大，这在一定程度上影响了境外居民的社区参与和融合。③ 这一点在其他学者的研究中也有体现，其中张贵祥、李磊等人指出首都国际功能区，如朝阳区，商流、物流、信息流聚集，充分发挥市场配置资源的基础性作用，但语言障碍、签证手续烦琐、物业公司对外籍业主的过度保护导致与相关部门沟通不便等都是外籍人员在京工作、生活面临的主要问题。④ 这些中外文化差异和物业公司对外籍人口隐私的保护，在一

---

① 唐洁. 在中国城市生活的外籍旅居者：生活状况、文化适应及社会互动研究以厦门市为例 [D]. 厦门：厦门大学，2009；
张鸣宇. 义乌市外国人分层研究 [J]. 长江大学学报（社会科学版），2012，35（03）：59-60；
许涛. 在华非洲商人的社会适应研究 [M]. 杭州：浙江人民出版社，2013；
周大鸣，杨小柳. 浅层融入与深度区隔：广州韩国人的文化适应 [J]. 民族研究，2014（02）51-60，124；
朱蓓倩. 上海外籍人口城市融入研究 [D]. 上海：华东师范大学，2016.
② 杨烨，张惠玲. 外籍人士的融入与中国城市国际化 [J]. 上海城市管理职业技术学院学报，2005（03）：57-59.
③ 王名，杨丽. 国际化社区治理研究：以北京市朝阳区为例 [J]. 北京社会科学，2011（04）：63-69.
④ 张贵祥，李磊，张少鹏，等. 首都国际功能区外籍人口的服务与管理新探：以北京市朝阳区为例 [C] // 首都经济贸易大学，北京市社会科学界联合会. 2012 城市国际化论坛：世界城市：规律、趋势与战略选择论文集. 北京：首都经济贸易大学、北京市社会科学界联合会，2012：217-221.

定程度上阻碍了社区居委会和社区居民间的相互了解和沟通，不利于外籍人口的社区融入。

综上，国内学术界对流动人口的社会融入已经有了较为深入的研究，而对外籍人口社会融入的研究数量较少，且集中在北京、上海、广州等地，仍处于初步探索阶段，对成都等城市外籍人口社会融入的相关研究仍是空白区域。本研究在研究的理论基础和概念维度上，也基本沿用国际已有研究；在研究方法上，除个别研究外①，多为小规模的问卷调查和半结构式访谈，从经济、政治、社会、文化和心理等层面对我国外籍人口社会融入的影响归因做出了一定的解释。

三、概念界定

（一）外国人、外籍人口、国际移民

外国人和外籍人口，是两个既有密切联系又有所不同的概念，在不同场合可能有着不同的理解。一般而言，"外籍"这一概念比较明确，指在中国无中国国籍的人口；"外国人"却可以有不同的解释，从社会学角度看，还有所谓文化心理归属，如有些人出国后，加入了所在国的国籍，放弃了中国国籍（我国法律不承认双重国籍），但其中有些人可能自认为，甚至所在国的一些人把他们还看作中国人，除了体质特征的差异外，还因为他们的思维方式、生活习惯、行为举止并未异国化，还是"中国式"的。

关于"国际移民"，1953年联合国（UN）曾针对其统计提出相关定义，并在1976年、1980年以及1997年多次进行了修改，在最一般意义上，在《国际移民统计建议》中将国际移民定义为"任何改变常住国的人"②。可见，此定义没有对移动的时长和目的进行界定，在这种情况下，所有的旅客和日常过境往返人员也会被纳入移民范畴，这使得此定义并不符合实际情况。因此，目前国际上通用的定义来自国际移民组织（IOM）：为了在其他国家定居的目的而跨越国境流动的人群，包括暂时性居住在内，游客和短期商务考察者通常不计入移民之列。③ 但这一定义仍未对国际移民在移居国的停留时间做出限定，从这一角度来说，2010年我国第六次全国人口普查时确定的外籍人口（国际移民）的定

---

① 梁玉成. 广州外国人研究报告 [M]. 北京：中国社会科学出版社，2019.
② 庞丽华. 国际人口迁移的概念和测量：兼论中国国际人口迁移趋势 [J]. 人口与发展，2018，24（01）：54-63，84.
③ 王春辉. 在华国际移民的相关语言问题研究 [J]. 江汉学术，2016，35（01）：113-120.

义则更加具体:以中国作为目的地,由其祖籍国移居到中国至少三个月,但是不包括以旅游、拜访亲友、商业洽谈以及其他出差、医疗或朝圣为目的的人群。①

在此,本文中的在华外国人主要是指在中国因学习、工作及生活至少连续居住三个月以上的、具有外国国籍的人。在本文中,外国人与外籍人口的内涵相同,但考虑到移民的文化差异性问题,在本研究中把拥有外国国籍的海外华人排除在外。

(二) 融合与融入

与社会融合相关的理论及政策发端于欧美,因此目前国际上使用的相关术语也都源于此。在欧美国家,常用的与社会融合相关的术语有很多,如美国常用的词汇有 assimilation、acculturation、accommodation、fusion、adaptation;而欧洲多用 social solidarity、social cohesion、social inclusion(与 social exclusion 相对应)、social protection。另外,欧美都使用 integration,但美国使用 integration 时,主要是指经济结构方面的整合(如教育、职业、收入,即 economic integration),常为经济学家和社会学家使用;当泛指移民的社会融合时,美国主要还是使用 assimilation,特别是在经济领域以外的其他人文社科领域中。而当欧洲使用 integration 时,更多的是指社会整合(social integration)。②"社会整合"(integration)与移民的"社会融合"(assimilation)并非同一概念:前者涉及一个社会中包括移民在内的所有弱势群体,而后者主要是指移民在流入国方方面面的适应情况。由于欧美的社会融合理论在价值取向、理论取向、驱动主体、覆盖对象、关注内容等方面的不同③,实际上这些术语在欧美的相关政策及研究使用中指涉的层次、涵盖的对象及内涵并不相同,这些词语在英文原意中,有的区别明显,有的差异微妙,需要参照其使用语境做出界定,但一些词语在中文翻译中常常并没有明确的区分,有的同一词语被翻译成了不同的中文词汇。如 acculturation 一词,有的译为融合,有的译为同化、涵化等;再如 assimilation 一词,有的译作融合,有的译为同化。这造成了一些混乱。另外,还需要指出的是,目前国内有关流动人口社会融合的理论介绍和相关研究在介绍欧洲社会融合理论时,往往将"社会整合""社会统合""社会融合"混为一谈,这显然是不合适的。

在中文文献中,常出现的相关概念包括:同化、适应、吸纳、接纳、并入、

---

① 王春辉. 在华国际移民的相关语言问题研究 [J]. 江汉学术, 2016, 35 (01): 113-120.
② 杨菊华. 中国流动人口经济融入 [M]. 北京: 社会科学文献出版社, 2013: 57.
③ 杨菊华. 中国流动人口经济融入 [M]. 北京: 社会科学文献出版社, 2013: 54-56.

融入、融合等。这些概念的内涵存在一定程度的差异，但更多的时候这些概念是被互换使用的。

在中文语境中，"融合"一般指相互融合，"同化"则指单向同化。最早对社会融合进行界定的美国学者 Park 将融合定义为"个体或群体互相渗透（interpenetration）、相互融合（fusion）的过程；在这个过程中，通过共享历史和经验，相互获得对方的记忆、情感、态度，最终整合于一个共同的文化生活之中"①。在研究中国流动人口社会融合的过程中，因中文语境中"同化"概念的负面色彩较浓，学者一般不使用此概念，部分学者使用"社会融入""城市融入"等词，杨菊华则对"融入"和"融合"进行了较明确的区分，她认为"融合"是双向的，表示流入地文化和流出地文化融汇在一起，互相渗透，形成一种在某种程度上具有新意的文化体系，相反，"融入"主要是单向的，指流动人口在经济、行为、文化和观念上都融入了流入地的主流社会体系中，"融入"是"融合"的第一步，"融合"是"融入"的更深层次。② 但她也指出，使用"融入"概念难免有"主流文化优越感"之嫌，可能遭到"忽视流动人口贡献"之批评的危险。③

与"融入"概念接近的，还有"适应"一词，有学者认为"社会适应"是指在一个变化的环境中，移民对流入地政治、经济和社会环境的适应过程或对自身行为的一种调整。④ 这一概念更为强调移民通过调整自己而适应周围环境，这一过程相比融入来说，可以作为融入的初级阶段来考察。同样的，从移民融入的过程来讲，文化适应也只是其实现完全融入的阶段之一⑤。

事实上，目前从西方社会融合理论以及国内外移民研究结果来看，对"融入"和"融合""同化""适应"等概念并未有清晰的划分，这些概念之间仅有细微差别，因此也常常被混用。本文的研究对象主要是在华外籍移民，本研究更多关注的是该群体对中国的社会规范、文化等的接纳与否，而对外籍移民对迁入地社会的影响，对迁入地社会对移民的态度、行为及相关政策涉及较少，

---

① PARK, ROBERT. Human Migration and the Marginal Man [J]. American Journal of Sociology, 1928, 33 (05).
② 杨菊华. 从隔离、选择融入到融合：流动人口社会融入问题的理论思考 [J]. 人口研究, 2009, 33 (01): 17-29.
③ 杨菊华. 中国流动人口经济融入 [M]. 北京：社会科学文献出版社, 2013: 107.
④ GOLDSCHEIDER C. Urban Migrants in Developing Nations: Patterns and Problems of Adjustment [M]. Boulder, CO: Westview Press, 1983: 287.
⑤ 梁波，王海英. 国外移民社会融入研究综述 [J]. 甘肃行政学院学报, 2010 (02): 18-27, 126.

因此本文使用"融入"一词，但在引用他人的研究成果时，沿用原作者的用语。

(三) 社会融入

本文中所使用的社会融入概念，指外籍移民在经济、政治、文化、行为、认同等方面的整体融入情况。

经济融入（经济整合）是移民融入最重要的内容，也是移民实现完全社会融入的前提条件。在本研究中，经济融入主要是指移民在劳动力就业市场、职业地位、经济收入、消费水平与消费模式、住房等方面的融入情况。这种融入情况可以通过其与迁入国本地居民平均水平的差距来进行测量。

政治融入，主要关注的是移民在迁入地社会参与政治性活动的情况，如参与政党、政治选举、工会等，同时还包括移民合法政治权利（公民权，citizenship）的获得情况。在本研究中，鉴于在华外国人在政治性活动中鲜有参与情况，故此方面的内容没有列入考察。

在有关文化融入的考察中，本研究采用广义文化的内涵[①]，并结合有关文化的分类法，在具体研究中，本文所要研究的文化包括语言、物质文化、社会制度和风俗习惯、价值观念等多方面的指标。

行为融入或适应方面也是外籍人口融入社会的重要测量维度，在本研究中这一部分主要考察外籍人口在社会交往和社会参与等方面的融入情况，也包括移民自身的言行举止是否会模仿迁入地居民、移民在行为上是否会按照迁入地认可的行为规范和习俗办事等。

移民融入还表现在主观的身份认同上。一般认为，心理认同属于社会融入的最高境界，且只有迁入者在这方面融入了主流社会，他们才达到了真正的融入。在本研究中，心理认同具体包括外籍人口对自己身份的认定、是否愿意在中国定居等，主要是测量外籍人口对自己身份的认同情况，对自己的身份是定位为过客、暂时寄居，还是认为自己已经是移居地的一分子。除身份认定外，还包括外籍人口对迁入地居民的心理距离等。

[①] 至今，有关文化的定义有200多种。如国内有学者将广义的文化定义为：人类社会历史实践过程中所创造的物质财富和精神财富的总和。狭义的文化专门指精神文化，即社会意识形态以及与之相适应的制度和组织机构。参见：林耀华. 民族学通论 [M]. 北京：中央民族大学出版社，1997：384. 本文对"文化融入"概念进行如下界定：伴随着文化载体本身对新的文化模式的理解，调整自身行为以适应当地社会制度，接纳并模仿当地人的生活方式、行为规范，积极参与当地文化活动使得个体对居住地的社会文化有一定的掌握，甚至在价值观念和思维方式层面会有意识地进行反思和比较，这是一个理解、接纳并模仿和学习的过程。

(四) 学术适应

在华外国人群体中，留学生占有较大比例，因此对其社会融入中最核心的学术适应问题有必要进行专门探讨。关于学术适应，国内外学者对其有着诸多界定。本文认为，学术适应是学生在与大学环境之间动态的建设性关系中所达到的契合程度，这一方面包括学生对学习环境和学业要求所形成压力的反应，另一方面也包括学习环境提供者、学业要求制定者和学习结果考核者对学生所进行的逆向适应。学术适应的过程并不仅仅是单纯的教育教学过程，而且是经济、社会、文化、政策等多重因素相互作用的过程。从过程性的视角来看，学术适应作为一种社会行动，它是指学生在学习过程中与学校学术系统、社会系统及政策系统等多方面进行动态的、调试整合的过程，这是一种复杂的、结构化的实践过程。学术适应根据学生行为的不同方面可分为正式学术适应和非正式学术适应两种。正式的学术适应与学生直接的学术行为，即专业学习与研究本身密切相关，非正式的学术适应与学生的非学术行为，如学习之外的社会交往等行为相关。学生的主要任务是进行专业学习和研究，但学生的非学术行为会对其学术行为和表现产生影响，学生非正式的学术适应也会对其正式的学术适应产生影响。

由此，来华留学生①的学术适应有狭义和广义之分。狭义的来华留学生学术适应仅指来华留学生与中国高校学术系统进行整合的过程；广义的来华留学生学术适应是指来华留学生与中国高校学术系统、社会系统和政策系统等进行综合整合的过程。众所周知，不同学科对同一现象有不同的关注点。针对来华留学生的学术适应问题，教育学多从狭义的、单一性角度来看待这一问题，而社会学应从广义的、综合整体性角度出发，探讨学术行为与非学术行为、正式学术适应与非正式学术适应之间的关系。本文主要是在广义的层面上使用这一术语的。

(五) 国际社区

对何谓国际（化）社区，学界的界定各不相同，学者们在说明国际社区的

---

① 留学生（international students）是各国高校中的一个特殊群体。联合国教科文组织把留学生定义为"为了学习目的而跨越国家或地区，且已在他国的教育机构注册的学生"。留学生分为两类，一类为出国留学生（outbound international students），即从本国去其他国家学习和进修的学生；另一类为外国留学生（inbound international students），即从其他国家来本国学习和进修的学生。本研究中的留学生专指从其他国家来我国学习和进修的学生，简称"来华留学生"，具体指以学习为目的留居我国，在我国高等教育机构及其科研机构注册学习或进修，持普通护照的非中国公民。

含义时，多强调以下几个维度：(1) 从成员构成来看，社区中除了本国的居民，还有许多来自其他国家或地区的居民，不同国籍的人共同在社区生活；(2) 从社区治理来看，社区的组织制度、服务体系、环境设施应当趋向国际标准，能够符合本地居民和外籍居民的需要；(3) 从社区文化构成来看，国际社区中的文化应是多元的，能够包容各类文化和生活方式，强调社区内部文化的融合与共生。① 部分学者在对国际社区进行界定时，则侧重从族群间的关系入手，强调不同族群间的交流与交往，认为国际社区中的居民是一种社会生活共同体。② 学者杨丽认为，国际化社区是指以一定地域为基础，社区中境外人士数量达到一定程度，相应的社区组织制度、服务体系、环境设施趋向国际标准，包容各类文化和生活方式，不同国家、种族、民族背景的人能够和谐共处的城市社区。③ 我们认为，在我国把有一定数量外国人参与组成的社区都可称为国际社区。在这类社区内因多族裔人口的组成，必然伴随着多元族群、多元文化的并存、交往和交流以及与之相适应的管理模式的产生等。对一座城市而言，国际社区的分布程度和活跃程度能够反映出城市对外国人的吸引力，反映出城市的国际化水平。

四、调研点的选择及研究内容

本研究在课题设计阶段，考虑到在华外国人的分布情况及其多样性，为体现调研点在地域上的覆盖面及城市大小的差异性、特殊性等，拟选取北京、哈尔滨、成都、义乌、广州、乌鲁木齐六个城市为调研点，并在这些城市选取不同地区或国别的常住外籍人士代表进行调查，如拟选择在京的欧美人、哈尔滨的俄罗斯人、成都的东南亚人、义乌的中东阿拉伯人、广州的非洲裔群体、乌鲁木齐的中亚移民群体等，以及部分国人作为研究对象。在实际研究过程中，因乌鲁木齐市中亚商人等群体的撤离，除留学生外（且已有对中亚留学生的相关研究），难以寻找到调查对象，因此放弃了对该市中亚人群体的调查。另外，限于研究报告的篇幅，在本报告中删去了对广州非洲裔群体和哈尔滨俄罗斯人

---

① 戴春. 社会融入：上海国际化社区建构 [M]. 北京：中国电力出版社，2007：4.
② 林移刚，谭霞. 社会工作介入国际社区治理的模式与路径研究：以重庆市红岩村社区为例 [J]. 社会工作与管理，2016，16（06）：49-56；
牛仲君. 从文化角度看北京市的国际化社区建设：以麦子店、望京社区的发展为例 [C] //段霞. 2011 城市国际化论坛：全球化进程中的大都市治理. 北京：中国经济出版社，2012：185-196.
③ 杨丽. 国际化社区概念辨析 [J]. 社团管理研究，2011（06）：35-38.

社会融入方面的内容。

在具体的研究过程中，根据实际情况在研究对象及研究内容的侧重点上也做了一些调整，如考虑到对比分析的需要，在北京除对来自欧美发达国家的移民进行了调查外，也调查了部分来自发展中国家的移民。随着调研的进行，为了避免像对北京外国人、广州非洲裔的研究那样比较浮泛而缺少应有的深度，在对成都的印度、巴基斯坦人为代表的东南亚人群体进行调查时只进行了文化融入情况的研究，对义乌阿拉伯人则主要从社会网络视角切入调查了其社会融入情况。针对目前对留学研究生群体学术适应问题深度研究的不足，对非洲的留学研究生群体的学术适应问题进行了专项调查。另外，还对北京市国际社区的中国人和外国人的群际交往进行了专门的研究。

五、研究方法

在方法论层面，本研究坚持关系主义的方法论原则。关系主义方法论是对整体主义和个体主义的实体主义方法论的超越，也是对主观主义与客观主义的二元对立的超越。布迪厄（Pierre Bourdieu）认为，在社会学视野里展开的社会世界，其本质就是各种关系。"概念的真正意涵来自各种关系，只有在各种关系系统中，这些概念才获得了它们的意涵。[①]"这一原则要求我们在研究某一事物或某一行动者的时候，必须将所关涉的一切事情都纳入研究之中，构建维持人类实践基本统一性的"总体性社会事实"，并且不能保持一种静态的观点。也就是说，对现象的考察必须要有一个社会整体的视野。[②]

在研究方法层面，本研究认为，每一种研究方法都能为理解这个社会提供一把钥匙，同时每一种研究方法也都有其自身难以克服的盲点，因此我们没有理由用一种研究方法去贬斥另一种研究方法。方法本身是多元的、可变的，它只相对于具体的研究过程而存在。正如波普（K. Popper）指出的，科学方法是由科学目标决定的，研究方法和手段只相对于具体目的才有意义。[③]定量研究适合在宏观层面上大规模地进行社会调查和政策预测，但是容易将复杂流动的社会现象简单化、数量化和凝聚化，不适合在微观层面进行细致深入的动态研究。

---

① 皮埃尔·布迪厄，华康德. 实践与反思：反思社会学导引 [M]. 李猛，李康，译. 北京：中央编译出版社，1998：133.
② 杨善华. 田野调查：经验与误区：一个现象学社会学的视角 [J]. 中国社会科学评价，2020（03）：59-65.
③ 文军. 承传与创新：现代性、全球化与社会学理论的变革 [M]. 上海：华东师范大学出版社，2004：261.

而质性研究弥补了这一缺陷,质性研究的目的不是获得样本的"代表性",有时候一个"极端的例子"有可能比一个"典型的例子"更为有力地对研究对象做出阐释。①

在本研究中,各案例均采用了定量研究与定性研究相结合的研究方法。每个案例的具体研究方法见分报告。

六、本研究的创新与不足之处

我们认为,本研究的主要创新之处在于:

(1)在学理性方面,归纳和总结出了在华几个外国人群体社会融入的动机、类型、机制等,以及非洲留学生群体学术适应的类型和机制、国际社区中的群际关系及影响中、外居民社会交往的因素等,这在一定程度上拓宽了我国社会融合的研究领域,在学术上进一步拓展和深化了相关问题的本土化研究。

(2)在资料方面,本研究基于对1693人的问卷调查数据(其中外籍人口问卷1589份)、186人的访谈资料完成,因此本书包含有大量的第一手实地调查资料,这对于了解在华外国人群体真实的社会融入情况及其诉求等提供了丰富的案例资料。

(3)从研究对象和内容上看,本研究中对在京外国人、成都印度人与巴基斯坦人等群体社会融入以及对非洲留学研究生学术适应、北京国际社区群际交往的研究,属于国内首次对在华外国人的多案例专题研究,填补了对这些群体及领域的相关研究空缺。

(4)从研究方法上看,已有的相关研究要么采用纯定性研究,要么采用纯定量研究,而本研究采用了定量与定性研究相结合的研究方法,这样既可以了解在华外国人社会融入的基本状况,也可以对其他相关问题进行较有深度的考察和分析,避免了该类研究在方法上的一些缺陷,使得该研究的结论更具有说服力。

(5)在政策建议方面,本研究提出了对促进不同案例群体社会融入及其治理、服务方面有针对性的建议和意见,这对我国目前有关国际移民政策、外国人治理政策等的完善、存在的外国移民问题的正视与解决,具有重要的现实意义。

与此同时,受研究者的能力及一些客观条件的限制,本研究仍存在一些不

---

① 陈向明.旅居者和"外国人":留美中国学生跨文化人际交往研究[M].北京:教育科学出版社,2004:62.

足之处：

（1）由于案例的差异性及研究侧重点的不同，本文没能构建起统一的理论框架，在具体论述中结合相关理论的深刻分析也比较缺乏。

（2）目前国内相关研究较少、有关各地外国人的官方数据难以获得，且外国人多为分散居住，这给对外国人的调查带来了巨大的困难，最重要的是无法有效地估计在华各城市外国人的总体分布特征，因此难以对其制定精确的抽样框和采用随机抽样；另外，由于语言障碍，在研究过程中主要使用汉语和英语进行问卷调查和访谈，这就使得本研究忽略了一部分不会汉语和英语的外国人，以上两点均影响了本研究样本的代表性。

第二节 社会融合研究的相关理论与测量维度

对于跨国移民的社会融合问题，从国际上看，西方学者已进行了大量的相关研究并形成了较为成熟的理论。其中，美国作为典型的移民国家，对国际移民的社会融合研究有着最为悠久的历史、相对成熟的理论体系和较为完善的分析框架。欧洲并没有像美国那样专门针对移民的社会融合理论，但有涉及包括移民在内的所有弱势群体的"社会整合"（social integration）、"社会统合"（social cohesion）、"社会凝聚"或"社会团结"（social solidarity）等理论，而且这方面的研究也比较成熟完善。此外，近些年欧盟还对国际移民的社会融合问题也进行着较为广泛的研究，其移民社会整合政策指标体系更是独树一帜。因此，一般认为，当前有关移民社会融合的理论或测量指标可分为两大体系和价值取向：一个是美国自下而上的体系，即通过学术研究推动政策的出台，从而消除国际移民社会融合的障碍；另一个是欧盟自上而下的体系，即直接通过政府主导，推进国际移民的社会融合。① 由于我国学界对国际移民的关注时间还很短，尚未形成成熟的理论框架和指标体系，在研究的理论基础和概念维度、方法上基本沿用国际上已有的相关研究作为参照。

一、相关理论

对国外有关社会融合的相关理论，国内学者已从不同角度或从不同层面做了相应的梳理。如周皓从社会分层和流动的角度，将社会融合理论分为传统的

---

① 杨菊华．中国流动人口经济融入［M］．北京：社会科学文献出版社，2013：34．

和非传统的两大类进行了论述。① 黄匡时和嘎日达将社会融合理论分为三个层次，即社会融合理论的宏观、中观和微观理论，宏观层次是指社会融合的宏大叙事，中观层次是指社会融合的族群模式，微观层次是指社会融合的心理建构。② 杨菊华则对美国和欧盟有关移民社会融合的理论和指标体系进行了全面的比较分析。③ 陆自荣对以上几位学者的梳理重新进行了总结，从个人、群体、阶层三大层次提出了一个完整的社会融合解释框架。④ 肖子华等学者在黄匡时和嘎日达所提出的宏观、中观、微观三个层面的基础上，对社会融合的相关研究进行了更为系统的梳理。⑤ 本文仅对美国几种比较重要的中观理论（群体层面）进行简要论述。

19世纪末20世纪初及20世纪中期出现了两次移民大浪潮，由此人口迁移理论以及移民的社会融合成了国际移民研究的热点。美国作为典型的移民国家，成了早期国际移民社会融合研究的前沿国家并产生了众多相关理论流派，其中包括同化理论、文化多元主义、直线融合与曲线融合理论、区隔融合理论、新融合论、族群分层理论等。

（一）经典移民融合理论

在有关国际移民的社会融合理论中，早期的融合理论主要有"同化论"（"融合论"，assimilation）。同化论的理论基础是"盎格鲁一致性"和"熔炉"（melting pot）理论。

"盎格鲁一致性"理论自作为一种意识形态流行于英国向北美移民开始，历经"独立战争"和"南北战争"，一直延续至20世纪初，其核心要义是移民们应接受美国的盎格鲁—撒克逊主导群体的价值观念与行为方式，彻底放弃自己祖先的文化。⑥ 因为该理论认为，在美国人口中占主导地位的盎格鲁族群是最优秀的族群，其文化为社会的主流文化，而美国的其他移民及其母国的文化则为次等族群和次要文化。这一理论是盎格鲁—撒克逊族裔群体作为美国最早的移民群体及在政治、经济、文化上占有统治地位在意识形态领域的现实反映。

---

① 周皓. 流动人口社会融合的测量及理论思考 [J]. 人口研究, 2012, 36 (03): 27-37.
② 黄匡时, 嘎日达. 社会融合理论研究综述 [J]. 新视野, 2010 (06): 86-88.
③ 杨菊华. 中国流动人口经济融入 [M]. 北京: 社会科学文献出版社, 2013: 34-68.
④ 陆自荣. 社会融合理论的层次性与融合测量指标的层次性 [J]. 社会科学战线, 2014 (11): 189-197.
⑤ 肖子华. 人口流动与社会融合: 理论、指标与方法 [M]. 北京: 社会科学文献出版社, 2018.
⑥ 密尔顿·M. 戈登. 美国生活中的同化 [M]. 马戎, 译. 南京: 译林出版社, 2015: 86.

20世纪初,随着第一次世界大战后大量来自欧洲各地特别是东南欧移民的迁入,"盎格鲁一致性"理论不再受到追捧,与之相关的政策推行也失去了可行性,在这种情况下,"熔炉"理论随之兴起。"熔炉"思想最早是由赫克托·圣约翰·克里弗科尔(Hector St. John Crevecoeur)于1782年提出的,他在《来自一个美国农民的信》中写道:"他是一个美国人,他把所有来自祖先的偏见和习惯都抛在身后,他从周围环境的新生活方式中吸收了新的观念和习惯,他服从新的政府,遵守新的秩序……在这里,来自所有民族的个体成员们都被熔合成为一个人类的新种族。"①之后,其他学者如弗里德里克·J. 特纳(Frederick Jackson Turner)等在此基础上进一步发展了该理论,如特纳在其著名的《美国历史上边区的意义》(1893)一文中认为:塑造美国体制和美国民主的占支配地位的影响,不是来自这个国家任何一种形式的欧洲传统,也不是来自东海岸城市的约束力,而是来自边界不断变动而且五彩斑斓的西部地区所产生的经验。总之,在他看来,外来移民潮的稳步上涨,造就了一种混合的美国人,他们的混杂注定要产生一个新的、全国性的民族。②概括地讲,"熔炉"理论的核心是认为美国是一个社会大熔炉,来自不同种族的人群将在美国这片独特的土地上融合成一个新人种,各族群的文化会被融合成美国文化。

同化论(融合论)是以上两种理论的发展和延续,其代表人物是帕克(R. E. Park)和戈登(Milton Gordon)。

20世纪初,帕克等学者认为,移民要达到同化的目的,通常可采取两种途径,经历四个阶段。这两种途径是:新移民适应美国盎格鲁—撒克逊文化;移民与主流社会人群之间进行语言交往和对话。这不仅是新移民转变的过程,同时也是主流社会接纳他们的过程。当两个群体——不论这两个群体都是移民还是只有一个是移民——相互面对时,都必须经历四个阶段:接触、冲突、适应、同化(assimilation)。这四个阶段也是四种主要的互动,始于经济竞争、政治冲突、社会调适,终于文化适应(acculuration)。对于绝大多数移民而言,这是一种理想范式:一方面,不是所有移民都能完整地体验所有过程;另一方面,也不是所有移民都愿意完全放弃自己的文化传统,全盘接受流入地的文化。

20世纪中叶,密尔顿·戈登进一步完善和推进了帕克等早期学者关于同化论的研究,使其成了一个更为完整的理论体系。戈登认为,同化(融合)的过

---

① 密尔顿·M. 戈登. 美国生活中的同化[M]. 马戎, 译. 南京: 译林出版社, 2015: 105-106.
② 马戎. 西方民族社会学经典读本[M]. 北京: 北京大学出版社, 2010: 71.

程可以概括为以下七种类型或七个阶段①：

（1）文化或行为同化（文化适应），即把文化模式变为主流社会的文化模式；

（2）结构同化，在基层群体层次上，大规模进入东道主社会的小集群、俱乐部、机构；

（3）婚姻同化（血缘融合），大规模族际通婚；

（4）认同意识同化，发展出完全基于东道主社会的群体性意识；

（5）态度接受同化，族群之间消除偏见；

（6）行为接受同化，族群之间消除歧视；

（7）公民同化，族群之间消除价值冲突和权力冲突。

戈登还强调指出，同化过程主要涉及的不仅仅是一个同化程度问题，上面区分开的各阶段或亚过程也会各自在不同的程度上发生。

可见，戈登论述的也是少数族裔与主流社会的融合，他仍然把美国欧裔白人为代表的文化描述成一个大熔炉，移民的融合始于文化适应，经过结构性融合，与主流族裔的通婚，最终达到身份认同（认为自己是一个真正的美国人）。在这个过程中，移民的最终融入不是可以由他们自身完全决定的，而必须有主流社会的态度认同和行为接纳，移民的融合是美国白人和移民共同努力的结果。②

相较于早期的社会融合理论，戈登在其《美国生活中的同化》（1964）一书中呈现的融合理论细致地揭示了移民融合的模式、过程、因素、阶段，并第一次正式提出了移民融合的指标体系，考察了移民融合各维度的先后顺序，这对于开展社会融合的量化研究具有重要的指导意义。这一理论为我们考察在华外国人社会融合过程的要素及社会融合指标体系的构建也具有一定的启发意义。

（二）当代移民融合理论

上述以同化论为代表的经典融合理论不仅主导了早期的移民研究，至今仍对当代的移民研究产生着重要影响。但是，自20世纪60年代以来，由于移民族群差异的持续存在、移民后代融合模式的多样性，经典融合理论对新移民与移民后代的融合过程不再具有较强的解释力，加之经典融合理论暗含着对少数族群在文化与族群认同上的强加，而且这种不考虑移民不同的族群文化、成长

---

① 密尔顿·M. 戈登. 美国生活中的同化 [M]. 马戎，译. 南京：译林出版社，2015：65-66.

② 杨菊华. 中国流动人口经济融入 [M]. 北京：社会科学文献出版社，2013：39.

经历和社会经济背景的差异,认为"整合到主流社会"将是所有移民的最终选择的绝对化、必然性的预测与现实生活并不完全相符。在这样的背景下,各种替代理论日渐兴起。

1. 直线融合论和曲线融合论

20世纪70年代之后,在戈登的理论基础上,尼尔·桑德伯格等学者在移民的研究中增加了代际变迁的视角,将代际差异视为移民社会融合过程中的一个重要的变量。① 这种关于经典融合理论的变体,被称为"直线融合理论"。

该理论认为,移民融合是一种随着移民代次增加而逐渐实现目标的过程,其融合程度将随着移民代次的增加而不断地提高,即移民每一代的后裔都会将其在迁入地的社会经济融合水平提高到一个新的阶段,这是一个随代次递增而不断被推进并最终达到完全融合的过程。与之相伴随的则是移民族群的原有文化和印记不断弱化的过程,并将逐渐地融入移居地的主流文化当中,最终达到与主流群体的同一。可见,在该理论中,移民的代次被看作衡量移民社会融合程度的一个重要指标。

但是,该理论在其研究中只关注到移民原生族群文化的变化情况,并没有考虑到移民在迁移和融入过程中所创造出来的、新的文化元素。② 另外,事实也表明,移民后代的社会融合轨迹与直线融合的假设也并不完全相符。一些研究发现,即使经过了多代以后,移民的族群差异依然存在,甚至发现有居住的时间越长,社会融合效果越差的情况。③ 移民与原住居民的差异主要表现在移民后代的学业发展、行为举止、生活理想和职业表现等方面。也有的研究发现,在1880年到1925年之间到达美国的欧洲裔移民、非洲裔移民,都会继续完成对美国的文化适应和被美国主流同化的过程,但1965年之后迁入美国的移民后代并没有像直线融合理论所描述的那样融入美国的主流社会,而是依然像父辈一样在低端产业从事高强度的劳动、领取低廉的薪水。由于迁入地社会环境的压力、移民群体自身一些因素的影响,一些移民群体后代(尤其是那些黑人的、贫困的、非技术移民的子女)的融合进程往往会被延迟。④

---

① SANDBERG N. C. Ethnic Identity and Assimilation: the Polish-American Community: Case Study of Etropolitan Los Angeles [M]. New York: Praeger Publishers, 1974.
② 刘程. 西方移民融合理论的发展轨迹与新动态 [J]. 河海大学学报(哲学社会科学版), 2015, 17 (02): 33-39, 90.
③ KAO G, TIENDA M. Optimism and Achievement: The Educational Performance of Immigrant Youth [J]. Social Science Quarterly, 1995, 76 (01): 331-343.
④ GANS H J. Comment: Ethnic Invention and Acculturation, a Bumpy-line Approach [J]. Journal of American Ethnic History, 1992, 12 (01): 42-52.

因此，有鉴于线性融合理论与现实之间的脱节，格拉泽尔（Glazer）、杨希（Yxciel）、格里利（Greeley）、康泽恩（Conzen）等学者在直线融合理论基础上发展出了曲线融合理论。① 这一理论假设，移民群体的融合过程不仅具有代次的动态作用，其融合的方向可能是曲线式的而非直线式的。他们认为，直线融合理论夸大了主流文化的同化效应。在现实生活中，移民群体的融合是在移民社会生活实践中，在与主流文化展开有效互动中发展成为一种独具自身特色的融合活动，移民的社会融合不仅使自己变为美国的一分子，同时也影响着美国文化的形成和发展。② 的确，许多研究也表明，美国少数族裔群体的融入史并不仅仅是一部被动的"生存史"，也是一部"创造史"，每个族裔群体都塑造了自己独特的历史、文化以及美国经验，他们不断对美国的主流文化产生着自身的影响，并且其中的一些文化在今天已成为美国主流文化的重要组成部分。

综上可见，直线融合理论的重要贡献就在于提供了从代次变迁的视角理解移民后代的社会融合状况，这为全面了解移民群体社会融合的代际差异提供了思路。曲线融合理论则强调了移民融合过程中移民与移居地社会之间的相互作用，而不仅仅是主流社会的单向影响，特别强调移民后代群体在社会融合过程中对主流文化发展的影响。

2. 区隔融合论

20世纪60年代以来，大量的经验研究表明，"不同移民群体的融合状态与融合水平并不是一致的，而是存在差异的；而且，根据移民的不同族群和阶级地位，社会融合过程是有区隔的"③。也就是说，传统的线性融合理论不再适合解释当代移民的融合趋势和路径，在这种背景下，区隔融合论被提出以弥补原有融合理论之不足。

区隔融合理论的特点在于对不同移民群体的自身特征、文化背景、结构位置等差异性的充分重视。这一理论认为，虽然制度因素确实可能是移民融合的重要动因，但人文资本（教育、技能、文化等）和社会资本常常也在其中起着

---

① 刘程. 西方移民融合理论的发展轨迹与新动态[J]. 河海大学学报（哲学社会科学版），2015，17（02）：33-39，90.
② 肖子华. 人口流动与社会融合：理论、指标与方法[M]. 北京：社会科学文献出版社，2018：54.
③ PORTES A, ZHOU M. The New Second Generation: Segmented Assimilation and Its Variants [J]. Annals of the American Academy of Political and Social Science, 1993, 530（01）: 74-96.

重要作用,并会影响到他们的融合过程和融合模式。① 另外,移居地的公共政策及移民成员表现出来的敌意、漠不关心或接纳的态度和行为,对融合的过程及结果也会产生重要的影响。而且,与上一代相比,由于移民后代的生活经历与社会环境不同,其经济社会融合的过程与结果会出现许多不同的特征,因此移民融合的模式还存在着代际差异,因此经典融合理论在解释移民后代融合过程方面缺乏理论效度。② 在这样的背景下,一些学者提出,移民后代的基本融合模式是"区隔性融合",即只是在某些方面融合到移居地的主流社会中。也就是说,区隔融合论实际上主要是用来解释美国移民子女融合状况的一个理论框架,其研究主要从文化融合和经济融合两个层面的分析开始,认为美国外来移民的融合结果有三种可能:

第一种是向上流动模式,即融入主流社会。某些移民群体拥有较高的人力资本,受到当地文化的青睐,因此移民在经济和文化方面都会朝着中产阶级方向融合,而且他们可为子女提供优质的受教育机会,这有助于加速其子女的社会融入步伐。

第二种是向下流动模式,即融入城市贫困文化。由于一些移民群体拥有的人力资本较低,各方面的资源较少,难以获得稳定的工作及较好的收入,其在经济和文化方面都会陷入底层阶级,因此也难以为其子女提供较好的受教育机会,导致其子女的向上流动也受到限制。

第三种是选择性融合模式,即在经济上是向上流动模式,融入中产阶级,而在文化上仍保持其自身的价值观和特色。也就是说,一些父母有意识地选择让子女接受更好的教育,但限制其对美国文化的认同,而是鼓励他们坚守本族群的传统文化和价值。

针对区隔融合论提出的向下流动模式,得到了一些研究的支持,但另一些研究发现,尽管父母的受教育程度和收入水平较低,但其子女也并未呈现出明显的向下融合的迹象。相反,移居地社会在经济、社会、法律等方面对移民实施的倾斜政策,如公民化运动、肯定性行动计划、众多的推进包括移民在内的少数族裔发展项目等,都为移民子女打开了机会之窗,使他们在很大程度上避免(减弱)了受主观歧视或陷入结构性困境的遭遇,这使得绝大多数移民子女

---

① 郝令昕. 美国的财富分层研究:种族、移民与财富 [M]. 谢桂华,译. 北京:中国人民大学出版社,2012:23-24.
② 刘程. 西方移民融合理论的发展轨迹与新动态 [J]. 河海大学学报(哲学社会科学版),2015,17(02):33-39,90.

在经济社会地位方面都取得了超过父辈的成就。①

总体而言，区隔融合论是对传统融合理论的补充和发展，对在新的历史时期和社会环境下原有理论无法解释的一些新现象做出了回应，为当代移民及其后代如何融入迁入地社会以及融合过程所带来的不同后果提供了新的解释思路。

3. 新融合论

在总结经典融合理论及其他已有研究不足的基础上，阿尔巴等（Alba）于2003年提出了新融合论。② 该理论认为：融合虽是少数族裔自身的传统逐渐弱化的过程，但并非他们从进入迁入地开始就不可避免地向中产阶级看齐的一个线性轨迹；移民的融合过程是长期的、累积的、世代的；融合过程不是由某个因素简单决定的，而是不同层面的多个因素共同作用的结果；融合的内容也不是单一的，而是涵盖了多个维度，包括语言和文化同化、社会经济地位的整合（第一代和第二代移民的劳动就业，受教育程度，职业声望和收入水平），居住隔离的淡化，社会、婚姻关系的融合。③

阿尔巴等人将融合定义为"种族特质及伴随的文化和社会特质衰退的过程"。此定义与以往有关融合定义的不同之处在于，它有意地包容了这样的可能性：（1）主流群体的特性也将在少数群体和个体融合的过程中发生变化；（2）主流群体不仅限于中产阶级，还包括工人阶级甚至一些穷人。在阿尔巴等人看来，不同种族群体间差异衰退的关键标志是社会边界的跨越与改变。所谓融合，是指不同种族群体间界限的跨越、界限的模糊和界限的重构。而跨越、模糊和重构则对应着不同的层面：边界跨越与个体水平上的融合相对应，边界模糊暗示社会差异的模糊化，边界重构则涉及群体之间边界的迁移。只有实现了社会边界的跨越，个体水平上的融合才成为可能；只有实现了社会边界的模糊，群体之间的差异才可能消失；只有实现了社会边界的重构，群体之间的社会边界才可能发生改变，社会融合才能真正实现。④

在此基础上，阿尔巴等人还更深入地探讨了影响融合结果差异性的因果机制问题。⑤ 他们认为，这些机制包括：理性行动机制、社会网络机制、资本占有

---

① 杨菊华. 中国流动人口经济融入 [M]. 北京：社会科学文献出版社，2013：40.
② ALBA R, NEE V. Remaking the American Mainstream: Assimilation and Contemporary Immigration [M]. Cambridge, MA: Harvard University Press, 2003: 38-40.
③ 杨菊华. 中国流动人口经济融入 [M]. 北京：社会科学文献出版社，2013：42.
④ 杨菊华. 中国流动人口经济融入 [M]. 北京：社会科学文献出版社，2013：42.
⑤ ALBA R, NEE V. Remaking the American Mainstream: Assimilation and Contemporary Immigration [M]. Cambridge, MA: Harvard University Press, 2003: 39-42.

机制和社会制度机制。理性行动机制指的是移民为实现特定目标（特别是教育、工作、置业、社交等）而采取的策略性行动，而这一行动的逻辑则深深地扎根于移民族群的传统文化与制度背景中（如华裔移民对后代的人力资本投资的高度重视），因此同一族群的移民经历有许多的相似之处，并呈现出受到传统文化影响的、相似的融合状态。社会网络机制是一个强化群体内规范和谋求内部成员福利最大化的社会过程（比如，在劳动力市场上的求职），由于移民族群内的利益诉求与身份认同相似，所以能够通过成员合作致力于共同目标的实现。资本占有机制强调的是对人力资本、金融资本、社会资本、文化资本等资本的拥有及其使用情况。这些资本形式的占有，不仅直接影响到移民在劳动力市场的竞争能力，而且其本身也具有移民融合的象征意义。社会制度机制强调移民融合过程嵌入于特定的制度与环境背景中。而且，这种制度背景对不同移民群体所提供的发展机会存在差异。①

可见，通过对以上四个不同层次机制的描述和分析，阿尔巴等人就构建起了一个连接微观与宏观层次的"行动者—社会"模型来解释移民融合结果的差异性问题。这一模型既充分考虑了个体层次的因素，又融入了制度与环境的宏观因素，同时这一模型还动态地针对不同群体的特点、针对不同因素对不同移民群体的意义来进行分析。比如，对于犹太、日本、古巴和韩国裔的移民的分析，会更依赖于结构性的因果机制；而对于德国、意大利裔移民而言，则会更依赖于个体性的因果机制。② 因而使得这一个模型在充分尊重移民融合异质性的同时，又具备解释的弹性和灵活性，推动了移民融合机制研究的系统化发展。

总之，与传统融合论不同的是，新融合论认为，移民的社会融合过程是一个双向的过程，既有移民对移居地主流文化的主动融入，同时也强调移民对主流文化的影响。另外，该理论认为，移民的融合过程与结果并无统一的模式，影响移民融合过程的因果机制往往也是多重的，而不是单一的。对于不同种族、族裔群体而言，移民在迁居地的融合进程并不一致，其融合结果也是具有异质性特征的。

（三）文化多元主义和多元文化主义

多元文化论实际上包括"文化多元主义"（cultural pluralism）和"多元文化主义"（multiculturalism）两种不同的社会思潮理论。

---

① 刘程. 西方移民融合理论的发展轨迹与新动态 [J]. 河海大学学报（哲学社会科学版），2015，17（02）：33-39，90.
② 刘程. 西方移民融合理论的发展轨迹与新动态 [J]. 河海大学学报（哲学社会科学版），2015，17（02）：33-39，90.

在同化论还盛行的时候，美国学者霍勒斯·卡伦（Horace M. Kallen）于1915年在其《民主对熔炉》的系列文章及1924年出版的《文化与民主》一书中提出并阐释了"文化多元主义"①。这一理论的核心观点是：文化是族群特性的核心，这种特性植根于自然秩序之中；多元文化并存符合美国《独立宣言》以及宪法的平等思想，即各个族群与社会群体有保持差别的权利；在民主社会的框架内，保持各族群的文化和它们的相互作用，对整个国家来说具有积极价值；各族群可将他们的文化遗产直接贡献给总的国民文化，从而使之更加丰富多彩。另外，文化多元主义一方面反对同化，因为同化威胁着族群的生存；另一方面主张少数族群接受作为"少数族群"的社会地位，反对分离主义，因为参与更大的社会并为自身的权益进行合法斗争才是一条切实可行的道路。②卡伦的以上观点为日后多元文化主义政治思潮的形成和发展奠定了理论基础。

在卡伦文章发表后的最初几十年里，其文化多元主义的观点并没有得到重视。第二次世界大战结束以后，人们才开始按照卡伦的理论图式重新界说由众多族群构成的社会以及美国式的民主政体。特别是随着20世纪50年代和20世纪60年代美国的人权运动和大量的亚裔及拉美裔移民的急剧增多，由此带来的人口结构、居住格局、宗教组成及种族关系的变化引起了美国精英深深的忧虑。在这种情况下如何处理各种亚文化和主流文化的关系，如何解决非裔、亚裔、拉美裔等各少数族裔的"群体诉求""群体权利"及与白人在政治、经济、文化方面的社会平等问题成了被讨论的热点，"多元文化主义"作为一种谋求多族群、多文化在一个国家内能够共存的思潮应运而生。

多元文化主义发展演变至今，其内涵具有特别的复杂性，定义它并不是一件容易的事情。美国学者唐纳德·H. 罗伊（Donad H. Roy）认为，多元文化主义至少包括三大主题：第一，种族歧视与男性至上主义制度的结束和给予妇女与少数族群公民权（选举权、参与权）；第二，一个新的、全面的多元文化，包

---

① 该理论的产生实际上主要基于这样一种事实："在文化多元主义还没有成为一个理论之前，它在美国社会就已经是一个事实了，而且至少对于美国作为一个民族整体而言，这个理论已经在美国知识分子中的英语圈子内得到了清楚的表达和讨论。"如辛辛那提拓荒者协会（the Pionier Verein von Cincinnati）的杰出创办者兼第一任主席在1869年对一个组织的讲演中说："我们并不希望在这里建立一个纯粹的新德意志，但另一方面，我们也不希望简单地在美国无声无息地消失……带着十分明确的认同意识，我们可以宣称我们在保持光荣的德语方面已经获得成功，同时对我们的新祖国（fatherland）也保持了忠诚。"参见：密尔顿·M. 戈登. 美国生活中的同化［M］. 马戎，译. 南京：译林出版社，2015：124-125.

② 宁骚. 民族与国家［M］. 北京：北京大学出版社，1995：391-392.

括迄今仍处于社会边缘的、种族文化的形成;第三,一种比较与差异文化世界观和实现不同文化之间的相互理解。①另有学者将多元文化主义之间的共识概括为:第一,美国是一个多元族群和族裔构成的国家,美国文化是一种多元的文化;第二,不同族群、族裔、性别和文化传统的美国人的美国经历是不同的,美国的传统不能以某一个族群或群体的历史经验为准绳;第三,群体认同与群体权利是多元文化的主要内容,也是美国社会必须面临的现实。总而言之,就美国来说,多元文化主义词汇使用原则涵盖了一系列意义,它是一种意识形态、一种话语,同时也是政策和实践的聚束。②

可见,"多元文化主义"思潮包含了"文化多元主义"中的一些观点,二者之间有历史和思想上的联系,但它们在背景、范围、内涵和目标方面有很大的不同。概括地讲,文化多元主义与多元文化主义在批评"熔炉"理论时都持相同立场,都强调美国社会的多元性,强调对不同文化和传统的尊重和包容,强调多元性是美国精神的基础。但相比较而言,从涉及的对象来看,文化多元主义要求的仅是白人社会内部各种文化之间的平等,还没有或极少涉及非白人族群的文化和利益问题;而多元文化主义强调的是所有不同种族、族裔和文化群体,尤其是少数弱势群体的文化和利益问题。从二者的核心内涵来看,文化多元主义主要强调对文化多样性的尊重,反对强制同化和一元性;而多元文化主义强调的是所有不同种族、族群及其他社会群体在文化、政治、经济生活中的平等,要求改变美国的政治基础,将社会平等落实到具体的政治和经济生活中去,可见其包含的"文化"的内容超越了传统意义上的"文化"范围,实际上成为一种明显而直接的政治诉求。③从应用的范围来看,文化多元主义仅局限于美国国内,而多元文化主义成了一种全球流行的政治思潮,而且代表了一种更为深刻和广泛的诉求,也成了一些国家实行多元文化主义政策的理论依据。

除美国外,20世纪70年代加拿大、澳大利亚先后实行了多元文化政策。20世纪80年代,西欧国家面临大量涌入的外籍劳工与本国人的矛盾问题,德、英、法、荷、比等国纷纷不同程度地采用"多元文化政策"允许外来移民保持其文化,同时也希望他们在迁入地重塑价值观念与身份认同,在融合多样性的

---

① ROY D H. The Reuniting of American: Eleven Multiculturalism Dialogues [M]. New York: Peter Lang Publishing, 1996: 217.
② CASHMORE E. Dictionary of Race and Ethnic Relations [M]. London and New York, 1996: 244-245.
③ 韩家炳. 多元文化、文化多元主义、多元文化主义辨析:以美国为例 [J]. 史林, 2006 (05): 185-188, 191.

基础上形成一体多元化的社会。但目前,已有德国等国家宣布本国的多元文化政策失败。① 20 世纪 90 年代后,该理论也受到了各种批评,主要在于多元文化论所倡导的对文化多样性的尊重和认可,强化了平等但隔离的"平行的生活"(parallel lives)②,不利于国家认同和国家凝聚力的塑造。可见,多元文化主义虽是一种强调不同特征的文化和谐共存的理念,但对于国家而言,如何既尊重族群差异,又能实现国家整合,多元文化论并非一剂万能药。实际上,长期以来人们在移民等少数族裔政策的问题上过于纠缠文化和认同问题本身,而忽视了影响他们社会融入的其他或更为重要的因素,这些因素包括社会经济制度的安排、公民权利和政治权利的赋予等,这些问题,即"族群分层"才是影响移民等少数族裔融入的、更为重要的因素。

(四) 族群分层理论

20 世纪 60 年代之后,随着布劳(P. Blau)和邓肯(O. Duncan)关于"地位获得研究"及随后的"社会分层研究"的开展,有关移民社会融合的研究逐渐从局限于文化解释和理论探讨转而集中到使用社会科学的定量技术系统探讨上来,移民研究开始转向更为具体的领域,如聚焦的重点之一为族群分层研究。

"族群分层"(ethnic stratification)研究转借自社会学的重要研究专题"社会分层"。一般情况下,社会分层研究的是,一个社会中其所有成员在社会经济地位上的分化与流动,而"族群分层"研究的则是不同族群之间由于其结构性差异所引起的不平等,考察在一个社会的"社会分层"结构当中是否含有一定程度的族群背景,社会不平等是否在一定程度上反映的是族群之间的不平等。③

在社会分层的维度方面,马克思的分层观本质上是一维的,这在一定程度上可以说经济是唯一的划分标准。韦伯(Max Weber)在此基础上提出了衡量社会分层的财富、权力与声望三维度说。格尔哈特·伦斯基(Gerhard Lenski)于 1966 年提出了另外一个多维的分层模型,该模型解决了分层分析中的很多问题。伦斯基认为存在几种阶级等级制,他称之为"阶级系统",其基础是某种关键的社会标准,诸如,财富、职业、教育、政治权力、族群身份等。每个阶级系统

---

① 刘力达. 多元文化主义面临终结?:上[N]. 中国民族报,2011-08-26;
刘力达. 多元文化主义面临终结?[N]. 中国民族报,2011-09-02.
② 在对 2001 年英格兰北部骚乱的诸多调查中有人提出了"平行的生活"这一概念,用以描述布拉德福德等地穆斯林族群与白人族群间既生活在同一个城市却又互不往来的生活状态。这个提法在对国家政策转变起到重要作用的《坎特报告》(Cantle Report)中得以认定,之后被学界、政界广泛引用。
③ 马戎. 民族社会学[M]. 北京:北京大学出版社,2004:232.

由阶级的等级结构组成，阶级由权力、财富、族群身份及在其他标准上大致相当的个体组成。伦斯基所说的"分配体制"由各种等级制或阶级体系构成，该体制实际上就是社会的整体经济结构。如果我们认为社会体系的组成成分是处于不同组织层面的个体、阶级、阶级体系和分配体制，那么它们应被看作为处在层层嵌套的关系中，即个体处于最基本的层次，是构成阶级的单元，而阶级又是阶级系统的构成单元，各阶级体系共同构成了分配体制。① 也就是说，伦斯基的分层模型显示了族群身份与其他分层维度之间的关系。个人与群体呈现的各阶级体系具有多大程度的一致性？那些在以族群身份为维度的体系中等级高的人，在其他体系中是否一样？如果它们存在矛盾，又说明了什么？在大多数多族群社会，个人在族群等级制中与在其他诸如，职业、政治权力等等级制中的位置之间的关系是非常清晰的。那些在族群等级制中等级高的人通常在其他等级制中也占据同样的位置。当然，不管是在群体还是在个人中，总会有例外。另外，伦斯基的多维模型还可以帮助我们确定在不同的社会中各阶级体系或等级制的相对重要性。就人们的生存机会而言，在一些国家，比如，巴西和墨西哥，族群身份并不扮演非常的角色。而在像美国等国家，情况并非如此。在美国，人们的族群等级决定人们将从事什么样的职业、他们能够获得多少收入和财产，以及他们能够掌握多少政治权利。②

目前，族群分层研究已比较成熟，学界对其核心概念及衡量指标都已达成相对统一的认识。具体而言，所谓"族群分层"，指的是族群之间社会经济地位的不平等，即教育、经济、权利、社会资本、声望等稀缺资源在族群间的不平衡分布或分配。③ 衡量族群分层的指标主要有劳动力的行业和职业结构、受教育水平、劳动者就业率、收入结构和消费模式等。

族群分层是影响族群融合程度、族群关系的根本性变量，因为它直接影响着族际交往、居住格局、族际通婚、族群认同、族群偏见等影响社会融合的重要变量。在有关族群分层与社会融合的相关研究中，其成果主要集中在社会经济融合，空间、居住融合，婚姻融合（族际通婚）等研究领域。

在社会经济融合的相关研究中，大多数研究集中在社会经济地位的指标对

---

① 马丁·N. 麦格. 族群社会学：美国及全球视角下的种族的族群关系 [M]. 祖力亚提·司马义，译. 北京：华夏出版社，2007：33.
② 马丁·N. 麦格. 族群社会学：美国及全球视角下的种族的族群关系 [M]. 祖力亚提·司马义，译. 北京：华夏出版社，2007：33.
③ GESCHWENDER J A. Racial Stratification in American [M]. Los Angeles：Wm. C. Brown Company Publishers，1978：2-61.

移民融合的影响上。大量的研究发现，社会经济地位的获得是移民融合的重要基础和表现。在很大程度上，移民的社会经济融合过程也正是他们提升自己的社会经济地位的过程。与早期移民的社会经济融合主要取决于种族因素不同，20世纪中叶之后，随着技术革新与经济转型及对高技术劳动力需求的激增，更多移民能够进入正式劳动力市场，这使得受教育水平与培训等人力资本要素成了影响移民社会经济融合的关键机制。正因为如此，如许多来自印度、中国和西欧、加拿大等国家接受过高等精英教育的群体，已经进入美国社会的主要劳动力市场从事技术和管理工作，其生活方式实际上已经同化于美国中产阶级主流社会，而来自古巴或墨西哥等加勒比海地区的移民群体，由于自身受教育水平低下，只能在次级劳动力市场中谋职，他们的社会经济融合模式则大多体现为"区隔性融合"或"隔离"形态。[1] 可见，移民社会经济融合的模式因受族群分层要素的影响实际上呈现出多元形态。

在空间、居住融合的研究中，持经济视角的研究者认为，族际居住隔离是阶级差异与族群差异相重合的表现，实质上体现的是移民少数族群与主体族群之间的经济水平差异。[2] 空间融合理论将移民少数族群从居住隔离向居住融合的过渡看成是一个资源获取与转换的自然过程。在完成经济、社会和文化适应之前，少数族群无力支付主流社区相对高昂的房价，通常会选择居住在本族群聚居区来获取必要的社会网络和社会支持。在经历一定阶段的文化适应之后，少数族群居民建构了自己独立的社会网络，社会经济地位向上流动为他们提供了经济基础，所获取的资源得以转换成更高质量的居住条件，他们得以搬入具有良好医疗卫生和公共服务的主流社区，从而实现了与主体族群的空间融合。但也有相关研究认为，移民的空间、居住融合过程不仅建立在其自身积累经济财富的基础上，而且也受到国家主流意识形态、社会福利制度、住房制度、住房市场、族群歧视、移民文化传统等环境因素的影响。[3] 总之，事实上，"所有的族群聚集与族际隔离都损害了社会凝聚"，这已经成为欧美学界和政界的一个共识。与之对应的是，很多西方国家也在政治实践中将"空间融合"视作少数族群社会融合的重要标志，尽力通过社会政策消除居住隔离以促进社会融合。

---

[1] 刘程. 西方移民融合理论的发展轨迹与新动态 [J]. 河海大学学报（哲学社会科学版），2015, 17 (02)：33-39, 90.

[2] 郝亚明. 城市与移民：西方族际居住隔离研究述论 [J]. 民族研究, 2012 (06)：12-24, 128.

[3] HANLON J. Unsightly Urban Menaces and the Rescaling of Residential Segregation in the United States [J]. Journal of Urban History, 2011, 37 (05)：732-756.

在婚姻融合研究中，移民群体在迁入地社会的族际通婚问题是被主要关注的问题。就一般而言，如果族群之间的社会经济地位接近，族际通婚的比例就会不断升高；相反，族群分层会阻碍族际通婚。因为各族群不平等的阶层地位不仅会导致他们在学校、单位、社区等公共领域的相对隔离，也会阻碍社会经济地位不同的各族群成员在私人生活领域的相互交往。"门当户对"是婚姻缔结的基本理念，社会经济地位接近，才可能在相同级别的场所一起学习、工作、居住，才有可能进一步相识、相爱和结婚。另外，族际通婚与移民融合之间存在着密切的内在联系：与迁入地居民的族际通婚现象，不仅意味着群体之间社会距离与边界的模糊化，而且，它也在潜移默化中改变着移民原先的身份认同，从而加速了移民的全面融合进程。

研究数据表明，少数族群移民中那些与白人之间的族际通婚者，在美国居住时间明显更长，且其后代也更多长期扎根于美国社会。而且，这种通婚模式对移民后代的融合进程也有着深刻的影响。研究发现，族际婚姻的移民子女，往往会同时形成多种族群身份认同，而随着代际更替，移民后代身上的少数族群印记会趋于淡化，这会加速移民后代在迁入地的融合进程。[①] 另外，还有很多在本土出生的第二代移民也选择了族际通婚，经验表明，他们会比同属移民的配偶更成功地融入美国社会。[②]

总之，族群分层理论在借鉴诸多理论的同时，在实际研究中大规模采用定量技术对移民的社会融合开展科学的研究，极大地促进了我们对移民现实融合状况的了解，并得出了一些有益的结论，这种研究方式对我国外籍人口和流动人口的社会融合研究也有一定的借鉴意义。

以上我们对美国学界有关移民社会融合研究相关的主要理论进行了梳理，可以看出有三个高潮时期：第一个时期主要出现在20世纪二三十年代，主要代表人物为帕克等；第二个时期主要出现在20世纪五六十年代，主要代表人物为戈登；第三个时期，主要出现于20世纪90年代以后，主要代表人物为波特斯（Alejandro）、阿尔巴等。在此过程中，与移民社会融合相关的其他理论，如多元文化主义、族群分层理论、空间融合理论等应运而生。以上这些理论，是美国学界对新、老移民适应美国社会的、认知不断深化的过程，也是美国移民社

---

① HOUT M, GOLDSTEIN J R. How 4.5Million Irish immigrants Became 40 Million Irish Americans: Demographic and Subjective Aspects of the Ethnic Composition of White Americans [J]. American Sociological Review, 1994; 59 (01).

② 刘程. 西方移民融合理论的发展轨迹与新动态 [J]. 河海大学学报（哲学社会科学版），2015, 17 (02): 33-39, 90.

会融合研究的基本脉络。无疑，美国作为典型的移民国家，在这方面的研究中一直保持着理论上和经验研究上的领先地位。

另外，如前面提到的欧洲涉及包括移民在内的所有弱势群体的"社会整合""社会统合""社会凝聚"或"社会团结"等宏观理论外，与社会融合相关的宏观理论还有社会距离理论、社会排斥理论、社会支持理论、社会资本（社会网络）理论等，与社会融合相关的微观理论（个体与心理层面）有社会化理论、社会互动理论、社会群体理论（社会角色理论、参照群体理论）、认同理论、社会接纳理论、人力资本和文化资本理论等，在此不一一赘述。

国内学者有关流动人口社会融入的研究在分析视角、关键概念，如农民工市民化的提出及影响因素等方面都有较多理论创新，特别是在制约农民工社会融入的制度性因素方面提出了双重"户籍墙""三重制度分割"和"三群体检验"等重要理论，在此也不再赘述。

二、测量维度

社会融合研究实际上一直为模糊的和难于操作的不同定义所困扰，因为其研究涉及许多相近概念，其相关理论也涉及宏观、中观、微观三个层次，这也说明了社会融合研究的复杂性和视角的多样性。社会融合作为一个多维度的概念，其中包括移民在经济、文化和政治生活以及社会交往、身份认同等多方面的维度。因此，在对社会融合进行操作化的过程中，构建社会融合的测量维度是至关重要的一步。

（一）国外移民社会融合测量维度的构建

西方移民社会融合研究主要以国际移民作为研究对象，在社会融合的测量维度方面，影响力较大的有以密尔顿·戈登为代表的"结构性—文化性"二维度模型、以荣格尔·塔斯（Junger-Tas）为代表的"结构性—社会文化—政治"三维度模型，以恩特增格尔（Han Entzinger）为代表的"社会经济—文化—政治—移入地对移民的态度"四维度模型，以及约翰·戈德拉斯（John Goldlust）等人提出的"移民适应的多元模式"等。

1. 二维度模型

密尔顿·戈登在20世纪60年代初期，提出了关于移民社会融合的"二维度"划分法，即结构性与文化性两个维度。结构性维度的融入表现为移民在流入国社会中，在制度与组织层面的社会参与度的提升，其所指的制度与组织，主要指的是流入地社会的正式制度与各种社会组织，如教育体系、劳动力市场、各种市民组织等。移民在制度与组织层面社会参与度的增加，使得移民能够有机会与主流社会之间进行持续的互动，增进相互间的沟通与理解，进而为实现对新社会的认同提供基础。而文化性的融入则是移民在价值与观念认同上的转变过程，认为只有在文化、价值、观念上实现了对新的社会环境的认同，才意味着移民群体实现了真正的融入或同化。①

但戈登指出，移民的结构性融入与文化性融入并不必然是重合的过程，即在某种意义上，结构性融入与文化性融入并不一定是一个线性的过程。尽管戈登的二维模型没有具体说明结构性融入与文化性融入有哪些标准的测量指标，但是从其论述中可以判断出，结构性融入更多地偏向确定性的、客观性的指标，如个体的教育程度、就业状况、工资水平等，而文化性融入突出了文化习俗、规范、生活交往方式以及语言习得等特征的融入性意义。戈登的二维模型划分，为其他的研究者进行移民社会融入类型的划分提供了研究基础。②

另一种二维模型把移民本族群文化和主流文化的接受与认同作为独立的维度进行描述，贝瑞（John W. Berry）是这种二维模型的开创者（如图1-1所示）。他认为文化适应中的个体面临两个基本的问题：一是是否趋向于保存本族群文化传统和身份；二是是否趋向于和主流群体接触并参与到主流群体中。通过个体对这两个问题的回答，可以把个体在文化适应过程中采取的文化适应策略（acculturation strategy）分为四类，即整合（integration）、同化（assimilation）、分离（separation）和边缘化（marginalization）。③ 如移民个体既重视保持自己的原文化，也强调保持与其他群体的日常交往时，个体采用的就是整合的文化适应策略；当个体不愿保持对自身文化的认同但寻求与其他群体的日常交往时，采取的是同化策略；当个体注重保持自己的原文化，但避免和其他文化交流时，采取的是分离策略；而个体如果既不愿保持自身的文化也不想和其他群体有联系时，则采用的就是边缘化策略。此后，针对主流群体可能影响到移民文化群体成员的文化适应策略的选择，以及移民个体在很多情况下不能自由选择其文化适应策略的情况，贝瑞在双维模型的基础上又增加了第三个维度，即主流群体对非主流群体成员文化适应的影响：当主流文化群体通过种种手段来促进移

---

① 梁波，王海英. 国外移民社会融入研究综述［J］. 甘肃行政学院学报，2010（02）：18-27，126.

② 梁波，王海英. 国外移民社会融入研究综述［J］. 甘肃行政学院学报，2010（02）：18-27，126.

③ BERRY J W. Acculturation: Living Successfully in Two Cultures［J］. International Journal of Intercultultural Relations，2005（29）：397-712.

民的同化时，采取的就是"熔炉"（melting pot）策略；当主流文化群体追求并加强与非主流群体的"分离"时，其采用的就是"种族隔离"（segregation）的策略；当"边缘化"这种策略是由主流文化群体强加于文化适应中的群体时，就是一种"排斥"（exclusion）的策略；当主流文化群体承认其他文化的对等重要性，追求国家的文化多样性时，就出现了与"整合"相对应的"多元文化"（multiculturalism）策略。①

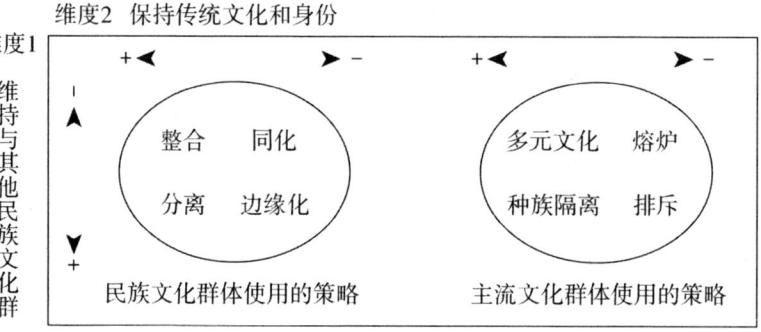

图1-1 民族文化群体和主流文化群体使用的文化适应策略

另外，布瑞斯（Brice）等人认为，国家或主流群体采取的一些整合策略实际上对移民群体成员的文化适应取向具有重要影响，但二维模型的作者却没有对主流社会对移民文化适应取向的态度予以足够的重视，基于此种认识，布瑞斯提出了一个文化适应的多维模型，并将其命名为"交互性文化适应模型"（the Interactive Acculturation Model）。该模型试图把移民的文化适应取向、主流群体对移民文化适应取向所持有的态度，以及文化群体中人际和群际的关系加以整合。该模型除了对贝瑞的维度进行了一些修改外，还增加了主流群体成员的文化适应倾向维度，即主流群体成员的文化适应取向取决于他们对有关移民文化适应的、两个问题的态度：（1）是否可以接受移民保持自己的文化传统？（2）是否接受移民采用主流群体的文化？根据主流群体对这两个问题的回答，主流群体对移民群体成员表现出以下5种文化适应取向：整合、同化、隔离、排斥、个人主义（individualism）。与此相对应，移民群体也具有5种文化适应取向，分别为：整合、同化、分离、边缘化、个人主义。② 该模型把主流群体文化适应

---

① BERRY J W. Acculturation：Living Successfully in Two Cultures [J]. International Journal of Intercultultural Relations，2005（29）：397-712.
② 张劲梅，张庆林. 多维文化适应模型与国外族群关系研究 [J]. 广西民族研究，2008（04）：82-87.

的策略取向纳入非主流文化群体的文化适应研究中，虽然使多维模型变量过多导致研究复杂化，但该模型对族群关系研究具有重要的启示。

此外，已有的国际移民研究认为，身份认同也存在着双向性，在借鉴贝瑞的文化适应模型的基础上，菲尼（Phinney）提出了身份认同的双向模型，即移民需要在身份认同方面处理两个问题：一是是否继续认同自己原有社会或群体的身份并保持对该群体的归属感，二是是否愿意逐渐建立起自己对迁入地社会或群体的身份认同和归属感。①

表1-1 移民心理融合的双向模型

		移民对自己族群的心理认同	
		高	低
移民对迁入地社会的心理认同	高	整合型（integration）	同化型（assimilation）
	低	分离型（separation）	边缘型（marginalization）

在表1-1所示的双向模型中，移民对自己族群的认同和对迁入地的认同被假定为是相互独立的，对本族群和迁入地的认同，既可以高也可以低，个人可以是社会认同模型中四种类型中的任意一个。相反，如果移民的身份认同符合单向模型，那么族群认同和迁入地认同将是负相关的。相关研究一般是支持双向模型的，两种社会认同在统计上一般是相互独立的。菲尼等人对"身份认同"的研究结果显示，四种认同类型分布的差异较大，对不同国家青少年的研究显示，移民对本族群的认同程度普遍较高，但对迁入国身份认同的差异性则较大，因此，"整合型"并不必然是移民身份认同的主要模式。这种不确定性主要受到移民自身的特征、迁入国的政策和迁入国居民的态度的影响。②

2. 三维度模型

与戈登等人的"二维度"融入模型不同，荣格尔·塔斯等进一步发展了前人的理论，提出了"三维度"模型。他认为，移民的社会融入是一个多维度的概念，具体可以划分为结构性融入、社会—文化性融入以及基于法律面前人人平等原则的政治—合法性融入等。

具体而言，可以凭借结构性融入，即移民在劳动力市场、收入、教育及住房等方面的融入情况，来判断移民群体是否遭受到主流社会的排斥。荣格尔·

---

① 李树茁，悦中山. 融入还是融合：农民工的社会融合研究 [J]. 复旦公共行政评论，2012（02）：21-42.

② 李树茁，悦中山. 融入还是融合：农民工的社会融合研究 [J]. 复旦公共行政评论，2012（02）：21-42.

塔斯认为，在西方国家中，随着工业和制造业被服务业所取代，其劳动力市场也经历了很大的变化。新的劳动力市场对于个体的要求已经不再局限于其具有更高的职业资格，而是要具有更强的社会适应能力与沟通能力、更好的自我调适能力。但是移民群体，特别是移民中的青年大多缺乏较好的调适能力，因此他们面临着一系列的社会经济融入机会方面的限制。

社会—文化融入主要体现为移民对各种社会组织的参与、和外群体进行社会交往能力的发展以及按照东道国的行为模式行动的过程。荣格尔·塔斯认为，社会—文化融入有多个测量指标，其中最重要的就是群体间的隔离程度与语言使用，此外还包括移民与其他社会成员进行创造性社会活动的情况，如群际友谊和通婚。另一个重要指标则是西方社会的基本价值观念，如个人自主性与群体间协调性的关系、尊重个人人权、性别平等以及关于人生目标与价值的基本观念被接受的程度等。①

政治—合法性融入，即移民与移入地公民享受同等的政治权利，且身份平等。与戈登的二维度模型相比，荣格尔·塔斯的进步就主要体现在明确提出了政治—合法性融入这一维度。这一维度的融合观认为，在流入国社会中，少数移民群体经常成为社会歧视与种族主义的目标，被流入地政府和市民当作二等公民。因此，需要有特定的法律来保障移民作为公民的平等权利，以促进少数移民群体的融入。关于政治—合法性融入的讨论与测量，西方文献中主要体现在关于移民"公民权"的研究中。这种公民权视角下的研究认为，移民群体政治融入的重要指标就是是否获得了与当地社会公民同等的政治合法权利，如选举权、被选举权，是否在身份、政治待遇上给予同等对待。②

荣格尔·塔斯对移民社会融入的三维度划分，突出了移民的政治权利在社会融合中的重要意义。但是，这三方面的划分维度，并没有在实质上超越戈登的"结构性—文化性"划分标准，因为"政治—合法性融入"这一维度中的具体内容有些体现了结构性的特征，有些则表达了文化性的特质。

此外，2008年美国政治学学者维格多尔（Vigdor）把在美移民的社会融合区分为经济融合、文化融合、身份融合三个维度，并试图构建综合指数，全面、系统地考察美国移民的融合情况。其中，每个维度包括一些具体的测量指标，如经济融合包含教育、就业、失业、收入、职业、住房六个指标。经济融合描

---

① 梁波，王海英. 国外移民社会融入研究综述［J］. 甘肃行政学院学报，2010（02）：18-27，126.
② 梁波，王海英. 国外移民社会融入研究综述［J］. 甘肃行政学院学报，2010（02）：18-27，126.

述移民或移民群体对流入地的贡献是否与本地人有明显的差距。若移民聚集在经济阶梯的某个区段（尤其是低技能阶梯上），则表明他们的融合程度较低；反之，若他们在经济阶梯的分布与本地出生的美国人相似，则表明融合程度较高。所谓文化融合，是指移民或移民群体对本地风俗习惯的适应程度是否与本地出生的美国人存在明显的差距。用于测量文化融合的因素包括族际通婚、英语能力、婚姻状况、子女数量。其中，前二者一直是美国移民文化融合研究领域重点关注的对象。身份融合或公民化是指移民正式参与美国的社会生活，其主要测量指标是入籍。该指标同时还包含当前和过去军队服役信息（除1900年和1930年外）。由于男性服役比女性服役更为普遍，故而该指标分别针对男性和女性进行测量。①

维格多尔认为，对综合指标的考量，使得对不同族群、不同时点之间移民的比较分析具有可行性和简明性。显而易见的是，这个体系的一个重要特点是，不仅考虑移民的融合维度，而且通过对移民融合情况的考量和对未来的预测，判断移民对美国社会的反作用。②

3. 四维度模型

与上述融入模型相比，恩特增格尔等人在2003年提出的四维度融入模型对以往的融入模型进行了进一步的具体化。

恩特增格尔认为，移民在移入地社会的融合中面临四方面的融入：社会经济融入、政治融入、文化融入、主体社会对移民的接纳或排斥程度。可见，与前述的社会融入测量维度划分模式相比，恩特增格尔在其基础上增加了"主体社会对移民的接纳或排斥程度"这一测量维度，其贡献和创新也主要在于此。

恩特增格尔认为，社会经济融入主要是指移民在就业、收入水平、职业流动、社会福利与社会保障、社会活动与社会组织参与等方面的改善状况。政治融入主要涉及移民群体的合法政治身份——合法公民权（考察政治融入的最关键指标）、移民的政治参与和对市民社会的参与。当然，这种政治融入还要强调移民对相关社会义务的承担。关于文化融入，他认为主要涉及多元文化主义与同化主义的争论，对于文化融入可以通过移民对流入地社会基本规则与规范的态度、配偶的选择、语言能力、犯罪行为等指标进行测量。

关于"主体社会对移民的接纳或排斥程度"这一测量维度，他认为移民在流入地的融入不仅仅包括他们自身对于流入地的适应，也包括了流入地在面对

---

① 杨菊华. 中国流动人口经济融入 [M]. 北京：社会科学文献出版社，2013：62-63.
② 杨菊华. 中国流动人口经济融入 [M]. 北京：社会科学文献出版社，2013：63.

移民群体时所发生的变化,而测量这一变化的重要指标就是流入地"主体社会对移民的接纳或排斥的态度"。如果流入地的社会成员不能以理性的方式和态度来对待并接纳移民,对移民群体形成排斥的态度,会阻碍移民的社会融入,并加深两类群体之间的冲突和隔离。也就是说,移民的融入过程是两个相互调适过程的集合,一方面是移民群体对于流入地社会的融入,另一方面是流入地社会群体的再融入过程。面对移民群体的涌入,东道国社会成员如果不能以正确理性的方式和态度来看待并接纳移民,如果不能及时有效地进行自我心理调适,就会形成对于移民群体巨大的社会(心理)排斥,甚至加剧两类群体之间的冲突与隔离。[1]

在恩特增格尔提出四维度模型的同时,阿尔巴等人也提出了自己的四维度模型。其四维度包括文化同化和语言融合、社会经济地位整合、居住融合、社会关系与异族通婚。可见,其主要的不同在于,对于居住上种族隔离程度(又称相异指数,即指"一个群体的空间分布与对照群体——通常是主流群体——空间分布之间的差异")的关注。[2] 另外,如埃塞(Hartmut Esser, 2001)在前人研究的基础上也区分了四个社会融入维度,依次分别是文化适应(知识、能力、人力资本)、确立地位(权利,职位,机会,接受度,经济、机构、政治资本)、互动(在网络中的地位、文化资本、社会资本)、认同(价值观、公民感、接受度),这四个维度相对于主体社会体系的依存度各有不同,互为因果关系,个体与主体社会之间达成集体认同是融入的最高阶段,而集体认同和效忠感的形成也取决于个体与主体社会之间的地位确立及互动的成功与否。[3]

除以上维度外,约翰·戈德拉斯等人在1974年提出了移民适应的多元模型,这一模型假设移民群体与迁入地都是异质的,每个人的适应过程都受其个人特征和所处环境影响,同时也受迁入地的各种经济、文化、社会等因素的影响,因此移民融入迁入地会出现多种适应类型和模式,衡量移民社会融合的指标也是多样的,这一模型主要将指标分为:(1)经济,即工作、收入及消费;(2)文化,即语言、饮食习惯、宗教信仰等;(3)社会,即社会初级关系以及对各类正式组织的参与度;(4)政治,即选举权与被选举权的获得和有效执行,以及代表移民群体的、组织的形成;(5)认同,即对移入地文化与价值的认同;

---

[1] 梁波,王海英.国外移民社会融入研究综述[J].甘肃行政学院学报,2010(02):18-27,126.
[2] 杨菊华.中国流动人口经济融入[M].北京:社会科学文献出版社,2013:59-62.
[3] 伍慧萍.移民与融入:伊斯兰移民的融入与欧洲的文化边界[M].上海:上海人民出版社,2015:18-19.

(6) 主观内化，即对移入地文化与价值的内化；(7) 满意度，即对移民后的生活的满意程度。以上七项指标中，前四项为客观层面的指标，后三项为主观层面的指标。① 还有一些其他研究，如 Bernard 在 1999 年提出了六个维度（归属感、认同、参与、合法化、平等、包容）、三个层次（政治、经济、心理）的分析和测量框架，将心理因素放在非常重要的位置。②

总体而言，上述关于移民融入的类型化模型，实际上主要在结构与文化的基本框架下，从经济、社会、政治、文化、身份认同等方面标示了移民融入的所有重要内容，构成了学界考察移民融入问题的基本思维框架，为具体的经验研究提供了可操作性指导。

(二) 国内流动人口社会融合测量维度的构建

国内在社会融合问题研究方面，研究对象多以国内流动人口为主，在对社会融合测量维度方面，多数是总结借鉴西方的社会融合测量指标，结合国内的特定研究问题，建立多样化的指标维度，如朱力从"经济、社会、心理或文化层面"三个维度来测量社会融合程度③；张文宏、雷开春将城市新移民的社会融合分为"文化融合、心理融合、身份融合、经济融合"四个维度④；董章琳、张鹏将重庆市农民工的社会融合分为"社会融合、经济融合、文化和心理融合"三个维度⑤；卢小君、陈慧敏则从"公共服务、经济地位、社会保障、社区参与"四方面对大连市流动人口社会融合状况做了测量。⑥

在众多的社会融合相关研究中，杨菊华与周皓对构建具有普适性的社会融合测量指标体系进行了探讨，我们在此主要对这两位学者的观点进行梳理。杨菊华在对农村—城镇流动人口的研究中，构建了测量流动人口在流入地的社会融入的指标体系。她认为社会融入应从"经济整合、行为适应、文化接纳、身份认同"这四个维度进行衡量，其中经济整合与行为适应为显性客观的维度，而文化接纳与身份认同则为隐性主观的维度。同时，每个维度都包含与其相对

---

① 沈凯琪. 社会融合测量维度研究综述 [J]. 学理论，2018 (12) 106-108.
② BERNARD P. Social Cohesion：A Critique，Canadian Policy Research Networks [J]. CPRN，1999 (09)：1-26.
③ 朱力. 论农民工阶层的城市适应 [J]. 江海学刊，2002 (06)：82-88，206.
④ 张文宏，雷开春. 城市新移民社会融合的结构、现状与影响因素分析 [J]. 社会学研究，2008 (05)：117-141，244-245.
⑤ 董章琳，张鹏. 城市农民工社会融合的影响因素分析：基于重庆市 1032 名农民工的调查 [J]. 重庆理工大学学报（社会科学），2011，25 (02)：19-25.
⑥ 卢小君，陈慧敏. 流动人口社会融合现状与测度：基于大连市的调查数据 [J]. 城市问题，2012 (09)：69-73.

应的测量指标（经济整合包括就业机会、职业声望、工作环境、收入水平、社会保障、居住环境、教育培训等；行为适应包括人际交往、生活习惯、婚育行为、人文举止、社区参与等；文化接纳包括价值观念、人文理念等；身份认同包括心理距离、身份认同等）。[①]。杨菊华所构建的流动人口社会融合测量指标体系，维度划分清晰有序，对指标及变量的总结非常全面，如她所说，"虽然任何研究都难以穷尽这里列举的所有因素，但在研究、问卷设计中，需要尽可能地考虑多维度因素，收集具有代表性的指标"。这一"四维度论"社会融入指标体系为其他研究中社会融入测量模型的构建提供了较为基础且全面的参考。2016年，杨菊华对上述国内流动人口社会融合的四个维度的划分做出了修正与完善。[②] 首先，她将"四维度论"与戈登的"七阶段论"做对比，指出"四维度论"强调维度之间的交互性，即融合过程不是完全的递归模式，维度之间是存在作用与反作用性的。并且在"四维度论"中，她将本地人的态度与行为从阶段融合维度中剔除，她认为，本地人的接纳或排斥的态度及行为，是流动人口融合的影响因素，而不是融合本身。其次，她指出"经济整合、文化接纳、行为适应、身份认同"这四个维度主要是从流动人口融入当地社会的视角出发，强调"融入"；而从人群之间和文化之间的互动和交融的视角出发，则需要强调"融合"。因此，杨菊华把流动人口"社会融合"的四维度定为"经济整合、文化交融、社会参与、心理认同"，将具有单向性融入含义的"适应"和"接纳"改为具有双向含义的"参与"和"交融"。

周皓对杨菊华的"四维度论"提出了不同的意见。[③] 首先，他认为在对社会融合的测量维度进行构建时，应该考虑维度之间的递进关系。虽然各维度之间相互影响，在融合的过程中也不是保持一成不变的序次，但是"社会融合"本身就是一个"渐进"的过程，测量结果总会处在"适应—区隔融合—融合"这一进程中的某个点上，因此在测量维度与指标方面应该能够体现这种递进关系。其次，他指出在测量指标方面，测量指标应测量社会融合本身，而不是测量其结果；测量维度内部的指标应尽量简约，并且具有一致性与排他性。因此在杨菊华的"四维度论"中"行为适应"这一维度的测量指标设定中，还有可以改进的地方。在以上讨论的基础上，周皓对社会融合指标体系进行了重构。在他所构建的社会融合测量指标体系中，"社会融合"是一个动态的、递进的过

[①] 杨菊华. 流动人口在流入地社会融入的指标体系：基于社会融入理论的进一步研究[J]. 人口与经济, 2010 (02): 64-70.
[②] 杨菊华. 论社会融合[J]. 江苏行政学院学报, 2016 (06): 64-72.
[③] 周皓. 流动人口社会融合的测量及理论思考[J]. 人口研究, 2012, 36 (03): 27-37.

程（适应—区隔融入—融合）。在这一递进进程中，他将社会融合分为"经济融合、文化适应、社会适应、结构融合、身份认同"这五个维度来进行测量。第一是经济融合，主要标志是固定的居所和稳定平等的经济收入；第二是文化适应，主要表现在语言、风俗习惯等方面；第三是社会适应；第四是结构融合，这一维度以流动人口的社会交往和社会分层为主要标志（流动人口的社会交往群体是否扩展到本地人群；在社会分层上是否能够摆脱边缘地位，从而向更高层次接近）；第五是身份认同，主要测量指标有居留意愿、对自己本地人身份的认同感等。周皓认为，这个"五维度"的社会融合测量指标体系，虽然已经经过了简化，但仍然比较复杂，在具体应用时还可以做进一步的简化。

综合国内外已有的相关研究，社会融合的测量维度基本包括"经济融合、文化融合、社会融合、政治融合、身份认同"这五个维度。不同的学者从多种视角探讨社会融合问题，构建了不同的社会融合测量指标体系。

目前，对于社会融合的测量，并没有形成一个公认的、具有普适性的指标体系，根据以上对国内与国外社会融合测量维度研究的梳理，构建指标体系时，存在以下两点需要关注的地方。①

（1）社会融合维度是否呈递进关系。密尔顿·戈登的社会融合"七阶段论"认为社会融合的各个维度之间是存在递进关系的。国内学者朱力从"经济、社会、心理或文化层面"三个维度来测量社会融合程度，并且认为这三个维度是依次递进的。周皓在构建社会融合的测量维度时，也认为社会融合是一个渐进的过程，维度之间应该体现出递进的关系。杨菊华则认为在社会融合的"经济整合、文化接纳、行为适应、身份认同"四个测量维度之间是存在作用与反作用的，并不是完全的递归模式，她特别指出，对于少数民族流动人口而言，语言融合在整个社会融合的过程中处在首要地位。综合以上观点，可以看出，在面对具体研究问题，构建社会融合的测量指标体系时，首先应确定各维度之间是否存在递进关系，其次，如果假设存在递进关系，应对递进关系中的各个维度进行适当的排序。

（2）测量指标的代表性与效度。社会融合是一个多维度的概念，每一个维度都需要确立多个指标来对这一维度进行测量，在已有的社会融合测量指标体系中，都存在指标众多、过于复杂、不易操作化的问题。因此，选择具有代表性的、有效度的指标是具体构建测量指标体系过程中重要的一步。首先，测量维度内部的指标应该尽量简约，便于操作化。这就需要研究者在众多指标中选

---

① 沈凯琪. 社会融合测量维度研究综述［J］. 学理论, 2018（12）：106-108.

出具有代表性的指标，如在"经济融合"这一维度中，很多学者会使用"职业、收入、住房"这三个具有代表性的指标来进行测量。其次，测量指标应准确地反映需要测量的维度。值得注意的是，测量指标应测量社会融合本身，而不是测量社会融合的影响因素，如在"文化融合"这一维度中，"语言水平"是比较具有效度的指标，而"学习语言的环境"这一指标则是需要商榷的。构建具有普适性的社会融合测量指标体系诚然具有很重要的意义，但是我们认为，在面对不同的研究问题与研究对象时，其社会融合的具体情况也各不相同，并不能够用一套固定的指标体系去测量所有的社会融合问题。因此，需要研究者参考与借鉴以往的研究经验，选择具有效度的测量指标，针对具体问题构建适用于研究对象情况的测量指标体系。

第三节　在华外国人总体特征

一、在华外国人数量稳步增加，韩国成为第一大来源国

根据 2019 年联合国经济和社会事务部的统计，中国大陆约有 1030900 迁入移民，除去香港地区和澳门地区的移民之外，中国大陆共有国际迁入移民 720400 人，与 2015 年相比增加 3700 人，增幅达 5.4%。① 2020 年的中国人口普查数据显示，截至 2020 年 11 月 1 日 0 时，在大陆的境外人口总量为 1430695 人，比 2010 年增长了 40.2%。除去港、澳、台籍人士，其中外国人共有 845697 人，超过全部境外人口的 59%。② 值得注意的是，疫情使得 2020 年成为一个不平凡的普查年，不少境外人口在年初离境后未能返回境内，由此可能低估境外人口总量。另外，一些学者认为，以上数字并不能准确地反映在华外国人的人数，因为有大量非法居留的外国人无法统计在内。

2010 年的人口普查资料显示，在中国境内的 593832 名外籍人员中，按国籍分，人口数量排在前十位的国家是：韩国 120750 人，美国 71493 人，日本 66159 人，缅甸 39776 人，越南 36205 人，加拿大 19990 人，法国 15087 人，印

---

① 王辉耀，苗绿．中国国际移民报告：2020［M］．北京：社会科学文献出版社，2021：49.
② 国家统计局．第七次全国人口普查公报：第八号［EB/OL］．中华人民共和国中央人民政府网，2021-05-11.

度 15051 人，德国 14446 人，澳大利亚 13286 人。在我国境内居住的其他国家人员 181589 人。①

2019 年联合国经济和社会事务部的统计数据则显示，在我国境内居住的外籍人员数量排在前十位的国家是韩国（196874 人）、巴西（78301 人）、菲律宾（77061 人）、印度尼西亚（41882 人）、越南（29612 人）、美国（28223 人）、泰国（16012 人）、秘鲁（14211 人）、英国（9599 人）、印度（9452 人）。可见，韩国仍是外国外籍移民的第一大来源国，其他国家的顺序则有了些许变化。

二、男性移民数量高于女性

2010 年的我国人口普查资料显示，境内的外籍人员共计 593832 人，其中男性为 336245 人，女性为 257587 人，性别比为 130.5；2020 年的人口普查数据说明，外籍人员 845697 人，其中男性为 402026 人，女性为 443671 人，在华外国人的性别比下降为 90.6。但这一比例与联合国的相关统计数据相比有较大出入，如据联合国经济和社会事务部的统计，2019 年中国境内约接收 63.26 万男性输入移民与 39.83 万女性输入移民，男女比率约为 1.59∶1。具体从来源国男女比率分布来看，仅有来自印度尼西亚与斯里兰卡的女性输入移民比率略高于男性。越南、美国、英国、加拿大、日本、澳大利亚、巴基斯坦来华移民的男女比率超过 2∶1。这一输入移民性别比率不同于全球移民总体男女性别构成。2019 年，全球共有男性移民存量 141488000 人，女性移民 130154100 人，男女比率约为 1.09∶1。美国、加拿大、澳大利亚、英国等主要移民国家的输入移民男女比率均相对平衡。②

三、特大城市及沿海、边境地区为主要接纳地，上海成为外籍人才最喜爱的城市

从来华境外移民分布的地区来看，2010 年排在前十位的地区是：广东、上海、北京、江苏、福建、云南、浙江、山东、辽宁、广西。2020 年的人口普查数据说明，这一基本分布格局未有大的改变，但是在两次普查期间，除

---

① 中华人民共和国国家统计局. 2010 年第六次全国人口普查接受普查登记的港澳台居民和外籍人员主要数据 [EB/OL]. 国家统计局，2011-04-29.
② 王辉耀，苗绿. 中国国际移民报告：2020 [M]. 北京：社会科学文献出版社，2021：50.

广东依旧遥遥领先外，其他省市的排序有一定变化。2020 年，云南省境外人口数量从 2010 年的不到 50000 人升至近 400000 人，总量直逼广东，北京则位列第五，主要原因可能是受疫情影响大量外籍人口，如留学生等在普查期间未能返回所致。

进一步从流向区域来看，东部沿海地区以其开放的市场环境与社会氛围，受到多数外籍人才的青睐。2018 年"魅力中国——外籍人才眼中最具吸引力的中国城市"主题活动结果显示，排名前十的城市分别为上海、北京、合肥、杭州、深圳、苏州、青岛、天津、西安、武汉，可见东部沿海地区城市及一线城市就占据 7 席。上海更是 7 年蝉联榜首，成为最受外籍人才喜爱的城市，这在很大程度上与上海近年来出台的吸引外籍人才政策措施、不断优化的国际化生活环境相关。据统计，2018 年共计 215000 名外国人在上海工作，居全国首位。①

四、入境目的发生较大转变，就业与定居成为主要动因

随着中国经济、社会的快速发展，我国入境人口的目的和身份日益多样化，其活动广泛且复杂。根据 2010 年人口普查数据，境外人口入境的第一目的是商务，占 20%。其后依次是学习、就业，均略低于 20%；2020 年，商务目的大大降低，仅占 5.4%，而就业目的升到 31.1%，成为最主要的入境驱动力，因定居而入境的比例也达到近三成。这应该既与 2012 年后出入境管理办法的简化密切相关，也可能受到 2020 年疫情的影响，即更多的商务人士未能返回。在全球经济发展放缓的大背景下，中国经济持续增长的发展态势、社会和谐稳定的局面给外籍人口在华发展提供了新的机遇。

另外，近年来随着中国人才战略的不断升级，以及国家移民局成立以来的一系列来华签证、居住程序的简化，外籍人才引进工作取得了显著成效。2018 年 4 月，科技部部长王志刚在第十七届中国国际人才交流大会上表示，2018 年中国累计发放外国人工作许可 33.6 万份，预计在中国境内工作的外国人超过 95 万人。② 而公安部相关统计数据显示，仅 2018 年上半年，就共批准 2409 名外国

---

① 王辉耀，苗绿. 中国国际移民报告：2020 [M]. 北京：社会科学文献出版社，2021：49.
② 李晓玲，王丰. 逾 95 万外国人在中国境内工作 [EB/OL]. 中华人民共和国中央政府网，2019-04-14.

人在华永久居留，同比增长109%。① 这一数字是2016年全年的近1.5倍，可见中国正成为国际人才流动的新兴市场。

五、留学生数量稳步增长，留学生学历层次明显提升

根据美国、加拿大等传统移民国家的发展经验，国际留学生作为潜在移民群体，具有更大的转化为国际人才资源的可能，因此各国对留学生的教育尤为重视，我国也不例外。

自20世纪50年代我国接受第一批东欧国家的33位留学生以来，除"文革"期间有所中断以外，1973年开始恢复，来华留学生的人数逐年增长，尤其是改革开放40多年来，来华留学生无论在规模、国别，还是在所学专业领域都有大幅度扩展。1987年来我国学习的外国留学生有1300人，2008年增加到223500人，20年间增长171倍。特别是自2000年以来，留学生人数增加迅速，至2018年来华留学生已达492185人。② 目前我国已成为继美国和英国之后的第三大留学目的国。

与此同时，来华留学生学历层次明显提升。2018年，接受学历教育的外国留学生总计258122人，占来华留学生总数的52.44%，比2017年增加了16579人，同比增长6.86%；硕士和博士研究生共计85062人，比2017年增长12.28%，其中，博士研究生25618人，硕士研究生59444人。③ 2019年，来华留学学历生比例达54.6%，比2016年提高7个百分点。④ 总体而言，"十三五"期间，我国不断规范高校接受国际学生的资格条件，来华留学质量规范与监管体系不断完善，来华留学生结构不断优化。

六、外籍移民居住长期化态势明显

与就业、定居等主要入境目的相适应，在境外人口中长住大陆的人口比例有了较大增长。2010年，境外人口中居住超过5年的比例从2010年的24.5%上

---

① 国家移民管理局.2018年上半年全国出入境证件签发量和人员出入境量同比稳步增长[EB/OL].国家移民管理局网站，2018-07-23.
② 中华人民共和国教育部.2018年来华留学统计[EB/OL].中华人民共和国教育部政府门户网站，2019-04-12.
③ 中华人民共和国教育部.2018年来华留学统计[EB/OL].中华人民共和国教育部政府门户网站，2019-04-12.
④ 中华人民共和国教育部.2019年来华留学统计[EB/OL].中华人民共和国教育部网，2020-12-23.

升为2020年的42.2%；2010年，居住半年以上人口超过八成，2020年超过九成，为典型的常住人口，而居住不到3个月的人口从2010年的10.2%降至2020年的2.8%。① 这应该与2017年公安部外国人永久居留身份证改革等相关政策的实施密切相关。

（报告撰写人：何俊芳）

---

① 根据2010年第六次和2020年第七次全国人口普查数据计算所得。国家统计局. 第七次全国人口普查公报：第八号［EB/OL］. 中国政府网，2021-05-11.

第二章

在京外国人的社会融入研究

第一节 导 论

一、外国人来京发展历程

自元世祖忽必烈1279年灭南宋,定都大都(北京)以来,就不断有外国人来到北京游历、经商、传教、朝拜,尤其是第二次鸦片战争以来,列强的坚船利炮打开了清政府"闭关锁国"的大门,外国公使进驻北京,从此西方各国军队、公使常驻北京,形成了颇具特色的东交民巷使馆区。1937年抗日战争全面爆发,日军占领北平(北京)后,日本的各种特务、宪兵机构及各类会社的人员大量进入北京地区。之后,随着新中国的成立,大部分外国人退出了北京,仅有一些外籍共产党员、外国专家和留学生留在了北京工作、学习和生活。改革开放后,随着我国经济的发展和北京建设国际大都市进程的加快,来京的外国人数量在逐年增长。

根据史料记载和历史发展脉络,可将外国人来京的历程主要分为以下四个重要阶段。

(一)第一阶段(1601—1860)

这一阶段是外国人初步进入北京阶段,以1601年(明万历二十九年)意大利传教士利玛窦来京作为开始,1860年《北京条约》签订,第二次鸦片战争结束为止。

郑和下西洋之后,明朝及后继者清朝政府在一定程度上都实行闭关锁国政策,从1757年(清乾隆二十二年)开始则全面闭关锁国,直至1842年第一次鸦片战争被帝国主义列强打开国门。在此期间,明清政府严格限制外国人进入中国内地，特别是对外国人进入帝都北京城进行严格控制，在此阶段能够来京或留居北京的外国人群体主要为外交使臣和传教士。

在外国传教士中，最早来北京的是意大利的传教士利马窦（1552—1610），他于1601年以私人身份觐见，1610年病逝于北京寓所，后赐葬于阜成门外二里沟。之后陆续有来京为宫廷服务的各国传教士，如意大利的卫匡国和马国贤、德国的传教士汤若望、法国的传教士张诚和白晋等10人、葡萄牙的传教士徐日升、麦大成等7人、西班牙的多明我会传教士闵明我，以及为清朝铸造大炮的比利时人南怀仁等。这些传教士多是耶稣会的成员，他们一般是先到澳门，凭借自己的一技之长，如精通天文算法、测绘、律吕、调药等特殊技能被选中后才能进京就职，并在得到皇帝允许的情况下传教。总体而言，传教士这个群体比较多，其中人数以新教耶稣教会的传教士为最多，另还包括俄国的东正教、法国长老会等传教士群体。这里需要指出，这些传教士的职业不仅仅是传教士，他们还是明清政府的官员，从现代意义上讲他们算得上科学家、数学家、天文学家、地理学家等各方面的人才，属于"外国专家"或"技术性移民"，他们对当时中国的天文、历法、地理、测绘、制炮技术发展等都做出了杰出的贡献。①

在外交使臣中，与北京交往较为密切的除了周边的朝鲜、琉球、越南、缅甸、南掌、暹罗、苏禄等国以藩属国身份每年四次来京朝贡外②，还有日本、俄罗斯，另外还有一些西方国家，如荷兰、葡萄牙、英国、美国等也有外交使团或商贸人士不时出访北京。如清朝时期，特别是清朝中期，中俄外交使团、商贸人士往来十分频繁，据记载，俄国派出的商队，从几十人、几百人乃至上千人不等。此外，还有一支因雅克萨战争俄国战败，近百名军役人员向清政府投诚的"阿尔巴津人"留居北京生活，被安置在东直门附近，并将其编入八旗，编为"俄罗斯佐领"，允许他们保持东正教信仰，并拨给庙宇一座（后该庙宇改成东正教教堂，被称为索菲娅教堂，后又称尼古拉教堂），以供其做礼拜之用。③

这一时期在京外国人主要居住在东江米巷（现东交民巷）的驿馆（又名内

---

① 他们都是在政府许可的条件下进京为朝廷服务的，这些人地位较高，他们的国籍、人数、活动等情况，史料均有详细记载。
② 定例使行是每年向中国派遣的使节，有冬至使、正朝使、圣节使、千秋使等四行，从顺治二年（1645）起，合并每年次的冬至使、正朝使、圣节使及岁币使为一行。
③ 赵士国. 康熙时期中俄关系述论［J］. 湖南师范大学社会科学学报，1997（08）：60-65.

馆）内。1840年鸦片战争后，一些西方国家，如英、法、德、俄在东江米巷私设了使馆，使不是公使的外国人也可以来这里常住。① 可见，在外国人早期留居北京时，已形成了相对聚居的情况。

总体而言，根据相关史料，从国别上看，这一时期来京的外国人除周边的国家朝鲜、日本、缅甸、尼泊尔、越南、老挝、俄国等之外，还包括了意大利、英国、德国、法国、葡萄牙、西班牙、比利时、荷兰、美国等大部分西方国家，可见来源地比较广泛。从群体类别、年龄、性别等特征上看，主要为外国使臣及其随行人员、传教士，还有来华经商、考察的商人、探险家以及留学生等，他们均以中青年为主，年龄一般在20~60岁之间，且多为男性（因为外交使团成员和传教士一般都为男性），除了少数高级别大使的随行女仆和传教士的家属外，很少有女性来北京居留、任职。从在京的时间上看，从经商的几天到几个月，传教士有10年到30年不等，定居北京的也大有人在。外交使臣和传教士在来中国之前一般都在其国内接受过一定的汉语或满语、宗教培训，以便顺利完成其各种使命。

（二）第二阶段（1860—1949）

这一阶段是外国人较大规模进入北京的时期。在这一阶段入京的主要是各国的外交人员及其随从、外籍教师、军人等。

外交人员、军人等大量进入北京：

第二次鸦片战争后，随着1860年及之后中国与英、法、俄、意之间《北京条约》的签订，列强各国纷纷在北京设立使馆，各国公使开始常驻北京，各国的官员、翻译、随从也都纷纷来到北京居留，外国人开始在北京内城之外择地居住、贸易，北京的外国人数量有了显著增长。

特别是1900年八国联军侵入北京之后②，在清政府与英、法、德、美、俄、意、西、奥、比、荷、日等11国签订《辛丑条约》，并根据本条约第七条之规定将东交民巷划为外国使馆界之后，各国在使馆界内有军队长驻，各国还于使馆界内修筑炮台、练兵场，美、日、德等国还建有兵营。此外，列强各国还在东交民巷设立了银行（主要有美国的花旗银行、英国的汇丰银行、法国的东方

---

① 清廷规定凡外国使节来京居留期限不得超过40天，但事实上一些外国人并不向清廷衙门申请，清政府也不敢过问。参见：靳麟. 东交民巷杂记［M］//北京市政协文史资料委员会. 北京文史资料精选：东城卷. 北京：北京出版社，2006：289-293.

② 当时联军队伍中的外国人士兵人数就有18811人，其中日军8000人，俄军4800人，英军3000人（除炮兵和四营步兵是英籍的，其余为印度兵），美军2100人，法军800人［大部分为安南（今越南）兵］，奥军58人，意军53人。

汇理银行、德国的德华银行、俄国的道胜银行等)、洋行、医院(德国医院)、饭店(六国饭店,由英、法、德、美、俄、日集资合办)等。

大量外籍教师的聘用:

根据相关研究,从1862年京师同文馆批准开设到1902年其并入京师大学堂,40年间共聘用了27名担任英、法、德、俄、日等语言的教习和其他各科教习,其中任期最长的是美国传教士丁韪良,达30年(1865—1895)之久。到1949年之前,总计有近百名来自英国、法国、德国、美国、瑞士、瑞典、俄国、日本等国家的外籍教师在北京大学任教,他们中有半数以上的人从事英、法、德等文科的语言教学工作。① 另外,大量外国教会学校在北京的开办,也聘用了大量外籍教师及管理人员。②

此外,日本侵华及占领北平期间,根据相关资料推测,加上驻京的日本兵和特务人员,当时在京的日本人至少在十万以上。③

总体而言,这一阶段的来京外国人,从国别上看,比上一阶段的范围更加广泛,主要包括英、法、德、意、葡、美、丹麦、瑞士、比、墨、俄、西班牙、日、韩、印等国(韩国人和印度人主要在日军部队里)。从职业构成看,军人(士兵、军官)是这一时期北京外国人中最主要的群体,且数量巨大,特别是日军因其侵华需要有10万人以上在京屯驻,且其活动区域也非常广泛,深入到了北京周边的昌平、大兴、密云、顺义、怀柔等区域;其余人数较多的为外交人员、教师和传教士;另外还有一些支援中国抗日及支持中国建立新民主主义国家的西方共产党人士等。

(三) 第三阶段(1949—1980)

在这一阶段,随着抗日战争和解放战争的胜利,大部分侵华分子被驱逐出中国,由于新中国与很多国家没有建立起外交关系,因此这一时期的在京外籍居民非常少,仅有人数不多的留学生在北京高校学习,另外还有一部分,如在新华社工作的外国专家④和在京工作的外籍教师。但在这一阶段的早期,随着中

---

① 白燕. 从"洋教习"到"外国专家":北京大学聘请外籍教师百年回顾 [J]. 北京大学学报(哲学社会科学版),2001 (05):146-152.
② 耿申. 早期北京外国人所办学校 [J]. 教育科学研究,1999 (02):86-90.
③ 据统计资料,从抗战胜利到1947年,平津地区共遣返日本战俘37万人。参见:中共北京市委党史研究室. 侵华日军在北京地区的暴行 [M]. 北京:知识出版社,1993:1.
④ 自1949年至1991年的40多年间,新华社共聘请外国专家400多人次,仅1963年阿拉伯语广播开办后,就有埃及、苏丹、索马里、叙利亚、巴勒斯坦、伊拉克等国家和地区的专家先后前来工作。参见:熊蕾. 历史不会忘记:新华社外国专家回顾 [J]. 中国记者,1991 (08):17-20.

苏友好关系的建立及苏联对华援助项目的落实,有大量苏联专家来华工作,因此苏联人是当时外国人在华及在京的主体。

这一阶段在京工作的外籍教师,主要为教授外国语的外教。如为了满足新中国对外交往的需要,一些高校设立了外国语言文学专业,并聘请外籍教师授课,如以北京大学为例,初期设立了三个外国语言文学系,开设有朝鲜、日本、蒙古、越南、缅甸、泰国、印度、印尼、英、法、德、俄、阿拉伯等十余种外国语言的专业课程。从1950年起聘请外籍教师从事语言教学,此后人数逐年增加,如1953年聘请了27位外籍语言教师,1954年增加至35名外教。其中有些外教在北大工作几十年,如日语教师冈崎兼吉自1953年3月起在北大东语系任教达40余年。① 另外,北京大学从1952年聘请第一批苏联专家起,到20世纪60年代中期,聘请总数达40余人,聘期从1年到3年不等,分布在数、理、化、文、史、哲、经济等各系科。

在苏联援华专家方面,1954—1956年是苏联专家来华的高潮时期,从1957年开始中国实行少而精的原则,苏联专家数量有所减少,1960年中苏关系恶化后,苏联在华援建专家则被全部召回。总体而言,根据相关档案文献,从1949年到1960年,在我国经济、文教、军事各部门工作的苏联专家超过2万人。② 当然,这些苏联专家主要分布在东北等重工业区的水利、边防、核能建设等领域,在北京的人数占少数,但相对其他国家的外国人,苏联人仍是当时北京外国人中的多数。

(四)第四阶段(1980年至今)

这一阶段是来华外国人及在京外国人人数急剧上升的阶段。自20世纪70年代末我国实行改革开放以来,我国同世界各国在外交、政治、经济、文化等各方面的合作交流越来越广泛和深入,不仅在京的外国驻华机构迅速增加,来京工作、学习以及长期居住的外国人数量也越来越多。

目前,在京的外国人主要由以下人员组成:

(1)各国驻京使馆的外交人员和驻华的国际机构的工作人员。如1979年,北京有驻华使馆120家,到2017年年底,驻华使馆增长至168家;另外,至2017年年底,北京共有7家联合国机构和国际组织总部,25家国际组织分支机

---

① 白燕. 从"洋教习"到"外国专家":北京大学聘请外籍教师百年回顾[J]. 北京大学学报(哲学社会科学版),2001(05):146-152.
② 沈志华. 对在华苏联专家问题的历史考察:基本状况及政策变化[J]. 当代中国史研究,2002(01):24-37.

构，236家驻京境外新闻媒体。①在驻京使馆工作的外交人员和驻华国际机构的工作人员是一个庞大的群体，如2005年，在驻京使馆工作的外国工作人员约为7000人。②

（2）为帮助我国建设，作为人才"引智"，受我国政府邀请来华工作的外国专家。如2007年来北京工作的外国专家31729人③；如至2017年累计引进诺贝尔奖获得者5人。④

（3）在企业工作的外籍从业人员。在企业工作的外国人都需要在劳动部门登记。如根据北京市劳动局外国人就业登记资料，从2004—2009年在劳动局登记并颁发外国人就业登记许可证的人数共计45206人，呈现逐年上升的趋势。根据黄荣清对劳动局资料的统计，如2007年有外国人23348人在在京企业登记就业，另有国籍不详者59人。从该群体特征看，性别比高达392.57，男性18608人，女性4740人；受教育程度高，接受过大学本科及以上教育者超过了90%。从企业类型看，外国从业者主要分布在外资企业（占50.72%）、外企常驻北京代表机构（28.16%）、内资企业（12.73%）、港澳台企业（7.86%）及其他类型企业（0.53%）；外资企业的外籍职工，1999年为230000人，2007年为654900人，平均年增长率为13.10%。⑤

（4）在京学习的外国留学生。北京是中国的政治文化中心、文化教育中心，是我国吸收外国留学生最多的地区（2006年外国在华留学人员共约16.3万名，其中在京就读的达到4.7万人，占到全国的28.8%），留学生的数量、国别等同样表现出大幅度增加的形势。北京留学生1989年的毕（结）业、招生和在校生分别为1812人、1656人和5008人，到2007年为18004人、23906人和29452人。⑥

根据以上数据，首都经济贸易大学黄荣清教授估计出了在京外国人的数量。根据调查和统计年鉴的数据，在京工作就业、专家和外交人员的外国人中，约有三分之一带家属，家属同住人数平均为2.2人，加上留学生、平均每日滞留在北京的旅游人数，在京外国人约有170000人。

---

① 勇立改革潮头 擘画开放蓝图：改革开放40年与国际交往中心建设 [EB/OL]. 北京市人民政府外事办公室，2018-08-08.
② 黄荣清. 在京外国人调查研究 [M]. 北京：中国书籍出版社，2013：5.
③ 黄荣清. 在京外国人调查研究 [M]. 北京：中国书籍出版社，2013：5.
④ 勇立改革潮头 擘画开放蓝图：改革开放40年与国际交往中心建设 [EB/OL]. 北京市人民政府外事办公室，2018-08-08.
⑤ 黄荣清. 在京外国人调查研究 [M]. 北京：中国书籍出版社，2013：3-4.
⑥ 黄荣清. 在京外国人调查研究 [M]. 北京：中国书籍出版社，2013：5.

表 2-1　在京外国人数量估计①

项目	人数（人）	百分比（%）
就业	23400	13.85
专家	31729	18.78
外交	7000	4.14
家属	45975	27.21
留学生	29452	17.43
旅游	31400	18.58
合计	168956	100.00

在京的外国人中，在京工作的约占总数的 36.77%，探亲和家属约占 27.21%，留学生占 17.43%，旅游人口占 18.58%（如表 2-1 所示）。

目前，居住在北京的外国人口呈现以下五个显著的特点：

一是在京外籍人口的总体数量呈不断增长趋势。根据相关报道，1995 年在京常住外籍人员 39700 人，2017 年年底达 138000 人。

二是在京居住的外国人滞留时间逐渐长期化，尤其是居住 3 个月以上的外国人明显增多。

三是在京居住的外国人呈现集聚的鲜明特点，比如，朝阳区的望京地区、麦子店地区以及海淀区的五道口等。

四是在京居住并工作的外国人明显增多，同时也出现了一些外国人非法经营的现象。

五是居住在京的外国人国籍出现更加多元化的趋势。

二、研究对象和研究方法

（一）研究对象

北京市公安局规定：常住北京的外国人口是指在北京连续居住时间达半年以上，且在公安部门登记的外籍人口。②借鉴这一规定，本研究将以在北京工作和生活时长超过半年的外国人作为研究对象。受语言方面的限制，本文研究对象主要以可以使用英语进行交流的外国人为主，其中包括来自美国、加拿大、

---

① 黄荣清. 在京外国人调查研究 [M]. 北京：中国书籍出版社，2013：10.
② 马晓燕. 世界城市建设中移民聚居区的出现及其特征体现：基于北京市望京"韩国城"的调研 [J]. 北京工业大学学报（社会科学版），2011，11（06）：8-13.

欧洲等发达国家和地区的外国人,也包括来自非洲、东南亚、拉丁美洲等发展中国家和地区的外国人。

(二)调研地

已有研究显示,在京外企分布最多的区域是朝阳区、海淀区和东城区。根据这一研究所提供的在京外国人居住地分布情况来看,居住在朝阳区的外国人占总人数的68.03%,其次是东城区(9.47%)、海淀区(6.98%)和顺义区(6.38%)。[①] 因此,鉴于朝阳区是北京市外国人工作和聚居最多的一个区域,本研究以该区域作为主要的调研地点,但是在具体调研的过程中,并不局限于朝阳区,对于生活在其他区的外国人也有少量取样。

朝阳区位于北京市市区的东部,是在京外国人居住较为集中的区域,其中有159个国家的驻华大使馆分布在这里。[②] 据相关统计,朝阳区辖区内包括三里屯街道、朝外街道、建外街道、呼家楼街道、麦子店街道、望京街道等24个街道办事处,其中的一半街道有千人以上境外人口,排名前五的分别是望京、双井、东湖、麦子店和呼家楼街道。按境外人员占辖区人口比例排序,位列前五位的则是望京、麦子店、东湖、呼家楼和双井。另,朝阳区公安分局2010年3月的统计数据显示,望京街道境外人口最多且占街道人口比例最高,80%以上是韩国人;麦子店街道是北京第一个提出建设国际化社区的街道,境外人士为3000多人,且以欧美人士为主,集中了第三使馆区、高档写字楼、高档小区等众多涉外资源,吸引了大量外交人员和外企工作人员居住。[③]

朝阳区作为北京世界城市建设的试验区,不仅是北京重要的外事活动和对外交往的窗口,是首都的城市功能拓展区,也是中国与"国际交往的重要窗口、中国与世界经济联系的重要节点",素有"中国涉外第一区"的美誉。朝阳区是北京市建设高端形态的世界城市、国际城市的重要引领区域。在使馆区的带动和辐射作用下,北京市80%以上的涉外资源在朝阳区,这些涉外资源对朝阳区

---

① 黄荣清.在京外国人调查研究[M].北京:中国书籍出版社,2013:17.
② 张贵祥,李磊,张少鹏,等.首都国际功能区外籍人口的服务与管理新探:以北京市朝阳区为例[C]//首都经济贸易大学,北京市社会科学界联合会.2012城市国际化论坛:世界城市:规律、趋势与战略选择论文集.北京:首都经济贸易大学、北京市社会科学界联合会,2012:217-221.
③ 王名,杨丽.国际化社区治理研究:以北京市朝阳区为例[J].北京社会科学,2011(04):63-69;
王三三,吴殿廷,杨欢.北京国际化社区空间分布影响因素研究[C]//中国城市规划学会.城市时代,协同规划:2013中国城市规划年会论文集:07-居住区规划与房地产.青岛:青岛出版社,2013:1-12.

影响越来越明显，促进了朝阳区经济、社会和文化的发展。

目前朝阳区逐渐发展出了几条特色商业街，包括三里屯酒吧街、潘家园旧货市场、秀水市场、雅宝路市场、燕莎商圈和丽都商圈等，在这些商业街中都能看到许多外国人的身影。与外国人有关的教育、医疗、商业、就业等经济体系和相关设施，都围绕着这个大使馆集中的区域而逐渐形成规模。朝阳区中的使馆区和商圈的建设与完善，既拓展了在京外国人的生存空间，也为朝阳区国际化社区的建设和深化北京的国际化产生了促进作用。

（三）研究方法

本研究采用社会学研究方法，用问卷法、访谈法以及参与式观察的方法进行资料收集。在分析资料时，以定性资料分析方法为主，通过分析访谈资料来解释在京外国人的社会融入动机、过程及结果，并归纳与总结在京外国人的社会融入模式。同时，以定量分析方法为辅，利用SPSS对调查问卷进行分析，对在京外国人的总体社会融入情况进行描述分析。

1. 问卷法

本研究通过发放调查问卷的方式，对在京外国人社会融入的信息进行收集。本文所用"在京外国人社会融入状况调查"问卷包括"经济整合、文化融入、行为适应、身份认同"四个部分，从这四个维度对在京外国人的基本信息以及社会融入现状进行基本了解。

在确定了以朝阳区为主的调研地之后，研究者于2017年7月至9月间在朝阳区外国人集中的区域发放问卷。包括三里屯酒吧街、蓝色港湾商圈、国贸、燕莎、双井、三元桥、望京丽都广场等商业街，幸福村中路、春秀路附近、朝阳公园社区、麦子店街道社区、枣营北里社区等国际社区和各大使馆区域附近。在这一阶段，研究者主要采取偶遇抽样、立意抽样和滚雪球抽样等非随机的抽样方式进行问卷的收集，共收集有效问卷121份，完成了初步的调研报告。

从2017年11月开始，研究者根据前期调研所获得的信息和经验，结合自己的研究目标，将调查问卷中的部分问题做了调整。同时，由于研究者发现，仅在朝阳区的各个外国人集中的区域做街头问卷发放，对调研进度来说具有很大的局限性[1]，因此从这一阶段开始研究者主要通过以下三种方式来提高发放问卷的效率。第一，研究者将纸质版的问卷信息录入到"问卷星"软件中，形成电子版的问卷。电子版问卷可以通过微信等社交软件进行转发和传播，并且填写

---

[1] 通过在街头搭讪的方式向行人发放问卷，效率较低，很多外国人不会停下脚步来接受问卷调查，并且由于调查问卷中的问题较多，部分外国人会因为填写此问卷时间过长而拒绝。

比较方便，节省受访者填写问卷的时间。研究者广泛联络认识在京外国人的朋友，并且采用滚雪球的方式，将电子版问卷传播出去。第二，笔者在前期调查中发现，在京外国人会经常组织很多聚会和活动，他们通过参与这种聚会，寻找与自己相同的移民群体，同时也可以与部分中国人加深了解。聚会的信息通常会发布到一些固定的网站上或者自媒体的信息中，在京外国人会经常关注这些网站和自媒体的信息。例如，"The Beijinger"（国外北京人）就是知名度较高的在京外国人生活网站之一。这个网站是一个外国人士创办的有关外国人在北京的生活资讯网站，网站内容包括博客、论坛以及在北京举办的活动等信息，是帮助在京外国人的生活指南。研究者通过了解这类网站发布的活动信息，参加了很多在京外国人的活动，比如，读书会、义卖会以及交友聚会等。在活动中，外国人接受搭讪和问卷调查的意愿较好。第三，研究者在调研过程中认识了给外国人介绍工作的中介人员，这一职业所接触的外国人数量较多，且样本也比较多样化。通过这类工作人员的介绍，研究者接触到了更广泛的在京外国人群体。

在以上三种方式的基础上，同时采取滚雪球抽样的方法，调查问卷的发放量逐渐得到提升，截至2018年9月，已收回有效调查问卷536份（其中纸质版问卷277份，电子版问卷259份），其中来自欧美国家的外国人的问卷数量为417份，来自亚、非、拉美发展中国家的外国人的问卷数量为119份。本研究原设计只调查来自欧美国家的人，后由于对来自欧美国家和来自亚、非、拉美等非发达国家的外国人进行对比研究感兴趣，同时调查获得了119份来自上述地区的问卷。在对问卷数据进行分析时，将对这两类外国人进行综合分析，以便更全面地展示在京外国人的社会融入现状。

2. 访谈法

本研究采用偶遇抽样和滚雪球抽样的方式在各个调研地选取访谈对象。在访谈之前，研究者会与被访者约好时间和地点，依据提前准备好的访谈提纲对被访者进行面对面的半结构式访谈。

在2017年7月至9月的预调研期间，我们所做的访谈仅有14位。我们发现，仅用街头搭讪的方式，在调研对象填写问卷的过程中进行一些交流，得到的信息都是非常碎片化的，街头偶遇的外国人可能会同意填写问卷，但是几乎很少有人同意留下联系方式或进行访谈，此外，由于中国签证政策十分严格，部分外国人的身份存在不合法的情况，他们经常会怀疑研究者是政府部门的调查人员，拒绝和我们进行交流。因此，想要寻找能够接受访谈的在京外国人，需要通过中介桥梁进行链接，这种桥梁可以是中间介绍人或一些聚会活动平台。

首先，认识在京外国人的中国人是我们主要寻找的中间介绍人，这些中间介绍人帮助我们联系他们的外国人朋友和同事。其次,研究者通过参与在京外国人举办的聚会活动,接触到更多的外国人,在活动中,他们交换联系方式的意愿相比街头偶遇的情境有了大幅的提升。研究者得到这些研究对象的联系方式(通常是微信)后,会通过微信与对方建立联系,进而询问对方是否愿意接受访谈,在同意接受访谈的被访者中,部分人选择了通过微信进行访谈,部分人则表示愿意进行面对面的访谈。在调研的过程中,研究者与部分访谈对象保持长时间的联系,并且挑选了其中一些较为典型的被访者,对其进行了多次访谈。另外,研究者还对部分被访者的中国人朋友、同事及家人进行了访谈,试图从多角度了解在京外国人的社会融入状态。

对于访谈内容的有效记录也是调研进程中的重要部分。在进行面对面访谈的过程中,记录访谈内容的有效方式就是使用录音笔进行录音,但是鉴于研究伦理,研究者会提前询问被访者是否同意对访谈内容进行录音,如果被访者表示同意,研究者就会利用录音笔进行记录,访谈后再整理资料,如果被访者不同意,我们会当场进行简要的重点信息记录,结合回忆进行整理,对于模糊的地方,再通过与被访者的微信交流或第二次访谈进行补充。

3. 参与式观察法

观察是民族学工作中非常注重的方法,是收集第一手资料的基本方法。观察需要身临其境,所以通常称为"现场观察""直接观察"。"参与观察"(participant observation)又称"局内观察法",是民族调查非常注重的方法,这种方法需要研究者在一个地方长期住下去,至少要住一年时间,"入乡随俗",参与当地人的生活,像一个"尽量合格的当地人"[1]。本研究借鉴民族学的这种"参与观察"的研究方法,研究者认为对在京外国人的社会融入的研究过程中,不能仅仅以一个局外者的身份对被访者的信息进行收集,而是应该积极地参与到被访者的生活中去,进行"参与式观察"。

我们通过参加在京外国人的活动,参与到他们的交流和互动当中,在活动中了解他们的互动形式,观察外国人与中国人之间的交流状态,切身感受他们的活动氛围。在参与活动的过程中,我们不会透露自己"研究者"的身份,尽量地保持观察内容的真实性。由于在京外国人群体的特殊性,在本研究中,研究者并不能够像民族学的"参与观察"那样深入地参与到被访者的生活当中去。我们的"参与式观察"主要是以参加他们的活动和聚会为主,将这种参与观察体验到的感受信息作为访谈资料和问卷数据的补充性材料。

---

[1] 宋蜀华,白振声. 民族学理论与方法[M]. 北京:中央民族大学出版社,1998:196.

三、在京外国人样本特征

（一）关于本研究样本数据的说明

由于语言的限制，本研究的研究对象以能够使用汉语或英语进行交流的外国人为主。所得样本中包括来自欧洲、北美洲、南美洲、大洋洲、非洲、亚洲的外国人。与传统的移民流向相比，移居到北京的外国人呈现出不同的流向特征。在以往的移民研究中，移民流向多是从经济欠发达地区向经济发达地区的迁移。而在京外国人群体中，来自发达国家的外国人在移居到北京的外国人中占有较大的比例。黄荣清教授对在京外籍人士所做的调查中显示，来自欧洲国家与美国的人口数量约占总人数的60%，来自非洲国家、印度与拉丁美洲国家的人数约占总人数的10%。[①] 在本研究收回的417份来自欧美国家的有效问卷中，来自发达国家的人有343人，占82.3%，其中美国人68人（16.3%）、英国人61人（14.6%）、法国人38人（9.1%）、加拿大人32人（7.7%）、德国人30人（7.2%）以及西班牙、澳大利亚、意大利等其他发达国家的人；其余为来自俄罗斯、乌克兰、波兰、塞尔维亚等东欧国家的人总计74人，占17.7%。来自亚、非、拉美等非发达国家的119名外国人主要来自菲律宾（31人，26.1%）、印度（19人，16%）、墨西哥（10人，8.4%）、巴基斯坦（7人，5.9%）、哈萨克斯坦（6人，5%）、巴西和洪都拉斯（各4人，3.4%）等亚洲和拉美地区。

如前所述，由于研究对象的特殊性，驻留在北京的外国人的官方数据难以获得，因此无法对在京外国人制定精准的抽样框和采取随机抽样。本文在借鉴以往研究的基础上，对于这一特殊的研究对象，主要采取的是偶遇抽样和滚雪球抽样等非随机的抽样方式，因此不能够完全保证样本的代表性，虽然研究者尽量多地选取调研点，通过多种途径选取调研对象，并结合其他非概率抽样方式来尽可能地平衡样本结构。本研究调查所得样本数据仅作为对以朝阳区为主的北京市各区域所抽取的样本情况的大致概括，而不是用于对北京市所有外国人社会融入的直接推论。

（二）在京外国人的样本基本特征

本研究所发放的调查问卷中，第一部分是对在京外国人的样本特征进行了解。通过对性别、年龄、婚姻状况、受教育程度、职业以及来京目的等方面的信息收集，对有效样本中的在京外国人的基础信息进行了解，总结出在京外国

---

① 黄荣清. 在京外国人调查研究 [M]. 北京：中国书籍出版社，2013：19.

人的样本特征。

表 2-2 调查样本的基本状况（N = 417-119）

特征		比例/均值（%）		特征		比例/均值（%）	
		欧美国家	亚、非、拉美国家			欧美国家	亚、非、拉美国家
性别	男性	69.8	70.6	留京时间（年）		3.48	3.61
	女性	30.2	29.4				
年龄区间	24岁及以下	12.5	20.2	来京目的	工作	74.1	79.8
	25~34岁	44.1	51.3		从商	10.6	11.8
	35~44岁	28.3	23.5		学习	9.6	8.4
	45~54岁	10.6	5.0		探亲访友	2.9	0
	55岁及以上	4.6	0		其他原因	2.8	0
婚姻状态	不在婚	51.6	66.4	找工作方式	政府外派	11.3	7.6
	在婚	48.4	33.6		跨国公司指派	26.9	2.5
受教育程度	高中及以下	3.8	5.0		自己寻找	32.4	55.5
	大学	44.4	54.6		亲朋好友介绍	15.3	10.1
	硕士研究生	45.6	37.8		中介机构介绍	4.8	24.4
	博士研究生	6.2	2.5		其他原因	9.3	0
曾是否在中国学习过	是	36.9	17.6	未来计划留京时间	小于1年	25.7	0
					1~2年	15.1	18.5
					3~4年	32.7	32.8
	否	63.1	82.4		5年及以上	15.4	31.1
					不知道	11.1	17.6

1. 男性比重较高，年龄以青壮年为主

从表2-2所显示出的数据信息来看，在这两类样本中，男性占的比重分别是69.8%（欧美国家）和70.6%（亚、非、拉美国家），性别比较高。在对样本中年龄这一项信息的观察中，将离散型变量年龄划分为"24岁及以下""25~34岁""35~44岁""45~54岁""55岁及以上"五个阶段，分析后可以看出，在两类样本中，均是"25~44岁"这一年龄区间的样本比重较大，分别为72.4%和74.8%，样本以青壮年为主。这一趋势与国际迁移人口年龄结构一致。[1] 这一

---

[1] 根据联合国2017年《国际移民报告》（*The International Migration Report*，2017），目前世界范围内的移民数量约有2.58亿人，约3/4的国际移民处于劳动力年龄，即大多在20~64岁。

样本特征，在所得问卷中的两类样本中并无明显差异。

2. 受教育程度较高

在这两类样本中，绝大多数受教育程度为大学和研究生学历。其中，在欧美国家的样本中，大学学历所占比例为44.4%，研究生学历所占比例为45.6%。在亚、非、拉美国家的样本中，大学学历的比例为54.6%，研究生学历所占比例为37.8%。由此可见，在所调查的样本数据中，高学历人才较多，受教育程度较高。这与中国实行的"高端外籍人才引进"战略密切相关。同时，中国较为严格的签证政策和外籍人士在北京的工作机会也与这一现象有关。

对于大多数外国人来说，申请Z字签证（工作签证）是能够长期留在中国的保证之一，但取得Z字签证需要按照规定提交工作许可等证明材料。也就是说，外国人需要在北京找到一份工作，雇主配合出示材料，才能够进行Z字签证的办理和续签等业务。因此，能否找到一份稳定的聘用制工作，是外国人能否长期留在北京的一个重要条件。外国人在北京的工作机会较多，但这些工作机会多数是对那些学历相对较高的外国人开放的。以在京外国人较为容易找到的外教类工作为例，没有达到大学学历的外国人，在外教市场中的工作机会也并不多。那些没有大学及以上学历的外国人很难在北京找到一份稳定的工作，长期居留在北京的机会也少得多。这对于样本中高学历人才占比较大的现象也是一种解释。

现在北京正规的、有办学许可的学校招聘外教时，只招母语是英语国家的外国人，比如，英国、美国、加拿大、澳大利亚、新西兰和爱尔兰等母语是英语的国家的人，并且基本上是需要具备本科以上学历的。工资水平以具体毕业院校、学历以及是否有英语教学资格证书来划分等级。没有办学许可的教育公司有时会选择一些没有本科学历的外国人，但是这样的公司现在不好办了，工作机会越来越少，给的工资相比那些有学历的外国人也要少很多。（女，26岁，中国人，某外国人工作中介机构职员）

3. 未婚者居多，来京目的以工作为主

对于调查对象的婚姻状态，我们将其分为在婚（已婚）和不在婚（未婚、丧偶、离异）两种状态。在这两类样本中，不在婚的样本比例均比较高，分别为51.6%（欧美国家）和66.4%（亚、非、拉美国家）。这些迁移到北京的外国人年龄结构偏年轻化，并且在流动中大多处于未婚状态，离婚和丧偶人数较少。在有效样本中，外国人来京的主要目的是工作，其次为经商和学习。外国人来到北京找工作的方式也呈现出多样化的状态，在欧美国家的样本中，自己寻找工作占比例多，其次是跨国公司指派和亲朋好友介绍。亚、非、拉美国家的样本中，占比最多的方式也是自己寻找，其次为中介机构和亲朋好友介绍。在未来计划留京时间方面，在这两类样本中，表示未来会在北京居留3年以上的外国人均有一半以上。

第二节 外国人群体的社会融入现状

本研究使用SPSS对收集到的536份问卷（其中来自欧美国家的外国人的问卷数量为417份，来自亚、非、拉美国家的外国人的问卷数量为119份）进行了基本的分析，结合深度访谈资料，对在京外国人的经济整合、文化融入、行为适应、身份认同四方面的融入现状进行描述。

一、经济整合现状

经济整合是指流动人口在流入地经济结构方面面临的挑战及在劳动就业、职业声望、工作条件、经济收入、社会福利、居住环境、教育培训等方面的融入情况，是个体经济地位的综合反映。① 经济整合是社会融入的起点和基础。一个人的经济整合能力对其能否在移入地社会进行良好的社会融入有着重要的影响。借鉴已有研究对衡量经济整合情况的指标构建，本研究主要从职业、保险、收入、居住状况等方面对有效样本的经济整合状况进行分析。

（一）就业与收入状况

表2-3 在京外国人的职业状况

职业类型	职务	人数（人）		百分比（%）	
		欧美国家	亚、非、拉美国家	欧美国家	亚、非、拉美国家
外交机构	外交工作人员	32	3	7.7	2.5
企业负责人	经理、总经理	39		9.4	
公司雇员	秘书、雇工等	42	7	10.1	5.9
商业人员	商人等	17	10	4.1	8.4
教育行业	外教、教学管理人员等	118	62	28.3	52.0

---

① 杨菊华.流动人口在流入地社会融入的指标体系：基于社会融入理论的进一步研究[J].人口与经济，2010（02）：64-70.

续表

职业类型	职务	人数（人）		百分比（%）	
		欧美国家	亚、非、拉美国家	欧美国家	亚、非、拉美国家
专业技术人员	空乘人员	2		0.5	
	艺术家	6		1.4	
	律师	8		1.9	
	金融分析师	8		1.9	
	工程师、设计师	40	18	9.6	15.1
	导演、演员	18		4.3	
	记者、编辑	18	10	4.3	8.4
	理疗师、健身教练	3	3	0.7	2.5
	科研人员		3		2.5
		103	34	24.6	28.5
不便分类的其他从业人员	学生	42	3	10.1	2.5
	无固定职业	4		0.9	
	未告知职业	20		4.8	
		66	3	15.8	2.5
		417	119	100	100

1. 职业分布广泛、教育行业比重较大

样本数据显示（如表2-3所示），在京外国人的职业分布比较广泛，大多集中在教育、金融、外交、商业贸易等行业领域。职业类型多为专业技术型和行政型。其中多数人从事专业技术型工作（工程师、科研人员、记者、律师、艺术家、金融分析师等），少部分人从事行政型工作（外交工作人员、企事业单位负责人等）。在这两类样本数据中，从事教育行业的人数均比重较大，分别为28.3%（欧美国家）和52.0%（亚、非、拉美国家）。来京的外国人除了政府派遣或跨国公司派遣之外，多数人寻找工作的方式以自己寻找和通过中介机构介绍为主。中国英语教育的市场需求庞大，基本所有的小学、中学和大学甚至一些幼儿园都要开设英语课程，在北京这样的大都市，还有很多国际学校，需要更多的英语教师。外教的工作机会相对较多、收入较高，对于来到北京的外国人来说，在没有明显的技术专长的情况下，做外教是一个很好的选择。目前，为了应对这一现象，北京出现了越来越多为在京外国人服务的中介机构，其业务主要集中在为外国人介绍工作（外教工作居多）、代理签证办理等方面。

2. 职业类型较为高端、收入较高

从样本信息看，在北京居住生活的外国人从事的职业类型多为较高端的行业，如跨国企业负责人等高端行政类工作，或工程师、外教等技术型工作。这与前文所提到的样本中高学历比例高这一点类似，也与中国严格的签证制度、与北京的工作市场对外国人的选择有关。中国对于外国人的吸纳政策主要集中在对"高端外籍人才"的引进上，因此高端行业对外籍人才更加开放，外国人需要自身具有较高的学历和较好的专业技能，才能够较为容易地在北京找到一份工作，从而具备长期留居的条件。而没有大学及以上学历，并且没有技术专长的外国人，在北京很难找到适合自己的工作。在非高端行业的工作市场中，对于用人单位而言，从用人成本和用人的必要性来看，这些外国人都不具备就业优势，因此工作机会很少。

在这两类样本中均显示，在京外国人普遍具有较高的收入。欧美国家的样本比亚、非、拉美国家的样本的月收入更高。前者的样本数据显示，占比例最大的是月平均收入在2万到4万元之间的人，为40.4%。约有81.5%的人平均月收入在1万元以上。后者的样本数据显示，40.3%的人月收入在5000元到1万元之间，月收入在1万到2万元之间的人占42%。（如图2-1、图2-2所示）根据北京市统计局发布的数据，2017年度北京市职工月平均工资为8467元。①与这一数据相比，在京外国人普遍属于高收入群体，在这两类样本中，来自欧美国家的外国人高收入的特征更加明显。

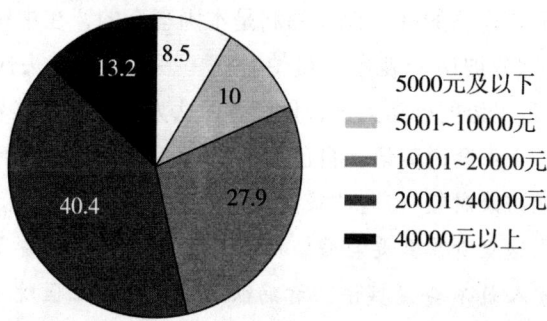

图2-1 调查样本的月平均收入分布（欧美国家,%）

---

① 北京市人力资源和社会保障局，北京市统计局. 关于公布2017年北京市职工平均工资的通知[EB/OL]. 北京市人力资源和社会保障局网，2018-05-25.

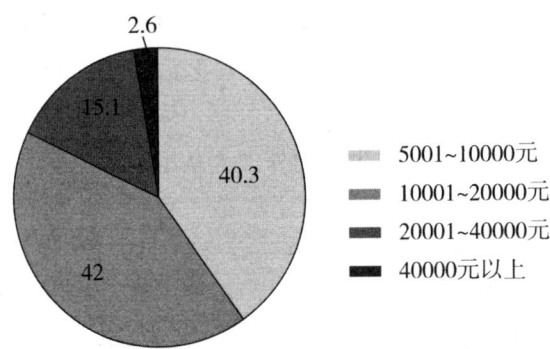

图 2-2　调查样本的月平均收入分布（亚、非、拉美国家，%）

值得关注的是，虽然从月平均收入的分布上看，欧美国家样本的高收入比例较高，但在与来京之前的工资水平相比较时，约 49.8% 的欧美国家的外国人表示来到北京之后的工资水平比来北京之前的收入更高，在亚、非、拉美国家的样本中，约 84.9% 的人表示来京之后的收入更高。这一点与其来源国的经济发达程度有关。在收入满意度方面，两类样本对收入非常满意的比例约占 39.3%（欧美国家）和 61.3%（亚、非、拉美国家）。

3. 社会保障不完善

在欧美国家的 417 个有效样本中，有约 37% 的人表示没有享有任何社会保险，约 56% 的人表示享有医疗保险；在亚、非、拉美国家的 119 个有效样本中，有约 30% 的人表示没有享有任何社会保险，有约 68% 的人表示享有医疗保险。在两个样本中只有少数人较全面地享有失业保险、养老保险和工伤保险。同时部分调查对象表示"自己的社会保障福利是本国享有的，在中国并没有享有社会保障"。甚至有部分被访者表示"最怕看病，一旦生病，去医院看病非常麻烦"，尤其是不会说汉语的外籍人士，他们普遍认为北京医院挂号看病不仅手续复杂，相关医生护士不会说英语，自己没有医疗保险，花费也比较高，因而很怕在中国生病。如访谈对象所言："虽然北京的医疗费用相比自己的国家没有贵很多，但是因为在这里看病需要自费，所以一旦生病了，花费是比较高的。很多公立医院的医护人员不会说英语，看病很麻烦，去私立医院则费用更高。所以我很怕生病。"（被访者 4 号，男，32 岁，加拿大人，外教，来京 8 个月）

（二）居住状况

居住状况是在京外国人经济整合的重要组成部分。居住的地理位置对于在京外国人聚集的空间地理区域产生着影响。住宅配套设施与布局方面的宏观因素，以及微观上的个体因素（个人收入、居住偏好、他人影响等）都决定着外国人对住房的选择。在本研究中，对于外国人居住现状的衡量，主要是通过居住方式、房租水平、房租负担者和居住条件等问题来进行反映。样本数据显示，绝大多数的被调查者都选择了租房这一居住方式，在两类调查样本中，租房居住的比例分别为81%（欧美国家样本）和73.9%（亚、非、拉美国家样本），少部分表示居住在职工宿舍、酒店、自己的房子或借住在亲朋处（如图2-3、2-4所示）。

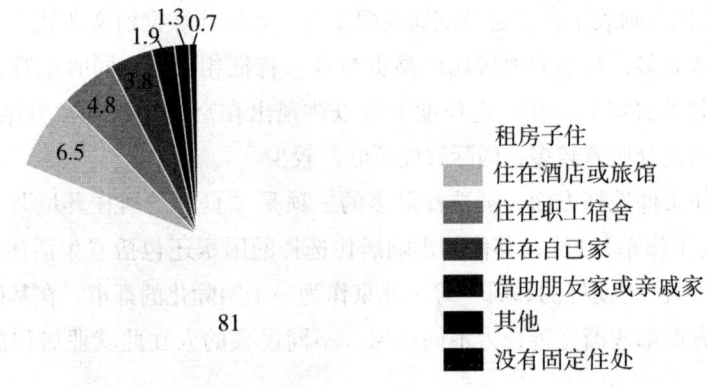

图2-3　居住方式（欧美国家,%）

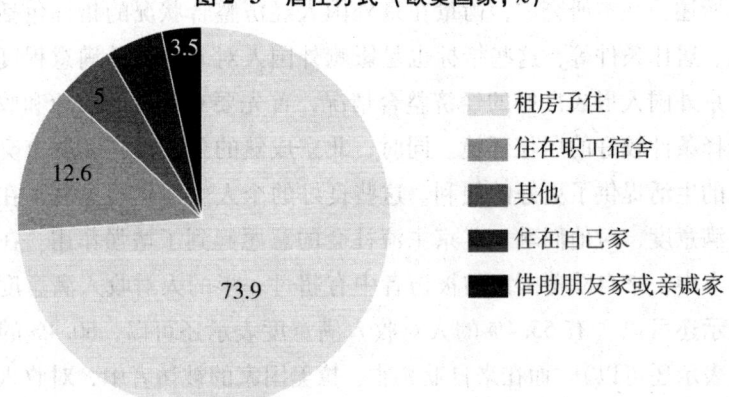

图2-4　居住方式（亚、非、拉美国家,%）

在租房费用方面，欧美国家的样本中，每月租金花费在8000元~10000元的人数占比最多，为22.8%，多数人的租金由自己支付（67.4%）。在亚、非、拉美国家的样本中，每月租金花费在5000元以下的人数占比最多，为72.3%，多数人的房租也由自己支付（57.1%），部分人的房租由公司支付（37.8%）。"租房费用"与"租金支付者"这两项指标也反映了被调查者的经济生活水平。对于大部分的在京外国人来说，房租需要自己支付，根据其收入情况来选择不同层次的房屋类型。少部分外国人的所在公司会提供职工宿舍或为其承担租金，这能够减轻一部分他们在北京生活的经济压力，对他们在北京生活的满意度和社会融入都有重要的影响。

在"与谁同住"这个问题上，多数被访者都表示自己是一个人居住，在这两类样本中，独居的比例分别为56.4%（欧美国家）和52.1%（亚、非、拉美国家）。其他人则表示自己是与配偶或朋友在一起居住。据前文所述，调查样本中以未婚者居多，样本的独居比例高也与这一特征相符合，同时也符合国际移民未婚者居多的特征，在一定程度上可以体现出在京外国人的家庭结构特征。未婚者和两地分居者较多，国际移民家庭户较少。

在居住条件选择方面，被选择最多的三项是"良好的居住环境""交通便利""距离工作单位近"，其他的影响居住选择的因素还包括"生活便利""靠近其他外国人""友好的邻居"等。北京作为一个国际化的都市，在基础设施和服务体系方面都逐渐完善，为不同国家、不同民族的人在此就业居住提供了更好的条件。

（三）经济整合满意状况

如前所述，在本研究中，衡量在京外国人经济整合状况的指标包括就业与收入状况、居住条件等，这些指标也是影响外国人对北京生活满意程度的重要因素。在京外国人形成良好的经济整合情况，首先要有稳定的职业和收入，使其能够选择条件较好的居住环境。同时，北京成熟的公共设施和城市交通为在京外国人的生活提供了更好的便利。这些良好的个人生活体验提高了在京外国人的生活满意度，对他们融入北京主流社会的意愿起到了增强作用。在本次被调查的样本中，来自欧美国家的被访者中有超过一半的人对收入满意度和住所满意度表示还可以（有55.4%的人对收入满意度表示还可以，60.4%的人对住所满意度表示还可以）。而在来自亚、非、拉美国家的被访者中，对收入满意度表示很满意的人占61.3%，对住所满意度表示还可以的人占54.6%。没有受访者对这两项情况表示不满意。在经济情况满意度方面的已有样本中，发展中国家样本相比于发达国家样本，满意度稍高（如表2-4所示）。

表2-4 经济状况满意度

	收入满意度（%）		住所满意度（%）	
	欧美国家	亚、非、拉美国家	欧美国家	亚、非、拉美国家
很满意	39.3	61.3	32.6	45.4
还可以	55.4	38.7	60.4	54.6

续表

	收入满意度（%）		住所满意度（%）	
	欧美国家	亚、非、拉美国家	欧美国家	亚、非、拉美国家
非常不满意	5.3	0	7.0	0
合计	100	100	100	100

总体而言，经济整合是外籍人口社会融入的基础，就业、收入、居住条件既是衡量外籍人口经济融入状况的重要指标，同时也是反映外籍人口总体生活满意程度的重要因素。拥有稳定的职业和收入，能够使外籍人口有能力和条件选择良好的居住环境，便利的公共设施和交通、娱乐设施给外籍人口在中国的就业和生活提供了更多的便利和良好的娱乐条件。个人的生活体验直接影响着外籍人口对其居住地的满意度，很难设想一个拥有较差生活体验的人有主动融入移居地社会的意愿。

二、文化融入现状

如前所述，密尔顿·戈登在《美国生活中的同化》一书中指出，移民首先要从语言、行为习惯、价值体系和宗教信仰入手，融入移入地主流社会。国内学者杨菊华认为，文化接纳是流动者对移入地的语言、文化、风土人情、社会理念的了解和认可程度，包含文化了解、语言能力、语言实践和种种价值观念等多个指标[①]；邹湘江、邹林杰认为语言是移民跨文化交流的桥梁，语言与文化融合是国际迁移人口社会融入的重要组成部分。[②] 国际移民进入移居地后会再次面临新的社会文化环境，原有的生活习惯和文化观念可能都需要调整，这种对异文化的了解、接纳和认可，并改变自己旧有的习惯从而达到文化适应需要经历很长的一段时间，涉及语言、饮食、礼节、风俗习惯和禁忌等方方面面的重新认知和改变。其中语言能力和语言实践是决定国际移民融入意愿和融入程度的重要工具，对异文化的了解、对风土民情的知晓既能够直观地通过饮食、服饰、节日、礼仪、娱乐和禁忌等多方面体现出来，又能从客观上反映出外籍移民的融入程度。是选择主动学习当地的语言和文化，积极融入当地社区，还是

---

① 杨菊华. 从隔离、选择融入到融合: 流动人口社会融入问题的理论思考 [J]. 人口研究, 2009, 33 (01): 17-29.
② 邹湘江, 邹林杰. 外籍常住人口社会融合指标体系研究 [J]. 社会福利（理论版）, 2018 (03): 43-46, 58.

选择保持自己的语言和文化习惯，隔离性或选择性融入？不同的选择产生了层次不同的适应和融入程度。本研究对在京外国人的文化融入现状的了解，主要是从语言适应和文化差异两方面入手。

（一）语言适应现状

本研究主要采用三个问题来对语言适应状况进行了解，分别是"是否学过汉语""汉语掌握程度自评"和"使用汉语沟通的频率"。从样本的调查结果看，在欧美国家的样本中，66.3%的人表示学过汉语，在对汉语的掌握情况方面，超过一半的人表示会一点，27.2%的人表示掌握得很好，而20%的人表示一点都不会，在使用汉语的频率上，79.5%的人表示"经常使用"或"有时候使用"。在亚、非、拉美国家的样本中，学过汉语的人为35.3%，与欧美国家样本相比，比例较低。在掌握汉语自评方面，76.5%的人表示会一点，8.4%的人表示掌握得很好。在使用汉语的频率方面，"经常使用"和"有时使用"的比例也接近八成，与欧美国家样本中的这一比例相似（如表2-5所示）。

表2-5　调查对象语言能力和语言实践状况（%）

		欧美国家	亚、非、拉美国家
是否学过汉语	是	66.3	35.3
	否	33.7	64.7
汉语掌握程度自评	很好	27.2	8.4
	会一点	52.9	76.5
	不会	20.0	15.1
汉语沟通频率	经常使用	32.9	17.6
	有时候使用	46.6	57.1
	较少使用	6.5	20.2
	从不使用	13.9	5.0

语言障碍是在京外国人日常生活中面临的重要问题之一。移民的语言能力和语言使用情况与其社会交往对象和所处的生活环境有很强的联系。在田野调查中，研究者发现，部分在京外国人直接选择语言和文化与之相似的外国人做邻居，平时就餐、购物等活动也都在外国人开的餐馆与超市进行。他们平时在生活中很少与中国人接触，因此很少使用汉语。但多数被访者都能够清楚地感受到语言障碍给生活带来的种种问题。一位从事教育管理工作的被访者表示，他平时基本不说汉语，仅能听懂一些简单的语句，在工作中他基本都使用英语，

生活中大多数时候依靠翻译软件。但是语言障碍依然令他产生了很多烦恼。"我今天去拔智齿，居然拔了两小时！在拔之前我并不知道要拔两小时的，我去的是公立医院（因为便宜），那里的医生和护士可能很少给外国人看病，他们的英语不太好，我的中文也不好，很多时候我们没法及时有效地沟通，今天整个看病的过程都让我觉得很难受，我无法及时地了解我自己的情况，很迷茫。"（被访者16号，男，40岁，加拿大人，教育行业，来京3年）

M是一位在公立学校教英语的老师，他表示，由于职业关系，平时接触到大量的中国学生和他们的家长，他认为中国孩子与美国孩子不太一样，中国孩子上课比较安静，不爱发言，这让他不得不改变教学方式。有时候他非常希望能跟学校的其他老师和学生家长交流，但语言限制了他的上述愿望和教学工作，因此他自称在三个月前买了十本汉语书，并且已经在工作之余自学了两本，还主动找社区中的大爷、大妈们对话交流。尽管认为自己有很大的进步，但是他同时也认为"汉语是世界上最难学习的语言，不仅汉字难写，字词含义多种多样，而且能写出拼音却总是读不标准"，尽管在语音、语调、语义等方面的学习遭遇到了难关，但他表示他的父亲在中国有一家公司，以后可能会去父亲的公司上班，因此"我想要坚持学汉语，不会轻易放弃，为了以后能够在中国更好地发展"。（被访者55号，男，英国人，外教，来京2年多）

同时，也有部分外国人因为很好地掌握了汉语，从而感受到熟练掌握这门语言给他们的生活带来的便利。

因为我在广州读大学，来到中国很多年了，我觉得自己和中国人交流没有什么障碍，相比那些中文不太好的外国人来说，我不太会因为语言的障碍而与中国朋友产生误会，我和我妻子的家人（中国人）都相处得很好，互相理解和交流都没有问题。（被访者11号，男，40岁，瑞典人，大学老师，来京13年）

当然，在北京的外国人本身有着较大的差异，他们来自不同的国家，拥有不同的文化习惯和价值理念，因此在对待移入地的语言障碍问题上也有着不同的看法。

（二）文化差异现状

在对文化差异的衡量方面，本研究是从饮食习惯、风俗民情和当地禁忌三个指标的适应程度来衡量的。从调查结果来看，无论是在欧美国家还是在亚、非、拉美国家的样本中，大部分人对于饮食文化、风俗民情和禁忌都表示能够适应。在两类样本中，表示对这三方面的文化差异不能适应的人，均占一成左右（如图2-5、2-6所示）。中国有着悠久的历史和根基深厚的文化传统，在风俗民情、传统节日以及饮食习惯等方面都和西方文化有很大的差异，对这一点很多外国人来到中国后都深有体会。

  我喜欢和中国朋友出去吃饭，英国的饭菜比较单调，北京有很多不同的食物，我的中国朋友还经常带我去苍蝇馆子。但是和外国朋友在一起的活动，通常是去酒吧喝酒。我有中国朋友也有外国朋友，活动和聊天的内容都不一样。（被访者3号，男，30岁，英国人，外教，来京2年多）

  我觉得中国人和外国人不容易融合到一个圈子里，大家的兴趣点和价值观念都不一样。我和外国朋友在一起聚会的时候，很少有中国人参与。（被访者2号，男，40岁，加拿大人，外教，来京7个月）

  另一位被访者曾告诉笔者，"你知道的，和外国朋友与和中国朋友在一起有很大的不同，因为和外国朋友在一起，大家就是一起去酒吧喝酒、聊天，然而和中国朋友在一起，大家就是去吃饭。英国人其实不太喜欢聚在一起吃饭，但是和中国朋友就不一样，我非常喜欢在这个城市寻找不同的地方、品尝各种不同的食物。因此我的朋友圈都是一半一半（指外国人和中国人），我和外国朋友就一起喝酒，和中国朋友就一起吃饭。"（被访者53号，男，英国人，无固定职业，来京4年）

  "中国人和外国人兴趣不一样，所以很难融合到一个圈子，外国人在一起就是喝酒，中国人在一起就是吃饭，然后去唱歌，外国人不这样，所以外国人在一起的时候很少有中国人。"（被访者54号，男，加拿大人，外教，来京7个月）

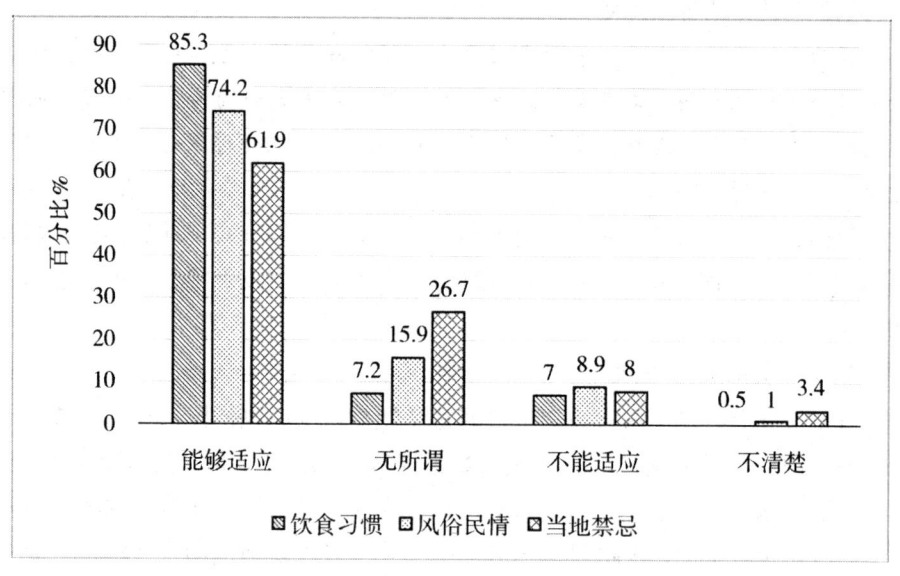

图2-5 调查对象对中国文化的适应情况（欧美国家）

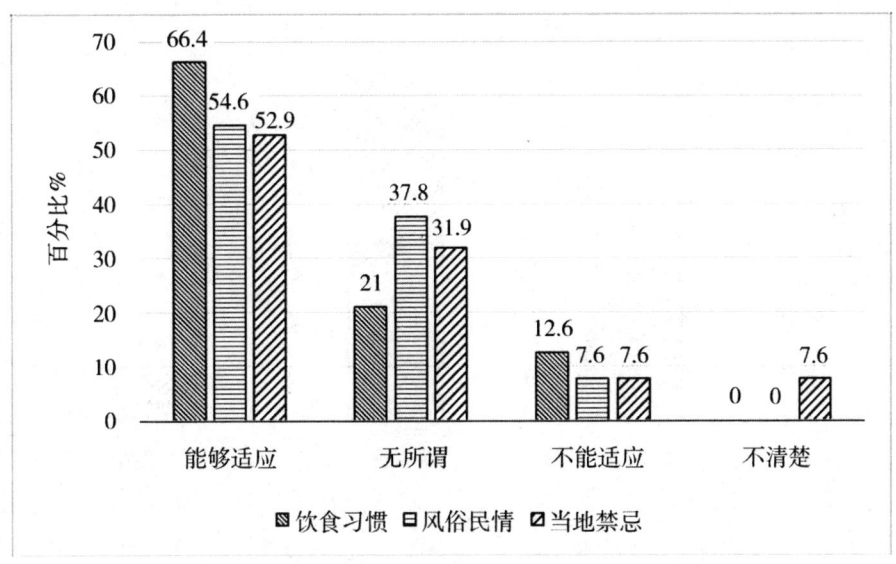

图 2-6 调查对象对中国文化的适应情况（亚、非、拉美国家）

为了更好地了解外籍人口对中国语言和文化的适应情况，本研究另从反向角度，即"因为语言和文化差异导致的矛盾冲突发生的频率"，对在京外国人的语言和文化适应情况进行调查。

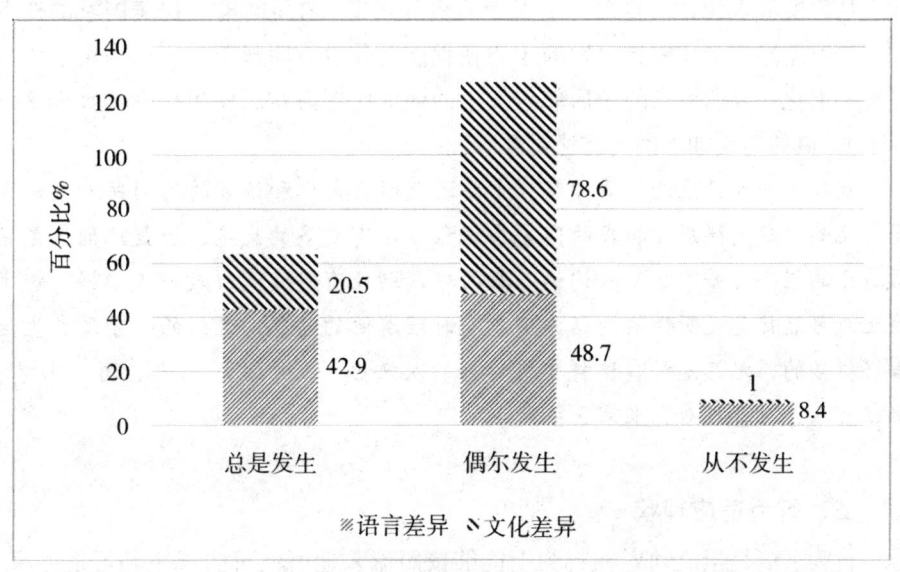

图 2-7 调查对象关于语言和文化差异造成的矛盾冲突发生的频率（欧美国家）

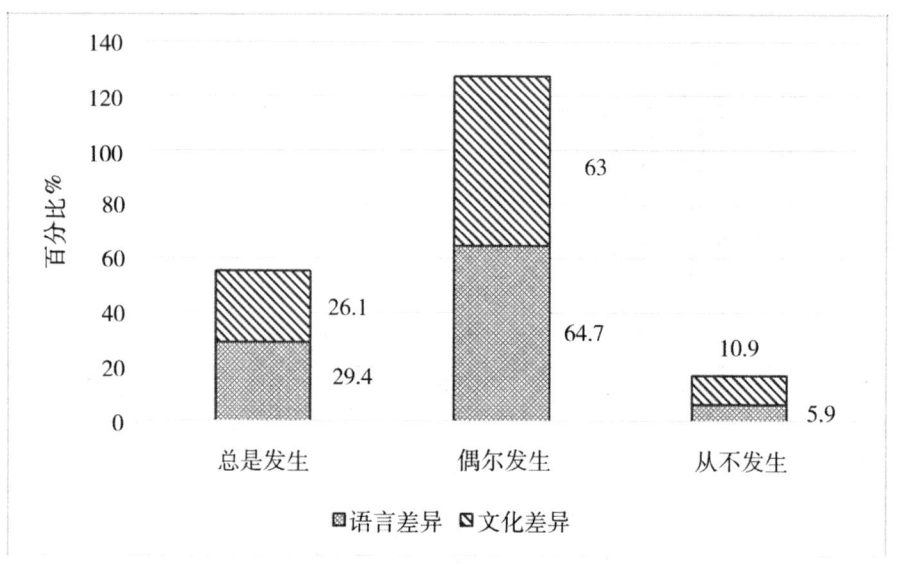

图 2-8　调查对象关于语言和文化差异造成的矛盾冲突发生的频率（亚、非、拉美国家）

调查结果显示，在欧美国家的样本中，42.9%的人表示由于语言差异所产生的矛盾经常发生，78.6%的人表示由于文化差异所产生的矛盾偶尔发生（如图 2-7 所示）。因此总体来看，因为语言和文化差异导致的冲突矛盾发生概率较大，从程度上来说，语言差异引发矛盾更加频繁。在亚、非、拉美国家的样本中，语言差异与文化差异引发的矛盾在程度上并没有明显差异，认为由于语言差异和文化差异所引发的矛盾偶尔发生的样本比例为 64.7% 和 63%（如图 2-8 所示）。具体情况如下面的访谈对象所言：

我和中国人产生的矛盾冲突，主要还是因为文化和语言的不同所产生的误会。比如，我觉得应该和我的同事在课程方面有更多的交流，但是他们只是完成自己的任务，并不想和我沟通。我的中国助理有时候觉得我有点傲慢，但事实上我可能就是没听懂他的话，不能及时理解他的意思，这样的小矛盾在生活里还挺多的，尤其是对我这样中文不好的人来说。（被访者 16 号，男，40 岁，加拿大人，教育行业，来京 3 年）

三、行为适应现状

行为适应是指流动者在行为上能够按照流入地所认可的规矩和习俗办事，在言行举止方面向当地人靠拢，衡量行为适应的指标包括人际交往、社会网络、生活习惯、社区参与等。其中，社会交往（与谁交往、如何交往、交往面有多宽）直接体现了行为适应的程度。①本研究在对已有研究借鉴的基础上，从行为差异、社会交往两方面对在京外国人的行为适应进行衡量，通过对所收集到的有效问卷的分析来描述在京外国人行为适应的现状。

（一）行为差异现状

消费行为、言行举止、闲暇生活、失范行为等生活习惯是将移民与本地人区分开来的直接标志。本研究通过"是否认为自己在行为模式上与当地居民具有较大差异"和"是否会模仿当地居民的行为"两个问题来衡量在京外国人行为适应的水平。从样本数据结果来看，欧美国家与亚、非、拉美国家两类样本之中，均有八成左右的人认为自己与本地居民的行为差异较大。对于在京外国人而言，他们自身所具有的不同文化背景是其与移入地居民之间存在较大行为差异的根源。这些外国人来到北京，进入一个与自身原有文化截然不同的社会之中，是否在心里认可当地居民的行为习惯和规范，并外化于实践中，主动按照移居地居民的行动模式来实践，体现着这些外籍人口的行为适应程度，同时在一定程度上也能体现出他们的社会交往和网络扩展状况。在我们调查的两类样本中，均有超过半数的被访者表示，他们会对移居地居民进行行为举止方面的模仿。

从调查和访问中来看，不同的外籍人口对行为差异有不同的理解，这也决定了其行为适应和社会融入的程度。对行动方式和实践模式具有浅层理解的外籍人口普遍关注当地居民的不文明行为，指出中国人一些不文明的行为方式，如插队、随地吐痰、用手指指着对方、推外国人、在公共场所大声喧哗等，对行为差异的这个关注点，使得他们选择减少与当地居民的交往，将自己隔离于本地居民的社交网络之外。

中国人的很多习惯我都不怎么适应，比如，吃饭时大声讲话，喜欢问别人比较隐私的信息等，我平时还是经常和外国人在一起。（被访者40号，男，31岁，英国人，企业职员，来京1年）

还有许多不愿意去理解和改变的外籍人口。其中有一位在朝阳区某公司做职员的美国人就表示出自己强烈的反感。

我自己刚来快一年，难以理解中国人的行为方式，中国人很复杂，说话拐弯抹角，我曾经遭遇到中国人的欺骗，在商业街、地铁等公共场所，我经常看到中国人随地吐痰、大吼大叫、随意插队，更让人无法忍受的是很多中国人对

---

① 杨菊华. 从隔离、选择融入到融合：流动人口社会融入问题的理论思考 [J]. 人口研究，2009，33（01）：17-29.

外国人很好奇,他们经常触摸、推搡我,这让我感到极大的不尊重,因此我和其他外国朋友经常会吐槽中国人的不文明行为,大家表示不愿意结交中国朋友。(被访者52号,男,美国人,公司职员,来京1年左右)

然而,正是因为他来中国的时间相对较短,看不惯一些中国人的不文明习惯,正在经历适应期,种种不适应导致他在陌生社会中选择封闭自己,缩小交往圈,然而他的职业又让他不得不接触很多的中国家长和学生,所以这种内在和外在的矛盾导致他极度不适应中国社会,并准备明年就回国。

另一部分外国人并不过多关注本地人的这些不文明行为,他们能够对中国人的行为方式有更深层次的理解,能够比较全面地看待和接受这种行为差异的存在。在与当地居民不断地了解和互动的过程中,他们观察当地人的行为状态,学习当地的行为习惯,逐渐让自己适应并融入当地的社会关系网络中。

我来中国很多年了,但是你知道的,我认为我和中国人之间有很多差别,我刚来的时候也不怎么适应。他们有时候会用中文说一些关于我的话,如果是好的我就会回应,如果让我不太舒服,我就装作没听懂。我觉得这些都不是什么严重的事情,并不会妨碍我继续在这里生活下去,因为生活包括的内容太多了,这些事情在我看来都是很小的事。(被访者1号,男,39岁,美国人,自媒体工作者,来京14年)

在北京某公司做咨询顾问的M(55号)表示,他怀着对中国的好奇心决定一毕业就来中国"探险",因为从来没有学过汉语,也没有接触过中国人,所以刚来北京时生活非常艰难,好在他性格比较开朗,买了几本汉语书籍并主动跟周边的中国人接触交流,几年下来,不仅汉语水平有了很大的提高,而且他也渐渐习惯了中国人较为委婉的讲话和处事方式,甚至他表示自己掌握了理解中国人表面话语下的深层含义的技能,并依靠自己的领悟,模仿中国人行为处事,结交了不同类型的中国朋友,使自己建立起了良好的社会关系网络,这为他在中国进一步的发展奠定了重要的基础。可见,M是有着融入意愿并通过改变自己从而较好融入的例子。

(二)社会交往现状

除了行为模式外,社会交往和社会参与也是反映外籍人口行为适应的重要指标,交往对象、社会网络构成、与移居地居民的交往意愿和交往程度以及社会活动和社会组织的参与程度直接体现了国际移民的融入意愿和适应程度。

初入移居地,国际移民原有的社会网络大大缩小甚至消失,面对陌生的环境,亟须重新构建一个新的社会网络体系,从而获得相应的社会支持及社会资源。随着在移居地居住时间的增加,社会交往和社会网络空间得到更大的扩展,社会参与和社会互动也逐渐增多，而且交往和参与互动的空间范围逐步扩大，尤其是与移入地居民的进一步交往能够为国际移民带来更多的资源和社会支持，帮助其在移入地更好地适应和融入。因此，国际移民的社会交往情况在其社会融入的过程中也是一个值得探讨的组成部分，移民与谁交往、交往中的中国人多还是外国人多、与移居地居民的交往意愿、在移居地的社会参与情况等，都能够反映出他们社会融入的程度与意愿。

从我们的调查情况看，在欧美国家的样本中，32.7%的人表示其主要交往对象为外国人，主要交往对象为当地人的仅占7.2%，有60.1%的人表示两者都有。有过半的外国人表示有5个以上的中国朋友，表明大多数外国人已经在当地建立了自己跨国际的朋友网络。而6.3%的人则表示没有中国朋友，说明他们可能没有融入当地人的社交网络中，与当地人的生活处于隔离的状态。大多数人与邻居保持着和谐的关系（如表2-6所示）。在亚、非、拉美国家的样本中，有近半数的人表示有5个以上的中国朋友，83.3%的人主要交往对象包括中国人与外国人。过半的人表示不认识自己的邻居（如表2-7所示）。

表2-6 在京外国人的行为差异和社会交往（欧美国家）

特征		百分比%	特征		百分比%
行为差异	很大	44.8	中国朋友数量	没有	6.3
	比较大	38.6		1~4个	34.1
	有一点	5.8		5~9个	28.8
	没有	9.7		10个以上	30.8
	一般	1.1			
行为模仿	会	53.4	与邻居的关系	非常和谐	23.3
	不会	46.6		关系和谐	36.7
主要交往对象	外国人	32.7		一般	28.3
	当地人	7.2		关系不好	3.6
	外国人和中国人都有	60.1		不认识	8.1
总计		100	总计		100

表 2-7 在京外国人的行为差异和社会交往（亚、非、拉美国家）

特征		百分比%	特征		百分比%
行为差异	很大	63.0	中国朋友数量	没有	5.9
	比较大	16.0		1~4 个	44.5
	有一点	16.0		5~9 个	18.5
	没有	2.5		10 个以上	31.1
	一般	2.5			
行为模仿	会	50.4	与邻居的关系	非常和谐	10.1
	不会	49.6		关系和谐	2.5
主要交往对象	外国人	14.2		一般	31.1
	当地人	2.5		关系不好	0.0
	外国人和中国人都有	83.3		不认识	56.3
总计		100	总计		100

在对他们与中国人的交往意愿测量方面，两类样本体现出了相似的意愿趋势。即随着交往距离的缩小，外国人愿意接受中国人的比例快速下降。在欧美国家的样本中，愿意与中国人交朋友的人占 90%，愿意与中国人谈恋爱的人占 56.2%，愿意与中国人结婚的仅占 27.7%（如图 2-9 所示）。在亚、非、拉美国家的样本中，同样呈现这一趋势，愿意与中国人交朋友的人占 97.5%，而愿意与中国人结婚的人仅占 21.8%（如图 2-10 所示）。

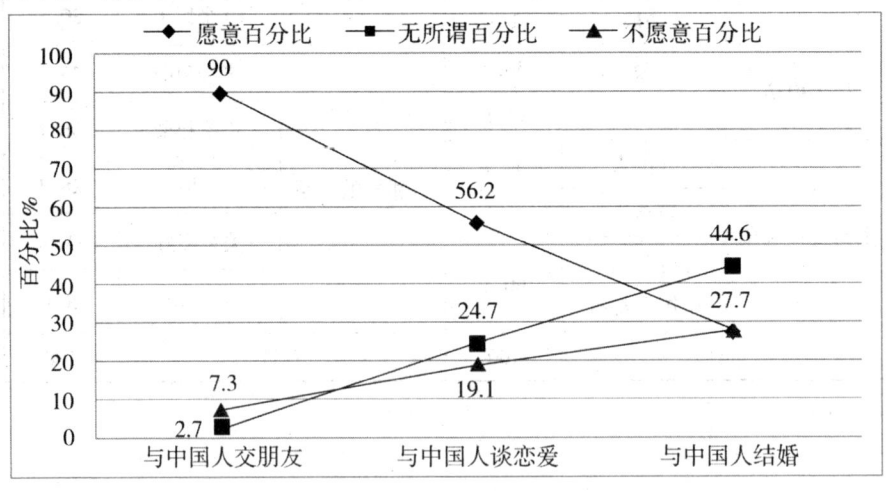

图 2-9 在京外国人与当地居民交往意愿调查（欧美国家）

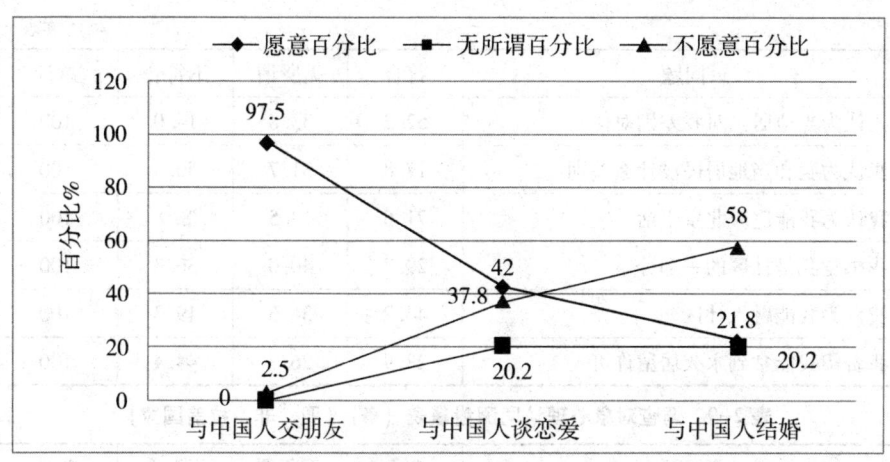

图 2-10 在京外国人与当地居民交往意愿调查（亚、非、拉美国家）

四、身份认同现状

身份认同是指在京外国人与移入地居民之间的心理距离、归属感及对自己是谁、从何处来、将去何处的思考认知，是社会融入的重要指标。在对在京外国人的身份认同的测量方面，本研究参考了李克特量表和社会距离量表，将二者结合起来，构建了在京外国人身份认同量表，通过一个心理观点，分为"非常符合""比较符合""无所谓""比较不符合"和"非常不符合"五个选项，由被访者根据自己的实际情况对每一个陈述选择相应的认同程度。为方便观测，将"非常符合"与"比较符合"和"比较不符合"与"非常不符合"相结合，因而将五个等级进一步简化为三个等级。

从调查结果看，在这两类样本中，均有半数左右的被访者认为"我是个外来者""我只是暂时居住在这里""当地居民对我差别对待"。在欧美国家样本中，有71.6%的人认为"我能适应北京生活"，这一回答的比例在亚、非、拉美国家样本中也占64.7%。在"我认为我能融入社区"这一问题上，欧美国家样本中的比例高于亚、非、拉美国家样本，分别为44.2%和25.2%（如表2-8、表2-9所示）。总体来看，被访者多数呈现一种"我是暂居在这里的外来者"但同时又表示"能够适应北京生活"的状态。

表 2-8 调查对象心理认同测量量表（%）（欧美国家）

问题	符合	无所谓	不符合	总计
我认为我是个外来者	44.6	31.8	23.6	100
我认为我只是暂时居住在这里	59.5	16.6	23.9	100

续表

问题	符合	无所谓	不符合	总计
我认为当地居民对我差别对待	52.2	33.8	14.0	100
我认为我和当地居民没什么差别	17.8	31.7	50.5	100
我认为我能适应北京生活	71.6	19.5	8.9	100
我感觉我是社区的一部分	29.7	40.0	30.3	100
我认为我能融入社区	44.2	36.5	19.3	100
我希望我能拿到永久居留许可	28.9	26.7	44.4	100

表2-9 调查对象心理认同测量量表（%）（亚、非、拉美国家）

问题	符合	无所谓	不符合	总计
我认为我是个外来者	54.6	28.6	16.8	100
我认为我只是暂时居住在这里	51.3	32.7	16.0	100
我认为当地居民对我差别对待	54.7	30.3	15.0	100
我认为我和当地居民没什么差别	23.5	42.9	33.6	100
我认为我能适应北京生活	64.7	32.8	2.5	100
我感觉我是社区的一部分	26.1	31.9	42.0	100
我认为我能融入社区	25.2	42.9	31.9	100
我希望我能拿到永久居留许可	37.0	19.3	43.7	100

在"是否在平时工作或生活中受到当地居民的不公正对待"的问题上，两类样本中分别有28.4%（欧美国家）和21%（亚、非、拉美国家）的人表示从未受到过不公正对待，七成多的人表示或多或少地受到过不公正对待（如图2-11、图2-12所示）。

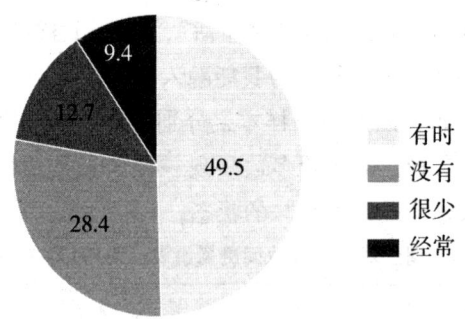

图2-11 调查对象受到不公正对待现状（欧美国家,%）

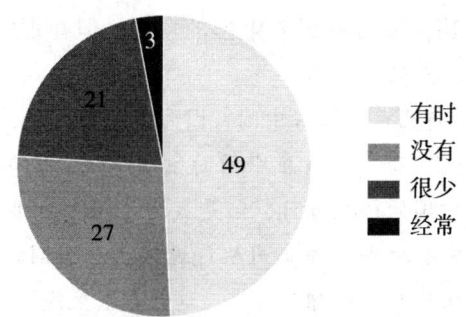

图 2-12 调查对象受到不公正对待现状（亚非拉美国家，%）

其中，受访者反映最多的对象就是出租车司机和部分商店卖家，二者共同的显著问题就在于对外籍人口收取高价：

有的出租车司机不打票，尤其是从机场回来或晚上坐车的时候，我们也不会汉语，不懂得向谁投诉，他们把我们送到目的地后就突然问我们要高价，甚至是两三倍的价格，不然就不让我们下车"；"有的出租车司机总是对外国人和对中国人不一样，对我们外国人收取很高的打车费。（被访者43号，男，美国人，外交人员，来京10年）

我不喜欢去一些社区里的中国商店，因为他们没有明码标价，同一件东西，一看见我们外国人去买就要价很高，但是对社区里的北京人要价很低，有一次在我买了一样东西付过款之后，亲眼见另一个北京人好像跟售货员认识，因而以很低的价格买到了同样的东西，这让我非常生气，我觉得这样一点也不好，因此后来我就只去家乐福、沃尔玛等这样的大超市或者是外国人开的超市，像婕妮路、绿叶子等。（被访者47号，女，美国人，外教，来京3年）

这种对外籍人口和本地居民价格上的"双重标准"，成为最让外籍人口不满的地方。不仅使外籍人口对本地居民的素质提出疑问，同时也影响了外籍人口在京居住的满意度。另外，还有其他一些方面也让外国人觉得自己受到了不公平对待，如：

我会通过一些中介机构在中国找工作，有些中介机构会在工作的信息方面骗我，比如，把工资说得更高，工作待遇更高等，但到最后很多都没有实现。（被访者16号，男，40岁，加拿大人，未婚，教育行业人员，来京3年）

在一个社会或地区，如果存在着对某些群体的偏见态度或歧视行为，那么在很大程度上必然会阻碍这个社会或地区实现各类社会成员和谐相处的目标。[①]

---

① 张文宏，雷开春. 城市新移民社会融合的结构、现状与影响因素分析 [J]. 社会学研究，2008（05）：117-141，244-245.

除此之外,还有的外籍人口具有融入中国的意愿,但在现实中却是屡屡碰壁,尤其是在日常生活中,例如:

被访者:"我觉得自己无法融入中国,因为我的白皮肤、黄头发的样子,尽管我已经能够很好地说汉语,很适应中国的生活习惯,很喜欢中国食物,也会和中国朋友一起参加中国的传统节日,但是我还是经常受到不公正对待,比如,在我打车的时候,经常会碰到出租车司机绕过我去拉中国的乘客,都是排队来的,我在前面,很多出租车司机却不拉我,这让我很生气。"

笔者:"那你觉得他们为什么不拉你?"

被访者:"嗯,可能是因为他们不会说英语,觉得让我上车可能不好交流,但是我会说汉语啊,我汉语说得很好,(交流)没有什么问题的。"(被访者45号,男,加拿大人,工程师,来京17年)

移民在心理上认同自己是移居地的一员,是他们在移居地进行深度社会融入的标志之一。中国不是典型的移民国家,北京作为中国的首都,虽然开放性在中国的城市中较强,但外国人的数量占总人口的比例还远没达到世界城市的水平,在对外国人的政策管理方面还不完善,本地人对外国人的态度也明显区别于本地人之间的交往态度。在京外国人的来源国多样,其文化背景、生活习惯等方面都与本地人有着明显的差异,因此,在京外国人在心理上认同自己是北京的一员,对北京有身份上的归属感,是非常难得的。

此外,除了上述身份认同情况、对本地居民的态度、心理距离和长期居住意愿指标外,还可以通过"子女受教育地点""是否鼓励子女与中国孩子交朋友"以及"对相关管理政策和服务的满意程度"来衡量外籍人口心理认同程度。

如在子女受教育方面,由于本次调查所抽样本普遍较为年轻,欧美国家调查样本的结果显示,仅有三分之一的受访者有孩子,在这部分有孩子的受访者中,对子女未来受教育的打算上,超六成人表示会让孩子回本国接受教育,不到三成人表示让孩子留在中国受教育,更进一步,近九成受访者表示留在中国受教育也是让孩子去国际学校,仅有一成表示可以让孩子去中国公立学校就读。由此可见,子女受教育地点是影响国际移民迁移的一个十分重要的因素,对年轻的流动者来说,他们需要考虑的是未来结婚有孩子之后子女的受教育地点,在很大程度上会因为让子女留在本国或去其他教育程度更好的地方而随子女流动,那些因为工作原因无法自由流动的受访者表示选择将孩子送到国际学校而非中国公立学校就读。

第三节 外国人社会融入动机

上文在对问卷资料整理和分析的基础上,分别对北京的两类外国人群体的社会融入状况,从经济整合、文化融入、行为适应以及身份认同四方面做出了初步的描述与分析。调查问卷所能够展示的是这些外国人群体整体的社会融入状况以及相对客观的行为偏好等,而对于在京外国人社会融入的动机、过程以及结果的详细分析与探讨,还是需要通过对访谈资料的深入分析来完成。

在京外国人社会融入的情况是复杂而多样化的,群体本身属性千差万别,融入意愿各不相同,且融入也是一个动态发展的过程,因此很难对外国人融入的动机、过程与方式做出特别全面和精确的界定。在此,本文以对访谈资料与田野观察资料的分析为主,并结合已有的相关理论观点,对在京外国人社会融入的动机、过程与结果做出探索性的分析、总结与归纳。

研究者在田野调查时发现,在京外国人群体中,存在着差别比较明显的两种社会融入动机,这两种动机推动着他们的思想与行为,在整个社会融入过程中贯穿始终。根据田野调查资料,我们将这两种在京外国人的社会融入动机进行归纳总结:一类外国人主要将体验不同的生活文化、丰富人生体验作为其社会融入动机,这类外国人多数来自经济较为发达的国家和地区;另一类外国人主要将提高经济收入、生活质量作为其社会融入动机,这类外国人多数来自发展中国家和地区。无论是追求"体验"还是改善"生存",寻求更多的人生发展机会和更广阔的发展路径,是这两类外国人共同拥有的目标。因此,本文将在京外国人的社会融入动机归纳为"体验—发展型"与"生存—发展型"。

一、体验—发展型动机

(一)体验—发展型动机的发现过程

研究者在最初进行田野调查时发现,在京外国人的社会融入情况个体差异较大,同样是来自发达国家的外国人,在有相似的学历水平、工作收入的情况下,他们社会融入的意愿与深度都各不相同,如何在他们的社会融入中找到一些较为明显的、具有普遍性的特点,成了我们的思考要点。随着调研的深入,接触与访谈过的外国人人数的增多,我们发现了他们在描述自己在北京工作和生活的动机时所使用的一个高频词汇:"体验"(experience)。

被访者 15 号，男性，37 岁，加拿大人，来到北京 1 年，目前从事教育行业工作，他来到北京之后，非常热衷于参加各种各样的活动，如志愿者活动与各类文化活动等，很喜欢与中国人交朋友，但因为文化差异等原因，不会考虑与中国人结婚。提到在北京的生活计划，他表示"我不知道会在北京待多久，可能是三五年，也可能更久，但是我一定会离开，我认为北京是我人生体验中的一站，我可能会在这里生活几年，再去其他国家看一看"。

被访者 3 号，男性，27 岁，英国人，在北京生活了两年半，在国际学校做英语教师。在英国读完硕士之后，就来到中国工作，"我很满意在北京的生活，虽然我并不打算在北京长期地生活下去，但是这是难得的人生体验，我很喜欢这里，这里的一切都是新鲜的"。

被访者 1 号，男性，39 岁，来自美国，犹太人，在中国生活了 21 年，来北京生活了 14 年，离异状态，目前与小女儿在中国生活。在中国期间，他从事过的工作是多样化的。其中包括表演、作家（独自运营一个微信公众号，定期在上面发布自己的文章，其文章都是关于中国人和在中国生活的外国人的不同与相同、在中国发展恋爱关系与男女关系、探索一些小众有趣的活动等主题。他喜欢看与写小说，喜欢各种类型的小说，为了吸引更多的人阅读他的文章，他在公众号写两性关系的文章多一些，经营这个公众号也是他做市场的一种手段，以便让更多的人知道他）、电影明星的语言教师和几个国际教育公司的营销总监。提及在北京生活的动力，他说："我总是喜欢体验各种各样的职业，认识各种各样的人，在北京的生活让我觉得很平静，我很享受与中国文化融合的感觉，我认为多样的体验是人生中不可缺少的东西，在北京我可以有更多的体验，我是一个永远不会完全满足的人，总是努力争取更好的工作和更高的薪水，体验更丰富的生活。"

被访者 11 号，男性，40 岁，瑞典人，大学教师，在北京生活了 13 年，并在北京组成了家庭（妻子是中国人），生活稳定，并且有着较深入而良好的社会融入状况，但是提及来北京生活的原因以及未来的计划，"体验"依然是他非常重要的理由之一。"我在北京有满意的工作，有妻子和孩子，现在打算继续在北京待 10 年以上，在北京的生活与在瑞典是完全不同的，在这里我体验着一种新鲜的环境与氛围，在这里我变得很开朗，我很喜欢这里，但是我并不想移民，因为瑞典的养老福利更适合我。"

将北京视作人生旅途的一站，在这里或选择性地在某几个方面进行融入，或开放性地进行深度融入。这些来自经济较为发达国家和地区的外国人，将"体验"视作自己在北京开展各种行为的重要动机。同时，北京作为一个发展速度非常快的国际化都市,这里的机遇对于这些外国人来说也很重要,他们在这里不仅能够丰富人生体验,还渴望能够发展自己的事业,拓宽自己的人生道路。"体验—发展"这一动机推动着他们对于自己在北京生活方式的选择,在社会融入过程中影响着他们的行为与判断。

(二) 体验—发展型动机的形成原因

1. "个人主义"——体验—发展型动机的主观原因

不同于中国的集体主义思想价值传统,"个人主义"是现代西方社会的核心价值观念。中西文化存在深刻的差异,在对个人主义的理解上,这种差异同样存在。在中国的《辞海》中,"个人主义"一词被定义为"在道德行为中把自身利益奉为最高准则。趋向极端会导致损人利己的极端个人主义";《现代汉语词典》诠释"个人主义"是"主张把个人的独立、自由、平等等价值及权利放在第一位。个人主义是资产阶级反对封建主义的思想武器。只顾自己、不顾他人的极端个人主义,是与集体主义的道德原则相违背的"。在《简明不列颠百科全书》中解释为:"一种政治和社会哲学,高度重视个人自由,广泛强调自我支配、自我控制、不受外来约束的个人或自我。"由此可见,在中国文化中,个人主义是贬义词,是利己主义的同义词。而西方学者则将个人主义与利己主义区分开,托克维尔认为"利己主义是一种恶习,个人主义是民主主义的产物"。在西方,"个人主义"和"利己主义"不是一个概念,"个人主义"作为一种社会哲学和政治哲学,强调个人独立性、创造性,强调个人自由发展,不受或少受社会、政治和宗教势力的限制。[①] 如美国个人主义的主要内容是:"自主动机,自主抉择,通过自力更生达到自我实现。与它联系最紧密的是平等、自由和竞争的观念。"[②]

在西方社会,这种"突出个性和个人特征,强调人的独立性和个人价值,追求个性自由、个人自主性"的个人主义思想,作为一种具有悠久历史的价值观念,深深地影响着每个个体的思想与行动。在北京生活的外国人也广泛地受到这种"个人主义"的价值观念的影响。这使得他们对于"稳定"的看法与中国人不同,对"个体自由"和"体验多样化生活"的追求在他们的国际迁移动机中占有重要的位置。

我周围的很多中国人都在忙着工作赚钱,每天围绕着结婚、生孩子、买房子这样的事情打转。但对于我来说,我不认为"稳定"的生活是很重要的事情,

---

[①] 李其荣. 个人主义与自我驱动:美国人的自我观 [J]. 学海, 2005 (03): 50-57.
[②] 李其荣. 个人主义与自我驱动:美国人的自我观 [J]. 学海, 2005 (03): 50-57.

人生需要尽可能地体验不同的生活方式和环境。只在一个地方长久地生活会错过很多美妙的风景。(被访者16号,男,40岁,加拿大人,教育行业,来京3年)

我的父母都是基督教徒,但我不是,他们并不要求我也信仰基督教。我大学毕业就来到中国,想在这里体验一下完全不同的文化和生活。在美国的时候,我觉得每个人的个体性很强,即使他们是一家人,他们之间的联结也没有中国人这样紧密。来到中国之后,中国人的勤劳和努力让我很受触动,每个成人都在努力工作,为了他们的家庭和他们的小孩赚钱,而中国的小孩也很辛苦,学习任务很重,几乎没有周末(被访者在一所国际小学做英语教师)。我认为中国人有一种"理想型家庭"概念,也就是说一个家庭必须是由一个男人和一个女人以及一到两个孩子组成的,家庭成员之间联结得非常紧密。每个人到了一定年龄之后,都要组成这种"理想型家庭"。我自己是不婚主义者,我的父母也知道并接受,但我觉得在中国可能这并不那么容易被接受。在来到北京之前,我认为北京是一个国际化的大都市,应该是十分开放与多元的,但是来到这里之后,这里并没有我想象的那样开放,我对于在北京的生活总体还是很满意的,但是我应该不会长久地留在这里。在这里的生活是与我过往生活经历完全不同的体验。(被访者7号,男,23岁,美国人,小学教师,来京1年)

我的一个中国朋友对我讲,他曾经有一个去美国工作的机会,是非常好的机会,但是他没有去,他的理由是:他是独生子女,他的父母只有他一个孩子,如果他去了美国,就不能够经常陪伴在父母的身边了,所以他放弃了那个非常好的工作机会,选择留在中国。这件事让我非常震撼,我当时就想,怎么会有这么好的孩子啊,为了陪伴父母而放弃自己的发展机会。我也很爱我的父母,但是我不认为我需要时刻陪伴在他们身边,我来到中国,或者去其他的国家,这是我的人生体验,我不会放弃这些,我的父母似乎也没有那么需要我和他们在一起。你知道吗,我觉得中国人的家庭成员之间的联结是非常紧密的。(被访者25号,男,24岁,美国人,记者,来京3年)

"追求自由"和"个体的独立性"是个人主义思想的重要内核,这样的思想传统深刻地影响着西方人的思维方式、家庭观念等。个人主义从两方面对在京外国人"体验—发展"这一动机产生了影响。首先,"追求自由"使得他们对离开自己的故土,去体验不同的生活具有较大的热情,具有冒险精神,追求"自我发展"的意识也比较强烈。其次,相比中国"集体主义"的价值观念,"个体主义"强调个体的独立性。每个个体在做出决定的时候,自主性较强。"个体的独立性"使他们更加关注自我的感受,对自己的行为做决定时,受到他人的影响相对较小,有较大的自我空间,这也为他们对"体验"丰富人生的追求减少了阻碍。

2. 体验—发展型动机的客观原因

来自欧美发达国家的外国人群体，其个人主义的价值传统，为他们离开故土，来到陌生的国度，追求丰富的人生体验提供了内在的思想支撑。在京居住的外国人，为何选择北京作为他们体验生活的地点？为何在北京的生活重在"体验"而不是重在追求"移民"？"体验—发展"这一动机本身既包含了"迁入地对外国人的吸引"的拉力，同时又包含了"迁入地"的推力对于外国人在此地的长久规划的影响。本部分将对体验型动机形成的客观原因进行分析。

（1）北京的吸引力

中国虽然是发展中国家，但是在改革开放以后，中国的经济发展迅速。北京作为中国的首都，也是中国的政治、经济、文化中心，发展迅速，机会众多，成了全球重要的国际化大都市之一。在全球化日益深化的今天，北京这样一个充满了机会和挑战的城市，吸引了大批的外国人前来工作与生活。

沃勒斯坦的"世界体系理论"将人口的跨境迁移和"全球化"态势相结合，认为世界体系是一个有着广泛劳动分工的体系，是一个社会体系。其主要观点是：商品、资本、信息的国际流动，必然推动国际人口迁移。因此，国际移民潮是市场经济全球化的直接结果。中国是整个世界体系中不可或缺的一部分，北京作为中国的首都和一个国际化的大都市，是中国迅速发展的一个缩影，其发展水平更是处于中国城市的前沿。这里经济、社会、文化等各方面的迅速发展，机会多、挑战大，城市基础建设良好，生活便利，这些都吸引着来自发达国家的外国人来到北京生活，选择北京作为他们"体验与发展人生"的一站。

首先，北京具有深厚的中国文化底蕴，并且城市基础设施完善、生活便利、食物种类丰富、娱乐活动较多、人口密集、生活热闹，这些优点为外国人提供了良好的生活体验，吸引着外国人来此生活居住。

我挺适应在北京的生活，这里地铁非常方便，吃饭的地方很多，西餐厅也很多。在加拿大的时候，外面的餐厅和商店很早就关门了，但是北京不一样，这里的餐厅和商店营业到很晚，想出去吃饭很方便，和朋友聚会也有很多选择。（被访者2号，男，40岁，加拿大人，教育培训行业，来京7个月）

来到北京之后，我最大的感觉就是幸福感提高了，在英国的时候我非常忙碌，在北京的工作让我很满意，我有很多空闲的时间可以休息。英国经常下雨，朋友们也不是很爱经常聚在一起吃东西。所以我说我来到中国提升了幸福感，因为我现在可以花很多时间和不同的朋友出去聚会，这里食物种类也很多，我们经常晚上出去吃各种食物。（被访者3号，男，30岁，英国人，国际学校外

教,来京2年多)

其次,对于很多来自经济较为发达地区的外国人来说,"体验不同的文化生活"固然是他们来到北京生活的重要动机,但是北京对于他们扩展"人生发展"的吸引力同样也很重要。北京作为中国的首都,经济发展迅速,工作机会丰富,吸引着很多外国人来这里寻求更多的发展可能性。

J 是一个英国人,男性,45 岁,来到中国已经 25 年了,目前在北京拥有一家创意公司,谈到来中国的感受,他这样说:"我来到中国的这 25 年,像梦一样,刚来这儿我都不知道我要干什么,后来我在 1995 年开了第一家公司,挺成功的。我跑遍了中国,应该每个地方都去过,我现在有自己的公司,是创意公司,我突然发现自己可以做设计,我在国外还有自己的旅游节目。其实这种机会,在英国是不太可能会出现的。其实我所有的朋友,他们上了贵族学校或者大学后,都是去做投资、金融等。我离开了英国,这是一种重新开始的自由。刚来到中国时我是'江同志',现在我是'老江',没有人会像你老家的人一样审视你,你就是重新开始的,到了中国接触的是另外一种文化,就像到了另外一个世界,特别自由。"①

北京发展得非常迅速,工作机会很多,在这里可以接触到不同的文化和各种各样的人,这是我来到北京工作很重要的一点。这里十分热闹,生活非常便利。(被访者14号,男,比利时人,30岁,记者,来京3年)

实际上我第一次来北京正值 1991 年的国庆黄金周,90 年代,北京几乎没有几家国际酒店,当然自那之后,许许多多的国际酒店在北京开业了,从最普通的经济型酒店到一些中国顶级的五星级豪华酒店,北京是一座丰富多彩的魔力之城。(D,澳大利亚人,酒店经理,来京10年)②

被访者 12 号,男性,美国人,45 岁,来北京生活了 10 年,最初到北京的时候从事过教育和金融相关的行业,后来认识了自己的中国妻子,两人结婚之后经常往返于美国和中国,一开始是有朋友请求他们帮忙代买美国的保健品回来,后来淘宝兴起,电商发展迅速,他们开了一家网店,专门代购美国的保健品,店铺如今经营情况非常好,他辞去了原来的工作,专职做电商。"这里的机会太多了,特别是这些年淘宝的发展,使我发展了自己的新事业。这个事业使我充分地发挥了自己的优势,这在我原来的人生中是没有想过的事情。马云非

---

① 访谈资料来自:荔枝 FM,大内密谈节目,Vol. 545 胡同老外改变你的生活。
② 资料来自:京西门头沟政府官方微博,"40 位老外看北京变迁"系列节目第 32 集《骑着单车逛北京》。

常厉害。"

综合以上材料来看，北京对于持有"体验—发展型"动机的外国人来说，吸引力主要体现在生活和工作两方面。文化底蕴丰富、良好的人文环境、较为完善的城市基础建设等，都为外国人在北京的生活提供了很好的体验。同时，经济发展迅速，电商等新兴产业的崛起，也使北京成了很多外国人寻找更多发展机会的地方。

（2）推力：严格的移民政策与较弱的经济吸引力

对于在京的外国人来说，他们大多把北京作为"人生的一站"，对于在北京的生活时长规划，他们的选择或长或短，可以在这里"体验"与"发展"，但将"永久居住"或"移民"作为目标的外国人则少之又少。影响他们这种选择倾向的原因中，中国较为严格的移民政策是不可忽视的原因之一。

中国并不是一个典型的移民国家，虽然在全球化日益深入的今天，中国以越来越开放的姿态迎接来自全球各地的外国人前来旅游、工作和居住。但是对于一个外国人来说，能够在中国获得"外国人永久居留证"是非常难的。[1] 根据公安部发布的《外国人在中国永久居留审批管理办法》，中国绿卡分为投资类、任职类、亲属投靠类及特殊贡献类，主要有七类外国人有资格申请永久居留证。[2] 自2004年8月中国开始实施"永久居留证"制度到2013年10年间，获得"中国绿卡"的总人数为7356人。2016年，公安部批准了1576名外国人在中国永久居留，至此，"中国绿卡"持卡人数破万。[3] 跨国移民到达移居国首要面临的就是跨国门槛的制度性要求，主要表现在自身条件是否符合移居国的入境要求、进入移居国国门的签证办理以及在移居国工作、生活所享有的涉及就业、医疗、子女受教育和社会保障等众多制度体系。除了这些正式制度外，

---

[1] "外国人永久居留证"是获得在中国永久居留资格的外国人在中国境内居留的合法身份证件，可以单独使用。

[2] 主要有以下七类外国人有资格申请永久居留证：1. 在中国直接投资、连续三年投资情况稳定且纳税记录良好的；2. 在中国担任副总经理、副厂长等职务以上或者具有副教授、副研究员等副高级职称以上以及享受同等待遇，已连续任职满四年、四年内在中国居留累计不少于三年且纳税记录良好的；3. 对中国有重大、突出贡献以及国家特别需要的；4. 本款第一项、第二项、第三项所指人员的配偶及其未满18周岁的未婚子女；5. 中国公民或者在中国获得永久居留资格的外国人的配偶，婚姻关系存续满五年、已在中国连续居留满五年、每年在中国居留不少于九个月且有稳定生活保障和住所的；6. 未满18周岁未婚子女投靠父母的；7. 在境外无直系亲属，投靠境内直系亲属，且年满60周岁、已在中国连续居留满五年、每年在中国居留不少于九个月并有稳定生活保障和住所的。

[3] 李婕. 中国"绿卡"为啥成了"香饽饽"？[EB/OL]. 人民网，2017-08-15.

还包括这些正式制度催生的众多非正式制度,包括惯性偏见和身份歧视等意识形态。① 制度距离对移居者的适应和融入也有较大影响,母国和移居国制度距离越大,移民群体的社会适应和社会融入的难度越大。我国借鉴了众多移民国家的经验,制定了国际移民人才引进政策,根据目前我国严格的移民政策,只有具有高学历的、技术管理型人才才能够达到中国移民的标准。这种严格的移民政策,使得只有极少数的外国人能够拿到"中国绿卡",跨入中国移民的门槛,实现在制度上的融入。而大多数外国人在中国只能受到严格的签证制度的管理,这也对他们将北京作为"体验地"而不是真正的"移居地"产生着影响。中国严格的移民政策,使得很多外国人并不能够将中国作为真正长久的移居地,对于他们来说,无论在北京生活多久,最终也是要离开的,因此在他们对未来人生的规划中,被动或主动地将北京作为"体验"一段人生的地方,而不是永久地扎根下来。

W,男性,美国人,跨国企业职员,在他44岁时打算离开北京,至此他已经在北京生活了9年。"这里本来就不是你的国家。在这里我们永远是一个过客,除了极少数的例外。中国也让你意识到你只是个过客。你知道吗?在中国只有5000个外国人拥有永久居民权(2013年左右)。5000个!而在新加坡,600万人口,有150万的外国人,很多人都有新加坡居住权,也就是绿卡,比如,我。"他的孩子出生在北京,拥有美国和新加坡的双重国籍,唯独在他的出生地没有国籍,只有每年必须续签的中国签证。但是W认为中国政府的这些政策是可以理解的,因为中国从来就不是一个移民国家,这和美国、加拿大不同,这两个国家是移民国家,他们必须尊重移民,并必须尊重多元文化。离开中国时W表示:"你在中国永远是一个过客(visitor),除了极少极少的例子,我们都只是过客。中国只接受你这么多不会更多。"②

移民政策上的严格管控,使在京外国人很难从制度上获得一个"当地人"的身份。"外国人"这一身份,说明他们不是中国公民,没有中国公民的权利,他们需要随时带着护照,来证明自己不是非法移民。这种严格的制度管控,使一些外国人感觉他们被排除在主流社会之外,相对于中国的主流社会而言,他们觉得自己是边缘群体。

我有几次遇到警察查护照,我的外国人朋友有遇到过因为没带护照而被带

---

① 徐志寒,金太军,徐枫. 城市新移民社会融合路径的障碍及其消解:基于资本要素禀赋的视角[J]. 经济社会体制比较,2016(01):57-66.
② 席越. 他们的中国:十八位外国人在中国[M]. 南京:江苏文艺出版社,2013:56.

到警察局的情况。我觉得非常麻烦，感觉自己被怀疑是非法移民，这种情况总是提醒我自己对于这里来说是一个外来者，我不属于这个地方。（被访者3号，男，30岁，英国人，国际学校教师，来京2年多）

另外，值得一提的是，北京对来自发达国家的外国人在经济方面的吸引力并没有显著的优势。在对来自欧美国家外国人的417份有效问卷进行分析时发现，对于"您现在的收入与来北京之前的收入对比，情况如何"这一问题，约62%的人表示来北京之后的收入和来北京之前的收入水平差不多，约13%的人表示目前的收入比来北京之前多一些，仅5%的人表示在北京的收入比之前多很多，另外还有16%的人表示来北京之后收入水平比之前下降了一点，4%的人表示收入比来京之前少很多。"新古典经济学理论"从经济学角度分析移民行为产生的动因，认为国际移民取决于当事人对于付出与回报的估算，移出地与移入地的工资差距是引发移民的重要原因之一，但该理论对于来自发达国家的在京外国人的迁移的解释力较弱。这一点也从侧面说明了，经济原因（主要是收入差距）对来自欧美发达国家的外国人并不具备普遍性的、较强的吸引力。

我对自己目前的收入还算满意，在这里的收入虽然比我在瑞典的收入少一些，但在北京我没有买房子的需求，学校会给我安排宿舍，解决住宿问题。我每个月的收入是可以满足我的日常生活（吃、穿、行等）的。我了解过申请中国绿卡的相关政策，我是有希望申请到的，但是我不打算申请了。我会在中国生活很长的一段时间，但是我以后还是想回到瑞典去，我觉得那里有更适合我的养老福利和生活福利。（被访者11号，男，40岁，瑞典人，大学教师，来京13年，妻子是中国人）

综上所述，北京作为一个发展迅速的国际化都市，拥有发展机会多、城市基础建设良好、生活便利等种种优势，吸引着很多来自发达国家的外国人前来工作和生活，但中国严格而烦琐的移民管理政策，也使得绝大多数的外国人不能获得"中国绿卡"，不能成为真正的中国公民，这让他们在制度上很难真正地在中国扎根。同时，在北京的收入对他们没有普遍性的显著吸引力，他们清楚地意识到最终会离开中国，因此将北京作为"体验与发展"的一站。

二、生存—发展型动机

（一）生存—发展型动机的发现过程

相比持"体验—发展型"社会融入动机倾向的外国人而言，另一部分在京外国人（多数是来自发展中国家）在被访时较少提及"体验"一类的词汇，虽然他们在中国拿到的工资与那些发达国家的外国人相差不多，但对于来自发展中国家的外国人来说，赚钱与"生存"才是更为重要的动机。

　　来到北京之后，我现在的工作收入比在菲律宾的时候好很多，生活水平也提高了很多，这是我在北京最满意的地方了，其他方面也很好，这里很安全，人们也很友善。我很喜欢和中国人交朋友，如果可以的话，我希望能在中国生活尽量长的时间。（被访者 8 号，男，32 岁，菲律宾人，拳击教练，来京 5 年）

　　我非常满意在北京的工作，虽然工作比较辛苦，我的老板经常要求我加班，每周的课时很多，但是相对来说，我拿到的薪水也很多，我很满意自己的收入，我和我的女儿在中国生活，我们都很喜欢这里。目前来说我一点也不想离开中国，在这里我和女儿的生活质量都得到了提高。我最满意我的工作收入，这个令人满意的收入使我在北京生活得更好。（被访者 6 号，女，33 岁，南非人，外教，来京 1 年）

　　同时，也有一些被访者表示，他们的家人都在自己的国家，他们留在中国的主要目的是赚更高的工资。被访者 23 号，男性，40 岁，印度人，国企工程师，来北京工作、生活了 2 年，他的妻子和孩子都在印度，在北京的收入足够供他的家人在印度过很好的生活。如果在印度，同样类型的工作，收入是远没有在北京高的。"是的，我很满意我在这里的收入，工作压力也还可以，同事和领导都对我很友好。我在这里可以赚更多的钱，可以让我的家人过上更好的生活。我很喜欢中国，但我以后会回到印度去和家人团聚。"

　　被访者 22 号也有同样的境况。"我很喜欢北京，这里的生活环境很不错，尤其是工作，我对我的工作收入十分满意，但是我很想念我的妻子和孩子，我的孩子两岁了。我每天都要跟他们视频。我不知道我会在这里待多久，我很想念我的家人。"在交流的过程中，笔者对他思念家人表示理解，并说："我也十分想念我的父母。"但是被访者 22 号摇头道："那不一样的，你还没有结婚，你不知道，想念自己的父母和想念自己的妻子、孩子的感受是不一样的，如果我没有成家，我大概会想更长久地留在中国，但是现在，我非常想和他们团聚，北京最吸引我的，就是这里较高的收入了。"（被访者 22 号，男，27 岁，哈萨克斯坦人，跨国公司技术人员，来京 2 年）

　　相比那些多数来自发达国家的、原有经济基础和社会资本较好的外国人来说，这些原有社会资本较少（多数来自发展中国家）的外国人能够拿到"中国绿卡"的机会更加渺茫，北京丰富的工作机会、良好的社会治安、较高的收入等优势都吸引着他们，但由于很难长久留下，他们将在这里生活的最主要目的放到了"赚钱"这一方面。无论是追求高收入为自己提供更好的生活，还是为了赚取更高的工资以便为移出地的家人提供更好的生活,在北京能够获得更高的收入都是他们想留在这里工作和生活的主要动机。我们将这种动机归纳为"生存—发展型动机"。

(二)生存—发展型动机的形成原因

"生存—发展型动机"的主要内容是围绕着"经济收入增加"这一关键要素展开的。因此,在探讨"生存—发展型动机"的形成原因时,人口迁移的推拉理论、理性选择理论以及新迁移经济学理论都为这种"生存—发展型动机"提供了部分理论解释。

1. 推拉理论

早期美国社会学家莱文斯坦(E. G. Ravenstein)提出了人口迁移的七条法则,认为移出地的贫穷、失业等"推力"和移入地的高经济水平、高收入等"拉力"共同作用于人口迁移。在莱文斯坦的人口迁移理论的基础上,李(Everett S. Lee)提出了目的地、原居住地和中间障碍是影响人口迁移的三种因素,进一步完善了人口迁移的推拉理论。他把影响人口迁移的因素归为四方面:(1)与迁入地有关的因素;(2)与迁出地有关的因素;(3)各种中间障碍;(4)个人因素。[1] 推拉理论认为,人口流动的目的是改善生活条件,流入地的那些有利于改善生活条件的因素就成为拉力,而流出地的不利的生活条件就是推力,人口流动就是由这两股力量前拉后推决定的。

这一理论对于部分发展中国家的外国人向北京的迁移具有一定的解释力。一些来自印度、哈萨克斯坦、尼日利亚、菲律宾等国家的外国人,对于在北京生活的很多方面表示满意,如工资收入、社会治安、基础设施、生活便利程度等。与他们的迁出地相比,北京是一个具有很多优势吸引力的迁入地。迁出地的推力与迁入地的拉力影响着他们的迁移行动。

新古典主义经济理论以萨斯塔(Larry A. Sjaastad)、托达洛(Michael Todaro)等学者为主要代表。该理论主要从经济学的角度分析移民行为产生的动因。萨斯塔等学者通过对移出国和移入国之间的工资差距做定量分析,认为迁移者对迁移行为的付出与回报的估算,决定了其国际迁移行动。如果移民后的预期所得明显高于为移民而付出的代价时,移民行为就会发生。因此,这一理论认为,从收入低的地方往收入高的地方去,是移民的规律。

在整理来自发展中国家的 119 份外国人有效问卷时发现,对于"您现在的

---

[1] LEE E S A. Theory of Migration [M] //COHON R. Theories of Migration. Cheltenham: Edward Elger Publishing Ltd, 1996.

收入与来北京之前的收入对比,情况如何"这一问题,约21%的人表示来北京之后的收入和来北京之前的收入水平差不多,约36%的人表示目前的收入比来北京之前多一些,约25%的人表示在北京的收入比之前多很多,另外还有15%的人表示来北京之后收入水平比之前下降了一点,3%的人表示收入比来京之前少很多。由此可见,在已调查的人中,来自亚、非、拉美发展中国家的样本数据显示,约61%的人表示来到北京之后工作收入有所提升。可见,对于来自发展中国家的在京外国人而言,他们向北京的迁移行动,受到这种经济收入差距的影响较大,使得他们在"移出地与移入地的收入差距",成了他们迁移到北京,进而进行社会融入的重要原因,形成了"获得更高收入"为主要目的的"生存—发展型动机"。

在研究者与访谈对象的谈话中也发现,大部分来自发展中国家的被访者都说来到北京之后经济收入有所提高,甚至很多人表示这是他们在这里最满意的一点。

我是被公司外派到北京工作的,这里给出的薪水比我原来的要高很多,我希望多在北京工作一段时间,多赚些钱。(被访者32号,男,印度人,未婚,跨国公司技术人员,来京3年)

在参加一些外国人组织的集市(他们支付租金,可以在集市上摆摊卖东西)时,也遇见了一些同样因为更高的经济收入而来到北京的外国人。比如,被访者27号,女,埃塞俄比亚人,来北京两年了,做一些小生意。"我挺喜欢这里的,这里赚钱机会多一些,我不仅可以参加这些集市,还可以在微信上卖我做的果酱和蛋糕。"在谈及会在北京待多久时,她说不确定:"我也不知道,看到时候具体的情况吧,你知道的,签证之类的事情很不容易。"

2. 理性选择

理性选择理论的观点主要发源于新古典经济学的基本假设,所谓"理性",就是指人类调节自我行为的能力,其中包括对目的性行动的选择和确认。理性是人类超出动物而独具的一种认识和思维能力,正是这种能力的存在,不仅使我们能够调整达到目的的手段,而且使我们能够建立起价值体系,对目的本身做出判断和取舍。经济学理性选择理论的核心内容是:人以理性的行动来满足自己的偏好,并使其效用最大化,一个理性的行动者趋向于采用最优策略,以最小的代价取得最大的收益。科尔曼(James S. Coleman)是社会学理性选择理论的杰出代表,他认为社会学的理性主要是强调一种有目的性的、有意图的行动。社会学的"理性人"概念的内涵是指"对于行动者而言,不同的行动会产生不同的效益，而行动者的行动原则就是最大限度地获得效益"①。其中所说的"效益"不仅仅局限于经济方面，还包括政治、文化、社会、情感等多种内容。国内有学者将理性划分为生存理性选择、经济理性选择和社会理性选择三个层次。生存理性是最基本的层次，这一概念首要考虑的是安全第一的生存原则；经济理性主要是指追求利益的最大化和效益的合理化；社会理性是一种更高级的理性选择表现形式，社会理性的基本特征是行动者寻求一个令人满意的行动计划，在效益最大化的追求中达到满足，行动者的行动基础是满意准则和合理化。其中生存理性选择是理性选择中最基础的层次，只有当生存理性选择得到充分实现后，经济理性选择和社会理性选择才会产生。②

对于持有"生存—发展型"动机的在京外国人而言，来到北京工作和生活，对于他们是理性选择的结果。从生存理性、经济理性与社会理性三个理性选择的层次来看，多数人选择在北京生活是基于生存理性选择和经济理性选择。首先，很多被访者表示，北京的治安很好，在北京生活很安全。北京良好的治安环境给了他们生存理性选择的基础。

我觉得在这里生活非常安全，很晚的时候我也敢出门，走在大街上也不害怕，中国的治安方面管理得很好，特别是对于枪支的严格管理，我觉得非常好。（被访者8号，男，32岁，菲律宾人，未婚，拳击教练，来京5年）

我觉得中国有两点特别好的地方，就是对枪支和毒品的超级严格的管控。来到这里之前我就知道，在这里不管你有多少钱，或是有多高的职务，只要沾上了枪支或毒品，都会被严格地按照法律制裁。我觉得这样非常好，让我感到非常安全。（被访者18号，男，33岁，墨西哥人，未婚，从事语言研究工作，来京5年）

北京的环境很安全，我希望能尽量长时间地留在这里，我和我的女儿都很喜欢这里。在北京，我也遇到过小偷，但是我知道，他们应该只会偷我的一些东西，基本不会威胁到我的生命。（被访者6号，女，33岁，南非人，未婚，外教，来京1年）

其次，从经济理性方面追求效益合理化和利益最大化，也是多数亚、非、拉美国家的人来到北京的重要原因。他们在这里能获得更高、更满意的收入，这是最直观、最明显的迁移原因。

---

① COLEMAN J S. Foundation of Social Theory [M]. Cambridge：Belknap Press of Harvard University Press, 1990.
② 文军. 从生存理性到社会理性选择：当代中国农民外出就业动因的社会学分析 [J]. 社会学研究，2001（06）：19-30.

收入方面我是很满意的,比来到北京之前要高。虽然工作量有些大,和领导以及同事的沟通方面经常出现一些问题,但这份收入还是可以让我和我的女儿在北京过上挺满意的生活,这个让我满意的收入也是我喜欢这里的原因之一。(被访者6号,女,33岁,南非人,未婚,外教,来京1年)

3. 家庭选择

新迁移经济学是从古典理论基础上发展而来的。新迁移经济学不是将个人作为追求效用最大的主体,而是把家庭看作追求效用最大的主体。这一理论认为,在其他市场要素失败的情况下,人们在经济上获得更多发展的阻碍随之增加,从而不仅使个人的经济收入降低,也威胁到家庭物质生活水平的提高。这使得人们希望通过国际迁移来改善整个家庭的处境。家庭中的一个或者多个成员通过国际迁移到国外的劳动力市场,获得更高的经济收入、更多的资本,从而能够改善整个家庭的物质生活水平,使整个家庭增强在生产、收入方面规避风险的能力。国际迁移所获得的高收入,不仅吸引着移民本身,也对他们的家庭产生吸引。收入的提高为他们的家庭增加了资本的来源,增强了抵御生产风险的能力,提高了家庭在移出地社会中的社会经济地位。尽管工资差异可能是国际迁移的一种动机,但工资差异并不是国际迁移背后的唯一原因,个体国际迁移所增加的收入,不仅能够减轻家庭生产中的资本限制瓶颈,而且还能提高移民家庭在当地的社会地位。①

新迁移经济学派的这一理论,能够解释一些来自发展中国家的外国人的社会融入动机。对于这些外国人来说,他们来到北京工作、生活,不仅是出于个人的"生存与发展"的选择,也是为整个家庭获得更多的收益,提高其家庭在迁出地的生活水平与经济地位。

被访者23号(A)就是这类来京外国人中非常具有代表性的个案。A是个40岁的男性,来自印度,研究生学历,已婚,现在某国企做工程师,来到北京已经4年了。他在来到北京之前,也在英国工作过两年,后来北京的这份工作给的工资更高,他就来到了北京。A有一个很大的家庭,他有两个妻子和三个孩子,这些家人都留在印度。由于A个人的高收入,可以保证他的家人在当地过上相对富足的生活。当然,孤身一人在北京工作,A也经常感到孤独和思念亲人,"我的妻子和孩子们都在印度,我很想念他们,我们经常视频通话,我的孩子们都非常聪明可爱"。但他还是想尽可能地多在北京工作一些年,最主要的

---

① STARK O, TAYLOR J E. Migration Incentives, Migration Types: The Pole of Relative Deprivation [J]. The Economic Journal, 1991: 101 (408).

原因还是这里的收入高。"我在印度做同样的工作,薪水可能只是这里的五分之一甚至更少,所以我对现在这份工作的收入非常满意,这些钱可以让我的家人住上大房子,让我的孩子上更好的学校,给他们更好的生活是我的责任。"

其他被访者中也有与 A 相似情况的人。他们来到北京工作,不仅是为了自己,也是为了给家人提供更好的生活,使整个家庭增加资本和增强抵御风险的能力。

我对在北京的生活最满意的就是收入了,我的妻子和儿子都在哈萨克斯坦,我很想念他们,但是我也希望多赚一些钱,给他们更好的生活。(被访者 22 号,男,27 岁,哈萨克斯坦人,已婚,跨国公司技术人员,来京 2 年)

这里的工资还不错,我觉得墨西哥和中国还挺像的,我们也很重视家庭,与家庭成员的联系比较紧密,我在这里也挺想念我的父母。但是这份工作收入对我和我的家庭来说都比较难得,我想在这里多工作几年。(被访者 18 号,男,33 岁,墨西哥人,未婚,从事语言研究工作,来京 5 年)

为了家庭成员能有更好的生活,为了提升整个家庭的经济水平,这些来自发展中国家的外国人多数表示愿意在北京工作。提升整个家庭的"生存与发展"水平是他们在北京工作的重要原因之一。值得关注的是,这个理由既是他们想要留在北京的原因,也是他们主观上不想永久留在这里的原因。因为他们的家人都留在迁出地,他们孤身一人来到北京工作,大多数人都认为自己早晚要回到迁出地与家人团聚。北京是他们获取更多收入的"暂居地",这种想法也影响了他们在北京的社会融入程度。

我以后肯定会回到印度去的,和我的家人生活在一起。北京很好,在这里生活很便利,中国人也都很友好,我喜欢跟着一些旅游团去各个城市旅游,也愿意和中国人交朋友。但我的家在印度,我的家人都在那里,我不知道我会在北京待多久,但我一定会回去。(被访者 23 号,男,40 岁,印度人,已婚,国企工程师,来京 4 年)

我知道有很多像我一样的人,为了赚更多的钱来到北京。就像很多中国人也去美国或其他国家赚钱,这是一样的。我们离开自己的国家、离开自己的家人,去其他的国家工作,因为在那里工作能够赚更多的钱。这是很多人的选择,但我觉得这些人最后大多数都会回去,至少我是这样的。(被访者 32 号,男,33 岁,印度人,未婚,跨国公司技术人员,来京 3 年)

综合以上分析,这些"生存"目的性较强的外国人(多来自发展中国家),无论是由于"推拉"作用,还是出于理性选择的考虑,抑或是为了提升整个家庭的生活水平而选择来到北京工作和生活,上述理论都对来京外国人的"生存—发展型"动机有一定的解释力。他们来到这里进行社会融入的动机主要是围绕着"经济收入"展开的。获得更多的经济收入、改善自己和家人的生活、获得生存状态的提升与更好的发展,是"生存—发展型"动机的主要内容。

三、"体验—发展"与"生存—发展"之间的关系

"生存—发展型"动机与"体验—发展型"动机并不是完全割裂的。首先,这两类社会融入的动机可能在一个个体(在京外国人)身上同时存在。一个在京外国人的社会融入动机,通常既有"生存—发展"的需求,也有"体验—发展"的追求。来自发达国家的外国人,虽然主要是以追求"体验—发展"为主,但很多人也同时具有"生存—发展"的需求。比如,被访者25号,男性,24岁,来自美国,现在是一名记者,在北京工作、生活3年多了。谈及来北京工作的原因,他表示:"我喜欢中国也喜欢北京,我也很喜欢说中文,我觉得在这里的生活对于我来说是很难得的体验,我还很年轻,我认为年轻就应该多体验一些不一样的事,比如,文化、和不同的人交往等。"同时他也认为,北京给了他更好的工作机会。"我对现在这份工作很满意,工资也不错,因为我在这里没有买房的需求,这份收入可以支撑我在北京过比较舒适的生活。而且我觉得北京发展得非常快,我认为自己在这里能有更好的发展前景。目前我想留在这里,可能在美国我未必有更好的发展机会。"对于在北京的生活他也很满意,"在北京生活很便利,这里的饭店和超市都很晚才关门,还有很多24小时营业的店铺。而且在这里我觉得很安全,枪支管理很严格,所以不用担心有枪击之类的事情发生。"和这位被访者一样,很多来自发达国家的外国人并不仅仅追求更丰富的人生体验,北京对于他们来说,也提供了很多新的机会,他们来到这里工作、生活,也有对更安全舒适的生活、更好的经济收入前景方面的考量。

同样的,很多来自发展中国家的外国人,在寻求"生存—发展"的同时,也得到了更多的生活体验。有些来自发展中国家的被访者表示,他们来到北京,除为了获得更安全舒适的生活和更高的经济收入,也是为了得到更多的人生体验。

我喜欢在节假日的时候报一些旅游团,去中国的各个城市和景点旅游,这里的文化很有意思。我也喜欢尝试吃中餐,中国的服务态度很好,而且对于宗教信仰习惯很尊重,在这一点上我有很好的体验。因为我是穆斯林,不能吃猪肉,我去饭店点菜的时候,会向服务员询问哪道菜里有猪肉、哪道菜里没有。以前我在英国的时候,那些人都很不耐烦,会说"别打扰我",但是我在中国的饭店里,服务员基本都会耐心地跟我解释菜的内容,这一点我觉得很好。(被访者23号,男,40岁,印度人,已婚,国企工程师,来京4年)

我喜欢和中国人交朋友,平时也喜欢和朋友们去酒吧或者一起出去吃饭,

在这里生活我觉得很舒适，而且和我以前的生活体验也不同，这里不仅给了我更高的工资，也让我感受到了和不同文化背景的人交往的乐趣。而且这里还这么安全。我很喜欢这里，虽然我知道自己拿到"中国绿卡"的可能是非常小的，但是我希望能在这里留尽量长的时间。（被访者8号，男，32岁，菲律宾人，未婚，拳击教练，来京5年）

其次，个体（在京外国人）在这两类社会融入动机之间具有较为明显的倾向性。如图2-13所示，笔者认为"生存—发展"动机与"体验—发展"动机在一个坐标轴的两端，每个在京外国人的融入动机都落在这个坐标轴的某一点上。一般来说，对于个体而言，这种社会融入动机的倾向性通常是比较明显的，因此，可以按这种融入的动机倾向，大致将在京外国人按社会融入动机分为"体验—发展型"融入动机倾向与"生存—发展型"融入动机倾向。

图2-13 在京外国人的社会融入动机

第四节 外国人社会融入过程

本部分从访谈资料中选取了几个具有显著背景差异的外籍人口个案，通过对访谈材料和个案资料的整合，呈现出几种典型的融入过程和融入类型，从而在一定程度上反映这些外籍人口在北京的融入意愿和融入程度。需要说明的是，大量已有研究表明，无论是国际移民还是国内流动人口，群体本身属性千差万别，融入意愿也各不相同，因此难以对其融入过程和融入类型进行完整、确定的归类，外籍人口的融入过程并非静止的，而应该是一个动态的发展过程，本文在结合过去已有研究以及实际调查访谈资料的基础上，尝试运用动态结构化和类型化差异视角，探索性地对所获资料群体特征进行归纳总结。

一、几个具有显著背景差异的典型个案

被访者的差异首先体现在他们来自不同的国家，具有不同的年龄、职业、受教育程度和婚姻状况，其次体现在他们具有不同语言、饮食习惯以及宗教信仰等文化背景。研究者在对这些具有较大背景差异的外籍人口进行访问调查的

同时，尽可能地保持多维度、动态、客观的视角，从多方面考察他们的融入过程和融入路径，本部分通过选取几例典型个案来予以呈现。

(一) 个案一：被访者B（46号）

男性被访者B，今年32岁，大学学历，未婚；母国为欧洲荷兰，第一语言为英语；从事IT行业，在一家国际知名外企中随工作调动而全球性迁移，目前来中国一年半，来中国之前曾经在伦敦、纽约、悉尼等国际化大都市工作和生活，已经在国际上迁移长达10年之久，因此具有相当丰富的国际迁移经历。一年半前，被访者B一个人随着工作调动来到中国，北京是来中国的第一站，这也是他第一次来到中国，之前没有在中国居住的经历，目前在北京居住一年半，在朝阳区某国际性社区与其他外国朋友合租。

关于自己来中国的原因，被访者B表示："2015年年末，因为工作调动，公司派我来中国分公司工作，当时告诉我要在中国工作两三年，现在还不清楚我会在中国待多久。"对之前的工作和生活经历以及来到中国最大的感受方面，他表示："来北京之前我在悉尼工作，在澳大利亚，那里的空气很好，人也很好，我很喜欢悉尼。在悉尼之前我还在美国、伦敦待过，我大学毕业后先去了美国，然后去了伦敦，后被派遣到悉尼，现在来到北京，已经超过10年了。因为我在很多国家居住过，所以我不觉得文化差异是个问题，但是我觉得最重要的是服务。这里让我很不方便。"长期的国际迁居经历使得他在心中将不少的国际都市对比，来到北京后不可避免地将北京与伦敦、悉尼、墨尔本、纽约等国际化大都市进行对比，对比结果就是北京的公共服务设施与其他国际都市相比还有一定的差距，集中体现在对外国人的服务方面，包括银行个人资金业务、签证办理、语言障碍、手机移动网络和社交媒介等诸多方面。例如，"我们感到在这里非常艰难并且不受欢迎，没有一个当地中国人的帮助我没法兑换外币，但是我可以在其他国家不需要别人帮助随意兑换外币"。"并且汉语非常难懂，虽然这里的英语水平比外国人的汉语水平好，但是并没有好到让外国人感到受欢迎和在中国没有压力"。"在中国VPN也是禁止的。我家庭中没有人使用微信，大多数都使用MSN和Facebook，并且所有的记忆、照片、家庭生活更新都在Facebook上，而在中国不能使用，我无法和我的家人联系，这让我感到我像是被隔离了一样。当我能够连接上VPN时，我感觉好像打破监狱重新获得了自由一样。"

生活方面的诸多不便直接造成了他一开始适应上的困难，但随着在北京居住时间的日益延长，被访者B逐渐找到了自己慢慢适应的方式，目前对在北京的生活和适应方面"批判性"明显有所减弱。

问:"那你觉得现在能够适应北京的工作和生活了吗?通过什么方式呢?"

答:"现在已经觉得好多了,没有一开始那么不方便了,我所在的公司是外企,里面有很多和我一样被派遣到中国的外国人,他们有很多是我的朋友,会经常告诉我一些在北京生活方面的知识。另外去年暑假,我和其他朋友一起报了北京一所大学的 MBA 课程,学习了一年时间,在中国学校里我还交到了很多中国朋友,他们非常友好,会经常请我吃饭,告诉我中国哪里好玩。我觉得汉语是世界上最难的语言,但是我现在正在慢慢学习,已经会说一些简单的汉语,我认为如果我能把汉语说得很好,就会更方便了。而且我开始使用中国人使用的微信、微博,在朋友帮助下接通了 VPN,这样我就能和家人联系,也能使用中国的软件。""另外我还很喜欢去旅行,因为来了中国,中国这么大,有这么多不同的地方,所以我还去中国其他地方旅行过,有厦门、广州、成都,只要我有时间我就会去很多地方旅行。"

问:"你觉得你现在适应在中国的生活了吗?并且你是否觉得你已经融入了中国社会?"

答:"关于适应方面,我现在觉得自己挺能适应中国的生活的,因为我很少吃中餐,这里(朝阳区)有很多西餐厅,所以不吃中餐也没关系,我可以找任何一家西餐厅吃饭。我在学汉语,但是我平时几乎不说汉语,因为我的同事都是外国人,MBA 课程结束后我也很少和中国朋友联系,所以我现在很少和当地人接触。""为什么一定要融入中国文化?我自己平时都保持着独立性,也不会受到中国文化的干扰,所以我坚持保持自己的文化。"

随着外籍人口在中国工作和生活时间的延长和空间范围的扩展,他们日益衍生出多种多样的关系,如同事之间的工作关系、朋友关系,在中国大学里上学和老师的师生关系、与中国学生的同学关系和朋友关系,在多种关系的相互建构和维系中,逐渐减少了起初个体独自适应的不适。而外在环境是另一方面重要的因素,包括现代化服务设施的不断完善和多样化的餐厅、酒吧等场所的客观存在,为外国人进一步适应和减弱困难带来了客观环境上的条件。另外,在日常其他社会互动中,如和朋友一起去中国旅行、春节去中国朋友西安老家过年等也都为其社会适应和融入创造了多方面的条件。但在适应后进一步融入方面,他却主动选择与中国社会和中国文化保持一定的距离。

(二)个案二:被访者 F(48 号)

男性被访者 F,35 岁,英国人,个体经营者,在中国定居已经 8 年。最开始来中国是在 2008 年,为了观看奥运会比赛而来,对北京印象深刻。奥运会结束后曾返回英国,因为迷恋中国文化回国没多久便再次来到中国。真正来中国定居是在2009年，起初在中国一些学校从事外语教学工作，2012年遇到现任妻子，2014年结婚，现在二人育有一个2岁大的女儿。妻子是北京人，二人目前已经在北京有了自己的房子，因为孩子比较小，暂时打算长期在北京居住。与妻子结婚后，辞去了外语教学工作，与妻子商量后，二人共同在所居住的社区开了一家便利店，经营食品、化妆品及其他日常用品。因为英国人的身份，被访者F和妻子会轮流出国代购，另一个人负责照顾孩子和看店。被访者F表示，他们的小便利店规模虽小，但是有相当一批较为固定的外国人客户，这些客户大多是和被访者F十分相似的欧洲人，他们更喜欢自己的一些食材和酒水。因为靠近国际性社区，有很多外籍人口在附近聚居，这为他们的便利店经营提供了十分重要的优势，因而被访者F对目前在中国的生活也十分满意。现在便利店经营良好，还招聘了几个中国年轻人来从事收银、上货、理货等具体的工作，他和妻子负责去国外采购以及管理、财务部分，生活也十分悠闲，不似上班族那么忙碌。

被访者F可以说是中国的准女婿，有中国的配偶、中国的房产及稳定的个体经营产业，因此2016年申请通过了长期居留签证。在谈及刚来中国时，他表示，"因为我对中国很好奇，而且2008年中国奥运会我来过北京，那个时候我感觉我非常喜欢这个城市，所以回英国后我只想要来北京。但是事实上最开始来中国时很多地方我都很不适应，觉得和英国的生活和文化差异很大，但是后来慢慢就适应了。"谈及与现在妻子的相遇和婚姻关系的确立，他表示有深刻的体会。"在2012年的时候，当时我还在北京一个学校教英语，有一天和一群朋友去酒吧喝酒，其中一个中国朋友带来了她的好朋友，就是我现在的妻子，我当时对我的妻子非常有好感，后来我们就彼此相爱了。但是你知道吗？最重要的是当时我向她求婚时，她的爸爸妈妈反对我们两人在一起，我不知道为什么，她很喜欢我，我也很爱她，为什么我们不能在一起？然后我们一起找她的父母，我的妻子是北京人，她父母不同意我们结婚，后来告诉我如果我在中国买房，而且我们结婚后要在中国居住才能同意我们结婚。我不明白，我父亲买房子的时候已经40多岁了，我才30岁，为什么中国人结婚一定要先买房子，而且结婚后就要快点生孩子。我们现在还很年轻，我们可以存一点钱然后去世界各地旅游，为什么要买房子呢！但是我爱我的妻子，为了能和她在一起，我们领了结婚证后就去看了房子，买了我们的房子。"

在中外结合的婚姻关系中，巨大的文化差异是直观可见的，也是决定外籍人口能够顺利融入中国社会，走进中国人际圈子的重要影响因素，在这一点上，被访者F也表示结婚后每天都会遭遇很多的文化碰撞。首先在于语言，虽然在结婚前他已经在中国工作了好几年,觉得自己已经能很流利地说一口中国话,和中国人沟通没有大问题,但有一些中国的汉字词语可以有很多意思,有时候他搞不懂别人说的一个词语究竟是什么意思。另外,他表示西方人说话非常直接,有不高兴、不满意的就会直接说出来,但是中国人说话拐弯抹角,他总是不能深刻体会中国人的意思。如果说一般情况下和中国人交流没多大问题,但结婚后和岳父岳母的沟通就存在很多问题,包括语言、思维和文化传统上的差异都较大。一开始会不太理解,但是后来被访者学会用中国人的思路和方式交流就逐渐克服了很多文化差异上的矛盾。

他对中国的看法和体会,随着在中国居住时间的增加而加深,具有中西结合的婚姻关系使他对中国传统文化和中国人的处事模式有更深的体会,也在各种各样关系的相处、与其他人的互动中克服差异,找到自己融入社会的方式。然而,在谈及自我感觉是否真正融入中国社会时,被访者F却表示出十分悲观的态度。"我在中国生活这么多年,我完全理解中国的文化和思维方式,但是我觉得自己永远也无法融入这里,尽管我有中国妻子,也有中国孩子。这里的人们特别喜欢找关系,有些关系、有些中国人说的圈子我觉得我永远也进不去。而且我的国家是multi-cultural(多元文化),而中国是Chinese cultural(中国文化),在中国文化中一个黄头发、高鼻子的外国人想要融入中国社会,那几乎是不可能的。"

(三)个案三:被访者H(50号)

女性被访者H,29岁,来自美国,目前未婚,从事国际电影旅游行业,是一家私营旅游公司的职工,来中国7年。2010年和其他几个美国朋友一起被派到中国留学,在北京大学读中文专业,因为专业原因,每天都有大量的机会和现实学业压力促使她去学习中文,因此汉语进步速度比其他外国人都快,听、说、读写各方面语言的掌握都没什么问题,并在2012年顺利拿到硕士学位证书。和许多其他外籍人口一样,被访者H也经历了诸多不适应的地方,尤其是当时年龄比较小,刚成年,在美国成年了就要经济独立,因此她要负担自己的日常开销,尽管作为留学生来到中国,有相应的留学生补贴,但她表示完全支付自己的开销也很紧张。然而,与中国留学生在国外面临相同的偏见,被访者也表示她起初来到中国因为"留学生家里都很有钱"这个想法而受了不少委屈,"好几次坐出租车,出租车司机带着我绕弯,他可能认为我不认识路,所以我经常和出租车司机吵架"。"而且这里的空气怎么这么不好"。"我刚开始还是挺孤单的,远离美国,没有多少朋友和熟悉的人,最大的问题就是和其他人一起合住,当时非常不习惯"。

谈及后来慢慢适应主要源于一次学生活动的契机,"当时有一个外国留学生创办的学生活动,报名参加后结识了很多其他外国留学生朋友,更多的是我还认识了很多中国学生,他们都非常友好,对我有很大的帮助,我也有两个中国好朋友,在她们的帮助下,逐渐克服了很多困难,也让我慢慢适应了这里,比如,她们告诉我怎么去餐厅买饭,陪我去银行,告诉我怎么在校医院看病,真的帮了我很多,我很感激她们"。因为有两年的留学经历帮助被访者度过适应期,毕业后又因为她非常喜欢中国而选择留下,没有回美国,应聘到一家从事电影旅游产业的私营小公司。该公司老板也是外国人,老板一边从事旅游经营,一边在韩国、朝鲜、非洲、俄罗斯等地拍摄微电影,并且每拍一部电影都会做宣传,组织人员去拍摄场地旅游。这种文化旅游的创新性深深吸引了被访者,因此从毕业后至今一直在该公司工作。

长期在中国工作和生活的经历使被访者 H 具有相当丰富的中国生活经验,她知道哪里租房便宜哪里租房贵,因此她避开了三里屯附近房租昂贵的国际社区,而选择东直门一个普通当地居民社区,每个月租金也不高,环境良好,生活消费也相对比较便宜,对中国的生活非常满意。因为自己工作的原因,经常做宣传能够结识很多中外朋友,公司的每一次宣传都会在五道口、东直门、三里屯或望京等商圈的某个酒吧内举行,这些活动不需要报名费,但是参与的人络绎不绝。初期遭遇适应困难较少、有其他关系的帮助以及适应周期较短,这些因素促进了被访者 H 对北京存在较高的好感度,并且她对未来的规划也是准备长期在中国生活,未来不排除嫁给中国人的可能。由此可见,被访者早期留学经历对其适应当地生活起到了很大的帮助作用,而长达 5 年的在京工作经历、文化旅游业等特殊职业类型也为她进一步融入中国社会提供了相应的基础。

(四)个案四:被访者 L(54 号)

男性被访者 L,加拿大籍,36 岁,已婚,来北京前在泰国居住 12 年。妻子是美国人,育有两个儿子,妻子和孩子都在泰国,目前只有被访者 L 自己在北京工作,已经来北京 7 个月,起初因为比较看好中国英语教学市场,因此从泰国来到中国,在北京创办了一家外籍教师培训单位,主要工作是给新招聘的外籍教师做培训,同时也在其他一些国际学校担任外教。与其他外籍人口相同,初到中国最大的难关就是语言,但是从事语言教学的他具有十分强烈的学习意愿。"对我来说最难的事情在语言方面。因为我想要和更多的中国人交谈,虽然我非常努力地去学习汉语,但是汉语对我来说真的很难,那些词语、汉字不会停留在我脑子里很长时间,汉字的语调我也总是发不标准,很难去记住发音。"

首先在对北京居住环境的态度上,在很多国家居住过的被访者 L 表示,"非常喜欢这个城市，这个城市非常有趣，这里的人也非常有趣。北京也有很多我不知道的地方。北京地铁有 16 条线，我可以慢慢沿着地铁线去了解这个城市。我得居住很长一段时间才能进行比较"。有着在其他国家长期居住经验的外籍人口通常到一个新的环境总是不可避免地将现居城市与之前居住过的城市进行对比。全球化的发展和现代化国际都市建设使北京与国际大都市在硬件条件设施上的距离越来越小，最终对比衡量的就是居住地居民、当地文化风俗以及生态环境等方面。一般认为，移居地生态环境越好、开放性程度越高、移居者自身与迁入地之间的文化差异性越小，阻碍其生活和文化适应的因素越小，适应周期越短，生活满意度越强，从而融入意愿越强，融入程度也越深。

但在谈及目前适应和融入困难方面时，已经有家庭且长期两地分居的被访者 L 与其他单身或夫妻同居的国际迁移人口有着截然不同的融入经历。"在我来中国之前，我已经在韩国、泰国和其他一些地方工作过。因此我想说这不像第一次来中国那样困难，融入情况也不差。我工作起来比较认真努力，因此在工作方面没太大压力。其他方面也没什么大问题，对我来说最大的问题是我的孩子，他们和我的妻子在泰国，而我在中国工作。有时候像签证和观念、文化等有点难以理解，因为我来自一个完全不同的国家，有这些差异也是正常的。有些困难，不管什么时候，不管在哪个国家都是可能发生的，不只是在中国会发生。""我基本上对北京的生活还算满意，因为无论去哪儿事情都不同，每个环境都有一些自己喜欢的或不喜欢的事情，但是无论在哪里，努力做好就行。你知道你在哪里，你可以寻找好的人，寻找好的环境，或者你也能看到不太好的人，不太好的事情，关键是如何看待事情。"这种对于文化差异的包容性和理解性，也是被访者自身宝贵的精神特质，使得生活上的不便和文化差异等问题都成了其次。

真正的问题却是与自己家庭的长期两地分居，这种家庭的分居造成了被访者最大的心理障碍，也是影响迁移者融入意愿的重要因素。"主要是我的两个儿子居住在泰国，我一直和我的孩子在泰国生活，有 12 年了，直到 7 个月之前我才来到中国，因此现在没有孩子在身边这一点对我来说有点难过。曾经我们一起在家里做很多事情，我非常怀念那段时间。""在北京各方面都很好，我也非常适应，在这里我也有很多朋友，中国朋友、外国朋友都有，平时我们会一起吃饭，一起去酒吧喝酒，但我也不可能天天和朋友在一起，所以最重要的是，如果我的家人能和我一起在北京那就更好了，我想我可以和他们共同在北京生活，这样我会更喜欢这个城市。"对被访者 L 来说，家庭是被访者内心的归属和依恋，长期的分居导致被访者产生"漂泊"心理，难以使其形成长期定居的意愿和打算,更不曾考虑深层次地融入社会,而是说"在这里好好工作,好好挣钱,将来可以给我的孩子有个合理的安排",这种个体深层次心理层面的暂居者心态只有通过结束家庭分居、实现家庭团聚才能真正予以解决。

二、外籍人口社会融入的过程分析

上文呈现了四个具有较大背景差异的典型个案,从这些案例中可以看出,这些国际迁移人口在北京的就业、生活具有较大的差异性,其适应与融入的路径也具有不同的特点和复杂性。总体而言,尽管外籍人口的社会融入具有相当的复杂性特征,但从本文访谈的案例来看,城市环境、设施建设、公共服务、就业机会和薪酬水平是吸引外籍人口来京就业的重要外部变量,而他们自身的职业、婚姻状况、性格特征和个人经历等个体因素则在根本上影响,甚至决定了他们的适应和融入状况。

总体而言,移民的融入过程是一个长期、复杂和多维度的过程,同时也是一个自主性较强的过程。融入发生在各种各样的环境中,因此融入过程的速度和程度也各不一样。随着在移居地居住时间的增加,移民的融入通常分为不同的阶段。有学者从发生率(incidence)、认同(identification)、结构(structural)和文化(cultural)四个不同的维度来概括移民的融入过程,其中发生率主要体现在移民在移居地的社会交往和社会联系上,主要包括社会联系的频率和紧密程度,更好地洞察社会融入各个维度相互作用的条件对了解融入过程十分有益。[1]

结合已有研究与本次调查情况,发现外籍人口的社会融入有一个较为明显的层次性特征,本文基于时间维度将外籍人士的社会融入归纳为起始阶段、相持阶段和相融阶段,并从互动整合、融入选择、互相融合三方面概括这三个阶段的大致内容。具体来说,在互动整合阶段,移民个体或群体往往通过社会交往和社会互动,逐渐熟悉并适应移居所在地,通常以经济资源整合为基础,在此之上进一步面临行为习惯、风俗礼仪、文化价值等方面的冲击,从而主动选择是否接纳当地主流文化以实现文化适应和融入。既有可能逐渐接纳主流文化、增强对移居地的心理认同,也有可能会选择主动隔离或选择性融入,部分或完全保持自身的文化传统和价值观念。最后,在出现融入选择分化后,主动选择融入的移民通常还会遇到移居地主流社会的整体态度问题与涉及移民政策等的各方面问题,这些外部因素同样是影响移民与主流地社会相融合的关键。

---

[1] ENTZINGER H, BIEZEVELD R. Benchmarking in Immigrant Integration [M]. Rotterdam: Erasmus University, 2003.

因此可以看出，移民的社会融入是一个立足移民个体或某一移民群体的行动策略，在此基础上逐渐实现组织结构上的参与与整合，最终实现移民与主流地社会的大融合过程。无论是社会交往范围、社会机构的参与还是文化价值取向和身份认同的改变，以及移民地的移民政策和社会态度，都会成为影响移民融入广度和深度的重要因素。一个开放的移民个体或群体真正能够完全融入移居地社会，既要改变自身的方方面面来适应主流社会，如不仅要扩大社会交往的范围，增加社会参与，同时还要在文化价值取向和心理认同方面融入主流社会，也需要移居地社会以开放和包容的姿态来接纳外来移民，使其在政治、经济、文化和心理等各方面实现与主流社会的融合。但移民群体和移居地社会双方要做到以上方面是很难的，因此真正从各方面均达到移民群体与移居地社会相融合的情况少之又少。

北京外籍人口的社会融入过程是他们在现行中国较为严格的移民政策的制约下，通过经济、文化等活动逐渐获得更多的资本和交往机会、拓展活动空间和交往范围，从而更广泛地融入主流地社会的过程。北京外籍人口社会融入的进程与我国国内流动人口的社会融入进程不同。国内流动人口在经济和社会方面的融入进程严重滞后于文化和心理方面的融入[1]，而北京外籍人口经济方面的融入进程先于其他方面的融入，各方面的融入大致次序首先为经济整合，其次为行为适应，再次是文化接纳，最后是心理认同。身份认同等心理特征是外籍人口深度融入当地社会的重要标志，决定了移居者的融入意愿，从侧面凸显了外籍人口的融入类型。从动态角度来讲，外来移民在移居国居住时间长短将会对移民的适应和融入产生至关重要的影响，总体趋势是随着移民时间和在移居国居住时间越来越长，移民的适应和融入程度越来越深。同时融入是一个相对自主性的过程，因此移民融入的深度则与移民自身的身份认同和价值取向密切相关。一个在经济整合和行为适应方面较为良好的移民，并不一定在文化适应和心理认同方面具有同样深度的融入层次。

然而，移民的融入不仅仅是移民个体或群体自身对于流入地主流社会的同化或适应，同时也包含着流入地社会自身在面对移民群体时发生的变化。[2] 中国外籍移民的社会融入过程，实际上是作为主体的外籍人口与作为客体的社会环境的一个双向互动、相互建构的过程，一方面是迁移者自身对于移居地社会的融入，

---

[1] 杨菊华. 中国流动人口的社会融入研究 [J]. 中国社会科学, 2015 (02): 61-79, 203-204.

[2] 梁波, 王海英. 国外移民社会融入研究综述 [J]. 甘肃行政学院学报, 2010 (02): 18-27, 126.

另一方面是移居地主流社会对外来迁移者的包容、接纳以及相互融合的过程。

移民的社会融入过程如图2-14：

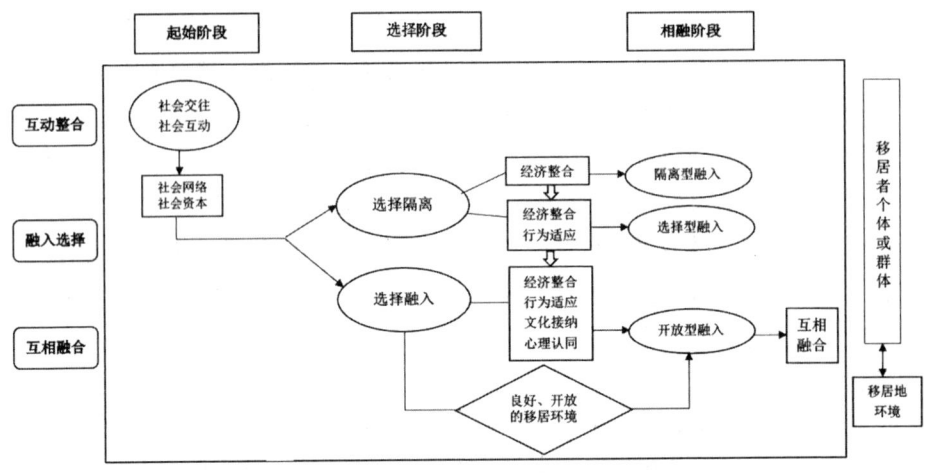

图2-14 外籍移民社会融入过程图

具体而言，在京外国人以不同的融入动机倾向来到北京，他们经过社会融入过程中的"起始阶段"，对北京进行初步的接触和了解，并且与周围的人进行简单的社会交往，对移居地的生活环境进行初步的适应。接下来在"选择阶段"，他们会结合自己以往的生活经验与思想观念，对自己在北京的生活体验进行思考，通过考虑经济、文化、社会交往等因素，他们对于自己接下来的融入方向进行选择。在这一阶段中，在京外国人体现出了较大的个体差异。他们对于是否接纳北京的文化、是否主动学习中文，以及与中国人的社会交往程度等方面做出了不同的选择。有的外国人选择对中国社会只进行浅层的了解，并不深度融入，保持自己原有的行为习惯、价值观念和身份认同，形成与移入地主流社会保持距离的隔离型状态。有些外国人则选择对北京的文化、生活习惯和是否与本地人深入交往等方面接纳一部分，形成一种选择型的社会融入状态。而另一部分人则持开放的态度，表示出对在北京生活的各方面积极融入的意愿。外国人原有的价值观念和身份认同，以及北京的经济环境、生活环境，当地人对他们的态度，中国的相关移民管理政策等因素，都对在京外国人的融入选择产生了重要的影响。这种对移入地各方面进行选择性融入的差异性逐渐形成了不同的融入结果类型。

第五节 外国人社会融入模式

一、社会融入的类型

在社会融入的分类上，以往学者大多从融入结构上进行分类，如廖静根据1852年法兰西第二帝国成立至今，北非穆斯林融入法国社会的情况，将其融入类型概括为移民殖民同化型、双向互动融合型、移民更改国籍归化型、具有多样性的分化型等四种模式。① 可见，融入的方面和程度是这类分类标准的重要指标。同时也有一些学者借助主观性因素对移民的社会融入进行分类，如郭星华和杨杰丽根据城市流动人口的融入意愿将其融入分为自愿性隔离和非自愿性隔离②，以此来关注移民的心理因素和社会距离感对其社会融入的影响。

本文通过对北京市外籍人口的融入意愿、融入过程及程度的考察，试图运用类型化视角对外籍人口的社会融入模式进行分类，大致归纳出隔离型、选择型和开放型三种融入类型（如表2-10所示）。

表2-10 在京外国人的社会融入类型

	经济融入		文化融入		行为适应		身份认同	
	高	低	高	低	高	低	高	低
隔离型	√			√		√		√
选择型	√			√	√			√
开放型	√		√		√		√	

（一）隔离型

国内学者杨菊华根据经济整合、文化接纳、行为适应、身份认同等方面的适应程度，将流动人口的社会融入结果分为隔离型、多元型、融入型、选择型、融合型五种模式。③ 其中对于隔离型社会融入的定义是：流动人口在经济整合、

---

① 廖静. 北非穆斯林移民融入法国社会的类型分析 [J]. 阿拉伯世界研究，2017（6）：104-116，119.
② 郭星华，杨杰丽. 城市民工群体的自愿性隔离 [J]. 江苏行政学院学报，2005（1）：57-62.
③ 杨菊华. 从隔离、选择融入到融合：流动人口社会融入问题的理论思考 [J]. 人口研究，2009，33（01）：17-29.

文化接纳、行为适应和身份认同等方面都显现出较低的取向，基本没有能够融入主流社会中，成了一种边缘人。对于国内的流动人口来说，这种隔离是一种相对被动的隔离。他们因为从事收入水平较低的工作，得不到基本的社会保障，居住环境也比较恶劣，在这种经济整合程度较低的情况下，他们保持着原有的语言习惯和社交网络，不被主流社会所接纳，始终认为自己是外地人。

与国内流动人口属于低收入群体不同，在京外国人普遍具有较高的经济收入，表现出较高的经济融入程度。从我们2017年的问卷调查结果看，无论是来自欧美国家还是亚、非、拉美国家的外国人，普遍有较高的收入。欧美国家的样本数据中，约有81.5%的人平均月收入在1万元以上，其中月平均收入在2万到4万元之间者占40.4%。亚、非、拉美国家的样本数据中，42%的人月收入在1万到2万元之间，40.3%的人月收入在5000元到1万元之间，2万到4万元之间者占15.1%。与2017年北京市职工8467元的月平均工资相比，在京外国人普遍属于高收入群体，具有良好的经济整合情况。

本研究对在京外国人的隔离型社会融入进行界定时，将经济融入状况置于次要位置，主要关注点在行为适应、文化融入和身份认同三方面。即在京外国人的隔离型社会融入结果是指在行为适应、文化融入、身份认同等方面皆显现出较低的取向，保持自己原有的行为习惯、价值观念和身份认同，与主流社会保持一定距离，形成一种隔离型的生活状态。在京外国人所形成的隔离型社会结果主要是一种主动隔离。根据调查资料，部分在京外国人基于其以往的社会经验和价值观念，主动选择将自己和主流社会隔离开来，具体表现为不说中文、不与中国人交往、拒绝改变自己的行为习惯、坚守其自身原有的文化和风俗传统，对于移入地具有一种优越感，甚至拥有民族中心主义，贬低移居地社会和文化等主动隔离倾向，因此不愿意接触和融入移入地社会，形成了主动隔离的状态。

根据我们的调查，在外籍人口中，部分在外资或合资企业工作的人员更具有主动隔离的倾向，其中派遣工作人员是最具有强烈的、主动隔离倾向的人群，因为他们当中并不是所有人都属于自愿来华工作的，部分工作人员是被强制性安排到中国工作的。另外，因历史、外交关系等原因，部分派遣工作人员来华之前就在主观上对中国社会抱有一定偏见。具有较高的人力资本对此也有影响。良好的经济条件使外籍工作人员能够保持原生社会的生活水平以及生活习惯。且在公司地位较高的派遣工作人员中，不少人有能为自己在工作上和日常生活中提供帮助的助理或翻译，他们即便适应不了当地社会，也不会遇到很大问题，因此他们完全没有必要努力地适应当地社会，反而主动地将自己与当地社会隔离。

（二）选择型

外籍人口在适应和融入主流社会的过程中，不可避免地会遭遇生活方式和文化差异的冲击，但随着在居住国居留时间的增加，部分外籍人口充分发挥个体主观能动性，在对自身母国文化和移居地文化充分认识的基础上，针对自身行为习惯、风俗文化等方面选择性地调整和部分地融入，对于自己不认同或不能够适应的部分则选择保持距离，从而形成了选择型的社会融入结果，这种情况可称之为选择型融入。

形成选择型社会融入结果的外国人，其社会融入选择的部分主要集中在文化融入和行为适应两个部分，如他们会根据北京当地的行为习惯和文化习俗等对自己的行为做出一些调整和改变，像参加中国的传统节日、与中国人交朋友、学习中文、吃中餐、学会使用筷子等，但是在身份认同方面则依然保持着较低的认同程度。就是说，形成选择型社会融入类型的外国人，尽管在文化和行为适应方面会选择性地进行融入，并觉得自己能够很好地适应北京的社会，但是他们依然保持着自己根本的思维方式和价值观念，保持自己原有的身份认同，并不认为自己是或者将会是北京的一员，对北京没有归属感，也没有取得中国永久居留证的动力，认为自己只是一个外来者。与主动隔离型社会融入类型的外国人相比，形成选择型社会融入的外国人具有一定的开放性，这种开放性通常可能表现为较强的目的性，如为了结交更多有用的社会关系或者为了实现某种经济价值，从而能够获取更多的资源等。总体而言，他们对于移入地社会的很多方面都会进行主动了解和选择接纳，但是在根本的文化价值观念和身份认同上，则体现出了内在的保守性和传统特征。这种类型是大部分在京外国人社会融入最常见的形式。

（三）开放型

开放型社会融入的在京外国人不仅具有良好的经济整合能力，同时在文化融入、行为适应和身份认同方面也都能够融入迁入地社会之中。他们既保留着自己的文化，也能接纳中国的文化，能够适应中国社会的行为习惯，并且在人际交往方面也能发展出自己的新圈子，他们在这里与中国人交朋友，甚至组成家庭等。在融入中国社会的过程中，他们既有主观的融入意愿，也感受到自己被迁入地社会所接纳，通过在迁入地良好的融入状况，他们逐渐产生身份认同，对北京产生归属感，认为自己是迁入地社会的一员。开放型社会融入是一种很理想的融合情境，迁移者与移入地当地居民之间有良好的互动，以及迁移者从心理上认同自己是移入地的一员，从而使得迁移者与移入地的主流社会形成一种平等和谐的良好关系。当然，能够实现这种理想的、开放型融入的在京外国人非常少，他们通常是长期居住在中国，有很强的移民意愿，并且已经在中国形成了以当地人为主的、新的社交网络，甚至是建立了与中国人组成家庭这样的强关系。同时，他们一般拥有较强的社会资本或者对主流社会做出巨大的贡献，具有较强的声望，这样才使得他们不仅能够从主观上愿意适应和融入移入地的主流社会中，也能够具备获得中国永久居留证的资格，在制度上获得移入地的合法身份。而移入地的居民也会对他们完全地开放和接纳，认同他们是主流社会的一员，使得他们感受到自己被很好地接纳，从而对移入地产生归属感，具有自己是移入地一分子的身份认同。

但这里需要指出，虽然有些在京外国人在主观意愿上对移入地没有排斥心理，愿意融入主流社会，积极学习主流社会语言、行为习惯和风俗民情，积极改变自身的文化传统，但是由于中国并不是一个典型的移民国家，以及中国人"内外有别"的身份意识，迁移者即使与移居地居民通婚，拿到移居地永久居留签证，也依然存在被视为外国人和外来者、不被主流社会所接纳的情况。

综上所述，根据迁移者的客观适应和融入状况、主观融入意愿和外部移居地接纳程度，可主要将外籍人口社会融入的类型区分为隔离型、选择型和开放型。其中，本研究得出与以往研究不同的地方，与国内研究相比，国际迁移人口通常具有比较优越的经济条件和较高的经济整合能力，因此在适应和融入过程中更为具有主动性和自主性特征。国内针对农民工等流动人口通常认为隔离型社会融入主要是被动隔离，而国际迁移人口根据其隔离倾向则主要为主动隔离型。随着迁移者开放性程度的提高，进一步将迁移者的社会融入类型划分为选择型融入和开放型融入。不同类型的融入既凸显了迁移者自身的整合能力和融入意愿，同时也能反映出移居地主流社会对外来移民的包容和接纳程度。

二、对在京外国人社会融入模式的总结

根据前文所述，我们将在京外国人社会融入动机分为"体验—发展型"动机倾向和"生存—发展型"动机倾向。这些来到北京的外国人，持有不同倾向的社会融入动机，对在北京的生活进行初步的了解之后，基于自己的过往经历，结合自己的体验与感受，对于自己在北京的进一步的社会融入做出个性化的选择，逐渐形成了隔离型、选择型与开放型三种社会融入类型。社会融入是一个动态的过程，其中包含了经济融入、文化融入、行为适应以及身份认同多个维度的融入内容。由于在京外国人在来源国、族群以及文化背景等方面的多样性，他们在社会融入过程中有不同的选择和偏好，这使得他们的社会融入类型也呈

现出非常大的个体化差异，产生多样化的社会融入模式。因此，我们结合对在京外国人的社会融入动机和状态的分类，将在京外国人的社会融入模式大致总结为六种类型，即"体验发展—隔离型"（简称"体验—隔离型"，下同）、"体验发展—选择型""体验发展—开放型""生存发展—隔离型""生存发展—选择型""生存发展—开放型"（如表2-15所示）。

表2-15 在京外国人社会融入模式

状态动机	生存—发展型	体验—发展型
隔离型	生存—隔离型	体验—隔离型
选择型	生存—选择型	体验—选择型
开放型	生存—开放型	体验—开放型

从上表可见，我们认为，综合在京外国人的融入动机和融入状态，可将其社会融入模式分为：持"体验—发展型"社会融入动机倾向，形成"隔离型"社会融入结果的"体验—隔离型"社会融入；持"体验—发展型"社会融入动机倾向，形成"选择型"社会融入结果的"体验—选择型"社会融入；持"体验—发展型"社会融入动机倾向，形成"开放型"社会融入结果的"体验—开放型"社会融入；持"生存—发展型"社会融入动机倾向，形成"隔离型"社会融入结果的"生存—隔离型"社会融入；持"生存—发展型"社会融入动机倾向，形成"选择型"社会融入结果的"生存—选择型"社会融入；持"生存—发展型"社会融入动机倾向，形成"开放型"社会融入结果的"生存—开放型"社会融入。下面，我们将结合典型案例，对这六种在京外国人的社会融入模式进行进一步的探讨与总结。

（一）体验—隔离型

在京外国人中，持"体验—发展型"社会融入动机倾向，最终形成"隔离型"社会融合结果的"体验—隔离型"社会融入模式是非常少见的。由于持"体验—发展型"动机倾向的外国人，其来京的主要目标之一是丰富人生体验，对于在北京的生活，他们总会选择部分进行较为深入的了解和参与体验，因此很难形成隔离型的社会融入结果状态。呈现出"体验—隔离型"社会融入模式的在京外国人，多来自经济较为发达的国家，其移出地的经济发展水平、价值观念以及政治制度等都与中国有很大差异，在身份认同上，他们固守自己是发达国家一员的认同感，自身具有从发达国家来到发展中国家的优越感。所以，尽管他们持有"丰富人生体验"这一动机在北京生活，但是这种优越感与固有的身份认同，使得他们对移居地社会和移居地居民都保持一定的距离感，拒绝接触和融入移居地社会，主动地形成隔离型社会融入结果。

被访者40号（以下简称M）就是在京外国人中较为少见地呈现出"体验—隔离型"社会融入模式的一员。M是一名来自英国的男性，31岁，未婚，跨国公司职员，已经在北京工作、生活了一年的时间。M表示，来到北京工作是比较随意的一个决定，"我的工作上有个机会能够让我来到北京工作，我没来过中国，以前是在一些媒体或者书籍上了解过中国的一些信息，我觉得有点好奇，想看看这个国家是什么样的，也是丰富自己的经历，正好工作上有这个机会，我就来了"。虽然M是带着好奇心以及"体验"不同的文化和生活的目的来到北京的，但是对于对中国社会的深度融入（与中国人交往、学习中文、深入了解与适应中国社会的文化与行为方式等）方面，他选择保持一定的距离，将自己与移入地社会隔离开来。M的"体验"是一种浅层的、旁观式的体验，他像一个游客一样，在北京工作和生活，体会这个陌生国度的经济和人文环境，但他始终保持着自己原有的行为方式、文化价值观念以及身份认同，并不想通过和中国人交朋友等较为深入的互动方式，融入移入地社会。"我不觉得我一定要融入中国，虽然我来到这里之前，对中国有着好奇心，我想来看看这里是什么样子，这里的人是怎么样生活的，但是我觉得我不需要通过适应和融入中国社会达到这个目的。我就观察我感兴趣的事物就可以了，我不喜欢的、不适应的我没必要去适应。"在日常生活中，M基本保持着自己原有的生活方式，他的生活习惯并没有因为来到北京而发生改变。M没有关系好的中国朋友，交友圈中基本都是在京的其他外国人。"我觉得我和中国人的文化观念以及想法都有很大差异，和他们深入相处我觉得很累，所以我没有关系好的中国朋友，平时我基本都是和其他的外国人一起吃饭交往。"在学习中文方面，M也没有意愿："中文学起来不容易，并且我发现，我不会中文对我的生活也没有很大的影响，我和中国同事交流都用英语，在北京去哪里也都可以用电子地图，需要和中国人交流的时候也可以使用翻译软件，我基本不吃中餐，也不去中餐馆。"M固守着自己原有的身份认同："对于我来说，中国还有很多需要改进的地方，比如，空气质量、公共卫生环境、食品卫生安全等，有时候这里的人们在公共场合大声喧哗我也觉得不太好，我不认为自己是或者将来会是这里的一员。我的价值观念和生活习惯与这里并不相融，大约等在中国的工作完成一个阶段我就会离开，可能一两年吧。就好像我坐在一列火车上，这里就是窗外路过的风景，我看看就可以了。"

形成"体验—隔离型"社会融入模式的在京外国人，虽然是以"体验"为主要融入动机在北京工作和生活，但是却形成了一种与中国社会相对隔离的社会融入结果。首先，在"体验"这一动机方面，他们对于到北京"体验"不同生活的定义是一种浅层的、观察式的体验，虽然在这里生活、工作，但是不与中国人深入交往、不学习中文、生活习惯和文化价值方面也选择保持自我原有的状态，这种"体验"更像是一个游客，来到这里参观游览一番，然后再去下一站，自己并不想因此而做出什么改变。其次，"体验—隔离型"社会融入模式的外国人所形成的隔离型社会融入结果是一种主动隔离。他们来自经济发展水平、政治制度、文化价值观念等都与中国截然不同的国家，而且多为已经形成了较为完备的移民体系和移民制度的西方发达国家，相比伦敦、纽约等国际化程度较高的都市，北京在多元性和开放性程度方面都不够高。这些从发达国家来的外国人，自身固守着自己原有的身份认同，并且带有从发达国家来到发展中国家的优越感，主动地选择与移入地社会保持一定的距离，不想融入移入地社会中，从而形成了隔离型的社会融入结果。

（二）体验—选择型

在京外国人中，有部分外国人是抱着通过来到中国生活，从而丰富自己的人生体验的目标来到这里，他们在北京体验着不同的文化生活，同时也在这里寻求更多更好的自我发展机会。这些持"体验—发展型"社会融入动机倾向的外国人，在经过了对北京的初步了解、建立了简单的社交圈之后，结合自身的经历与以往的生活经验，对于在北京的经济收入、文化差异、社会交往以及身份认同等方面都进行了重新的思考。部分持"体验—发展型"社会融入倾向的外国人认为，他们没有必要全盘接受这里的生活。在经济融入方面，他们普遍没有明显的问题，而在文化、语言、社会交往等方面，他们会选择一部分进行融入，对于自己不想融入的部分则采取回避的态度，从而形成了一种选择型的社会融入结果。

被访者16号（以下简称E）是一位典型的"体验—选择型"社会融入模式的外国人。E是一位40岁的男性，加拿大人，来北京生活3年。E来北京之前，在加拿大从事教育工作，一直对中国的文化很感兴趣，并且由于这些年中国的发展非常迅速，他非常想来中国看一看，3年前他将自己的想法付诸行动，辞去了工作，只身来到中国（E对自己曾经的婚姻状况表示保密，目前是单身状态）。

起始阶段：从基本满意到发现问题

刚来到北京的时候，E觉得一切都很新奇，对即将在北京开展的新生活充满了期待。首先，他通过专门为外国人介绍工作的中介机构，成功地找到了一份国际学校教师的工作，负责教三到四年级的小学生学英语。因为他是加拿大人（是发达国家，且英语为主要的官方语言），拥有硕士学位证书，所以非常容易地找到了这份薪水令他比较满意的工作。他对于这样的开始表示基本满意："我的工作还可以，收入比我在加拿大少一点，但是这些收入满足我在北京的生活基本是没有问题的，这里房租挺贵的，但是吃东西之类的生活花费很便宜。"

一开始对于在北京的基础生活和简单的社会交往，他都觉得没有什么太大的问题。"我刚开始去这个学校工作的时候，那里只有我一个外教，我的同事都是中国人，学校给我安排了宿舍，也承诺以后会专门派人教我学中文。我那个时候觉得中国人都很热情，无论是中介机构的人，还是学校的同事，或者在街上遇到的人们，他们都对我很友善。"在其他的基础生活方面，也只是有一些小小的不适应，但他认为这不是什么大事。"中餐我基本都吃得惯，在北京想吃西餐也有很多选择，我不太适应的是厕所，中国的公共厕所很多都是蹲便器，但是我不能够蹲下去，蹲下去我会没有平衡感，我身边的很多白人都不能适应蹲便器，可能这是人种的生理差异吧，当然，这不算是什么大事，但也算是小苦恼了。"

过了一段时间，他最初来到北京的新鲜感已经渐渐减退。E在北京的生活感受开始悄然发生变化。最明显的感受是在人际交往方面，不同于他刚到北京时的感受，在与中国人的交往方面，出现了令他没有想过的困扰。这些困扰首先出现在工作场域中，"我的学校一开始承诺会专门派人教我中文，但是后来迟迟没有落实。那个时候我工作的年级里只有我一个外国人，其他的同事都是中国人，他们对我是比较友善的，见到我会打招呼也会笑。但是工作了一段时间之后，我感到很孤独，他们基本都用中文聊天，我无法加入他们的谈话，在工作中也是这样，很多事情都是我独立完成的，我和我的同事之间沟通很少。在加拿大的时候，教师之间需要协作（collaboration，这个词他提到很多次），需要经常互相交流一起完成一项工作，但是在这里没有。而且我的教导主任总是误解我的意思，我的教学计划总是得不到理解和批准。学校给我分派了两个工作助理，但是他们仅仅是完成工作，我们之间没有额外的交流，也没有什么感情"。E对于目前就职的学校有诸多不满，认为学校及同事对于他没有一点额外的情感关怀。在第一次与笔者见面时，他抱怨道："我刚刚去看了牙医，拔掉了智齿，手术进行了一个半小时，我的领导之前答应派一个助理带我去拔牙，但是又没有履行承诺，我还是自己去了。"

这种对于人际交往的困扰也出现在工作场域以外的地方，比如，结交朋友方面。"我来中国有交到一些朋友，我们会经常约出来吃饭和游玩。我的朋友里有其他的外国人，也有一部分中国人。我当然是很愿意和中国人交朋友的，中国人也很友好。但是我的中国朋友并不多,没有关系特别好的中国朋友。中国人都太忙了,我身边的很多中国人都在忙着工作赚钱,然后在北京买房子,北京的房子是很贵的,他们的压力都很大,空闲时间也不多,好像不太有时间也不太喜欢出来玩。我经常会给我的中国朋友们发微信约他们出来吃饭之类的,但他们很少出来,可能我邀请十次中能出来一两次。我认为朋友是要花费很多时间来相处和维系的,然后才能成为更好的朋友,但是我的中国朋友们好像都没有这样的时间。我身边的很多外国人在这边没有家庭,也不用攒钱买房子,空闲时间比较多,经常有机会一起出来玩,接触机会很多,所以我的外国人朋友比较多。"

此外,由于语言的障碍,在中国看病、办签证等一系列事项对 E 而言都很不方便。"签证很麻烦,手续非常多,我不得不经常寻求中介机构的帮助。"真正开始在北京的生活之后,很多事情在 E 看来都与他的最初感受有所不同,他渐渐开始对生活的各方面进行选择性的接纳和融入。

选择阶段:选择性接纳与融入

来到北京一年之后,E 从学校给他安排的宿舍中搬出来,到东四北大街附近的胡同里租了一间房子,并且一直住到现在。"我这两年一直住在胡同里,其实那里生活环境很差,卫生间都在外面,是那种公共卫生间,而且租金很高,这部分租金需要我自己承担。但我还是想住在这里,我认为这是难得的体验,胡同是北京的特色,在北京不住在胡同里太可惜了。虽然环境差一些,但是胡同里的人都挺好的,有很多老人经常在胡同里坐着聊天、下棋、喝茶,他们对我都挺热情的。"

虽然 E 对于体验和感受中国文化与北京特色有很高的积极性,但是对于语言这一重要的工具,他则表现出了随意和逃避的态度。在笔者见到 E 时,他在北京已经生活了 3 年,但仍然基本不说中文,日常生活中也尽量避免使用中文。不想主动学习中文的原因,在 E 看来是很简单的。一方面,他认为中文很难学,很麻烦:"中文的语调太难了,汉字也不好写,我也没有太大的学习热情。"另一方面,北京较为完善的基础设施为他的日常生活提供了便利。"在北京,我不说中文也可以出行,基本没什么问题,地铁很方便,很多地方都有英文标示,服务人员也会简单的英语。"另外,日益发达的科技软件产品,也成了他可以依赖的工具。E 打开他的手机,向笔者展示日常使用的 App,比如,打车软件和订餐软件等。在订餐软件上点餐时,他将带有中文的页面截图,然后用翻译软件将图片中的中文翻译成英文,以此来了解食物的食材构成等信息。在使用打车软件时,他会直接用软件定位自己的地址信息,如果出租车司机打电话过来用中文询问，他就将订单取消掉，重新下单，避免说中文。"其实我的中文听力还可以，大概能听懂一些日常用语，但是我的口语不好，能不说我就不说。"E 笑着摇了摇手机说："科技改变生活！"

在与中国人的交往方面，E 表示："我挺乐意和中国人交朋友的，但是我不考虑和中国人结婚。一方面是因为我年龄大了，不想考虑婚姻的问题了。另一方面，我觉得中国和加拿大的文化差异还是非常大的，我认为这种文化差异在婚姻中是很难协调的。"

融入阶段：形成"选择型"融入结果类型

E 对目前在北京的生活表示还可以，虽然有一些让他不满意和困扰的地方，但是他还想在这里体验更多的事物。"总体来说还可以吧。我最近打算换一个工作，最好能够找一个大学去上班，工资少一些也没关系，我希望工作环境能更好一些。我不知道会继续在中国待多久，但是我不会一直留在这里，人生需要丰富的体验。而且中国不是一个移民国家，像我这样有着明显外貌特征的人，走到哪里都会被当作一个外来者。我很难自然地对这里产生归属感。再过一些年，我可能会回到加拿大，也可能去其他的国家看一看。"他还组织了两个微信群，一个是方便外国人在中国找工作的群（teaching jobs），一个是外教群（innovative education），希望能够帮助更多在中国生活的外国人。

总体来看，E 基于自己来到北京之后的经历与感受，在经济、文化与生活、社会交往与身份认同几个维度上做出了选择性的接受和融入，形成了选择型的社会融入结果。E 的经历作为一个"体验—选择型"社会融入模式的典型案例，其中既有其个性化的主观感受，也蕴含了"体验—选择型"社会融入的共性特征，即他们经历对迁入地的初步了解，选择性地接纳与融入，从而形成了选择型社会融入结果。

（三）体验—开放型

在持"体验—发展型"社会融入动机倾向的在京外国人中，部分人像上文中所提到的 E 一样，通过对北京生活的初步了解和体验，结合自己的过往经验进行考量之后，选择对北京的生活进行部分的融入，从而形成了选择型的社会融入结果。而另一部分具有"体验—发展型"社会融入动机倾向的外国人，则依据自己的生活经历和主观判断，对于在北京的生活持一种开放、包容以及主动融入的态度，他们不仅在经济上，而且在行为、文化和心理认同方面也能够融入移居地社会，移居地社会也对他们持接纳的态度和行为，最终他们与主流社会形成一种平等、和谐的良好关系，从而形成了一种"开放型"的社会融入结果，但具有这种融入结果类型的在京外国人比较少见。因为中国不是一个典型的移民国家,在京外国人很难在北京获得身份认同感。如果一个外国人认为自己是北京的一员,不仅需要他主观上的融入意愿强烈,也取决于他在北京所受到的对待和接纳程度。因此,形成开放型社会融入结果的在京外国人非常少见。

被访者11号(以下简称T),是一位40岁的男性,瑞典人,来北京已经13年了,现在在一所大学当老师。T的妻子是中国人。T来到中国已经很多年了,在来到北京之前,他在广州读了大学与研究生的课程。相比很多外国人来说,T具有很丰富的在中国生活的经验。T的中文非常好,和中国人沟通基本是没有障碍。对于T来说,他在中国的社会融入过程中,起始阶段是时间较长并且循序渐进的。他20岁左右来到广州读大学,在广州度过了他的大学和研究生的学习阶段,在这个阶段,他有很充分的时间来学习汉语及适应中国的文化等。"我在广州读大学,我认为这是我人生中很重要的一个阶段。我们都知道一个人的大学阶段,是他充满活力、充满好奇心和适应能力的时期。我这个时期来到中国,并在这里度过,我觉得这为我后来选择留在中国奠定了基础。如果我是工作之后才来到中国,或者年纪比较大了才来到这里,可能我的选择就会和现在不一样了。"

研究生毕业之后,T选择来到北京工作和生活,他顺利地在北京找到了一份大学英语教师的工作,负责教学校里的国际班学生和部分本科生的英语。这份工作让他很满意。"我的工作压力不大,每周有20小时的课时任务,我和同事领导也相处得很好。我很享受这份工作,因为我喜欢和我的学生们待在一起,他们活泼热情,充满朝气。在和他们的相处与教学之中我能够获得成就感。"同时,对于经济收入方面,T表现出了很多"体验—发展"融入动机倾向的外国人都有的态度,即对收入基本满意,认为经济收入够在北京生活就可以了。"我现在住在朝阳区,是学校帮我租的房子,我自己不需要付租金。我觉得在北京的吃、穿和出行等生活花销很便宜,并且我不打算在北京买房子,所以我的工资足够支撑我在北京的生活了。"

在社会交往方面,T也非常好地融入了中国社会。T的朋友中有很多中国人,并且有两个是非常亲密的朋友。T还在北京与一位中国女性结婚,组成了家庭。

谈及在中国的社会交往,T表示在工作场域中,他适应得很好。"我在学校很开心,和同事相处得也不错。我觉得北京的人情世故的规则和瑞典还挺像的。"在与中国朋友的交往关系中,T表示:"我有很多中国人朋友,我平时会经常和朋友们去吃饭、喝酒,还会约朋友们一起逛胡同和玩桌游。我们相处得很好。我觉得可能是因为我中文很不错，或者说我已经很熟悉中国的生活了，我和我的朋友们之间的距离感也不大，我觉得我和我的中国好朋友与我和我的外国好朋友之间的关系没有什么明显的差别。"本研究对在京外国人的社会交往是以交友、恋爱、婚姻三个维度来衡量的。T不仅在交友方面很好地融入了中国社会，还与中国人恋爱，并且步入了婚姻。在家庭关系方面，T也表示自己比较适应。"我经常会和我妻子的家人一起聚会，我觉得没有什么特别不适应的地方，他们都待我很友善，我和他们相处得也很愉快。"

总体来说，T对于在北京的各方面生活都表示很舒适和满意，虽然也会面临一些让他不太习惯的状况，但他觉得那些都是小问题，并不影响他在北京的生活。"我对这里的各方面都挺适应的。如果说哪些地方让我觉得还不太习惯。比如，我不太吃得惯中国的早餐，这里的早餐都是面食或者炸的东西比较多，我不太习惯。然后就是这里的交通规则，我偶尔会容易搞错。有时候我觉得中国的社交晚餐（formal dinner）有点多，我觉得吃饭就是吃饭，最好不要把社交当作主要任务。还有就是，我信仰犹太教，北京的犹太教宗教场所比较少。"但是T表示，虽然有些方面让他觉得不习惯，但都没关系，他在北京的收获更多。"这些都不是什么大问题，我觉得在北京生活得很开心。我原本是一个很害羞的人，在北京的工作和生活，使我逐渐转变为一个开朗的人，我非常开心，北京这个城市带给我非常多宝贵的东西。"

对于今后的计划，T表示计划在北京至少待10年以上。目前T的生活状态是，每年假期都会回到瑞典待两个月，其余的时间则在北京工作、生活。T表示自己了解过移民政策，以他的条件，是有希望通过努力拿到"中国绿卡"的，但是T并没有移民的打算。他认为瑞典的养老医疗等福利更好，对于他的生活来说，并不需要"中国绿卡"。虽然T没有完全移民到中国，但是这并不妨碍他心理上对中国的认同感。"我会认为我是北京的一员，我觉得我已经融入这里了，北京对于我来说，就像是我的第二个故乡一样。我今年40岁了，我20岁就来到中国，然后27岁来到北京，以后还将会在这里生活很久。我人生中的大半时间都是在这里度过的，这里有我的爱人、我的朋友、我的事业、我的学生。北京，或者说中国，对于我来说是非常熟悉的地方。"

从T的案例中，可以明显看到过往经验对在京外国人社会融入的影响。T不仅从经济、语言、文化、社会交往等方面很好地融入了中国社会，而且在身份认同上也能够达到"认为北京是自己的第二个故乡"这样的程度。像T这样的在京外国人是非常少的。从求学时期循序渐进的缓慢适应，到顺利地从事自己喜欢的工作、与中国人走入幸福的婚姻等，这些都是T难以复制的个人经历，这也使得 T 非常难得地形成了一种开放型的社会融入结果。

（四）生存—隔离型

根据前文所述，研究者在田野调查中发现，来自发展中国家的外国人，大多持"生存—发展型"社会融入动机倾向来到北京，获得更高的经济收入是他们在北京工作、生活的主要目的。相比那些持"体验—发展型"社会融入动机倾向的外国人来说，经济融入对于他们的社会融入整体过程的影响程度更大。"生存—发展型"动机倾向的外国人，首先是受到更高的经济收入的吸引来到北京，并展开在北京的进一步社会融入。由于来京前原有的强关系、文化差异以及移民政策等原因的影响，有部分持"生存—发展型"融入动机倾向的外国人选择在北京只进行工作，对于工作以外的其他生活部分，他们以一种类似"游客"的态度进行非常浅层的融入，从而形成了一种较为隔离的状态，具体表现为不说中文、没有很要好的中国朋友、对于北京没有融入意愿和归属感等。

被访者 23 号（以下简称 K），男性，40 岁，印度人，来北京工作、生活了 4 年，在一家国企下设公司做工程师。K 是一名高级工程师，在来到北京之前他在美国和加拿大都有过工作经历，4 年前，他应聘到北京的这份工作，对这份工作的收入非常满意，因此来到北京生活。"目前我对我的工作收入非常满意，工作压力也觉得还好。同样的工作，这里能够给我更多的钱（尤其是比他在印度能够拿到的薪水高很多），我为了工作来到北京，我很喜欢这里。"但是 K 和他的家人并不在一起，他的妻子和四个孩子留在印度生活，K 表示，他现在的收入可以让他的家人在印度过上很好的生活。

在北京工作的四年，K 对于自己的生活总体比较满意。"我在空闲时间很喜欢约朋友出去玩。这里有很多组织外国人在中国旅游的团队，我会报名参加这样的旅行团，去中国的其他城市和景点参观游玩。"同时，K 认为中国人都对他比较友好，因为他有在英国和加拿大工作生活的经验，对比来说，他认为中国人对他的态度更包容友好一些。

在与朋友交往方面，K 表示："我在这里的朋友有中国人也有其他的外国人，我会和他们出去吃饭，我的中国同事对我都很友好，但是他们都有自己的家庭，都很忙，我们没有很多的时间在一起相处，所以没有交往比较深入的、关系特别亲密的朋友，因为在这里的、其他国家的外国人，有很多像我一样，在这里没有家人，所以我们会经常有时间在一起，朋友里还是其他的外国人多一些。但是我并不是很在意这些事，在中国我最主要的事情是工作，其他的方面基本让我感到舒服就可以了。因为这里不是我的家，我的家人都在印度，我很想念他们，我不知道会在中国继续待多久，但是我以后肯定是要离开的。"目前K认为在北京最大的生活阻碍是语言问题。"不仅仅是中文，我中文说的不好，但是我周围的中国人也常常不太能听懂我说的英语。不过也还好，我会渐渐适应的，虽然有点不太方便，但是影响也不是非常大，翻译软件也很方便，北京很多公共场所也有英文指示牌。"

K的妻子和孩子都不在北京，他来到这里生活的主要动力是赚取较高的收入。这使得他对于在北京的社会融入选择了较为浅层的融入方式，除了工作以外，他更像是一名"游客"，以经济融入作为主要的动因和基础，在文化和生活、人际交往方面，则抱有一种"随意"的态度。一方面，他日常的生活场域主要围绕着工作，工作时间在公司，居住在公司安排的宿舍中；另一方面，他的妻子和孩子在印度，他的情感重心并不在这里，K每天都会和家人视频，每年假期也会回去和家人团聚。他在北京的生活重心和目标都是工作，缺乏深度融入的动力和理由，进而形成了一种以工作为中心的、在文化生活与社会交往方面选择保持一定的距离的隔离型社会融入结果。

K表示，像他一样的外国人有很多。"我们都是为了更高的收入来到这里的，但是并不想留在这里。我知道有很多中国人也会去美国或者其他国家赚钱，我觉得可能我们的状态和那些中国人也是相似的。只不过有些人可能会想要留在工作的国家，但是我不会想留在中国，我的家人在印度，而且我觉得自己不适合移居到中国，文化和生活习惯的差异都太大了。"

这些呈现出"生存—隔离型"社会融入模式的在京外国人形成隔离型的社会融入结果主要是由于两方面的原因。首先，他们的原有社会强关系在移出国，他们的情感联结与情感重心都在那里。甚至很多人就是为了能让家人过上更好的生活，才来到北京工作的。他们期待以后回国与家人团聚，因此他们主观上缺乏融入动力。其次，中国不是一个典型的移民国家，北京的生活具有很鲜明的中国文化特色。从语言、文化到饮食等生活习惯，都让这些外国人感受到明显的差异，他们意识到在这里进行深度的社会融入是非常难的事情，所以基本不会考虑把北京作为一个今后长久移居的目的地。综合这两方面的原因，这些来北京以赚取更高收入为目的的外国人，选择了一种隔离型的社会融入状态。

（五）生存—选择型

那些持"生存—发展型"社会融入动机倾向的在京外国人中，除了有前文所述的K那种选择了"隔离型"生活状态的人之外，还有一部分人对于在北京的生活采取了更深入的融入状态。他们同样是为了获得较高的经济收入来北京，但是由于他们单身的状态以及对于融入北京的生活持更加开放的态度，这些外国人在经济、文化、社会交往等方面中选择一些部分进行社会融入，形成了选择型社会融入结果。我们将这类持"生存—发展型"社会融入动机倾向，最终形成选择型社会融入结果的在京外国人的社会融入模式称为"生存—选择型"社会融入。

被访者18号（以下简称R），男性，33岁，墨西哥人，来北京生活了5年。R来中国之前在墨西哥从事语言教学研究的相关工作。5年前，他得到了可以到北京工作的机会，来到北京的一家国际广播电视台工作，过了4年之后换了工作，目前在一所大学的语言研究中心上班。"我在墨西哥的时候获得了国际广播电视台的工作，可以来到北京，我之前没有来过北京，对北京比较好奇，而且当时那份工作的收入很高，我就来了。4年之后我换了工作，做语言研究，目前这份工作也让我很满意，我来到北京，还会有一份额外的补贴收入。比我在墨西哥的收入高，我每年都能攒下一笔钱。"

R清晰地描述了他来到北京的生活适应过程。"我来到中国工作了两年后，对比一开始来的时候，我认为我对北京的认识发生了几个阶段的变化。第一阶段，刚到北京的时候，我被北京震惊到，这里的所有都让我感到新奇。经过了一段时间的适应和了解之后，我进入了第二阶段。在第二阶段里，我已经对北京有了很多了解，比如，一些规则、一些文化等，我开始见怪不怪了，可以非常平淡地看待很多事情。这种变化我觉得是好的，我了解了这些，所有事都变得稀松平常了。在第三阶段里，我开始发现一些问题，比如，这里和墨西哥的相同和不同之处，如何处理和中国人之间的关系，如何缓解工作压力，等等，这个阶段我开始觉得有点累，因此面对很多问题的时候，我开始做出选择，有些部分我能够接受，但有些事情我选择不接受或者保持距离。"

对于目前的生活状态，R认为自己适应得还不错。首先在经济方面，他对于在北京的收入表示十分满意，这也是他来到北京并且选择在这里生活的重要原因之一。在文化生活方面，R将中国和墨西哥做了一些比较："北京和墨西哥城比较像，都是首都，全国各地的很多人都聚集在这里工作和生活，并且都非常大，你们经常说北京堵车很严重，但墨西哥城堵车更严重，我来到北京适应得挺好的。"R非常喜欢中国文化，对于学习和了解中国文化非常感兴趣。"我去过浙江和西双版纳，参加过泼水节，还去过学习茶道的学校，我对这些都很喜欢。"在与中国人的交往方面，R表示："我发现，中国人和墨西哥人有很多共同点，都非常重视家庭，非常重视家人，但是有一点不太一样的是，我觉得中国父母对子女的控制更加严格，墨西哥可能更放松一些。我的父母也会对我有要求，但是我不会遵从的。中国人的规则性很强，可能我更放松一些。但是我也很喜欢和中国人交朋友，他们都很友好。"被问及是否会考虑和中国女孩谈恋爱或结婚时,R笑道:"这似乎不是我能够完全决定的,我是可以接受的,但是中国女孩不太会愿意选择我,因为中国人很注重房子,我在北京没有房子,对于一些中国女孩来说,我可能不是一个很好的结婚对象。

"我对于在这里的生活挺满意的,我也不知道会在这里待多久。我现在每年都要办签证,想要拿到'中国绿卡'是非常难的。我对中国的感受是很复杂的。这里给了我一份很好的工作,我也很喜欢在这里的生活。但是我在这里没有非常强烈的归属感,始终是作为一个外国人在这里生活。在中国工作和在中国留学的状态是不一样的,学生每天在学校里学习生活,但是在中国工作意味着要融入中国的社会,与中国人在工作、生活中打交道。时间长了,就会产生一些选择,在某些方面,我选择保持距离,某些方面我想深入了解。"

R代表了一类"生存—选择型"社会融入模式的外国人。相比于那些"生存—隔离型"社会融入模式的外国人来说,他们对于在北京的社会融入更加深入,并且态度更加开放和包容,融入意愿也较强烈。虽然都是被更高的经济收入所吸引而来到北京,但是"生存—选择型"的外国人通常是单身状态,或者说他们没有与自己原有的强关系保持着非常紧密的情感联结,他们也希望在北京建立新的社交网络,比如,与中国人交朋友、谈恋爱甚至结婚。同时,他们对于中国的文化习俗、生活习惯等方面也能够比较好地适应。尽管达成一种拥有身份认同的深度融入状态是非常难得的,但是这些"生存—选择型"的外国人依然愿意选择一部分进行深入的了解和融入,他们以这种更加包容和开放的态度对待自己在北京的生活,期待在中国的生活能够有更多的可能性。

(六) 生存—开放型

从上文所总结的社会融入动机与社会融入结果的类型划分来看,"生存—开放型"社会融入模式是指那些持"生存—发展型"动机倾向来到北京,最终形成了开放型社会融入结果的、外国人的社会融入模式。一开始,他们被较高的经济收入和更好的职业发展前景所吸引,来到北京的主要目的就是获得更高的收入和更好的个人发展机会。在北京生活过一段时间之后,他们在各方面都能够很好地融入当地社会,比如,和中国人交朋友甚至组成家庭,学习中文,适应在中国的生活并且对这里有归属感、对自己是移入地社会的一分子有身份认同,从而形成了开放型的社会融入结果。我们在田野调查中发现,这种社会融入模式是很少见的,在我们访谈的个案中,持"生存—发展型"社会融入动机倾向的在京外国人,并没有能够完全达到开放型社会融入结果的个案。那么是什么原因使得他们没有将融入进一步深化,形成开放型的社会融入结果呢?从我们对访谈资料的归纳看,大致可以总结出影响他们进一步进行深度社会融入的主要原因,他们感觉自己没有被移入地社会完全接纳。"身份认同"是衡量开放型社会融入结果的重要标准之一,而不被移入地社会很好地接纳,使得他们很难认为自己是或者将会是这里的一员。

我很喜欢中国,如果能够一直在这里工作,或者说跟中国女孩结婚,在这里组成家庭的话,我觉得是可以的,但是我知道这并不容易,如果想在北京继续生活或者和中国女孩结婚,我也会被衡量和选择,比如,是不是在北京有房子,是不是能够得到"中国绿卡"等。而这些对于我来说都是很难的。这里是很好的,但是我好像不太容易找到一个自己能够长久地留下来的位置,以后的事情只能慢慢看,'中国绿卡'很难拿到,我不知道自己能在这里待多久。(被访者8号,男,32岁,菲律宾人,拳击教练,来京5年)

首先,中国不是一个典型的移民国家,这里有着鲜明的文化特色,即使是在北京这样的大都市,相比中国人的数量来说,外国人所占的比例也是非常小的。这里的社会主体是中国人所形成的、具有中国文化特色的社会,在文化价值、行为方式、生活习惯等方面,都有着较为明显的中国特色。外国人想要融入这里,成为其中的一员,并且具有归属感,是不容易的。其次,外国人获得中国永久居留证的标准非常高。能否具有长久留在中国的机会,并不是他们的主观意愿所决定的。因此,无论是在社会环境方面,还是在制度限制方面,都制约着在京外国人在这里进行深度的社会融入。持"生存—发展型"动机倾向来到北京的外国人,一般在移出地的经济收入比北京的收入要低,被北京较为显著的高收入所吸引,这些人在来到北京之前,原有的社会资本并不占优势,更难获得"中国绿卡"这样的制度支持,自身也对是否能够长久地留在中国没有很强的信心,从选择型社会融入结果迈向开放型社会融入结果的过程中,受客观条件的制约较多。

第六节 外国人社会融入的影响因素分析

本部分整体归纳影响或阻碍外籍人口社会融入的一些重要因素。2006年,当时的联合国秘书长在《国际迁徙与发展》报告中提出了较为系统的、有关移民社会融入的观点,即"移徙的成功在于移徙者和东道国社会的相互适应。融入社会的基石是平等待遇和禁止任何形式的歧视。融入社会取决于多种因素,包括有能力使用当地语言进行交流、准入劳工市场和就业、熟悉风俗习惯、接受东道国的社会价值、有可能与直系亲属相伴或团聚和有可能入籍"①。这说明,外来移民在主流地社会的融入,不仅需要移民自身具有较为强烈的融入意愿和融入行为,同时还需要主流地社会的包容、接纳和平等对待。

一、良好的经济整合是社会融入的基础

经济行为可以被理解为一种选择,而选择所依据的是个体既有的生活方式及其结构。② 较多的工作机会和较高的经济收入是北京吸引跨国移民的重要条件,很多外籍人口选择来到北京也是因为北京就业机会多,经济收入较高,即便没有其他技术职能,仅在北京做外籍教师也能获得颇丰的收入:

(关于工作压力)还不错,我现在在一家互联网公司做工程师,一周需要工作50~60个小时,如果干几年不想做了,我还可以去国际学校当外教,也没什么压力。(被访者46号,男,荷兰人,IT工程师,来京1年多)

你知道北京的房租特别高,大概一间小卧室就要一百美元,但是我认为还是比较合理的,因为我收入比较不错,我住的地方就有比较好的餐厅、价格合理的国际化酒店,服务也很好,你可以找到大部分你需要的。(被访者51号,男,法国人,酒店老板,来京22年)

因此良好的经济整合能力是跨国移民融入移居地社会的基础,也是最基本的条件。拥有良好经济基础的外籍人口能够在移居地选择环境优美、设施齐全的居住条件,并有较高的生活满意度和社会满意度,进而对移居地社会具有较高的认同感。也就是说,跨国移民只有在各方面获得一定的满足后,才能对移居地社会产生较高的评价。

在北京,很多东西都很便宜,比如,食品,在中国食品非常便宜,而且还很好吃。北京有十几条地铁,出门非常方便,还有一些手机软件,例如美团和滴滴等都非常方便,住在这里非常方便和轻松。我住在这里的时间越长,就越喜欢中国。(被访者44号,女,英国人,外教,来京12年)

良好的经济整合能力也不仅限于跨国移民具有较高的经济能力,这种经济整合需要跨国移民和移居地双方共同参与才能达到更为满意的效果。就外籍人口而言,他们自身需要增加经济收入、改善工作环境和工作质量,而从外部条件来看,还需要有相应的外部保障,即完善的社会保障体系,尤其是医疗保险,能够在移居地有相当于或好于母国的就业、医疗、教育和卫生等基础设施。如

---

① 联合国第60届大会秘书长的报告:国际迁徙与发展[EB/OL].豆丁网,2012-12-31.
② 边燕杰.中国和新加坡的关系网和职业流动[J].国外社会学,1999(04):26-44.

望京的韩国人聚居区,针对在此聚居的韩国人,有很完善的基础设施(具备精通双语医生的望京新城医院、具有韩国特色的商业区、韩国基督教会等),在望京,由于聚居韩国人的文化需求和生活需求的推动,由相关商业、医疗、社会团体、公共服务等组成的"韩国生态体系"逐渐形成。朝阳区内外籍人口聚居的国际社区应逐渐发展国际化社区特点,包括双语标志牌、双语教师、双语医生等基础公共服务设施,并且为外籍人口提供安全、透明的多样化聚会场所。

因此,拥有稳定的职业和较高的收入水平,加之公平的就业环境和较为良好的居住环境能够大大提高外籍人口的住房满意度和职业满意度,进而提升其生活满意度和深层次的社会满意度。伴随着居住停留时间的增加和生活机遇的改变,部分经济能力较高的外籍人口选择在北京购置房产或创业,甚至可能会与本地居民通婚,从而增加了在北京定居的可能性,更加有助于融入当地社会。

二、文化隔阂是阻碍外籍人口社会融入的重要因素

在整个世界日益全球化的今天,中国本地居民与外籍人口的文化隔阂与冲突是影响我国各大城市建设国际化都市的重要因素。促进外籍人口的文化适应和心理认同也成了提高北京、上海、广州等大城市国际化程度的关键。

(一)语言障碍是阻碍社会融入的工具性因素

语言作为日常生活中不可缺少的交流工具,是影响在京外国人社会融入的重要因素。移居到北京的外国人中,很多人的汉语都处于低水平状态,因为处于中文的环境之中,他们大多可以听懂一些中文语句,但是在口语方面,只会说一些简单的日常用语,并且读、写能力较差。对中文这一沟通工具的掌握程度,严重影响着他们的社会融入。

在京外国人的中文水平主要取决于他们学习中文的动机。关于二语习得动机的研究开始于20世纪中叶,主要代表人物是 Gardner 和 Lambert,他们认为,二语学习动机包括"学习者学习语言的态度、愿望和为此付出的努力程度"。在大规模实证研究的基础上,他们首次提出了关于动机研究的社会教育学模型。Gardner 的模型包括两个组成部分,即融入型动机和工具型动机。融入型动机是指学习者希望与目标语群体进行交流甚至想要融入这一群体当中,对该群体具有积极的态度。而工具型动机是指学习者为了某种目的去学习语言(为了取得更好的工作和收入等),这一动机更加强调实用性。工具型动机可以带来最直接的学习结果,但融入型动机是高级阶段的动机类型,它能够反映学习者希望和二语人群进行真实交流的积极态度。在融入第二语言文化群体的过程中,第二

语言本身也可以看作是融入不同民族和种族文化的一种媒介，学习者的动机是否具有融入性是促进或阻碍其跨文化交际的主要因素。①

对于在北京生活的外国人来说，少部分人在学习中文方面具有较强的工具型动机，他们因为工作的需要而不得不学习中文。"我在上海专门学习过两年中文，因为我要做记者，会经常接触到中国人，而且我的领导也是中国人，这份工作要求我的中文要达到规定的标准。"（被访者14号，男，30岁，比利时人，记者，来京3年）

而对于那些不具备工具型动机的外国人来说，他们对于学习中文的态度则发生了分化。在工作中并不要求他们的中文水平时，这些在京外国人学习中文的动机则更加取决于他们在北京的融入性意愿。部分外国人具有比较强烈的融入意愿，他们认为学习好中文可以帮助自己更好地了解中国，更好地和中国人交流，在中国能够生活得更加舒适，因此有较高的文化融入意愿。

被访者25号，男性，24岁，美国人，目前在一家报社工作，来北京生活了3年，现在能够说一口流利的中文。在来到北京工作之前，他在上海专门学过两年汉语，能够熟练地掌握日常的汉语对话以及中文阅读。他认为在日常生活中，熟练地使用汉语能够让他交到更多的中国朋友，更好地融入现在的工作环境以及这个城市，能够在这里生活得更舒适，更有归属感。"因为我学习过汉语，平时跟中国人说话的时候，我基本都是用中文，我觉得这并不困难，而且我很享受这样，我和他们（中国人）用中文聊天的时候，也能够明显地感受到他们对我更亲切了。我还喜欢看一些中文网站的讯息，能够更加直接地了解一些我想知道的事情。"谈及熟练掌握中文对他在北京生活的影响时，他表示："我觉得我比那些中文不太好的外国人生活得更舒服一些，语言给我的生活打开了一扇新的大门，我觉得我和这里的人、这里的环境都能够无障碍地交流和适应了。"

而另外一部分外国人则对语言学习选择了回避或较为随意的状态。他们认为自己没有非要学习中文的必要。首先，他们认为自己可以和那些会说英语的中国人交往，北京是一个大城市，在这里会说英语的中国人很多，很多人都可以进行简单的英文交流。其次，北京的城市基础建设较为完善和方便，很多地方都有英文的指示牌，服务人员也会说英语，这在北京奥运会之后尤为明显。这为他们的日常生活和出行提供了很大的便利。最后，随着科技的发展，翻译软件的功能越来越先进。外国人通过翻译软件，可以突破部分语言障碍，如看

---

① 史兴松. 来华留学生跨文化语言社会化研究［M］. 北京：对外经济贸易大学出版社，2017：25-48.

中文消息和与中国人交流等。

被访者1号，男性，39岁，美国人，从事自媒体工作，在北京已经生活了14年，他日常说英语，中文的口语水平依然停留在简单的日常用语上面，并且自认为中文的读、写能力也非常差。

我平时不怎么说中文，只要对方会说英语我们就用英语交流。平时生活我觉得也没有特别不方便，我的中国朋友都会说英语。

在来北京之前，我并没有学习过中文，也不会说中文，2013年我和朋友一起来北京，我觉得中国需要英语外教，中国人也需要提升英语水平。我平时很少和中国人交往，都是和其他外国人一起喝酒聚会，所以我不需要学习汉语，而且中文太难了，学习汉语太浪费时间了。（被访者J，男，美国人，公司职员，来京1年）

在布迪厄看来，语言是一种社会实践，语言技能就是在实践情境中学会的，也就是用实践方式把握语言和情境，在特定场合中说出合适的话。① 我们在调查中发现，很多外籍人口在来中国之前并不会说汉语，来到中国之后，也有部分外籍人口依然拒绝学习汉语，却能够在中国各个学校教授英语等外国语言。语言是与他人互动交流的主要工具，语言不通就无法与他人进行对话和交流，更不能建立更深层次的社会关系网络。只有学会另一种语言，才能在跨国界、跨族群时在平等的基础上进行对话和交流，从而实现社会实践活动。外籍人口拒绝学习迁入地语言，在一定程度上体现了这些移民拒绝了参与迁入地社会的实践活动和与迁入地居民社会交往的机会，主动将自己隔离在迁入地社会之外。

总体而言，语言作为跨文化交流的工具，是在京外国人社会融入的重要影响因素。第一，语言障碍阻碍着在京外国人的社会融入，影响着他们进一步的融入意愿。由于中文水平不高，很多外国人在生活中会因为与中国人沟通不畅而给自己带来很多烦恼，进而对与中国人交往和融入中国社会产生抵触情绪。第二，语言学习动机能够体现出在京外国人社会融入的意愿。那些具备融入型语言学习动机的外国人，希望通过提高中文水平，来更好地了解和融入中国社会。第三，掌握较好的语言能力，能够对在京外国人的社会融入起到促进作用。能够流利地使用中文的外国人，往往有更好的与中国人社会交往的体验，有助于提高他们进行更深层次社会融入的积极性。

（二）文化差异易引发跨国移民与当地居民的矛盾

中国是一个具有悠久文化历史传统的国家，中国社会的文化观念以及生活

---

① 杨善华，谢立中. 西方社会学理论：下卷［M］. 北京：北京大学出版社，2006：37.

习惯都有独特的文化烙印。在京外国人来源国多样,他们来自与中国文化传统完全不同的国家,因此即使在京外国人与本地居民在同一个地点工作、居住在一个社区之中、在同样的场域活动,他们也会由于彼此不同的文化观念和行为习惯而产生一些误会与矛盾。文化影响到个人对自我和人我关系的理解和认知。不同的文化传统对文化中所属人们的自我意识以及与他人的关系有很大的定型作用。虽然人和人之间存在着一些个体特征,但是相同文化内的人们在理解自我和处理人我关系时往往表现出类似的观念和行为模式。① 中国不是一个典型的移民国家,相比本地居民而言,在京外国人所占的比例是非常小的,这也使得这些在京外国人对周围的异国文化与自己的原有文化传统之间的差异感受更加深刻。在与本地人的交流和互动之中,双方的文化差异经常会导致外国人与本地居民之间的矛盾,这些矛盾也加深了部分外国人对于进一步融入中国社会的抵触心理,在逐渐对本地主流社会的文化价值观念进行了解之后,他们认为双方的文化差异很大,所以在生活中也逐渐形成了以其他在京外国人为主的社交网络,减少了向移居地主流社会进一步融入的可能性。

我和我的妻子还有孩子都在中国,我和妻子在这里做英语教师,孩子在国际学校上学。平时我们一家经常与其他外国人一起聚会,周末我们会一起出去聚餐和组织活动。我们没有特别要好的中国朋友,我觉得中国人都很友好,包括我的中国同事们,但是我们之间存在很大的文化差异,很多价值观念也不太一样,简单的交流没有问题,但是深入的交流我们觉得有些困难,有时候也容易产生误会。所以我们的朋友基本都是其他的外国人。(被访者20号,男,28岁,塞尔维亚人,已婚,幼教,来京2年)

也就是说,虽然外籍人口与北京本地居民居住在一个社区、同一栋楼房中,但是由于彼此生活习惯和行为方式不同有可能造成一定的矛盾,同时由于语言障碍、较为公正的社会规范和公平合理的调解机制的缺乏,本来是基于生活上产生的矛盾和冲突,因有效沟通的失败而有可能直接导致文化上的隔阂,进而使得一些外籍人口在生活上与本地人隔离,基本不与社区内的邻里交往,这种情况既有损于社区稳定,也不利于社区管理,同时也严重阻碍了外籍人口的社会融入。以韩国人为例,望京韩国人聚居区内的韩国籍人士将自己本国的生活方式和社会文化直接复制到北京,这种强复制属性使得这些外籍人口在很大程

---

① 陈向明. 旅居者和"外国人":留美中学生跨文化人际交往研究[M]. 北京:教育科学出版社,2004:317.

度上避免受到移居地社会的文化渗透和同化影响。①

我来北京八年了还是不太适应中国的生活,我比较喜欢和其他外国人居住在一起,有相近的文化更好沟通和交流一些,内在价值观念差异也不大,因而比和中国人在一起更好相处。如果和中国人在一起聚会的话,由于彼此文化差异较大,很难找到共同话题,但是和文化相近的其他外国人则可以聊很多。(被访者49号,女,俄罗斯人,公司职员,来京3年)

中外通婚进而在家庭结构中凸显了更为深层次文化差异问题:"我的妻子是北京人,我们是两年前结婚的,有时候主要文化和语言方面存在差异,所以彼此沟通有点问题,比如,我父母和妻子聊天都是聊天气之类不太重要的,但是我和我妻子的父母聊天时,他们会问我很多关于吃饭、工作这些非常实际的问题,有时候甚至能说一两个小时,让我感觉不知所措,也有很大的压力。""因为我的妻子是中国人,所以我很想融入中国社会,但是我发现太难了,我因为这张外国人的脸,总是被当作外国人看待。人们看见我都会叫我'老外',而不会说我是中国人。我感觉这里的文化是典型的'中国文化',而不是'多元文化',我们英国是多元文化,这里不是。"(被访者53号,男,英国人,无固定职业,来京4年)

在全球化时代,随着国际迁移流动的增加,具有不同国籍、不同种族、不同文化的人们交往逐渐增多,不可避免会产生文化的相互碰撞,形成"自我"与"他者"的界限划分。甚至会有一些"我族文化中心论"立场的人经常将自己的生活方式和行为方式、规范和信仰、价值观念当成唯一合理而正当的形式,并以此为标准去衡量他人的行为和文化。种种的语言障碍、文化差异等引发的文化隔阂和社区矛盾等,使得部分外籍人口呈现出了浅层混居、深层隔离的状态。

三、社会关系网络是社会融入的主要社会资本

跨国移民在移居地的社会交往情况,是衡量其社会融入程度的重要维度,也是影响其社会融入意愿的重要因素。本文中所说的"社会交往"主要指在京外国人的交友圈,及其与中国人交往程度(交友、恋爱、结婚)的意愿。在京外国人的社会交往在社会融入中的影响主要体现在两方面:一是其来京前原有的社会关系网络;二是与中国人的交往状况。

---

① 周雯婷,刘云刚,全志英. 全球化背景下在华韩国人族裔聚居区的形成与发展演变:以北京望京为例 [J]. 地理学报, 2016, 71 (04): 649-665.

（一）原有的强关系

波特斯和周敏在对美国华人的研究中发现，新移民倾向于与老移民保持联系，并从他们那里汲取对其有用的亚文化。具体表现在国际移民在迁移过程中首先会在家庭和好友等初级群体中寻找可获得的资源，以帮助自己迁入移居地，尤其是以家庭为主导的强关系，如家庭中亲属是否有迁移经历、是否同样在迁入地长期居住、是否和家庭一起迁移，以及是否在迁入地与当地居民跨国通婚等。与新移民自己通过社会交往和社会参与建立的弱关系相比，强关系是新移民在母国就有的，这种强关系社会网络会对后来的移民产生重要的影响，既可能帮助移民直接进入已经在迁入地建立好的社会关系网络中，从而进一步扩大社会关系网络范围，同时也有可能因为已有的社会网络进一步限制了跨国移民的社会交往范围，原有的社会关系质量影响到新移民与本地居民社会交往的意愿。因此，新移民强关系的影响既可能有利于适应的一面，也有可能会阻碍异质性社会关系网络的建立。

对于迁移到北京的外国人来说，如果他们的社会强关系（父母、配偶等）与他们同在北京，使他们在这里能有较强的情感陪伴和支持，他们会更愿意留在北京生活，对本地社会会有更积极的融入意愿。

我和我的女儿都生活在北京，我的女儿也很喜欢这里，在这里她也已经交了很多朋友，我们都很满意在北京的生活，希望能一直在这里生活下去。（被访者6号，女，33岁，南非人，外教，来京1年）

当时来的时候是和我的好朋友一起来的，他们帮我找工作、跟我说签证怎么办理、让我借住在他们那里，后来又和我一起找房子租住，所以我很快就适应了北京的生活，有什么问题我也会跟朋友求助，所以在这里生活还挺好的。（被访者56号，男，澳大利亚人，乐器演奏师，来京4年）

强关系不仅能够为移民提供直接的帮助和社会支持，有助于其逐渐适应移居地，同时还能对移民在移居地长期居留产生重要的影响：

因为我爸爸在北京经商，并且有一个小公司，所以我打算现在好好学习中文，将来去我爸爸的公司工作，所以未来可能会在北京待更长时间。（被访者55号，男，英国人，外教，来京2年多）

但是对于那些原有的强关系都不在北京的外国人来说，这一因素对他们在迁入地社会的融入产生了阻碍。

对于在京外国人而言，他们在来京之前的原有社会关系网络中的强关系影响着他们的情感重心，如果有家人、朋友等同在中国，会使他们更愿意居留在中国，对融入中国社会产生更高的积极性，如果这种强关系不在中国，强烈的情感吸引会降低他们对中国社会进行深度融入的意愿。

（二）与中国人的交往

除了外国人在迁移到北京之前所原有的强关系和社会网络之外，他们来到北京之后要建立新的社会关系网络。在京外国人与中国人之间的社会交往意愿，很大程度上是在他们与中国人的交往过程中逐渐形成的，在交往过程中，他们所感受到的中国人的态度，以及他们自己本身主观上与中国人的交往意愿，都影响着他们的社会融入。

1. "中国人都太忙了"

在谈到和中国人交朋友的意愿时，很多外国人表示，他们是很乐意和中国人交朋友的，但是身边的中国人都忙于工作和家庭，并没有很多时间和他们相处。而来到北京的外国人通常是独自一人到此，有很多时间来建立新的关系和结交新的朋友，所以很多外国人渐渐发现，他们还是跟其他的外国人在一起的时候多一些。

中国人都太忙了，我在微信里加了很多中国朋友，经常约他们出来玩，但是他们很少会出来，我知道现在在北京的年轻人压力都很大，我的很多中国朋友同时做好几份工作，经常周六、周日还在加班，没有什么空闲时间出来玩。他们要攒钱在北京买房子，我知道一个其他地方的中国人想要在北京定居是要花费很多钱的，所以他们都很忙，我能够经常交流的中国朋友非常少。（被访者15号，男，37岁，加拿大人，外教，来京1年）

我的中国同事对我都挺好的，他们很乐意帮助我，但是我们在私人时间很少会一起聚会。我觉得中国人都很忙，连小孩都是这样，周末都要去上各种培训班，空闲时间很少。而且他们都在这里有家庭，或者有自己的朋友，没有多少时间跟我相处，我还是会和那些跟我情况差不多的外国人一起玩。（被访者7号，男，23岁，美国人，外教，来京1年）

除此之外，收入差距与生活状态的不同，也是形成这一现象的原因。在北京工作的外国人，一般可以拿到不错的薪水，工作压力也不是很大，有较多的空闲时间，不需要支付更多的家庭开销，并且因为没有定居的打算，他们大多没有在北京买房的需求。而同样在北京工作、生活的中国人，他们在北京已经组成家庭或希望能够在北京定居，在经济方面的压力是很大的，即使是收入和在京外国人差不多或有更高收入的中国人，他们的收入需要还房贷、支付家庭开销、储蓄存款等，能够支付的社交开销与在京外国人相比就要少很多。

2. "被利用感让我觉得不太舒服"

由于来自亚洲以外其他国家和地区的外国人，在外貌上普遍明显区别于中国人,与传统的移民国家居民对外国人的态度不同,他们在中国会比较容易受到关注。这种明显的受关注感会让他们在与中国人的接触和交往中感到不适应。一些外国人对这种情况会渐渐地习惯,而另一部分人则会感到苦恼。

因为我是白人,长相上和亚洲人有明显的不同,刚来到中国的时候,很多人都会对我比较热情和关注,比如,我在打车的时候,出租车司机一般见到我就会跟我讲英语,一直跟我聊天。我刚开始是感到新鲜和高兴的。但是渐渐地我发现,那些主动和我搭讪的很多人,主要是想通过和我说话来练习他们的口语,时间长了之后我就对类似的情况比较烦恼,虽然我做过英语教学的工作,但我没有义务陪所有人练习英语。在这种交流的过程中,我总是感到一种被利用的感觉。后来我练习了几句常用的中文,打车的时候我一上车就跟司机说几句中文,然后就戴上耳机,避免谈话。(被访者5号,男,33岁,美国人,雅思考官,来京7年)

我在一所大学里做英语教师,我身边的中国人对我都挺友好的。但是很多中国人喜欢找我聊关于去美国的相关问题,比如,签证、美国现在的情况之类的,我的学生也会经常来问我关于留学的事情。这没什么,但是如果这种情况太多了,我还是会觉得有点不开心,好像他们认识我和我聊天就是为了问我这些问题。(被访者13号,男,32岁,美国人,大学老师,来京5年)

对于一些外国人来说,这种与中国人交往过程中所感受到的"被利用感"同样存在于亲密关系当中。被访者1号,男性,39岁,美国人,在中国生活了21年,来北京生活了14年,从事艺术与自媒体相关工作。他在谈到与中国人的交往时,提到了"利用"一词,他曾经有一任前妻是中国人,通过与他的婚姻而去了美国,之后两人就分开了。"多年来,我在中国有过很多恋爱关系。有些是柏拉图式的,有些是很亲密的。我之前同一个中国女孩结过婚,有了一个孩子,但是我们现在离婚了。在我看来,结交中国朋友对我来说是很困难的,因为我知道大多数人都想'利用'外国人来学习免费的语言课程或者获得一些身份符号以及其他的许多东西。这种充满'利用'的关系也包括亲密关系。"

(三)与中国人的婚恋状态

本研究以交友、恋爱、婚姻三个关系程度来衡量在京外国人与中国人社会交往的意愿。对于部分外国人而言,他们很乐意同中国人交朋友,但是如果要与中国人发展恋爱或婚姻关系,他们则表示犹豫或拒绝,文化与种族的隔阂是他们做出这一选择的主要原因。

我曾经尝试与几个中国女孩约会,但是后来我发现,我们之间的交流不是很顺畅,就算语言上没有障碍,但是感情问题和工作或者交朋友是不一样的,我们在感情上的想法差异非常大,经常会感到没有办法互相理解。渐渐地我就不和中国女孩约会了,我觉得可能是我们所接受的文化背景差异太大了,这使我们在关于感情、家庭和婚姻上,都有着完全不同的目标和想法。(被访者21号,男,48岁,美国人,外教,来京3年)

我不准备和中国女孩结婚,因为我觉得我们之间的文化差异太大了,我们在完全不同的环境中长大,对于婚姻和家庭的看法非常不一样。但是和中国人交朋友我是很乐意的。(被访者15号,男,37岁,加拿大人,外教,来京1年)

外国人对于和中国人的婚恋态度,是衡量其社会交往意愿的重要因素,对其社会融入的深度产生影响。与中国人恋爱,甚至组成家庭,需要跨越文化与种族的隔阂,部分与中国人组成家庭的外国人,明显在社会融入的意愿和深度方面都呈现出更加良好的状态。

我的妻子是中国人,我们认识很多年了。我觉得目前来看,我们的婚姻状态很好,虽然我们因为文化和习惯的不同,时常会产生分歧,但是我觉得那都是小事情。我和她的家人也相处得很好,我们经常在一起聚会。我认为和我妻子的家人们相处,让我更了解中国的文化习惯了。比如,亲戚之间的关系、父母与孩子之间的相处习惯等。我觉得我们是不同的文化背景中成长起来的人,有差异很正常,在相处中,我和我的中国家人们是互相包容和互相理解的。(被访者11号,男,40岁,瑞典人,大学老师,来京13年)

(四)工作场域的社会交往

对于很多外国人而言,工作场域中的社会交往也是他们需要适应的重要部分。工作占据了生活的很大一部分时间,在工作中与中国同事的接触也是他们在北京与中国人交往的一个重要部分。很多被访者表示,由于文化背景、社交礼仪、风俗习惯以及工作思想的不同,他们在工作中经常会与同事发生一些误会和分歧,这需要他们去适应。这些体验使他们开始反思与思考自己与中国人之间的差异,影响着他们在北京的社会融入选择与融入的意愿。

因为我基本不会说中文,我的助理现在主要负责帮助我解决一些困难,但是我和他之间经常有沟通不畅的地方,我们理解问题的方式很不一样。我和我的同事也是,我觉得在教学方面,我们应该经常在一起探讨和沟通,但是我的中国同事们基本上就是各自完成自己的工作,除了在工作时遇到会打招呼之外,我们很少有其他交流。当然这和我们的教学理念的差异有关系。这里的教育工作的规则和习惯,对于我来说都比较陌生和不适应。(被访者16号,男,40岁,加拿大人,教育行业,来京3年)

被访者14号,是一位来自比利时的30岁男性,现在在一家报社做记者。

他对于在工作场域中与中国人的交往也表示出困惑:"我的主管是中国人,我和他经常沟通不畅,他需要我必须服从他的命令,但是对于工作,在很多时候我有自己的想法,但他基本都不会采纳。因为我在报社做记者,现在我们对于新闻稿件的政治性要求比较强,这些我都需要努力去配合。很多在我的中国同事和领导眼中认为是理所当然的事情,比如,对上司的服从程度、表达意见时不能够太直接等方面,我都不是特别适应。我觉得可能是因为文化的差异,我和中国人之间还是存在着太大的差异。"对这种差异的体会与反思,影响着他与中国人的交往意愿,"我当然不排斥和中国人交朋友,我也有一些中国朋友,但我的朋友中还是外国人比较多一些。我应该不会和中国人结婚,因为我们之间的文化差异太大了,我觉得我没有办法去适应和克服这种差异。"

被访者54号指出:"我来北京到现在,受到很多中国人的帮助,我有一个中国朋友,她在中介公司上班,最开始都是她帮我办理签证、找房子,我现在的工作也是她帮我找的,我感觉我一直受到她的很多帮助,我也希望我能早点学会说中文,这样我也能帮助我的这些中国朋友。

"很多事情都受到中国人帮助,有中国人的帮助事情变得更简单,他们帮我在淘宝里买东西,帮我做语言翻译,这种事情可以帮助我联系工作上的人和找到一些机会。"(被访者54号,男,加拿大人,外教,来京7个月)

中国是个较为重视"关系"的国家,由于西方有着不同的文化环境和制度环境,也有部分外籍人口表示自己无法理解中国的"关系"情结,难以融入中国错综复杂的结构关系网中,并且认为这种"凡事都先找关系"的状况会影响到问题解决的公正,从而失去信任:"中国人特别重视关系,做什么事情都要看关系好不好,有时候中国人并不是通过彼此沟通,而是通过找关系来解决问题。"(被访者48号,男,英国人,个体经营者,来京10年)

综上,移民的社会关系网络是移民迁移过程中十分重要的社会资本,在跨国移民到达移居地之初,如果拥有一定的亲属和朋友等强关系,则能够帮助其减少陌生感和不适感,为外籍人口适应陌生社会提供较大的支持与帮助。而那些拥有较少强关系的外籍人口则通过在移居地社会同其他移民群体和当地居民建立广泛的社会联系和异质化的社会关系网络,从而获得移居者适应社会的重要资本。社会关系网络,特别是弱关系的建立需要移民主动与他人建立联系,需要投入相当数量的时间、资源来维系和发展,移民接触到的本地人越多,所建立的社会关系网络异质性越强,进而社会参与越广泛,主动融入的意愿越强烈。特别是一些在中国文化中十分重要的场合,诸如,节日、婚礼、生日宴会、社交餐饮等，都被看作建构、维系关系的重要契机。① 这从侧面也能反映出新移民具有较多的社会交往和社会参与。

四、心理认同是深度融入的标志

社会融入在个体层面上体现为个人的社会身份认同感和归属感，真正意义上的社会融入必然是建立在外来人口对迁入地高度的心理认同的基础上的。② 博纳希奇（E. Bonacich）对于移民的适应类型问题的研究中，提出了"暂居者"（sojourning）这一概念。他认为在移民中存在一种"暂居者"，这些人不打算终生定居在移居地，一旦他们追求的目的（一般是出于经济的动机）得以实现就回归故乡。他指出，这种"暂居"的形态或心理给移民在经济和社会上的行动带来了特殊的影响。移民的这种暂居形态通过对其自身的定位，影响到他们独特的认同类型并进一步影响着移民社会的建立和特征体现。③ 外来移民或许能够在经济、行为和文化上都适应和融入迁入地，但是在心理上依然维持着原有的身份认同，那么就可能会保持着与迁入地的心理距离，就不能说明国际移民真正地融入迁入地中。除此之外，除了移民维持自身原有的身份认同和归属感，只是将自己定位为"暂居者"，这是移民自身的主动区隔，还有可能是因为移民自身有强烈的主动融入意愿，但由于迁入地属于非移民国家，因而国际化水平较低，迁入地主流人群对外来移民具有更为强烈的距离感和排斥感，否认将外来移民作为本国人民来看待，因此造成了对外来移民的被动区隔。这种主动区隔和被动区隔都是阻碍外来移民心理认同的重要影响因素。

（一）身份认同是心理认同的主要内部因素

有研究表明，国际化倾向越强烈，特殊群体、种族集团或社会阶层就越要重申他们的差异性，越依赖于他们所处的位置。④ 以往研究显示，以望京韩国城为例，强烈的民族认同感和"身土不二"的情结，使得在望京的韩国籍人员高度聚居在本民族社区中，进而对本民族聚居区产生更加强烈的归属感和依赖感，

---

① 边燕杰. 中国和新加坡的关系网和职业流动 [J]. 国外社会学，1999（04）：26-44.
② 崔岩. 流动人口心理层面的社会融入和身份认同问题研究 [J]. 社会学研究，2012，27（05）：141-160，244.
③ 马晓燕. 世界城市建设中移民聚居区的出现及其特征体现：基于北京市望京"韩国城"的调研 [J]. 北京工业大学学报（社会科学版），2011，11（06）：8-13.
④ 弗朗西斯科·洛佩斯·塞格雷拉. 全球化与世界体系：庆贺特奥托尼奥·多斯桑托斯60华诞论文集上：全球化译丛 [M]. 白凤森，等译. 北京：社会科学文献出版社，2003：33.

从而产生一种"区隔"状态。①

与国际移民研究不同,中国境内的跨国移民,有一大部分来自西方发达国家,他们自身来自经济发展水平和政治制度、文化价值观念等都与中国截然不同的国家。英国、美国、加拿大等较为多元、开放性的发达国家已经形成了较为完备的国际移民体系,而中国刚刚加入国际移民浪潮,国内各大城市的国际化程度相比伦敦、纽约和邻国日本的首都东京都低。因此来到中国的、发达国家的跨国移民,自身具有从发达国家来到发展中国家的优越感,难免会对移居地社会及其居民具有一定的距离感,固守自己发达国家的身份认同,而主动拒绝接触和融入移居地社会:

为什么一定要融入中国?我吃不惯中国食物,不会去中餐馆吃饭,我也不是十分能够理解中国文化,和中国人相处很复杂、很麻烦,所以我平时都是和其他外国人联系,我自己保持着自己的独立性,坚持自己的文化和价值观念,我也不会去学汉语……对我来说中国就是一个落后的国家,因为这些种种的限制,让我觉得如果中国想要吸引更多的外国人对中国有一个积极的看法,他们就需要理解我们是什么样的感觉。(被访者52号,男,美国人,公司职员,来京1年)

从发达国家的公民视角来看发展中国家,难免会对发展中国家一些不好的方面严加指责,言语中透露着文明与落后的对比,这种强烈的来自发达国家的自我优越感使他们恪守自己的身份认同,从而将自己主动隔离。他们甚至认为自己只是暂居者,否认自己是国际移民,在迁入地进行隔离式生活,仅仅追求经济利益,一旦某一天经济利益达到满足就会离开迁入地:

我不会在中国长期待下去,这里空气不好,环境也不是很干净,厕所、浴室污秽不堪,当地人随时随地吐痰、插队、推挤别人,食物质量也不能让人信任,所以我准备在中国待个一两年就回国或者去其他欧洲国家。(被访者52号,男,美国人,公司职员,来京1年)

社会融合强调的是主体间势均力敌的地位和共融文化的生成,当北京在各方面,包括经济水平、国际化程度、政治制度开放性、居民文化素质等都达到西方国家水平时,才能减弱这些来自发达国家跨国移民的优越感和距离感。

---

① 马晓燕. 移民适应的行为策略研究: 望京韩国人的创业史 [M]. 北京: 中国政法大学出版社, 2013: 129, 243;
周大鸣, 杨小柳. 浅层融入与深度区隔: 广州韩国人的文化适应 [J]. 民族研究, 2014 (02): 51-60, 124.

我们在前面也讲到，一些来自发达国家的外国人，他们持"体验—发展型"融入动机在北京工作和生活，比起想要获得永久居住权的移民来说，他们更多的是将北京作为人生体验的一站，乐于体验这里的经济生活、文化，甚至乐于和中国人交往，但同样的，他们在心理上仍固守着自己发达国家的身份认同，并不认为自己是中国或北京的一员。

我在北京住在胡同里，吃这里的食物，和这里的人交往，但这都是我的体验，我认为人生需要有丰富的体验，而不是只固守在一个地方，我将近40岁才来到北京，在此之前我也去过一些其他的国家，我认为自己和那些20多岁大学刚毕业就来到北京的年轻人不一样，我有更多的经历来进行比较，对于在北京的工作和生活我不认为我要一直进行下去，我觉得自己只是北京的一个过客，我会去很多地方，北京只是其中一个，我最后还是会回到加拿大的，对于我来说，那里有更好的生活福利政策，我也对那里有更多的归属感。（被访者16号，男，40岁，加拿大人，教育行业，来京3年）

我不会一直留在北京的，可能过两年或三年我就会离开，回到英国或去别的国家看一看，虽然我大体上对于在北京的生活比较满意，包括这里的工作、饮食和人，我还交往过中国的男朋友。但是我从不认为自己是这里的一部分，这种感受是很强烈的，这里大多数的人和我不是一样的外貌，我们有不一样的语言和文化，在和中国人的交往中我觉得有很多障碍，很多时候我还是坚持自己的文化和观念，不能够接受他们的想法。（被访者17号，女，27岁，英国人，幼教，来京2年）

虽然我在中国生活了多年，但是我并没有被作为'世界多元文化的一员'而被接受，中国人始终觉得我是异类，没有自然而然地接纳我。但我相信每个人都有自己的权利去按照自己的意愿生活，不被自然地接纳对我并没有什么影响，我跟任何人都介绍自己是犹太人，对此我觉得很自信。（被访者1号，男，39岁，美国人，艺术与自媒体相关职业，来京14年）

（二）移居地社会的接纳是心理认同的关键外部因素

在国际移民融入的过程中，不仅需要移民自身积极融入移居地社会，同时也需要移居地社会的包容接纳，需要移居地居民在态度和行为上真正地接纳外来移民。但是目前中国是非移民国家，中华文化占据中国的主流，在中国大陆境内的外来移民数量仍然较少，且相关限制较大，居民对外籍人口仍然持有"好奇"和"防范"的心理，比较难以接受和黄种人不同人种特征的外国人作为本国居民，这种被动的身份区隔给那些已经在中国长久居住（超过20年）和那些与中国人通婚的外籍人口造成了最根本的困扰：

我已经在中国生活超过 27 年了，光是在北京都已经生活了 22 年了，我可以说很好的汉语，我有很多中国朋友，我在北京有房子，有公司，但是我感觉我还是个外国人。这里的中国人都把我当外国人，虽然我感觉我已经是中国人了，但是还有很多中国人对我很好奇，有时候会问我为什么不回我自己的国家去，这让我感到很不受尊重，也让我很难过，我觉得我是不可能融入进中国了，对于我这样白皮肤、黄头发的外国人来说无法融入中国社会。（被访者 51 号，男，法国人，酒店老板，来京 22 年）

那些已经和中国人通婚的外籍人口也有类似无法融入的感觉：

我已经来中国 17 年了，我的妻子是中国人，我们一起住在南锣鼓巷，我自己已经完全适应了北京的生活，饮食、习惯各方面都能很好地适应，也能说一口流利的中国话，但是我感觉自己永远都无法融入中国社会，和其他外国人一样，我因为这张外国人的脸就永远不会被当作中国人。（被访者 45 号，男，加拿大人，工程师，来京 17 年）

政府政策的进一步限制在制度上设置了难以企及的门槛，将绝大多数跨国移民限制在外：

大多数在北京的外国人只有一个工作签证，我们是外国人，不是国际移民，中国的"绿卡"非常难拿到，即使拿到也不是移民身份，现实是不断更新的工作准入条件。（被访者 52 号，男，美国人，公司职员，来京 1 年）

现实就是这样，有时候我们外国人都认为中国不想要或不需要更多的外国人，只要具有更高技能的外国人在中国待一小段时间，直到有一个中国人学会了这种工作技能然后就不需要外国人了。（被访者 49 号，女，俄罗斯人，公司职员，来京 3 年）

特别是对于持"生存—发展型"融入动机倾向的外国人来说，他们来到北京的主要目的是赚取更多的收入、获得更好的工作机会，这使得他们的社会融入行为主要是围绕着"经济"这一目标进行的。他们大多来自发展中国家，或发达程度低于北京的来源地，虽然他们对北京的生活满意度较高，但是中国严格的移民政策让他们知道自己在中国获得永久居留权的希望非常渺茫，对于他们来说，作为"暂居者"相对于持"体验—发展型"动机倾向的外国人而言，是更加被动的选择。这也让他们无法从内心认为自己是北京的一员，因为他们知道自己总有一天会离开。

我很喜欢北京，你问我是否愿意与中国人交往，是的，我喜欢和中国人交朋友，能和中国女孩交往或结婚的话我觉得也很好。在这里我能获得更高的收入，生活质量也有所提高，身边的中国人也很友好，这里的食物我也比较喜欢，我正在努力地学中文。而且我认为中国的治安非常好,在这里我觉得很安全。但是我的签证是工作签证,我了解过"中国绿卡"的申请情况,那对于我来说是非常难的。如果可以的话我想一直留在这里,但是这很难,我不知道自己会在这里继续待多久。可能我总有一天是要离开北京的……我不认为自己是北京的一员,我觉得一个地方如果能永久地留下,然后被接纳,融入这个地方的文化和生活,才能算是这个地方的一员,就像是故乡对于一个人的意义一样。我喜欢北京,但是北京并不能够给我这样的感觉。(被访者8号,男,32岁,菲律宾人,拳击教练,来京5年)

对于另一部分"生存—发展型"融入动机倾向的外国人来说,他们的家人都不在中国,他们为了赚取更高的收入只身来到北京,这种只为了"较高的经济收入"的目的在他们的社会融入态度中显得更为单一和强烈。他们在中国工作、生活,对于除了"工作收入"的其他方面都不那么在意。北京对于他们的意义,是一个能够提供更高收入的地方,而不是一个归属地。

我觉得中国人很好,我的同事们很友好,我去饭店吃饭时遇到的服务人员也很热情,在路上也有邻居和我打招呼,但是我还是能感觉到我是一个外国人。比如,我坐出租车,司机肯定会问我从哪里来,在这里做什么。或者说我去买东西,也会有人试图用英语和我对话聊天,然后问我来中国多久了、为什么来这里之类的。他们可能从外貌或者语言上就判断我不是中国人,然后认为我和他们不一样。虽然他们很友好,但是这种认为我是"不一样"的感觉让我感受很强烈,让我觉得自己并不能够成为他们中的一员。(被访者32号,男,33岁,印度人,跨国公司技术人员,来京3年)

总之,身份认同是深度社会融入的重要标志之一。一个移居者是否能够认为自己是移居地的一员、对于移居地是否有归属感,是他们是否进行深度社会融入的主要标准。在京外国人由于多种原因,大多主动或被动地认为自己只是暂居在北京,很难对这里产生强烈的归属感,认为自己是这里的一员。因此从身份认同的角度来说,能够达到深度社会融入的在京外国人非常少。

欧盟的融合理论强调公共政策在融合促进作用方面,既需要移民本身的主动性和融入意愿,也需要流入地人群的包容和接纳,还应消除制度性与结构性障碍,制定有利于融合的公共政策。[1] 也就是说,国际移民社会融入的实现需要移民自身和移居地的共同努力,需要移民主动参与当地社会交往,增强对移居

---

[1] 杨菊华,贺丹. 分异与融通:欧美移民社会融合理论及对中国的启示 [J]. 江苏行政学院学报,2017 (05):72-80.

地的认同和归属感，同时也需要移居地政府和居民在政策和社会层面上，尊重外来移民的社会文化和风俗习惯，减少社会排斥，以开放、宽容的态度去接纳外来移民，从而促进外来移民融入。

第七节　总结与讨论

一、总结

从本次调查来看，在移民结构方面，不同于以往从经济欠发达地区向经济发达地区的人口迁移流向，迁移到北京的外国人中包含大量来自发达国家的外国人。在京外国人中男性比重较高，且以青壮年为主。这些外国人普遍受教育程度较高，未婚者比较多，来京的主要目的为就业和学习。在京外国人（包括来自发达国家和来自发展中国家的外国人）多为高端移民，收入较高，主要在跨国公司、驻外机构、学校等从事管理或技术类的职务，由于北京英语教学市场需求庞大，在京外国人从事教育行业的比重较大。本研究在各个外国人集中的区域、多个在京外国人的活动场所发放调查问卷，共收回有效问卷536份，其中来自欧美国家的外国人问卷数量为417份，来自亚、非、拉美国家的外国人问卷数量为119份。在调查问卷中，研究者从经济整合、文化融入、行为适应和身份认同四个维度对在京外国人的社会融入状况进行测量，并且使用SPSS软件对所收集到的有效调查问卷进行分析，对样本的社会融入现状进行全面的总结。

本研究将在京外国人的社会融入动机分为"体验—发展型""生存—发展型"。这两种社会融入动机并不是完全割裂和对立的。在很多外国人身上，一般同时具有"体验—发展"与"生存—发展"两种动机，但是通常来说，个体的社会融入动机的倾向性还是比较明显的。其中，持"体验—发展型"社会融入动机倾向的外国人多来自发达国家，他们来北京的主要目的是获得更丰富的人生体验和追求更广阔的个人发展空间。持"生存—发展型"社会融入动机倾向的外国人则大多来自发展中国家，他们来到北京的主要目的是获得更高的经济收入，提升自己以及家人的生活质量。本研究结合定性研究资料，对这两种社会融入动机的发现过程和形成原因进行了分析，并阐述了两种社会融入动机之间的关系。

此外，本文在对几个典型的访谈个案进行分析的基础上，探讨了在京外籍人口社会融入的动态发展过程。研究发现他们社会融入的各方面并非同步进行，经济融入先于行为适应、文化接纳和心理认同，心理认同是他们真正融入当地生活的重要标志。在此基于时间维度，笔者将在京外国人的社会融合过程分为起始阶段、选择阶段和融合阶段。在起始阶段，他们通过与移居地的互动整合，个体在移居地进行初步的社会交往和社会互动，逐渐对移居地进行了解，这个阶段通常以经济整合为基础，并且同时面临着行为习惯、风俗礼仪和文化价值等方面的冲击，从而结合自己以往经验和亲身体会，对于自己是否要继续融入进行选择。在选择阶段中，迁移到北京的外国人表现出了很大的个体差异，他们对于是否接纳北京的文化、是否主动学习中文，以及与中国人的社会交往程度等方面做出了不同的选择。这种对移入地各方面进行选择融入的差异性逐渐形成了不同的融入结果类型。在融入阶段，在京外国人通过前期的适应和选择，已经渐渐形成了自己相对固定的生活方式和融入状态，从而在融入结果上呈现出了不同的形态。

在京外国人持有不同的社会融入动机展开其在北京的生活，受到经济整合、文化融入、行为适应和身份认同四方面因素的影响，从而逐渐形成了不同的社会融入结果。本研究将在京外国人的社会融入结果分为"隔离型""选择型"和"开放型"。不同于国内流动人口经济水平较低的状态，在京外国人多数有着良好的经济整合能力。因此，本文主要从文化融入、行为适应和身份认同三方面来考量社会融入的结果。隔离型社会融入结果是指在京外国人在行为适应、文化融入和身份认同三方面都呈现出较低的取向，没有融入主流社会之中，形成与主流社会相隔离的边缘状态。选择型社会融入结果是指在京外国人在文化融入和行为适应方面呈现出较为开放的态度，愿意对移入地社会进行了解和选择性的接纳，但是在身份认同方面依然呈现出较低的取向，对移入地没有归属感。形成开放型社会融入结果的外国人不仅能够很好地融入移入地社会之中，而且能够从心理上对移入地产生身份认同，形成深度的社会融入状态。

从在京外籍人口社会融入的影响因素来看，经济整合和行为适应是其重要的外在因素。由于调查中的外籍人口大多从事科技管理类的职业，且在中国有不错的收入，因此大多能有较好的经济整合能力。经济整合能力较高的外籍人口普遍具有较高的生活满意度，从而有更强烈的长居意愿，因此经济整合能力是影响外籍人口社会融入的基础。外籍人口和本地居民在行为模式上大体没有太大的差异，偶尔会在意一些当地居民的不文明行为，但在社会交往和社会参与上呈现出较大的差别，外籍人口社会关系网络的性质能够体现出其是否能够很好地融入当地。普遍认为广泛的社会参与和与迁入地居民的接触，有助于外籍人口建立异质性较强的社会关系网络,并有助于融入当地社区和社会。而外籍人口的社会关系网络都是同质性较强的其他外国人,则说明这些外籍人口在迁入地过着较为隔离型的生活。外籍人口的社会关系网络是其适应移入地生活的重要社会资本,既包括原有的强关系社会网络,也包括新建立的弱关系社会网络,这些都能为外籍人口在北京生活、居住提供重要的资源和社会支持。

从在京外籍人口社会融入的内在影响因素来看,文化接纳和心理认同是更为重要的,文化接纳表现在外籍人口来到中国后,能够在迁入地及时调整自己的饮食、宗教习惯和价值观念,能够以开放的心态尊重和接纳东西方文化的差异,主动学习和了解中国语言、文化和风俗习惯,愿意过中国的传统节日等。心理认同是国际移民社会融入的最高层次,一个国际移民真正从心理上认为自己愿意成为迁入地社会的居民并且也已经被迁入地居民所接纳,才是真正地融入移居地。心理认同以身份认同、心理距离和长期居住意愿三个指标来衡量。

从我们的调研看,文化隔阂和对母国的身份认同是阻碍外籍人口社会融入的关键因素。在京外籍人口多来自西方发达国家,其来源国具有高度发达的经济体系和完善的社会政策体系,国际化水平相对较高,因而这些来华外籍人口处于高位优势,与移居地社会融入度低。东西方语言和文化的巨大差异性无疑加大了西方外籍人口社会融入的难度,语言障碍和文化隔阂加剧了部分在京外籍人口内心的文化优越感,从而固守对母国的身份认同,阻碍了外籍人口的主动融入。从迁入国来说,较为不完备的移民政策、严格的移民限制政策以及较低的国际化水平都在某种程度上阻碍了外籍人口的社会适应和社会融入。移居地居民对外籍人口的接纳态度也是影响外籍人口心理认同的主要外在因素。

需要注意的是,跨国移民的社会融入是需要一定时间来完成的,如果能够在移居国长期居住超过5年、10年甚至更长时间,那么移民者才能对移居国有较为深入的了解。这样,移居者有了更多机会在日常生活和工作中增加社会交往和社会互动,扩展社会关系网络,有了更充分的时间逐渐了解和学习移居地语言、接受移居地风俗习惯和价值观念等,并通过购置房产、与移居地居民通婚等定居形式实现深层的社会融入。而如果跨国移民仅在移居地生活较短的时间,是很难完成这样复杂的过程的。

二、几点讨论

在本部分,基于上述研究,我们从个体、社区、社会和国家等方面,对在京外籍人口社会融入的干预措施做进一步的探索。

(一) 过去经验: 个体性社会融入的基础

外籍人口离开母国或先前长期居住国,来到中国后,面临着一个完全陌生的环境,要在这里居住、就业和生活离不开已有经验的影响,用他们过去的经历和积累的社会经验来处理遇到的问题,逐渐适应新的环境。这些过去的经历和积累的社会经验就是舒茨(Alfred Schutz)所说的"手头库存知识",是普通人在主体间性的世界中形成的,是一个人过去生平情境的积累。① 正是以往的经验构成了一个普通人面对情境时可以利用的"手头知识",这些知识会对外籍人口适应迁入地社会产生重要的影响和作用。

这里涉及外籍人口的过去经验包括是否在移入地有留学经历、是否有在其他地区的移民经历以及是否具有较强社交能力的个人性情倾向。那些在中国有留学经验的外籍人口有着先天优势,在中国高校接受教育能够有更多的机会和中国学生和老师交流,这为他们日后在北京工作提供了很大的便利性,使他们不仅精通中文,而且能够很好地融入中国文化和社会中,同时提前在校园内受到一定的文化同化,这使得他们与那些初次到北京的人相比,几乎没有太大的抵触和不适应心理。在其他地区有移民经历的人具有较为丰富的移民经验,因此能够对新环境具有较强的适应能力。"一个人无论来自什么地方,属于什么民族,想要与这个关系网结合,就必须接受某些规矩,比如,政治上的行为方式、经济上的契约观念以及城里人的生活方式和社会上的通用语,在这些规矩中,有些是与本民族原有习惯不同的,这就需要改变自己的一些习惯,更多的则属于新生事物,需要不断学习。"② 那些本身具有喜好社会交往性格的人比那些较为内向、不善社交的人更容易走出去,接触当地居民和与当地居民建立社会联系。

留学经验:"2013年我在美国学校幸运地申请上了留学项目,所以我有机会来到北京大学,在北京大学做了两年留学生,周围能够接触到很多留学生还有中国最优秀的学生,他们对我的帮助很大,在校园里的生活也非常方便,我很快就适应了在中国的生活。我也喜欢和周围的中国学生朋友们学习中文,我现在汉语就说得很好。"(被访者50号,女,美国人,旅游策划,来京7年)

移民经验:"在我来中国以前,我曾经在英国、美国、加拿大和澳大利亚工作过,所以我想说这不是非常困难,是的,每个国家都不太一样,只不过中国

---

① 杨善华. 当代西方社会学理论 [M]. 北京: 北京大学出版社, 1999: 23.
② 张继焦. 差序格局: 从"乡村版"到"城市版": 以迁移者的城市就业为例 [J]. 民族研究, 2004 (06): 50-59, 108-109.

文化和西方文化不一样的比较多，不过还好，以前的经历让我能够很快就适应中国生活。"（被访者 46 号，男，荷兰人，IT 工程师，来京 1 年多）

个人喜好社交的性情倾向："和其他一些外国人不太一样，我是一个比较会社交的人，当时我就是跟着朋友一起来的，到北京后我还通过朋友介绍等认识了很多新朋友，我们常在一起聚会，和其他外国人在一起就是去酒吧喝酒，和中国朋友在一起就是去中国其他地方旅游或者一起去很多地方吃饭，我比较爱吃，所以我喜欢和中国朋友一起去不同地方吃饭。"（被访者 55 号，男，英国人，外教，来京 2 年多）

（二）国际社区：社会融入的空间载体

以往研究显示，外国人来华居住，表现出不同的择居倾向，即群体性择居行为和个体性择居行为，前者表现为来华外籍人口首选本民族社区居住，而个体性择居行为则依据自身经济地位和适应能力选择适合自己居住的国际社区。例如，望京的韩国城就是基于"民族认同"自我选择的结果，最初来北京的外籍人口在区位优势下选择工作距离近的社区居住，而后来者则在亲朋好友、民间团体等的指引和帮助下自发选择居住在一起，构成了"一种民族情感传动下结成的、具有社会网络的亚社区，并在某种程度上成为族群社区、维系文化及语言特征的基础"[①]。

近些年来，随着外籍来华就业居住人数不断增多，逐渐形成了规模不等的聚居区，集中在一定的国际社区中，如望京韩国城、三里屯、五道口和顺义后沙峪别墅区等。大多数外国人聚居区都是中外混居，而非高度隔离状态。经济能力差异催生了各方面条件有差别的国际社区，不同经济能力的外籍人口选择居住在不同条件的国际社区中，社区地理位置、社区内绿化环境、房屋室内装修等都存在着巨大的差别，也彰显了外籍人口的不同阶层。从调查来看，具有较高收入的外籍人口通常居住在顺义别墅区或朝阳区高档国际社区中，稳定的住房和汽车等配套交通工具使得这些外籍人口成为城市中外来高阶层者，而那些处于中低收入阶层的外籍人口像中国本土"北漂"那样自己或与朋友合租单间，日益升高的房租价格也使得一些中低收入外籍人口抱怨连连，甚至有些低收入外籍人口被迫逃离朝阳区，而居住在五环外的郊区农家院里。

已有研究认为，衡量国际化社区建设的最主要标志不是外国人数量的多寡，

---

① 何波. 北京市韩国人聚居区的特征及整合：以望京"韩国村"为例 [J]. 城市问题，2008（10）：59-64；
斯蒂芬·卡斯尔斯. 21 世纪初的国际移民：全球性的趋势和问题 [J]. 国际社会科学杂志（中文版），2001（03）：20-33，3.

而是独特的国际性社区文化建设,其中国化的居民是基础,而国际社区文化是核心。社区融入是移民社会融入的重要基础,通过建设社区移民组织,扩展社区移民支持网络,提升社区移民服务,增强社区移民参与,从而促进社区移民的社区融入和社会融入。① 这些国际社区的产生和形成,为外籍人口提供了一个了解移居社会、建立新的社会关系网络的多元化环境,在这种中外混居的多元化生存环境中,外籍人口既可以接触到与自己文化相近的其他国际移民,同时也能获得来自其他国际移民和中国本地居民的双重帮助,因而国际社区成了这些异文化者逐渐适应和融入社会的、过渡的居住空间,同时也成为政府统计、管理和维护社会秩序,基层工作人员联系外籍人口的最基层、方便的单位。社区层面加强国际性社区文化建设更有助于实现本土文化与外来文化之间的和谐发展。

从社会参与方面来看,这些外籍人口聚居的国际社区举办一些促进交往的社区活动或建构一些兴趣团体和社会组织吸引外籍人口的加入,也能够为这些外籍人口的适应与融入提供交往平台和机会。本次调查显示,超过一半的外籍人口表示从未参加过社区活动,超过七成的人表示没有加入任何社区兴趣团体或组织。由此可见,在国际化社区中,对外籍人口组织的社区活动还很欠缺,另外,外籍人口和相关社区居委会、街道办等基层工作人员之间的语言障碍,阻碍了进一步沟通和交流的机会。

一位访谈对象告诉研究者:"有时候我还希望中国相关政府部门(指的是居委会、街道办等)或者北京本地居民能够定期或者不定期地组织一些活动,让当地居民和外国人都参加,这样就能认识更多的当地居民,也能有个活动让中国人和外国人聚在一起,可以一起做一件事情,一起吃饭、唱歌、跳舞等,这样彼此都能相互了解,可惜我至今都没见过类似的活动,有时候我挺喜欢广场舞的,看到很多中国女性在广场上跳舞,我觉得挺好的。"(被访者56号,男,澳大利亚人,乐器演奏师,来京4年)

(三) 社交媒介:社会融入的传播载体

社交媒介在跨国移民和国内流动人口的社会适应和社会融入中占有重要的地位。社交媒介是外籍人口了解中国、获取信息最重要的渠道,同时也是外籍

---

① 牛仲君. 从文化角度看北京市的国际化社区建设:以麦子店、望京社区的发展为例 [C] //首都经济贸易大学, 北京市社会科学界联合会. 2011 城市国际化论坛:全球化进程中的大都市治理:论文集. 北京:首都经济贸易大学、北京市社会科学界联合会,2011: 9;
刘建娥. 农民工融入城市的影响因素及对策分析:基于五大城市调查的实证研究 [J]. 云南大学学报(社会科学版), 2011, 10 (04): 64-71, 96.

人口建立和维持自己社会关系的重要载体。作为一种信息传播载体，各类社交媒介已经植根于整个社会系统，并在与其他社会子系统的密切互动中不断塑造着社会关系，对外籍人口的社会交往和社会认同产生十分重要的影响。就社会认同而言，社交媒介是一个重要的、表达移民群体社会认同的自我呈现平台，为公众意见的自由表达提供了机会；在社会交往方面，社交媒介通过有价值的信息分享、自我形象展示和线上互动等形式促进主体间交往关系的形成，帮助主体建立弱关系网络和积累社会资本。①

然而，网络媒介既能够创造出共享和归属感，也能产生排斥和疏离感。② 中国社会在社交媒介上具有一定的限制性，因此原本外籍人口在母国内使用的社交媒介和移动网络到中国后大多都无法继续使用，由此切断了和自己父母、亲属、朋友的联系。已有研究显示，来华时间较短、中文水平较低的年轻外籍人口普遍会选择"翻墙"，突破政府对互联网网站的屏蔽设置，继续使用母国的互联网媒介，收看母国的电视节目，使用母国的社交媒介，例如，Facebook、Twitter等。另外，中国的一些手机软件，诸如，支付宝、微信、共享单车等都需要外籍人口的护照才能开通，因此各方面限制了外籍人口对迁入国社交媒介的使用，进而对其日常生活和工作产生了不利的影响。

（四）社会规范或规则：社会融入的精神载体

哈耶克（Friedrich August von Hayek）认为，规则的重要性不仅在于它决定了人们的行为方式和互动模式，更重要的是它能在某种程度上对型构人们的行为方式有着重要的决定性作用，尤其是那些存在于文化中的、未阐明的规则。③按照哈耶克的分类，社会规则可划分为"外部规则"和"内部规则"两方面。通过不断修订以正式的制度确定下来的是外部规则，诸如，法律、纪律、规章制度等，这是互动主体在经济、政治等各方面社会互动中都需要共同遵守的规则。而还有一部分是在长期文化发展中自发形成的，没有以正式制度制定下来，但人们普遍尊崇和践行的，称为"内部规则"，这种非正式规则，诸如，对权力的崇尚、熟人社会的关系主义等，涉及一个地区或一个社会长久以来形成的一

---

① 韦路，陈隐. 城市新移民社交媒体使用与主观幸福感研究[J]. 国际新闻界，2015，37(01)：114-130；
杨萍. 论SNS社交网站的传播价值：基于社会资本理论的视角[J]. 东南传播，2010(09)：95-97.

② 蒋建国. 网络族群：自我认同、身份区隔与亚文化传播[J]. 南京社会科学，2013(02)：97-103.

③ 刘晶. 规则与行为：解析哈耶克的"社会秩序规则二元观"[J]. 法制与社会，2008(01)：279-280.

种社会规范和伦理，对那些来自异文化的外籍人口来说没有经过长期的居住、广泛的社会交往和社会参与是难以体会到的。

西方契约精神由来已久，西方发达的社会离不开契约精神和资本主义伦理，而中国是儒家文化，又讲求关系的远近亲疏，因而在实际工作和行为方式上按照中国的熟人社会伦理行事而不通过明确的规则和程序，与西方的契约精神截然不同，这一点是外籍人口在中国不适应的一个重要方面。例如，"因人定价"问题和其他一些一直变动的不确定规则：

我们西方国家都有一套固定的社会规则，不管谁在都不会改变，但是中国人不是这样，中国人喜欢搞关系，中国社会没有明确不变的社会规则，所以有时候我们很不好工作……我是商人，在中国经商和中国人打交道最麻烦，规则来回改变，常常弄得我手足无措、不知道该怎么办……我们国家的法律非常完善，日常小矛盾冲突等都能通过法律来解决，但在中国不是这样，虽然中国也有法律，但一般遇到小冲突什么的，中国人有一套自己的东西，像是伦理观念那样的东西来解决，有时候我认为这种主观性太强，很难让我觉得这种方式处理事情是客观公正的……对外国人来说在中国做生意非常难做，规则不断地改变。（被访者48号，男，英国人，个体经营者，来京10年）

对外国人来说，住在这里非常不容易。我非常幸运，因为我的学校能够帮我处理签证等事情，但是据我所知道的，一些学校说是能提供签证办理，但是很多都是骗我们外国人的，其实他们根本无法提供签证办理服务。但是对我们来说，很多外国人当初是信任这些机构的，所以发现这些机构是在欺骗后就很困惑，因为对外国人来说很难去分辨哪些是可以的，哪些是不可以的。（被访者49号，女，俄罗斯人，公司职员，来京3年）

（五）相关政策：社会融入的制度载体

跨国移民到达移居国之前首先要面临的就是跨国门槛的制度性要求，主要表现在自身条件是否符合移居国的入境要求、进入移居国国门的签证办理以及在移居国工作生活所享有的涉及就业、医疗、子女受教育和社会保障等众多制度体系。除了这些正式制度外，还包括由这些正式制度催生的众多非正式制度，包括惯性偏见和身份歧视等意识形态。[1] 制度距离对移居者的适应和融入也有较大影响，母国和移居国制度距离越大，移民群体的社会适应和社会融入的难度越大。目前我国借鉴国际众多移民国家的经验，制定了国际移民人才引进政策，

---

[1] 徐志寒，金太军，徐枫. 城市新移民社会融合路径的障碍及其消解：基于资本要素禀赋的视角 [J]. 经济社会体制比较，2016（01）：57-66.

这就意味着只有那些具有高学历、技术管理型人才才能跨入中国移民的门槛，而在签证制度和管理服务上的繁琐和严格，致使在华外籍人口对中国移民政策产生诸多抱怨。

签证制度严格且繁琐："我最近一个签证花费了我1万元，其作用仅仅是让我能够在我的公司工作。如果我在英国就是免费的，但是在这里，签证程序和所需文件非常麻烦，花费也多。我曾经去过美国，在美国办理签证就没有那么麻烦，费用也少。"（被访者46号，男，荷兰人，IT工程师，来京1年多）

对那些已经实现跨国通婚，拥有中国伴侣的外籍人口依然较为严格："visa（签证）最麻烦，以前都是公司帮忙办理，有时候花费2000元3个月才能办好，现在有了中国伴侣后，改为伴侣签证，只要400元，两周就能下来。但是对于很多刚到北京的外国人来说非常麻烦，不仅需要无罪证明，还需要学历证明，我曾经有一次托朋友在英国给我开具无罪证明，在邮寄过程中丢了，特别麻烦。""我感觉中国政府对来华外国人限制性很大，学历证明要求外国人至少是大学生，所以很多公司为了给员工办理签证，不得不伪造大学学历。"（被访者53号，男，33岁，英国人，无固定职业，来京4年）

管理服务政策：目前对外籍人口的管理主要集中在公安部门和外事部门，在基层的社区层面，则是基层派出所承担了对外籍住户日常登记和管理的主要职责。[①] 这就意味着我国对外籍人口的管理依然处于"防"和"管"的阶段，服务意识较为欠缺，语言障碍也阻碍了合理沟通，造成外籍人口在华出现困难后难以解决而对中国相关政府部门的信任度降低的情况：

我刚到北京的时候，因为是在半夜，出租车非常少，那时正好来了一辆出租车，不是合法的那种，我刚把行李放到后备厢里，非法的出租车司机就开车离开了，因为我刚到北京，所以当时我非常孤独无助，也很害怕，后来我联系了大使馆和中国的派出所，报警后警察也很难沟通，最后也没有把行李找回来，我认为中国有些部门办事效率非常低，我们外国人在这里丢了东西也没人管。（被访者47号，女，美国人，外教，来京3年）

"外国人"的身份意味着他们被排除在主流社会之外，不属于中国公民，没有合法公民的权利，要随时随地带着护照，才能证明自己不是非法移民，但是对外籍人口来说，随身携带护照以应对中国政府的检查却是一种主流社会对边

[①] 依据《中华人民共和国外国人入境出境管理条例》，在签证签发管理和外国人在中国境内停留居留管理工作中，外交部、公安部等国务院部门应当在部门门户网站、受理出境入境证件申请的地点等场所，提供外国人入境出境管理法律法规和其他需要外国人知悉的信息。

缘群体的排斥：

>你知道吗？对我们外国人来说要随时随地带着护照，我有好多外国朋友在酒吧的时候，遇到警察查护照，因为没有带护照而被警察带到了警察局，这让我们感到非常不受尊重，我感觉我们就像是犯罪分子。随时随地带护照非常麻烦，对你们来说有时候出门只要带着手机就行，但是对我们来说要随身带着护照，无论去哪儿。（被访者55号，男，英国人，外教，来京2年多）

另外在日常生活中相关程序的繁琐造成了一定的不便，最直接的就是外籍人口在华开户和汇款："我感到在这里生活非常艰难而且不受欢迎，没有当地中国人的帮助我没法兑换外币，在其他国家我不需要任何人帮助就能兑换外币。"（被访者46号，男，荷兰人，IT工程师，来京1年多）

其次就是在诸如，教育、医疗等公共服务部门参与的缺失。一方面，大部分外籍人口在中国并不享有相应的社会保险等社会福利，因而有些类似感冒、发炎等症状都是通过从国内亲属邮寄母国药品解决；另一方面，中国医院目前大多都未配备相应的双语医疗体系，因而语言障碍加之中国医院就诊程序的繁琐导致这些外籍人口对中国医疗体系的不满：

>一个最主要的问题就是在中国看病的问题，因为我有一些健康问题，但是我的医疗保险在我自己的国家，在中国没有，并且我也不想去医院找医生，因为我有点害怕中国医生和中国的药品。（被访者54号，男，加拿大人，外教，来京7个月）

总之，社会学是系统地对社会行为和人类群体进行研究的学科，这一学科思考个体如何在群体中行动以及群体如何形塑这些个体行为，个人与社会的关系一直是社会学的终极命题。实证学派把社会现象看作客观社会事实，主张用实证研究方法来稳定社会秩序、促进社会整合；诠释学派则认为社会现象是主体的能动活动，应该通过对个体社会行动意义的理解来解释人的行为。无论是哪种社会学流派都给我们看待社会问题提供了不同的研究视角。作为全球跨国移民的一部分，在华外国人是社会学研究中不可忽视的一个群体。在对外国人的研究中，需要用到社会学多方面的视角，既要重视个人层面的行动背景、动机和意义，同时也要将之放在社会结构层面中去理解。外国人作为与迁入地主流人群具有较大身份背景差异的特殊人群，不仅其社会行为、实践模式、社会关系网络需要仔细观察，他们的个体行为也与整个社会的社会结构、社会分化、社会冲突和社会变迁等密切相关。本文试图在重视个体差异的基础上，将之放在社会结构中去考察，避免陷入二元论，从而割裂了原本与社会整体紧密相连的个体。

（何俊芳　刘梅　沈凯琪）

第三章

社会网络视角下义乌阿拉伯商人的社会融入研究

第一节 导 论

一、外籍人口进入义乌的发展过程

外籍人口进入义乌与义乌小商品城的发展有着密不可分的关系,义乌小商品城的发展历程可主要划分为六个阶段。

从初期发展形态来看,其依托传统农村集市,是一定范围内农民互通有无、调剂余缺的交换场所。1982年之前,义乌市政府对萌芽状态的市场采取堵截、驱赶和处罚的做法,但并没有达到预期的效果。1982年3月25日,义乌市城镇整顿市场管理小组发布《关于加强小百货市场管理的通知(第一号)》,转变之前的政策方针,正式宣布稠城镇小百货市场于9月5日开放①,这就是义乌小商品城的第一代市场,一种沿街设摊式的马路市场。1984年,义乌县委县政府提出"兴商建县"的方针,在新马路北段建成第二代小商品市场,从此义乌小商品市场开始有了固定场所和空间。同年,义乌小商品市场被浙江省工商局评为"五好市场"。

在巨大经济增长态势的驱动下,第三代市场于1985年11月在城中东路附近开始兴建,1986年9月竣工开业,整个市场呈Y字车站月台式设计,并配备有综合商业服务和工商、税务、邮电等管理服务部门。之后,这一区域商品城经历多次扩建和改造,1988年,商品城东北角兴建针织市场,1989年,商品城附近再次扩建天穹式商品市场,外籍人口也正是在这个阶段开始进入义乌。1989年,有27位外籍人口入境义乌,这是外籍商人来义乌采购的初次记录。但

---

① 胡柏清. 义乌开放模式及其演变进程[J]. 浙江经济, 2019 (05): 50-51.

此时义乌小商品城还是一个内贸市场，外贸出口仅仅处于萌芽状态，市场中从事外贸生意的经营户寥寥无几，生产企业对申报进出口经营权的积极性也相当低，这一方面是出于当时人们的意识保守和语言不通等原因，但另一方面也是因为市场竞争压力相对较小。

在之后的1992年和1994年，义乌小商品市场又经历两次扩建，形成了现在依然有着巨大活力的篁园市场和宾王市场，也正是在这期间，"义乌小商品城"在全国声名鹊起。义乌小商品城开始将市场办到全国去，在省外一些地方开设分市场，不仅使义乌本地的小商品市场成为买全国、卖全国的全国货物市场，还使义乌中国商品城成为全国性经营的大企业。但随着国内同类市场的逐渐增多和成熟，加之国内消费市场达到了一定程度的饱和，义乌商人又开始寻求新的发展空间，越来越多的义乌商人意识到，国内市场规模有限，要想保持长久的竞争优势，必须开拓包括海外市场在内的、更大的市场。自此，义乌商人开始实施积极的海外发展策略，包括拓展外销业务、增加义乌市场国际知名度以及构建国际营销代理网络等一系列措施。在这一风潮下，外籍人口开始小规模进入义乌，1996年，巴基斯坦哈桑公司常驻义乌代表处设立，翌年改称阿弗瑞帝企业驻义乌代表处，这是境外企业首家驻义乌机构。

2001年，中国加入世贸组织，国家逐步放开对私营企业进出口权的管制。义乌市政府也顺应发展形势，开始实施"外贸带动"策略，大力发展全球贸易。2002年1月，义乌市委十届十次全会审议通过了《关于进一步扩大对外开放的决定》，这是义乌官方第一次将"国际化"一词置入整体发展目标当中，标志着义乌的对外开放进入了一个全新的阶段。① 随着2002年10月新建成的第六代小商品市场一期工程被命名为"义乌国际商贸城"，义乌市场国际化的战略逐渐形成，在此期间越来越多的外商在巨大的利润和多样化商品的吸引下来到义乌，2002年，进入义乌的外籍人口已经达到3万人。

2008年在全球金融危机的影响下，更多海外商人来到义乌寻找低价货源，义乌外商人数实现飞跃式发展，进入义乌的外籍人口迅速升至20多万人。尤其是在2006年之后，义乌市政府颁布政策允许以外籍人口身份注册公司之后，更多的外商不再依靠中国代理商进货，开始与经销商甚至生产商直接合作，实现了双方更大的利润获得。义乌商场成了中国小商品出口和外商采购的重要基地，海关、检验检疫、国际物流中心等涉外机构的设立也标志着外贸体系的日臻完善。

---

① 许庆军. 走近义乌：中国小商品城探秘 [M]. 北京：中共党史出版社，2007：62-75.

2010年，义乌争取到国家战略——义乌国际贸易综合改革试点，通过改革外贸体制，主推外贸便利化，建设陆地海关，同时加大进口贸易改革，开展多国贸易，开展电子商务和网络贸易，创新商业模式，促进线上、线下综合发展。在"一带一路"倡议提出后，义乌大力建设"一带一路"重要节点城市，2013年，"义乌—宁波北仑"海铁联运专列开通，2014年，"义新欧"集装箱专列首发，标志着义乌直达西欧的国际铁路联运物流大通道基本建成。截至2017年，义乌市实有人口已突破200万，其中义乌全市户籍人口78万人，外来人口140余万人，来往流动的外籍人口近30万人，常住外商超过2万人。[①]

在义乌的发展热潮中，阿拉伯商人和其他追逐利益的外籍商人一样，逐步进入了中国市场。早在20世纪90年代，稠州中路的红楼宾馆就因聚集着大量阿拉伯商人而被戏称为"中东驻义乌大使馆"，如今虽然红楼宾馆已经被拆除，但义乌仍然存在着各式各样的"外商村"和形形色色的"阿拉伯商会"，街道上随处可见的阿拉伯语招牌也显示着阿拉伯商人在义乌外贸中的重要分量。据义乌市政府2017年年底的统计数据，在义乌市出口额前十的国家中，阿拉伯国家占据四个席位（分别是伊拉克、阿联酋、沙特阿拉伯和阿尔及利亚）[②]，是义乌外贸最重要的出口目的地之一。来自阿拉伯地区的外商以众多的人数和巨大的交易额在义乌外商中占据重要地位，他们在中国社会背景下的各种社会活动也受到了广泛关注。

但从目前对在华外籍人口的研究来看，学界多站在迁入地角度对外籍人口的跨文化适应和社会治理进行研究，而从迁入主体——外籍人口角度对其社会融入状况进行的研究并不多，从社会网络视角这种单一理论视角切入的研究更是少之又少。那么，在生存的时空境域发生转变之后，移居中国的外籍人口如何处理自己原有的社会关系，并建立起新的社会关系，从而形成自己的社会网络，又以此为契机进行社会融入呢？这正是此次研究想要探讨的问题。

二、研究对象和研究方法

（一）研究思路

本文通过对外籍人口社会融入相关文献的梳理，归纳总结出适用于来华外籍人口的社会融入测量维度，并结合国内已有研究构建起义乌阿拉伯商人社会融入状况的测量指标，对义乌阿拉伯商人社会融入状况进行总体描述。在此基

---

① 数据来自义乌市人民政府网站。
② 信息来自义乌市人民政府网站。

础上，着重对义乌阿拉伯商人的社会网络状况进行详细测量和分析，展示出义乌阿拉伯商人各种社会关系建立和发展的具体状况，并通过社会网络理论视角深入分析社会网络在社会融入中的重要作用，探讨义乌阿拉伯商人对不同社会关系采用不同应对方式的原因以及不同社会关系的形成对于其社会融入的内容选择和态度变化有怎样的影响，最后根据个体社会网络差异所形成的不同社会融入表现总结出社会融入的类型，分析产生不同结构类型的原因并提出目前其融入的基本模型。

由于外籍人口的社会融入具有相当大的个体差异性，不同个体、不同成长环境和文化背景对其社会网络的构建以及社会融入的程度有着很大的影响，本研究将尽量扩大调查广度并延伸调查深度，以此来最大限度地展现出义乌阿拉伯商人这一群体的同质性和类型差异，通过数据的对比和访谈案例的挖掘来增添本土化案例，实现理论提升。

（二）研究对象

1. 研究地简介

义乌市位于浙江省中部，行政上是隶属于金华市的县级市，下设6个镇8个街道，2016年年末，全市户籍人口782220人。① 义乌地理位置既不沿边也不靠海，不仅交通不便，而且资源匮乏，工业基础薄弱。义乌的崛起得益于中国小商品城的建立，其始建于1982年，是我国东部地区创办最早的专业市场之一，40多年来经历4次搬迁和8次扩建，形成现在经营面积550万平方米，经营商位7.5万个，拥有26个大类和180万种商品的规模。② 随着小商品市场的运营逐渐完善，周边加工厂形成规模，越来越多的外籍人口从上海、广州等地移居义乌，目前每年到义乌采购的境外客商近50万人次，有100多个国家和地区的2万名客商常住义乌，市场外向度高达65%以上。③ 同时，义乌市场极低的准入门槛，可以多店拼货和赊账的传统，以及对工商商事登记制度的改革，也都促进了义乌外贸经济的迅速发展。

根据研究者在预调查中得到的信息，入境中国的外籍人口在中国停留一周以上就需要前往停留地派出所进行登记，因各种事务需要在中国长期停留的，还需要在签证有效期内前往停留地出入境管理部门办理居留证。这意味着每一位在义乌生活超过一年的阿拉伯商人都需要定期前往义乌市出入境管理部门登

---

① 数据来自义乌市人民政府网站。

② 马继. 城市中的阿拉伯人研究：以浙江省义乌市为例［D］. 西安：陕西师范大学，2016.

③ 数据来自义乌市人民政府网站。

记并办理相关证件。义乌市政府出于方便外籍人口集中办理手续的考虑，联合义乌市公安局、工商局以及外事管理等部门，在国家商务中心大楼中设立义乌市出入境接待大厅，所有外籍人口可能需要的手续都可以在这里进行办理，这里也就成了在义乌的外籍人口都必须前往的一个地点。同时，这一地点面对国际商贸城三区，背靠国际商贸城四区，毗邻义乌购电子商务大厦，在附近办理手续、进行采购和咨询业务的外籍人口众多，是一个比较理想的问卷发放场所。因此，本研究选择义乌市出入境接待大厅为主要调查地点，通过主动搭讪和聊天确定符合条件的研究对象，进而向其发放问卷和进行访谈。

2. 具体研究对象

本研究以浙江省义乌市境内，居住一年以上的阿拉伯商人为研究对象。

义乌阿拉伯商人是来华外籍人口的其中一个类型，对其界定的前提是明晰"来华外籍人口"的相关定义。

考虑到本文所研究的外籍人口需要在中国定居一段时间以度过移民初期的"蜜月期"，并初步建立社会网络，因此，本文中的外籍人口指在中国境内工作或生活至少一年以上且具有外国国籍的人，其中不包含港澳台地区的同胞。义乌阿拉伯商人，则主要是指在浙江省义乌市境内以从事商业贸易活动为主的、其国籍为阿拉伯地区的外籍人口。

在常住义乌的客商中，来自阿拉伯国家的客商占据了重要位置。他们是最早进入义乌市场的外籍客商之一，自20世纪80年代末就出没于义乌的小商品市场，2008年之后，随着部分阿拉伯国家政治不稳定等相关因素，长期居住在义乌的阿拉伯商人逐渐增多，义乌市场向阿拉伯国家出口的货物和金额也在不断增加，2015年全年，义乌市场向阿拉伯国家的出口额占全市总出口额的43.22%[1]，足见义乌阿拉伯客商商业地位的重要性。

而居住一年以上可以基本保证研究对象对中国社会现状的了解程度，也度过了移民初期的"蜜月期"，他们大多数已经开始构建自己在新环境中的社会关系，可以展现出较为完整的社会融入过程。阿拉伯国家主要指以阿拉伯人为主要族群的国家，他们统一使用阿拉伯语进行交流，也有着相似的文化和风俗习惯，阿拉伯人信奉伊斯兰教，阿拉伯国家主要包括阿尔及利亚、埃及、伊拉克、约旦、科威特、摩洛哥、阿曼、卡塔尔、沙特阿拉伯、突尼斯、阿联酋、也门、

---

[1] 程路，陈宇鹏. 国际贸易商人的社会融入机制研究：以浙江省义乌市JMS社区为例[J]. 赤峰学院学报（自然科学版），2012, 28 (04): 62-64.

叙利亚等以中东和北非地区为主的 22 个国家。① 这些国家的来华外籍人口具有基本相同的原生社会文化环境,生活习惯和思维方式也有一定的同质性,可以作为一个群体进行社会研究。另外,选择商人这一社会角色,主要是因为义乌作为外籍人口大量聚居的城市,外国人的职业相对多样化,但相比于其他职业,商人这一职业是义乌阿拉伯人的主体职业,其数量占据了常住义乌的阿拉伯人的绝大多数,具有一定的代表性。而且商人这一社会身份使得他们与本国人和中国人的接触都较多,且交往过程和内容有一定的相似性,可以总结出一些规律性、理论性的内容进行深入探讨。

(三) 研究方法

1. 指标和操作化

本研究主要有两个变量需要进行操作化,这两个词分别是社会融入和社会网络。

总的来说,国内外社会融入测量研究取得了大量成果,指标体系已经相对成熟,虽然融入指标在不同的研究中会有侧重点上的差异,但在层次上和维度上是相对统一的,主要包括经济、政治、行为、文化、心理以及结构等多方面的指标。结合预调查中研究者所了解到的义乌阿拉伯商人的现实生活特征,目前其对于我国的政治生活影响力还非常微弱,且由于我国人口基数大,外籍人口的进入并未对我国社会结构产生显著影响,因此,本研究对义乌阿拉伯商人的社会融入测量主要从经济、行为、文化和心理四方面进行。其中,社会融入的经济方面主要包括义乌阿拉伯商人的具体职业选择、就业方式、收入水平以及日常生活方式的选择;行为方面主要包括对行为差别的认知以及对迁入社会惯用行为方式的学习与模仿;文化方面主要包括对迁入社会的语言、饮食、礼仪、禁忌以及节庆文化的了解和习得程度;心理方面则主要对迁入者在迁入社会中的自我身份判断和身份认同进行测量。四者所反映出的社会融入程度的排序由浅到深分别是经济、行为、文化和心理。

在社会网络的测量方面,学界还没有形成共识。20 世纪 70 年代,格兰诺维特 (Granovetter) 在阐述强关系和弱关系理论时提出对社会网络强弱的测量方式,即互动的频率、情感密度、信任程度和交换互惠次数②,这一测量指标对社会网络中各种社会关系的强弱程度测量非常有效,但不能准确测量出社会网络

---

① 王瑛. 阿拉伯国家概况 [M]. 北京:经济管理出版社,2017:2-8.
② 马克·格兰诺维特,理查德·斯威德伯格. 经济生活中的社会学 [M]. 翟铁鹏,姜志辉,译. 上海:上海人民出版社,2014:212-243.

的范围和总量。20世纪90年代起,开始有越来越多的学者关注社会网络的测量问题,韦恩·奥弗贝克(Wayne Overbeck)的方法是先测量个体社会关系,进而评估其整体社会网络,他提出社会关系的规模、结构、成分和侧重点是测量的关键,为了更清楚地评估社会网络状况,他将社会网络分成两种理想状况,一种社会网络规模小、关系密集、成分一致性高,偏向内部关系网络的建立,另一种则网络规模大,关系之间关联较弱,成分具有多样性,偏向外部关系的建立,测量者可以根据个体社会网络的具体特点对其社会网络状况进行判断。[①] 他的这一测量方式更适合定性研究方法。而保罗(Paul)和奥妮克丝(Onyx)的测量方法则更偏向于定量,他们通过问卷的方式,调查了澳大利亚的1200人,采用因子分析得出社会网络相关的八个因素作为测量的指标,它们分别是社区参与、社会背景的能动性、信任程度、邻里联系、家庭与朋友的联系、差异程度、生活价值观以及工作联系。[②]

对于外籍人口而言,他们的社会网络不仅需要从以上方面进行衡量,还需要考虑到国际迁移对社会网络的影响,他们的社会网络是其原居住国和现居住国中血缘、亲属、情感、职业、宗教等一切社会关系的合集。考虑到研究对象的特殊性和主要研究方法,本研究选择以迁入社会作为区分点,将阿拉伯商人在义乌的社会网络分为在原生社会基础上以血缘、地缘、族缘等建立的社会网络以及在中国背景下形成的社会网络,以社会关系为具体分析单位对个体社会网络进行分析。

本研究试图从社会网络的角度对义乌阿拉伯商人的社会融入进行分析,具体到操作化的层面,即希望对其社会融入状况和社会网络状况进行展示后,分析其社会网络建立的动机和内在原因,并解释其对义乌阿拉伯商人经济、文化、行为、心理四方面的融入机制产生怎样的作用,进而归纳出义乌阿拉伯商人在不同社会背景上建立的社会网络如何影响其社会融入类型。

2. 具体研究方法

本研究以浙江省义乌市为研究地点,采用社会学研究方法,在资料收集阶段通过问卷法、半结构访谈法以及文献法等方法收集资料,在资料整理分析阶段,采用定性和定量相结合的方法对资料进行归纳分析。研究进行期间,研究者曾分别在2018年1月、2018年7月和2018年11月三次前往义乌进行实地调

---

① 王卫东. 中国社会文化背景下社会网络资本的测量[J]. 社会,2009,29(03):146-158,227.

② 黄锐. 社会资本理论综述[J]. 首都经济贸易大学学报,2007(06):84-91.

查，共发放问卷 120 份，回收有效问卷 103 份，同时选择比较典型或具有代表性的个案进行访谈，以期对问卷结果加以补充和延伸，访谈对象主要从参与问卷填写的样本中进行选择，共有 31 位阿拉伯商人参与访谈。

具体来看，本研究采用的研究方法主要有以下三种：

文献法：本研究自预调查开始就查阅了大量文献资料和政策法规，对义乌阿拉伯商人的发展历史和外贸流程有所了解，并通过对理论资料和实证研究资料的整理汇总，明确了研究中所使用的相关概念和理论分析视角，从而为后期的论述和分析积累了坚实的资料基础。

问卷法：本研究主要在义乌市外籍人口集中的场所，包括义乌市出入境接待大厅、宾王广场、义乌国际商贸城四区以及福田小区附近，运用偶遇抽样的非概率抽样方法和自填问卷的调查方法进行问卷发放，并通过 excel 和 SPSS 等相关数据处理软件对问卷数据进行统计分析，从总体上了解义乌阿拉伯商人的社会融入状况和社会网络状况。

半结构访谈法：这一研究方法是本研究的主要研究方法。本研究的访谈对象主要依据其填写问卷的信息进行确定，对具有典型性的调查对象，在填写问卷之后，研究者还将与其约定时间地点再次进行比较深入的访谈，访谈有提前拟定好的问题大纲，但也会根据访谈对象的不同特点有所侧重，通过深入详细的访谈，可以了解问卷中无法获取的行为背后的原因和逻辑，展现出更多可供分析的细节和特点，能够更深入地理解和解释研究对象的各项意愿和行为选择。

需要特别澄清的一点是，由于没有准确的官方数据，目前义乌阿拉伯商人的数量无法确定，且阿拉伯商人在进入义乌市的过程中并没有形成具有显著特点的聚居区①，这使得研究者无法对义乌市境内的阿拉伯商人数量和总体特征进行推论，也无法制定准确的抽样框和随机抽样方法。根据以往的研究来看，对义乌外籍人口的调查常常以社区或行政办事场所为单位进行，其中的典型案例——2018 年由中山大学社会科学调查中心执行主任梁玉成教授率领的外籍人口研究团队，也选择在义乌市出入境接待大厅进行问卷发放。因此，出于对研究对象可获得性和研究代表性最大化的考虑，本研究也选择了这一地点作为最主要的调查地点。但出于严谨性的考虑，本研究对研究结果可以推论总体这一论断持保留态度，仅将此研究停留在个案研究的层次。

---

① 他们多居住在义乌福田街道和江东街道的各国际社区，如鸡鸣山社区、五爱社区、商苑社区和江南社区等。这些社区既是阿拉伯商人最主要的生活场所，也是与其中外活动密切相关的办公场所和仓库的所在地。另外还有一些阿拉伯商人散居于义乌各类高档社区，或义乌辖区内的，如后宅、苏溪、廿三里等离义乌国际商贸城较近的乡镇中。

三、样本基本信息及特征

本研究在义乌市公安局出入境接待大厅、义乌国际商贸城以及福田社区、银海社区等地采用偶遇抽样和滚雪球抽样的方式发放问卷 120 份，回收有效问卷 103 份，有效回收率为 85.8%，对问卷进行数据分析，可以了解到一部分义乌阿拉伯商人的社会融入情况，以下为本次调查样本的基本信息整理表（如表 3-1 所示）：

表 3-1 调查样本基本信息表

特征		比例（%）	特征		比例/数值（%）
性别	男性	94.2	情感状态	未婚	33.0
	女性	5.8		已婚	67.0
年龄结构	20 岁及以下	5.8	是否为中国伴侣	未婚	33.0
	21~30 岁	50.5		是	4.9
	31~40 岁	31.1		不是	62.1
	41~50 岁	9.7	是否在中国学习过	是	17.5
	51~60 岁	1.9		否	82.5
	61 岁及以上	1.0	在义乌的时间（年）		4.72
受教育程度	小学及以下	3.9	未来计划在义乌的时间	小于 1 年	1.9
	初级中学	23.3		1~2 年	9.7
	高级中学	44.7		3~4 年	23.3
	大学	19.4		5 年及以上	42.7
	硕士研究生	7.8		不知道	22.3
	博士研究生	1.0	样本总数（个）		103

从样本的总体特征分析，在被调查的 103 人中，男性有 97 人，女性有 6 人，男性占比 94.2%，是样本中的绝对多数。这可能与两个原因有关。首先，按照国际移民现状，由于男性的生理优势和经济的主体地位，其移民的数量一般多于女性；其次，阿拉伯国家的女性地位相对其他国家和地区较低，很多女性往往不会外出工作，因此没有和她们的丈夫来到义乌，而很多来到义乌的阿拉伯女性，也会因为家庭角色和语言的问题留守在家中，社会活动很少，基本不参与商业贸易。因此，本次调查可接触到的女性阿拉伯商人寥寥无几。从年龄上看，本次的调查样本中年龄最小的 18 岁，最大的 64 岁，年龄跨度较大，但从

分布比例上看，87.4%的人在40岁及以下，其中大多数集中在20~40岁之间，平均数31.6岁。总体来看，义乌阿拉伯商人以青壮年男性为主，这一趋势与国际移民的总体特征相一致。

从学历上看，义乌阿拉伯商人的受教育水平不高，他们虽然普遍接受了基础教育，但是受过高等教育的人并不多，71.9%的样本学历在高中及以下，在高学历群体中，还有一部分样本曾经在中国有过交换或留学经历。从情感状况来看，已经结婚的样本有67.0%，占据多数，但由于宗教限制和社会文化的巨大差异，与中国人结婚的阿拉伯商人非常少，仅有5人，且都是男性阿拉伯商人与中国女性的结合。

在样本中，阿拉伯商人在义乌的平均时间有4.72年，是一个比较长的时间段，而且，其对于未来在义乌生活非常乐观，有将近一半的人选择将会继续在义乌生活5年以上。但值得注意的是，在义乌的阿拉伯商人群体中，有相当一部分人并不是只在义乌有生意，他们往往在中国的其他地区，甚至其他国家拥有多样化的商业产业，因此他们并不是完全在义乌生活，而只是在一年的大部分时间生活在义乌，这些"行商"的存在，也可能是导致阿拉伯商人在义乌生活时间以及计划在义乌生活时间都比较长的原因。

第二节 阿拉伯商人的社会融入状况

一、经济融入

经济融入是外籍人口社会融入的起点和基础[1]，较高的社会经济地位可以为外籍人口提供多样化的融入机会和途径，本研究通过对义乌阿拉伯商人的具体职业、找工作的方式、来义乌前后的收入水平对比以及现有的生活状态进行调查，来对其经济融入情况进行分析（如表3-2所示）。

---

[1] 杨菊华. 城乡差分与内外之别：流动人口经济融入水平研究 [J]. 江苏社会科学，2010（03）：99-107.

表 3-2 义乌阿拉伯商人经济融入状况表

	特征	比例（%）		特征	比例（%）
具体职业	自由商贸	64.1	找工作方式	国家派遣	3.9
	个体经营	9.7		跨国公司派遣	7.8
	外贸公司员工	18.4		自己寻找	60.2
	学生	3.9		亲朋介绍	26.2
	其他	3.9		中介公司介绍	1.9
相比来之前的经济水平	比之前好很多	66.0	在义乌出行条件	开自己的汽车	23.3
	比之前好一些	30.1		乘坐出租车	13.6
	与之前持平	3.9		乘公共汽车	12.6
	比之前差一些	0.0		骑自己的自行车	2.9
	比之前差很多	0.0		骑自己的电动车	15.5
在义乌住宿条件	住自己的房子	9.7		骑自己的摩托车	28.2
	住租借的房子	59.2		步行	3.9
	住员工宿舍	13.6		其他	0.0
	住亲友家中	16.5	合计		103（人）
	住在酒店	1.0			100.0%

义乌阿拉伯商人的具体职业主要可以分为两类，其中，有一半以上的人从事的是以家庭和个人为单位的自由贸易，即直接从中国商户手中订货、验货并将货物运输到目的地进行销售，还有一部分人是外贸公司员工，虽然他们的身份是公司中的职员，但是其实他们也和从事自由贸易的阿拉伯商人一样，每天奔走于货款交易的过程中，其区别主要在于订货信息的来源和货物种类，一般来说，在外贸公司工作的职员所要贸易的货物种类更多，规模也会相对更大，因为公司的运作能力相对于家庭和个人会更大。他们的老板——多是早年在义乌进行贸易的商人，也拥有更多的商业线路，总体来说，这两种职业与中国人的接触比较多。另外，还有少部分阿拉伯商人经营与阿拉伯文化相关的餐饮娱乐、生活服务类店铺，其服务的对象也多为阿拉伯商人，这一类商人由于没有与中国人接触的硬性需求，认识的中国人相对较少。

从找工作的方式来看，国家、公司派遣以及中介公司介绍都只占了很少的比例。大部分人通过自己或亲友找到工作，这一方面可以看出义乌商人职业的准入门槛相当低，当阿拉伯人来到义乌之后，他们不用借助中介或者其他方式就可以比较容易地找到想要贸易的商业伙伴，这对于其提升对中国的好感，促进经济融入起到了相当大的作用；另一方面也可以看出亲友关系在阿拉伯商人就业中的重要作用，他们为寻找工作的阿拉伯商人提供了就业的信息和相关支持。

通过与来义乌之前的经济水平相对比可以发现，义乌阿拉伯商人对其在义乌的经济收入相当满意，在来到义乌经商之后，没有人经济水平低于迁移之前，而且，96.1%的样本表示，他们的经济水平优于迁移之前，这说明其在义乌的商业活动给他们带来了相当大的收获，也从侧面印证了其计划长期留在义乌的想法。同时，样本中有近70%的人有方便自己出行的交通工具，还有13.6%的人会经常乘坐出租车，步行和乘坐公共汽车的人仅占少数。除此之外，有60%以上的人有用自己财产交易的固定住所，虽然其中绝大部分的住所是租赁的，但考虑到中国房产市场的价位和开放性，这一结果也在意料之中。

总体而言，义乌阿拉伯商人职业的受众决定了他们有相当多的机会与中国人交往，他们通过自己的努力也可以比较容易地在义乌这个城市立足扎根。在经济融入结果上也可以看出，他们的经济收入都相当理想，生活水平与义乌当地居民并没有形成明显的差距和隔阂。因此，在经济方面，义乌阿拉伯商人的社会融入状况比较理想。

二、行为融入

生活习惯的改变和行为联系的产生是短期流动人口和长期迁移人口的直接区别之一。[①]阿拉伯商人长期在义乌生活和进行商业活动的过程中，不可避免与各种社会角色产生联系，甚至参与到相关活动中去，并从中感受到与本地人的行为差距。本研究将通过上述方面，对其行为方面的社会融入情况进行分析（如表3-3、表3-4所示）。

---

① 周大鸣.从地域社会到移民社会的转变：中国城市转型研究［J］.社会学评论，2017，5（06）：3-10.

表 3-3 义乌阿拉伯商人的行为差距感知和社会组织参与情况表

	特征	数量（%）
阿拉伯商人与本地人的行为差距	差异非常大	34.0
	有一些差异	29.1
	有一点点差异	20.4
	没有差异	2.9
	说不清	13.6
阿拉伯商人是否会模仿本地人	会模仿	76.7
	不会模仿	23.3
是否参加阿拉伯商会	参加了	17.5
	未参加	82.5
是否参加本国社会组织	参加了	59.2
	未参加	40.8
是否参加中国社会组织	参加了	36.9
	未参加	63.1
是否参加社区活动	参加了	39.8
	未参加	60.2

表 3-4 义乌阿拉伯商人社会关系数量表

	特征	数量（%）		特征	数量（%）
本国亲人和非中国朋友的数量	没有	1.0	中国朋友的数量	没有	2.9
	有 1~4 个	34.0		有 1~4 个	42.7
	有 5~9 个	35.9		有 5~9 个	31.1
	有 10 个及以上	29.1		有 10 个及以上	23.3
认识的产品供应商数量	没有	10.7	认识的产品生产商数量	没有	35.9
	有 1~4 个	32.0		有 1~4 个	45.6
	有 5~9 个	41.7		有 5~9 个	17.5
	有 10 个及以上	15.5		有 10 个及以上	1.0

续表

	特征	数量（%）		特征	数量（%）
认识的代办数量	没有	11.7	认识的政府人员数量	没有	43.7
	有1~4个	75.7		有1~4个	38.8
	有5~9个	12.6		有5~9个	13.6
	有10个及以上	0.0		有10个及以上	3.9

从表3-3中可以看到，有83.5%的样本认为自己和义乌本地人有行为上的差别，甚至有三分之一的人认为差异非常大，这也是可以预见的，毕竟处于伊斯兰文化圈的阿拉伯国家与处于东亚文化圈的中国在社会环境的各方面都有着相当大的差距，因此，能够感知到双方行为上的差距是很正常的。更重要的是，在感知到差异之后，有76.7%的样本表示会模仿本地人的行为，这在融入层面看是一个非常积极的信号，因为这说明在义乌的阿拉伯商人有兴趣对中国人的行为方式进行观察和了解，并愿意通过改变自己的行为方式来减小双方之间的差异。

然而，只是从理念上的认可和接纳是不够的，义乌阿拉伯商人在实践上能否践行迁入地的行为规范也是行为融入的重点，在这一维度下，人际交往、社会网络、生活习惯、社区参与等也都是衡量其行为融入程度的重点。[1] 从社会组织的参与度来看，义乌阿拉伯商人参与本国社会组织的比例是最大的，其次是对社区活动和中国社会组织的参与，而参与阿拉伯商会的比例则相对较低。

义乌阿拉伯商人参与本国社会组织的比例最高，体现了其对于原生社会的依赖性，同时，这组数据也可以显示出义乌阿拉伯商人对于集体力量的认可和全面参与中国社会的行动力，尤其是有将近40%的样本参加或参加过中国社会组织和社区活动，这在很大程度上体现了阿拉伯商人在中国社会中的高渗透度，也为阿拉伯商人全面融入中国社会提供了可能性。

在表3-4的具体社会关系中，本国亲人和非中国朋友的重要性依然十分明显，虽然中国朋友、商业伙伴、代办以及政府等中国社会关系的数量比例低于前者，但从总体分布来看，基本上每个样本都能建立一定的社会关系，形成与中国社会的联系，尤其是在结交中国朋友方面，其与"本国亲人和非中国朋友"的各选项数量占比相差不大，也显示了义乌阿拉伯商人的社会网络拓展情况。

总体来看，阿拉伯商人能够对在义乌的生活形成自己的认知，并且多数人

---

[1] 杨菊华. 从隔离、选择融入到融合：流动人口社会融入问题的理论思考 [J]. 人口研究，2009，33（01）：17-29.

会采取积极措施来消除自己与本地人之间的行为差距，还力图在多方面向"义乌人"的行为模式靠拢；同时他们积极建立与中国人的社会关系，并加入各种社会组织，不断增加自己在义乌社会中的存在感和渗透度，从这一角度来看，义乌阿拉伯商人在行为方面的社会融入也比较积极。

三、文化融入

在上一方面中讲到，处于伊斯兰文化圈的阿拉伯国家与处于东亚文化圈的中国有着诸多不同，这种不同不仅体现在行为上，更体现在文化和价值观上，义乌的阿拉伯商人是否有兴趣学习中国的语言和文化，了解中国饮食、节庆、禁忌和礼仪背后的价值观念与传统道德，是他们是否能够深层融入中国社会的重要标志。因此，本研究将通过上述方面，对义乌阿拉伯商人在文化方面的社会融入情况进行分析（如表3-5所示）。

表3-5 义乌阿拉伯商人文化方面社会融入状况表

题目	选项	比例（%）	题目	选项	比例（%）
饮食文化融入情况	知道并适应	44.7	阿拉伯语水平	完全不会	0
	知道但有一些不适应	43.7		简单交流	0
	知道但完全不能适应	9.7		熟练对话	1.9
	不知道	1.9		沟通阅读	3.9
礼仪文化融入情况	知道并适应	68.9		听、说、读、写均可	94.2
	知道但有一些不适应	13.6	英语水平	完全不会	2.9
	知道但完全不能适应	2.9		简单交流	27.2
	不知道	14.6		熟练对话	25.2
禁忌文化融入情况	知道并适应	67.0		沟通阅读	8.7
	知道但有一些不适应	12.6		听、说、读、写均可	35.9
	知道但完全不能适应	2.9	汉语水平	完全不会	6.8
	不知道	17.5		简单交流	17.5
节庆文化融入情况	知道并适应	79.6		熟练对话	33.0
	知道但有一些不适应	14.6		沟通阅读	9.7
	知道但完全不能适应	2.9		听、说、读、写均可	33.0
	不知道	2.9	总计		100.0

从表格中可以看到，阿拉伯人对其母语阿拉伯语的使用非常熟练，基本上

所有人都有听、说、读、写的能力。在英语和汉语的水平对比中，多数人可以对两种语言的一种较熟练地使用，在义乌阿拉伯语使用率相当低的情况下，这是他们在义乌进行商业贸易的必备技能。同时，从数据中我们可以看到，阿拉伯人在英语和汉语的使用中均存在着阅读能力的短板，除有三成左右的人员能够同时掌握听、说、读、写能力外，大部分人仅能掌握听、说能力，这一现象可能与阅读能力的使用频率有关系，从使用行为上来说，阿拉伯人在义乌可能经常需要与其他人进行中文或英文的对话，这对其听、说能力有着一定的要求，但相比听、说能力而言，文字的识记难度更大但使用率却更低，可以说是一种投入回报比非常低的能力，这也是很多阿拉伯人放弃学习这项技能的原因，当然，这也在一定程度上体现出阿拉伯商人学习语言是出于其工具性而不是文化兴趣性。至于有相当一部分人的英语和汉语水平相当高，主要可以从两方面做出解释，首先，通过数据比较，可以发现选择这两项的阿拉伯人学历普遍较高，可能其在上学的过程中就对其中的一种或两种语言进行了熟练掌握，其次，还有一些与中国关联较深的人选择了这两个选项，这些关联主要体现在曾经在中国学习、有中国妻子或在中国生活时间比较长，这也从一个侧面体现出与中国社会接触越多，其语言能力越强，文化方面的社会融入越好。

在各种文化形式的融入情况当中，义乌阿拉伯商人对节庆文化融入最好，对饮食文化了解最多，而礼仪和禁忌文化则处于中间水平。在四种文化形式中，节庆文化的表现是最明显和突出的，阿拉伯人更容易在生活中感知到节庆的氛围，一方面，中国的节庆文化一向讲究普天同庆，这在一定程度上降低了阿拉伯商人的了解和适应难度；另一方面，由于宗教和文化的关系，阿拉伯人对猪肉和酒精持排斥态度，但他们在生意过程中又不可避免地与中国人一起用餐，在这一过程中，他们了解了很多饮食文化，同时也有很多不适应的地方。相对于以上两种文化形式，礼仪文化和禁忌文化的表现形式不明显，很多人并没有在生活中遇到过这方面的困难，因此他们对这两方面文化的了解和适应情况处于居中程度。

总的来说，在文化适应方面，义乌阿拉伯商人表现出了较强的工具性，虽然随着他们与中国牵绊逐渐增多，他们的文化了解程度在加深，但在一定程度上，他们在文化方面的社会融入仍具有很大的工具性和独立性，对于饮食文化等冲突比较明显的文化观念，更多人会保留自己原来的文化观念，而没有更深入地接受和融入中国的文化，从这个层面来说，他们在文化方面的社会融入弱于经济和行为方面，积极性相对不足。

163

四、心理融入

在关于国际移民的研究中，其心理方面的融入程度如何，是判断其是否真正深层次融入迁入社会的关键依据。移民对于自己在迁入社会的定位会影响他处理在迁入社会中遇到的各种差异，只有向着"要成为迁入社会中的一员"的愿望努力的那部分移民，才有可能对新的社会环境和社会文化产生认同，并且理解差异、接受差异、改变差异，从而成为迁入社会的新成员。因此，本研究将通过研究对象的一系列自评来对其心理方面的社会融入进行分析（如表3-6所示）。

表3-6 义乌阿拉伯商人心理方面社会融入测量表

题目	选项	比例（%）
我只是为了钱和中国人交往的	非常同意	1.9
	同意	29.1
	说不清	13.6
	不同意	34.0
	非常不同意	21.4
我用一样的方式对待中国朋友和本国朋友	非常同意	1.0
	同意	3.9
	说不清	13.6
	不同意	47.6
	非常不同意	34.0
我更喜欢和自己国家的人待在一起	非常同意	10.7
	同意	40.8
	说不清	22.3
	不同意	16.5
	非常不同意	9.7
我因为喜欢中国文化才和中国人交往	非常同意	3.9
	同意	34.0
	说不清	34.0
	不同意	25.2
	非常不同意	2.9

续表

题目	选项	比例（%）
我认识的中国人能帮助我适应在义乌的生活	非常同意	18.4
	同意	31.3
	说不清	26.2
	不同意	19.4
	非常不同意	4.9

从数据结果中，我们可以看到，有31%的样本认为自己是为了钱和中国人进行交往的，有51.5%的样本更喜欢和自己国家的人待在一起，并且有高达81.6%的样本用不同的方式对待中国朋友和本国朋友。虽然有相当一部分人表示自己是因为喜欢中国文化而与中国人进行交往，且大部分人对于"中国人可以帮助自己适应在义乌的生活"没有反对意见，但是这依然深刻地体现出义乌阿拉伯商人较低的心理融入程度。虽然他们与中国人进行商业贸易、模仿适应中国人的行为方式、熟悉中国的各种文化要素，但是其实他们并不想永远生活在这里，他们在心理认同的天平上依然更倾向于本国文化和本国人，因为那是他们之前和以后将要生活于其中的文化。虽然他们中的大多数还想在义乌长期生活，但这并不意味着他们对中国社会的留恋，这只是他们追求经济利益或者保证生活安全的一种方式，他们在心理上并没有成为或想要成为一个"新义乌人"。

通过对调查对象基本特征以及经济、行为、文化、心理方面社会融入情况的展示，我们可以看到，目前义乌阿拉伯商人在经济和行为等方面的社会融入状况比较好，且融入态度比较积极，而其在文化和心理方面的社会融入则表现得相对消极且程度较浅，这说明随着社会融入层次和程度的加深，义乌阿拉伯商人的融入意愿在逐渐降低，他们更愿意把社会融入停留在比较浅层的状态，从而保持其原生社会的文化和心理核心。那么，造成义乌阿拉伯商人这一融入现状和融入策略的机制是什么？从他们的社会网络角度来看，他们的社会关系对这种社会融入状况产生了怎样的影响？这是本研究接下来想要结合访谈深入探讨的问题。

第三节 阿拉伯商人社会网络中的融入机制

在对调查问卷进行整理分析之后，上文对问卷中阿拉伯商人的基本信息以及经济、行为、文化和心理四方面的社会融入情况进行了描述,系统勾勒出义乌阿拉伯商人社会融入的总体情况。在描述中,研究者发现,在阿拉伯商人每一个层次的社会融入中,都能找到社会网络的印记。因此,在本部分,研究者从社会网络的角度出发,对阿拉伯商人在义乌维持和建立的各种社会关系进行梳理,明确其建立或持续的过程及其在义乌阿拉伯商人社会融入中的作用和影响机制。

一、原生社会网络作为融入机制

在义乌的阿拉伯商人主要的原生社会关系主要有两种,一种是建立在血缘和亲缘关系上的亲属关系,一种是同样在义乌生活的、本地区的朋友关系。在个体社会网络中,亲朋关系是最强力的一种社会联结纽带,尤其是加上地缘因素的亲友关系,更是个体获得物质和情感支持的主要来源。对于义乌的阿拉伯商人来说,地缘关系下的亲友关系为其提供了迁移前后的信息、情感支持,并成为其在义乌的、商贸业务中的重要联系人。

(一) 移民行为发生的传送带

如前文所述,历史上阿拉伯商人是最早进入义乌进行外贸的一批外籍商人,从20世纪90年代开始到现在,一直有源源不断的阿拉伯商人从世界各地来到义乌生活和发展,一个重要的信息源在于早期来义乌的阿拉伯商人。在多位访谈对象的描述中,这样的迁移纽带在义乌是广泛存在的。另外,从阿拉伯商人找工作的情况来看,有超过26%的人得到了其亲友提供的就业信息及其他相关支持,这也反映出亲友关系在阿拉伯商人就业中的重要作用。

首先在信息的传递上,有相当多的义乌阿拉伯商人是从熟悉义乌的亲朋口中得知义乌这个远在中国东南部的城市,并在其帮助下来到义乌的。对此,一位来自叙利亚的理发店老板(访谈对象4)对研究者讲述了他初到义乌的情况:"我是三年前来到义乌的,当时是我的叔叔在这里做生意,他说在这里赚的钱可以比我们国家多很多,我们国家那么乱,你过来这里吧,他就邀请我来义乌。我来的时候所有的一切都是我叔叔帮我弄的,他把我带过来之后,帮我租了房子,带我买了理发需要的工具,我的生意就开始了。"另外一位来自也门的商人(访谈对象3)讲述了其与朋友A的故事:"我来中国是通过A介绍的,他比我来义乌更早,本来他来义乌的时候就叫我,我很犹豫,但他还是来了,后来他和我说中国真的很好,这里有很大的市场,可以找到任何我想找的东西,他也会帮助我的生意,所以我就来了。"

在多位访谈对象的描述中，我们可以看出原生社会下的亲友关系对于其在义乌立足的重要作用，事实上，这样的迁移纽带在义乌是广泛存在的，在前文中，研究者曾提到，阿拉伯商人是最早进入义乌进行外贸的一批外籍商人，从20世纪90年代开始到现在，有源源不断的阿拉伯商人从世界各地来到义乌生活和发展，一个重要的动力源在于早期来义乌的阿拉伯商人。他们不仅为同胞中的后来成员提供信息，还会在他们到达义乌之后帮助他们经商置业，正是这种原生社会关系的支持，为他们在义乌社会的生存、融入奠定了基础。中山大学教授梁玉成曾经在他的文章中这样描述国际移民之间的前后联系：随着时间的推移，向国外特定地区的定向移民不再与早期的经济、政治关系相关，更多的是由移民网络的联系程度以及移民网络中积累的社会资本等因素决定，移民过程产生了自身延续性。① 在义乌，这样的移民前后联系正在上演，阿拉伯商人在进入义乌30年间积累的社会经验和社会资本不只为自己带来财富，也成为其家族和族群可以借鉴的先例和获得成功的捷径。

（二）异国漂泊的情感支撑

当然，阿拉伯人在原生社会网络中的亲友关系所带来的相关支持并不尽于此，一位在义乌经商多年的伊拉克玩具商人（访谈对象11）为研究者讲述了他在义乌的感受："我的妻子对我的生意帮助很少，因为她不熟悉这些，但是我和我的妻子在这里互相陪伴，我的妻子、孩子、父母都是我在这里努力的动力。说实话，在义乌的生活很累，也有很多困难，但我的妻子和朋友们都是我的伙伴，他们的帮助让我能更好地在义乌生活。"相比于少数带领阿拉伯商人进入义乌的关键人物，阿拉伯商人大多数在义乌的亲人对他们在义乌的生意并没有直接的帮助，但这并不代表他们与其在义乌的生活无关，相反，他们是阿拉伯商人在义乌融入和发展的巨大推动力。努力赚钱②，为他们的家人和家族争取更加安全和广阔的发展平台是很多阿拉伯商人奋斗的目标，同时，阿拉伯商人在义乌孤独、焦虑的情绪也会通过与亲人交谈、视频等方式加以发泄，尤其是跟随阿拉伯商人来到义乌的家眷，他们是其来到义乌之初缓解无助情绪、实现正常社交互动的重要组成部分，具有情感支持的重要作用。

---

① 梁玉成. 在广州的非洲裔移民行为的因果机制：累积因果视野下的移民行为研究［J］. 社会学研究，2013，28（01）：134-159，243-244.
② 如根据前面的问卷调查资料，相比来义乌之前的收入水平，有66%的被调查者认为来义乌后好很多，30.1%的人认为来义乌后好一些，认为与以前持平的人占3.9%，没有人认为来义乌后差一些或差很多。

(三) 扎根义乌的原生工具

在义乌，基本上每一位阿拉伯商人都有几位志同道合的本地区朋友，他们的作用与其亲友所发挥的作用类似，且并不局限于此，他们作为相同职业又处于相同文化圈的在义移民，是具有更大实际作用的关系网络。在访谈对象的描述中，他们在义乌所进行的每一项活动基本上都有本地区朋友的身影。在庆祝本民族节日或主麻日（伊斯兰教聚礼日）的时候，他们会一起聚餐；在娱乐活动中，他们会一起看电影或出游；在他们有商业困难和文化上的不理解时，他们也会一起交流讨论；甚至当资金周转或商业运转出现问题时，他们会互相借钱或介绍客户来渡过危机。一位来自埃及的鞋商（访谈对象8）这样形容他与他的本地区朋友的关系："我们有共同的文化和宗教，我们的血液是一样的，我们来到义乌就是一家人，如果我们不相互帮助，我们是没有办法生活的。我们在这里需要相互帮助。而且我觉得这种帮助并不是单向的，比如，缺钱的事情可能会在每个人的身上发生，这次我给你钱，下次你可能给我钱，这样我们就都可以赚钱了，这是一件好事。如果没有我的阿拉伯兄弟们，我可能会非常孤单无助，没有人和我一起做礼拜，没有人一起玩，也没有人可以借钱，甚至我说我想吃鹰嘴豆泥，都没有人知道是什么！"从话语中，不难看出"阿拉伯兄弟"在这位访谈对象心目中的重要性。从客观的角度看这种社会关系，其实他不仅带给阿拉伯商人情感和商业上的支持，他还是阿拉伯商人在义乌生活的重要工具，相比于其他社会关系，共同的语言、宗教和文化背景让他们之间更容易靠近。当面对在义乌社会中可能出现的难题时，本地区朋友众多的阿拉伯人可能会显得更加从容，因为他们有可以商量和询问的目标，可以获得大量经验和鼓励。本地区朋友作为其与原生社会重要的纽带联系，在远在异国他乡的义乌阿拉伯商人的社会网络中，充当着坚实的信息基础、情感支持，以及初步了解义乌社会的内部工具。

(四) 坚持原有社会文化的安乐窝

在个体社会网络中，亲朋关系是最强力的一种社会联结纽带，尤其是加上地缘因素的亲友关系，更是个体获得物质和情感支持的主要来源。但这种家庭和血缘所带来的安全感也使阿拉伯商人滋生了另一种倾向——对新的社会关系浅尝辄止。

由于家人、朋友的陪伴，一些阿拉伯商人的生活环境与其国内趋于一致，他们不需要建立新的中国社会关系来满足自己的安全感和存在感，同时由于自身职业的局限性，一些从事餐饮、服饰和休闲馆经营的阿拉伯商人的服务对象也大多是阿拉伯人，建立新的中国社会关系、学习新的中国社会文化对于其经济利益的增加并没有明显帮助。而维持原有社会关系,通过熟人介绍、口耳相传的方式则可以吸引更多顾客,增加自己事业的知名度和潜在客源。在这种机制的影响下,一些阿拉伯商人在中国背景下建立的社会网络非常单薄,他们对中国人的行为、文化非常不了解,更谈不上心理上的认同。而他和他的阿拉伯小团体却有很多共同语言,广泛的原生社会网络成为其维持原有社会文化、践行原有社会规则的安乐窝,甚至形成一种信息茧房,隔绝了更深层次的融入,形成了仅有经济融入,而少有行为、文化及心理融入的社会融入现状。

二、中国社会网络作为融入机制

义乌阿拉伯商人在中国社会背景下建立了多样的社会关系,形成了广泛的社会网络。其中,商业活动是义乌阿拉伯商人在义乌的主要社会活动,在其与中国人建立的社会关系中,中国商业合作伙伴通常是数量最多的,也是接触最频繁的。除此之外,义乌阿拉伯商人在中国化的交往场域中接触到的、形形色色的人物也是其社会网络的组成部分。与此同时,中介群体也以其必要性和重要性成了义乌阿拉伯商人社会网络中的必备选择。以上种种社会关系共同促进了义乌阿拉伯商人对中国社会方方面面的认识、了解、熟悉和融入。

（一）浅层接触的发生纽带

不同于原生社会基础上亲友关系的自然亲近,义乌阿拉伯商人在与商业伙伴建立社会网络、维持合作关系时有其独特的手段。一位做水烟壶生意的也门商人（访谈对象5）讲述了他与中国合作商之间的互动:"我们除了做生意联系不多,但节日的时候会互相问候,我问候他们,或者给他们一些小礼物,他们就会记住我,我去的时候会想起来,哦! 你是那个上次给我们什么东西的小伙子,态度就会更好一些,有的时候还会多送我几件货,我就很开心,很多时候我觉得用一些小礼物换取他们对我的信任很合算。我还会经常问他们一些常识问题,就说老板这几天过节日中国人会吃什么呢? 或者问他一些东西用中文怎么说,教我怎么用手机买火车票,这样他们就觉得我笨笨的,不精明,不会骗他们,他们就更相信我了。"从材料中可以看到,具有商业头脑的阿拉伯商人为了拿到更好的价格或更多的货物,会采取一些巧妙的措施来增加商业伙伴的信任,他们在交往过程中表现出来的对中国社会和中国文化现象的兴趣也会使本地人的亲近感加深。同时,阿拉伯商人这样的交往策略也会让他们在无形中了解更多关于中国节日和日常习惯的相关知识,从而在一定程度上理解当地人的行为和价值观念。当然,他们也会按照商业伙伴的习惯入乡随俗,对自己的生活习惯加以改变,一位阿曼的日用品商人(访谈对象1)和研究者讲述了他和商业伙伴交往的故事:"我有的时候会和我的合作商出去吃饭,你知道的,我们外国人吃饭很少用筷子,但是我去和中国人吃饭,他们要用筷子,我觉得我应该尊重中国的习惯,所以我现在也可以很好地用筷子,我觉得用筷子很卫生,有的时候我点外卖就直接用筷子吃饭了。"以上的两个案例清楚地表明,在与中国商业伙伴认识和交往的过程中,由于中方所处的主场优势,阿拉伯商人往往会改变自己来顺应商业伙伴的习惯,并希望通过这样的行为增加彼此的信任从而最终得到经济收入上的回报。同时,在这样的行为过程中,阿拉伯商人不断对中国社会现实和文化进行了解和理解,并在一些行为上表现出来,最终加深对中国生活的社会融入。

当然,阿拉伯商人与商业伙伴的交往也并不总是顺利的,一位来自黎巴嫩的、年轻的建材商人(访谈对象13)就讲述了他刚来中国时候的困惑:"我第一次做生意的时候很好笑,我的中国老板说,小伙子以后我们就是兄弟啦,要多来往,我们待会儿一起吃饭吧,然后我们去泡脚,舒服一下。他说的话让我非常震惊!我怎么会成了他的弟弟?我们为什么要去泡脚?我们只是谈完一笔生意的关系!我完全不懂这是什么规则,所以我拒绝了他。但现在,我也会说'大哥,我们吃顿饭吧'了。"从这个案例里,不难看出双方之间思维的差异和冲突,那么,这种差异是如何产生的呢?费孝通先生曾经在《乡土中国》中这样描述中国的社会结构:中国社会呈现出一个以己为中心、层层外推的差序格局,每个人都是一个立于序上的中心位置,没有所谓清楚的界限,有的只是亲疏远近之别。① 这就意味着在中国人的眼中,"自家人"这个概念是可以根据时间、地点来改变含义的。但阿拉伯商人显然还没有接受这种观念,一方面他们不懂为什么如此随意地把一个亲属称谓给予外人,另一方面,他们也不懂"吃饭""洗脚"这种试图建立关系和人情的行为方式。但是随着在义乌与本地人接触的增多,他们逐渐明白这是一种与他们族群文化不同的表达方式和友谊建立渠道,也逐渐开始使用中国式的称呼和交友方式,这对他们和中国商业伙伴的私人关系和生意往来都大有裨益。

(二) 增进信任感和融入感的助推器

在义乌阿拉伯商人与中国商人双方的促进下,其关系很多时候并不只停留在经济合作上,当信任进一步加深,彼此的了解达到一定程度的时候,一部分的合作关系会转化为朋友关系,在调查中,基本上每一个阿拉伯商人都会有一

---

① 费孝通. 乡土中国 [M]. 北京: 人民出版社, 2008: 30-50.

些在商业活动中结识的中国朋友,相比单纯的商业伙伴,他们与阿拉伯商人的关系更密切、联系更多、交流内容更广泛,对阿拉伯商人社会融入的帮助也更大。一位埃及商人(访谈对象6)这样形容其中国朋友的作用:"我觉得我的中国朋友给我的帮助非常大,我能够理解中国的社会和文化在很大程度上归功于我的中国朋友,他们教给了我很多东西,我一开始来到广州和义乌的时候有很多不明白的地方,尤其是在广州,在广州的时候我很忙,没有很多时间和精力去结交中国朋友,我经常是一个人去逛市场、找合作伙伴、联系卖家、托运货物,这让我很累,我在广州没有帮手,什么都不懂,对中国的印象也不好,后来我来到义乌,认识了很多中国人,他们会告诉你很多事情,甚至一些我觉得是隐私的事情,我很感动,对中国人的看法也在改变,这种改变是我的中国朋友带给我的,如果没有这些朋友,我不会知道中国人的社交方式是什么样的,在中国也不会生活得这样好。"可以看出,相比于与商业伙伴交往中阿拉伯商人比较单向的情感投入,其与中国朋友之间的感情是双向的,通过与中国朋友的交往,阿拉伯商人不仅学到了在中国生活的技能,还对中国的看法有了更好的转变,这说明中国朋友不仅可以在行为和文化上,甚至可以在心理上促进阿拉伯商人的社会融入。阿拉伯商人的中国朋友为阿拉伯商人起到了很好的引导和助力作用,通过这样一个媒介,阿拉伯商人可以解答之前经历中的疑惑,同时通过中国朋友的解释,也可以更明白中国人的做法和想法,减少误解、敌意和文化隔阂,提高对中国和中国人的好感程度,这在社会融入中是非常重要的环节。而当阿拉伯商人有困难时,他们也会向中国朋友求助,通过这样的互动将社会关系转化为一种社会资本,充分调动起中国朋友对其社会融入的积极作用。

(三)实践中国逻辑的场域和桥梁

除了构成中国朋友的主体——熟知的商业伙伴之外,由于个体经历的差异,阿拉伯商人还会有很多其他身份的中国朋友,在日常生活中建立形形色色的、与中国人的社会关系,其中比较多的是与中国同学、本公司中国职员、邻居房东以及中国穆斯林群体的社会关系,这些社会关系也会对阿拉伯商人在中国的社会融入产生影响。一位来自埃及的商贸公司老板(访谈对象12)向研究者讲述了他和中国员工之间的故事:"他们告诉了我很多中国和埃及不一样的地方。有一次我们去谈生意,我的职员到了之后和那个女老板说,你今天真漂亮,我感觉很震惊,因为在我们国家直接这样和女人说话是非常不好、很没有礼貌的,但是那个女老板没有生气,她笑了,她很开心,后来我问我的职员,可以这样说吗?他说可以,中国的女人喜欢别人这样夸奖她,后来我谈生意时也会这样说,她们真的都很高兴。"也有约旦老板(访谈对象15)这样描述他和房东的关系:"我刚来的时候,和我的房东一起去吃饭,我希望他可以选择聚餐的地点,因为他对这里的食物更熟悉,他可能会选择更好吃的食物,但是,当我问他的时候,他说,都可以,我都可以,我就很疑惑,他为什么不说自己喜欢什么,他没有喜欢的东西吗?我问他,他说老板你选吧,你去吃什么我们就喜欢吃什么。时间长了,我逐渐明白他的想法了,很多中国人不好意思在别人面前直接说自己的想法,他们需要别人带领或者让客人来选择,后来我就想一下我想吃什么,然后让他们推荐一些我来选,这样效果好了很多。"从以上两段描述中,我们可以看到在日常生活中的一些社会关系同样有让阿拉伯商人了解中国生活习惯和价值观念的作用,但相比于商贸伙伴以及在此基础上发展出来的中国朋友的知识输送机制,这一社会关系中的知识传播主要在具体情景中不经意发生。格兰诺维特的连接理论则可以对此做出解释,格兰诺维特曾经在解释弱关系的力量时说,在社交网络中,弱关系的分布范围要远远大于强关系,因此它比强关系充当跨越社会界线的桥梁的可能性更高。弱关系并不都是社会桥梁,但社会桥梁往往是弱关系。① 反观这一社会关系,首先从性质上说,阿拉伯商人在日常生活中的这些社会关系并不像亲属和朋友关系那样紧实和聚拢,他们多半没有相互提供信息、情感支撑的责任和义务,很多时候这种社会互动的发生只是例行或偶然的接触,是相对弱化的关系连接;其次,就模式来说,在他们交往的过程中,会有多种社会角色在其中构建出一个具体的情境和场域,并用中国式的行为逻辑在其中进行活动,当阿拉伯商人被纳入这样的场域的时候,他也自然而然地受到其中互动的熏陶和带动,从而在耳濡目染中开始接受中国人的一些行为方式,完成一部分社会融入,也就是说,这种社会关系多半是在充当一种阿拉伯商人获知融入信息媒介的作用,更形象一些,也可以被形容为"桥梁";最后,更重要的是在内容上,这一类型的社会关系所带来的社会知识范围更广、程度更深,当搭建起的场域中中国人占据多数的时候,其会带来更丰富多元的中国各层级社会现实的展现,在这个维度上,这一类弱社会关系所带来的社会融入知识是最丰富和立体的,也对阿拉伯商人更全面地了解中国社会帮助最大。

(四)解决生存发展危机的结构洞

在阿拉伯商人在义乌生活的过程中,有一个中国群体可以说全方位渗入了他们的生活,这个群体就是中介。在研究者所调查到的阿拉伯商人中,除少部

---

① 马克·格兰诺维特,理查德·斯威德伯格. 经济生活中的社会学[M]. 翟铁鹏,姜志辉,译. 上海:上海人民出版社,2014:87-100.

分特殊情况外,基本上每个人都会和中介进行接触,中介的类型也是多种多样,从最常见的证件中介,到自由贸易商人必需的物流中介,还有解决住房问题的房屋中介,甚至还有商人通过中介来办理信用卡。对于中介的方便之处,一位阿富汗的服装商人(访谈对象19)给出了他的解释:"因为中国的很多政策我们不懂,学习也很难,很费时间,而且我们经常弄不好,工作人员的话我们也不好理解,这样就不如找一个方便的办法。我刚来义乌的时候,签证是学生签证,还没有这个烦恼,但现在要申请居留证,让我很头疼,所以就直接找他们。他们是专门做这个的,对这些知识很了解,就不用我们专门去研究了。"而一位对中国社会颇有了解的阿尔及利亚文具商人(访谈对象25)则解释了这些中介的由来:"现在中国的海关报关挺难的,我们都不懂,也不认识人,所以找中介会更有保障,给我们省去了很多麻烦,如果我们自己弄,可能也要花很多钱,但还不一定可以那么快通关,反而对中介很放心。听说他们都有很多自己的手段和人脉,你们中国不是很懂这些嘛。"

关于中介在阿拉伯商人中间的兴起,解释最贴切的莫过于伯特(Burt)的结构洞理论。本来,作为外籍人口和商务人士的阿拉伯商人理所应当与外事管理部门、海关发生联系,但两者之间由于权力位置的不对等以及信息不对称等原因,很难建立起直接联系,就算建立了,这一联系也非常松散、低效,对于阿拉伯商人的生活和事业产生不了实际的帮助,这样的现状下,中介就有了可以发挥的空间。他们多半在管理部门和外籍人口中间充当着结构洞一样的作用,一方面,他们作为中国人,有了解相关政策的母语优势,对外籍人口来说纷繁复杂的表格和要求对于他们来说是可以被很快消化理解的,同时,他们通常是具有管理部门内部关系的群体集合,亲密的私人关系可以使他们相对方便地获取不公开的信息和一定程度的放行权限。这就使他们有了与阿拉伯商人交易的资源和筹码。另一方面,对于阿拉伯商人来说,留在中国、找到安居场所、将货物安全运往目的地都是他们必须完成的任务,否则他们在义乌的生活将无以为继,但他们并没有可以很好地完成这些任务的能力,而中介对于相关关键性信息和权力的掌握正好可以弥补他们在这方面能力上的欠缺。因此,资源与需求的结合就这样巧妙地发生了,从这个角度来说,中介是阿拉伯商人在义乌社会融入的必备基础之一,因为如果没有他们,相当一部分阿拉伯商人根本无法在义乌停留,更不用谈及物流和住房问题,然而中介虽然是"刚需",但他们的作用似乎也止步于此,一位也门商人(访谈对象28)这样形容其与中介的关系:"我们就是金钱关系,我们是他们的客户之一,我们会保持长期联系,是因为我每过几个月或一年就会去找他,他们有我的信息,所以可以避免重复编写表格,但除此之外我们好像没有什么联系。很少的时候,他们在居留证到期之前会联系我,问我最近还需不需要办理居留证。他们不会和我有很多交往,每次来帮我办手续的人也不一样,他们是很神秘的中国人。"从话语中不难发现阿拉伯商人与中介之间生疏的关系,这样"拿钱办事"的相处模式使得两者之间没有了更加深入的互动和联系。当然,从一定程度上讲,中介的工作有很多部分可能涉及政策的灰色地带,与客户保持较少联系以保持神秘感也是可以理解的,但其对于阿拉伯商人社会融入的影响却也就此终止。

三、组织关系中的社会融入机制

王春光曾经在《巴黎的温州人:一个移民群体的跨社会建构行动》一书中对"侨会"这一温州人自发组建的以血缘和地缘为主要联系纽带的社会组织加以描述和分析,剖析其对于温州人在新的、陌生的社会环境下形成和稳定群体结构、提供相互支持的作用。① 与在海外的温州人相似,在义乌的阿拉伯人也积极组建以国籍和地区为主要标准的社会组织来形成集体力量,就义乌来说,阿拉伯商人自发形成的社会组织主要有两种,一种是行业协会,通过同行业之间的联系和沟通,协调商业利益,维护行业内成员的合法权益,另一种是地域协会,通常以地区或国家为界形成组织,为本国或本地区的组织成员调解纠纷、排忧解难,促进其在义乌更好地生活和发展。目前,第二种组织不论是从规模还是数量上都占据了绝对优势。在地域性协会中,阿拉伯商人俱乐部成立较早,规模较大,但相对于规模庞大的社会组织来说,在义乌的阿拉伯商人更倾向于参加自发组成的、小范围的地区社团。相比于大型的、有政府介入的阿拉伯地区社会组织,小型社会组织很难被发现,它们通常不举行公开的成立仪式或相关活动,没有固定的办公场所和活动经费,其管理人员也多是商人,只因热心或者威望较高而被选为管理者,除了不定时聚餐,成员只在节日和有特殊事务时相聚,因此在研究者的访谈中,很少有人直接提到自己加入本国或本地区社会组织,但鉴于其定义相对模糊,对定期见面的成员相对固定的小团体,本研究也将其归为本地区社会组织之中。

(一)运转社会资本的重要工具

在一位也门饰品商人、餐馆老板(访谈对象3)的口中,他组织小团体的初衷是这样的:"我们这个团体就是在有一次聚会的时候回忆起我们刚来义乌的

---

① 王春光. 巴黎的温州人:一个移民群体的跨社会建构行动 [M]. 南昌:江西人民出版社, 2000: 158-166.

时候什么都不懂的样子，觉得有必要组建的，我们都知道，虽然回忆的时候我们很开心，但是当时我们是很苦闷的，因为很多时候感觉走投无路，我们就说如果以后有小孩来这里，我们要多告诉他，多帮助他，就这样，慢慢地，我的朋友们有认识的人来这里，我们就一起招待他，慢慢地就变成一两个月见一面了。"对于经营这个小团体带给他的好处，他是这样说的："在我们见面的过程中，我们都很开心，这本身就是一种收获不是吗？而且我如果有什么困难或者不知道的东西就会跟大家说，这时候大家也会帮助我，告诉我该怎么做，或者我们会说起现在我们国家什么生意好做，以后可以多买一些什么货物回去，这些对我来说都是有用的信息，所以我很乐意有这样一个机会和大家聊天，会得到很多有用的信息。"帕特南（Putnam）曾经对由市民自主组成的经济和福利互助团体的作用进行分析，认为社会团体是政府和家庭之间的一种中间组织，其存在的目的是缔造公共物品和集体规则，在大型社群中，如果有机制让成员之间有更多沟通，就可以增进其相互了解，建立共同信念和身份认同，从而减少相互出卖行为并产生一定的收益。① 这样的解释也同样适用于义乌阿拉伯商人的自发社会组织，通过上文的论述可以看到，阿拉伯商人在义乌的行为方式、生活习惯、思维方式都与中国人有一定差距，两个社会群体之间存在着结构上的张力，而相似的生活经历和共同的行动规则则会创造他们极度需要的信任感和安全感，在这样的情况下，这种信任感和依赖感通过社会团体的形式被结构化、网络化，这种组织成为他们抒发内心不适、获得安全感的载体。在团体中，阿拉伯商人通过持续的交往来获得心理上的满足感，更多的，通过调动其中的社会资本，他们还可以收获经济利益，互相介绍商品销售渠道和优质客户等互惠交换的行为是经常发生的，不同类型商人之间的合作也经常出现，在同一地区和国家中商人的合谋，还可以在某种程度上避免倾轧、形成垄断，以扩大商业规模和获得更多利润。另外，在代际的更新上，社会组织还发挥着集体记忆形成和留存的功能，成员们在活动中的成功将作为经验和见证被积累下来，并流传给后来者，从而不断改善阿拉伯商人群体的适应情况和商业策略。在社会融入的层面上，阿拉伯商人的自发社会组织可以让更多的义乌阿拉伯商人认识和联合起来，从而在经济上创造更多财富、在情感上创造更多支柱，也可以为阿拉伯商人争取更多权益，提高义乌相关部门对阿拉伯商人群体的重视程度，从而提高社会威望，更好地成为义乌社会运行中的一部分。

---

① 罗伯特·D. 帕特南. 使民主运转起来：现代意大利的公民传统 [M]. 王列，赖海榕，译. 南昌：江西人民出版社，2001：255-285.

(二) 补充社会网络的广阔平台

义乌作为中小城市中外籍人口治理的先锋城市，在外国人社会参与方面做出了相当多的努力，不仅从政府层面精简外国人居留、公司注册、房屋购买等多方面政策，还在党政、公益组织、居委会等各个层面引入外籍人口的参与，力图提高外籍人口在义乌的生活满意度，使其成为"新义乌人"。在研究的访谈中，的确有相当多的访谈对象谈到了他们参与政府和社区相关组织的活动情况，一位在义乌多年的约旦商人（访谈对象14）给研究者介绍了他参加的一些活动："每年政府都会邀请我，让我去参加什么会议还有活动。主要是庆祝，安全讲座、遵纪守法会议，这类活动很多。"一位摩洛哥商务代理（访谈对象10）则介绍了世界商人之家（政府主办的公益活动组织）的相关活动："他们每个月都有很多活动，像去看小孩子、去看老人、捐钱、捐书或者运动会等。"对于参与活动的态度，阿拉伯商人们存在个体差异，一位也门餐厅老板（访谈对象2）对参与活动表现出积极态度："很多中国人会叫我去参加一些活动，我也会参加，这些都可以让我看到中国社会是什么样的，中国人是什么样的，我比较喜欢这些活动也是因为这些活动可以让我有很大的价值感，可以认识很多人，知道很多以前不知道的事情和知识，我觉得很有趣。"但更多的阿拉伯商人表现出对活动内容不感兴趣的态度，一位利比亚商贸公司职员（访谈对象16）向研究者抱怨道："嗯……，其实这些活动都差不多，居委会的活动每年都是一样的，真的很无聊，像我这样在这里生活很多年的，我都已经知道他要办什么活动了。大概就是庆祝中国节日的活动，平时还会有中国文化的展览或者世界文化节，就是那种组织每个国家出来唱歌、跳舞或者演奏乐器的节目。听起来还不错，但是这不是我们想要的，我会欣赏中国的毛笔字能够让我的货物的价格更低吗？显然是不能的。我觉得大家都是这样想的，不然参加的人不会这么少。"相比于活动的内容，显然他们更重视的是在活动中的社交，一位埃及商人（访谈对象8）就讲述了一个他在活动社交中获益的故事："有一次，我和几个朋友一起去参加一个捐款仪式，我们在那里吃饭，有一个商人说北非这边现在塑料水杯很好卖，因为今年天气太热了，我就在想，那拖鞋也应该很好卖，因为天气热人们总是不想穿鞋子，所以我和一个利比亚的商人商量，我运了一批运动凉鞋过去，让他帮我卖掉，果然很好卖，那个夏天我连续运了三批鞋子，当我做第三次生意的时候，卖运动凉鞋的人开始变得非常多，我的价格没有了优势，我就不做了，但那个时候我已经赚了很多钱了。所以，这种活动还是有好处的。"从以上一些阿拉伯商人的态度中可以看出，政府和社区等相关组织举办活动的初衷是能够有更多渠道让外国人了解中国文化和社会现实，但显然，这一举措在很大程度上并没有得到主办方想要的效果，不过这并不意味着阿拉伯商人们对其没有参与积极性，因为这些活动是他们拓展社会关系、积累社会资本、结成新的社会网络的好时机，在活动中，他们可以与义乌政府的一些官员进行接触，从而提高自己的社会威望和社会地位，让自己的商业事务办理更加流畅，还可以接触到其他国家的商人，通过沟通交谈实现商业和生活信息的互换流通，如果能够敏锐地察觉到其中的商机，这将会成为他大赚一笔的契机。从这个角度来说，这样的社会活动与日常生活中的社会关系一样发挥着弱连带的桥梁作用，只是这种社会活动中的桥梁连接的是政府官员或其他外国商人，这种桥梁带来的作用也并不指向在中国的社会融入，而是指向阿拉伯商人的社会地位和商业利益，当然，义乌阿拉伯商人社会地位的提高和商业利益的增加在某种程度上也与其经济融合、心理接纳相关联，因此，从这样的角度看，主办方在一定程度上也算达到了促进其社会适应和融入的最终目的。

  以上内容是从义乌阿拉伯商人的具体社会关系入手的，分模块对其社会网络的作用机制进行了梳理，展现出义乌阿拉伯商人社会网络的整体面貌。总的来说，阿拉伯商人在义乌建立和维持的各种社会网络都对其社会融入发挥着独特的作用，其中大部分有着促进作用。从社会迁移的环节来看，原生社会基础上的社会网络从移民行为的萌发开始便起到了引导和支持的作用，它们促进了移民行为的发生，为阿拉伯商人提供来到义乌的信息、途径和情感支持，陪伴阿拉伯商人完成迁移之后在所难免的新奇和冲击阶段，填补中阿文化差异给阿拉伯商人带来的落差和迷茫，帮助他们适应初到中国的文化和社会差异。而随着在中国生活时间的延长和经济活动的深入参与，中国背景下的社会网络开始发力，它们不断为阿拉伯商人展现出中国社会中的风俗习惯和人际交往规则，增加了解中国的途径，使阿拉伯商人对于中国的认识更加丰满和形象，这对于其脱离原生社会网络的影响来独立自主建立对中国社会文化的看法，并不断找准自身发展所需的社会融入类型有着至关重要的意义。如果说原生的和中国的社会网络在不断加深阿拉伯商人社会融入的深度，那么社会组织中的社会网络就是在深度建立起来后的广度上下功夫，各类社会组织为阿拉伯商人提供了接触陌生人的机会，也带来了获取更多信息和人脉的通道，通过在社会组织中的熟识与合作，阿拉伯商人能够将社会网络铺就得更广、更有价值，从而将社会网络不断转化为社会资本，为自己在义乌的融入带来深深根植和源源不断的资源。从不同机制的作用来看，原生社会基础上的社会网络提供的更多的是信息和情感上的支持，从而促进其经济和行为方面的社会融入；与中国人形成的各种社会网络则增加了其了解中国的途径，不仅从经济、行为，还从文化理解和心理认同方面促进了其社会融入；而组织中的社会网络则让阿拉伯商人积累了更多社会资本，将整个社会网络补充得更加全面，使他们可以获得更多的信息和资源，从而更稳固地在义乌发展下去。

但一些社会网络也对其在新环境中的社会融入有消极影响。由于生活圈子和商业类型的影响，一些原生社会网络非常充沛的阿拉伯商人，并没有在了解环境和调试情绪中建立起包含适当数量的中国社会关系网络，而是因原生社会网络能充分满足其经济、行为、文化和心理上的需求，抑制了其建立新的中国社会网络的欲望，这不利于其全面、深入地与各种中国群体进行接触，甚至对其了解、学习中国文化和社会规则产生了阻碍，形成双方之间的误会和不理解。而过多地参与本国组织，则可能会加深一部分阿拉伯商人的凝聚性和集体意识，形成族裔社区，进而形成规模化的族裔经济体和跨国社会空间，对我国基层社会治理和治安管理造成一定压力。同时，在中国方面组织的社会活动没有达到商人们所希望的目的的情况下，会造成很多阿拉伯商人对后续中国社会活动兴趣的丧失以及对活动内容的不重视，从而使活动的形式大于实际作用，不利于活动影响力的提升和更多外籍人口的广泛参与。因为与个人化的社会网络相比，在中国组织中的社会参与更多是以一种官方、普适的形式出现在义乌阿拉伯商人的视野中，如果说与商业伙伴的社会网络构建是双方相互选择的结果，那么在中国社会组织中的融入效果则更多由组织或活动的主办方所决定。这就在无形中对组织性质和活动内容提出了更高要求，在中国社会组织严格受到涉外部门和基层组织管辖的背景下，如何利用阿拉伯商人个人化社会网络增加其对中国社会组织的关注度、参与度，以及如何利用组织中的活动和交流切实为义乌阿拉伯商人带来融入上的进步和商业上的帮助，是当前中国社会组织需要深入思考和积极创新的重要现实问题。

第四节　阿拉伯商人的社会融入类型

在对义乌阿拉伯商人社会网络中的具体社会关系进行分析之后，还有一个问题非常值得思考：考虑到不同阿拉伯商人的个体因素，其社会网络中的社会关系比重和作用是有很大不同的，虽然从总体来看，各种社会关系都能对其在义乌生活、发展产生相关影响，但这并不意味着其一定可以促进阿拉伯商人融入中国社会，那么什么类型的网络结构才能更好地促进阿拉伯商人进行社会融入呢？这种社会网络结构的形成又需要有怎样的主客观条件呢？这是本研究接下来想要探讨的问题。

在社会融入的分类上，以往学者大多从融入结构上进行分类，如贝利（Berry）根据外籍人口对原生文化的维持情况和对迁入地文化的接触参与情况，将流动人口的融入结果分为了四种情况：同化、分离、整合和边缘化。① 而廖静则根据1852年法兰西第二帝国成立至今，北非穆斯林融入法国社会的情况，将其融入类型概括为移民殖民同化型、双向互动融合型、移民更改国籍归化型、具有多样性的分化型等四种模式。② 可以看出，融入的方面和程度是这些分类标准的重要指标。同时也有一些学者借助主观性因素对移民的社会融入进行分类，如郭星华和杨杰丽根据城市流动人口的融入意愿将其融入分为自愿性隔离和非自愿性隔离③，以此来关注移民的心理因素和社会距离感对其社会融入的影响。帕特南则在《独自打保龄球：美国社区的衰落与复兴》一书中根据社会资本的不同构成对社区居民的融入和参与意愿进行讨论，他将社会资本划分为黏合性社会资本和连接性社会资本。其中，黏合性社会资本是一种连接同质群体的内向网络，而连接性社会资本则是连接各种异质性群体之间关系的外向网络。④ 这两者所塑造和联系的社会网络具有不同的作用和结果：黏合性社会资本重在强化排外和群体内部认同，从而加强互惠关系和团结意识的形成；连接性社会资本则会推动新的群体的生存发展，从而促进社会融入和利益增长。对应到本文，义乌阿拉伯商人的社会融入既有结构上的差异，也有主观意愿的驱使。追根溯源，不同阿拉伯商人对待不同社会关系，尤其是社会资本的态度大相径庭，这种态度上的分野最终导致了其融入结构上的巨大差异。

进行符合我国国情的本土化移民社会融入研究是本研究的重要目标之一，基于此，本研究试图将中西方研究进行有机结合，既与国内流动人口研究进行联系和对接，又能合理吸收国外社会融入研究的相关成果。因此在这一部分，研究者准备通过几个典型案例呈现出不同个体对待不同社会关系的态度和方式，并分析这对其社会网络结构和社会融入程度的影响，从而在此基础上总结出义乌阿拉伯商人社会融入的几种类型。

---

① 关世杰. 跨文化交流学：提高涉外交流能力的学问［M］. 北京：北京大学出版社，1995：20-24.
② 廖静. 北非穆斯林移民融入法国社会的类型分析［J］. 阿拉伯世界研究，2017（06）：104-116, 119.
③ 郭星华，杨杰丽. 城市民工群体的自愿性隔离［J］. 江苏行政学院学报，2005（01）：57-62.
④ 周晨虹. 城中村居民的"城市融入"：基于社区社会资本的类型分析［J］. 农林经济管理学报，2015, 14（05）：531-537.

一、类型归纳

（一）隔离型：黏合性社会资本的绝对主导

访谈对象4，叙利亚人，男，28岁，高中学历，理发师，2015年来到义乌，在此之前没有在中国其他城市生活过，有本国亲人和朋友在义乌共同生活，可以用英语进行交流，但汉语水平较差。他是这样叙述自己在义乌的生活的：

我是3年前来到义乌的，当时是我的叔叔在这里做生意，他说在这里赚的钱可以比我们国家多很多，我们国家那么乱，你过来这里吧，他就邀请我来义乌。我来的时候所有的一切都是我叔叔帮我弄的，他把我带过来之后，帮我租了房子，带我买了理发需要的工具，我的生意就开始做了。刚开始我的生意不好，是我的叔叔和他的朋友们说，你们如果想整理头发就去我侄子的店吧，然后他给我带过来几个客人，后来慢慢地大家就互相告诉，他们都知道了我这个地方。我的客人基本上都是我们那边的人，我们用阿拉伯语都能沟通，也有中国人看到门口的牌子进来过，但是我怕剪不好，很少给他们剪，我的中文不好，我不知道他们想要什么样的头发。

我主要就和阿拉伯人在一起，和中国人都是很短暂的接触。我有几个认识的中国人，我的房东和我店铺的邻居，他们挺好的，见面会打招呼，会和我笑，但是他们很忙，可能没空和我做朋友，我也很忙，我需要多挣一些钱回去，所以交朋友就没有那么重要了。我和我叔叔住在一起，我认识很多阿拉伯人，有经常一起玩的小团体，可能是我们说话比较方便，就会容易熟悉起来。我们会在家里一起做饭，然后晚上一起出去玩，也会一起讨论一些我们国家那边的事情，我们可能不是一个国家，但我们都互相知道。

我觉得中国人和阿拉伯人很不一样，我们在一起说的话题不一样，和中国人一起，好像开玩笑的话会少一些，因为有的时候中国人听不懂我的笑话，或者觉得我有问题，但是我和阿拉伯人之间就不会有这样的问题，他们能明白我的意思，所以好像和他们相处更愉快一些。我有的时候和中国人说话很紧张，要很小心地想我要怎么说话才能让他们明白我的意思，这样就让我很有压力，所以除非我有事情找他们，否则我尽量不打扰他们。我对中国文化了解很少，因为我和中国人相处的时间真的很少，所以我没有可以学习这些知识的渠道，我的叔叔他就很重视这些，他有的时候还会被邀请去参加节日庆祝的活动，但是我就没有，因为我只需要给阿拉伯人剪头发和剃胡须。我有了解中国文化的想法，我觉得中国文化很有意思，和我们国家有很多不一样的地方，但是我很忙，我还需要更多的钱，如果以后我有时间，可能我会去学习吧。

在访谈对象4的社会网络中，原生社会基础上发展出来的社会关系占据了大多数，与其朝夕相处的是自己的亲人，工作中面对的也是同族群体，娱乐时也有相对固定的本族团体，黏合性社会资本能给他提供全面的社会支持。和中国人进行接触的机会仅剩下偶遇这一条途径，然而，在偶遇过程中中国人并不会和他产生长久、深入的社会关系，这导致其在中国社会背景下的社会资本非常单薄，同时相对底层的社会地位和微薄的收入也让他在各类活动中被忽略。这些都对他的社会融入产生了直接深刻的影响——他对中国人的行为、文化非常不了解，更谈不上心理上的认同，与之相反，他和他的阿拉伯小团体却有很多共同语言。

总体来说，以访谈对象4为代表的一些阿拉伯人沉浸在原生社会基础上建立的社会网络之中，对建立与中国人的社会网络兴趣不大，对中国社会相关知识采取不关注的消极态度。虽然他们身处中国社会，在这里获得物质资源，但他们无论在行为上，还是文化和心理上，都依赖于黏合性社会资本的扶持，仍遵循着其原生社会的相关社会规则，从而形成了只进行经济融合，而未进行其他方面融入的割裂状态，本研究将这种黏合性社会资本占绝对主导的融入模式称为隔离型融入。

（二）选择型：内外分明的双重结构

访谈对象5，男性，也门水烟器具商人，29岁，大学学历，曾在杭州交换学习，使用中文和英文都可以进行流利交谈，没有本国亲人在义乌，他这样描述自己在义乌的生活：

我第一次来义乌是在7年前，当时我刚刚来中国上学，在杭州。假期的时候我就到义乌来看了一下，我很震惊，这里的小商品城太大了，我从来没有见过这样的建筑。我当时在小商品城里逛，我就想，什么东西可以一直卖出去呢？然后我就看到了水烟壶，我们国家有那么多人要抽水烟，不管干什么他们都要抽水烟，这个东西一定可以卖出去，我购买水烟壶运到我的国家，然后再卖到其他国家，我的哥哥会负责把我运回去的水烟壶卖出去。

我现在没有亲戚在义乌，但是我有很多朋友。我们都在这里做生意，就慢慢地认识了。我们会一起出去玩，聚餐多一些，大家都很喜欢聊天，我们就经常在一起说一些生活上的、有意思的事，或者运动。在我们国家，做生意是很严肃的事情，大家一定要谈，要比价，然后要写下来，但是在中国，如果你很严肃，中国老板也会很小心地对你，因为他觉得你很危险，会骗他，反而当大家是好朋友时，这样都不用说什么，他就会给你很好的价格。但我只和中国老板用这样的方式,平时我和朋友们一起的时候,并不是这样的。我回到也门也不是这样的,我如果在也门也这样,他们可能会觉得我很奇怪。

我也有很多中国朋友,我上大学的时候认识了很多中国同学,和他们说话我会用汉语,我经常说汉语,他们也会教我,我现在的汉语就很好,也知道很多中国的事。到中国节日的时候,一些外商管理部门会组织我们过节,就是一些做饭、唱歌、跳舞的活动,我也不排斥,就过去大家一起玩一下,或者是什么会议,需要一些外商参加,我就过去看看,可以认识一些新的朋友和政府的工作人员。

我觉得我融入得还不错,在我的同胞里面,有很多人什么都不知道,他们的融入情况很差,他们只想赚钱回家,但是我觉得我们想和中国老板赚钱,怎么能不知道他们喜欢什么,不喜欢什么呢?所以我觉得融入这里的生活是非常重要的,之前我有一个朋友就被骗了,因为他不会说中文,他听不懂老板在说什么,很糊涂地签了合同,然后价钱就很贵,但他也不知道他是不是被骗了,因为他当时没有听懂老板的话,这对他的生意就有很大影响,所以,我们在这里要融入。但我想我不会一直留在这里,因为我不能一直在这里生活,这里虽然对外国人很友好,但这只是很浅的,你可以看到街上的牌子有阿语,银行可以兑换我们的钱,还会帮我们庆祝节日,但是他们不会接受我们,因为他们还是把我们看作外国人,中国没有这种制度,所以我也没有想一直在中国生活,这是不可能的。

在访谈对象5的社会网络中,原生社会基础上的社会关系和中国社会基础上的社会关系是相对平衡的。一方面,他经常用中国化的行为方式与中国的商业伙伴交往,懂得中国节日风俗,会熟练使用便利的手机软件,中文不错,中国朋友很多,还经常参加各种组织的社会活动;另一方面,他也与在义乌的本族群体有密切联系,互相交换信息,共同度过娱乐时间。如果从这个维度来看,他的融入相当不错,但深入分析访谈就会发现,他对于两种社会网络的态度并不相同:他们对中国并没有心理上的认同感,其改变自己的行为和试图对中国文化进行理解很多都是有限度且有目的的——他希望可以通过这种连接性社会资本获得更多的经济利益,一旦从有中国人的场域中脱离出来,他还是会以原生文化作为自己的社会规范。

相比于多元型社会融入,以访谈对象5为代表的一批阿拉伯商人对中国的了解更加深入,对中国价值观念的理解也更加明显,但这并不意味着他们对黏合性社会资本的放弃,在他们的身上,阿拉伯文化和中国文化被以一种界限分明的形式拼接在一起,在需要表现出中国式社会行为的时候,他们可以践行中国式社会规范，但更多时候他们还是用原生社会规范生活。用一种形象的说法来形容，他们的社会融入就像是一个汤圆，看起来以连接性社会资本为主，但切开表皮，却还是以黏合性社会资本为馅。本研究将这种以黏合性社会资本为本质，在利益驱动下产生的对连接性社会资本加以利用的混合状态称为选择型融入。

（三）开放型：两种社会资本的微妙平衡

访谈对象10，男性，31岁，研究生学历，2015年来到义乌，摩洛哥商贸公司经理，被跨国公司外派到义乌进行商业交易，之前有在阿尔及利亚和法国外派工作的经历，英语和法语非常流利，但中文相对较差，和妻子一起来到义乌，在工作之余还兼职法语口语老师，他是这样描述自己在义乌的生活的：

> 我是在3年前被我们公司派到义乌采购的，在这之前我还在阿尔及利亚和法国工作过，我会说阿拉伯语、英语和法语，所以公司总是让我常驻海外分部，我在义乌主要是从中国人那里订购一些机械原件，工作比较轻松。
>
> 我在中国有很多朋友，其中有我的合作商、学生还有我的同事。我去做老师是因为想和中国人多接触一些。这里外国人很多，所以想要学习外国语言的中国人也很多，我想这是一个可以交流的好机会，不如去教大家说法语吧，其实说是学法语，实际就是练口语，就是类似于互相聊天。通过聊天，我可以了解很多中国人的日常生活，这让我对中国社会更了解了。我和公司的几个摩洛哥同事比较熟，我们的房子也离得很近，但是我没有碰到其他的摩洛哥人，可能义乌这边的摩洛哥人并不多。我还有一些外国朋友，我们是通过一些活动认识的，大家关系都很好。我对中国人和外国人态度一样，我觉得交朋友一定要真诚，要让别人知道我是真的很喜欢他，这样别人才愿意和我交朋友。
>
> 我觉得我融入得还不错，现在中国的很多事情我都知道一些，我没有不适应或者不能理解的东西。我不是一定要坚持我自己国家的文化或者坚持中国文化，我融入得很好是因为以我这么多年在国外外派的经验来看，融入当地社会的生活，随着当地社会的变化而变化可以让我自己过得很舒服。就像我刚去法国的时候，我还要每天做很多次礼拜，但是这样就会让我中断要做的事情，还会有很多人不理解，因为他们自己不做，后来我不再做了，因为这会让我的工作和生活受影响，我总是需要加班把我的工作补回来。你知道的，在我的国家，礼拜是大家一起做的，那个时间就是用来礼拜的，别人也在做这个，他们不会工作，但是在国外不一样，我做礼拜的时候他们还在工作，我会给别人造成很多困扰，我还是像他们一样吧，学习当地人的智慧才能让自己在那个地方生活得更好。

可能是我的生活经历让我的观念比较开放，摩洛哥只是我的国籍，我的整个文化体系是我根据自己的经历形成的，可能我受到很多种文化的影响，我都可以理解它们，不会在看到这些东西的时候觉得不可思议，但是我并不是全部遵循，所以我的国家观念似乎很弱。当然，我也无法给你准确定义摩洛哥人、法国人、中国人是什么样的，我只是觉得我有自己的个性而已。

在访谈对象10的社会网络中，其原生社会基础上的社会网络相对较少，仅有妻子和少量本国同事，而中国社会背景下建立起来的社会网络则丰富多样，不仅有商业合作伙伴，还有同事和学生群体，这使他有了广泛了解中国社会的途径，而且，这些途径被他充分利用起来，相比于隔离型融入和选择型融入对于黏合性社会资本根深蒂固的推崇，长期在外求学和工作的经历使他的国家和民族概念并没有非常浓厚，他对于各种文化和观念的接受程度很高，接受的标准以自我为中心，建立起一套非常个性和独特的融入机制。虽然其融入机制的个性化程度相当高，但这并不是个案，在研究者调查的阿拉伯商人群体中，不乏海外求学、工作和经商的人，他们对于文化差异有很强的包容性，能够理解出现的各种不便和差异并以轻松积极的心态解决它们。

以访谈对象10为代表的一批阿拉伯商人在对待融入问题上相当宽容和开放，特殊的经历造就了他们身上杂糅的思维和观念，他们没有融入的界限要求，而是把融入看作和兴趣爱好一样的一种私人取向，并不在其中掺杂国家、民族、地域、宗教上的束缚。在他们的融入过程中，黏合性社会资本对他们没有更特殊的象征意义，它与连接性社会资本一样作为社会网络组成部分对其社会融入产生了巨大影响，本研究将这种自由运用连接性社会资本和黏合性社会资本，以自我为中心的、相对个性和自由的融入状态称为开放型融入。

二、原因分析

根据义乌阿拉伯商人对待不同社会关系尤其是社会资本的态度和方式，本研究将其社会融入划分为隔离型、选择型和开放型三种类型。那么更深层次地挖掘这一问题，是什么原因导致了他们的不同态度和方式呢？本研究将在这一部分结合访谈进行分析。

（一）主观原因

1. 个人经历与生活经验

舒茨曾经在《社会世界的意义建构：理解社会学的引论》一书中提出"手头知识库"的概念，认为人们过去经历的现实经验组成了他们的知识库，这种知识库给人们一种理所当然的感觉，使社会系统的运转不言而喻，同时，人们还会想当然地假定其他人和自己拥有共同的知识库，从而通过类型化过程处理各种关系。① 对于在义乌的阿拉伯商人来说，过去的各种经验对他们目前以何种态度进行社会融入有很重要的影响。在阿拉伯商人的手头知识库与义乌当地人的手头知识库经验重叠很少的时候，双方对处理同一事件可能会有不同的应对方式，也就是他们的类型化处理过程会有偏差，在这种情况下，如果不增加双方的手头知识库存来使双方互相理解，难免会产生不理解、不融入甚至敌对的状况。

在义乌阿拉伯商人的融入过程中，可以为他们增加手头知识库存的途径主要有两种：个人经历和他人经历的获悉。从上部分的融入状况分类来看，拥有开放型融入类型的阿拉伯商人往往有着更丰富的个人经历，丰富多彩的现实经验使他们有比其他人更多样的知识积累，当他们在面对一些持有普通知识库的人所无法理解的现象时，他们的理解能力和处理方式可能会更加成熟。从研究者访谈来看，曾经在中国学习、有过海外经历以及拥有中国配偶等相关个人经历可能使他们建立更加开放包容的社会融入观念，更好地适应迁入地的生活。

各类社会网络可以使他们了解别人的知识库存从而进行学习，因此，其社会网络中在中国社会背景下建立的社会关系的丰富程度对其能否融入中国社会有着深刻的影响。具有隔离型社会融入类型的阿拉伯商人往往过度依赖原生社会下建立的社会网络，拒绝或没有途径建立起与中国人之间的各种联系，而黏合性社会资本所能带给他的、关于中国社会的知识是有限的，因此他们总是保留着一些原有的类型化处理方式：多数时间说阿拉伯语，保留阿拉伯的饮食习惯和文化欣赏水平，对中国人的人情观念表示迷茫和抵触。而具有较多连接性社会资本的阿拉伯商人则建立起相对完整的中国社会网络，对中国的语言、社会规范、文化有一定的了解，从而在面对相关情景时可以使用相关知识进行应对，更好地进行融入。

2. 职业与动机

义乌阿拉伯商人所从事的具体职业也会对其社会融入产生影响，相比自由贸易商人和大型商贸公司职员，个体经营者和小型商贸公司职员所面对的客户和同事基本上来自本国、本地区，他们的工作限制了他们接触到更多中国人的机会，同时他们对与中国人建立社会关系并没有充分的兴趣——他们的商人身

---

① 阿尔弗雷德·舒茨. 社会世界的意义建构：理解社会学的引论 [M]. 霍桂恒，译. 北京：北京师范大学出版社，2017：120-170.

份要求他们在最大限度上追求经济利益，商人不可能因为兴趣和娱乐来花费大量的时间学习中国文化，大部分阿拉伯商人对中国社会生活的了解都集中在如何与自己的中国客户相处之上，他们不希望因为文化障碍而产生经济方面的损失，一位也门商人（访谈对象17）这样形容他和中国合作伙伴之间的关系："因为我需要他们，所以我才会去认识他们，并不是他们的思想、行为、谈话让我觉得他们很有趣、很吸引我，我才去和他们交朋友的。我认识的很多中国人他们可能觉得我很喜欢他们，但其实你知道的，我不得不对他们表示出好感，这样我才能生活得更好，我不把他们归为朋友，他们是我工作的一部分。"很多阿拉伯商人的选择型融入就是因此而形成的，虽然他们的社会网络比较全面和完善，但他们与中国的各种社会关系都仅仅流于表面，他们知道在中国式的情景中应该如何做，却不知道为什么要这样做，也不会想要这样做。对于他们来说，经济动机是促进他们进行一定程度社会融入的唯一动机，如果不是在相应的经济活动中，他们还是完全的阿拉伯社会规范践行者，甚至一位埃及商人（访谈对象6）这样评价他们的融入态度："他不改变自己说明他觉得这个差异是无所谓的，作为一个商人来说，他不改变自己的行为和思维，说明他觉得这个没有对他的生意产生影响，如果这些东西影响了他的生意，他一定会去改变它，至少我是这么认为的，我不认为一个以灵活周转为生的商人会固执到宁愿生意失败也不愿意改变自己，他要么离开，要么改变，总之，他不会让自己的钱消失。"

（二）客观原因

1. 身份

陆学艺曾经在《社会学》一书中提出：身份主要指个体社会成员在社会生活中的标识、社会属性以及社会位置。身份在一定程度上可以再生产出社会关系、社会互动甚至带来价值增值。大多数中国人内心都持有身份意识，也就是以身份为重的思想情感和行为导向。[1] 对于义乌阿拉伯商人来说，"外国人"是义乌本地人赋予他们的一个重要身份符号，在这一身份下，他们偶尔会得到一些好处，体会到中国人的包容和接纳，以及从本地人那里学到一些中国社会的相关知识，一位利比亚商贸公司员工（访谈对象18）这样描述她在中国的生活："我的小区里中国人很多，他们都很友好，会对我笑，如果我有什么不懂，问他们，他们会告诉我，因为我是外国人，他们喜欢我和他们说话，我礼貌地说话，他们会很礼貌地回答我。"但是更多的时候，这种身份意味着隔离和疏远。由于中国并不是一个传统的移民国家，甚至改革开放、外籍人口逐步进入

---

[1] 陆学艺. 社会学 [M]. 北京：知识出版社，1996：86-99.

中国才不过区区 40 年，目前中国人对于外籍人口还处于一种"看热闹"的状态中，好奇和防范是他们对待外籍人口的惯常态度，更不要说接受与自己有巨大身体特征差异的外籍人口作为本国人了。一位伊拉克商人（访谈对象 22）向研究者讲述了他的遭遇："他们没有举动，就只是默默看着你，但是我去哪都会遇到这种目光，我觉得挺难受的，其实我什么都没干，他们就像看猴子一样看我，我很难受，还会有一些人一直问我，你是哪里人？你来干什么？还有人上来就说想和我拍照！我当时非常不能理解。"在这样的社会氛围下，义乌阿拉伯商人经常处于尴尬和无助当中，他们深知，由于义乌本地人与他们天然的社会距离，不管他们做出怎样的努力，他们都不可能被接受成为"中国人"，"外国人"是横亘在他们与中国人之间的一个永恒的标签，这样令人无奈的身份区隔基本上在每一种中国社会关系中都有体现，也成了义乌阿拉伯商人进行深层次社会融入的巨大障碍。

2. 制度

国际移民到达迁入地之前首要面临的就是跨国门槛的制度性要求，主要表现为自身条件能否符合迁入地的入境要求、进入迁入地境内的签证办理以及在迁入地工作、生活所享有的包括就业、医疗、子女教育和社会保障等众多制度体系。在目前中国的外国人管理体系中，只有高学历的精英人才才有可能获得永久居留许可，中国国籍更是遥不可及，虽然有一些中介承诺可以拿到永久居留许可，但那也需要付出巨大的物力和财力，大多数阿拉伯商人并没有这样的优越条件，这使他们在中国的居留生活变得非常困难，就算是一些免签国家的阿拉伯商人，也不得不面对一个月就要出境一次的困扰，而其他大多数需要签证的阿拉伯商人，则只能借助中介来延长自己的停留期限。在这样严格和繁琐的制度之下，很多阿拉伯商人对留居中国的态度都很消极。一位已经娶了中国太太的阿尔及利亚商人（访谈对象 9）认为他成为中国人希望渺茫："我觉得我应该不能成为中国人吧，我正在努力，但是我可能拿不到中国国籍，我的妻子和我说，我不可能拿到中国国籍，拿到永久居留证也很难。而且，我发现中国人对外国人的接纳程度很低。"同时，其他相关配套制度也并没有为他们带来和中国居民一样的权利和福利，很多义乌阿拉伯商人表现出对于医疗、子女教育方面的苦恼，一位利比亚商贸公司老板（访谈对象 26）对这方面颇感苦恼："我过几年可能会回我的国家，因为我的家庭还在那里，我的孩子们还小，他们过来这边没法上学，我只能让妻子和孩子留在国内，但我不想这样，我和他们都互相想念，我想再赚一些钱就离开。"

在流动人口融入研究中，政策一直是一个重要影响因素，从国内来看，城乡户籍二元政策一直是外来人口社会融入的一大障碍。从国际视野来看，目前中国的外籍人口居留和服务政策，也对其社会融入产生了一些阻碍作用：如果进入这一市场的成本过大，将会导致很多商人放弃这一市场转而寻找其他替代者；如果进入市场后其生意被中断的风险很大，也将会降低外籍商人的安全感，还可能影响投资规模，甚至一些因亲属、婚姻等原因具有居留需求的阿拉伯商人，也会因客观条件限制只能望而却步。可以预见的是，如果一位商人赖以为生的收入来源被影响严重，其对于发布政策的国家及其社会的归属感和融入积极性将会大幅降低。

概括地讲，导致不同移民群体社会融入的因素可能不尽相同，但正如联合国秘书长曾在《国际迁徙与发展》报告中所指出的："移徙的成功在于移徙者和东道国社会的相互适应。""融入社会取决于多种因素，包括有能力用当地语言进行交流、准入劳工市场和就业、熟悉风俗习惯、接受东道国的社会价值、有可能与直系亲属相伴或团聚和有可能入籍。如果移徙者有权享受社会服务以及他们作为工人的权利得到保护，就可普遍促进他们融入社会。"[①] 这说明，外来移民在主流地社会的融入，不仅需要移民自身具有较为强烈的融入意愿和融入行为，同时还需要主流地社会的包容、接纳和平等对待。

第五节　总结与讨论

一、总结

本研究通过对义乌阿拉伯商人的社会融入状况和社会网络进行描述分析，展示了社会网络如何影响其社会融入的机制和策略，并根据义乌阿拉伯商人对待不同社会资本的态度和方式归纳出几种典型的融入类型，最后总结出不同类型产生的深层原因。在研究过程中，研究者发现，义乌阿拉伯商人的社会融入总体状况不错，尤其是经济和行为方面的融入相对较好，但文化和心理方面的融入较差，整体融入停留在较浅的层面，并有不想加深融入的意愿倾向。

本研究将阿拉伯商人在义乌拥有的社会网络划分为原生社会基础上的社会关系和中国社会背景下的社会关系，从两种社会网络对社会融入的影响来看，原生社会基础上的那一部分社会网络主要为义乌阿拉伯商人提供来义乌前后的信息输送、迁移动力和认同感、安全感方面的情感支撑，而中国社会背景下的

---

① 联合国第60届大会秘书长的报告：国际迁徙与发展［EB/OL］.豆丁网，2012-12-31.

社会网络，则主要提供在中国长期居留的必要条件、了解学习中国社会现实的场域和途径以及完善新环境下各种社会网络的平台。

综合义乌阿拉伯商人在社会融入过程中的情况，以其社会网络构成和社会资本的运用为标准，将其社会融入的类型分为三类，分别是：隔离型——原生社会基础上的社会网络完善而中国社会背景下的社会网络缺乏；选择型——原生社会基础上的社会网络和中国社会背景下的社会网络均有较完善的建立但内心更偏向原生社会网络；开放型——原生社会基础上的社会网络较少而中国社会背景下的社会网络较多且融入的个性化程度很高。结合社会现实分析，导致这些社会融入类型产生的因素主要有个人经历和生活经验、职业要求和利益驱使以及对融入中国的态度差异、融入双方之间较远的社会距离、中国的外籍人口制度的阻碍等多种因素。

二、讨论

在从社会网络视角对义乌阿拉伯商人社会融入进行分析的过程中，研究者发现不管是其社会融入的程度、机制还是策略，都与中国社会现实息息相关。卡尔·波兰尼（Karl Palanyi）曾经在《伟大的转折》一书中提出"嵌入"的概念，认为人类经济活动嵌入并缠结于经济和非经济制度之中，这一制度后来被格兰诺维特引入社会学领域，认为人类的各种活动都会嵌入到社会制度和社会关系当中[1]，从这个角度看，义乌阿拉伯商人也不例外。他们作为商人在义乌进行商业活动，但却并不只在商业方面在中国社会发生接触，相反，他们在经济、行为、文化和心理方面与中国社会发生碰撞接触，并且产生了一定变化，这说明，义乌阿拉伯商人的一举一动都嵌入在中国社会现实之中。从宏观来说，阿拉伯商人来到义乌的过程，一直是随着对外开放和外交关系等国家政策而发展延伸的，他们能否来到义乌，能否在义乌长时间居留，和中国的出入境政策也密切相关，这是他们能否移动的首要条件；从微观上看，随着移动行为的发生和生活的安顿，义乌阿拉伯商人开始探索其在义乌如何生活，并在探索的过程中逐渐了解和学习义乌本地人的社会文化，通过观察和模仿等策略对义乌人的行为进行揣测理解，并应用到其与本地人的交往中，在这个过程中，他们收获了经济利益，提升了社会地位，增加了在义乌生存发展的社会资本，如果没有嵌入中国社会，他们不会顺利完成这一过程的转变。

但值得注意的是，义乌阿拉伯商人的嵌入并不是全盘沉浸在中国社会之中，

---

[1] 许涛. 在华非洲商人的社会适应研究 [M]. 杭州：浙江人民出版社，2013：8-17.

他们还保留着自己族群的文化和心理认同。虽然他们在与一些中国人进行接触时可以毫不犹豫地采用中国式的行为方式和思考方法，但在日常生活中他们依然沿用母国的社会规范和社会文化。从形态上看，义乌阿拉伯商人群体虽然被纳入中国社会文化的影响范围并受到渗透，但他们却以一种悬浮的方式飘在中国社会之中，他们与中国主流社会有着明显的界限，并且不愿意将这层隔膜戳破，各种中国元素以分子的方式渗入他们的群体，这使他们的群体形态有一定改变，但总体上依然在维持原来的运行。

因此，从社会网络视角对义乌阿拉伯商人的社会融入进行研究就会发现，目前他们的社会融入处于这样一个嵌入与悬浮的困境之中，虽然他们在一定程度上接受中国元素的进入，也有一部分个体游离于悬浮空间的边缘，但原生社会强大的内部凝聚力，加之中国制度和政策的推力使其只能飘在空中，暂时无法与中国社会全面接触（如图3-1所示）。当然，从纵向来看，阿拉伯商人进入义乌的历史不过区区40载，随着我国社会经济不断发展以及对外开放和"一带一路"等各种政策的不断深入，阿拉伯商人在义乌的社会融入状况还将会继续变化发展，一切还未尘埃落定。

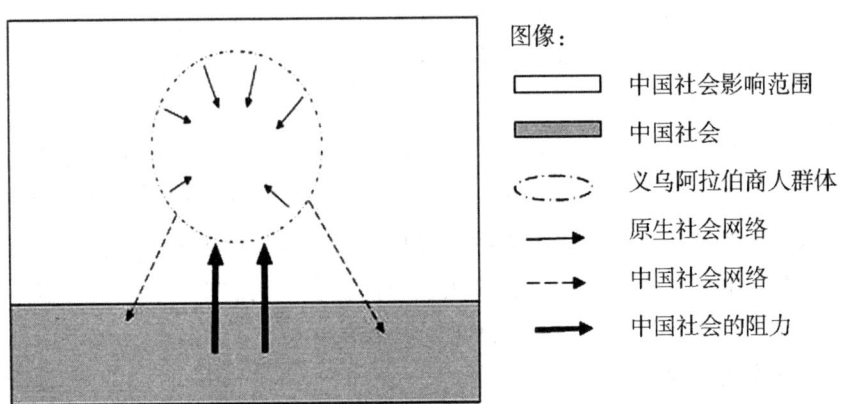

图3-1 社会网络视角下义乌阿拉伯商人社会融入图

另外，研究者在进行这次研究的过程中，一直在思考这样一个问题：与传统移民国家中的国际移民不同，绝大部分义乌阿拉伯商人作为跨国商业贸易人员，本身就没有定居中国的意愿，那么，从他们在中国社会中的状态来看，我们作为移民接收国和接收群体，应该对义乌阿拉伯商人这一群体持什么样的态度？是应该转变他们的态度，让他们逐渐产生定居中国的想法还是不干涉他们的留居意愿，专注为他们提供更好的经商环境，提高中国的国际形象呢？在采取第一种或者第二种的假设下，我们应该分别采取怎样的措施来实现目标呢？

这是研究者在本部分想要讨论的另外一个问题。

首先，在迁移动机和中国现行政策的综合影响下，绝大多数义乌阿拉伯商人并不想在中国定居是一个现实情况，因此，综合各种考虑，我们可以在社会融入的层面上对其进行研究和讨论，因为其进行的各种活动都确确实实发生在中国社会的范围之中，但我们的目标并不应该是让其定居和认同中国，而应该是合理构建阿拉伯商人在义乌社会经济发展中的位置，在最大程度上实现中阿国家之间的互利共赢。在这种目标的指引下，就需要我们思考如何将义乌阿拉伯商人的本土特征与全球化意识融会贯通，从而能够使其在中阿的"新丝绸之路"上大展拳脚。

其次，在对跨国移民群体的研究中，对于移民这种本土性和跨国性的阐述其实早已有之，吴前进在论述这种交汇与碰撞时曾表示，移民的原生文化与迁入地文化之间有多种互动关系，当移民在遭遇居住国敌意的时候，本土性内容将会成为其融入的障碍和保护机制。[①] 以目前义乌阿拉伯商人的角度来看，其原生社会文化和认同很少交融于中国社会，反而成了他们在中国生存的坚固外壳。这不仅限制了义乌阿拉伯商人社会融入的深层欲望，更重要的是使他们在商业活动中可运作的活动空间更加狭窄，也限制了他们在中阿贸易发展中可以扮演的角色和发挥的作用。所以，要想使义乌阿拉伯商人这一中阿商贸纽带的作用充分彰显，就需要其原生社会网络、社会文化与中国社会更好地结合，实现文化的整合和力量的扩容。

笔者认为，这种结合的发生，有赖于增加阿拉伯商人在文化和心理方面的融入程度，提高其对中国的认同感和归属感，才有可能实现其保护层的软化并着陆于中国社会的沃土之上。也许有一些人认为目前这种嵌入与悬浮的微妙平衡正适合于不以定居为目的的阿拉伯商人，但如果从互利共赢的角度来看，目前的义乌阿拉伯商人尚处于保守战略之中，这正是被"悬浮"困住手脚之处。人的行为与思想具有不同步性，很多行为熟练的阿拉伯商人可能并不能理解中国生意场的真谛，而如何消除这样的阻碍呢？阿拉伯商人自身的努力必不可少，国家设计的支持也应有所体现，这样才能逐渐将矛盾的焦点柔化，一方面展示出我国对于国际贸易发展的真诚态度，另一方面也能使阿拉伯商人有更多途径深入学习、理解中国价值。

（何俊芳　石欣博）

---

① 吴前进. 当代移民的本土性与全球化：跨国主义视角的分析 [J]. 现代国际关系，2004(08)：18-24.

第四章

在蓉印度、巴基斯坦人士的文化融入研究

第一节 导 论

一、外国人来蓉发展历程

蓉是成都的简称,相传五代后蜀孟昶于宫苑城上遍植木芙蓉,因此命名成都为芙蓉城,后简称蓉城或蓉。

目前,按时间线索系统梳理历史上来蓉外国人的相关文献很少,本文作者主要以相关新闻报道为源头,了解到一些历史上在成都生活过的名人志士,从其撰写的文章或散记中可窥探他们与成都的历史渊源。另外,一些历史学家通过镜头记录的历史画面,展现了外籍人士与成都的历史图景,也是我们了解外籍人士在蓉的资料来源。

(一)历史缘起:唐、五代时来巴蜀的外国人

成都处巴蜀之地,在历史上曾经是有名的商业城市,尤其是在唐朝及五代时期,进入巴蜀的外国人数量达到了历史顶峰,形成了成都与当时五洲各国商贸往来与文化交流盛况,成都与大夏(今阿富汗)、掸国(今缅甸),乃至地中海流域的国家都有贸易往来,蜀锦、蜀布、铁器不断销往这些国家。唐朝的开放包容、兼容并包赢得了外国人的倾慕,唐代时期的白国人是古代最早进入巴蜀的外国人,在今新疆西部及乌兹别克斯坦一带,与邻国——滑国使者经过西通国际的岷山线路到达成都,来唐朝进贡,直到清代,都不断有外国人往来。大秦寺建好后,来益州传教和居住的僧人也络绎不绝。此外,通往成都的还有另外一条云南线路,有不少南亚国家的商人经此出入我国,促进了中外货品流

通。① 宋朝时期，随着工商业的发展，海外市场开拓，我国经济逐渐南移，此后历朝历代大力倡导海外贸易，内陆益州的商业城市地位也就大不如前，放缓了对外交流的脚步。

(二) 元朝时期：马可·波罗的成都之旅

意大利旅行家马可·波罗因对中国的向往，曾到达元朝首都观光，与元世祖忽必烈结下了深厚的友谊。马可·波罗被当时社会的富庶与文物昌明吸引，游览了东南诸多古城，他也曾踏入巴蜀之地，体验了老成都的风情。他口述在中国的见闻，由他人撰写，汇编成《马可·波罗游记》一书，在欧洲引起巨大反响，广为流传，激起了欧洲人对东方世界的向往。他在《成都府》这一章节记载道，"（成都）昔是强大，历载富国，国王多人为主者，垂二千年已"，他还惊叹于成都的富庶壮观与锦江的秀美，"有一大川，经此大城。川中多鱼，川流甚急"，"商人运送商货往来上下游"，"世界之人无有能想象其盛者"。② 由此看来，后人将马可·波罗记载的繁盛锦江解读为"东方威尼斯"也有学理依据。

(三) 1900—1949 年：镜头之思——外国人与成都的历史叙事

鸦片战争后，国门被迫打开，外国人从东部或西南边陲进入到位于四川盆地的成都平原，那时候的成都，正处在新旧社会交替之际，以传统东方社会的包容姿态，接纳来此地的外国人的一次次好奇探索，这些外国人用笔杆记载了成都当时的社会面貌和人民的朴实生活状态。经济学、社会学家西德尼·甘博（Sidney David Gamble）十分热爱中国文化，在 1908—1932 年间，他拍摄了数百张成都城镇和农村的光镜照片，展现了民国时期成都的动荡岁月和人民的艰苦生活。③ 国门的打开，也为内陆成都带来了西方教学模式。美国学者路德·那爱德（Luther Knight）年轻时来到成都参与四川学堂的教学工作，教授化学和地质学，给成都青年带来了先进的自然科学知识，他的镜头记录了 20 世纪初成都巨大的社会变迁，还原了社会大变革时期的社会面貌和民俗文化，为西方了解中华民国时期的社会搭建了历史的桥梁。20 世纪初，德国人魏司（Max Friedrich Weiss）被派驻成都领事馆，德国魏司夫妇牵头在成都创办了一所德国学校，促进了中德文化对话。他们留存的大量影像资料对现在理解成都及西南地区的发展史有重大的历史意义，这些老照片也折射出晚清时期中德双方的历史关系和社会文化交流情况。

---

① 冯汉镛. 唐五代来巴蜀的外国人 [J]. 文史杂志，2006（02）：22-24.
② 马可波罗. 马可波罗行纪 [M]. 冯承钧，译. 上海：上海书店出版社，2000：272.
③ 王涛. 甘博：撩开中国神秘面纱的美国人 [J]. 国际人才交流，2000（03）：24-26.

（四）改革开放至今：和外国人在成都的街头走一走

新中国成立后，成都开始大力发展经济，完善城市建设。20多年前，老成都街头的外国人如亮丽的风景线。从20世纪90年代的照片中依稀可窥探外国人在暑袜北街地毯淘宝、在岷山饭店的古玩夜市游玩、在水东门大桥乘坐三轮车观光……如今，成都国际大都市的战略定位加快了其国际化进程的步伐，成都已享有"世界美食之都""中国最具幸福感"城市之名，集齐来自各大洲、各行各业的外籍人士来此经商、务工、求学，甚至极具特色的茶馆、人民公园、宽窄巷子也有外国人的身影，越来越多的外国人享受在成都的生活，喜爱成都的文化。以改革开放政策为动力，1981年6月，成都与法国蒙彼利埃市缔结友好关系，迎来了第一个国际友好城市，目前已与全球89个城市缔结了友城或友好合作关系。[①] 1985年，美国在成都设立领事馆，这是成都首家外国领事机构。截至2018年年底，驻成都领事馆已有17家，成都成为内地领事馆第三城，281家世界500强企业陆续在成都落户。[②] 如果说历史上外国人是偶然间来蜀发现成都的魅力，那么现代则是被蜀都名城所吸引而慕名前往。

目前，成都也是改革开放背景下一座新兴的一线城市，在2018年4月公布的《2018年中国城市商业魅力综合排行榜》中成都名列其中，这表明成都凭借其城市活力、经济实力、人才活力以及文化特色，逐渐向国际化城市迈进。[③] 成都不仅是国家"一带一路"政策框架中的内陆高地，也是我国西南地区连接亚欧的中心节点城市，是通往南亚的重要窗口。2018年6月，成都召开对外开放大会，会议上明确指出，成都未来的战略方向是打造高水平西部国际门户枢纽城市，逐步从"国家中心城市"定位升级到"国际门户枢纽城市"和"世界城市"的战略定位。[④] 在新时代发展的潮流中，成都吸引了来自世界各国的投资者、就业者和求学者，街头随处可见外国人的身影。据2018年成都市公安局出入境管理局公布的数据，在成都共有常住外国人17411人，同比增加14.9%，其中学习7001人，工作5050人，私人事务2468人，团聚2359人。若按人数排序，数量排在前五位的是美国人2501人，韩国人1595人，英国人850人，印度

---

① 成都友城"朋友圈"遍及五洲［EB/OL］．新华网客户端，2019-11-26．
② "在成都设领，这不是巧合"［EB/OL］．四川在线，2018-04-12．
③ 陈宇飞．新一线城市的文化角色［J］．人民论坛，2018（23）：122-123．
④ 李俊．抢抓"一带一路"建设机遇 高水平打造西部国际门户枢纽城市［J］．先锋，2018（06）：20-22．

人828人，加拿大人754人。①

据教育部发布的来华留学生统计数据，中国已经和24个"一带一路"共建国家签署了高等教育学历学位互认协议。② 在《推进共建"一带一路"教育行动》文件的倡议下，四川省各大高校深化参与，增强招收"一带一路"共建国家留学生的力度，来成都留学生分布于电子科技大学、四川大学、西南交通大学和四川师范大学、成都中医药大学等高校。此外，高校和研究机构加强了校际人才交流与科研项目合作，校内外籍科研人员的身影越来越多。随着成都招商引资力度加强，不断有外籍员工以派遣形式来此务工，天府软件园海纳英才，餐饮业市场广阔，吸引外籍人士来华就业。

2018年7月，全国首个"印度角"落户成都，成了中印两国信息交流中心，也为两国人民了解中印文化提供了孵化站，促进中印民间交往。成都与印度软件之都班加罗尔缔结为友好城市。③ 中巴经济走廊是"一带一路""旗舰项目"之一，巴基斯坦与成都的合作不断加深，其新任总领事在接受采访时提出在中国西南地区与巴基斯坦加深合作的基础上，深化两地旅游行业的合作，"让两国人民实地感受对方国家的历史文化和民风民俗"④。

在这种情势下，加强对外籍人士社会适应与文化融入的研究就具有非常重要的现实意义，因为外籍人士在成都的文化融入状况不仅关系到他们自身在蓉城的生活，也关系到蓉城的稳定和社会的发展，对两国民间友好往来、文化互通都具有现实意义。

一、研究对象和研究方法

（一）研究对象

本研究的"在蓉外籍人士"主要是指目前连续在成都学习、工作和生活至少半年以上具有外国国籍的人。本文主要针对的是在成都的印度籍和巴基斯坦籍人口，包括务工人士和留学生群体。

本文的研究对象主要分为两部分：以国别划分，包括在蓉生活超过6个月

---

① 根据成都市公安局出入境管理局通报会上最新数据，在成都共有常住人口17411人[EB/OL]．凤凰网，2018-02-01．
② 为沿线国家培养技术技能人才，助力中国企业"走出去"：服务"一带一路"教育在行动[EB/OL]．中华人民共和国教育部，2019-04-25．
③ 全国首个"印度角"落户成都[EB/OL]．人民网，2018-07-05．
④ 巴基斯坦驻成都新任总领事：旅游业是下一步合作重点[EB/OL]．每日经济新闻，2017-10-13．

的印度人和巴基斯坦人；以来华目的划分，涵盖部分在蓉务工人士和留学生。以此为原则选定研究对象，首先是为了与来中国旅游、探亲和短期出差的外籍人士区分开来，因为外籍人士需要一定的适应期才能在主观上感受到文化差异；其次，若短期滞留在中国的游客或出差人员没有在成都较长期的生活，作为短期"旅居者"，他们不会产生想要深入了解当地社会风俗的想法。研究者还有一个考虑，生活在成都半年以上的外籍人士才能有机会体验中国的传统节日，节日体验是本文研究的重要内容之一，外籍人士参与传统节日的经历对其文化认知有重要的意义，且对其他方面文化的了解和理解更需要一定的时间，只有拥有较长时间的居留经历才有可能会受到潜移默化的影响和改变。第二个原则是选择的研究对象须是与本地人或中国学生产生过正式或非正式社会互动的人。另外，在调查的过程中，研究者发现有少部分在蓉务工的印巴人只会讲本国语言，不会讲英语，因语言能力的限制，笔者无法与其进行沟通，因而不将他们列为研究对象。

（二）研究方法

本次研究采用实地调查以获得翔实的研究资料。在调查过程中，研究者力图深入到他们的生活中，以问卷法和深度访谈法，通过个案调查、问卷调查和田野调查收集数据和文本资料，并与被调查者建立良好的友谊关系，通过参与性观察，了解他们在成都的生活习惯和行为方式，获取丰富的第一手资料。在整个调查中，研究者与一些外籍友人始终在微信上保持联络，以便随时进行补充调查，并且参与了他们的同乡聚会和业余活动，对他们在当地的生活状况有了比较深入的了解。

1. 问卷调查法。

研究者曾于2018年7月、2019年3月两次前往成都进行实地调查。研究者在调查前并没有认识的、在成都居留过的外国人，因而首先是通过街头偶遇的方式，逐步和外国人建立联系，了解其分布点，并收集了部分调查问卷。第二次前往成都时，研究者逐步通过中外好友等熟人介绍，以滚雪球抽样和偶遇抽样等非概率抽样方法，在成都市的锦江区、成华区、武侯区、温江、犀浦、双流等中心和周边区域发放问卷，共发放问卷135份，回收有效问卷120份，有效回收率88.9%。为减少调查过程中的语言障碍，本研究采用的是英文问卷，并采用SPSS20.0版本对问卷数据进行描述性统计分析。

2. 半结构访谈法

半结构访谈法属于质性研究范畴。开始正式调查后，研究者发现要找到研究对象进行深度访谈并不容易，研究者也在尽量创造一个和谐轻松的访谈环境，尽量使受访者在访谈过程中能够保持真实和自洽，确保研究资料的信度和效度。首先是在调研点偶遇外国人，经过交流建立信任之后对被调查者进行深度访谈，与他们建立友谊关系，再通过熟人进入他们的交际圈，认识更多的受访者。研究者按照事先准备好的英文访谈提纲，与研究对象进行正式的谈话交流，在谈话中若出现一些意想不到的回答，则会用更多时间进一步追问，最后一共收获了 26 份访谈资料，其中访谈了 15 位印度人、11 位巴基斯坦人。为了解他们的生活轨迹，研究者还参与了他们的聚会，加深了与他们的接触，以便进一步理解其行为背后的动机与意义，真实地刻画印巴群体在成都的"生活世界"。

三、样本特征

基于研究者的研究能力及时间、经费等的限制，也为了对调查对象进行细致的了解，结合研究兴趣，研究者选择了来自南亚地区的印度和巴基斯坦的务工人士和留学生作为研究对象，而不是把所有南亚人群体纳入研究范围。

在调查期间，研究者在成都市天府新区、武侯区、磨子桥等地及成都各大高校附近发放问卷，回收有效问卷 120 份。本次调查采取的是偶遇抽样和滚雪球抽样的方式，所选定的对象不能完全保证样本的代表性。且研究者完全不懂印度和巴基斯坦的语言，只能以英语为主、汉语为辅的形式与被调查者交流。为保证研究的信度与效度，研究者尽量保持从业人员和求学人员的比例相当。在调查的过程中，因为南亚人外貌接近，研究者在确定研究对象前需要询问其来自哪个国家，在询问的过程中遇到了少数来自孟加拉国、尼泊尔和斯里兰卡的留学生，为了获得更多外籍人士在成都的生活情况，研究者也对来自这几个南亚国家的留学生进行了访谈，这有助于研究者深入理解外国人遇到的生活障碍。但为了保持研究数据的客观性，在最后撰写报告时并未纳入印巴群体以外的资料。本次调查所得的数据资料仅来自一部分在蓉印度人和巴基斯坦人，并不能以此推论成都整个印巴人群体的生活状态，研究者希望尽量减少样本的偏差，力图对印巴人在成都的生活状态进行合理描述，补充一些与该领域相关的学术资料。以下是本文样本所呈现的基本特征（如表 4-1 所示）。

表 4-1 调查样本的基本状况（N=120）

特征		占比（%）/均值		特征		占比（%）/均值	
		巴基斯坦	印度			巴基斯坦	印度
性别	男性	44.2	36.6	宗教信仰	伊斯兰教	49.2	8.3
	女性	9.2	10		印度教	2.5	35.8
婚姻状况	不在婚	36.7	27.5		佛教	0	2.5
	在婚	16.6	19.2		无	1.7	0
来华目的	工作	27.5	27.5	学历	初中及以下	0.8	1.7
	学习	25.8	19.2		高中及中专	13.3	2.5
年龄均值		28	30		大专及本科	14.2	19.2
在中国有学习经历		34.1	19.2		硕士	15	15.8
		19.2	27.5		博士	10	7.5
来蓉平均时间（年）		2.3	2.75				

（一）外籍人士国籍、性别和年龄结构特征

从样本个体特征来看，在这 120 个成都市外籍人口有效样本中，包括 64 名巴基斯坦人与 56 名印度人，其中巴基斯坦男性 53 人，女性 11 人，印度男性 44 人，女性 12 人，合计 97 名男性与 23 名女性。出于表格简洁性的考虑，笔者只在表格中体现了不同数据的占比情况。男性占各自所在国家的 82.8% 和 78.6%，男性占总体人数 80.8%，女性占总体人数的 19.2%。出现这种较大的性别差异现象主要与印巴文化体系中宗教信仰、男女社会分工有关。在有效样本中，最小的被调查者 19 岁总计 3 人，最大的被调查者 55 岁计有 1 人，其中巴基斯坦人的平均年龄是 28 岁，印度人的平均年龄则为 30 岁，总体的年龄结构呈年轻化特征，这也符合国际移民的总体年龄特点。① 以来蓉目的为标准划分，从业者 66 人，印度和巴基斯坦各 33 人，求学者 54 人，巴基斯坦学生 31 人，印度学生 23 人。上表还统计了来蓉印巴人的平均年限，分别是 2.3 年（2 年 4 个月）、2.75 年（2 年 9 个月），其中来成都时间最长的是一名印度人，长达 9 年零 2 个月，最短的是 7 个月，调查对象来蓉平均年限约为 2.5 年，即两年半。

（二）外籍人士受教育程度与婚姻状况

从样本整体看，外籍人士受教育程度较高，绝大多数为本科和研究生学历。

---

① 根据联合国 2017 年《国际移民报告》（*The International Migration Report*, 2017），目前世界范围内的移民数量约有 2.58 亿人，约 3/4 的国际移民处于工作年龄（20~64 岁）。

大专或本科学历 40 人，占比 33.4%；硕士 37 人，占总人数 30.8%，博士 21 人，也达到 17.5%（如表 4-2 所示）。持高等学历的比例较高。尽管学生的比重接近整体样本的一半，但若单独考察从业人员的学历层次，从下列相应数据可见，在 66 名从业人员中，大专及以上人数达 56 人，占比高达 84.8%，接受过高等教育的比例较高，这主要与国家的人才引进战略密切相关（如表 4-3 所示）。

表 4-2　学历分布表（N=120）

学历	小学及以下	初中	高中及中专	大专及本科	硕士	博士
人数	0	3	19	40	37	21
比例（%）	0	2.5	15.8	33.4	30.8	17.5

表 4-3　从业人员学历分布表（N=66）

学历	小学及以下	初中	高中及中专	大专及本科	硕士	博士
人数	0	3	7	22	20	14
比例（%）	0	4.6	10.6	33.3	30.3	21.2

还有一个显著特点是，从业人员鲜有在中国学习的经历。在所调查的样本中，将婚姻状态区分为不在婚和在婚状态，有 43 人已有配偶，其中绝大多数为从业人员。样本中的外籍人士年龄结构偏年轻化，在跨国流动中大多是未婚状态。从国别上看婚姻状况差异，在 33 位印度从业人员中已婚人数为 22 人，另 33 位巴基斯坦从业人员中已婚人数为 16 人，两国在数量上存在一定的差距，我们推断这与不同国家从业人员的职业分布具有相关性，具体情况将在下文进一步解释。

（三）留学生专业与从业人员职业分布

第六次人口普查数据显示，按来华目的分，境外人员数量排名前三的是学习、就业和商务，来华定居者人数较少。① 据此特征，本次选取的调查对象更具有针对性，即在调查期间力图收集从业人员和留学生数量相当的样本量。

在留学生群体中，选择医学、科技、工程类专业的印度学生最多，其中医学生占很大的比重。巴基斯坦学生以学习工程类、工商管理类专业为主。另外

---

① 中国 2010 年人口普查资料显示，来华学习、就业和商务的外国人数量排名前三位，分别是 153608 人、134889 人和 108716 人，来华定居人数为 64179 人。第六次人口普查数据．来自国家统计局网站．

笔者了解到，自2015年起四川师范大学汉语国际教育专业招收了大批巴基斯坦留学生，成都中医药大学2017年首次面向巴基斯坦招收留学生，这与2015年以来国家加快推进以"一带一路"为核心的全球化解决方案，大力参与为共建地区和国家培养人才的政策密切相关。印度IT行业发展成熟，成都正在大力扶持新兴产业，来蓉印度人主要是在跨国公司从事IT行业，以外派形式来蓉工作。除此之外，在科研、餐饮行业，还有瑜伽培训行业也有印度人的身影。巴基斯坦人主要分布在高校、研究机构、外企和物流公司，也有小部分从事餐饮行业，样本中高中及以下学历的人群均从事餐饮服务行业。从职业分布特征来看，印巴人在成都的就业范围并不广泛。

（四）外籍人士空间聚集与分布

研究者经过对成都两个月的走访调查，大致了解到印巴人的居住呈现"总体分散，小部分聚集"的特点。务工人士一般分散居住在成都市的不同区域，白天活动在天府软件园区、锦江区、武侯区、犀浦区等工作地点周围，选择居住在工作地点附近的社区，尚未形成较大的居住规模。留学生则聚居在校园公寓，多国留学生混住。

成都市天府软件园位于成都高新区南部园区核心地带，建筑面积220多万平方米，划分为A~E五个办公园区，截至目前，天府软件园在软件和信息技术服务领域已经形成良好的产业集群，有上千家国内外知名企业。主打"外包软件"的软件园区吸引了国外众多软件公司来此开设分公司，自著名的wipro、New. egg、IBM、Axis commerce等国外软件公司在软件园区开设分公司以来，不断派遣员工来蓉工作，该地区汇集了不少来自印度的软件工人，此外，新西兰投资银行、丹马士物流、马斯基物流等外企也吸引着外国人来蓉就业。

在成都有若干家"印度菜菜""宝莱坞印度餐厅""巴布尔印度巴基斯坦"等印巴餐厅。"印度菜菜"连锁餐厅在成都有四家分店，分布在春熙路、金牛万达、高新凯德广场和磨子桥科华路四个商圈。这四家印度餐馆是成都市接待印巴人最多的餐馆，餐厅会定期举办同乡聚会，是本国人沟通同乡情感、获取信息的重要场所。在西南交通大学和电子科技大学也开设有小型规模的印巴餐馆，为留学生群体提供餐饮便利。这些餐厅由中国人投资，聘请来自印度和巴基斯坦的厨师，他们和到此处用餐的本国客人也都彼此熟悉。这些外国餐厅是重要的调查点，便于接触到来自不同行业的调查对象。

皇城清真寺位于近成都市中心的天府广场，每周五下午有大批穆斯林赶来参加礼拜活动，清真寺旁有一家"藩坊"超市专门售卖清真食品和餐食。皇城清真寺和"藩坊"等餐饮店是维系巴基斯坦人情感的纽带，做完礼拜后他们会在这里互相问候、攀谈,维系异国社会关系网,获取情感支持和社会支持。笔者曾数次到该清真寺参与礼拜活动,活动在下午一点半开始,一点五十分结束,寺内活动场所男女分开,女士在主屋右侧小屋内,来得稍晚的信徒则需要跪拜在走廊内,整个仪式持续二十分钟。礼拜开始前寺外格外热闹,街道两边都是售卖清真牛羊肉、馕、手抓饭和烧烤的小摊,摊主是穆斯林同胞,在活动开始前或结束后他们往往三五成群地在棚内用餐。清真寺附近有数家穆斯林开设的清真餐厅,也是他们最常去的用餐场所。来参加礼拜仪式的除中国的穆斯林信仰者外,大部分是中东及巴基斯坦、印度、孟加拉国、尼泊尔等南亚国家的穆斯林群体。在调研期间,研究者在每周五下午都会前往皇城清真寺偶遇受访者,并在周围场所、街头观察。

成都凭借着经济优势和与南亚接壤的地缘优势,吸引着大批来自国外的留学生。医学留学生主要分布在四川大学、成都中医药大学;攻读软件工程、铁路工程专业的留学生分布在四川大学、电子科技大学和西南交通大学、西南财经大学等知名高校。在这些高校内也有部分来自印度和巴基斯坦的外教老师,他们本身就是文化的传播者,对文化融入的每一方面,他们都会更加敏感。因此,成都地区的各大高校是调研的最佳地点。

第二节 印巴人士的文化融入总体状况

一、语言:文化融入的工具

首先,思维与语言是文化结构最深层的分子,是民族心理(思维方式、价值观念等)的外延。[1] 在符号互动理论范围内,语言是最普遍的符号,符号包含着人们的选择、对事物的设定和赋予的意义,语言符号中没有必然性规律,包含着交流双方共同赋予的意义。[2] 社会交往行动都需要借助语言沟通。

其次,语言是表征族群的符号,通过语言,我们能与他人分享共同的身份,传达文化理念和思维方式。[3] 语言还承载着认同的功能,对人的语言行为和语言

---

[1] 林耀华. 民族学通论 [M]. 北京:中央民族大学出版社,1997:434.
[2] 刘少杰. 社会学的语言学转向 [J]. 社会学研究,1999(04):89-97.
[3] 周大鸣. 论族群与族群关系 [J]. 广西民族学院学报(哲学社会科学版),2001,23(02):13-25.

态度的理解可以反映出对语言承载的文化的认同。在一个开放的社会中，语言环境也是开放的，语言不同的族群也会经常发生联系。在语言与社会变迁和族群关系的研究中，马戎教授认为发展相对滞后的族群一般会积极学习发达族群的语言。① 相对落后的族群会在语言行为上积极改变和模仿，表达对先进族群社会的认同，认同是融入主流社会的初步阶段。

最后，交流双方只有共同习得某种语言才能顺利沟通，沟通不顺会影响交流意愿，若在沟通中产生误会也会引起不良后果。语言是外籍人士与迁入地居民建立社会关系、理解社会风俗与传统文化的最基本前提。使用何种语言的频率折射出外来者对居住地文化的认同。英语是印度和巴基斯坦的官方语言之一，进入经济相对本国更发达的汉语社会生活之后，是否会改变语言使用习惯以获得主流社会的认可，是一个值得探索的问题。在这一节中，笔者先了解他们有无学习汉语的经历，然后考察印巴人英语和汉语的语言能力和在日常生活、工作、学习中的语言使用情况，了解他们未来学习汉语的意愿。

（一）语言能力分析

语言能力与日常生活、社会交往以及文化理解密切相关。外籍人士的汉语水平对他们在成都的生活有着重要的影响，汉语水平高的人显然会和当地市民有更强烈的接触意愿，在交流中提升汉语表达能力，减少与移居地的距离感，更积极主动地接受新的文化。

英语水平普遍较高，汉语水平参差不齐

为测量外籍人士英语和汉语水平，笔者请被调查的外籍人士从听、说、读、写四个维度进行自我水平鉴定。在此之前，先询问了被调查者是否有汉语学习的经历，没有接触过汉语的人刚来成都很难听懂普通话，事先学习过汉语的外国人认为汉语更有亲和力。值得一提的是，成都蜀汉文化历史悠久，形成了地方特色浓郁的语言文化，当地居民在生活中多以四川话交流，与普通话稍有不同，要掌握成都的方言对非本地人而言更加困难。

如受访者B所说的："我们都听不懂普通话，更听不懂四川话。我来中国两年多了，但是汉语还是不好，我只能说些简单的（汉语词汇），听懂一点点，但是我现在生活没有遇到很大的问题，除了去医院需要向我的朋友寻求帮助。"他补充道："我在商店买东西时，营业员会主动同我们讲普通话。我的中国同事都是用四川话交流，但我完全听不懂。我出去打车的时候，和司机交流也很困难，

---

① 马戎. 试论语言社会学在社会变迁和族群关系研究中的应用[J]. 北京大学学报（哲学社会科学版），2003（02）：129-136.

我先用翻译软件写出来，再展示给他们看。"（受访者B，男，印度人，wipro公司职员，来蓉2年多）

在中文听力自评中，选择"小部分能听懂"的有46人，选择"大部分能听懂"的有55人，选择"完全能听懂"的有15人，选择"完全听不懂"的有4人；在汉语表达方面，表示"基本能表达，但不流利"的人数为51人，接近半数，还有13人表示"能流利表达"，50人表示"表达有困难"，仅有6人完全不会讲汉语（如表4-4所示）。

大部分留学生仅需使用英语作为学习工具，生活中仅用简单的汉语和中国人交流，接受过学校开设的汉语课堂教育，但内容比较简单，只掌握了必要的交际用语，没有其他学习汉语阅读和书写的途径。

一位受访者告诉笔者他的汉语学习经历："我们刚来中国上学的时候，有4个月的时间学习中文课程，但是我什么也没学到（笑）。只学会了'你好''谢谢''吃了吗'这样简单的交际用语，我认为（汉语）真的太难学了。成都对我来说是一个全新的环境，我在学校里交到了很多外国朋友，和本国朋友一起玩，我们都讲英文，所以我当时觉得不需要学习中文。在中文课上，我也没有努力学，考试的前几天，我复习了那本中文书，很轻松地通过了学期末的中文考试。但后来我逐渐发现，很多中国同学的英语口语也不好，尤其是大部分当地人不会讲英语，我遇到了很多问题。我是我导师带的第一个外国学生，其他同学每天都在讲中文，我每天都在听，沉浸在中文环境中，一段时间之后，我开始慢慢地能理解他们讲话的内容。现在无论你说什么，我都能理解。但是在中文表达方面仍然存在一些问题，只能说一些基本的词汇，很有限。"（受访者A，男，巴基斯坦人，中国科学院博士，来蓉3年多）

表4-4 语言能力描述（N=120）

	测评事项	计数	占比（%）		测评事项	计数	占比（%）
	汉语能力				英语能力		
听力	完全听不懂	4	3.3	听力	完全听不懂	0	0
	小部分能听懂	46	38.3		小部分能听懂	1	0.8
	大部分能听懂	55	45.8		大部分能听懂	17	14.2
	完全能听懂	15	12.5		完全能听懂	102	85.0

续表

测评事项		计数	占比（%）	测评事项		计数	占比（%）
汉语能力				英语能力			
表达	完全不会说	6	5.0	表达	完全不会说	0	0
	表达有困难	50	41.7		表达有困难	0	0
	基本能表达，但不流利	51	42.5		基本能表达，但不流利	10	8.3
	能流利表达	13	10.8		能流利表达	110	91.7
阅读	完全看不懂	29	24.2	阅读	完全看不懂	0	0
	能看懂一小部分	74	61.7		能看懂一小部分	7	5.8
	大部分能看懂	12	10.0		大部分能看懂	16	13.3
	完全能看懂	5	4.2		完全能看懂	97	80.8
书写	一点也不会	71	59.2	书写	一点也不会	1	0.8
	只能填写一般的表格	36	30.0		只能填写一般的表格	9	7.5
	能写电子邮件	6	5.0		能写电子邮件	21	17.5
	能写较高水平的论文	7	5.8		能写较高水平的论文	89	74.2

语言能力和所处的生活环境、社会交往对象具有紧密的联系。外籍人士的汉语听力和表达水平显然高于阅读和书写能力，汉语国际教育专业留学生的书写水平较高，他们在课堂上和老师用汉语交流，也得到了汉语写作的训练。英语是印度和巴基斯坦的官方语言之一，具备基本英语听、说能力是外籍人士出国务工求学的必需技能。被调查的人中有80.8%的人完全能看懂英文，74.2%的人能用英文写较高水平的论文，这与在蓉印巴务工人士整体学历水平较高以及他们的职业性质相关。少数英语水平低的人，如有一位在一家巴基斯坦餐厅工作的员工，年龄较大，只会讲乌尔都语，和老板Y是同乡，被老板招聘来成都务工，在后厨工作，不需要与客人接触，也没有接触中文的机会，还有少数随丈夫来蓉定居的女性，他们在日生活中只与丈夫用母语交流，英语水平也较低。

因为丈夫工作的调动，受访者D和丈夫一起来成都定居，在印度的公司工作几年后离职，在家里照顾孩子。D讲述："我会说英语，但是不会写，我的水平不够好。我出去买菜,和邻居交流学会了一点汉语,在家里说自己国家的语言。"(受访者 D,女,印度人,待业,来蓉 4 年)笔者在和她的交流中也能感受到受访者的英文发音地域特色较明显,沟通的过程不太顺利,依靠她丈夫辅助翻译才得以完成整个访谈过程。

(二)语言使用情况

语言的使用频率在一定程度上代表着对该语言的熟悉程度,折射出使用者的身份认同感。对于外籍人士而言,如果使用汉语的频率更高,主动和中国人用汉语交流,表明他们正在缩小与居住地的距离,逐渐对居住地生出更强烈的认同感。反之,若仍然使用母语较多,习惯用英语交流,则说明他们还不具备汉语表达能力,甚至不愿意接受东道主国家的语言。在这部分中,笔者分别对留学生和务工人士两大群体在学习、工作和生活中的语言使用情况进行描述和分析,以此了解他们的语言融入情况。

1. 留学生的语言使用情况

留学生在华的主要目的是接受专业知识训练。四川师范大学有众多巴基斯坦留学生学习汉语国际教育专业,其他学校以招收理科、工科、管理学和医学专业留学生为主,用英文授课。但无论学习何种专业,他们都需要与中国学生、行政老师或工作人员打交道,讲汉语不可避免。以下笔者分别考察了留学生在课堂上和在生活中语言的使用情况。

课堂中的语言使用情况(如表 4-5 所示)。

表 4-5 留学生课堂中语言使用调查结果(N=54)

频数和频率 测评事项	和本国师生		和外国师生		和中国师生	
	计数	占比(%)	计数	占比(%)	计数	占比(%)
只使用英语	14	25.9	32	59.2	12	22.2
使用英语频率更高	6	11.1	15	27.8	18	33.4
使用英语和 母语频率相当	34	63.0	5	9.3	0	0
使用中文频率更高	0	0	2	3.7	16	29.6
只使用中文	0	0	0	0	8	14.8

被调查的留学生在课堂上与本国老师、同学交流仅使用英语和本国语言,并且使用母语的频率很高,有 63.0%的人是英语和母语同时使用;与外国师生交流时则更多地使用英语。面对中国师生,留学生同时使用英语和中文与其交

流,且用中文的频率更高,"只使用中文"的频率也达到了 14.8%。在课堂上,留学生习惯转变语言,母语、英语和中文不停切换,与不同的角色对话。

受访者 C 是一位本科生,来自巴基斯坦,没有学习汉语的经历,在四川大学学习岩土工程专业。他对自己的汉语听力水平有较高的评价:"在听方面,我能理解 50% 吧,我也能说一些简单的词汇,比他们一般人(本国人)要说得好,我还能读一些简单的中文句子。"笔者了解到他的中文水平较高,故询问其上课使用语言的频率,他的回答是:"上课时我还是说英文,我的专业课程都是英文授课的,中国和外国的老师都有,他们的英文说得很标准。我们班的同学都是外国人,有印度、孟加拉和非洲的,我们都是用英语和乌尔都语交流。但是我有一些课也和中国学生一起上,我和中国同学就讲英文和中文。"(受访者 C,男,巴基斯坦人,四川大学学生,来蓉 1 年多)

总的来说,大部分被试者在课堂上的交流都讲母语或者英语,只有在特殊的汉语国际教育的课堂上"使用中文频率更高",甚至"只使用中文",其比例分别为 29.6% 和 14.8%。

受访者 E 是四川师范大学(以下简称川师大)的一名研究生,在整个访谈过程中,笔者都是和她用中文交流,她通过了 HSK6 级考试,并且对中国的文化也比较了解,在校内有着很广的朋友圈,E 和笔者反映了川师大汉语学生的语言使用情况。

不管是在课堂上还是生活中,我和所有的中国人都讲中文,现在我的同胞中文水平都比较好,老师也告诉我们要多说中文才会越来越精通,有一些难以表达的词汇,我会用英文来解释。但我和我的同胞还是说乌尔都语,英语也没有乌尔都语这么亲切,见到他们我就感觉应该说母语,这是我们之间的默契。(受访者 E,女,巴基斯坦人,川师大学生,来蓉 4 年)

生活中的语言使用情况(如表 4-6 所示)。

表 4-6 留学生生活中语言使用调查结果(N=54)

频数和频率 测评事项	和本国朋友		和懂英语的中国朋友		和不懂英语的 中国朋友	
	计数	占比(%)	计数	占比(%)	计数	占比(%)
只使用英语	2	3.7	16	29.6	0	0
使用英语频率更高	0	0	20	37.0	8	14.8
使用英语和母语 频率相当	51	94.4	0	0	0	0

续表

频数和频率 测评事项	和本国朋友		和懂英语的中国朋友		和不懂英语的 中国朋友	
	计数	占比（%）	计数	占比（%）	计数	占比（%）
使用中文频率更高	1	1.9	13	24.1	21	38.9
只使用中文	0	0	5	9.3	25	46.3

在社交场合，留学生和本国同胞交流选择用母语和英语的比例达到94.4%。使用母语的频率相比课堂上更高。因为笔者主要是想考察他们使用汉语的频率，因此在生活中只纳入了中国人这一交流对象。显而易见的是，他们在生活中与中国人交流使用中文的频率比课堂上有所提高，与懂英语的中国朋友交流时，选择"使用中文频率更高"和"只使用中文"的人数分别是13人和5人，占比分别是24.1%和9.3%。与不懂英文的中国人交流时，他们更倾向于说中文，只使用中文的就有25人，比例是46.3%。可以看出，留学生在生活中与中国人接触时汉语的使用频率是较高的。

笔者有过多人在场的访谈经历，在谈话的过程中，本国留学生彼此用母语交流，但与笔者交谈时立刻转用英语，他们在母语与英语之间自如切换。笔者曾经在对受访者E访谈完后，与她的朋友一起在中餐厅用餐，这是一次印象非常深刻的经历，E的中文说得非常好，在用餐期间她和朋友时不时用母语开着玩笑，然后用中文向我解释，她的朋友与笔者用英文交流，一顿饭下来，三个人说着不同的语言，随后E解释道："我们和朋友都说母语，他们也会讲中文，但是你会讲英语，所以他们和你也主动说英语。只有出去买东西的时候，和不懂英文的人才会说中文，他们还是会担心自己说中文闹笑话，我们这些学汉语的比他们（非汉语学习者）说中文说得更频繁。"

2. 务工人士的语言使用情况

工作时的语言使用情况（如表4-7所示）。

表4-7 务工人士工作中语言使用调查结果（N=59）

频数和频率 测评事项	和本国朋友		和懂英语的中国朋友		和不懂英语的 中国朋友	
	计数	占比（%）	计数	占比（%）	计数	占比（%）
只使用英语	22	37.3	43	72.9	0	0
使用英语频率更高	1	1.7	13	22.0	22	37.3

续表

频数和频率 测评事项	和本国朋友		和懂英语的中国朋友		和不懂英语的中国朋友	
	计数	占比（%）	计数	占比（%）	计数	占比（%）
使用英语和母语频率相当	36	61.0	0	0	1	1.7
使用中文频率更高	0	0	3	5.1	19	32.2
只使用中文	0	0	0	0	17	28.8

调查务工人员在工作时的语言使用情况共纳入了59名被调查者，另外有7人暂时是待业状态，或是随行家属，故没有对这一题作答，为了研究分类的便利性，笔者在下文的分析中直接将这7人纳入务工人士群体中。

在工作时，在蓉务工人员使用母语和英语与本国同事交流，合计58人，比例高达98.3%，与前文留学生和本国师生交流的语言偏向性一致；和懂英语的中国同事交流时，英语也是他们最常用的语言，有43人只用英语与中国员工交流，比例为72.9%；但与不懂英文的中国同事交流时，选择"仅使用中文"的人数相对更多，笔者推断这与目前公司员工的英语水平不是很高有关。在此处有一个特殊的数据，即有6人表示与不懂英语的国人交流仍然使用英语，他们表示出门多依靠中国朋友的翻译，才得以适应基本的社交。

F是IBM中国公司的一名职员，来成都已经四年多，妻子和孩子目前也在成都，F日常的语言使用情况大致为："我上班习惯说英语，我们项目组的成员来自不同的国家，组内的中国同事也会说英语，我不会和不是我们国家的人说母语。但是我看到我自己国家的朋友，就习惯去说母语了，我认为这是一种很自然的行为。"（受访者F，男，印度人，IBM公司职员，来蓉4年多）母语就像是一个人身份的象征，同样处在异国他乡的外国人凭借语言共性寻找归属感。

G和T在同一家公司，分配到不同的项目组。"我来中国9年多了，我的中文很好，公司大概60%的同事会讲英语。公司按照项目分组，我所在的项目组有中国人，和他们也是用英文交流。这个公司还有4个印度的同事，我们不在一个项目组里，下午休息的时候会在楼下遇见，我们当然是很自然地讲母语。"（受访者G，男，印度人，IBM公司职员，来蓉9年）

务工人士在公司与中国同事交流的频率取决于他们的汉语水平，汉语水平较高的人会更主动地与中国员工发生更多的互动，反之，中文水平较差的人则表示他们和不懂英语的中国人仅仅以"微笑"的方式礼貌地问候，H说道："我只会讲 4 个中文词汇,'你好''谢谢''为什么''这个',因为这里的中国朋友都会讲英文,我的邻居是中国人,但我们没有交流,碰见他们我会说'你好',然后微笑,我也想和他们说中文,可是我的水平有限。买东西的时候只需要打开我手机上的二维码。我也想尽量和中国人说中文,可是有时候没法表达。"(受访者 H,男,印度人,电子科技大学科研人员,来蓉 7 个月)

生活中的语言使用情况(如表 4-8 所示)。

表 4-8 务工人士生活中语言使用调查结果(N=66)

测评事项 \ 频数和频率	和本国朋友		和懂英语的中国朋友		和不懂英语的中国朋友	
	计数	占比(%)	计数	占比(%)	计数	占比(%)
只使用英语	0	0	30	45.5	3	4.5
使用英语频率更高	0	0	28	42.4	10	15.2
使用英语和母语频率相当	66	100	0	0	0	0
使用中文频率更高	0	0	8	12.1	27	40.9
只使用中文	0	0	0	0	26	39.4

在务工人士生活中的语言使用状况表中,有一个特别的数据,即 66 人全部选择的是在生活中和本国朋友说英语和母语,受访者 H 分享了他的感受:"每个人都习惯说自己的母语。我只有用母语才能和我的朋友开玩笑,英语都不行,我觉得每个国家的人都是一样的。"

笔者也有参加外国朋友小型聚会的经历,在交流中他们毫无例外地使用母语,并时常切换成英语和笔者交流,其间请笔者教他们一些简单的中文词汇,还表示这样才能交到更多的朋友。"还是说英语更顺畅,更能表达我的意思,虽然我也会说些中文,但是好像和你们说英文才能准确表达我的想法。"(受访者 I,男,巴基斯坦人,中国科学院研究员,来蓉 2 年)当与不懂英语的中国人群体交流时,有 27 人选择了"使用中文频率更高",26 人选择了"只使用中文",比例分别为 40.9%和 39.4%。受访者 G 的一番话给了笔者很大的启发:"因为我遇到的很多人都不会讲英语,当我想开口和他们说话的时候,他们就走了。后来我就慢慢地学习了一些中文,有时候我在外面向中国人寻求帮助时,主动用中文打招呼,我发现会有更多人愿意帮助我,我想是因为我讲中文的缘故。现在我和一些英语不好的中国朋友也是说中文,我们都慢慢表达,互相理解。"

(受访者G，男，印度人，IBM公司职员，来蓉9年)务工人员所处的生活环境更加多元，他们会面临更多来自不同领域、不同行业的人，这促使他们主动学习和使用中文。

语言使用的差异实际上反映着语言融入的过程，主动用汉语沟通，既是生存需要，也体现他们想要融入到当地社会的强烈意愿，因此笔者认为考察汉语使用频率是有意义的。总体来说，被调查者在非正式场合讲中文的频率更高，这与生活中他们要面对多元群体密不可分；当与能讲英语的中国人相处时，不管何种场合，被调查者都偏向于说英语，这说明外国人使用汉语的积极性仍有待提高。留学生讲汉语的频率总体要高于务工人员，这一结论与笔者访谈的经历相符，笔者能比较明确地感觉到留学生对汉语的适应性更强，掌握的汉语词汇更加丰富，使用汉语频率也更高。受访者C是一位汉语口语水平较高的巴基斯坦学生，他每天都在使用新学到的汉语词汇："我发现有一个软件叫'hello Chinese'，对外国人学中文真的非常有帮助，涵盖了气候、食物、餐厅、家人和装饰等每一方面的词汇，我每天学完就说给我的朋友听，请求他们帮我检查，这也是一种练习。"(受访者C，男，巴基斯坦人，四川大学学生，来蓉1年多)

（三）汉语使用特点分析

1. 交际对象优先原则

"优先原则"指的是在不同场合中，外籍人士使用汉语前首先考虑的是交流的对象，与不懂英语的中国人交流时，被调查者会尽量讲汉语，若对方能讲英语，则用英语交流。巴基斯坦留学生J概括了他使用汉语的频率："我能听懂30%~40%的普通话，会讲一点点。我必须学，因为在成都不会讲普通话是会有麻烦的，我只要出门就要准备好说中文，现在我出去买东西、问路和吃饭都习惯说中文，只要会讲一点点就可以了。但是和你，和会讲英文的中国朋友在一起就不用担心了，我可以说英语。在课堂上，我和我的导师，说的都是英文，用英文讲课我们才能听得懂。"(受访者J，男，巴基斯坦人，中国科学院留学生，来蓉2年)

在成都有9年生活经验的受访者G讲述到他来成都后语言使用的变化："我现在基本完全能听懂中国人的日常对话，大概90%都能听懂，我的中文水平完全能应付我的生活，去到中国任何一个地方我都不会害怕。刚来的时候我什么也不会，基本依靠肢体语言和翻译软件，但其实大家不能完全理解，我就发现还是要说中文。我在这个公司工作的时间很长了，和周围商店的员工也很熟悉，我们每次都是用中文打招呼。没办法，他们不会说英文，我感觉我现在几种语言能力都提升了。是中国的环境帮助我学习汉语。"(受访者G，男，印度人，

IBM 公司职员，来蓉 9 年）

结合受访者的信息访谈资料，笔者对外国人汉语使用动机有了一些启示：一是他们需要汉语技能满足基本生存条件；二是经过语言障碍后，他们发现与不熟悉的中国人最好先用汉语沟通交流以拉近距离，才能更有效地获得帮助；三是多使用中文才能更有效地建立人际关系网络。

2. 不同场合的多元切换

在不同场合汉语使用频率的调查中，被调查者在生活中显然比在课堂上和工作中使用中文的频率更高，这是适用场合的优先性。

V 是一位来自印度的在读博士，在与他的多次接触中，笔者发现其汉语水平不高，在校园超市、菜市场、地铁站等公共场合，V 也试图用中文交流，但转而又和笔者说起了英文："我每天只要离开了我的同伴就会很紧张，因为我离开他们就必须要说中文，不说我就无法达到我的目的。在实验室我就不用担心，你看我们的微信群，我们大家都是写英文，我和实验室的同学也是用英文讨论问题。"（受访者 V，男，印度人，电子科技大学博士，来蓉 2 年）根据受访者 G 所说："我在中国的时间比较长，我也有一些中国的'熟人'，比如，我的邻居，我和他们就说中文，在工作的时候就说英语，和自己国家的朋友聚会就说印度的语言，每天都说好几种语言。"（受访者 G，男，印度人，IBM 公司职员，来蓉 9 年）

外籍人士在不同的场合使用汉语的频率不同，总体来说，他们在生活中使用汉语的频率更高。还有一个不可忽视的现象，当他们与本国人进行交流时，不管身处何地，双方会优先用本国语言进行交流，在社交软件上，也以母语发送信息。

（四）汉语学习行为与意愿

1. 因语言障碍导致的生活困难

语言障碍会对移民的生活带来极大的问题，语言使用与主体所处的生活环境和社会交往对象等具有十分密切的联系。成都目前还处于国际化都市的起步阶段，国际社区发展尚不成熟，市民英语普及率较低。在成都的外籍人士以散居状态居住在成都市内各区，留学生集中居住在学校公寓，在日常生活中避免不了和本地人接触，也遇到了诸多困难和挑战（如表 4-9 所示）。

表 4-9 语言障碍导致的生活困难统计

测评事项	计数	百分比（%）
购物不方便	62	51.7

续表

测评事项	计数	百分比（%）
难交朋友	59	49.2
难找工作	36	30.0
做生意困难	23	19.2
工作难晋升	17	14.2
其他	30	25.0

  这一部分共设置了6个关于生活障碍的选项，是一道半开放型多选题，"其他"这一选项是被试者根据自身情况填写，以访谈形式补充。出现频率最高的是"购物不方便"这一选项，有62人认为语言不通给购物带来困难，外出购物在生活中必不可少，购物场所也是使用中文频率最高的地方。其次是"难交朋友"这一选项，出现的频率为49.2%，汉语水平不高使得交际需求得不到满足。三成受访者选择了"难找工作"这一选项。笔者曾经在留学生宿舍和一些印度、巴基斯坦的留学生闲聊，收获的信息颇多，有很多巴基斯坦留学生想留在成都工作，但也有些人悄悄打消了这个念头，一是因为成都外企的规模和数量不占优势，很多本地公司还未拓展海外业务，外籍员工需求少，二是因为他们不会说汉语，无法满足中国公司的基本要求。

  受访者L是一名来自巴基斯坦的留学生，目前在电子科技大学就读软件工程专业，他和我讲述了在成都的一些故事："在来中国之前，我一点中文都不懂，特意请我的朋友教我'电子科技大学'怎么说，因为我要从机场打车去学校，和司机解释了好几次，我才顺利到达学校。第二天，我又遇到了很大的困难，我去校门口的商店买肥皂，我怎么都表达不清楚，他们也听不懂，我将洗澡的动作表演给老板看，我感觉非常尴尬。刚来的时候我也尝试自己做饭，但是在菜市场买菜时，只会说'chicken'，他们给我一块肉，我无法辨别，最后只买了蔬菜，后来我就决定不做饭了，和我的朋友去清真食堂用餐。不会说中文真的好麻烦。"（受访者L，男，印度人，电子科技大学博士，来蓉7个月）很多留学生都和L有一样的困扰，尤其是信仰伊斯兰教的学生，他们在商店购物更加谨慎，有些甚至因为担心语言不通买到"非清真"的食物，只能去清真食品专营商店。L对在学校的生活整体上感到很满意，他也相信成都会有越来越多的就业机会提供给外国人。L的朋友K也很赞同："现在中巴关系很好，我们专业就业机会也很多，每年都有很多公司来我们学校招聘，但应聘成功的都是中国学生。我想留在这里工作，也和学校反映过这个问题，学校也在帮助我们

争取更多就业机会，希望以后会越来越好。"（受访者 K，男，巴基斯坦人，电子科技大学学生，来蓉 3 年）

外籍人士也为无法在本地建立友谊而苦恼，受访者 M 在成都生活了 3 年，他认为中国人在讲英语这件事情上比较保守："我觉得在这里要认识几个中国人还是很容易的，他们都很热情友好，但是很难建立真正的友谊，语言就是我们之间的障碍，语言和思维都不一样，我们不能进行深入的交流，所以我和一些人保持了一段时间的联系后就没联系了，交朋友和建立友谊还是不一样的。"（受访者 M，男，印度人，New. egg 公司职员，来蓉 3 年多）

综上所述，语言障碍带来的最大问题基本可以归纳为生活资源难获得、交往需求无法满足、本地就业难以实现。在"其他"这一选项里，回答的比较多的是"生活各方面都有困难""问路很困难"，也有少部分人填写"已经习惯了，没有什么困难"。

受访者 J 认为："就算我遇见了会讲英语的人，当我将信息传达给他们的时候，因为口音的问题，他们也不能完全（充分）理解，我的英文发音不标准，比如，我问科华路怎么走，因为我的发音问题，有的人不能理解我说的地点，有时候很幸运，得到'左转、右转、坐地铁'这类的答案，但我也要花一些时间才能理解，并且经常找错地方。"（受访者 J，男，巴基斯坦人，中国科学院留学生，来蓉 2 年）

受访者 N 认为："我就是感觉生活方方面面都会遇到问题，没有一次顺利解决的，都需要经过反复的表达，尤其是去餐厅吃饭、买东西。我相信每一个外国人都经历过这些。"（受访者 N，女，印度人，澳新银行职员，来蓉 1 年多）

因为诸多原因，不同个体所遇到的生活困难也不一样，笔者在这里就不做赘述。

2. 提升汉语的意愿

表 4-10　提升汉语能力的意愿调查（N=120）

测评事项 频数与频率	非常愿意	愿意	无所谓	不太愿意	不愿意
计数	63	50	7	0	0
占比（%）	52.5	41.7	5.8	0	0

提升汉语的意愿体现外籍人士对中国语言文化的接纳，对外籍人士在未来学习汉语的意愿这一问题的调查中，笔者区分了五个层次："非常愿意""愿意""无所谓""不太愿意"和"不愿意"。有 63 人非常愿意学习汉语，比例为

52.5%，同时有 50 人表示愿意学习汉语，比例为 41.7%，仅有 7 人认为无所谓（如表 4-10 所示）。

受访者 C 意识到学习汉语的重要性，他首先克服了汉语难的心理障碍："在中国生活，提高汉语能力非常有必要，其实这并不是那么难，你只需要多花时间来解决它。因为很多人心里的想法是：中文真难，中文真难。但我认为，碰到困难我们应该努力去解决它，而不是抱怨，更不能害怕。"（受访者 C，男，巴基斯坦人，四川大学学生，来蓉 1 年多）

学习汉语不仅需要克服心理对汉语的"畏惧感"，还需要与之匹配的学习渠道。受访者 B 是印度公司的一位职员，他性格非常开朗，令他苦恼的是没有学习中文的方法。"我很想学中文，这样我出门就可以吃到更多种的中国菜了。但我是一个不擅长学习的人，中文是最难学的语言，而且我每天都有工作，没有很多空闲时间，即使在周末也没有人教我们。"（受访者 B，男，印度人，wipro 公司职员，来蓉 2 年）。

从总体数据来看，外籍人士对汉语的认同感较高，表现出较为强烈的汉语学习意愿，具体的学习途径将在下面进一步讨论。

3. 汉语习得的途径

遇到问题与解决问题相伴相生，在了解了外籍人士在成都生活中遇到的困难和学习汉语的意愿的情况下，本文也对他们学习汉语的一般性过程进行了探究。除少部分汉语言专业的学生外，大部分人都是通过非正式渠道习得汉语。

表 4-11 提升汉语能力的途径（N=120）

学习汉语途径	计数	占比（%）
和中国人聊天	79	65.8
向朋友学习	50	41.7
在工作中学习	34	28.3
看中国节目	15	12.5
听中文广播	2	1.7

外国人学习汉语途径多元，其中选择"和中国人聊天""向朋友学习"的方式人数最多，前者比例接近七成，后者比例也达 41.7%，有一些务工人士在"在工作中学习"，通过中文节目与广播学习汉语的受众并不广泛（如表 4-11 所示）。

N 认为多听、多练习是学习一门语言的最佳途径之一，她通过听办公室同事的日常对话提升汉语听力水平："我每天都在办公室听我的中国同事讲中文，我渐渐发现能听懂的越来越多，有时候他们也会耐心和我解释具体的意思，纠正我的中文发音和表达。我觉得听懂中文对我们来说是最简单的，说中文就没有那么容易了，我现在能说得比较多，但是我的发音不太好，我也有点害羞。"（受访者 N，女，印度人，澳新银行职员，来蓉 1 年多）

还有一些人另辟蹊径，不仅向中国朋友寻求帮助，还主动在相关软件上看汉语课程的视频，学习汉语拼音和词语，并进行测试，学习途径丰富多样。

我有一节汉语课，但是我觉得汉语课的效果很有限，只教一些很简单的汉字。有一个女性朋友每天都教我拼音和汉字。如果我学会了拼音，我就能很标准地发出汉字的读音，就像学会英文的音标一样。我觉得拼音和音标学起来有一点相似，所以学起来并不困难。"hello Chinese"这个软件对外国人学中文真的非常有帮助，我已经把这个软件推荐给我很多朋友了，并且我们还可以在上面看视频、听音频、参加考试测试水平。学完一节课就会有测试，测试通过了，就会有下一次的课程，软件上所有的课程都是免费的。（受访者 C，男，巴基斯坦人，四川大学学生，来蓉 1 年多）

由此可见，通过多元化的学习渠道，外籍人士以提升汉语听力和口语表达能力为学习方向，以满足日常生活需求为目的，积极地学习汉语。

学术界一般认为，有时消费水平落后、发展相对迟缓的国家和地区，对于发达国家和地区会萌发好感，特别是对友好的发达国家会有一种羡慕之情，产生较强烈的、学习其语言的意愿。[①] 中国还未步入发达国家行列，在蓉外籍人士的英语水平比本地人更有优势，但他们仍有较强烈的、学习汉语的意愿，这多是出于功能性角度的考虑，即满足生活和交往需求。

对客居地的语言认同随着时间会逐渐发生变化，语言观念和语言态度都能通过日常的互动实践表现出来。语言认同与融入是一个复杂的过程，与个人的社会地位、受教育程度、所处的行业都密切相关，研究者希望在后续的研究中能综合考虑不同群体的特征及身份，进一步探究如何提升外籍人士对汉语的认同及拓展汉语学习的途径。

二、物质文化融入状况

"任何一个民族的文化只能理解为历史的产物。其特性决定于各民族的社会

[①] 马戎．试论语言社会学在社会变迁和族群关系研究中的应用［J］．北京大学学报（哲学社会科学版）．2003（02）：129-136．

环境和地理环境。①"自然环境决定了人类群体的谋生方式，社会环境导致文化差异进一步细化，人类在不同的自然环境和社会环境中形成有差异的文化模式。与物质文化相关的生活方式是文化模式中的重要部分，包括吃、穿、住、行等人类生活的方方面面。随着社会的进步，生活中的器物和工具不断更新换代，要求我们不断地适应新的生活方式。尤其对于在新社会环境中的移居者而言，生活方式层面的适应是最为基础的，良好的生活适应为其他方面文化的融入奠定物质基础。

（一）日常生活方式的适应

1. 饮食习惯

饮食习惯现状

适应成都食物——从"鸡蛋炒饭"开始

饮食习惯具有丰厚的社会文化意义。不同地域的自然地理环境不同，族群的饮食习惯也各式各样。巴基斯坦是伊斯兰教国家，穆斯林食品以鸡、牛、羊、鱼类、抓饭、奶制品、馕为主，巴基斯坦人习惯将蔬菜炖烂食用，喜爱喝红茶和牛奶烹制的奶茶；印度人主食鸡肉，喜食香料、咖喱、黄油饼和洋葱等食物，也酷爱喝奶茶。因身处热带气候地区，两国人民都偏爱吃辛辣的食物，传统居民吃饭以抓取的方式，在印度境内有部分素食主义者。成都以巴蜀菜系闻名，菜式多样且辛辣，成都人民也有独特的茶饮情结。

饮食是人类最基本的需求，外籍人士首先面临的是改变饮食习惯的挑战。据笔者的调查结果显示，留学生因为课程较多一般去清真餐厅用餐，周末在宿舍做本国食物，他们刚来时普遍不能习惯白米饭的味道，适应成都的饮食从"鸡蛋炒饭"开始。

受访者O是一名来自印度的留学生，为了不触犯饮食禁忌，她也选择在学校清真食堂吃饭。"周一到周五我们都在清真餐厅吃饭，周末我们就自己做，我们只能吃鸡肉。食堂有米饭、面条、炒饭，但都是中国独特的味道，和印度的食物不同。今年是我来成都的第二年，所以我已经很习惯这个味道了。来这里的第一年，我有4个月都在吃鸡蛋炒饭，很有味道。因为我们喜欢在米饭里面加很多食材一起烹饪，所以鸡蛋炒饭非常对我们的胃口。所以如果只吃白米饭，我们有好多学生都不能习惯。"（受访者O，印度人，女，电子科技大学学生，来蓉2年）

受访者B是一位来自印度的穆斯林，鸡蛋炒饭也是他最钟情的食物。"中国

---

① 弗朗兹·博厄斯. 原始艺术［M］. 金辉, 译. 上海：上海文艺出版社, 1989：8.

和印度的穆斯林食物是有些不一样的,比如,中国的辣椒和油,在印度就没有,所以味道也不一样,但是我也很喜欢吃成都的辣。我非常喜欢吃炒饭,鸡肉炒饭、牛肉炒饭,还有鸡蛋炒饭,尤其是穆斯林餐厅的牛肉炒饭,非常美味。我从公司回家的时候,路上也会经过很多卖炒饭的小摊。我觉得他们非常擅长做炒饭,甚至比穆斯林餐厅的炒饭味道还要好。在我家小区旁边就有两个卖炒饭的小摊,因为我经常在他那里买鸡蛋炒饭,他们都已经认识了我,并且知道我喜欢的口味。"(受访者B,男,印度人,wipro公司职员,来蓉2年多)

此外,在职人员常去的就餐地点还有清真面馆,或者汉堡、比萨等速食店,工作日在外面用餐和自己携带本国食物的频率大致相当。因为成都人民的饮食也以辛辣为主,因此虽饮食结构有变化,但基本能适应这种改变,对成都食物的味道也赞不绝口,遍地的清真餐馆给穆斯林提供了便利。

外出聚餐以本地餐厅为主,火锅征服"味觉"和"胃"(如表4-12所示)。

表4-12 聚餐时常去地点(N=120)

用餐地点 频数和频率	本国餐厅	火锅店	川菜馆	外国餐厅	烧烤或烤肉店	自己家或朋友家
计数	18	31	54	2	5	10
占比(%)	15.0	25.8	45.0	1.7	4.2	8.3

上表显示,外籍人士外出聚餐以本地餐厅为主,火锅店和川菜馆是成都本地餐厅的两大特色,选择常去这两个地方用餐的共有85人,比例超过70%,受访者无一不向笔者表达了对火锅的喜爱。A是火锅的狂热爱好者:"我很喜欢吃火锅,刚来成都的时候,我基本每天都去吃火锅,只要我的朋友告诉我哪里有好吃的火锅,我会毫不犹豫地过去吃。"(被访者A,男,巴基斯坦人,中国科学院博士,来蓉3年多)P是四川师范大学的一名学习汉语的学生,他认为自己将来离开成都时最不舍的会是成都的食物:"我最喜欢成都的烤鱼,我怎么吃都不会厌烦,我甚至很想请求那个老板把烤鱼的技术教给我,我回国就可以自己做了。"(受访者P,男,巴基斯坦人,川师大学生,来蓉3年)本国食物可以缓解乡愁,他们也会选择去印度或者巴基斯坦餐厅聚餐,或者在家与朋友一起做,大概一个月聚会一次,与本国朋友相聚为外籍人士带来了归属感。比如,在成都中医药大学工作的R老师是该大学巴基斯坦学生的"核心人物",他经常组织聚会活动,几乎每个周末都会有很多学生来他的公寓里聚会。"我是他们的老师,也是他们的亲人,他们离开家庭来中国上学,是很辛苦的,而且他们很能干,会做很多食物,我们每次聚在一起吃饭聊天都很开心。"(受访者R,

男,巴基斯坦人,成都中医药大学老师,来蓉 7 个月)

饮食方式的转变——从"手抓"到"筷子"(如表 4-13 所示)

表 4-13 用餐方式统计(N=120)

用餐方式	留学生		务工人士	
频数和频率	计数	占比(%)	计数	占比(%)
用筷子更多	30	55.6	15	22.7
手抓方式更多	12	22.2	23	34.8
使用勺子和叉子更多	12	22.2	28	42.4
合计	54	100	66	100

外籍人士在成都用餐方式呈现出两个特点:一是总体上在外就餐使用筷子和勺子,在家里或宿舍用餐就用手抓方式,使用筷子对他们来说是在成都生活的必备技能。

受访者 Q 受到外界因素的推动,主动学习使用筷子:"有一件事令我印象深刻,我迄今难忘,在那次聚会上,很多人围着圆桌吃饭,我十分不擅长使用筷子,吃饭总是把菜掉在桌上,我觉得这非常尴尬,也很羞愧,从那之后我就非常努力地练习使用筷子,这是在中国生活必须具备的技能。"(受访者 Q,男,巴基斯坦人,四川大学学生,来蓉 1 年多)

受访者 B 则认为应该"入乡随俗":"我现在可以用筷子吃任何东西,我也可以用筷子吃米饭,就像中国人一样熟练。我的学习方法是看中国人如何使用,然后自己学,自己练习。"(受访者 B,男,印度人,wipro 公司职员,来蓉 2 年多)

二是留学生使用筷子的比例要高于务工人士,这与留学生多在学生餐厅等公众场合用餐也密不可分,务工人士则有更多机会在家庭这一较为私密的场所用餐,不会有强烈的社会规训束缚感,因此仍习惯以手抓的方式。用餐方式的改变体现了外籍人士对成都饮食文化的接纳。笔者也曾经参加过印度朋友家里的聚会,他们给我摆好筷子之后,便将碗内的汤倒入米饭内,以手抓的方式进食,同伴 V 向我解释道:"希望你不要感觉到奇怪,这是我们的传统习惯,我们在用餐前后都会把手洗干净。在外面的餐厅吃饭的时候我就会用筷子或者勺子,在家如果吃米饭都用手抓。"(受访者 V,男,印度人,电子科技大学博士,来蓉 2 年)

在进行本研究之前,笔者查阅了印巴人民饮食习惯的图文资料,尽管如此,在第一次亲眼看见"手抓饭"的场景时,也遭受了文化冲击。文化模式对人的影响根深蒂固,植入的时间越长越不容易改变,在新的社会环境中他们会对原有的行为做出调整，但彻底改变十分困难。

饮食态度与行为（如表4-14、表4-15所示）

表4-14 自己做中餐的频率（N=120）

频数与频率 \ 做中餐频率	几乎每天都做	经常做	偶尔做	没有做过
计数	1	12	37	70
占比（%）	0.8	10	30.8	58.3

表4-15 学习做中餐的意愿（N=120）

频数与频率 \ 做中餐意愿	非常愿意	愿意	无所谓	不太愿意
计数	24	63	30	3
占比（%）	20	52.5	25	2.5

对某一地区食物的态度和行为也能反映对饮食文化的适应程度，若在实际生活中制作迁入地的食物，直接反映着饮食文化方面融入的积极性，同时学习意愿也体现着适应新的饮食文化的可能性。受访者N很喜欢成都食物："只要我不做饭，我就到公寓楼下去吃面条或者冒菜，我们楼下的很多老板都认识我。"当被问到"学习制作中餐或成都食物的意愿"时，她的回答是"非常愿意"，像N这样选择"非常愿意"和"愿意"的人数超过七成（72.5%），整体学习意愿较为强烈。但外籍人士总体上制作中餐的频率并不高，习得新的烹饪技能对他们来说是一大挑战，在食材的选择上也很受限制，尝试做得最多的是面条和火锅。

在家我妻子有时候会煮火锅，这是最简单的，把很多菜放进去一起煮就可以。但是因为我们的宗教信仰，很多肉不能吃，我们只会吃鸡肉、面条、蔬菜。其他的菜不会做，学起来也很困难。中国的香料和我们（印度）的不一样，我们很喜欢，去年我带了几包成都的火锅料送给国内的朋友。（受访者S，男，印度人，wipro公司职员，来蓉3年）

2. 服饰的改变与接纳

服饰是物质文化的显著标志，"服饰"既包括人们身上穿的衣服、鞋，戴的帽子以及各种装饰品，也包括文身和各种化妆品、涂料等，民族服装不仅是视觉符号，也是民族身份的象征、国家文化的代表。巴基斯坦男性服饰主要是白色长裤和各式上衣，妇女穿宽大的长袍，头纱是女性服饰的重要部分，颜色多样艳丽,必须佩戴头纱遮住头发。印度男性喜着长衫,女性穿纱丽,都极富民族特色。但现在两国的年轻人日常也多着西式服装(如表4-16所示)。

表4-16 穿传统服装的频率(N=120)

频数与频率 \ 穿传统服饰频率	不穿	偶尔穿	经常穿
计数	43	60	17
占比(%)	35.8	50	14.2

外籍人士在服饰方面与在家乡穿着并无太大的差别,适应良好,以西式服装为主。他们也携带了传统服装来成都,做礼拜或者传统节日的时候会穿。每周五下午,皇城清真寺周围有众多穆斯林着传统服饰出没。访谈对象J是一位巴基斯坦的学生,他告诉笔者,在日常生活中,他们主要穿外套、T恤和裤子,周五下午换上传统服装做礼拜,每年的开斋节也会穿一个月的传统服装。

我平时穿得和中国人一样,我在巴基斯坦也这样穿,但是我在家里穿戴本国服饰会更多一些,我感觉每次穿长袍出去路上的人都盯着我看,觉得有点尴尬,开斋节的时候我们会尽量穿传统服装。但是我感觉我和中国的男孩子有点不一样,我喜欢留胡子,这样更有男性特质,你们(中国男性)不喜欢。(受访者J,男,巴基斯坦人,中国科学院留学生,来蓉2年)

访谈对象E是一名女学生,夏天常穿巴基斯坦裙子,特殊的样式受到了中国朋友的称赞,她平时上课不会化妆,和朋友们外出玩耍会稍微打扮一下,但是和中国朋友的风格不太一样,她们更喜欢粗黑的眼线,不喜欢颜色丰富的眼影。

我现在出来没有戴头巾,但是也戴了一个帽子,不会遮脸。冬天就算不戴帽子,我也会戴围巾,因为宗教信仰,我们不能露出自己的头发。(受访者E,女,巴基斯坦人,川师大学生,来蓉4年)

成都市内主要是汉族人聚居,居民衣着以现代服装为主,穿民族服装的较少,这对外籍人士并没有服饰上的视觉冲击,在日常生活中两国人民的着装没有很大的差异。

(二)新型生活方式的接纳

文化习得的过程也是文化移入或融入的过程。生活工具是人类制造的器物的一部分,现代社会的科技进步飞速,带来了交通工具、支付工具和购物方式的更新,也给我们的日常生活带来挑战,社会群体需要一定的时间来适应新型的生活方式。对新型生活工具的接纳和使用反映了对这一社会内部器物文化的接受程度。本研究将交通工具、支付方式、购物方式三方面纳入新型生活方式,以此逐一考察印巴外籍人士对新型生活方式的接纳。

1. 交通出行以地铁为主

印巴人在本国乘坐突突车、摩托和公交车等交通工具出行，在成都出行大部分时候会乘坐地铁，距离近则选择共享单车，这对他们来说是全新的交通体验。受访者 B 是来自印度的 IT 从业者，他通常骑共享单车去公司，出门去商场就乘坐地铁，中国朋友教过他如何购买地铁卡和充值卡。当笔者问到"为何不选择公交车"时，他是这么回答的："地铁是最方便的，会有英文和中文播报，我们多坐几次就能听得懂，主要速度也很快。我听不懂中文，坐公交车不方便，我从公司到家里都是骑共享单车，我的朋友教了我一次，我很快就学会了（如何扫码使用）。"（受访者 B，男，印度人，wipro 公司职员，来蓉 2 年多）

来自巴基斯坦的 E 也有相同的感受："成都的地铁真发达，我来之前都没有坐过地铁，但是来到这里很快就学会了（如何乘坐地铁），虽然我的中文很好，可以坐公交车，但我还是觉得地铁更方便，价格也不贵。自行车也很方便，我在学校附近经常骑。"（受访者 E，女，巴基斯坦人，四川师范大学学生，来蓉 4 年）在川内面积较大的校园里，能看见很多外国留学生在校内骑着共享单车穿梭，他们认为打车的价格较高，只有去完全陌生的地点或在紧急情况下才会选择出租车。

总体而言，外籍人士对新型的出行方式适应良好，地铁因便捷成为他们出行的首要选择，共享单车也受到他们的青睐。

2. 微信承担支付与社交功能

表 4-17　常用的支付方式（N=120）

支付方式 频数与频率	微信	支付宝	刷卡	现金
计数	81	35	2	2
占比（%）	67.5	29.2	1.7	1.7

微信是我国居民最常用的社交软件，印巴人民的社交软件是"What's App"，他们表示知道有"微信"这一软件，但在本国几乎不使用。如今他们已经能熟练地在微信发送消息、拨打语音电话，在朋友圈发布动态。他们也喜欢分享生活动态，习惯给朋友发布的动态"点赞"或者"评论"，微信承担了他们在中国的社交功能。

移动支付方式也便利了他们的生活，使用移动支付的人数超过 95%，有接近七成（67.5%）的人选择用微信支付，他们表示微信与支付宝这两种支付方式同样便捷，都只需要扫码，不用担心钱财的安全问题。访谈对象 Q 说自己曾经最常用的支付方式是现金或刷卡，电子支付是一种全新的支付方式："我现在不需要在我的口袋里准备现金了，我在自己的国家要注意出门带钱，有时候会忘记（带现金），在这里有手机就可以了，很方便。"（受访者 Q，男，巴基斯坦人，四川大学学生，来蓉 1 年多）外籍人士已经完全接受并且能很习惯移动支付方式，承载支付和社交功能的微信已经深入到他们生活的方方面面，给他们带来新的体验感（如表 4-17 所示）。

（3）淘宝给外籍人士带来新体验

表 4-18　常用的购物方式（N=120）

频数与频率＼购物方式	商店购买	网上购买	两种方式频率相当
计数	37	39	44
占比（%）	30.8	32.5	36.7

在关于购物方式这一部分的访谈内容里，最常出现的词条是"淘宝"和"京东"，有很多外籍人士都喜欢在淘宝平台购买生活用品和家庭用品。除了大约 30% 的人选择"在商店购买更多"，有接近 70% 的人频繁网购。不同的对象购买物品的偏好不同，女性相比男性更喜欢在淘宝上购买各类服饰，丰富的商品和价格优势吸引了他们的目光，尤其是留学生的生活费有限，会倾向于在有价格优势的平台购买商品（如表 4-18 所示）。

受访者 E 向笔者讲述了她使用淘宝的经历："我非常喜欢刷淘宝。刚来半个月，我就开始学习使用淘宝，淘宝上是中文，那时候我们看好衣服的样式之后，给我们的中国朋友看材质和尺寸，让他们帮我们决定。淘宝上很多很漂亮的衣服，价格也不贵。"（受访者 E，女，巴基斯坦人，四川师范大学学生，来蓉 4 年）

成都中医药大学的 R 老师（男性）曾主动向笔者展示在淘宝和京东上已购买商品的界面："我给你看我在淘宝和京东上买到的东西，非常多。我会在京东上购买电子产品，京东的速度很快，我卧室里的投影仪，还有这个送风机都是从京东上买的。我在淘宝上也会买生活用品。每隔一段时间，我就会从淘宝上买巴基斯坦的米和香料，方便我邀请我的学生们来我家里做饭。"（受访者 R，男，成都中医药大学老师，来蓉 7 个月）

不同的群体都表现出对淘宝的喜爱，他们也流露出对商品质量的担心，有一些人对淘宝平台上商品的质量有些失望，也不会进行退换商品的操作，在难以把握的情况下会慎重购买。

(三) 物质文化总体适应情况

表 4-19　外籍人士对成都日常生活的适应情况（N=120）

适应情况 频数与频率	非常适宜	适应一般	适应	不太适应
计数	28	62	29	1
占比（%）	23.3	51.7	24.2	0.8

物质文化融入的程度影响到文化融入的深度。通过以上对印巴人在成都的饮食、服饰、交通、社交方式、购物方式及支付方式的现状描述，笔者总结出外国人物质文化融入的四个特征：外籍人士总体对成都的食物表现出极大的喜爱，但实际动手制作的频率较低，务工人员相较于留学生更不易改变传统的用餐方式；在服饰上并未有多大的改变，他们既能接纳现代的穿着方式，又保持着原来的服饰传统；便捷的交通方便了外国旅居者出行；使用新的软件和接纳新型的生活工具对外国人来说不构成挑战，极少表现出不适应或很不适应的情况。高等教育背景和良好的学习技能使得他们更有可能选择积极应对新生活环境的策略，他们有能力改变或调整自己的状态。在某种程度上，高教育水平对外籍人士融入成都生活有正面积极的影响，有利于减弱文化距离感（如表 4-19 所示）。

三、制度文化融入状况

成都作为一个日益国际化的城市，文化多元化的特征伴随着城市的发展日益明显。跨国公司在天府新区林立，蓉城高校扩大接收留学生的规模，丰富了城市和校园文化，也给社区、学校和政府相关机构带来了新的挑战。管理涉及法典制度和社会规则，制度文化即人类在社会生产过程中所结成的各种社会关系的总和及组织规范的总和。[1] 社会制度约束人们的新行为和社会关系，包括道德、传统、习俗等非正式性约束，以及正式的法律法规、政治制度、经济制度。[2] 制度文化推动社会有序运行，每一个社会有一套相应的管理模式与制度体系，有效的社会制度才能带来更良好的社会秩序，提高社会整体治理水平和社会成员的生活水平。

---

[1] 杨河. 谈谈文化传承创新 [J]. 中国高校社会科学, 2013（04）：19-31, 156.
[2] 道格拉斯·C. 诺斯. 经济史中的结构与变迁 [M]. 陈都, 罗华平, 等译. 上海：上海三联书店, 上海人民出版社, 1994：3.

（一）务工人士对工作制度的融入情况

表4-20 务工人士工作制度融入情况（N=59）

融入情况 \ 频数与频率	计数	占比（%）
和本国不同不能适应	0	0
和本国不同基本能适应	33	55.9
和本国差别不大仍不能适应	0	0
和本国差别不大且基本能适应	26	44.1

需要说明的是，在这一题的测量中，只采用了59个在职工作人员的有效样本，另有7人是待业状态，故不纳入这一部分的研究中。本研究只针对在职人员适应工作制度情况进行了了解，有55.9%的人认为目前的工作制度和本国不同，超过四成的人认为和本国差别不大（如表4-20所示），所有在职人员都认为新环境的工作制度具有较强的包容性，通过访谈笔者得到了更丰富的资料。

受访者F在IBM公司工作了三年多，暂时没有感觉到不适，他认为公司工作环境比较好，也不用经常加班，还能有中午休息的时间。

中国和印度的工作制度是不一样的。我觉得最大的不同就是午饭过后中国人都要午睡，在我们那边（指印度）饭后都不睡觉的。中国这里是12点左右吃午饭，2点上班，所以很多人都会午休。但是在印度，差不多是这里（中国）的下午两点吃饭，中午只有一个小时空闲，吃完饭后就要工作。我现在仍然不习惯午睡，但我觉得这种休息的习惯很好。"当谈到和上级以及和同事的关系时，他笑了笑，表示自己组内的同事都非常友好："但是我也不确定这种关系是否算得上是'好朋友'。我的上级是中国人，平时接触也不会很多，我觉得我和他就是'他管理我'的关系。虽然这是一个外企，但是和在印度的感觉还是不一样，在印度我可以更自由地在办公室说话，在很多中国人面前我好像没有那么自信了。公司的制度并不严格，只要按时上下班，在规定的时间内完成项目，就能拿到合理的工资。（受访者F，男，印度人，IBM公司职员，来蓉4年）

D认为在成都的工作时间、和同事上级之间的关系和在印度稍有不同，但基本能适应，因为是外企的缘故，总体的工作氛围轻松，他还没有深入融入公司内部的制度和人际关系中。其他外企的员工也有相同的看法，虽然和中国人同样在外企工作，但公司的管理制度更偏向中国模式，外籍员工相对处在弱势地位。

被调查者中还有一部分是科研工作者，他们的工作环境和在外企的职员不同，同样是在学校里，他们比留学生受到的约束更少，T是电子科技大学的一名物理学研究人员,他所在的科研团队由不同国籍的科研成员组成,他说道:"我的工作比较自由,也很单调,我每天就是在办公室看论文、写论文,我们团队成员的关系非常好,有时候教授会和我们一起去酒吧放松,我的上班时间不固定,但是我每天也会按时去,晚上也去办公室,因为论文压力很大。学校对我们这些人都挺好的,提供住宿,没有什么特殊的要求,我希望好好享受在成都工作的时间。"(受访者T,男,印度人,电子科技大学科研人员,来蓉7个月)科研工作者的工作时间普遍自由,较少受到行政部门的管理,没有遇到很大的制度性障碍,发表论文是最大的压力。被访问的对象还有餐饮从业者和瑜伽老师,笔者在这里不做一一论述。外籍人士的工作单位不同,也受到不同制度的制约和管理,但总体上对异地工作制度适应良好,能顺利开展工作。

(二)留学生对学校制度的融入情况

表4-21 留学生对学校制度的融入情况（N=54）

融入情况	频数与频率	
	频次	占比（%）
和本国不同不能适应	0	0
和本国不同基本能适应	26	48.1
和本国差别不大仍不能适应	5	9.3
和本国差别不大且基本能适应	23	42.6

留学生面临的最主要的是就读学校的管理,高校不仅要对其学业负责,也要保障他们的人身安全。目前成都高校对留学生的管理模式是将他们聚集在留学生公寓,与中国学生分开居住。有接近一成(9.3%)的留学生认为管理制度和本国差别不大,但仍然不能适应,大部分被调查者都能适应中国高校的管理模式(如表4-21所示)。

A同学今年将在某研究所博士毕业,他向笔者表达了对学校管理制度的不满。

我对我们学校的公寓管理制度非常不满意,一个是所有的外国学生都住在9楼,中国学生住在别的楼层,但是学校只在9楼装了监控。他们区别对待中国学生和外国学生,中国学生可以做任何事,很自由,没有监控,但是他们却在监控外国的学生,他们很想掌握外国学生的动态。举个例子吧,我曾经想申请住单间,并且愿意付双倍的住宿费,学校不同意,我知道还有很多空房间。另一个是,我们是成年人了,他们为我们制定了很多规则,规定我们11点之前必须在宿舍，我能理解学校是为了督促我们早点睡觉，这是好事，但是在周末，经过了一星期紧张的学习，我们也想出去放松一下，学校的规定仍然没有变，如果我们回来的时候门已经关了，就必须请求管理员帮我们开门，第二天管理员会向我们的导师抱怨，他们只是抱怨，也不能做其他的。我在成都有很长一段时间都在外面的公寓住，和我非洲的朋友合租了6个月，因为公寓出了点问题，我又搬回宿舍住了，但是宿舍管理员告诉我已经没有空余的宿舍了。我毕竟是有调查能力的，经过我的调查，我发现还有很多空宿舍，在10楼有一家私人公司在办公，我搜集了所有的证据（照片）向导师反映，这里他们宁愿租给外面的人来赚更多的钱，也不给我们博士生住，我那时候打算写一封信向北京总院反映。我的导师劝我不要这么做，他和公寓管理者交流之后，他们同意几天内给我安排宿舍，几天后，他们给我安排了一间非常好的房间。这就是说，只有给他们施压，他们才会有执行力，否则结果会很不一样。事实上，我可以说，巴基斯坦学校的宿舍管理比这里自由，他们从来没有这么严格地限制我们（管理方面）。（受访者A，男，巴基斯坦人，中国科学院博士，来蓉3年多）

首先，宿舍门禁制度是外国留学生普遍不能适应的，他们认为自己无法改变制度，因而在晚归时会选择留宿在外，或反复请求宿舍管理人员，受到学校管理老师批评之后，会稍加克制，但几天后仍然会有晚归行为。在留学生与学校管理部门的博弈中，学校占绝对的优势，其目的是保障学生的安全，如何让留学生认可并遵从这种管理规定也是高校面临的管理问题。

其次是留学生与老师、学校行政人员的关系。四川师范大学的受访者表示，他们师生的关系十分融洽。这与他们学习中文专业有关，他们与授课老师亦师亦友，大部分时间使用中文交流。并且学校给每个留学生班级安排了一名生活老师，帮助他们解决在校内的各种问题，他们对学校管理制度的评价也很积极。其他高校对留学生用英文授课，理科留学生与老师只有学术上的沟通，对老师是尊敬甚至敬畏态度，也有人在处理和老师的关系上陷入了困境，和学校的行政人员打交道遇到过障碍。

V是电子科技大学的一名博士，与笔者的关系非常好，他向笔者讲述了一些与导师之间的矛盾。

有一次我和我的同胞要去崇州参加马拉松比赛，所以我们提前一天就坐高铁去了崇州市，那两天我都不在实验室。老师非常生气，他说这是最后一次没有经过他的允许离开实验室。回来之后，老师让我看了实验室的管理条例，上面写着：学生离开实验室，必须向老师请假。老师让我签了保证书，承诺下次在离开实验室之前，一定会向他请假，如果没有生病这样的特殊情况，每个月只有三天的时间可以离开实验室。其实我是想说,我不是很擅长处理和老师之间的关系。

笔者和他解释在中国是导师责任制,导师需要对学生的安全负责,因此会有一定的要求。后来在还有类似事情发生之前,他曾向笔者求助如何处理,经过几次交流,受访者逐渐能适应这种方式,并且能自己处理,向导师提前告假,以表示充分尊重。处理新的师生关系也是留学生面临的问题之一,他们也在尽力寻找平衡,试图以中国的方式处理和导师的关系。

受访者U是某综合性大学一名印度留学生,当提起在学校与行政老师的关系时,她极力摇头:"他们可以做任何事,有一次老师上课前要我们去更换上课的教室,我们和行政老师沟通了很久都没有成功,他们的态度不太好。还有一件事让我觉得他们的权力很大,刚开学的时候我们选修了一门关于中文的课程,这与我的专业无关,我只是想学一些新的知识。上了3个月的课之后,学院突然告诉我们这个课程有期末测试,我和同学们去办公室问老师为什么突然决定要考试,因为我们都不想参加考试。但是老师给我们的答复是,你们现在在中国上学,就应该遵守这里的规矩和方式。我觉得他并没有对我的问题给出正面的答案。"(受访者U,女,印度人,四川大学留学生,来蓉3年)

来到新的校园环境,留学生在处理与老师的关系中还处在摸索阶段,时而有不解和冲突。高校若能有针对性地转变管理方式,畅通信息渠道,留学生若能更积极地去适应新的管理制度,在双方共同的努力下才能有效促进高校与留学生的融洽关系。

(三)对相关办事机构制度的融入情况

表4-22 对相关办事机构的融入情况 (N=120)

频数与频率	融入情况计数	融入情况占比(%)
和本国不同不能适应	6	5
和本国不同基本能适应	64	22.5
和本国差别不大仍不能适应	23	19.2
和本国差别不大且基本能适应	27	53.3

在生活中,外籍人士不免要与当地社会和居民直接接触,而成都市在近几年才成为外国人士的移民热土,因此移民管理经验有限,出入境管理、派出所和公证处等机构针对外国人的政策和制度正在积极完善之中,不免存在因为语言和制度不完善等障碍导致办事过程不流畅的问题。数据中选择"不能适应"本地制度的共有29人,约占总人数的24.2%,超过70%的人对办事机构表示能

够适应(如表4-22所示)。

笔者以和受访者的亲身经历来分析外籍人士与相关机构办事人员的互动。来自巴基斯坦的I老师即将结束在某研究所的科研工作,川内另一所高校拟聘请他去授课,3月正在办理入职手续,还需要开具一份"无犯罪记录证明"。笔者和该老师首先来到他所居住社区的派出所开居住证明,并充当了他与工作人员之间的翻译。派出所内无人会讲英语,笔者了解到他们与外国人办事也都全凭经验和手机翻译软件,很多外籍人士来派出所的诉求大致相同,或者会有中国朋友陪同办理。之后我们去了出入境大厅询问是否有必要开"无犯罪记录证明",工作人员也无法确定,随后和I老师与即将入职单位的人事老师沟通,也未得到准确的答复。在整个过程中,I老师与很多中国人有着一样的心态——"多准备点总是好的""以备不时之需"。第二天我们来到青羊区的公证处,公证处办事厅公开透明,办事人员态度十分热情,大约十分钟后,I老师留下联系方式,被告知会在一周之内得到通知来取证明,工作人员会与他取得联系。笔者在事后与I老师交流了在中国办事的感受,他认为现在这几大机构的办事效率很高,在出入境签证中心三楼专门设立了外国人办理处,有工作人员会讲英语,手续便捷。但若去到其他机构,他们还是有些担心语言障碍会影响办事效率。但他也显然存在很大的困惑:"我很不理解,这么多人不会讲英语,这些事情是怎么顺利办理下来的,很多地方英文指示牌也没有,我只是需要一份证明,却需要去这么多机构,甚至很多机构都不能给我准确的答复,甚至沟通无果,我觉得太复杂了。"(受访者I,男,巴基斯坦人,中国科学院研究员,来蓉2年)当前成都涉及外国人的行政手续,仍然存在效率不高、手续较为烦琐、工作人员外语水平不高等问题,有待进一步改善。同时社会制度是在特定的社会环境中应运而生,转变社会环境也使得他们仍然需要一定的时间来与之相适应。

(四)对公共秩序的行为与态度

表4-23 公共秩序的融入情况(N=120)

频数与频率	融入情况计数	融入情况占比(%)
和本国不同不能适应	6	5
和本国不同基本能适应	64	22.5
和本国差别不大仍不能适应	23	19.2
和本国差别不大且基本能适应	27	53.3

表 4-24 融入公共秩序的态度与行为（N=120）

理解社会秩序的重要性	很重要	重要	无所谓	合计
计数	49	52	19	120
占比（%）	40.8	43.3	15.9	100

如果不在一个地方生活就难以改变心里的"刻板印象"，大多数外籍人士来华前仅通过网络和媒体报道了解中国形象，其中不免有过分渲染的成分。只有有过在中国生活的经历，才能切身感受中国社会的风情面貌、公共服务和社会秩序。本次研究的被调查者大多是第一次来蓉，也有部分外国人曾在其他城市生活。有接近半数的外国人认为当地的社会秩序与本国不同，但超过九成的外籍人士认为能适应目前这种情况（如表 4-23 所示）。

来成都生活九年的 G 的经历非常丰富："我来成都很久了，见证了成都的发展。刚来的时候我都乘坐公交车，那时候车上很挤、很吵闹，每次车一来，大家都挤上去，没有秩序，现在修建了地铁，几乎所有人都会遵守秩序，排队候车。在我们国家有的地方很乱，反而不需要太多规矩。但是我是受过教育的人，我会限制自己的行为。现在城市也比以前干净了很多，在地上丢垃圾、吐痰的人少了很多，成都也越来越国际化，很像一个大都市。"（受访者 G，男，印度人，IBM 公司职员，来蓉 9 年）

受访者对成都的发展有自己的认知，对成都的公共秩序做出了积极的评价。他们认为理解当地的社会秩序并不困难，当发现行为与本地人不一致时会努力模仿以缩小差距。笔者曾与 V 博士同行，在这期间他多次提醒我注意车辆和红绿灯，当我问到在印度是否同样要注意遵守交通规则，他笑道："我们那边的交通情况比较差，我都是随便走，其实有点不好意思，但是在中国我会注意。"（受访者 V，男，印度人，电子科技大学博士，来蓉 2 年）但也有人与之相反，对自己的行为不加约束。"我出门都是骑电动车，我骑车很快，被交警拦下的时候我就说'听不懂'，其实我的中文很好，他们也没有做什么。"（受访者 W，男，巴基斯坦人，川师大本科生，来蓉 2 年多）因为不想被看成"异类"，或"不想给自己造成麻烦"，这种无视交通规则的事情在留学生中鲜有发生，绝大多数外籍人士认为了解并遵守当地的行为规范是很重要的（如表 4-24 所示）。

制度文化的内容甚是广泛，不仅包括各个机构与社会的规章制度和行为规范，也涉及对当地社会风貌和市容市貌的认知及印象，囿于笔者的资料，无法对此一一做出描述。20 世纪 90 年代后，发达国家注重以积极的政策引进高端国际移民，制度理论强调移民制度或政策对于移民融入的影响不可忽视，移入地特定的政策和制度建构是移民能否有效融入的决定性因素，融入的过程兼顾了结构与行动的平衡。① 在本研究中不仅包括制度对行动者的制约，也包括行动者的具体行动对新制度环境的调试，将东道国的制度体系吸纳到自身的行为系统。

四、精神文化融入状况

文化中真正难以融入的部分，不仅是语言或语言表征的社会符号与社会规则，更主要体现在社会文化中大部分个体共享的、共同的交往行为、家庭观念、风俗习惯、宗教信仰和意识形态等，充分沟通和理解才有可能尽早适应精神文化的冲击。② 精神文化是物质文化的核心载体，精神文化包括风俗习惯、宗教信仰、价值体系等多重指标。跨国移民精神文化的融入，需要与当地社会经历长时间磨合。本研究调查得出的结论是，外籍人士对当地社会活动的参与、对传统文化活动的参与表现出较为积极的意愿。他们在社会交往中对当地人在价值体系中的生育观、择偶观、家庭观和性别观有了一定的理解。在访谈过程中，他们也向笔者表达了对此的认知，他们有的人受到了价值观的冲击，但整体并未表现出要改变原有观念的倾向，呈现出浅层融入的特点。

（一）文化活动与社会参与

参与本地文化活动行为与意愿是外籍人士融入本地社会的重要参考维度之一。外国人通过各项活动可以尽早熟悉校园、社区、城市中心及周边环境，有更多机会与当地人建立友谊关系，获取生活资源和文化知识。简言之，活动参与的频率越高，途径越多，融入的效果则越好。本次研究发现，在蓉留学生与务工人士参与文化活动的情况存在差异。

1. 留学生：参与文化活动的途径多元

表4-25　留学生参与校园活动的次数统计（N=54）

频数与频次	参与校园活动次数				
	0次	1~3次	4~6次	7~9次	超过10次
计数	19	24	7	1	3
占比（%）	35.2	44.4	12.9	1.9	5.6

---

① 文军，黄锐. 移民政策的回归及其分析维度的建构：一项以国际移民研究为中心的讨论[J]. 天津社会科学，2013（02）：59-64.
② 陈凤兰. 文化冲突与跨国迁移群体的适应策略：以南非中国新移民群体为例[J]. 华侨华人历史研究，2011（03）：41-49.

留学生的交友形式多样化与交友积极性为他们参与各种组织和活动提供了更多的选择，有近70%的人都参与过校园活动（如表4-25所示）。川内多所高校均成立了留学生学生会，为留学生提供了新的互动空间。笔者曾经随V博士去参加某大学留学生学生会召开的会议，他告诉笔者学生会成员都是外国学生，由中国老师负责，设立有主席、副主席职位和其他职能部门，学生会定期召开会议，收集在校留学生的建议、诉求，商讨组织校园活动、社会公益活动等。该大学校园活动颇为丰富，组织了校园文化节、美食节，篮球、足球、羽毛球等竞赛类活动，也与成都和周边城市政府部门及民间组织深入合作，时常组织留学生参观文化景点，有不少留学生纷纷表示他们对体现四川历史的代表性文化活动印象深刻，他们还会随中国朋友参加校外的志愿者活动。V博士也是校园活动的积极参与者，他认为参与活动既能娱乐又能交友，学生会主管老师也会经常带他去参与社会性的文化活动，比其他留学生有更多机会。

我的学习很忙，我是学生会的副主席，我想要多为我们同胞提供一些信息。我参加过很多活动，去过好几次崇州，看了油菜花田和古镇，还带回来崇州的绿茶、宣传手册，崇州很美，也很有历史感。我在那里认识了一位非常好的中国朋友。我也参加了好几次马拉松比赛，一般来说，有我的朋友同行我才会去。我还和我的老师去参加了好几次'外国人在成都'的活动，看到了中国的工艺品、窗花、剪纸、熊猫形状的小点心。泰戈尔和季羡林的书见证了中国和印度的友谊，大家还一起吃了火锅，听了川剧。（受访者V，男，印度人，电子科技大学博士，来蓉2年）

我每次参加活动都是有中国朋友一起的，我们自己不知道怎么去参加，有些人也不喜欢参加这些活动，他们只喜欢像美食节、文化节这类活动。但是我们专业的学生，每年都会和老师去很多不同的地区参观，因为我们要学习中国的文化，我去过四川的都江堰、广元、乐山，我们学校还组织我们去过广州。（受访者E，女，巴基斯坦人，川师大学生，来蓉4年）

特殊的身份以及拥有的本地社会关系网络，能帮助他们拓展社会活动参与范围。笔者接触到的留学生都有加入"外国人"微信群，群内成员包括中外同胞，时常会有文化活动的信息发布，他们还通过微信社交网络进行线上交友、线下会面，进行跨校园联谊，结伴去周边城市旅游。他们喜欢在同伴之间进行信息分享，与同胞结伴参加活动。

2. 务工人士：参与文化活动的途径单一

表4-26　务工人士参与社区活动次数统计（N=66）

	0次	1~3次	4~6次	7~9次	超过10次
计数	42	22	2	0	0
占比（%）	63.7	33.3	3.0	0	0

在蓉的外籍务工人士以散落的状态居住在中国人社区，我们的调查数据显示有超过六成的人没有参与过任何社区活动，与同一社区的居民基本处于隔离状态（如表4-26所示）。他们对社区活动毫不了解，也很少见到相关大型活动的宣传。成都的大多数社区还未向国际化起步，社区居民对该范围内是否生活着外国人也并不清楚，他们也表示"不感兴趣"，打造更多"桐梓林"模范国际社区以及与之相配套的社区建设尚需时日。

我居住在科华路那一片，我们附近的小区里外国人比较多，我在那里住了4年多，但是我从来没有参加过任何活动，我和我小区的居民也不是很熟，我认识我的邻居、保安，会和他们打招呼。有时候我会停下来和他们的孩子玩，就是这样不深入的关系。（受访者G，男，印度人，IBM公司职员，来蓉9年）

成都虽已成为一个日益国际化的城市，但社区的多元化还没有与城市的多元化接轨，文化的多元化体现在某一空间内不同文化的并存，不同文化主体的交流与碰撞。目前成都大多数社区在治理时尚未完全顾及外国人的群体，促进中外文化交流的活动仍有待开展。也是基于这个原因，对于大多数外籍人士来说，居住的社区只能满足日常居住需求。

我们很少参加文化活动，我只参加了洒红节这样盛大的文化活动节日，我们同胞的群里会有通知，或者是公司组织的运动会。其他时间就是我们一家人出去玩，或者和一些朋友一起玩。我们没有很多参加活动的信息。（受访者B，男，印度人，wipro公司职员，来蓉2年多）

巴基斯坦和中国有频繁的贸易往来，我觉得中国有很大的商机，我想在这里学习如何做生意，以后从事巴基斯坦和中国之间的贸易。所以我会经常去参加一些创业讲堂的活动，有些是免费的，他们会发邀请到我的邮箱里，我有时间就会尽量去参加。（受访者X，男，巴基斯坦人，马萨基物流公司职员，来蓉3年）

首先是在职人员的文化活动信息来源有限，主要通过公司和同胞获取信息，呈现出活动较为单一、参与程度较低、有选择性参与的特征。务工人士的交际圈相对狭窄，生活中主要依靠强关系，难以通过不同的群体获得其他信息。其次是参与活动目的性较强,经商人士为了获取有效资源,更为主动地寻找活动的信息源。最后是本国特色活动对外籍人士有更大的吸引力,近几年政府和社会组织合办了印度传统洒红节,在公共场域举办了颇为盛大的庆祝活动,丰富了印度人的社会活动。穆斯林有独特的开斋节活动,齐聚皇城清真寺进行庄严的礼拜、圆经、祈祷仪式。

(二) 对中国传统文化的参与与认知情况

1. 参观本地文化场所的状况与意愿

成都素有"天府之国"的美称,是蜀汉时期的三大都市之一。武侯祠、杜甫草堂、青羊宫、关羽庙、金沙遗址等文化景点都具有深厚的文化底蕴,不仅丰富了本地人的精神生活,也是颇具特色的城市名片。同时历史文化的传承与对外传播是"一带一路"倡议中的重要内容,在蓉外籍人士对蓉城文化的了解也可以从侧面反映蓉城文化的吸引力和传播效果。

表 4-27 参观文化场所的频次统计 (N=120)

频数与频率	次数				
	0 次	1~3 次	4~6 次	7~9 次	超过 10 次
计数	7	46	44	19	4
占比 (%)	5.8	38.3	36.8	15.8	3.3

表 4-28 参观不同文化场所的频次统计 (N=120)

频数与频率	文化场所				
	川剧馆	杜甫草堂	武侯祠	锦里	青羊宫
计数	44	45	93	111	17
占比 (%)	36.8	37.5	77.5	92.5	14.2
频数与频率	文化场所				
	人民公园		皮影表演		金沙博物馆
计数	90		4		20
占比 (%)	75.0		3.3		16.7

为了更贴合主题,笔者只纳入了知名度较高的文化景点,天府广场、春熙路、熊猫基地等成都市次知名的商圈和景点并未纳入调查范围。超过九成的外籍人士都有去参观过成都市区内的文化景点,以参观 1~3 次的居多,锦里街、武侯祠和人民公园是外籍人士最为常去的场所。有一位在成都仅仅生活了 3 天

的印度人告诉笔者,刚来成都的第二天晚上,他就随朋友去游览锦里,这也说明作为文化景点之一的锦里获得了外国人最高的认知,与统计的数据结果一致。观看过皮影表演的人数最少,仅为4人,这也并不奇怪,在现代文明的冲击下,目前皮影戏表演的受众并不广泛(如表4-27、表4-28所示)。

我们经常去锦里啊,白天和晚上都会去,那里有很多小商品,很有意思,尤其是晚上的夜灯很漂亮。我一来到成都就去了春熙路和锦里,他们说没去过这两个地方就相当于没有来过成都。我很喜欢旅游,成都周围的所有景点我都去过了。(受访者G,男,印度人,IBM公司职员,来蓉9年)

我是学汉语的,所以我经常和我的老师同学去参观这些,杜甫草堂就是杜甫以前的老家,我还会背他写的诗歌,我比我其他的朋友要更了解一些吧,因为我在课堂上学习了,来到一个新的地方大家肯定很喜欢到处去看看。(受访者E,女,巴基斯坦人,川师大学生,来蓉4年)

G在成都的时间很长,E的中文水平较高,在蓉时间与中文水平都对参观的广度与认知的深度有影响,反之,大部分来蓉生活时间不长且中文水平一般的外籍人士,仍然停留在"走马观花"的状态。

如果你说的是文化景点,那么我就去过锦里、武侯祠那些地方。就是拍几张照片,是很好的体验。我们不懂语言,对中国文化也不了解,所以不是很懂这些文化意义,如果有中国人一起去会更好。(受访者I,男,巴基斯坦人,中国科学院研究员,来蓉2年)

结合上文的分析,笔者总结出外籍人士参观文化景点的三个特点:一是参观态度积极;二是选择地区的偏向性,首先偏向于选择最知名、最方便到达的景点;三是停留在表层的参观,对背后的文化意义了解不足。

此外,本研究只纳入了成都具有代表性的文化景点,不排除外籍人士还去过其他地方参观。希望通过这组数据对外籍人士的参与状况做初步的了解,也呈现出成都文化景点在对外传播时所面临的一些问题,如设立英文指示牌,反思如何加强对外宣传川剧、皮影等传统文化。

2. 传统节日的参与与认知

中华民族传统节日"凝结着中华民族的民族精神和民族情感,承载着中华民族的文化血脉和思想精华,是维系国家统一、民族团结和社会和谐的重要精神纽带"①。传统节日不仅展现了我国悠久的历史,也是和世界文明对话的重要载体。生活在客居地的外籍人士最容易真切感受到传统节日的氛围、体验民俗活动的差异。在这一部分,笔者将描述印巴人参与中国传统节日的频率,探讨其认知中国传统节日的广度及深度,分析其参与的类型与动机。

外籍人士参与中国传统节日的频率较高

表4-29 参加中国传统节日频次统计(N=120)

频数与频次	中国传统节日				
	春节	元宵节	清明节	端午节	中秋节
计数	81	90	13	50	79
占比(%)	67.5	75.0	10.8	41.7	65.8

笔者对外籍人士参与四大传统节日及元宵节的情况进行了考察,元宵节、春节、中秋节和端午节的参与人数排在前位,因为节日的特殊性质,参与过清明节的人数很少。春节期间正临假期,部分外国人回到自己的母国,因而没有参与过春节庆祝活动,参与人数次于元宵节,但他们纷纷表示在他们看来春节是中国最盛大的传统节日(如表4-29所示)。

我觉得没有人会不知道春节,我们巴基斯坦也很喜欢过传统节日,和中国的不同,中国的春节是一种新的体验。我在这里的时间很长,参加过所有的节日,但是没有参加过清明节,我知道那是纪念去世的人的节日。(受访者G,男,印度人,IBM公司职员,来蓉9年)

元宵节是春节过后的又一重要节日,外籍人士对表征元宵节的汤圆和元宵有所了解,喜爱甜味汤圆,晚上到电视塔和锦里看灯光,这种简单又有特色的庆祝仪式是吸引他们参与到其中的重要原因。

春节我自己在成都,街道上没有人,店都关门了,我的导师给我发了红包,我也知道这是中国过春节的传统。我还有在这里过中秋节的经历,老师给了我一盒月饼。(受访者A,男,巴基斯坦人,中国科学院博士,来蓉3年多)

在成都的时间越长,参与传统节日的次数越多,但外籍人士是否了解传统节日的具象活动?对节日的文化意义的理解有多深?考察对节日认知深度也有重大的意义。

---

① 中共中央宣传部,中央文明办,教育部,民政部,文化和旅游部.关于运用传统节日弘扬民族文化的优秀传统的意见:中央文明办〔2005〕11号[EB/OL].百度百科,2005-06-17.

对传统节日的参与及认知深度——以春节为例

外籍人士参与春节民俗活动

表4-30 春节民俗活动参与情况（N=120）

	包饺子	贴春联	吃团圆饭	发祝福
计数	36	15	56	93
占比（%）	30.0	12.5	46.7	77.5

	贴窗花	放烟花	看春晚
计数	23	17	42
占比（%）	19.2	14.2	35.0

参与民俗活动会加深外籍人士对传统节日的理解，笔者重点考察了外籍人士对春节这一最重要的传统节日的参与情况，主要列出了包饺子、贴春联、吃团圆饭、发祝福、贴窗花、放烟花、看春晚七项春节民俗活动。从统计的频次来看，居于首位的是发送春节祝福，即传统的中国拜年短信，有接近八成的人会在春节那几天向中国人发送"新年快乐""过年好"等祝福短信；其次是"吃团圆饭"，有不少学生说自己也会在宿舍煮火锅，有家庭的外国人则会准备中国的食物一起享用，还有一部分人和中国朋友及其家人一起度过，他们对春节的认识更加深刻。在某大学工作的R老师说妻子会在春节的时候从广州赶来成都一起过，虽然没有中国人的庆祝仪式，但也会吃得比较丰富，尤其是晚上，会在烟花声中观看春晚。留学生们在学校的组织下，一起包饺子、煮饺子，甚至会烹饪简单的中国食物，过一个有"味道"的中国年（如表4-30所示）。

外籍人士眼中的春节——几个典型的案例

春节是有厚重历史积淀的特殊文化现象，春节的精神文化意义在春节的仪式中得以阐释，表层的仪式下包含了春节的文化意义，包括重亲情、传友情、扬文化。对于外籍人士来说，只有完整地参与到春节的庆祝活动中才有可能理解春节文化的内涵。笔者在访谈中遇见几个与中国家庭一起过春节的访谈对象，亲身参与的经历使得他们对春节的意义有自己的理解。

个案一：受访者S

受访者S和妻子、儿子一起居住在华阳区，来成都3年，有两次过春节的经历。去年春节他受到朋友的邀请，去朋友的老家欢度春节，S不仅对春节的仪式和民俗活动很了解，对于春节背后的文化意义也有自己的想法。

我对春节是最了解的，在春节的时候，大家都会回自己的老家去团聚，上班族在过完春节后会选择出去旅游。我觉得这非常好，就是感觉大家都在努力找时间来团圆，来和他们的父母亲戚团聚，这对增强与家人的感情非常重要。所以这可能是中国家庭里大家的关系都很亲密的原因吧。我觉得中国这种"团聚"的方式非常好，比如，在中国，我是一个外国人，我离我的家人都很远，我没有固定的时间可以回去见他们，公司批准我们每年回国一次，但没有一个具体的日期，中国员工有固定的时间可以回去见家人、朋友。我非常喜欢这种方式，我也非常佩服（春节的社会功能）。今年是我在中国度过的第二个春节，去年春节我回国了，但没有见到我的朋友，因为大家都在不同的地方工作，假期的时间也不相同。我儿子比我更了解春节，他告诉我们（受访者和妻子），在春节要穿新衣、发红包、放烟花、贴窗花等。在印度，我们也经常放烟花庆祝节日，但据我了解，在中国，城市里是不允许放烟花的。其实我觉得这种仪式也不错，五颜六色的烟花让人心情愉快。（受访者S，男，印度人，wipro公司职员，来蓉2年）

春节文化承载的团圆意义已经融入到每一个中国人的血脉中。S认为春节最大的意义就是能对家庭成员起到黏合的作用，他的理解超越了对春节文化的表层体验，理解中国人庆祝春节维系家族亲情、家庭和谐的重要意义。

现代社会发展节奏加快，人际关系趋于淡漠，春节期间亲朋好友聚会是全民族的默契，这种"集体意识"促进了彼此之间的交流，在外务工者在特殊的节日回归乡土，找回传统乡土社会中家庭、邻里的亲密感，凝聚家庭成员，巩固社会关系。春节发挥着重要的社会整合功能。

个案二：受访者E

E是一名来自巴基斯坦的学生，来成都4年，在四川师范大学学习汉语国际教育，在所有访谈对象中中文水平最高，在中国度过了两次春节，E不仅在行动上积极参与中国传统节日，对春节的意义也有自己的认识。

"春节的时候我的中国朋友都回老家去了，我和我的巴基斯坦朋友一起在宿舍度过春节，我们在门上贴了'福'，一起包饺子。我们在外面上学肯定会很想自己的爸爸妈妈，春节就是回家去的最好时候。会见到很多亲人和朋友。我知道你喜欢去'拜年'，就是去别人家里做客，这很有意思，这样会加深彼此之间的感情。"E凭借着语言和专业优势，从网络和媒体报道中了解了更多关于节日的信息，在和中国好友的交流中，逐渐领悟春节的情感性意义。随着现代社会的流动性增强，乡村空心化的现象越发严重，家庭成员之间的距离也在拉远，春节是沟通家族成员情感、维系家族认同的重要载体，发挥着心理慰藉功能。

"在春节，年轻人会带自己的男朋友或女朋友回家见家人，这是一个很好的时机，我觉得这非常有意思。当带自己男朋友回家的时候，女生的家里人会先确认他家有没有房子，然后如果还有车，父母才会同意，最好是要有一份好的工作，如果都具备了，父母就会同意他们结婚。我还知道，如果你回去还没有男朋友或者女朋友，你的家人，甚至邻居们就会问你为什么还不结婚呢？"在E看来，春节的意义已经不仅限于传统的团圆与孝道，现代社会裂变出"催婚"的现象，在某种意义上是一种代与代之间的爱与沟通问题，也浓缩了传统的孝道传承与长辈的期待。"我的同学告诉我现在催婚的越来越多，其实在巴基斯坦不会这样，巴基斯坦的女孩子不会那么晚结婚，没有上学的比较早就结婚了，这样我们的父母不会太担心。你们被家里人催着结婚，是你们的父母希望你们能赶快找到爱的人。但是我觉得大家春节回家还是很开心的，会见到很多朋友，我也感觉很多同学回来都胖了，因为每天都有丰盛的晚餐。"（受访者E，巴基斯坦人，川师大学生，来蓉4年）

S和E是对春节文化理解较深的典型，春节是中国文化的集中体现，其文化意义随着时代的发展不断丰富。从调查与访谈结果来看，外国人对春节的认知程度高于其他节日，春节的影响力最为广泛，还有很大的对外传播空间。春节的物质表征有丰富的佳肴、红色吉祥物和焕然一新的家庭面貌等，还有许多具体的仪式和丰富的民俗活动，透过物质和仪式传达了中国社会对家庭这一初级单位的重视，外籍人士参与春节的民俗活动能有更多机会了解中国文化的内涵，对文化融合大有助益。

参与传统节日原因分析

表4-31 参与传统节日的原因（N=120）

原因	计数	占比（%）
对传统文化感兴趣	41	34.2
为了理解传统文化	76	63.3
为了和朋友增进感情	51	42.5
因为气氛重而参与	32	26.7
随本地人一起参与	43	35.8

笔者对外籍人士参与中国传统节日的原因设置了简单的选项，这一题没有限制选择的数量，被选频率最高的是"为了理解传统文化"，超过总人数的六成，选择人数最少的一项是"因为气氛重而参与"，不到30%，有受访者认为中国城市的春节氛围并不重，母国庆祝传统节日的仪式更加隆重。研究者在进行原因分析时将其归纳为文化兴趣和社会交往，又可将其分为文化型参与和社交型参与（如表4-31所示）。

一是以了解文化为目的的参与，外国人参与节日的首要原因是传统文化集合了众多中国具象元素与社会主义核心价值观，极具吸引力。Q在成都生活了1年多，曾经是一名律师，他一直积极关注中国的动态，了解中国文化。他认为春节在亚洲的影响力很大，定居在巴基斯坦的中国人也会很隆重地庆祝春节。今年春节假期在中国朋友的家乡度过，以参与者的身份感知了传统节日的魅力。

我虽然只来了成都一年多，但是这边会庆祝的节日我都参加了，中秋节有神话传说，端午节是为了纪念屈原，尤其是春节有很悠久的历史。只有了解了更多的中国文化，才有可能和中国人更好地相处。中国的文化都很有特色，说实话，刚开始来的时候我有感受到文化震惊，不是我不能接受，是我觉得很特别。我朋友的家人非常好，很照顾我的饮食习惯。（受访者Q，男，巴基斯坦人，四川大学学生，来蓉1年多）

Q属于典型的、以了解文化为目的的参与，在包饺子、贴春联、吃团圆饭等仪式中，在中国家庭的氛围下，直观地感受到了节日气氛和民族文化。

二是以社交为目的的参与，外籍人士给朋友发送祝福短信、与朋友聚会的主要目的是与朋友沟通感情，他们会在节日时给中国朋友发送"节日快乐""过年好"等短信或动画，维系新建立的社会关系。

不管是什么节日，我都会给中国朋友发祝福短信。春节当然也要了，我知道凌晨发短信更有意义。首先，我觉得这是社交中的礼貌问题，也会让我的朋友知道我是记得他的。其次，有些不熟悉的朋友，就是要相互发送祝福语来保持联系。我也有要求助他们的时候，他们一直都很友好，我时刻记得感激他们。（受访者C，男，巴基斯坦人，四川大学学生，来蓉1年半）

并不是每一个外国人都会想要做到"入乡随俗"，因为"没有中国家庭邀请""对中国节日不了解，不知道怎么过""春节回家了"等不同原因，有部分外籍人士也没有参与到春节中来。还有人因为本民族文化自豪感，只作为旁观者，没有过中国节日的意愿。

外籍人士参与中国传统节日的原因是多样化的，一个人可能因为多种原因参与庆祝活动，不论是何种动机，都说明我们应该更加重视以传统节日为代表的文化要素对文化传播的重要意义，保障其在国家形象建构中的重要地位。

3. 了解其他文化事项的意愿

我们都会对异域文化怀有好奇之心，有学者探究了中华文化的三个主要层次。第一是器物文化，如茶具、灯笼、对联、瓷器、丝绸等；第二是习俗文化，主要是中国的传统节日；第三是价值观念，儒家思想、孝道、面子、宴席规则等都是中国文化的传统智慧。① 在这一部分的设计中,笔者涉及这三方面文化事项,又结合成都本地的文化特色,对外籍人士了解不同传统文化的意愿进行了调查,调查的内容并不全面,但希望通过了解其参与意愿为如何加深外籍人士文化融入程度提供一些思路。

表4-32 了解其他文化的意愿调查(N=120)

频数与频率 其他文化	非常愿意	占比(%)	愿意	占比(%)	一般	占比(%)	不太愿意	占比(%)	很不愿意	占比(%)
参加传统节日庆祝	58	48.3	56	46.7	6	5.0	0	0	0	0
了解绿茶文化,喝中国绿茶	34	28.3	70	58.4	13	10.8	3	2.5	0	0
了解传统中医	14	11.7	52	43.3	42	35.0	11	9.2	1	0.8
了解川剧,观看川剧表演	15	12.5	62	51.7	34	28.3	7	5.8	2	1.7
了解皮影戏,观看皮影戏表演	9	7.5	43	35.8	54	45.0	14	11.7	0	0
学习中国圆桌宴席规则	17	14.2	53	44.2	37	30.8	11	9.2	2	1.6

以上六大文化事项中,仅从人数上来看,选择"非常愿意"和"愿意"的占大多数,有较高比例的印巴人对中国的传统节日、绿茶文化和成都特色的川剧文化表现出想要参与的意愿。值得一提的是,他们对皮影戏和传统中医文化缺乏兴致,这与目前这两项文化在国内的境况基本一致,社会大众对皮影和中医的兴趣也不高,相关部门和社会大众仍然需要为有效保护和传承民族特色付出努力和实践。对中国文化持不同情感与态度的外籍人士都应得到充分尊重,扩大传统文化传播范围,提供更多参与渠道,满足不同群体的文化诉求,充分展示成都特色文化,是我们未来努力的方向(如表4-32所示)。

(三)宗教信仰

宗教是一种文化现象,具有多种功能。世界三大宗教——基督教、佛教、

---

① 李其荣. 华侨华人在海外传播中华文化新探 [J]. 广西民族大学学报(哲学社会科学版),2013,35(02):117-123.

伊斯兰教随外来移民的进入开始在我国境内传播，国外宗教文化传播到中国以后，逐渐融合中国文化并形成了具有中国特色的宗教特征。伴随着现代化进程的加快，国内外人口流动日益频繁，清真寺在各大城市林立，既是穆斯林的仪式空间，也是他们的"生活会馆"。谈及印度文明的发展，离不开对印度教的讨论，印度教极具宽容性，不仅是一种宗教信仰和意识形态，也象征着某种社会内部的秩序。① 不同的宗教有不同的习俗，穆斯林族群崇尚集体拜功，印度教的宗教活动通常以个人或家庭为单位来完成，以瑜伽、歌舞、河中沐浴等方式和神沟通。在不同的社会，有不同的宗教氛围和习惯，社会环境的转变必然会涉及生活中如何继续原有的宗教仪式、宗教意识形态是否受到影响的问题。

1. 外籍人士的宗教生活

皇城清真寺坐落于成都市内天府广场附近，是四川省内最大的清真寺，也是四川省伊斯兰教学会所在地。每周五下午，清真寺会举办穆斯林礼拜活动，来自各国的穆斯林都会准时赶来参加仪式。笔者曾多次在寺内、寺外参与观察，大约中午12点，摊贩们有秩序地在街道两旁出摊，售卖清真牛羊肉、抓饭、烤肉、馕及应季水果等，活动前陆续有很多穆斯林赶到此地，非常热闹，他们有的是结伴而来，有的是赶到后在微信上联系本国同胞，然后一起就餐后再进入寺内。礼拜仪式庄严肃穆，人人都虔诚地做好洁净工作后再跪拜、诵经、祈福，俨然一幅生动的宗教生活图景。

我们的学校很远，坐地铁要一个多小时，所以我来得比较晚，但是我每周五下午还是会来这边。礼拜活动结束后再和我的朋友一起吃馕、烤肉，或者吃抓饭，我会买很多馕带回学校。旁边的超市也有很多清真食品，我很喜欢在那里买东西。（受访者C，男，巴基斯坦人，四川大学学生，来蓉1年多）

我每天都要在实验室，但是我的老师批准我周五下午来这里做礼拜，如果我不来，我觉得是对穆罕默德的不尊敬。结束后我和兄弟们一起在这里聊天，我会买一些牛肉和羊肉回去，在宿舍做。（受访者V，男，印度人，电子科技大学博士，来蓉2年）

外籍人士宗教行动逻辑背后折射的是在异国对信仰的强烈情感，对归属感的需求，他们在集体礼拜的集体行动中寻找母国归属感和族群认同感。穆斯林常聚集的清真餐厅，如同中国古代的茶馆，承载着信息交流的社会功能。

在周五下午，务工人士外出做礼拜也是被批准的，曾偶遇一位中航工业成都飞机设计研究所的研究人员，他说每周研究院会派车将他们一起送到清真寺

---

① 邱永辉. 印度教的宽容及其超越 [J]. 南亚研究季刊，2015 (02): 69-75, 5.

附近，礼拜结束后可以自由活动到三点。由于工作性质的保密性，他并未与笔者过多交流。在印度软件公司工作的印度职员也表示如果完成了当天的工作，下午就可以来这边做礼拜，上级会批准请假。清真寺发挥着凝聚穆斯林同胞的纽带作用，绝大多数受访者表示自己的宗教活动并未受到很大的影响，并且对"我的宗教行为没有以前虔诚"表示了否认。"我们习惯了来这里做礼拜，气氛很好，看到同胞很亲切，也会在这里认识很多新的同胞。这里还有聚餐的地方，有很多回族餐馆。"（受访者 B，男，印度人，wipro 公司职员，来蓉 2 年多）

清真寺为穆斯林提供了参与社会活动的公共空间，借助集体礼拜仪式，既增强了同胞之间的凝聚力，也让客居异乡的穆斯林的心灵得到归属。清真寺作为礼拜后的社交场所，也满足了外籍穆斯林社会交往、交换生活信息和社会资源的需求。

信仰印度教的外籍人士宗教生活相对简单，他们没有固定的宗教场所，很少见到大型的集体礼拜活动。在本国祭拜的场所不限于寺庙，在户外也有很多零散的神像。由于在异乡的条件限制，众多印度人在成都没有自己特定的庆祝仪式，但正因为庆祝方式的多样，他们认为宗教行为并未受到影响。近几年在户外大型广场开始举办印度洒红节庆祝活动，这是印度人民庆祝春分日来临的重要节日。2019 年 3 月成都举办洒红节庆典时笔者已经离开调研点，故未能亲身参与，但受访者 L 给笔者发送了很多活动现场的视频，并分享了诸多信息和感想："我去年才来到成都，能在这里庆祝洒红节，我十分高兴。每个人的脸都是五颜六色的，我们一起在广场狂欢，还有很多中国人也参与进来了。在平时我们是没有什么大型活动的，就是喜欢唱歌、跳舞，现在有了洒红节，觉得非常好。"（受访者 L，男，印度人，电子科技大学博士，来蓉 7 个月）印度教徒虽然对宗教场所的要求不高，但他们信仰的神内化于心，并且通过日常生活中的行为来传达对神的信仰，小群体的集体歌舞为他们的生活增添了色彩。生活在他乡不免会有思乡和焦虑之情，洒红节庆祝仪式的宗教功能就在于让印度人紧张消沉的心情得到放松，缓解文化冲击感。

跨国迁移在一定程度上割裂了外籍人士与所属宗教团体的相互联系，但他们及时在当地建立了新的宗教联系，寻找到新的宗教场所，保持原有的宗教行为，宗教生活并未受到较大的影响。在宗教活动中，清真寺管理者承担"东道主"的角色，为外籍穆斯林营造庄严的礼拜活动场地，中外穆斯林以经济活动为纽带，在共同的文化空间建立互信感。他们之间并未有过深入交流，但和谐的宗教氛围、集体欢腾下的社会互动为让外籍人士对本地产生亲近感，促使他们越来越融入成都。

2. 外籍人士对本地人宗教态度的理解

中国文化本质上具有"非宗教化特征",传统宗教重祭祀、天命、祖宗,有诸多崇拜的天神,天神信仰具有开放性。国内除了有佛教、伊斯兰教外,还有丰富多样的少数民族宗教以及民间信仰。① 我国宗教的特点是强调归属与参与,复杂的信仰格局造就了我国"多种宗教"和"多重信仰"的宗教特征,一个人可以具有多种宗教身份,也可以参与多种宗教组织。在我国,宗教的意义更多地作为神话传说这类文化的存在,人们有信仰却并不将其寄托于教派。

在与笔者的交谈中,穆斯林经常提起伊斯兰教先知穆罕默德,这种虔诚性不分年龄与学历。Q来中国的目的是学习中国文化、寻找商机,Q表现出对当地宗教信仰现状的不理解:"如果你不信仰宗教,你遇到困难,应该向谁求助呢?必须有一个神来指导我们,虽然看不见,但他一定存在。我听我的朋友说了,中国人不信仰神,他们的神就是'钱',我很不能理解,又觉得很有意思。"(受访者Q,男,巴基斯坦人,四川大学学生,来蓉1年多)

受访者A是一名印度教徒,他认为人应该有宗教信仰,但对大多数中国人没有宗教信仰的现状也十分理解:"并不是所有的中国人都不信仰上帝,但大多数中国人都不信仰上帝,我觉得信仰上帝是一件好事,因为我们总是会想是谁创造了世界。我知道在中国有你们自己的神话传说,关于谁创造了这个世界。但世界上还有基督教、道教、伊斯兰教等,他们都以自己不同的方式在信仰上帝。"(受访者A,男,巴基斯坦人,中国科学院博士,来蓉3年多)

宗教文化受国家厚重的历史背景的影响,外籍人士对中国宗教信仰的解读存在偏差,这无可厚非,大多数人对"本地人是否信仰宗教"的回答是"这并不重要","中国人没有宗教信仰",他们也参观过当地社会的寺庙、见证当地人的拜神仪式,对中国社会古老的神、国人信仰的特点怀有猎奇的心态,参观宗教场所也是一种情感体验。总体而言,他们并不介意当地人是否有宗教信仰,也没有因宗教差异影响与本地人之间的正常交往。

(四) 价值观念:文化融入的深度

文化的范畴不仅是民族和国家表现出来的共同行为,更包括行为反映出来的思维方式和价值观念。处在不同社会历史、政治制度、教育水平的社会环境下,民众的思维观、价值观和处世观必然是不同的。参考对中国文化的定义:中国文化的观念部分包括哲学和伦理,具体而言就是"天人合一"的宇宙观、

---

① 张志刚. "中国无宗教论"反思 [J]. 北京大学学报(哲学社会科学版), 2013, 50 (03): 5-14.

祖先崇拜、孝道、面子以及中国文化中有关婚恋、金钱、健康、养生、娱乐等方面的传统智慧。①

外籍人士来到成都生活后，具体的婚姻观、生育观、家庭观和性别平等观等价值观念是否有向本地人接近的倾向？这些指标都较为主观抽象，笔者将围绕几个不同的案例来展开论述。

1. 家庭观念

笔者选取了在访谈中最常提到的家庭与婚姻观、生育观和择偶观。家庭是社会的细胞，社会变迁对城市家庭离散带来了诸多影响，家庭的规模趋于小型化，两代人在价值观念上的代沟导致青年一代与"母家庭"的疏离，尽管如此，随着他们步入婚嫁生养，会逐渐向家庭本位传统回归。②

为了透彻理解被访者的观点，笔者直接请被访者谈谈自己的家庭理念和对中国家庭的看法。大多数受访者的家庭成员众多，有3~6个同辈兄弟姐妹不等，家庭成员结婚后，若没有在外地工作，会选择继续与父母同住，便于兄弟之间互帮互助，共同抵抗家庭风险。家庭中的女性可以选择不出去工作，以打理家庭事务为主。其家庭结构与家庭成员扮演的角色深受宗教文化影响。当谈到对中国家庭的了解，Q认为像他们这种"2+3"式家庭（父母两人，子女三人）在巴基斯坦十分常见，但与中国家庭相比，他的家庭算得上是一个大家庭，他对中国人婚后不与父母居住感到奇怪。

"我来中国经历了很多文化震惊，像你这个年纪的同辈（受访者30岁），在我们那里（受访者居住在城市）至少有两个或者三个兄弟姐妹，你们家里只有一个弟弟吗？并且我认识的很多和你年纪差不多的中国学生都是独生子女，或者只有一个兄弟。这样的话，父亲母亲老了谁来照顾他们呢？我觉得中国老人非常孤单。"（受访者Q，男，巴基斯坦人，四川大学学生，来蓉1年多）

"我们家生活在农村，一共有6个孩子，我两个哥哥都结婚了，我们还住在一起，我在中国读书的时候，我的哥哥有时候也会给我生活费，以后我毕业了准备和哥哥一起创业。"（受访者P，男，巴基斯坦人，川师大学生，来蓉3年）

受访者描述的家庭模式和中国传统的家庭模式十分相似，家庭规模大，家庭中存在亲子、夫妻和兄弟多重关系，先就业的家庭成员为其他成员提供经济支持和生活资源。但大部分留学生并未对身边同学的小家庭模式感到诧异，他

---

① 中华人民共和国国家汉语国际推广领导小组办公室. 国际汉语教学通用课程大纲［M］. 北京：外语教学与研究出版社，2010：3-30.
② 杨善华. 中国当代城市家庭变迁与家庭凝聚力［J］. 北京大学学报（哲学社会科学版），2011，48（02）：150-158.

们向笔者表达未来家庭"子女双全"的美好愿望,并表示不会要求孩子与父母共居,婚后居住地取决于工作的地点。"我喜欢我们家的氛围,我的姐姐对我很好,他们现在也在别的国家。我希望以后我家里有两个小孩,可以互相陪伴,但是对以后他们要去哪里上学和工作,我都没有要求。"(受访者Q,男,巴基斯坦人,四川大学学生,来蓉1年多)

　　需要说明的是,笔者的研究对象都居住在城区内,外籍人士所了解的只是当代城市家庭形态的部分状况。在社会转型的背景下,我国的家庭组织变迁本身就很复杂,农村和城市的情况也不能一概而论,但已有研究表明2010年中国家庭平均人口仅为3.1人,中国家庭呈现传统与现代、后现代特征并存的局面。① 本文所持的立场是,外籍人士对他们所认知的家庭规模是认同的态度,但对家庭内部如"亲子关系疏离化""家庭关系简单化"尚需要时间来理解和接纳。

　　在家庭关系方面,现代以夫妻为核心的小家庭以情感为向导,"男主外,女主内"的传统家庭分工方式已经发生了改变,尤其是在城市家庭中,女性接受高等教育,具有独立经济能力,突破了以往男性主导的家庭关系。外籍人士对家庭分工持不同的态度,从笔者认识的印度家庭来看,夫妻双方有着大致水平的学历,他们的家庭分工是男性在外工作,女性在家照顾小孩,操持家务。

　　L向笔者反映:"我觉得中国和印度非常不同的一点是,在外面可以看到很多女性工作,甚至有很多女性开卡车。"(受访者L,印度人,男,电子科技大学博士,来蓉7个月)对此,Q也表示了诧异,"我们那里没有这么多女性出来工作,她们都在家里,在中国甚至是清洁工都有很多是女性。"(受访者Q,男,巴基斯坦人,四川大学学生,来蓉1年多)

　　受访的男性认为,如今在印度的大城市里,能看见很多女性出去工作,但比例远不如中国高,印度女性在生育小孩后已经做好准备暂时回归家庭。N是一位在澳新银行工作的印度女性,丈夫在印度工作,她认为女性应该有自己的选择,可以先工作,等到有了孩子再做计划。本文得出的结论倾向于,在印度和巴基斯坦人的心里,仍然烙印着本国深厚的"家族"和"村社"思想,在成都生活的时间尚且不足以了解中国复杂的家庭组织结构,与东道主国家的观念进行平等的对话,甚至以经历反观差异,笔者认为这是外籍人士融入的良好开端。

2. 婚姻择偶观

　　种姓制度是印度社会的重要特征,印度已经在法律上废除了这一制度,但

---

① 杨菊华,何炤华. 社会转型过程中家庭的变迁与延续 [J]. 人口研究, 2014, 38 (02): 36-51.

对农村和民众续存的影响仍然是学界广为探究的问题。笔者就"我认为种姓制度在择偶时并不重要"这一话题与被访者展开交谈，无论是哪一个群体，他们都十分赞同这一说法。一个较为显著的原因是，本次研究的对象大多接受了高等教育，不是唯种姓论者。T是某科技大学的一名科研工作者，他的父亲是一名老师，来自婆罗门家庭，婆罗门是印度最高种姓。① 他说自己在择偶时并不会考虑对方的种姓，最重要的是相互理解，双方有共同的话题，至少有硕士研究生的学历。"我不需要女孩家里的彩礼，我的父母会尊重我。种姓制度非常不平等，现在法律上已经废除，规定了不分种姓和性别，人人都是平等的。但目前（种姓制度）对我们的社会还是存在影响，尤其在乡村，希望能慢慢改善。"T的父母和家人也会经常催婚，这个遭遇和很多中国同事相似，他并不排斥在中国找配偶，但也流露出担忧："中国女孩有很多要求，并且想法很复杂，我觉得要长时间相处下来才能互相理解，但是在这里（找到配偶）应该很困难。一般的情况是，我们刚开始经常联系，还没等互相了解就断了联系，关系很短暂。"（受访者T，男，印度人，电子科技大学科研人员，来蓉7个月）笔者所认识的印度人只有G曾经交往过中国女朋友，最后也无疾而终，他说是女孩提出的分手，自己也无从得知具体原因，希望能和本国姑娘结婚。他们对唯种姓的择偶标准都表示不赞同，甚至持批判的看法，但提起在中国寻找配偶，又多了更多畏惧和担忧，在心理上存在隔阂，认为无法适应中国人择偶的要求和方式，会更倾向于与本国人结成配偶。

与之相反的是，笔者认识一些巴基斯坦男性留学生与中国女生有过恋爱关系，与中国女孩的相识源于酒吧或者同学圈。"我的女朋友和我是一个专业的，不是一个班级，我们经常在一起打羽毛球，后来她和我表白，我也很害羞。我们互相帮助，学习语言，她教我汉语，我和她讲英语。"（受访者C，男，巴基斯坦人，四川大学学生，来蓉1年多）他们在交往中相互磨合，没有谈到过多关于未来的婚姻。

A认为巴基斯坦的包办婚姻方式与中国的自由婚姻不同，包办婚姻在巴基斯坦很常见，不等同于"强迫婚姻"，很少会有人反抗这种形式，如果自己没有找到伴侣，则会听从父母的安排，他们认为这种包办婚姻的离婚率更低，综合幸福指数高于自由婚姻。受访者I对中国的婚姻关系提出了不同的看法，他认为

---

① 印度将种姓区分为婆罗门、刹帝利、吠舍和首陀罗，婆罗门由神职人员和知识分子构成，刹帝利由武士和国家管理者构成，吠舍由工商业者构成，首陀罗由工匠和奴隶构成，此外，还存在众多的"贱民"。1947年印度独立后，在法律上废除了种制姓度。

中国的离婚率很高，不仅是因为离婚的法律程序简单、代价低，还有一个重要的原因是在婚姻中男性和女性在家庭分工上不明确，若没有处理好这种关系容易发生争吵，关系破裂，他认为自由婚姻更自由，但不一定是最好的选择。"我了解的是中国的很多夫妻会经常'fight'，这是为什么呢？比如，丈夫让妻子去洗碗，而妻子不同意，两个人发生争吵了，因为他们都工作了，都可以拒绝，这样也不利于处理家庭关系。"（受访者 I，男，巴基斯坦人，中国科学院研究员，来蓉 2 年）

外籍人士在与中国人进行交友实践、恋爱实践中发现差异，有些人在努力平衡这种有差异的亲密，有些人尝试过后认为与本国人建立配偶关系才是他们的归属。他们仍然更赞同传统社会"包办婚姻"的形式，自由婚姻"成本太高""风险太高"都是他们对当地恋爱择偶观持保留态度的重要原因。

3. 性别观

性别观念全称性别角色观念，是人们对性别相关的社会规范和社会角色分工的态度和看法，也是反映一个社会性别平等程度的重要指标。① 相关研究认为，一个家庭中男性和女性对性别角色的认知会影响夫妻之间的平等分配，包括家务劳动时间和双方权利以及女性工作意愿和职业成就动机。② 个人在社会化的过程中，性别观念会受到母国文化的熏陶与滋养。从动态发展角度来看，整个人类社会经历了或正在经历着从父权社会向男女平等的社会转型，不同社会转型的进程各异。结合已有的研究和三个国家的社会现状，在外籍人士性别观这一部分，主要围绕三个主要的问题进行阐述，一是外籍人士对待家务分工的态度，二是对子女性别的偏好，三是对中国性别观念的认知，探究自身观念是否受到本地人的影响。

表 4-33 我认为女性应该干所有的家务（N=120）

频数与频率	观点			
	完全不同意	不同意	基本同意	完全同意
计数	33	59	26	2
占比（%）	27.5	49.2	21.7	1.6

---

① 许琪. 中国人性别观念的变迁趋势、来源和异质性：以"男主外，女主内"和"干得好不如嫁得好"两个指标为例 [J]. 妇女研究论丛，2016（03）：33-43；

佟新，刘爱玉. 性别观念现状及其影响因素：基于第三期全国妇女地位调查 [J]. 中国社会科学，2014（02）：116-129，206-207.

② 於嘉. 性别观念、现代化与女性的家务劳动时间 [J]. 社会，2014，34（02）：166-192.

表 4-34 我对本地人的性别观感到不理解 （N=120）

频数与频率	观点			
	完全不同意	不同意	基本同意	完全同意
计数	22	36	39	23
占比（%）	18.3	30.0	32.5	19.2

在"你是否认为女性应该做所有的家务"这一选项上，选择"完全不同意"和"不同意"的人数偏多，超过七成，被调查的大部分外籍人士认为女性不应该干所有的家务，有"夫妻双方共同分配家务"的意识。还有不到30%的人认为女性做所有的家务是合理的。印巴女性的社会地位一直没有得到较大的提升，男权主导的特征较为明显，本研究的数据大部分来自受过高等教育的外籍人士，并不代表两个社会的整体状况（如表4-33所示）。

笔者结合了访谈以做更深入的了解。在访谈中，大部分印度男性向笔者表明自己愿意和妻子一起分担家务，但是妻子对家庭事务操持较多，女性对家务占主导权，男性为辅助。F和S的妻子都随他们在中国居住，目前没有工作，主要是照顾家庭和孩子，他们称赞妻子非常能干，但在空余的时间，自己也会协助妻子做家务，这在他们国家是很普遍的现象。留学生群体也和笔者提到，据他们所知，成都女性的家庭地位很高，男性会主动做家务，女性有更大的选择权。

受访者J就这个问题发表了他的看法："男性要出去工作获得经济来源，来支持整个家庭，女性可以发挥她的优势，打理家务，照顾小孩。在我的观念里这样的分工挺好的。在巴基斯坦也有不同的文化，有一些人觉得男性必须出去赚钱养家，妻子在家做事情就好了，还有一种就是他们会选择折中的办法，请父母来帮忙。但是在我们那里丈夫要求妻子做什么，她们都会做。这就是我们的规则和传统，他们会习惯性去遵守，这是宗教的影响，在巴基斯坦宗教是最重要的。"（受访者J，男，巴基斯坦人，中国科学院留学生，来蓉2年）

巴基斯坦人的性别观念具有鲜明的宗教特质，他们提到了对中国情况的了解："在我们国家，女性能出去工作是很幸运的，她挣的钱可以自己保留，不用负担家里的生活，这是男人做的事情。在中国不是这样的，夫妻都出去工作，男性在家里也干很多家务，可能干的还更多。如果他们都非常平等，有时候也会相互反驳，会有争吵。"（受访者I，男，巴基斯坦人，中国科学院研究员，来蓉2年）

巴基斯坦人仍然习惯于传统的"男主外，女主内""女性服从男性"的家庭分工模式。他们与身边同事交流，观察当地城市居民的家庭关系，对城市家庭里男女平等、女性有很大话语权的家庭关系有了一定的认知，也没有表现出要改变原有观念的意愿,这种受宗教影响的性别观念在短时间里很难改变。笔者需要补充的是,我们探究的是外籍人士原有观念在与所生活地区观念经过碰撞之后,发生变化并倾向于接纳居住地观念的可能性。国内不同的地区发展具有很大的差异,城市、农村的观念变迁并不一致,在这里就不再深入讨论。

随后笔者以"我对孩子的性别没有要求,男孩女孩一样"展开调查和访谈,大部分人都表示非常赞同或基本赞同,大部分人认为男孩女孩一样重要。综合访谈内容分析,以及他们对理想家庭规模的描述,笔者认为他们表达的想法具有的含义是:对第一个孩子的性别没有要求,男性是家庭中不能缺失的角色,"一男一女"是最理想的搭配模式。

T和笔者聊到两国的生育现状:"现在中国老年人很多,政府有很大的养老压力,所以鼓励生育,但是中国人的生育意愿好像不是很高,我知道你们现在不会要求男女性别,这点我很佩服。印度的政府没有养老的责任,所以一个家庭里会有很多小孩,可以给父母养老,尤其是男孩子多,因为女生结婚了之后就要照顾她丈夫的家庭,没有那么多的时间。"

印度家庭为了应对养老压力,会更偏向生养男孩,且在巴基斯坦和印度,女方家庭往往背负沉重的嫁妆负担,嫁妆制度也是家庭要生育男孩的重要原因。

中国人也有一点喜欢男孩,但对于我们国家的文化来说,当然是大多数人都更想要生男孩。他们觉得男孩会照顾他们,并且会带女孩回来照顾他们。男孩的妻子会带很多财富到他的家里,这就是我们文化的传统。如果你生一个女孩,那么你需要花钱把她养大,让她接受教育,尤其是结婚,需要花很多钱给男方。中国的方式和这是完全相反的。如果一个中国女孩要结婚了,她会得到男方家庭的很多钱,并且他们会有一个妥协的办法,如果他们两个人很相爱,男孩家里不是那么富裕,女孩家里就不会要求那么多钱。(受访者A,男,巴基斯坦人,中国科学院博士,来蓉3年多)

以上访谈资料与笔者得到的调查数据结果一致,即就"我对当地人的性别观念感到不理解"这一问题的回答,选择"同意"和"不同意"的人数相差不多,大约半数(48.3%)的被试者对他们所认知的中国性别观念是理解的,但从心里和行为上改变的意愿并不明显(如表4-34所示)。了解了印巴社会的文化背景和传统,笔者更能从多角度理解他们看待中国文化的态度,改变在母国文化土壤中形成的价值观念并不在朝夕。

4. 其他思维观念

外籍人士与本地人在交往互动中,难免因为思维习惯的差异在行为上产生矛盾和冲突,同时,本地人对外籍人士的态度也会影响外籍人士对所在城市和市民的评价，并进而影响到他们的融入意愿。本次调查得到的外籍人士对本地人的评价大多是正面的，"谦虚""热情""友好""勤劳"是被外籍人士提到最多的词汇，对于成都市的评价多是"发达""便捷""干净"。巴基斯坦人经常提到"巴铁"和两国邦交关系；印度人以国家民主制为自豪，但极少谈论政治外交。一个国家的人看待另一个国家人民和社会的形象，恰恰反映了对这个国家的情感，也折射出一些矛盾。受访者A和B都有因为和中国人处事方式不同而陷入麻烦的经历。

我们曾经在宿舍举办生日派对，大概是晚上10点，吃了蛋糕之后，我们放音乐跳舞，这是我们的习惯，我们喜欢唱歌、跳舞来庆祝。大概10分钟之后，警察来了，他说有人反映我们声音太大了，叫我们停止。10点还不是他们睡觉时间，大多数中国人在11点或者12点睡觉，那么是谁向警察说的呢？他可以来找我们，要求我们小声点，这没问题，但他们居然通知了警察，我十分不理解，连宿舍管理员都感到很震惊。到底是他们不喜欢我们，还是真的影响到他们了呢？（受访者A，男，巴基斯坦人，中国科学院博士，来蓉3年多）

由于体质特征及文化上的差异，不同的族群在心理上会有天然的隔阂，在同一环境下，享有不同的生活方式的族群之间在没有经过一定时间的相处及磨合的情况下，产生矛盾和摩擦在所难免。

B认为自己认识的中国人都很友好，但并不能理解他们的真实想法。"我不知道他们（同事和邻居）对我所说的话的感觉，我也不知道他们是否真心喜欢我。对此我非常苦恼，我不能准确地知道他们对我的评价，我的语言和行为有没有引起他们的不舒适。和我自己国家的朋友交往，我们能够互相理解。我觉得感情的共鸣和互相深入的理解是一个最大的问题吧。他们不会用英语来评价我，我觉得本国同胞之间说话更直接，我能得到朋友真实的反馈。"（受访者B，男，印度人，wipro公司职员，来蓉2年多）中国是礼仪之邦，笔者在走访的过程中体验到的是外籍人士出入各类场所都被市民以礼仪相待，但国人含蓄委婉的特点有时候被外籍人理解为"不直率"，难以进行深入沟通。

在不同文化模式中生活的人思考问题的方式也千差万别，能够互相尊重差异，在情境中理解对方的行为，是适应当地社会的第一步，若能反观自身，模仿东道国处理问题的方式，逐渐达到融入状态，我们也乐见其成。要认同某一种价值观念并不是在短期内就能做到的，文化对大众思维的影响如同细雨，"随风潜入夜，润物细无声"，漫长久远，潜移默化。笔者赞同文化多元论的观点，来自不同文化背景、有不同社会经历和价值观念的跨国移民重新塑造自身以适应新的生活环境的同时,也有保留不同族群或社会集团之间差别的权利。①

第三节 印巴人士文化融入的类型与策略

文化融入是一个动态过程,它包括个体在陌生环境中物质方式、行为方式、风俗习惯、价值观念的改变。上面已经具体分析了印巴人在语言、物质文化、制度文化、精神文化四个维度的文化融入状况。已有大量研究表明,无论是跨国移民还是国内流动人口,迁移群体本身属性千差万别,融入意愿也各不相同,因此难以对其融入过程和融入类型进行完整的归类。在本部分中,本研究将结合具有典型特点的个案,借鉴文化适应理论,呈现文化融入的类型与具体的策略。

一、文化融入的类型

学术界一般认为,移居地生态环境良好,开放性程度越高,移居者与迁入地之间的文化差异越小,阻碍其融入移居社会的因素就越小。成都正努力建成国际化城市,各方面的服务和基础设施已经比较完备,城市环境优美,市民包容开放的心态为外籍人士融入主流社会营造了和谐的社会氛围。文化融入受到移民本身和客居国社会环境的双向影响,外籍人士面对主流社会的文化时,会生成文化反差感,从而反观和思考文化的差异。陈向明老师关注了在美留学的中国留学生群体,她指出,留学生从中国来到美国经历了重大的心理变迁,中国学生的无意识状态在美国文化的冲击下开始觉醒,重新对自己的母国文化进行了审视和反省,为了适应新的文化环境,开始逐渐改变自己以前的思维方式和行为习惯,对自己的价值观念和道德理想进行重新思考。②

新的文化对外籍人士来说是一种新的挑战,外国人在成都生活了一段时间之后,会无意识地对两种不同的生活方式和行为方式进行体验后对照,更加客观综合地来整合这两种文化,整合的过程相对复杂,因为个体属性和需求的差异,不同的个案会以不同的方式来调整自身的状态,采用不同的策略来达到融入的目的,不同策略的选择也直接影响着文化融入的效果。

---

① 李明欢.20世纪西方国际移民理论[J].厦门大学学报(哲学社会科学版),2000(04):12-18,140.
② 陈向明.旅居者和"外国人"[M].北京:教育科学出版社,2004:338.

John W. Berry 概括出在多元文化社会中文化适应的模型，分为四种不同的类型：融合、分离、同化和边缘化。根据文化适应者对以下两个问题的回答，其文化适应的类型得以确定。结合本文研究主题，这两个标准得到了调整，将文化融入的类型归纳为对这两个问题的回答：移民是否希望保持自己原来的文化特征；移民是否接受将客居国的文化整合到自己的文化体系（如表4-35所示）。①

表4-35 文化融入的类型表

	是否希望保持自己原来的文化特征	
	是	否
是否接受将客居国的文化整合到自己的文化体系　是	整合	同化
是否接受将客居国的文化整合到自己的文化体系　否	分离	边缘化

如果旅居者既想保持原来的文化身份，又想接纳主流社会的文化，并将其纳入自己的文化模式中，则属于文化整合的模式；若只倾向保持固有的文化习惯，不接纳主流社会任何文化，则采用了分离的策略；若只接受主流社会的文化模式，抛弃原有国家的文化习惯，则采纳了文化同化的策略；既不想保持原有的生活方式，又对主流社会的文化持排斥的态度，就处于"文化边缘化"的境地。文化融入涉及从物质到精神的方方面面，在面对不同层面的文化差异时，移民会有不同的策略选择，不能一言以概之。笔者认为上述对文化融入类型的讨论更强调文化融入的结果，即融入的最终状态。事实上，客居他国的外籍人士虽然在接受新的文化，但又不会刻意地改变自己，而是会有选择性地整合某些文化特点。族群多元文化主义强调，移民的融入或同化会呈现出一种多样化、差异化的特征，少数族群在适应新的社会文化环境的过程中，原有的族群文化特征不一定会完全消失，相反，他们会在无意识中整合多种文化，在移居地重建自己的文化传统和关系网络。②

贝瑞的文化整合模式是基于文化多元论的立场，多元论强调东道国文化的包容性，并不会向外来者强制推行某种文化模式，也不强制他们改变某种习惯，客居者往往能保持自己的文化价值，有选择地接受新的生活方式，吸收新的价

---

① 孙进. 文化适应问题研究：西方的理论与模型 [J]. 北京师范大学学报（社会科学版），2010（05）：45-52.
② 姚烨琳，张海东. 国际移民的社会融入研究：以上海为例 [J]. 学习与探索，2018（06）：33-41；
HEALTH. J, Immigration, Multiculturalism and the Social Contract [J]. Canadian Journal of Law and Jurisprudenec, 1997, 10 (02): 343-361.

值观念。我国是一个文化多元社会，对外来文化持开放包容的态度，在这种社会环境下，外籍人士更多地选择的是文化整合的策略，在两种文化中寻找平衡。

在陈向明老师的研究中，留美中国留学生感觉与美国的文化格格不入，自己认为是美国社会的"局外人"，也没有得到美国社会的认可，自信心受到了冲击，在美国的土地上尝试反省自己的文化观念，造成自身陷入困惑。在本次研究接触到的被调查者中，并没有出现这种放弃母国文化的"文化边缘人"，更多人采用的是文化整合的方式，既保持本国的文化习惯，又对主流文化有选择性地吸收。笔者认为"整合两种文化的精髓"也是最有效的文化融入方式。但在文化整合的过程中，不同的个体吸收的侧重点和程度有所不同，在文化整合模式的基础上，本文又将其分为"选择型融入"和"开放型融入"两种方式，并在下面部分以具体的案例呈现这两种文化融入模式的策略。这种现状一方面说明中国文化相对于西方文化仍然处于较弱势的地位，对外籍人士的吸引力不足，文化输出有待加强；另一方面也说明外籍人士在成都能够进行良好的社会互动，调整文化冲击的压力，保持文化的多元性。

二、文化融入的具体策略

（一）选择型融入——以一项跨国婚姻为例

一些外国人在融入主流社会文化的过程中，在初期遭遇了生活方式和价值观念的冲击，但随着居留时间的增加，与本地人的互动加深，能够充分发挥个体主观能动性，在对自身母国文化和移居地文化充分认识的基础上，根据自身需求，对行为习惯、风俗文化等方面进行调整和适应，这种情况被称为选择型融入，同时在融入不同维度文化时选择了不同的方式。

国内学者对族际通婚持有的观点是，"跨种族婚姻"或"跨文化婚姻"是不同语言背景、不同种族、不同文化背景的当事双方结为婚姻关系，族际通婚对于增进族群融合具有积极的意义。[1] 随着我国的国际化程度不断提高，涉外婚姻的比例与日提升。跨国婚姻中涉及的一个重要内容是双方文化的交流与理解，良好的婚姻关系与文化互通相互成就。笔者遇到了一户中巴结合的家庭，他们的生活经历给了笔者深刻的启示，与中国女子结为夫妻的Y，在妻子的影响下建立了新的社会关系网络，更快速地融入到中国本土社会，但Y并没有完全学习妻子的生活方式，接纳其价值观念，而是对自己的文化有所保留，在与妻子

---

[1] 丁金宏，杨鸿燕，周少云，等. 论新时期中国涉外婚姻的特征与走向：以上海市为例[J]. 中国人口科学，2004（03）：66-70.

不同的价值观念中寻找平衡。

Y是一家巴基斯坦餐厅的厨师与老板，2012年与妻子小黄相识。小黄是一位四川姑娘，是家里的独生女，父母不想她离开中国，随后Y与妻子在成都创业，在电子科技大学附近开了一家"印度巴基斯坦餐厅"，每年回巴基斯坦一至两次，看望自己的父母。在中国妻子的影响下，Y融入成都的文化及生活与一般外籍人士有些不一样。

关于第一次来成都的感受，Y表示："2012年，我从南京来到成都，我没有想到会在成都有自己的家庭。当时觉得成都是一个非常现代化的城市，很干净，虽然这里的人说的四川话我听不懂，但是我感觉他们很友好。"Y在来成都之前就有在中国生活的经历，因此并没有对成都表现出强烈的不适感，相反，他对成都的评价很高。认识妻子小黄后，Y开始真正融入成都的生活。谈及与现在妻子婚姻关系的确立，Y表示这个过程并不顺利。

"我第一次见到我的妻子就很喜欢她，我追求了很久，她才同意和我在一起。她的父母不同意我们结婚，他们说他们只有一个女儿，不想让她去巴基斯坦，他们觉得我在成都没有房子。后来我告诉他们，我们会长期在中国居住，开餐厅挣钱，经过我的努力，他们才同意了。其实在我们的国家有很多人和外国人结婚，我不知道为什么我妻子的父母那么保守。我是个穆斯林，但是我对她（妻子）的宗教信仰没有什么要求。成都的房子很贵，我们现在还是租房子，而且没有和妻子的父母一起住，我有点奇怪，因为在我们那里结婚了都会继续和爸爸妈妈住。我也在攒钱想要在这里买房，但是成都的房子比巴基斯坦贵很多，我们外国人想要永远留在中国很困难，很难拿到永久居留证。"Y的表述体现了中巴婚恋观的差异，在中国很多人的观念里，物质性的房、车仍然是婚姻的保障。这对Y来说面临着文化观的差异："在巴基斯坦，只要男性结婚后可以和父母一起居住，女方不会介意，家里有房子住就可以。但在这里情况不一样了，女方父母会要求再有一套房子。"最后双方采取了妥协的手段，两人结婚后可以暂时租房，但必须存钱买房。

除此之外，Y与妻子有生育观差异。"在我们那里结婚和中国是不一样的，我们在巴基斯坦举行了婚礼。我们目前还没有小孩，我家里有六个兄弟姐妹，我也希望我能有两个或者三个孩子，但还是要和我的妻子商量，她认为一个就够了，我知道在成都很多人都是养育一个或者两个小孩。在这一点上，我们的想法发生了分歧，但是我尊重她的想法。"当笔者问到对孩子的性别有无要求时，Y说自己并没有要求，顺其自然。Y的生育观与妻子产生了一些冲突，他的处理方式是暂时搁置并努力理解、接纳妻子的想法，同时在性别观念上又有向本地人趋同的趋势。

当谈到日常生活方面的适应时，Y的脸上露出了笑容。"我是一名厨师，我很擅长做饭，我妻子教会我做很多川菜，我也很喜欢，我们每天吃饭都会吃川菜、巴基斯坦菜，想吃什么就自己做，现在都是我做饭更多，我了解她的口味。"喜欢成都的食物是Y适应成都生活的开端，随后我们谈到了交通和现在的通信方式，他表示自己居住的地方离市区比较远，每次都是乘地铁前往，骑电瓶车在餐厅附近活动，并大加赞扬成都的交通很便捷："我们的国家还没有地铁，成都的地铁很方便。"同样，Y与当地人一样能十分熟练地使用微信和支付宝："客人吃饭都是扫码支付，我也必须学会，我在中国和每个人都使用微信交流。"

从总体来说，Y对成都的物质文化生活表现出良好的融入性。成都比Y母国的城市更加发达，公共服务设施也相对完善，Y抱着积极的心态融入成都的生活。尤其是在妻子的帮助下，Y迅速克服了语言障碍，并通过妻子在成都建立了新的社会关系网，对打理餐厅业务有很大的帮助。"刚开始我和我妻子的父母沟通很困难，后来我的妻子每天都和我说中文，我现在中文水平也蛮好的，能和我妻子的朋友还有中国的学生说中文。"Y开的餐厅受众群体主要是中外学生，他在成都不仅有联系密切的本国朋友圈，也逐渐建立了以本地人为核心的社交圈，Y说："几乎这里所有的巴基斯坦留学生都来我这里吃过饭，他们经常在这里聚餐，大家聚在一起会有家的感觉。"本国餐厅这一特殊的社会交际场合成了连接本国同胞的纽带。"我通过我的妻子认识了很多她的朋友和我们的邻居，他们对我都非常友好，也给我提供了很多帮助。"新的社会网络为Y提供了很多工具性支持，Y对自己目前拥有的社会网络十分满意。

作为"中国女婿"，Y随妻子的家庭庆祝过很多传统节日，并有强烈的参与兴趣。"我每年春节都是和我妻子的家人一起过的，非常热闹，我也会做菜、包饺子，他们很照顾我的饮食习惯。我也会给小孩子们准备红包，虽然钱不多，但我知道这是这里的习俗。"Y表示自己在度过中国传统节日的时候感觉非常好，并能体会到节日中"团圆"的意义，在春节的当晚，他会和妻子致电巴基斯坦的父母，并给他们"拜年"。

当然，Y在这里生活并不是没有困难的，其中之一就是吃饭的方式，"我用手抓饭的习惯已经有三十年了，到这里要学习用筷子吃饭，现在我用得很好，我也必须用，和我妻子的家人吃饭用手抓会不礼貌"。手抓饭是Y传统的用餐习惯，尽管已经在形式上学会了使用筷子，他在心理上还是对母国的用餐方式更亲近。"还有一点，我不知道怎样同中国人交朋友，他们都很客气，对我很好，但我觉得我们还不是很亲密的朋友。他们说话比较客气，不直接，有时候可能只是假装礼貌（客套）一下，但是我却当真了。久而久之，我逐渐理解了这种方式。"在妻子的影响下，他对中国人的处事模式有了更深的体会，也在各种各样的互动中克服差异，克服心理的不适应。（受访者Y，男，巴基斯坦人，餐厅老板，来蓉5年）

迁居者在融入主流社会文化的过程中，本身采用何种融入策略和模式是一种下意识的选择，是对外部环境的条件反射，自身没有很清楚的感知，他一方面认同本地的生活，将其整合到自己的文化模式中去，另一方面也保留原有的饮食偏好。在面对新的思维和价值观差距时，表现出不适、妥协或分离的态度，仍然保持自己的价值观念。总体来说，他们既表现出较强的主观选择意识，也有被动融入的情形，既有整合，又有分离，笔者将这种情况称为选择型融入，本研究发现大多数在蓉生活的印巴人都属于这种类型。

（二）开放型融入——以一个在成都生活5年的印度人为例

开放型融入体现出对主流文化方方面面的理解与接纳，在融入的过程中较少产生压力和冲击感，对所在国文化持包容、吸收的态度，不仅在有关生活的物质文化、制度文化方面完全融入主流社会，也理解中国传统文化，接纳当地人的价值观念，以东道主国家的方式与本地人相处，对主流文化持认同和整合的态度，而不是分离和排斥的态度，最终达到与本地社会良性互动的状态。这是一种理想的文化融入模式，这不仅与旅居者本身的先赋性格有关，也与语言水平、居留时间、事先对迁居地文化的积累，以及拥有的社会关系网络都密切相关。在本次的调查过程中，笔者发现也有一些外籍人士融入的程度非常高，符合这种开放型融入模式。

Z在成都工作了5年，是Axis commerce公司的一名IT，相比之前生活城市的秩序，他第一次来这里就爱上了成都的干净与包容，也亲眼见证了成都这些年的发展。在生活的过程中，他努力学习中文，克服了语言障碍，目前已经能用较为流利的中文和中国人交流，他认为："新的环境会推动我去学习新的语言，来到一个地方就要接受差异，尝试改变。"Z也是一名素食主义者，他保持着吃素食的习惯，"成都有很多好吃的，我都有品尝过，我不能吃肉，但这并不影响我对这里食物的喜爱，比如，我吃火锅可以烫素菜，可以吃面条，我自己也会做中国的炒饭。"Z一开始就是以积极的心态面对陌生的社会环境的，这对他快速融入到本地社会是十分有益的。

Z还讲述了在成都看病的经历："这里会讲英文的医生很少，刚开始来的时候，我最害怕的就是生病。好几年前，在我生病的时候，我的邻居，一对年轻的夫妻陪我去医院,我才顺利克服了这个困难。后来我和邻居夫妇成了非常要好的朋友,我经常去他们家吃饭,和他们家的小孩玩。"公共服务设施没有英文标识、本地人英语普及率不高给Z带来了生活障碍,但在成都的社会关系网络又帮助他顺利度过了困境。Z表示自己曾经交往过中国女友,这使他了解了更多的中国文化,"我对中国的文化比较了解,我知道在清明节不能说'快乐',在端午节要祝福别人'安康',我在朋友家里庆祝过传统节日,非常有意思"。Z认为中国人庆祝节日的方式比较内敛,以聊天和聚餐为主,而他们喜欢用歌舞表达情感。随着居留时间的增加,Z习得了中国圆桌聚会中的一些规则:"和别人喝酒时表示尊敬,杯子要低于对方的杯口。"对于与当地人的交际模式,Z印象最深刻的就是"礼尚往来","在我们印度,大家对客人也很热情,比如,有人来家里做客,我们会很热情地用奶茶招待客人,中国人也很热情,但和我们那边的感觉不一样。我体会最深刻的就是如果别人请你去吃饭或者给你送礼物,实际上就表示下一次你也需要回赠给他们,朋友之间确实是这样的,但是中国社会好像更讲究这样的往来"。笔者问道:"你发现了这种差异,能接受吗?"Z笑着说:"当然了,我的中国同事很多,大家都是相互请客,我都习惯了这样的方式,其实这也是应该的,我去他们家里做客也会带礼物,这样也会增强我们的友谊。"在中国社会,礼物承载着重要的交往意义,Z在与本地人交往的过程中,逐渐理解了"送礼文化",在处事中践行这种方式,成功用于和中国人的交往实践。对于未来的计划,Z打算继续在成都就业,不排除在中国寻找伴侣、自由择偶,但他意识到这有很大的阻碍,除了政策上对长期居留带来的不便利,要说服一个中国家庭将一名印度人纳为家庭成员也很困难。

Z在意识和行为上践行多元文化,是将中国文化成功整合的典型案例。这也取决于迁居者的个人能力,若具有高等教育水平和较强的学习能力,积极的心态会帮助他们以开放的姿态接纳不同的文化,不囿于本国同胞圈,积极拓展人际交往范围,除了保持原有的文化习惯,也会学习本地社会的生活规范和行为方式,付诸于与中国人的实际交往中,在思维方式上和价值观念上也愿意接近迁入地社会,还有想要在迁居地继续居留的强烈意愿。笔者将Z的成功整合称为开放型融入,在实际生活中,持这种融入模式的外籍人士仍然较少。

目前以美国、日、韩等发达国家为研究对象的相关研究较为丰富,他们对中国文化的形象停留在西方文化的框架内,不乏对中国的偏见或刻板印象,且他们由发达国家的环境迁移到稍欠发达的发展中国家,难免会被"民族中心主义"影响,具有文化优越感。他们在适应中国社会文化的过程中更有选择性与排斥性,通常都具有较强烈的经济整合能力与物质生活适应能力,主动隔离其至排斥中国的文化与价值观。本文研究的对象来自南亚邻国，其国家的综合实力稍逊于中国，三国文化既具有一些相同点，又在细节上千差万别。对很多印巴人来说，他们是由一个欠发达的城市迁移到了更发达的城市，因此他们对迁入地社会的总体评价更高，因此接纳的心态会更加积极。此外，无论是个体还是群体，他们都能较好地适应中国的社会文化，既保持独立性，又善于交际，通过各种策略认同或整合于中国文化，因此笔者总结出选择型融入和开放型融入两种模式，这种现状也对我们思考如何从民间交往推动中印友好关系、深化中巴友谊提供了一些启示。

第四节　印巴人士文化融入的影响因素分析

一、良好的社会支持网是文化融入的积极因素

外籍人士在居住地的社交圈、参与社会组织情况、在当地族群间的互动是文化融入的重要内容。有研究指出，上海国际移民社会融合水平较低的原因之一是外籍人士相对集中在高档住宅区内，导致人际交往断裂，本地社会网络孤岛化。[①] 与之不同的是，成都并非商业贸易与金融大城，与北京、上海和广州的城市氛围与环境也不相同，调查对象散落地与本地居民同住，在日常生活中与本地人有更多的接触，不同的个体和群体在交往中形成了自己的社会支持网络。

"网络"一词最早由齐美尔（Georg Simmel）提出，被用来着重考察社区中的社会结构和互动关系，最终发展成为一种重要的社会结构研究范式。齐美尔认为，社会的宏观结构和宏观过程——阶级、国家、家族、宗教与进化——最终只不过是个体间具体互动的反映，社会互动的结果衍生出社会现象，对社会现象的解读，可以通过理解其得以产生和延续的基本互动过程来实现。[②] 齐美尔的互动论更适用于研究社会的微观层面，考察社会生活中的人际互动。同理，外国人在本地生活离不开与周围人互动，互动的效果决定了他们是否能在本地建立起相对稳定的社会关系网络。

---

① 姚烨琳，张海东. 国际移民的社会融入研究：以上海为例［J］. 学习与探索，2018（06）：33-41.

② 乔纳森·特纳. 社会学理论的结构：下［M］. 邱泽奇，译. 北京：华夏出版社，2001：11.

在本部分中，本研究主要从社会互动的视角出发，探讨不同效果社会互动形成的社会网络对外籍人士文化融入的支持性功能。"社会支持网"强调行动者所拥有的社会资源能给其提供的各种情感型和工具型的帮助，良好的社会支持网不仅为外籍人士提供物质帮助，也能在个体需要时提供必要的情感性陪伴，包括帮助解决生活中的困难，维持正常生活，帮助度过迷茫、焦虑阶段，缓冲个人与社会的冲突。[1]

（一）强关系社会支持网：文化融入的基础

格兰诺维特认为，社会网络可以解决信息资源分配不合理的问题，一个社会网络的强弱关系是由成员间的相处时间、相互回报、相互倾诉和感情深度四个彼此关联的方面共同决定的，强关系是群体内部的纽带，群体内部感情深厚，关系亲密，可以给予情感性的支持；弱关系是群体之间的纽带，可以提供非重复的信息和工具性支持。[2] 对留学生而言，他们初到成都便会迅速与本国的同胞打成一片，本国同学来帮助他们快速熟悉校园环境，融入校园生活。指派到中国公司的外籍员工在中国并没有很强大的关系网络，他们首先选择的是结交本公司的同胞，或通过社交网络与本国朋友率先建立联系，这种同胞之间亲密的关系帮助他们在过渡期顺利克服生活困难，缓解不安的情绪。

外籍人士有着非常紧密的本国社交圈，体现在：留学生相互串门、分享食物、结伴去市场采购等；务工人士会定期邀请朋友到家里聚餐，或在外面举办聚会，分享信息资源，疏解内心的情感。这种"抱团"模式得以支撑他们在成都的生活。

受访者V博士说："我和以前的室友关系非常好，他是我的老乡。刚来时我对做饭一窍不通，因为我在印度上大学的时候住在家里，我从来没有离开过我的家庭，我的妈妈会帮我准备好一切。然而来到这里之后，我不太适应这里的饮食，我不得不每天自己做饭，但是我又不会做饭，所以我非常焦虑。我的室友安慰我别着急，他可以负责做饭，并且传授我做饭的技巧。他比我早来一年，更有生活经验。我觉得他是一个生活能力很强的人，要是没有他的帮助，我觉得我现在的生活会很糟糕。"（受访者V，男，印度人，电子科技大学博士，来蓉2年）

另一位受访者S所在的外企有很多印度人，他们交友的模式非常简单："我们这个公司不断地有人过来工作（被指派到成都），所以一直有几位同胞在，先

---

[1] 贺寨平.国外社会支持网研究综述[J].国外社会科学，2001（01）：76-82.
[2] 贺寨平.国外社会支持网研究综述[J].国外社会科学，2001（01）：76-82.

来的对这里更熟悉，就会帮助后来者解答很多问题，我们很快就成为朋友了。"（受访者S，男，印度人，wipro公司职员，来蓉3年）

在一个陌生的环境里，个体都会本能地先靠近本族群的同胞，寻求充分的认可和情感支持，本族群同胞的社会支持就好像是与当地社会的缓冲剂。

本次调查也发现，留学生的强关系社会支持网规模较务工人士更广泛。留学生大多与本国人在一个班级或者实验室，便于认识很多本国同胞。而在蓉务工人士以散落的状态分布在市内的各个区域，没有形成聚居的模式，公司内部同胞的数量也十分有限。但在强关系群体内部，提供的信息和资源具有重复性，因此规模的大小并没有给他们的生活带来实质性的影响。被调查的外籍人士普遍认可目前拥有的这种社会关系，感觉"很满意"或"比较满意"，外籍人士的交友也呈现出以获取社会支持、生活资源为目的的倾向性。来自印度的B在成都并没有很多亲密的本国朋友，他认为现在拥有的朋友足以让他在这里有不错的生活。

总的来说，我对我拥有的朋友（的数量）还是非常满意的。我的朋友总是在关键时刻提供给我帮助，我有问题都是直接在微信上问他们，我们一起在成都游玩。我尽量不给他们造成麻烦。所以（这种交友状况）我觉得没有很大的影响。（受访者B，男，印度人，wipro公司职员，来蓉2年多）。

强关系社会支持网具有很强的同质性，对外籍人士来蓉初期度过过渡阶段十分有利。但经过一段时间与本地社会环境的初步磨合，他们不再仅仅满足于表层的物质融入，个体会开始追求多样化的交往方式，扩大群际接触，同质性的同胞圈内单一的资源信息逐渐难以满足他们的需求。只有建立异质性的社会网络，结交中国朋友，与本地人交流，才能提升汉语技能，获得更多渠道参与本地社会的活动，了解中国社会和文化。

（二）跨越身份，建立本地社会网络：文化融入的深度

在前文中，研究者已经阐明了建立异质性社会网络的重要性。对于外籍人士来说，想要融入当地的社会，更重要的是实现与当地人的融合，建立有当地人的社会支持网络。超越以血缘和同乡缘为核心建立的社交圈，积极发挥自身的主动性，主动打破原有的格局，学习本地人的行动逻辑，构建新的社会关系网络，是外籍人士生活进入正轨后下一阶段所要面临的问题。由强关系网向弱关系网拓展，在异质性网络中积极参与社会互动，在生活方式、行为模式、思想意识、价值观念等方面与群体内其他成员进行整合，在与社会成员接触中找

到对所生活城市的认同感和归属感,更快地融入到主流社会中。①

研究者发现,在最初的生存适应被满足之后,外籍人士的交往对象不再仅限于本国同胞,与中国人进行交往的动机更明显。留学生拓展交际圈十分方便,在校园里和生活中都能遇到一些不错的中国朋友,酒吧也是他们交友的场所之一。

"其实在巴基斯坦喝酒是被禁止的,我们只能偷偷地喝。但是在中国,我可以随便喝,我经常和我的朋友去339那边的酒吧玩,学校附近也有(酒吧),那里有很多年轻人,我告诉中国朋友我来自巴基斯坦,他们会说'巴铁、巴铁',我们一起喝酒、玩桌球,加过微信后慢慢就成为朋友了。"(被访者J,男,巴基斯坦人,中国科学院留学生,在蓉2年)这是一种在生活中主动交友,建立中国朋友圈的方式。朋友之间相互介绍是留学生交友的另一途径,"我的好朋友E汉语很好,她有很多中国朋友,有时候他们聚会,把我也带去了,因此我认识了很多朋友。我们经常去KTV唱歌,我听不懂中文歌,但我喜欢和他们去玩。""我和我们学生会的老师是很好的朋友,她经常带我去参加活动,这样我认识了不少中国人。"(受访者V,男,印度人,电子科技大学博士,来蓉2年)留学生通过多元化的交友渠道建立新的社会支持网络,在不同的场合与中国人进行交流,能更高频率地使用中文,与中国朋友接触时能了解中国的风俗习惯,还有机会参与到中国的传统节日活动中。

在华务工人士大多倾向于把中国同事发展成为好朋友,然后是借助参加聚会,拓展社交圈,主动结交中国朋友。尤其是有家庭成员同行的务工人士,他们认为自己平时要照顾家庭,没有更多的时间处理人际关系,只与几个固定的中国朋友交往。在IBM公司工作的F,家人随他一起在蓉,受访者说自己下班到家已接近七点,平时没有时间参与社交活动,但是他与公司好几个家庭都建立了友谊关系,周末时几个家庭会组织一些活动。"我们这种有家庭的(外国人),朋友也都是有家庭的。我女儿4周岁生日那天,我邀请了我项目组里的同事和他的小孩到我们家做客,从那次聚餐后我们的关系越来越好,我们几个家庭会经常出来玩,我们已经约定好今年的劳动节去西安旅游。"(受访者F,男,印度人,IBM公司职员,来蓉4年)F属于主动结交朋友的典型例子,他主动与中国的家庭建立了友好关系,丰富了在成都的生活。

研究者经调查还发现在印度人的圈子内,有一位"印度菜菜"餐厅的主厨

---

① 陆林. 融入与排斥的两难:农民工入城的困境分析[J]. 西南大学学报(社会科学版),2007(06):97-103.

W是印度人社交圈的核心，笔者遇见的每一位印度人几乎都认识这位主厨W。W在重庆、西安都居住过，在成都居住了4年，因为职业的特殊性，他的交际圈非常广泛，不仅认识诸多本国同胞，还认识来自南亚和中东等其他国家的朋友，W每个月都会召集很多朋友在餐厅举行聚会。核心中间人在建立社会支持网时也发挥了重要的作用。

我的中文说得很好，我是一个很活跃的人，所以我的朋友非常多，各国的朋友都有。我的老乡刚来成都工作时，都会来餐厅吃饭，我也会和他们说这里的很多事情，给他们介绍朋友。其实我们举办派对最开始是餐厅的活动，后来我就想到可以把大家都叫来，中国人和外国人都有，我们在一起会交流、交换信息，认识很多朋友。（受访者W，男，印度人，餐厅主厨，来蓉4年）

不同的个体以不同的方式建立各自的社会关系网络，或多或少有着某种选择倾向性。从以上的分析中，大致可以总结出三种主要的途径：将身边人发展成好友；通过朋友介绍拓宽交际面；通过社交活动主动结交朋友。本地社会关系支持网的建立对深入理解本地文化起着重要作用。社会支持网络越多样化，他们能获得的信息就越多，在交往中不仅能提高语言能力，拓宽文化融入的广度，还能体验融入当地的乐趣，深入了解本地人的生活方式、行为模式、价值观念和思维习惯。

（三）无法跨越的心理距离：文化融入的障碍

社会交往需求包含马斯洛需求层次理论中的"爱和归属感"层次，人类群体有建立和谐温馨的人际关系的需要，社会支持网中嵌入的社会资源为外籍人士提供情感的慰藉。外籍人士积极主动建立传统社交圈与本地社会关系网，体现了他们积极融入主流社会的态度。但社交的广度与深度并不具有相同的意义，拓展社会关系网络的宽度并不说明其与当地人建立了深厚的友谊。外籍人士在建立社会关系网络时就呈现出了这种特点，他们认为与中国人建立深厚的情谊并非一朝一夕，需要时间的积累及双方深度沟通才能达到理解情感基础上的共鸣。

G在成都生活了9年，结交了几个关系非常好的中国朋友，但是他认为这个过程十分不易，中国人并不会轻易打开心扉，和外国人成为"知己"。

中国人讲英语比较害羞，他们不太主动讲英语。我在成都9年了，中国朋友也不多。我觉得人与人是不同的，尤其是不同国家的人，大家的思维都不一样，有中国朋友刚认识的时候会找我聊很多，但是过段时间就很少联系了，或者几乎不联系了。

受访者向研究者表达的是，要结交朋友很容易，但维持关系很困难，亲密关系并不容易建立。传统以差序方式构建社会关系的模式对中国社会的影响仍旧深厚，以自己为"中心"，与自己最亲近的人建立相互信任的关系网，离自己越远的人越难被纳入这个网络中，这是中国社会的某种默契。

受访者继续说道："（笑）我理解这种状况，每一个人在生活中，都需要别人的帮助。当其他人向我求助时，我会尽可能地帮助他，因为我想以后他也会帮助我，每个人都有这种危机感，在印度也是这样，这是普遍的，只有两个人真正打开心扉来交流才有可能建立友情，关系亲近，我觉得中国人对外国人不是这样的。"

受访者明显感觉到本地人与外国人的心理距离，这种族群差别背后的文化差异，首先带来的是族群之间的心理隔阂，其次才是语言差别。

不单单是因为语言，主要是因为中国人对外国人的态度，他们似乎不愿意打开心去接受和自己不同的人，可能中国人比较保守吧，或者他们不需要和自己不一样（文化、语言）的朋友。所以刚开始虽然聊得频繁，但是后面也聊不深入，没有办法分享有趣的事，不能交流两个国家的文化，这是最重要的。（受访者G，男，印度人，IBM公司职员，来蓉9年）

外籍人士积极的交往心态是融入主流社会的第一步，但若无法深入交往，可能会产生失落感，对在东道国的人际交往关系产生悲观情绪，进而心态消极，对其文化也失去了兴趣，毕竟成功的社会交往是打开文化理解的窗口。如何促进外籍人士与本地人的深度交往仍然是值得探究的问题。

二、文化融入的客观因素

（一）原有的族群距离障碍

学术界在有关国民性质特点的探讨中，认为受儒家思想影响的中国人民更务实，重视世俗生活，讲求时间观念、秩序规则和集体主义；印度文明的宗教特点与印度国民的生命价值观相结合并直接体现在行为上，印度人民更散漫自信，重视精神世界，忽视现实世界，注重个人修行轻视集体，思维想象力丰富，种姓制度彰显社会内部秩序。[①] 巴基斯坦社会受宗教和英国殖民的多重因素影响，注重礼节，讲究男女差别，是各种亚文明与价值观的集合，既保守又受西方思想的影响，难以一言概之。但这些经验之谈并不可作为考察一个社会全部成员的所有依据，不同的文化背景下形成不同的国民特质，这些特质的差异直接体现在个体之间的互动中。恰当的族群距离会保持对另一族群的好奇，进而

---

① 朱明忠. 宗教文化与印度的国民性 [J]. 东南亚南亚研究，2013（01）：80-85，94.

激发探索之心，过分的距离感则容易导致对另一个族群及族群文化的排斥。

事先了解某一族群的特点有利于我们对其有更好的认知，但既有的印象也容易使我们陷入负面刻板印象。刻板印象是一个群体对另一个群体固定的、简单的看法。我们往往会倾向于从国籍、肤色来对一个民族有事先的评判，并在交往中体现出一种态度和行为倾向，网络与媒体建构的形象并不全面，甚至会导致外界对族群形象认知偏差，忽略个体特征，充分的族群接触才是消除刻板印象的最佳途径。在群际互动的过程中，民族刻板印象随时会被激活。①

研究者在查找相关资料时，没有发现很多有关中印双方形象互相认知的参考文本，因而只能结合已有的资料，通过受访者的口述，了解中外双方对彼此的形象认知与文化认知，总结一些相关的经验。G 表达了他直观的感受："我没有受到歧视，但我感觉中国人对我们的态度不一样，我自己也觉得我是一个'外国人'，不是当地的人，他们对印度不够了解，很多人根据我的长相也不知道我来自哪里，但是我知道他们喜欢皮肤白的外国人。"更有意思的是，G 补充说道："刚来中国的时候我以为中国人都会功夫，后来我才发现，其实他们也喜欢跳舞（广场舞）。还有一点，成都非常发达，比我们的城市好很多，这也是我在来之前难以想象的，但是你们的英语也是真的不好。"族群身份的差别是无法抹去的，外籍人士的身份距离感也无法轻易消除，虽然有很多人在来中国之前有对中国的社会面貌和文化做了一些了解，但在实际的交往中，却避免不了因文化方面的差异形成的困境。(受访者 G，男，印度人，IBM 公司职员，来蓉 9 年)

我们通常认同自己所属社会群体的目标期望，并按照我们所认为的这一社会群体中全体成员所共有的观点来对事物进行判断。② V 曾经和笔者解释自己短时间难以适应新环境作息的原因，他们喜欢夜间晚睡，白天晚起，经常是中午十二点才到实验室，为此受到了导师不少的批评："我的作息时间就是这样，很难改变，我在印度的时候是晚上 7 点吃饭，就是这里的 10 点。在这里我习惯晚上 11 点回到宿舍开始自己做饭，睡觉都要 2 点或者 3 点了，所以起得很晚。"(受访者 V，男，印度人，电子科技大学博士，来蓉 2 年) V 的博士导师规定不迟于早晨 9 点要到实验室，因此导师经常在微信上催促他尽快赶来，实验室的同学也对他有些不满，和 V 同一个实验室的同学和笔者反映，从来不敢和他们约在上午，因为他们喜欢迟到，没有时间观念。在某师范大学的学生对 8 点的

---

① 党宝宝，万明钢. 基于族群面孔分类的内隐民族刻板印象激活与抑制作用 [J]. 西北师大学报（社会科学版），2017，54（02）：111-117.

② 陈向明. 旅居者和"外国人" [M]. 北京：教育科学出版社，2004：320.

早课大为苦恼，他们经常迟到，来不及吃早餐匆忙赶到教室，他们一致的解释是："我睡得很晚，早点睡觉睡不着，所以早晨起不来。"除此之外是饮食差异，真正了解印巴饮食习惯的本地居民并不多，因此很多行为在他们看来"不讲卫生"，甚至是"很奇怪"的。P曾经在一家餐厅吃饭时习惯性用手抓，周围的人对他投来诧异的目光，"后来在我朋友的提醒下，我才明白我这种行为在你们看来是很奇怪的，我只能逼迫自己去改变。"（受访者P，男，巴基斯坦人，川师大学生，来蓉3年）文化的差异也造成过外籍人士与本地居民的冲突，X在刚来中国的第一周，邀请了朋友到家里聚会，晚上大约11点有居民前来敲门，对他们夜间的喧闹行为表示不满，对此他表示无奈："我刚来中国不知道你们的习惯，我们当时在放音乐，声音有点大，那个时候太晚了，很多中国人都要休息了。"（受访者X，男，巴基斯坦人，马萨基物流公司职工，来蓉3年）笔者和一些本地居民也有交流，部分人对外国人有"很吵闹""在公众场合笑得很大声""没有公德意识"之类的负面印象。在校园里，有一些中国学生认为"印度人很能说，但说的英语我们完全听不懂，他们说得越多我们越感到厌烦"。印度人在交流时喜欢调侃、直接表达，不隐藏自己的情感，在很多中国学生看来是一种自大和不靠谱，没有估量好风险和完成的可能性就随意做出承诺。还有一些人"不喜欢他们身上的味道，也不喜欢他们食物的味道"。由此可见，成都新颖的饮食、作息时间和休闲娱乐方式，为他们既带来惊喜，又带来困扰，双方在没有对对方生活习惯有认知的情况下存在很多误解。

显然，迁居的外籍人士对东道国了解越多，有越多在陌生环境中的生活经验以及和不同族群交往的经验，越能够快速接纳并化解这种尴尬的困境。而东道主国家的成员对外国人的消极偏见越少，才会对外籍人士的接纳程度越高。只有在双方共同的理解下，才会产生更多的社会交往，为融入创造条件。

（二）中国文化的影响力与国际地位

在西方价值体系的影响下，世界上很多国家对传统中国社会还没有全面的认知。近年来，世界第二大经济体的地位大幅提升了我国在国际上的地位。我们正处在全球化时代，文化的国际影响力已经成为国家之间软实力较量的重要载体。中国文化的国际影响力正在逐渐扩大，茶叶、瓷器、丝绸、中医、皮影、戏曲等特殊的文化符号也传播到世界各个角落，尤其是以春节为代表的传统节日被世界各地的华人隆重庆祝，很多国家都曾举办过"中国文化节"等文化活动，文化对外传播的效果较为显著。跨国人才在中国流动日益频繁，外籍人士在华生活期间是了解真实的中国社会面貌的重要契机，大到政府机构、社会组织，小到每一个市民，都是国家的名片和文化传播的使者。

中国人在世界各地的流动，将中国文化散播在世界各个角落，许多外国人对中国文化早已不再陌生。笔者曾经多次就中印文化与T探讨："在印度也能看到中国人，还有'中国城'，我之前去过菲律宾、韩国，那里有更多的中国人，他们也庆祝春节，非常热闹，实际上，世界各地都能看到中国人的身影，所以你们出国都不用担心饮食问题。"但当笔者进一步追问对中国是否还有其他的了解时，他说道："我是学物理的，我知道伟大的物理学家杨振宁来自中国。还知道好莱坞很有名的中国电影明星，我最喜欢看周星驰的喜剧片，其他的我不是很了解，但是我对人文历史很感兴趣。"对于两个国家之间的关系问题，他不愿意过多谈及，他认为，"在别人的国家谈论政治是不自由的，也是不礼貌的。但政治问题不应该影响民众之间的交往。"（受访者T，男，印度人，电子科技大学科研人员，来蓉7个月）像T这样不愿意谈及两国关系的印度人还有很多，他们的态度也大致一致，与中国人的交往也并未因此受到影响。与之相反的是，巴基斯坦人则经常提到两国的友好关系，他们说自己在国内也能接触到很多中国人，钦佩中国经济的强大，成都交通的发达。在他们心中享受声誉的是成龙、李小龙这样的知名影星，但对中国具象的文化并不是非常了解，我国的文化产品，包括影视和书籍还没有在国外深入人心。

外籍人士对这些涉及中国文化方面的看法，实际上直接体现了中国文化的国际影响力。从调查的资料来看，国家之间的关系与中国的国际地位对外籍人士对中国的初步评价有较大的影响，中国国际地位的提升吸引了世界更多的关注，但他们对中国的了解仍然只停留于经济层面，对文化了解有限。目前正是我国文化大力走向世界，全面建构新的国家形象的重要时期。越来越多的外国人来华学习、工作和生活正是文化"自塑"的开端，是我们向外展现文化的重要契机。毫无疑问的是，在华外籍人士能在生活的城市有愉快的生活经历、有更多机会体验传统文化、有更多途径与中国人深入交流从而了解中国人的价值观等深层次的精神文化，都会有利于他们自身对于我国积极的评价。越是能融入当地社会，积极评价中国文化的可能性就越高。我们作为东道主国家，面对如何展现国家形象、提供有效的渠道帮助外籍人士了解中国社会和文化的问题，应该在摸索中不断明确方向，积极行动，探索有效的策略。

三、文化融入的主观因素

（一）个体的需求：个人兴趣、动机和积极性

个人性格和所处环境共同促使个体行为的产生，不同的个体在社会情境互

动中的表现各异，会根据自身的需求对适应某种文化采用不同的策略。本文的研究对象包括留学生和务工人士两个不同的群体，他们作为跨国移民群体，存在诸多共性，但个人来华的目的和经历各有差异，不同的个体都有自己独特的需求和融入本地社会的方式。

对于留学生来说，他们对不同的文化持有更宽容的态度，融入的意愿也更为强烈。这体现在积极参加校园活动、主动结交中国朋友、主动学习汉语等方面。受访者C就是一个典型的例子，他有中国女友，参加了三个兴趣社团，结交了很多校外的朋友，从他的描述中，笔者能感觉到他积极的心态。"我每天都在软件上学习中文……我在我的宿舍做过中国食物，在我的朋友家里我也给他们做过……我和我的朋友回老家过春节……我们（中国和巴基斯坦）的关系让很多国家嫉妒。"（受访者C，男，巴基斯坦人，四川大学学生，来蓉1年多）C的心态开放，性格外向，乐于与外界交流，因此在互动中获得了更多的愉快体验，有强烈的愿望想要去适应新的环境，了解中国。

与之不同的是，务工人士在融入的过程中心态较为平和。I在成都生活了两年，已经能适应成都的生活节奏，舒适的生活状态令他想要继续留在成都寻找新的工作，尽管如此，他认为是否能留下来不取决于自己。I对自己的中文水平评价不高，但并不妨碍他在中国的生活，他只有两三个中国好友，但又不主动积极和外界交流，他的目的是："能在成都生活得很自由、很方便，我就满足了，对我来说只要不影响生活就可以。"像I这样在蓉工作时间不长的外国人都有和他一样的心态，最根本的目的是能在工作期间适应在成都的生存，缺乏深度适应的积极性，也没有更多途径进一步深入了解成都。带着经商目的来蓉的商务人士在社会活动中会更活跃，Q说自己喜欢和不同的人接触，与他们交流能产生很多想法，他享受着与人接触中的新鲜感与冲击感，想把中国的商业经验带回巴基斯坦。因此，个人的兴趣和动机影响着个体的行动，在行动上会呈现出不同的沟通风格与个人能力，那些自愿来华、心态积极的人会更顺利地适应新环境。

(二) 个人适应能力和素质

首先，个人的能力和素质包括生存技能及最基本的语言技能。汉语国际教育专业的留学生需要通过中文考试才会被学校接收，因此中文水平较高，中文授课和语言培训课程等正式的教育培训方式能帮助他们获得汉语技能和有关中国文化的知识。显然，拥有更高汉语水平的人具有更强的适应能力，更重要的是，理解了语言，相当于具备了与中国人沟通、理解中国人行为的能力。P是一名汉语专业的本科生，在他看来，对中国文化理解得最透彻的一点是，中国女性乐于收获来自他人的赞美，但却要表现出谦虚的态度："我有时候出去玩，会认识一些中国女孩，我经常夸奖她们皮肤很好，她们其实都很开心，但还是会和我说'没有，没有'，我知道这个'没有'不是真的'没有'，是她害羞或者很谦虚。"（受访者P，男，巴基斯坦人，川师大学生，来蓉3年）笔者也发现，外国人学习到了中国人以"没有，没有"传达谦虚之意的精髓，比如，当赞美他们中文讲得好、使用筷子的方式很正确，称赞他们煮的奶茶很好喝时，他们也会笑着摆手说"没有，没有"。

成都高校对经管专业和理工科留学生的汉语水平基本没有要求，来华之前他们几乎都是零汉语水平。在学校有三个月的汉语课来学习简单生活用语，但实际效果有限，对他们来说，想要胜任日常中文交流，必须利用各种非正式途径学习汉语。比如，听周围的人对话、与中国朋友加强交流、在手机软件上学习，通过多样化的途径，沉浸在汉语环境中，提升语言能力。有一些务工人士向笔者表达汉语很难学，陷入不知所措的困境，但另一部分人认为："只要多听中国人讲话，多主动沟通，可以克服语言障碍。我每天在实验室听中国同学讲中文，我现在的中文听力没有障碍。"（受访者A，男，巴基斯坦人，中国科学院博士，来成都3年多）由此可见，不同的个人能力与学习的态度会导致个体在同样的情境中表现出不一样的结果。

其次，影响在蓉外籍人士融入的主观因素还包括在国外生活的经验、对中国文化的积累和心理预期等。在来蓉前对中国城市和文化了解越多，越会有比较充分的思想准备来面对可能出现的困难，越会快速地产生较高的认同感，相反，对丝毫不了解中国的人而言，则有更大的可能在初期遭受不适。再者，如果有其他国家或城市生活的经验，就会拥有更多处理陌生文化冲击的技能，也就能更快地展开人际交往和社会互动。T在来到中国之前曾经在韩国生活了两年，他表示自己来到成都没有任何的不适感："第一，因为韩国与印度的气候和饮食相差很大，成都生活方式与印度相差较小；第二，因为我已经有在国外生活的经验，来到成都，虽然也会感觉很陌生，但是基本心理不会抗拒，也不会害怕。"（受访者T，男，印度人，电子科技大学科研人员，来蓉7个月）笔者认为T的第三个原因是，韩国文化和中国文化有某些相似之处，为此T已有关于东亚文化的知识储备。对T来说，除了语言之外，能很快克服其他的生活障碍，正是这些以往的经验和在经验中培养的个人能力，对自身融入客居国产生了重要的作用。

最后，从个人性格上来说，那些沟通能力更强、性格更乐观开朗的外国人会帮助自己以向上的心态与人交流，相反，对文化差异比较敏感、被动和内向的人，不能灵活调整自身，会遇到更多的障碍。但本研究没有也无法对被调查对象的具体性格做客观的考察，这只是作者凭借与他们相处的经验得出的浅显看法，具体的影响程度还需要在进一步的研究中加以论证。

（三）移居地社会对外籍人士的态度

本文采用的"融入"概念，强调外籍人士在东道国处于相对弱势的地位，与来自发达国家的外籍人口相比，本研究的调查对象没有较强的社会资本和人力资本，又比来自非洲等第三世界的外国人更具有身份优越感，他们既享受新的生活方式，又保持着以前的生活习惯，也有不被当地人理解的苦恼。

在中国传统社会，我们划分关系的亲疏与远近，有一套"自己人"和"外人"的划分模式，即学术上所说的"差序格局"。"差序格局"是指将人与人的关系划分到圈层中去，就像石子投入水中一般，和别人连接成社会关系，社会关系像水波纹一样推出去，越推越远，也越推越薄。① 在差序格局的网络中，家庭的边界不是清晰的，具有"伸缩能力"，"自家人"可以包罗任何要拉入自己的圈子的人。② 这种私人网络的关系非常亲密，如果不是圈内人主动将"外人"拉入到这个私密的圈子，外人很难走进去。人们对于"圈内人"和"圈外人"的态度和处理事情的方法也不相同，在每一个圈子之间都存在着"自己人"和"外人"的区别，在民族这个圈子里，中国人都是"自己人"，所有的外国人都是"外人"③。中国文化注重"人缘""人情"和"人伦"，因此中国人的人际交往通常发生在一定的群体范围之内，交往各方在互动中投入情感，而对群体外成员的行为并不过多关注。差别化的人际关系方式不自觉地拉开了与外国人的距离。

受访者认为中国人对待本国朋友和外国朋友的态度是不一样的，他们认为无法成为中国人"最好的朋友"那一圈的人。

"我感觉我的中国好朋友从来不会和我说令他们沮丧的事情，一般都是我找他们帮忙，他们从来不找我们帮忙。我和我的外国朋友就经常互相帮助，当我听到中国人说'你们印度人'时，我会有些反感。"（受访者V，男，印度人，电子科技大学博士，来蓉2年）

对于中国人而言，外籍人士是属于次于"自己人"的圈外人，即使是对外国好友，他们从心理上也并没有将其纳入最私密的朋友圈，因此也不会以传统

---

① 费孝通. 乡土中国：生育制度 [M]. 北京：北京大学出版社，1998：26.
② 马戎. "差序格局"：中国传统社会结构和中国人行为的解读 [J]. 北京大学学报（哲学社会科学版），2007（02）：131-142.
③ 陈向明. 旅居者和"外国人" [M]. 北京：教育科学出版社，2004：331.

的"人情法则"对外国人有要求和回赠,这在外国人眼里就成了"客气"和"不亲密"。成为中国女婿的 Y 也认为自己并没有融入妻子家庭的核心圈,Y 感觉在妻子亲人的家庭里总是被以"客人"的方式对待,时常令他局促不安。Z 说走在街道上有时候难免会被人以奇怪的眼光盯着,曾经在地铁里,有人不太礼貌地称呼他为"阿三","他们以为我听不懂,其实他们的笑声让我很愤怒,也很伤心"。(受访者 Z,男,印度人,Axis commerce 公司 IT,来蓉 5 年)在一些公众场合被差别对待往往让他们无所适从又无可奈何,甚至觉得自己完全是"外人"。A 更是直率地和笔者说:"中国人对白人更热情,他们对白人很疯狂,你们(中国人)对皮肤黑的人不感兴趣。"(受访者 A,男,巴基斯坦人,中国科学院博士,来蓉 3 年多)笔者认为,这是一种对中国不太正面的评价,若是外国人在主流社会强烈感觉到被差别对待,会导致他们逐渐拉开与本地社会的距离,产生负面评价,甚至丧失深入互动的兴趣。

外籍人士的特殊身份是相对的和先赋性的,他们凭借这一身份在一些公共服务机构里会获得"外国人服务窗口"的便利,但也成了与中国人之间的"屏障"。要克服这种身份带来的隔阂十分困难,除了移民本身的主动性和融入的意愿,主流社会对外来人群的态度也是影响移民融入的重要因素。

第五节 总 结

当今中国已经是一个经济大国,是一个全方位对外开放的大国,就必然要准备好迎接越来越多的外国人。随着我国吸引外籍高端人才政策和优秀留学生政策的不断推广,各城市已经出现了来自全世界不同国家、不同地区外国人的身影。成都是西部的中心城市之一,"天府之国"逐渐在世界范围内打响了知名度,对外开放的政策、丰富的饮食结构、悠久的蜀汉文化和悠闲的生活状态吸引了诸多外籍人士,也成为向世界展现中国文化的重要窗口。尤其是近年来来蓉南亚人的数量不断增长,丰富了成都的多元文化。笔者关注外籍人士在成都的文化融入,实际上是将文化框架内的物质文化、制度文化和精神文化结合外籍人士在成都的生活来讨论,包括对中国文化的态度和接纳的程度,也可以从侧面体现出我国文化的包容性。

本研究通过对成都市印巴人调查问卷数据的描述和分析,了解了该群体的基本特征。从样本的总体情况来看,在蓉印巴人多数是未婚男性青壮年,以学习和务工为主,受教育水平较高。留学生学习的专业与本国就业形势密切相关,与发达国家外来人口来华就业的特点稍有不同,在蓉务工人士集中在IT、科研、餐饮、瑜伽和物流这五个行业,就业范围不算宽泛。紧接着,本研究深入挖掘访谈资料,进行逐一分析。首先是语言适应的状况,汉语对他们来说是一大障碍,留学生比务工人士有更高的汉语学习意愿。其次全面了解了调查对象在物质文化、制度文化、精神文化方面融入的整体状况。尤其重点分析了外籍人士对中国传统文化的参与程度和认知水平,对中国人思维方式、价值观念的接纳。再次结合典型的案例,将文化融入视为一个复杂的过程,外籍人士在文化的不同方面呈现出不同的融入水平,研究者将文化融入的具体策略归纳为选择型融入和开放型融入。最后是有关文化融入效果的因素探讨,具体概括为:第一,社会交往与良好的社会支持网是文化融入的积极因素;第二,促进文化融入的客观因素包括原有的族群距离和中国文化的影响力;第三,主观因素包括个体需求、个人能力和素质以及中国人的态度。

总之,从本研究中可以看出,整体上外籍人士对物质文化和制度文化都较为适应,对传统的中医、皮影和川剧等文化缺乏了解的兴趣,最大的困扰是精神文化层面的社会交往和价值观念的差异。

(何俊芳　潘梦俐)

第五章

来华非洲留学研究生的学术适应研究

第一节 导 论

一、留学生来华发展历程

在教育国际化蓬勃发展的今天，国际学生已成为跨文化适应研究的主要研究对象之一。随着中国经济文化实力的日益提升和国际影响力的不断增强，越来越多的外国学生来中国求学深造。据统计，2018 年共有 492185 名外国留学人员来我国学习[①]，我国已成为继美国和英国之后的第三大留学目的国。这一方面彰显着我国高等教育国际化水平的提升，留学生已成为中国大学的重要组成部分；另一方面，随着来华留学生人数的不断增多，生源国越来越多元，规模持续扩大（见表 5-1），对留学生的教育和管理也面临着巨大的压力和挑战，尤其是留学生跨文化学术适应问题。

---

① 中华人民共和国教育部. 2018 年来华留学统计 [EB/OL]. 中华人民共和国教育部网，2019-04-12.

表 5-1 2007—2018 年来华留学生规模①

年份	2007 年	2008 年	2009 年	2010 年	2011 年	2012 年	2013 年	2014 年	2015 年	2016 年	2017 年	2018 年
来华留学生人数（人）	195503	223499	238184	265090	292611	328330	356499	377054	397635	442773	489172	492185
留学生来源国数量（个）	188	189	190	194	194	200	200	203	202	205	204	196
年增长率（%）	/	14.3	6.6	11.3	10.4	12.2	8.6	5.8	5.5	11.4	10.5	0.6

① 部分数据来源于：中国教育年鉴[M]．北京：北京人民教育出版社，2008—2016．

据统计，2018年共有来自196个国家和地区的492185名各类外国留学人员在全国31个省（区、市）的1004所高等院校学习，比2017年增加了3013人，增长比例为0.62%（以上数据均不含港、澳、台地区）。①依据教育部历年提供的数据，纵观2015—2018年各洲来华留学生数量及占比的变化（2017年的数据未找到），我们可以发现一个明显的事实是，来自非洲的留学生从数量和占比上，增长幅度都是最大的，并在2018年超过原先占据第二名的欧洲，成为来华留学生第二大生源洲。而同一时期，欧洲、美洲和大洋洲的来华留学生占比都呈轻度下降趋势。表5-2记录了这一变化。

表5-2 各洲来华留学生2015、2016、2018年数量及占比统计

洲别		年份		
		2015年	2016年	2018年
亚洲	数量	240154人	264976人	295043人
	占比	60.40%	59.84%	59.95%
非洲	数量	49792人	61594人	81562人
	占比	12.52%	13.91%	16.57%
欧洲	数量	66746人	71319人	73618人
	占比	16.79%	16.11%	14.96%
美洲	数量	34934人	38077人	35733人
	占比	8.79%	8.60%	7.26%
大洋洲	数量	6009人	6807人	6229人
	占比	1.51%	1.54%	1.27%

随着中非关系的快速发展，越来越多的非洲人来到中国，他们成为一个令人印象深刻的群体。这些非洲移民根据其在华所从事活动的不同可以分为不同的社群，如商人、留学生、艺术家和专业人士等。与此同时，来华非洲人群体也引起了学术界越来越多的关注，不同学科领域的学者通过对在华不同非洲人群体的深入研究产出了一些学术成果。非洲留学生作为来华非洲人的第二大群体成为中非关系的积极参与者，为推动中非之间的交流与合作发挥了重要作用。

---

① 中华人民共和国教育部.2018年来华留学统计［EB/OL］.中华人民共和国教育部网，2019-04-12.

二、中非高等教育的交流与合作

(一) 主要成就

中国与非洲有着悠久的交往历史,自中华人民共和国成立以来,中国与非洲各国在经济、政治与文化等方面的交流更加密切。在数十年的改革发展与探索中中国取得了巨大成就,积累了大量的成功经验,并为亚、非、拉美等发展中国家借鉴。中国是最大的发展中国家,非洲是发展中国家最集中的大陆,教育作为经济社会发展的引擎无论是对非洲还是对中国的发展都具有重要的战略性意义。正因为如此,中非教育交流与合作一直是中国对非关系的重要组成部分,是中非之间进行发展经验分享与推广的重要平台和有效途径。在高等教育领域,中非开展了一系列的交流与合作活动,如教育高层互访、中非校际合作、互换留学生、派遣援非教师与创办非洲研究机构等,取得了丰硕成果。

本文主要关注了中国接受非洲留学生方面的情况。早在20世纪50年代初期,中国与非洲国家就开始在教育领域进行交流,并接受了第一批非洲留学生。20世纪60年代,非洲国家相继获得独立,中国与非洲国家的友好关系有了进一步发展,中非之间的教育交流与合作也随之有了较大进展,同时应非洲国家的要求,中国政府开始向非洲国家和地区提供中国政府奖学金,截至1966年年底,已经有来自14个国家的190余名非洲学生来中国留学。但是在20世纪60年代中后期,来华留学教育事业陷入停滞,直至20世纪70年代初期得以恢复。20世纪70年代,来华非洲留学生有648名。改革开放后,来华非洲留学生数量快速增长,截至20世纪80年代末,已有43个非洲国家向中国派遣留学生,总数达2271人。1989年开始接收非洲自费留学生,随着中国经济社会的发展和国际影响力的日益提高,越来越多的非洲学生到中国留学深造。20世纪90年代,为进一步做好非洲人才培养工作以适应非洲国家发展的实际需要,中国根据非洲学生的实际情况及中国高等教育的特点对接受来华非洲留学生的政策进行了及时调整,开始采取"高层次、短学制、高效益"的做法。比如,在来华非洲留学生的学历层次方面,中国高等教育机构相对缩减了来华攻读本科学位的人数,增加了硕士和博士研究生的招生比例。自此,来华非洲留学研究生的比例明显提高,到2000年中国已为51个非洲国家培养了包括硕、博研究生在内的5765名各类人才。这对提高中国对非援助成效、促进中非务实合作、巩固提升中非友好关系、实现双方互利共赢发展有着重大的战略意义。进入21世纪,中非教育交流与合作有了进一步拓展,中非合作论坛为包括教育在内的、不同领域的中非合作提供了一个制度性的框架和机制,而"一带一路"倡议以及"人类命运共同体"理念的提出和施行,必将为中国与非洲国家在各领域的合作提供更为广阔的前景。在此背景下,中非教育交流与合作不断深化,来华非洲留学生的数量和规模也日益增多。通过查阅中华人民共和国教育部公布的相关统计数据可以发现,来华非洲留学生由2003年的1793人快速增长到2018年的81562人,增长了约45倍。与其他洲相比,非洲留学生人数增长最快。

(二)面临挑战

毫无疑问,中国与非洲国家在高等教育领域的交流与合作必将有利于强化中非之间的战略互信,为推动中非文明对话和建设人类命运共同体发挥积极作用。但是,在全球化的背景下,中国与非洲在新时期开展高等教育交流与合作也面临着一些挑战。鉴于非洲高等教育发展历程与现实需求的特殊性,如非洲高等教育的发展模式、机构建制、知识生产和话语体系等长期以来深受西方文化影响,中非在高等教育交流与合作的过程中,如何在以西方为主导的知识体系建构对非洲大陆自身教育发展产生制度性干预的情况下,使中国的知识生产方式和话语体系融入非洲思想界和知识界并参与对话,助力非洲寻求适合其历史传统和文化根基的发展模式,摆脱长期以来的发展"依附性",从而使非洲国家形成源源不竭的内生发展动力,成为中非高等教育交流与合作亟待解决的命题。

具体到来华非洲留学生的教育方面,则面临着如何使来华非洲留学生在中国这个异文化社会中顺利进行学术适应的挑战。已有的研究表明,当国际学生来到与自己原生文化差异性较大的跨文化社会中求学时会面临一系列学术适应困难,如面临着与之前学习经历所大不相同的社会文化和教育环境等。在这种情况下,国际学生对留学目的国社会文化和学校教育的了解程度以及对目的国语言的掌握程度会直接影响到他们的学术适应状况。那么,来华非洲留学研究生在来中国求学之前是怎样一种状态呢?通过调查我们发现,只有3.7%的样本对中国的社会历史文化比较了解,5.56%的样本对中国的教育比较了解,14.81%的样本对其所要就读的学校有所了解(如图5-1所示)。语言对于进行跨文化学习的国际学生来说是至关重要的,但是调查发现,来华非洲留学研究生的中文水平非常低,在听、说、读、写方面均未达到对中文的基本交流使用水平(如图5-2所示)。

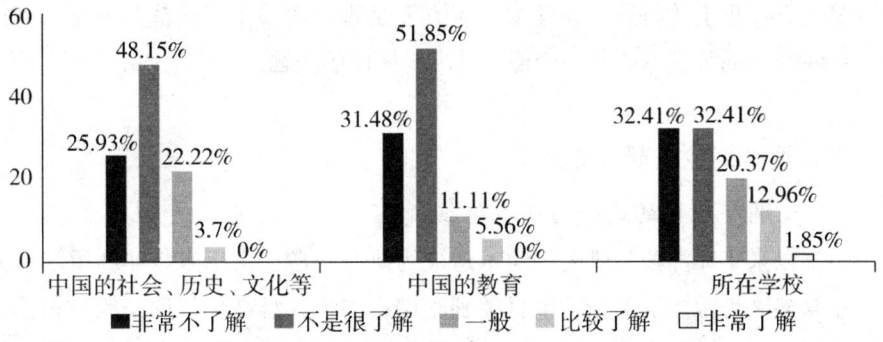

图 5-1 来华学习前对中国相关方面的了解程度

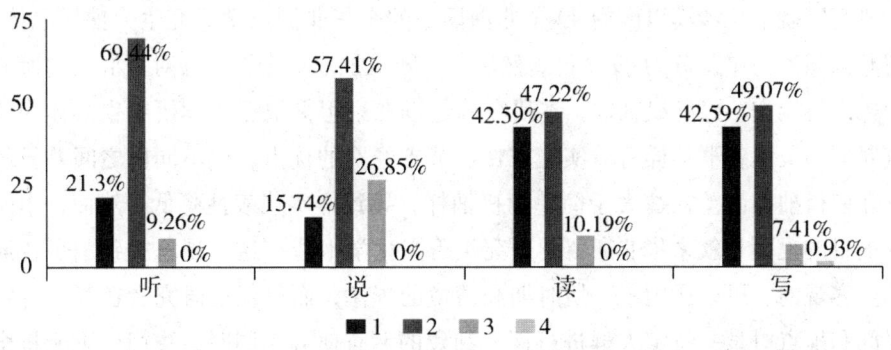

图 5-2 样本群体的中文水平①

21世纪的中非在经济、政治、文化等多方面的合作正在稳步前进，越来越多的非洲学生来华接受高等学历教育。他们在中国的整体学习状况到底怎么样？有着怎样的表现？有多少学习收获？对在中国的学习是否满意？即他们在华的学术适应问题值得我们探讨。国际学生是由一种社会文化到另一种社会文化中求学，其所要经历的是一种特殊的跨文化学术适应过程。从理论上来讲，当留学生来到一个与自己之前社会文化差异巨大的环境中求学，应当面临着诸多困难与挑战，国内外的很多研究也验证了这一假设。大量调查研究发现留学生的外语能力与学业进步之间关系密切，此外，教育理念和教学环境的差异也对国际学生学术适应产生影响。那么，非洲留学研究生来到中国这个异文化社会中

---

① 表中数字"1""2""3""4"用来表示样本各方面的语言水平。"1"表示完全听不懂、不会说、完全看不懂、一点也不会写；"2"表示小部分能听懂、表达有困难、只能看懂一小部分、只能填写一般表格；"3"表示大部分能听懂、基本能表达但不流利、大部分能看懂、能写电子邮件；"4"表示完全能听懂、能流利地表达、完全能看懂、能写较高水平的论文。

求学是否会体现上述特征？在学术适应方面是否也面临诸多挑战与困难？抑或有一些特殊性的表现？这是一个值得进一步探讨的问题。

三、调查对象与研究方法

（一）调查对象的选择与样本特征

本文以来华非洲留学研究生学术适应为研究主题，由于来华非洲留学研究生数量众多、来源国别复杂、项目类别和层次多样，且在华就读高校分布范围广泛，囿于人力、财力和时间、空间的限制，对其进行普遍调查不是一件容易的事情，于是研究者决定采取整群抽样的方式对来华非洲留学研究生进行调查。本研究以撒哈拉沙漠以南的49个非洲国家的来华非洲留学研究生为抽样总体，将其以国家为单位分为49个群，然后从中随机抽取一个群，并对该群内的所有个体进行调查。经随机抽取，本研究确定以在京坦桑尼亚留学研究生群体为调查对象。虽然整群抽样有着实施方便、节省经费的优点，但不同群之间差异的存在使得抽样误差往往大于简单随机抽样，导致样本代表性降低。然而，本研究的目的也不是就来华非洲留学研究生跨文化学术适应这一现象找到一个普遍的、客观的、可以适用于一切时期和情境的规律，而仅仅是研究者在某一特定时间和地点对某一特定人群进行深入细致的调查研究。同时，我们也不能将全部来华非洲留学研究生看成是同质性的群体，因此本研究仅仅提供了认识来华非洲留学研究生学术适应的一种类型，具有一定程度和范围的代表性，即对于那些来自撒哈拉沙漠以南、通晓英语的来华非洲留学研究生具有一定适用性，并不能推论和适用于所有来华非洲留学研究生。

在确定调查对象群体后，笔者开始寻找调查对象。在进入田野的过程中，笔者发现每年各高校举办的国际文化节是结识调查对象的良好契机。随着来华留学生数量的增多，为了促进外国留学生与中国学生之间的文化交流，每年上半年北京各大高校都会举办规模或大或小的国际文化节，这既是一个多元文化互动的节日，也是一个难得的交友聚会场域，来自不同国家的留学生在此欢聚、唱歌、跳舞、交朋友。由于各校来华留学生数量不同，所以每年各校国际文化节规模不一。而且，并非每个国家的留学生都会参与所有高校举办的国际文化节，例如，坦桑尼亚留学生主要参加在本国留学生较为集中的SF大学举办的国际文化节，对在其他坦桑尼亚留学生人数较少的高校所举办的文化节则很少参加。在一次SF大学举办的国际文化节上，笔者结识了很多坦桑尼亚留学研究生，并相互加了微信，他们分别在SF大学、JT大学、NY大学、DJ大学、SJ大学等不同学校读书。在后续的深入调查中，笔者的主要访谈对象大都来自在这场文化聚会活动中所认识的坦桑尼亚朋友，并通过他们的介绍又接触到许多其他坦桑尼亚留学研究生。据调查，目前在京坦桑尼亚留学生总共约有250名，其中硕、博研究生约有120名。

受疫情影响，本研究的进一步开展受到限制，对来华非洲留学研究生难以取得更广泛、深入地接触和交流，本次田野调查所获资料有限，使得本研究存在一些不足之处。

（二）研究方法

本研究采用社会学研究方法，利用问卷法、访谈法以及参与观察的方法进行资料收集。在分析资料时以定性分析方法为主，通过分析访谈与参与观察资料来深入解读来华非洲留学研究生的学术适应状态，并解释影响其学术适应的各种因素。同时，以定量分析方法为辅，利用SPSS对调查问卷进行分析，对调查对象的学术适应状况进行描述统计分析和相关分析。

1. 问卷法

本研究通过发放调查问卷的方式，对来华非洲留学研究生学术适应的信息进行收集。通过借鉴以往研究成果并结合对非洲留学研究生的在华学习实践的考察，本研究发现其学术适应内容主要包括教学适应、科研适应和学术交往适应三个方面，所以本研究的调查问卷重点考察了这三个维度，在具体实施中使用量表对样本在教学和科研方面的满意度、困难度、适应程度以及学术交往频率进行了测量。此外，本研究问卷也考察了与其学术适应密切相关的人口统计信息、来华留学动机、学业基本表现状况以及学习收获等方面的情况。在问卷设计过程中，本研究主要参考了华东师范大学杨军红（2005）和朱国辉（2011）论文中关于来华留学生学术适应方面的问题设计，相关问题设计紧紧围绕调查对象的学术适应内容、表现及相关影响因素展开，并与老师和同学进行过多次沟通和修改，在预调查中研究者也征询了被调查对象对问卷的意见，对问卷中不符合他们实际情况的问题与选项进行了修改。

研究者还评估了各维度量表的内部信度和结构效度。如表5-3所示，经SPSS20.0计算，学术适应各维度量表的 Cronbach α[①] 系数均高于0.8，说明这些

---

① Cronbach α 系数，如果此值高于0.8，则说明信度高；如果此值介于0.7~0.8之间，则说明信度较好；如果此值介于0.6~0.7之间，则说明信度可接受；如果此值小于0.6，说明信度不佳。

量表的信度高。从 KMO 值①来看，教学适应维度量表的 KMO 值高于 0.8，说明效度好，科研适应与学术交往维度的 KMO 值介于 0.7~0.8 之间，说明效度较好。各维度量表的显著性概率值 p 均小于 0.01，这表明这些量表的结构效度高。总体来看，调查问卷具有良好的信度和效度。而且，研究者对学术适应三个维度的量表进行了相关系数的统计显著性检验，如表 5-4 所示。结果表明：三个维度量表之间的相关系数均具统计显著性，其值都在 0.4~0.6 之间，按照统计学原理，说明三者之间的关系既相互联系又相互独立。因此，学术适应的三维度结构模型得到了统计学上相关系数及其统计显著性的验证。

表 5-3 学术适应三维度的信度分析和效度检验

		教学适应	科研适应	学术交往
信度	Cronbach α 系数	0.939	0.815	0.827
效度	KMO 值	0.811	0.766	0.755
	p 值	0.000	0.000	0.000

表 5-4 学术适应三维度之间的相关矩阵

		教学适应	科研适应	学术交往
教学适应	相关系数	1		
	p 值			
科研适应	相关系数	0.560**	1	
	p 值	0.000		
学术交往	相关系数	0.551**	0.446**	1
	p 值	0.000	0.000	

*$p<0.05$，**$p<0.01$

在问卷资料的搜集过程中，研究者于 2019 年 3 月至 2020 年 1 月间在北京各大高校走访调研，采用线上线下相结合的、自填问卷的方式对在京坦桑尼亚留学研究生群体进行调查，共发放问卷 120 份，回收有效问卷 108 份，有效回收率 90%。经分析，该样本群体呈现出以下基本信息与特征，详见表 5-5。

---

① KMO 值，如果此值高于 0.8，则说明效度好；如果此值介于 0.7~0.8 之间，则说明效度较好；如果此值介于 0.6~0.7 之间，则说明效度一般；如果此值小于 0.6，说明效度较差。

表 5-5 来华非洲留学生问卷样本群体信息与特征

	特征	比例（%）		特征	比例（%）
性别	男性	77.78	婚姻状态	单身	30.56
	女性	22.22		已婚	69.44
年龄结构	24~29岁	15.74	宗教信仰	无	0.93
	30~35岁	58.33		基督教	55.56
	36~40岁	21.30		伊斯兰教	43.52
	40岁以上	4.63		其他	0
攻读学历层次	硕士生	71.30	所修专业类别	人文社科	72.22
	博士生	28.70		理工科	27.78
所在专业导师指导方式	一个导师指导	62.04	导师国别	中国人	62.04
	导师和副导师联合指导	28.70		中国人和外国人都有	25.92
	导师组指导	9.26		外国人	12.04
受资助类别	中国政府奖学金	80.55	来中国前所从事职业	政府部门工作人员	49.07
	学校奖学金	16.67		教师	29.63
	自费	2.78		学生	12.04
已在中国高校就读时间	1~6个月	13.89		其他	9.26
	7~12个月	17.59	申请项目类别	英文授课项目	97.22
	13~24个月	54.63		中文授课项目	2.78
	25~36个月	12.96	是否去过其他国家	否	44.44
	超过36个月	0.93		是	55.56
样本总数	108（个）				

如表 5-5 所示，该样本群体的性别比较高，男性占多数；年龄结构偏高，在 30~40 岁之间者居多，且大部分已经结婚；来华学习的硕士研究生居多，博士研究生较少；其所学习专业多属人文社会科学领域，自然科学（理工科）较少；绝大部分申请就读于英文授课项目，就读于中文授课项目的极少；他们大部分都获得了奖学金资助，且其中大部分获得了中国政府奖学金，少部分获得了学校奖学金，自费者很少；在来华就读前有近一半的人是政府部门的工作人员，还有相当一部分人是教师，学生所占比例较小，此外还有少数其他领域的

人员；大部分样本在中国高校就读时间已超过一年以上。

2. 访谈法

本研究采用立意抽样和滚雪球抽样的方式在调查样本群体中选取访谈对象。在访谈之前，研究者会与被访谈者约好时间和地点，依据提前准备好的访谈提纲与被访谈者进行面对面的半结构式访谈，对来华非洲留学研究生的学术适应状况进行深入细致的了解。使用调查问卷可以对调研对象的整体学术适应状况进行大致的把握，但是想要深入地了解来华非洲留学研究生的想法、感受以及他们答案背后的解释，还是需要通过访谈的方式进行深入的交流，这样才能够更深入地理解和揭示研究对象的学习生活和行为意义。

首先，研究者通过参与调查群体所举办的各种聚会、娱乐和运动等活动接触到其他更多的留学生，在活动中研究者得到他们的联系方式（通常是微信）后，会通过微信与对方建立联系，进而询问对方是否愿意接受访谈，并择机确定时间和地点。在调研过程中，研究者与部分访谈对象保持了长时间的联系，并挑选了其中一些较为典型的被访者，对其进行了多次访谈。其次，研究者努力发展田野关键人，通过田野关键人的帮助联系其他调查对象，田野关键人的介绍，不仅可以使笔者更加有效地展开访谈调查，也打消了被访者对研究者身份的怀疑和顾虑，多数留学生都会比较乐意接受访谈。最后，研究者还对与部分被访者接触较多的中国师生进行了访谈，试图从多角度了解来华非洲留学研究生的学术适应状况。

对访谈内容的有效记录也是调研进程中的重要部分。在进行面对面的访谈过程中，记录访谈内容的有效方式就是使用录音笔进行录音，但是鉴于研究伦理，研究者会提前询问被访者是否同意对访谈内容进行录音，如果被访者表示同意，研究者就会利用录音笔进行记录，访谈后再进行录音资料整理，如果被访者不同意，研究者会当场进行简要的重点信息记录，之后再及时结合回忆进行整理，对于模糊的地方通过与被访者的微信交流或第二次访谈进行补充。

3. 参与观察法

参与观察就是研究者深入到所研究对象的生活背景中，在实际参与研究对象日常社会生活的过程中所进行的观察，它是一种非结构性的观察。研究者认为，对来华非洲留学研究生学术适应的调查过程中，不能仅仅以一个局外者的身份对被访者的信息进行收集，而是应该积极地参与到被访者的学习生活中去，进行参与式观察。研究者通过参加研究对象的活动，参与到他们的交流和互动当中，在活动中了解他们的互动形式，观察他们之间的交流状态，切身感受他们的活动氛围。在参与活动的过程中，研究者不会透露自己作为"研究者"的身份,会尽量保持观察内容的真实性。由于来华非洲留学研究生群体的特殊性,在本研究中,研究者并不能够像民族学、人类学的"参与观察"那样深入地参与到被访者的学习生活当中去。研究者主要是以参加他们的聚会、娱乐、运动等活动为主,还参与观察了他们的部分日常业余学习生活及毕业典礼等事项,并将这种参与观察体验到的信息作为访谈资料和问卷数据的补充性材料。在调研中,研究者会经常使用微信与调查对象进行交流,他们也会在微信朋友圈中进行自我呈现与表达,这些成为笔者了解他们在华学习生活的重要途径。此外,各种网络自媒体中关于来华非洲留学生的报道也为本研究所关注。

第二节 整体表现与类型差异:来华非洲留学研究生学术适应现状分析

通过借鉴以往研究成果并结合本研究对非洲留学研究生在华学习实践的考察发现,在狭义上其学术适应的内容主要涉及三个方面,即教学适应、科研适应与学术交往。通过对这三个方面的考查,我们可以总结概括出来华非洲留学研究生对中国高等教育学术系统的总体适应状况。此外,本研究还对来华非洲留学研究生学术适应的不同类型进行了对比分析。

一、学术适应整体状况

(一)教学适应状况

教学适应是留学生在华学习过程中首先要遇到的问题。通过对来华非洲留学研究生学业表现、教学满意度和学习困难度的调查,我们可以了解其教学适应状况。

从图5-3至图5-4可以看出,大部分来华非洲留学研究生都会按时上课,旷课或迟到的情况较少,有74.07%的人没有旷课或迟到的经历。他们的课程平均成绩在80分以上的占83.33%,其中90分以上者占31.48%,除了一部分还没有收到成绩的新生之外,极少有低于80分的。而且,从其自身的学习感知来看,有73.15%的人认为自己在专业知识的学习中收获较大或非常大,有80.56%的人认为自己在研究方法的学习中收获较大或非常大(如图5-5、图5-6所示)。总体来看,来华非洲留学研究生的学业表现良好,收获程度也较高。

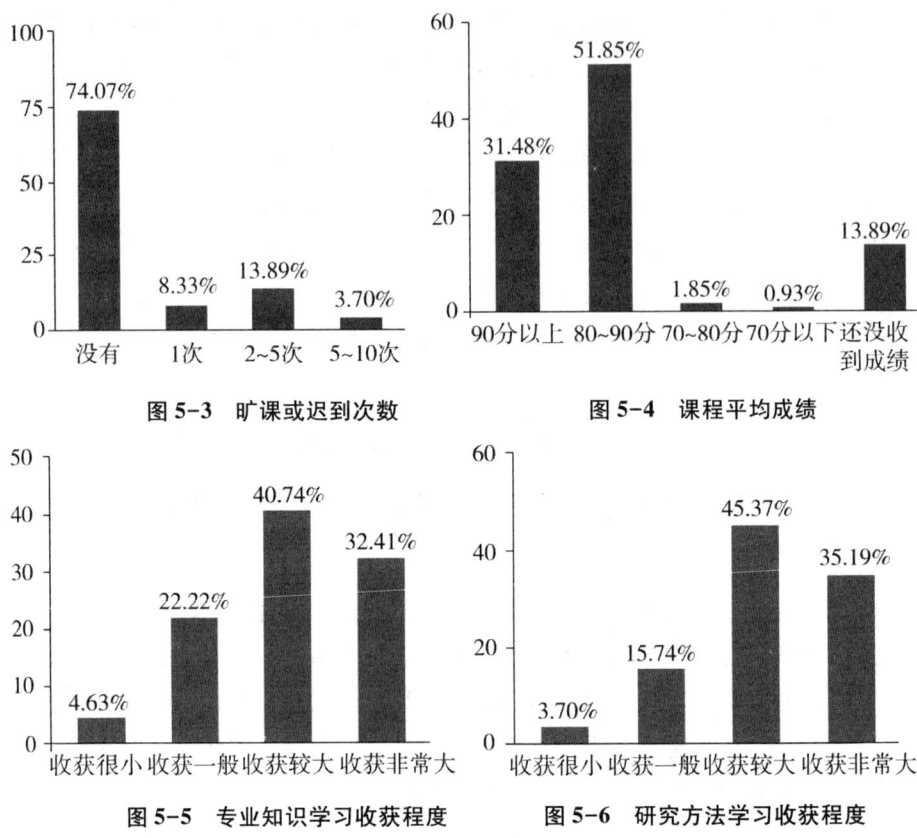

图 5-3 旷课或迟到次数   图 5-4 课程平均成绩

图 5-5 专业知识学习收获程度   图 5-6 研究方法学习收获程度

从图 5-7 中可见，在教学满意度①的 8 个项目中，均值大于 4 的项目有 7 个。该样本群体在教学条件方面的满意度最高，这主要是由于非洲国家基础设施和教育状况相比我国较差。其次是在学校的整体学术水平、专业师资力量、导师的指导和帮助方面，这与北京地区高校所具有的优势教育资源和较高的教育水平有关。除此之外，在教学内容、课程设置与课程教学质量方面的满意度指数也较高。相比较来看，样本群体在课程教材方面的满意度最低，这说明中国高校为留学生制定的课程教材在一定程度上不能充分满足其学习需求。通过对教学满意度的测量发现，来华非洲留学研究生的整体教学满意指数为 0.82，

---

① 在教学满意度量表中，每个项目提供的选项分别是："非常不满意""不太满意""一般""比较满意""非常满意"，相应的计分是"1""2""3""4""5"。问卷中本部分的满分为 40 分。每个项目的单分累加得出 8 个项目的总分。总分越高，表示满意度越高。研究者采用了满意度指数来判断样本群体的教学满意度。满意度指数的计算方法是：满意度指数=总分/满分。衡量教学满意度的标准是：满意度指数≤0.20 为非常不满意，0.20<满意度指数≤0.40 为不太满意，0.40<满意度指数≤0.60 为一般，0.60<满意度指数≤0.80 为比较满意，0.80<满意度指数≤1.00 为非常满意。

说明其对中国高校的教学满意度高。

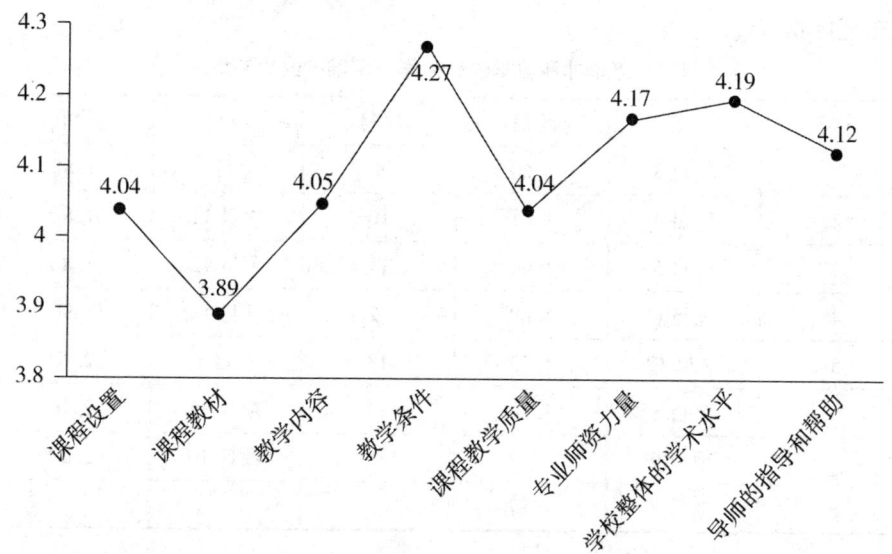

图 5-7　教学满意度的平均分对比

从表 5-6 中可以看出，在学习困难度①的 15 个项目中，均值小于 2 的项目有 12 个，均值排序依次是项目 3 "坚持上课"、项目 4 "选择自己想学习的课程"、项目 5 "听懂并理解课堂内容"、项目 6 "课堂发言"、项目 13 "通过考试"、项目 8 "按时完成作业"、项目 9 "有效地管理时间"、项目 7 "课堂上做笔记"、项目 2 "遵守学校的规章制度"、项目 11 "适应学校教与学的方法"、项目 12 "获得有效的学习技能" 和项目 14 "习惯老师的评分方式"，难度介于"不难"到"不太难"之间。也就是说，在课堂学习及考核相关的各个方面对来华非洲留学研究生来说大部分都不存在什么难度，特别是在通过考试方面，有高达 85.18% 的人表示"不难"或"不太难"。该量表中均值大于 2 的项目有 3 个，即项目 1 "理解入学教育的内容"、项目 15 "应对学业压力" 和项目 10 "使用学校提供的设施与服务（图书馆、实验室等）"，难度介于"不太难"到

---

① 在学习困难度量表中，每个项目提供的选项分别是："不难""不太难""一般""很难""最难"，相应的计分是"1""2""3""4""5"。问卷中本部分的满分为 75 分。每个项目的单分累加得出 15 个项目的总分。总分越高，表示难度越大。研究者采用了难度系数来判断样本群体在学习各方面的困难程度。难度系数的计算方法是：难度系数 = 总分/满分。衡量学习困难程度的标准是：难度系数 ≤ 0.20 为不难，0.20 < 难度系数 ≤ 0.40 为不太难，0.40 < 难度系数 ≤ 0.60 为一般难度，0.60 < 难度系数 ≤ 0.80 为很难，0.80 < 难度系数 ≤ 1.00 为最难。

"一般难度"之间。总体来看,该样本群体在学习困难方面的难度系数为0.37,属于低困难程度。

表5-6 来华非洲留学研究生学习困难度的均值排序

序号	项目	均值	序号	项目	均值
1	项目3	1.60	9	项目2	1.88
2	项目4	1.61	10	项目11	1.88
3	项目5	1.66	11	项目12	1.88
4	项目6	1.69	12	项目14	1.90
5	项目13	1.73	13	项目1	2.16
6	项目8	1.80	14	项目15	2.16
7	项目9	1.82	15	项目10	2.20
8	项目7	1.87			

(二)科研适应状况

研究生阶段的学习与本科生阶段是不同的,研究生除了要完成课程学习和考核,还要完成一定量的研究,学业任务相比本科生要繁重。通过对来华非洲留学研究生科研参与、能力与困难以及对科研制度适应程度的测量,我们可以发现其总体科研适应状况。

在调研中有教师表示,来华非洲留学研究生的整体质量水平相对欧美学生较差,不能有效地完成科研任务,这直接影响了其对科研项目的参与度。如图5-8和图5-9所示,有71.30%的样本表示想参加或非常想参加导师的科研项目,但是只有29.63%的人参加过,这是与来华非洲留学研究生的科研能力直接相关的。科研参与的缺失也在一定程度上降低了来华非洲留学研究生对所在学校科研条件的满意度及阻碍了其科研创新能力的提升,如图5-10和图5-11所示,只有55.56%的样本对所在学校的科研条件表示满意和66.67%的样本在科研创新能力上有较大收获。在学术论文写作能力方面(如图5-12所示),有76.86%的样本表示有较大收获,这是与其之前教育阶段相比的,说明非洲留学研究生在华就读期间论文写作能力提升明显。从论文发表情况来看(如图5-13所示),有78.70%的样本未发表过论文,这与高校对来华留学研究生的毕业要求有关,很多高校对留学硕士研究生没有论文发表要求,只对留学博士研究生有论文发表要求且相对宽松。

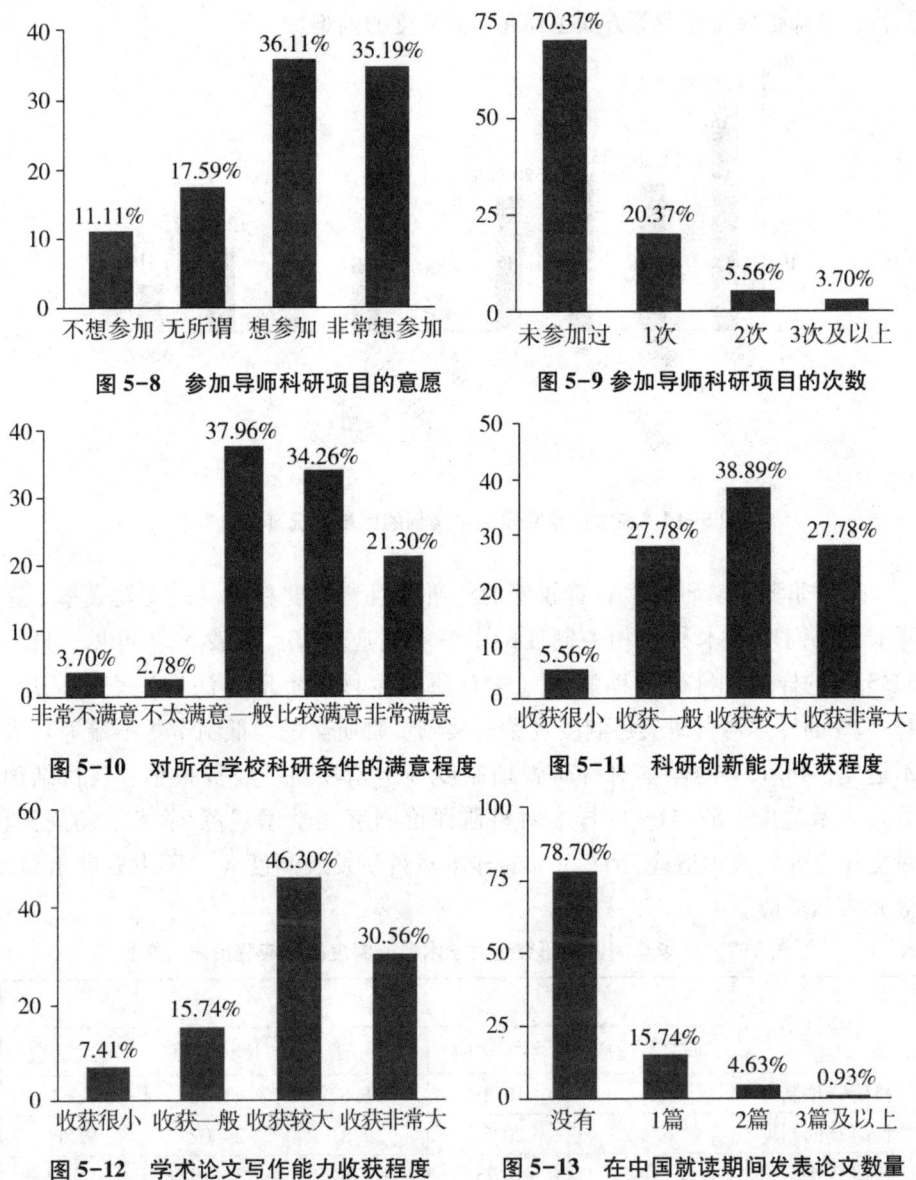

图 5-8 参加导师科研项目的意愿　　图 5-9 参加导师科研项目的次数

图 5-10 对所在学校科研条件的满意程度　　图 5-11 科研创新能力收获程度

图 5-12 学术论文写作能力收获程度　　图 5-13 在中国就读期间发表论文数量

由于来华非洲留学研究生学术能力以及学制、培养方式等主客观因素的限制，其在学位论文的研究中遇到一些困难。如图 5-14 所示，有 33.33% 的样本存在语言障碍，虽然他们可以用英文进行写作，但是在学术语言的表达方面存在一定困难。有 23.15% 的样本在研究资料收集方面存在困难，这是由于他们不懂中文，很多研究资料难以获得，而且有些专业需要做调查研究，他们也只能选择回国做调查，这也在一定程度上造成其时间上的紧张。此外，在研究方法、写作、导师指导及经费等方面也存在不同程度的困难。

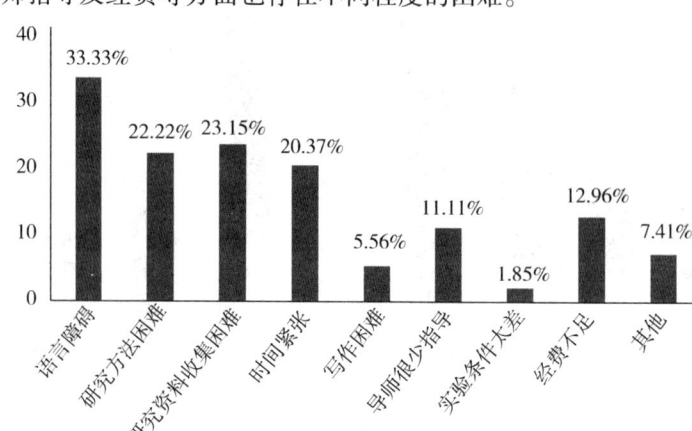

图5-14 在学位论文研究中遇到的困难情况（多选题）

来华非洲留学研究生有着较低的科研项目参与度和学术论文发表率，这降低了他们对学术科研相关制度的了解和适应程度。从表5-7可见，只有33.33%的样本对科研资助制度（学校研究生科研资助办法等）表示适应，43.52%的样本对科研奖惩制度（荣誉奖励、物质奖励、抵制学术不端等）表示适应，48.15%的样本对科研管理制度（申请项目、经费报销、项目结项等）表示适应，57.41%的样本对科研评价制度（学术规范/学术活动规则、量化评价等）表示适应，57.56%的样本对科研发表制度（"不发表就出局"等）表示适应。

表5-7 来华非洲留学研究生对学术科研制度的适应程度表（%）

题目	选项				
	非常不适应	不太适应	一般	比较适应	非常适应
科研管理制度	0	10.19	41.67	43.52	4.63
科研资助制度	6.48	20.37	39.81	24.07	9.26
科研评价制度	0	0.93	41.67	35.19	22.22
科研奖惩制度	1.85	5.56	49.07	26.85	16.67
科研发表制度	1.39	6.17	34.88	39.04	18.52

（三）学术交往状况

学术交往是学术适应的一个重要方面。学术交往的对象一般为教师、学生、科研工作者等，良好的学术交往不仅有助于学术成果的形成和传播，还可以使参与者从中获得学术支持，从而促进学术适应。通过对来华非洲留学研究生与各个方面的学术交往频率以及在学习过程中遇到问题时获得的社会支持情况进行测量,可以了解其在学术适应过程中所面临的状况。

表5-8 来华非洲留学研究生的学术交往频率测量表(%)

题目	选项				
	从不	很少	一般	较多	经常
与任课老师在学术上的交流	9.26	6.48	22.22	29.63	32.41
与自己导师在学术上的交流	11.11	4.63	15.74	36.11	32.41
与中国学生的学术交流	14.81	22.22	37.96	12.04	12.96
与自己国家学生的学术交流	6.48	5.56	25.93	29.63	32.41
与其他国家学生的学术交流	7.41	4.63	25.0	37.96	25.0
参加学术交流活动	0	1.85	10.19	45.37	42.59
学校或学院是否组织学术交流活动	0.93	3.70	18.52	36.11	40.74

北京地区高等学校有着丰富的学术资源,每年都有很多学术会议、讲座、论坛在各大高校举行,为国内外学者、学生提供了良好的学术交流平台和机会。坦桑尼亚留学研究生会经常受邀参与其中。从表5-8中可见,有高达87.96%的样本参加学术交流活动的频率较高,且有76.85%的样本表示其所在学校或学院会较多或经常组织学术交流活动,如学术研讨、讲座等会议。在与学校师生的学术交流方面,来华非洲留学研究生与自己的导师交流最多,其次是与任课老师、自己国家的学生和其他国家学生之间的交流,与中国学生之间的学术交流最少。这是由于他们绝大部分就读于英文授课项目,所在班级全部是国际留学生,很少有机会与中国学生一起上课,这在客观上限制了中外学生之间在学术方面的交流,形成了局限于留学生内部的"学习圈"。

来华非洲留学研究生在遇到学习上的困难时会寻求相应帮助,如图5-15所示,有36.11%的样本会向中国老师或外国老师寻求帮助,这主要集中于课程学习、论文写作等方面。有32.41%的样本会向国际学生管理人员寻求帮助,这些管理人员多是各学院设置的直接负责管理留学生相关事务的辅导员、教学助理或外事秘书等,在留学生进行开学、选课、调课、考试、成绩录入、答辩以及毕业等程序事宜时提供服务和帮助。在来华非洲留学研究生所在班级会有来自其他不同国家的学生,他们经常在一起上课学习,有22.22%的样本在学习上遇到问题时会向他们寻求帮助。有15.74%的样本会向在中国的本国人求助,因为来自同一国家的留学生会自发聚集在一起,不论是在生活上还是学习上他们之间都会互相帮助。相比之下,他们很少求助于中国学生,这也印证了中外学生之间存在较少的学术交流。来华非洲留学研究生的家人和亲戚朋友更多的是给予他们在华留学期间精神方面的支持,在学习上能够提供的帮助很少。在华留学期间学术交流能力的收获方面,如图 5-16 所示,有 70.37% 的样本表示收获较大或非常大,28.70% 的样本表示收获一般,只有 0.93% 的样本表示收获很小,这表明了来华非洲留学研究生在学术交往方面的有效适应。

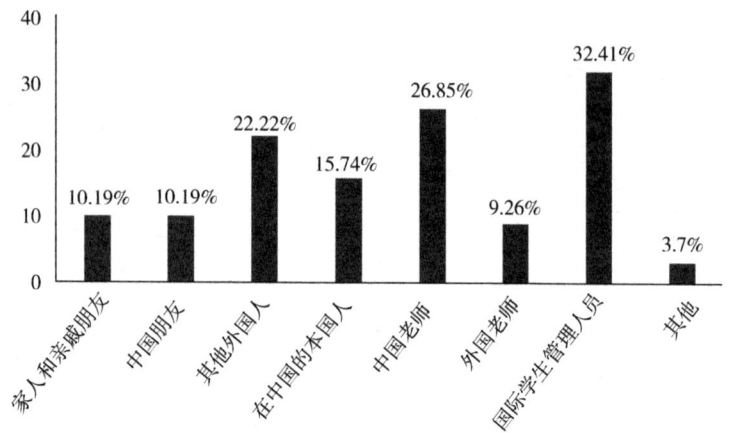

图 5-15 遇到学术适应困难时的社会支持情况(多选题)

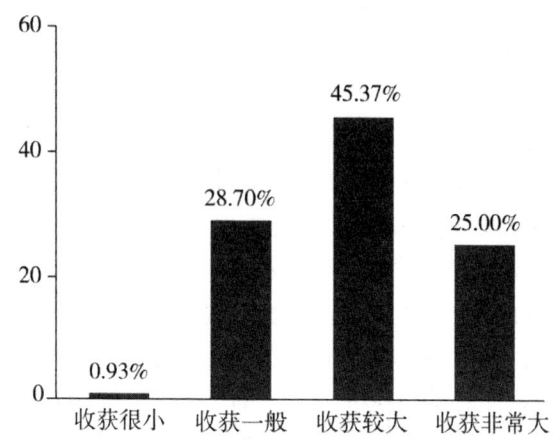

图 5-16 学术交流能力收获程度

二、学术适应类型差异

本研究通过方差分析和个案分析对来华非洲留学研究生不同群体类型之间的学术适应状况进行了对比分析,主要集中在不同攻读学历层次、不同学科专业类别以及不同语言授课项目等方面。

（一）不同攻读学历层次

按照不同攻读学历层次，我们可以将来华非洲留学研究生分为硕士研究生和博士研究生两组。通过对这两组样本之间的学术适应进行方差对比分析，可以得知二者之间是否存在学术适应上的差异。

表 5-9 不同学历层次和学术适应方差对比分析

	攻读学历层次（平均值±标准差）		F	p
	硕士生（n=77）	博士生（n=31）		
教学适应	3.99±0.54	4.15±0.55	1.920	0.169
科研适应	3.63±0.54*	3.76±0.52	1.278	0.261
学术交往	3.78±0.61	3.68±0.82	0.544	0.462
总体学术适应	3.80±0.49	3.86±0.53	0.571	0.571

*$p<0.05$，**$p<0.01$

从表 5-9 可看出，虽然来华非洲留学博士生的总体学术适应均值略高于硕士生，但不同攻读学历层次的样本对于学术适应各方面的差异均没有统计显著性（$p>0.05$），这意味着不同攻读学历层次样本对于教学适应、科研适应、学术交往以及总体学术适应状况均表现出一致性，并没有显著性差异。

（二）不同学科专业类别

在考察来华非洲留学研究生学术适应时，本研究按照不同学科专业将样本群体区分为两类，即在人文社会科学领域学习的留学生（法学、教育学、心理学、经济学、管理学、社会学等学科专业）和在自然科学领域学习的留学生（工程、计算机、医学、农学、物理和化学等学科专业），并对这两类样本群体在学术适应方面是否存在差异性做出对比分析。

表 5-10 不同学科专业类别和学术适应方差对比分析

	攻读学历层次（平均值±标准差）		F	p
	人文社会科学（n=78）	自然科学（n=30）		
教学适应	4.10±0.53	3.88±0.56	3.542	0.063
科研适应	3.64±0.54	3.75±0.54	0.851	0.358
学术交往	3.77±0.70	3.70±0.60	0.227	0.634
总体学术适应	3.84±0.52	3.78±0.47	0.302	0.584

*$p<0.05$，**$p<0.01$

由于人文社会科学专业和自然社会科学专业在学习内容和研究方法上的不同，本文假设不同学科专业学生的学术适应也有所不同。然而，本文的统计分析结果显示，虽然人文社会科学专业学生的总体学术适应均值得分高于自然科学专业的学生，然而这两组样本在学术适应各方面之间并不存在统计学上的差异（$p>0.05$），如表5-10所示。也就是说，不同学科专业类别样本对于教学适应、科研适应、学术交往以及总体学术适应状况均表现出一致性，也不存在显著性差异。

（三）不同语言授课项目

在本研究的样本群体中，有97.22%的样本是申请就读于英文授课项目的，因此前文的分析主要体现了在英文授课项目中来华非洲留学研究生的学业表现状况。此外还有少数就读于中文授课项目的来华非洲留学研究生，他们的学业表现状况在问卷数据中被掩盖，因此有必要对这一类型单独列出并进行对比分析。

相比就读于英文授课项目中的来华非洲留学研究生而言，在中文授课项目中就读的来华非洲留学研究生则遭遇了切实的跨文化学习困境。在京高校大部分都为留学生设有英文授课项目，而有些留学生所在的学校只有中文授课项目，留学生是根据所申请专业被安排在中国学生的班级里与中国学生一同上课的。例如，在MZ大学就读的博士生布勒，由于是中文教学，他在学习过程中不可避免地会遇到一些困难，特别是在语言方面。"在中国学习是有一些困难，尤其是在语言方面，语言是一个非常大的问题。"布勒表示，课堂上老师们所讲的内容对他来说并不能全部理解，有些学术性的中文词汇语句他是听不懂的，需要随时利用翻译软件进行辅助学习，这对他的学习造成了一定影响。有老师在给布勒上课的时候发现中文对他来说确实很困难。在课程作业中，由于其中文写作能力较差，他先是用英文写作完成，然后再将其翻译为中文，但据任课老师反映，其所提交的论文存在诸多词汇运用不当、逻辑混乱、语句不通之处，退回让其修改后重新提交，他表示这对他来说很困难，他不得不求助于中国同学帮助其修改，经过中国同学的帮助修改之后才勉强通过课程考试。我们知道，博士阶段的学习对中国本土学生来说就有很大难度，对一个外国留学生来说用中文学习就更难了，一篇几千字的课程论文对他来说尚如此困难，更毋庸说用中文完成十几万字的博士毕业论文。从布勒这个案例中我们可以看到就读于中文项目的来华非洲留学研究生在学业上所面临的挑战。

此外，在中文授课项目中，来华非洲留学研究生的教育知识和社会文化背景差异对其跨文化学习的影响也更为显著。来华非洲留学研究生与中国的老师和同学之间有着不同的文化惯习，这在一定程度上会使他们对中国老师的教学方式产生不适。布勒有时候在上课的过程中想要问问题，对课堂上老师所讲的内容提出疑问和批评，这在某大学被认为是不礼貌的。"但我认为这不是不尊重老师，是要听不同的意见，每个人都有权利想说什么就说什么，发表不同的意见。在考试时可以写老师课上讲的，但是要有自己的见解，比如，南非的曼德拉，很多人说他是英雄，但是你也可以提出疑问，他为什么不把白人赶出去？如果把白人赶出去会有什么样的影响？在中国，老师怎么说学生们怎么答。在外国，如果学生提出不同见解会得到表扬，也不是乱写，你可以写你的意见，但是要有道理。我见过很多中国学生在考试前背笔记，那么多啊，我觉得你明白就好了，然后自己写一下，没必要死记硬背标准答案。"盖特对这种教学方式差异也有类似的体验，"或许中国的教育更认真严肃（serious）一些，学生们都很认真地学习。在中国，学生们必须明确地知道老师教了什么，然后把它说出来，在我们国家你可以把你的想法都说出来。在中国学生们都非常严肃，在我们国家学生不必这样做，学生们可以做他们想做的任何事情。第一个学期我们上课的时候，听老师讲课，我有很多想要说的，但是我又告诉自己这是在中国，不能那样。"但值得注意的是，正如前文所介绍的，这种教育知识和社会文化背景的差异对在英文授课项目中学习的来华非洲留学研究生的影响则较小。

在华学习过程中，布勒有时与课程老师之间的观点会产生明显的不一致，观念冲突很多。但是，如果能够将这种差异利用得当，在一定情境下通过自身的积极转化也可以促进其学术科研成果的产出。在布勒的学业进程中，跨文化的知识背景起到了很重要的作用。由于他有中国、西方和非洲的教育知识背景，所以他在中国学习时经常会从中、西、非三方比较的视角来思考分析问题，其论文写作灵感就是来源于多方不同文化思想之间的碰撞。通过大量阅读和思考，并结合自身经验，他找到了自己的灵感，这是很重要的。多元的教育文化背景给了布勒很多学术灵感，虽然他在课堂学习中感到非常不适，但却在一定程度上促使他产出了一些学术科研成果。在导师的悉心指导和自身的积极努力下，布勒已经发表了多篇SCI期刊论文。经了解，他是有着自己的学习节奏和计划的，虽然他的导师每周都组织读书报告会活动，但是他不太喜欢这种形式，更多的是自己看书学习和思考。布勒的导师会根据他的研究方向推荐他很多书，他也很有兴趣去看。"上学期，我每天都去国图（中国国家图书馆），国图真的很厉害，什么书都有，我看了好多不同种类的书，最重要的是包括西方的。我现在读一篇论文，先不看是谁写的，我就会知道这个是中国人写的，那个是西方人写的，就会看出来。"

由于是在中文授课项目中学习，他们有更多与中国学生进行学术交往的机会,在学习过程中他们可以与中国学生相互启发、相互学习。盖特表示,"我们都在学习新的东西,你知道的东西他们不知道,他们知道的东西你不知道,所有的想法观点汇集在一起就会产生很好的效果,中国学生可以与外国学生共同做一项很好的研究。"当然,这需要满足一定的条件才能产生出这种效果,比如,良好的语言沟通、共同的兴趣和爱好、彼此的尊重和包容等。

以往的研究表明,当留学生来到一个与自己之前社会文化差异巨大的环境中求学时,会经常在适应新的教育和学习系统的过程中面临一些挑战,他们可能会由于文化背景的不同而产生矛盾或不适,难以适应与之前教育经历明显不同的环境,从而在一定程度上造成"学术冲击"。来华非洲留学研究生来到中国这个异文化社会中求学却有着不一样的学业表现,这主要体现在不同语言的授课项目中。有英语背景的来华非洲留学研究生整体上比较倾向于申请英文授课项目,申请中文授课项目的很少。就读于英文授课项目的来华非洲留学研究生在课堂学习中并没有遭遇严峻的学术挑战,他们基本上都能够轻松完成课程学习并取得良好成绩。在学术科研方面,他们虽然有着较强的参与导师科研项目的意愿,但实际上很少有人能够参与其中,他们所发表的学术成果也较少;在学术交往方面,他们有着较为活跃的表现,他们参与学术交流活动的频率较高,形成了相对独立于中国学生的学术交流圈。而就读于中文授课项目中的来华非洲留学研究生在课程学习中则遭遇较多的跨文化挑战。在学术科研方面,他们如果能够充分利用其自身跨文化优势则能相对容易产出一些学术成果;在学术交往方面,他们具有更多与中国学生进行学术交往的机会。从其学习成绩上看,来华非洲留学研究生整体上有着良好的学业表现;从其学习感知上看,来华非洲留学研究生大都表示在华学习期间收获提升了很多;从其学习结果上来看,来华非洲留学研究生基本上都能顺利毕业。

研究发现,虽然非洲留学研究生是在中国这个截然不同的异文化社会中求学,但是整体来看他们却没有遭遇严峻的学术适应困难与挑战,尤其是在教学方面。而且,在科研方面的低度参与和独立于中国学生的学术交往也没有对他们的学业造成太大影响。那么,这种现象是如何形成的?哪些因素影响着来华非洲留学研究生的学术适应?这是需要进一步研究的问题。

第三节 保护性逆向适应:中国政府与高校的有力支持

跨文化行动者的适应活动具有双向性,国际留学生的学术适应也是主体间的交相互动过程，那种将留学生个体或群体视为学术适应的唯一主体的研究，忽视了留学目的国社会及高校对留学生所产生的影响。因此，要注重留学生学术适应过程的交互性，主体间性视角的强化才能使理论研究与实践现实更好地契合。国际留学生并不是单向度地在适应留学目的国的异文化环境，而且留学目的国也会在一定程度上对国际留学生做出逆向适应。在这种逆向适应中，留学目的国会根据留学生自身的情况对其采取一些限制性或支持性的举措。本部分将对中国政府和高校为来华非洲留学研究生学术适应提供支持性举措，即"保护性逆向适应"展开分析。本研究在使用这一概念时，意在强调中国政府和高校为降低来华非洲留学研究生在中国这个异文化环境中面临的学术适应挑战而采取的措施，主要表现在良好的物质经济支持和相对独立的教学培养与管理等方面。

一、良好的物质经济支持

我国经济发展水平的提升为来华留学生教育提供了良好的物质经济基础。作为国家综合国力和国际竞争力的重要体现，一个国家的经济发展水平对该国容纳国际留学生的能力以及对国际人才的吸引力有着深刻影响。因此，经济发展水平是影响我国来华留学教育事业进程的重要因素之一。在中华人民共和国成立初期，我国实行的是高度集中的社会主义计划经济体制，此时的经济发展水平很低，并不具有容纳大规模留学生的经济能力，更不具备国力上的优势来吸引外国留学生，这使得我国来华留学教育事业处于低级别、低层次、低规模的发展水平，而且封闭性和计划性程度也较高。1978年底召开的十一届三中全会确立了以经济建设为中心和改革开放的重要方针，开启了中国经济发展的新篇章。改革开放以来，我国的经济基础日渐强盛，为招收外国留学生发展来华留学教育事业提供了有力的资金支持与保障，并增强了我国高等教育在全球范围内的吸引力。1992年社会主义市场经济体制在我国正式确立，这种以市场为取向的经济体制改革不仅为我国教育对外开放提供了制度基础，还促使我国进一步开放了自费来华留学通道，让经济要素取代政治要素成为来华留学教育中的主要驱动因素。21世纪以来，我国经济持续快速增长，经济总量不断跃升，并于2010年超过日本成为世界第二大经济体。国家经济实力的显著提升为我国来华留学教育事业的发展奠定了坚实的经济基础，发展步伐进一步加快。下面，本文将主要对给予非洲留学研究生在华学习以重要物质经济支持的奖学金体系进行梳理和分析。此外，本文还关注了中国方面为其所提供的舒适、便捷的生活环境。

（一）日益完备的奖学金体系

来华非洲留学研究生在中国留学过程中不可能随心所欲地采取各种行动方式，他们面对着不可或缺的经济条件的限制。因此，分析其学术适应就要充分考虑这些约束的重要影响。日益完备的奖学金体系为来华留学生，特别是来华非洲留学研究生在中国高校的学习和生活提供了有力支持，这是其在华学术适应的物质经济基础。

为资助世界各国学生、学者到中国高等学校进行学习和研究，增进中国人民与世界各国人民的相互理解和友谊，发展中国与世界各国在教育、科技、文化、经贸等领域的交流与合作，中国政府设立中国政府奖学金。为加强中国政府奖学金及奖学金生的管理，教育部于2001年7月出台《关于中国政府奖学金的管理规定》，对中国政府奖学金的类别、内容、提供对象、期限以及申请条件、途径、时间、办法等内容做出规定。①该管理规定将中国政府奖学金按学生类别分为本科生奖学金、硕士研究生奖学金、博士研究生奖学金、汉语进修生奖学金、普通进修生奖学金和高级进修生奖学金②，按项目分为长城奖学金、优秀留学生奖学金、HSK 优胜者奖学金、外国汉语教师短期研修项目和中华文化

---

① 中华人民共和国教育部. 教育部国际合作与交流同关于中国政府奖学金的管理规定 [EB/OL]. 中华人民共和国教育部网，2001-07-30.

② 本科生奖学金：向申请到中国大学攻读学士学位者提供，期限一般为4学年（医学专业等为5学年），申请者应具有相当于中国高级中学毕业的学历，学习成绩优秀，并通过中国大学入学考试或经推荐被中国大学免试录取，年龄在25周岁以下。硕士研究生奖学金：向申请到中国大学攻读硕士学位者提供，期限2~3学年，申请人应具有学士学位，学习成绩优秀，从中国境外申请者需有两名教授或副教授的推荐，在华申请者应已获得中国高校的录取，年龄在35周岁以下。博士研究生奖学金：向申请到中国大学攻读博士学位者提供，期限3学年，申请者应具有硕士学位，学习成绩优秀，从中国境外申请者需有两名教授或副教授的推荐，在华申请者应已获得中国高校的录取，年龄在40周岁以下。汉语进修生奖学金：向非汉语专业毕业或无汉语基础、申请来华专门学习汉语者提供，期限1~2学年，申请者应具有相当于中国高级中学毕业以上的学历，年龄在35周岁以下。普通进修生奖学金：向申请来华进修原本人所学专业者提供，期限1~2学年，申请者应为大学二年级以上在校学生或具有相当于大学本科毕业的学历，年龄在45周岁以下；高级进修生奖学金：向申请来华就某一专题在中国导师指导下进修提高者提供，期限1~2学年，申请者应具有相当于中国硕士研究生毕业以上的学历，并有两名教授或副教授的推荐，年龄在50周岁以下。申请上述中国政府奖学金者原则上应具有相应的汉语水平（汉语进修生和申请以外语作为授课语言者除外），汉语水平达不到学习要求者，可安排最长不超过2学年的汉语补习，其中需要汉语补习的本科生和硕士、博士研究生的奖学金期限相应延长，进修生的汉语补习时间计入规定的奖学金期限。

研究项目①等，按金额分为全额奖学金和部分奖学金。此后，中国政府不定期调整提高了奖学金标准。另外，教育部每年都相继出台中国政府奖学金的管理规定和申请办法，具体规定了奖学金资助类别、期限、授课语言、院校和专业、资助内容及标准、申请条件与流程等内容。

进入21世纪以来，来华留学生的层次逐步提高，结构逐步优化，获得中国政府奖学金的来华留学生所占比例也逐步增加。近几年，中国政府奖学金90%左右的名额为来华留学中的学历生所获取，其中研究生占到70%左右，（如表5-11所示）中国政府奖学金对高层次人才的吸引力不断提升。目前有289所中国大学承担中国政府奖学金生的培养任务，学科门类覆盖理学、工学、农学、医学、经济学、法学、管理学、教育学、历史学、文学、哲学、艺术学等。按照规划，至2020年，我国来华留学生规模扩大到50万人次，成为亚洲最大国际学生流动目的地国家。为适应来华留学教育工作的实际需要，奖学金的项目种类、名额及额度也在逐步增加。

表5-11 中国政府奖学金使用情况统计②

年份	中国政府奖学金生人数（占来华生总数比例）	奖学金生中的学历生人数（占奖学金生总数比例）	奖学金生中的研究生人数（占奖学金生总数比例）
2003年	6155（7.91%）	/	/
2004年	6715（6.10%）	3954（58.8%）	2257（33.61%）
2005年	7218（5.12%）	4227（58.56%）	2479（34.34%）
2006年	8484（5.21%）	5292（62.37%）	3037（35.80%）
2007年	10151（5.19%）	/	/

---

① **长城奖学金**：向联合国教科文组织提供，招生类别为普通进修生和高级进修生，提供对象、期限及申请条件与普通进修生奖学金和高级进修生奖学金要求相同。**优秀留学生奖学金**：向已完成原定在华学习计划，并于当年考取硕士或博士研究生且品学兼优者提供，期限和申请条件与硕士研究生奖学金和博士研究生奖学金要求相同，**HSK优胜者奖学金**：向在中国境外参加汉语水平考试的成绩优胜者提供，来华学习专业为汉语，期限不超过一学年，年龄在40周岁以下。**外国汉语教师短期研修项目**：资助从事汉语教学的外国专职汉语教师来华短期研修，课堂教学时间为4周，另安排2周免费教学旅行，可自愿参加，申请者应具有大学本科毕业以上学历，连续从事汉语教学3年以上，年龄在50周岁以下。**中华文化研究项目**：资助从事中国文化研究的外国学者短期来华，在中国导师的指导下或者与中国学者合作开展研究，期限不超过5个月，申请者应具有博士学位或者相当于副教授以上的职位，出版或发表过有关中国语言、文化、历史等方面的专著或论文，年龄在55周岁以下。
② 数据来源于中华人民共和国教育部网站。

续表

年份	中国政府奖学金生人数（占来华生总数比例）	奖学金生中的学历生人数（占奖学金生总数比例）	奖学金生中的研究生人数（占奖学金生总数比例）
2008年	13516（6.05%）	/	/
2009年	18245（7.66%）	/	/
2010年	22390（8.45%）	/	/
2011年	25687（8.78%）	/	/
2012年	28768（8.76%）	/	/
2013年	33322（9.35%）	/	/
2014年	36943（9.80%）	35794（96.89%）	26295（71.18%）
2015年	40600（10.21%）	36288（89.38%）	27612（68.01%）
2016年	49022（11.07%）	/	33956（69.27%）
2017年	58600（11.97%）	51580（88.02%）	40768（69.57%）
2018年	63041（12.81%）	/	/

近年来，来华留学教育工作受到各方面的高度重视，为支持和推动来华留学教育事业的发展，中央、教育部、地方政府和高等学校采取了多项措施，为其发展创造了良好的内部环境和基础。例如，为了让更多的海外学生、学者到我国学习和研究，加强我国与世界各国多领域的交流与合作，我国逐步完善了奖学金体系[1]，构建了以中央政府奖学金[2]为主，地方政府、孔子学院、高等学校、企业奖学金为辅，多元奖学金并重的奖学金架构，逐步扩大了奖学金规模。

---

[1] 为外国留学生提供奖学金是国际通行做法。为吸引优秀人才并推进本国教育的国际化，世界上许多国家（地区）特别是发达国家十分重视留学生教育，制定了一系列留学生资助政策和措施。中国政府奖学金在促进中国与世界各国（地区）在教育、科技、文化、经贸等领域的交流与合作，吸引国外优秀学生来华留学等方面，发挥了不可替代的重要作用。

[2] 中国政府奖学金设立于20世纪50年代，根据中国政府与有关国家（地区）政府、学校及国际组织等机构签订的教育交流协议或达成的谅解备忘录而对外提供，用于资助到中国高校学习或开展科研的非中国籍公民，包括本科生、硕士研究生、博士研究生、普通进修生和高级进修生。中国政府奖学金由中央财政全额出资。根据中国政府与外国政府或国际组织达成的协议或计划，中国政府奖学金由教育部负责对外提供，并委托国家留学基金管理委员会（China Scholarship Council，简称CSC）具体负责享受中国政府奖学金来华留学的外国学生（以下简称奖学金生）的招生及日常事务的管理工作，因此常将CGS叫作CSC奖学金。

随着中非之间交流与合作的日益密切和"一带一路"倡议的实施，中国政府对非洲国家的教育援助力度不断加大。2012—2014 年的三年间，中国向非洲提供了 1.8 万个中国政府奖学金名额①，2015—2017 年的三年间，中国向非洲提供了 3 万个中国政府奖学金名额②，在 2018 年中非合作论坛北京峰会上，习近平总书记提出在 2019—2021 年的三年间将为非洲提供 5 万个中国政府奖学金名额（如表 5-12 所示）。③ 为落实 2018 年中非合作论坛北京峰会领导人承诺，进一步推进中非教育合作，中国教育部设立"中国政府奖学金—中非友谊"项目，支持和鼓励非洲国家的优秀青年来华学习和研修，生源国别限非洲国家。随着支援力度的加大，会有越来越多的非洲留学生来中国学习。

表 5-12　来华非洲留学生人数及奖学金生人数情况统计④

年份	人数 （占来华生总人数比例）	奖学金生人数 （占中国政府奖学金生总人数比例）
2003 年	1793（2.31%）	1244（20.2%）
2004 年	2186（2.0%）	1317（19.6%）
2005 年	2757（1.95%）	/
2006 年	3737（2.03%）	1861（21.93%）
2007 年	5915（3.03%）	2733（26.92%）
2008 年	8799（3.94%）	/
2009 年	12436（5.22%）	/
2010 年	16403（6.19%）	/
2011 年	20744（7.09%）	/
2012 年	27052（8.24%）	18000（18.18%）
2013 年	33358（9.36%）	
2014 年	41677（11.05%）	

---

① 中国政府网. 胡锦涛在中非合作论坛第五届部长级会议开幕式上的讲话 [EB/OL]. 中国政府网，2012-07-19.
② 新华网. 习近平在中非合作论坛约翰内斯堡峰会开幕式上的致辞 [EB/OL]. 新华网，2015-12-04.
③ 新华网. 习近平在 2018 年中非合作论坛北京峰会开幕式上的主旨讲话 [EB/OL]. 新华网，2018-09-03.
④ 数据来源于中华人民共和国教育部网站。

续表

年份	人数 （占来华生总人数比例）	奖学金生人数 （占中国政府奖学金生总人数比例）
2015 年	49792（12.52%）	30000（20.24%）
2016 年	61594（13.91%）	
2017 年	/	
2018 年	81562（16.57%）	50000（/）
2019 年	/	
2020 年	/	

奖学金作为一种由政府、高校等组织机构所控制的资源，会根据所制定的标准和设置的选拔条件，按照一定的规则转向申请者。由于奖学金的名额有限，申请者需要经过激烈的竞争才能获取。那些具备较强学习能力和较高发展潜力的申请者往往更容易获得奖学金的资助。这种较强的学习能力和可预见的发展潜力对于个体和奖学金资助组织来说是一种可交换的资源，个体在交换过程中将自身的发展潜力转换成了资助其学习和生活的货币和一种被认可的荣誉。这对于那些家庭经济资本较为欠缺的学生来说尤为重要，因为这直接关系到其留学梦想能否实现。

在调研中，笔者了解到来华非洲留学研究生大部分都获得了中国政府奖学金。如果没有申请到中国方面的奖学金，他们中的大部分人会选择放弃来华留学。正如吉米所说："如果没有得到奖学金，我想没有人会来，学费太贵了。"例如，在 JT 大学就读的萨梅尔，虽然他是政府工作人员，但他表示如果没有奖学金，他不可能来中国，因为付不起来华留学所需费用。据库瓦介绍，"今年（2019 年）大概会有 40 位来自坦桑尼亚的留学生。他们大部分人得到了奖学金，很少是自费的。如果他们得不到奖学金，可能就不会来了，费用太昂贵了。我的几个朋友就因为没有得到奖学金最终没来。""现在留学生来中国学习是容易的，非洲学生来中国留学的比去欧洲的多，因为中国提供了奖学金，这让其中一些人来中国留学变得容易。大部分本科生是自费来的，但是大部分硕士生和博士生是得到了中国奖学金的，没有奖学金就很少有人会来了。"实际上，他们更喜欢去欧美留学，"我们使用的很多东西都是欧美的，这就是人们喜欢欧美的原因。如果去欧美留学，人们会感觉很好，如果来中国，人们就会感觉很一般。你也知道，比起来中国，去欧洲并不容易。当然来中国也不是容易的，只是与欧美国家相比，来中国相对容易些。去欧美留学的奖学金很少，大部分是自费的，学费很昂贵，这对很多学生来说并不容易。"由此可见，对有些来华非洲留学研究生来说，中国政府奖学金的吸引力超过了中国高校的办学吸引力。

麦哈姆波也表示，奖学金对他来说很重要，他就是因为获得了奖学金才来到中国留学的，如果没有获得奖学金则不会来，因为来中国要花很多钱，那对他们大多数人来说将会很困难。麦哈姆波每个月会得到3000元生活费，这对其在中国生活是足够的，因为这里的食物不贵，他们的住宿是免费的，还可以存下一笔钱。笔者在调研中了解到，有很多坦桑尼亚留学生，他们在读完硕士之后继续申请了在中国读博士，例如，弗兰斯、玛利穆、徐姚等。当笔者问到麦哈姆波若是拿到硕士学位，是否会继续申请在中国读博时，他表示，问题在于奖学金，如果他获得了奖学金，就会。某院校一位负责留学生教学管理工作的外事秘书L讲道："像坦桑尼亚的这些留学生，可能他们的收入能使他们在自己国家生活得还可以，但是可能没有办法支付来中国的留学费用，就像中国学生去美国留学，在中国是小康，但是去美国的话有点够呛。所以，他们一般都是在申请我们学校的同时，也在向国家留基委申请中国政府奖学金，如果能申请上奖学金，他们就来，如果没有申请上奖学金，他们就放弃入学。学费、住宿费、生活费都是奖学金里出的，所以他们都属于公费出国留学（中国政府出钱），自己负担不了。"

在来华非洲留学研究生中，大部分在来中国之前就申请获得了全额的中国政府奖学金（国别双边项目①、商务部项目②），一部分人获得了部分奖学金，还需要自己支付一部分学费，很少有未申请到中国政府奖学金而来到中国的。

---

① "国别双边项目"是根据中国与有关国家政府、机构、学校以及国际组织等签订的教育合作与交流协议或达成的共识而提供的全额奖学金或部分奖学金。
② 中华人民共和国商务部发展中国家学历学位教育项目是商务部利用中国政府对外援助款项，于2008年创办。致力于为受援国培养政治、经贸、外交、农业、科教文卫、能源交通、公共管理等领域的高层次、复合型、应用型人才，为推动受援国经济社会发展提供智力支持，包括1年制硕士学位项目、2年制硕士学位项目和3年制博士学位项目。项目主要资助受援国在职政府官员、学术机构研究人员、相关领域中高级管理人员等来华全英文攻读硕士、博士学历学位。由于学制较短，要求学员必须事先获得学士学位，并在相应领域有一定的工作经验，以便及时和充分理解授课和学习内容，要求学员有较好的健康状态，以便适应高强度学习并最终获得学位。该项目对学员所在国家和中国的经贸合作与发展发挥着越来越大的作用，受到所在国政府的高度重视。为进一步加强与世界各国的交流与合作，为发展中国家培养更多精英人才，中华人民共和国商务部特设立"援外高级学历学位教育专项计划"。该专项计划自2015年起开始实施，重点资助受援国中青年友华人士来华攻读硕士或博士学历学位，并委托中国国家留学基金管理委员会组织实施。目前，该项目有26所合作院校。

即使未申请到中国政府奖学金，还可以在来到中国之后申请所就读学校设立的奖学金，如在 BH 大学就读的贝克夫妇。贝克夫妇分别于 2016 年和 2017 年先后通过申请来到该校就读，贝克是硕士生，他的妻子是本科生，他们都是来了一年之后申请的学校奖学金，第一年没有，是自费的，本科学费 3 万、硕士 4 万，拿出这笔钱对他们来说很艰难，在第二年和第三年他们都申请到了一等奖学金。为了获得奖学金，他们必须努力学习，表现优秀，GPA 成绩（课程平均分）越好，付的学费越低。据贝克介绍，50% 的人可以得到奖学金。奖学金分等级，一等可以免掉全部学费，二等可以免掉 80% 的学费，三等可以免掉 50% 的学费。奖学金一年评一次，但是分月发放，每月 2000 或 3000 元。学校奖学金的获得大大减轻了他们的学业压力。

在来华非洲留学研究生中，有一部分是当地政府部门的工作人员，他们在国内的工资大约是每个月 2000 元人民币，而中国政府奖学金给予他们的生活费标准是硕士生每个月 3000 元人民币、博士生每个月 3500 元人民币，这大大高于其国内的工资收入。当然，这些生活费是否够用，要视各人消费需求而定，对大部分留学生来说是足够的，而且还可以存下一些钱，因为他们免交学费和住宿费，节省了很大一部分开支。对有更高消费需求的留学生来说这些生活费并不够用，例如，迈克在 2019 年 7 月份去澳门听一个英国歌手的演唱会，门票需要 500 多元（根据座位不同，价格从 300 元~1000 元不等），坐高铁需要 1000 多元。除了奖学金，迈克的父母还会每个月给他 1000 元资助。

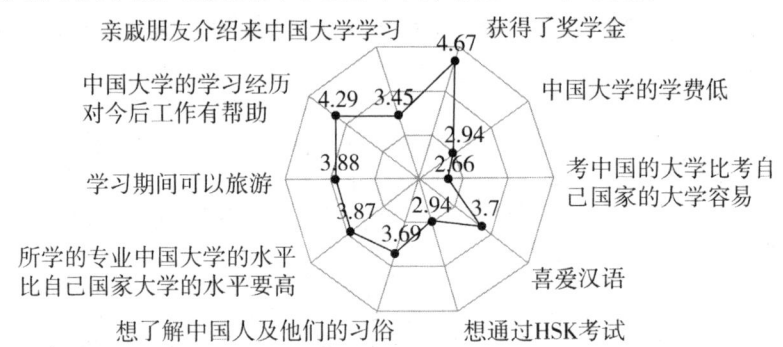

图 5-17　来华留学动机

从图 5-17 中我们可以看到，奖学金是非洲留学研究生的重要来华留学动机，有高达 82% 的样本表示获得奖学金是影响其来华留学非常重要的因素。如图 5-18 所示，中国政府奖学金是来华非洲留学研究生留学费用的主要来源。奖学金的获得大大减轻了他们在华留学期间学业上的经济压力。在调研中笔者了解到，大部分来华非洲留学生都会在学制内按期毕业，少数人会由于论文等原因延期毕业。在延期的一至两年期间，通过申请他们会持续获得中国政府奖学金的资助。这为他们在毕业遇到困难时提供了有效的经济帮助。

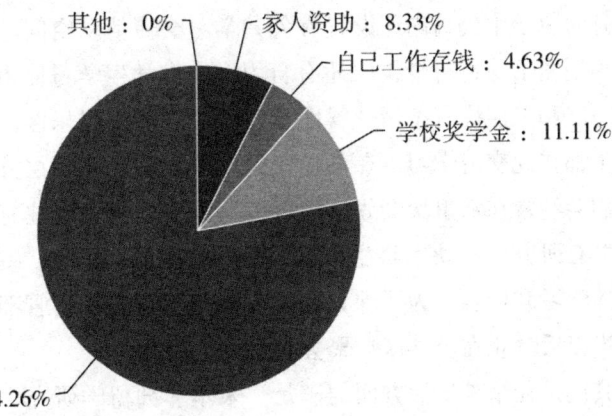

图 5-18　来华留学费用主要来源（多选题）

（二）舒适便捷的生活环境

首先是物质生活需求的保障。获得中国政府奖学金的留学生可享受免费校内住宿，他们基本会被集中安排住在留学生公寓或特定楼层，不与中国学生混居。博士生是单人住，硕士生是双人住。留学生校内所住宿舍内一般都配备有独立卫生间，还有电视、空调、冰箱等设施，每个楼层有公共厨房和洗衣房。有的留学生公寓还设置有免费网吧、阅览室、自习室、多功能厅、学生活动室、健身房、心理咨询室、会客区和咖啡休息区等。根据所获奖学金、所就读学校和所住公寓的不同，具体住宿条件也会有差异。即使没有申请上校内宿舍而选择在校外住宿的留学生，经学校批准后，还可以获得学校按月或季度发放的住宿费，标准为：本科生（预科生）、硕士研究生（普通进修生）每个月 700 元人民币，博士研究生（高级进修生）每个月 1000 元人民币。

不同项目类别的奖学金获得者，所享有的住宿待遇有所差别。如在同一所大学就读的硕士研究生马克和萨梅尔的宿舍有较大区别。马克获得的是教育部的 CSC（China Scholarship Council）奖学金，萨梅尔获得的是商务部的 MOFCOM（Ministry of Commerce）奖学金。马克的宿舍住有两个人，配有两套床铺桌椅、独立卫浴及电视、空调、冰箱等设施，在所住楼层有公共厨房，也可在自己宿舍做饭。萨梅尔的宿舍配置与此相似，但相比之下，萨梅尔的宿舍要比马克的更为"精良"，而且房间只一个人住，不与他人分享。

大部分留学生公寓内都可以做饭，或在自己宿舍，或在公共厨房。来自世界各国的留学生有着不同的饮食风俗和习惯，不习惯中国学校食堂的饮食，他们通常会从学校附近的市场购买食材回来自己做饭吃，这保证了他们的基本生活需求。

有的留学生公寓内还设置有公共学习交流活动空间。在某校留学生公寓内设有小型图书馆，每个楼层还有自习室，供学生学习使用。在某校国际交流中心的一层和二层设有茶馆、餐厅、咖啡厅等休闲娱乐区，环境优美舒适，很多留学生都在此交流学习。在某校留学生公寓的二三四层分别有一个会客厅，留学生们会经常在那里聚会娱乐。有的留学生公寓同时住有本科生、硕士生和博士生，有研究生反映本科生很乱，会时常喝酒、唱歌、跳舞，影响到硕、博研究生的学习和休息。为了保证同学们的休息，学校宿管部门张贴了通知，晚上十点半以后禁止在公共区域聚会和大声喧哗。

其次是在精神生活方面的满足。来华非洲留学研究生大部分是有宗教信仰的，有的留学生信仰基督教，有的则信仰伊斯兰教。信仰基督教的可以每周末去基督教教堂做祷告，或参加其他教会组织。北京有宗教活动场所满足他们的宗教信仰需求，在西城区有一个基督教教堂——西什库教堂，信仰基督教的中国人和外国人都可以在此礼拜。每逢礼拜日，信仰基督教的坦桑尼亚留学生会前往教堂礼拜，一些留学生还会去某些酒店、教会参加弥撒等宗教活动。信仰伊斯兰教的则每日在宿舍内做礼拜。穆勒德和他的室友都是伊斯兰教徒，他的室友每日在宿舍做祈祷，一天五次，其中一次是在半夜两点。在伊斯兰教的节日里，留学生穆斯林还会参与到中国穆斯林的庆祝活动中去，共同的宗教信仰促进了不同国家人群之间的交流交往。

奖学金的获得和舒适便捷的生活环境的提供赋予了来华非洲留学研究生在中国留学期间维持日常学习和生活的经济资本，使远隔万里重洋而来的留学生在中国这个异文化社会场域中宾至如归。这是非洲留学研究生在华学术适应的重要物质基础。

二、相对独立的教学培养与管理

（一）英文授课项目的设置

我国高等教育机构针对部分来华留学生进行了相对独立的教学培养与管理，极大促进了他们的学术适应，这首先体现在外文授课项目的设置上。针对来华留学生的不同教育文化背景，有条件的中国高校分别设置了外文项目和中文项目，以增强人才培养方式的灵活性。在英语社会环境下学习生活的人倾向于申请英文项目,在非英语社会环境下学习生活的人,如俄罗斯、中亚、东南亚等国家的人一般会申请中文项目。据某校学院外事秘书 L 介绍:"我们学院既有英文项目也有中文项目,英文授课的硕士来自坦桑尼亚、老挝、多哥、伊朗、巴基斯坦、意大利、希腊等国家,只招收国际学生;中文授课的硕士来自俄罗斯、哈萨克斯坦、蒙古等国家,博士生是韩国和俄罗斯的,并且中文授课的项目要求申请者的中文水平达到 HSK5 级以上,才可以跟中国学生一起上课。"

当代英国教育社会学家伯恩斯坦(Basil Bernstein)的种族、语言与学业成就之间的关系理论①认为,英语作为世界各国间相互交流的重要工具,具有普遍通用的特点,因此英语较其他语言有着优先推广和发展的条件。虽然世界上学习汉语的人越来越多,但汉语主要是在中国使用,相对于英语来说汉语仍是一种有局限性的语言。中国的教育体系是整个世界教育体系的一个组成部分,中国高等教育在国际化进程中,不可避免地要加强英语教学。2013 年,为贯彻落实《国家中长期教育改革和发展规划纲要(2010—2020 年)》,实施《留学中国计划》,打造我国留学生教育的国际品牌,全面提升来华留学教育教学质量,教育部开展了来华留学英语授课品牌课程评选工作,评选出 150 门品牌课程。②英语也是非洲国家广泛使用的 4 种官方语言之一,例如,坦桑尼亚,该国在独立后规定斯瓦希里语为国语,与英语同为官方用语。③ 在坦桑尼亚的教育中,小学阶段使用母语斯瓦希里语授课,中学阶段开始学习英语并部分课程使用英语授课,大学阶段完全使用英语授课。因此,许多会讲英语的来华非洲留学研究生更倾向于申请英文授课项目,这使得他们在华的学习更为容易。英语品牌课程的建设将非常有助于他们在华的学习。

英文授课项目的设置,吸引了大量有英语背景的外国学生来华留学。在来华留学生英文项目的培养中,中国老师使用英语授课,他们基本都有海外留学背景,英语水平较高。在课程学习过程中,坦桑尼亚留学研究生可以与老师和同学们进行良好的沟通和交流,他们所在班级中的同学都是说会英语的国际学生,这种环境有助于他们的学习。"留学生上课的课堂比较小,几个人、十几个人,课堂上氛围比较活跃,我会鼓励他们如果有问题随时提。只要他个人不是很害羞,一般都会积极参与讨论。"如果是在中国学生中间,就会打破这种学习环境。在调查中笔者了解到,在京坦桑尼亚留学研究生大都对中国高校的教育

---

① 张人杰. 国外教育社会学基本文选 [M]. 上海:华东师范大学出版社, 1991.
② 中华人民共和国教育部. 教育部办公厅关于 2013 年度来华留学英语授课品牌课程评选工作的通知 [EB/OL]. 中华人民共和国教育部, 2013-02-27.
③ 裴善勤. 列国志:坦桑尼亚 [M]. 北京:社会科学文献出版社, 2008:30.

和教学感到满意,他们绝大部分的人都申请的是英文授课项目,极少有申请中文授课项目的。正如很多坦桑尼亚留学研究生所说的,学习上由于是英文教学,所以不是很困难,如果他们的课程不是英文的,那将会非常困难。他们的课程作业及论文都是使用英语来完成的,有论文发表要求的学生也是在英文国际期刊上发表。在这种使用英文进行授课的学习场域中,来华非洲留学研究生以往在学习上的性情倾向,特别是言语惯习在很大程度上得以保持。由表5-13可知,来华非洲留学研究生应对学业压力与其英文水平之间有着显著的正相关关系,而与其汉语水平之间并没有相关关系。我们可以发现,我国高校英文授课项目的设置为来华坦桑尼亚留学生营造了良好的语言学习环境,这极大地促进了他们在华的学术适应。

表5-13 留学生中、英文水平与应对学业压力的相关矩阵

		应对学业压力
英文水平	相关系数	0.255**
	p 值	0.008
中文水平	相关系数	-0.006
	p 值	0.954

*$p<0.05$,**$p<0.01$

在中国,很多留学生的导师在欧美国家留过学,英文水平高,有着良好的跨文化交流能力,与留学生之间相处融洽,很受留学生的喜爱。例如,库瓦,"我的导师是中国人,很友好,在欧洲留过学,英文也很好。我们之间会经常联系,有时候导师会打电话让我参加讨论会讨论我的论文,在论文讨论会上,导师告诉了我很多信息,指导我的论文该怎么进行,然后我照着导师说的去做。"这些老师得到留学生的积极评价。但是,给留学生上课的也有一些英语水平不是很高的老师,这就会影响到授课质量和留学生们的学习效果。贝克表示,"有些中国老师的英语并不是那么流利,有时候我们提问题,中国老师听不懂,需要解释再解释,想着如何翻译能让老师听懂。"此外,由于英语水平的限制,中国老师在给留学生们上课时也会卡壳,会遇到不知如何用英语表达的地方,因此在有一些地方讲得不够深入、细致、全面。甚至有些老师不会讲英语,在弗兰斯专业课(英文项目课程)的教学中,"有很多老师,有的老师用英文教学,有的老师不会说英文,用中文教学。我所在的班级都是国际学生,有的人听得懂,有的人听不懂,这样特别不方便,很麻烦,但是听不懂又没有办法。"迈克所在的系也不太乐观,"我们系就有超过一半的导师不会说英语。或者他们说不

流利，只是一个基础的水平，这样留学生跟他们交流就是一个很大的挑战。有的导师同时带了中国学生和外国留学生，由于语言的关系，中国学生可能会能从导师那里获得更多的信息和知识。其他没有问题，就是有语言障碍。"因为语言问题，中国老师可能有些地方用英语表达得不清晰，他们给中国学生用中文讲得更多、更细致深入，但是对于外国留学生来说，他们不能获得这一部分信息，就遗失掉很多知识细节。由此可见，虽然是英文项目的课程，但并不是所有的老师都会讲英语，这影响了留学生的课程学习。另外，有的学校中管理留学生的行政人员英语水平较差，甚至不懂英语，导致留学生与他们之间沟通交流困难，很多问题不能得到有效解决。比如，当他们去图书馆的时候，或许不能获得想要的资源，由于语言障碍他们不能跟图书馆工作管理人员进行很好的沟通。"那些工作人员帮助不了你，因为他们大部分都不会说英语，这是一个挑战。如果他们会说英语我们就会跟他们说话了。他们是在服务国际留学生，却不会说英语，这是一个问题。"

（二）教学培养标准的降低

1977年，我国对高等学校进行了重大改革，恢复了高考招生制度，实行统一考试。1978年，我国对来华留学生的招生工作也进行了调整，开始实行在国外通过考试对留学生进行录取的方式。对外国留学生来华前实行文化考试的政策，对于我国把好生源质量关是有利的。虽然当时我国规定了考试录取来华留学生的方式，但是非洲国家参加考试的考生很少有能达到及格的，这导致非洲国家来华留学生的数量很少。例如，1978年我国共录取了28名非洲国家学生，这引起了国内、外强烈的反应。出于政治上的考虑，我国不得不大幅度降低录取分数线，但是尽管这样，不少非洲国家的学生也一个没有被录取。[①] 1980年教育部颁布实施的《关于外国留学生入中国高等院校学习的规定》中，对不同专业的来华留学生做出了不同的要求："学习理、工、医、农科的大学生，须在来华前经过考试，合格后才能录取；学习文科的大学生暂不考试，但高中毕业成绩要符合我国规定的录取标准。"1984年召开的第三次全国来华留学生工作会议指出，招收和培养外国留学生是智力援外中一项具有战略意义的工作，我们要着眼于世界，放眼于未来，努力担负起这一历史责任，切实做好留学生工作。为此，对不同国家采取不同的录取标准才是实现来华留学生政策应有意义的一

---

① 于富增，江波，朱小玉．教育国际交流与合作史［M］．海口：海南出版社，2001：156-157．

项策略。① 1986年国家教委颁布的《关于外国留学生来华学习的有关规定》中，进一步明确了各科、各层次学生的不同入学考试要求。由于录取标准的不同，来自不同国家留学生的生源质量也就不同，这必将导致我国高校对他们培养标准的差异化，降低对某些国家留学生的培养要求。

以学科专业培养为例，2018年《来华留学生高等教育质量规范（试行）》规定，"来华留学生在学科专业上的培养目标和毕业要求与所在学校和专业的中国学生一致，符合相应教育层次、专业的教育教学标准或相关规范"。但是，在实际培养过程中，有些高校对来华留学生相对放宽了要求。从事过留学生管理工作的W介绍："我们这些导师对他们都挺好的，请他们吃饭、去家里面玩耍，包括给他们亲自选题目，就是你写什么我亲自给你选好，找一个在你能操控范围内的问题，对他们非常关照……但也有少数老师对留学生的培养不怎么上心。"不同师门之间是有差别的，不同的导师给予他们的支持帮助程度也不同。布勒的导师对他的培养很用心，会让他看很多书，"他会发短信给我，指导我看书、看论文，因为他知道我的研究方向，知道看哪个会开阔我的视野。我通过看关于我研究方向的书，又会找到很多与之相关的书，这些书我都会去看。"而且他的导师也会经常帮他修改论文，他每一次把文章发给导师，导师都会仔细帮他修改。有的留学生导师则不然，比如，笔者在调研过程中接触到某校被延迟毕业的坦桑尼亚留学研究生查尔斯，他的导师很忙，没有时间管他，而是让一个中国博士生帮忙带着。笔者在跟非洲留学研究生做访谈的时候，他们很多人都表示在学习上不是那么困难。对此，P老师认为，"他们之所以觉得学习上不困难是因为老师给他们的压力不大，课也不是那么多，没那么多任务，有课程参考书目，但要求没有那么硬性。"由此可见，我国高校在对来华留学生的专业培养环节是存在标准降低现象的。

在论文发表方面，有些学校对留学研究生要求较为宽松。以吉米博士为例，其所在学校鼓励发表论文，但是没有硬性要求。"如果能发表当然是好的，但是不发表也没事。"吉米认为自己可能会发表一篇，他正在尝试在小期刊（small journal）上发表一篇论文，但是它需要时间，或许会在其毕业以后才发表出来。即使没有发表论文，吉米表示也是可以毕业的，他知道一些学生没有发表论文，也都毕业了。学习教育教学的中国学生需要发表至少1篇论文才能毕业。文森特是某校的博士生，其所在学校对博士生的毕业有发表论文的要求，但是也有替代性的方案，该校每年都会组织学术研讨会，学生提交文章并做演讲，只要

---

① 于富增，江波，朱小玉. 教育国际交流与合作史[M]. 海口：海南出版社，2001：75.

参加2次研讨会并出席10次会议就不用发表论文了。所以，他们可以用参加研讨会和出席会议的方式来代替发表论文，重要的是毕业论文，文森特正在写一些参会文章，而不是发表的论文。在W所在的学校，"留学生硕士不发，博士好像也没有要求，中国的博士生肯定是要发的。"留学生杨古思表示，"我们毕业不需要发表论文，因为中国政府奖学金（CSC）没有要求发论文，我们只有2年的时间，做好毕业论文就行了。但是，如果能发表的话更好，这取决于导师。有的导师会鼓励学生发表论文，但是不会去强制，因为这不是CSC的要求，所以，他们有些人会试着发表，可能不是发在很好的期刊上，找一个一般的期刊就行。你可以不发表论文，但是必须要达到CSC的要求。"此外，也要看就读高校对留学生的毕业要求，鲁布瓦所在学校要求硕士必须发表1篇论文才能毕业，马克所在学校要求博士必须发表1~3篇论文。由此可见，在论文发表方面，各个高校对来华留学生的要求有所差别，有的学校是要求留学生发表相应数量和等级的论文才能毕业的，有的则不需要，更多的是鼓励发表，不会强制。而且，有些院校对中外学生的论文发表要求是不一样的。

有的留学生某些课程及格了，甚至成绩得分很高，但并不能真正代表他的学习表现良好，从某种程度上说，不是他们适应了课程学习，而是某些老师降低要求帮助他们"适应"的。老师在对留学生的课程考核中标准不一，有的老师要求很严格，有的则很松。盖特讲述了他的经历，"有一门课，我先是用英文写的，然后翻译成中文，交上去之后，那位老师把我的作业发回来了，指出了我作业中的很多错误，并提了一些建议，让我好好修改后再次提交，否则不能及格。但是我的中文水平不是很好，我找了中国朋友帮我修改翻译错误。最后才勉强通过。"相比之下，有的任课老师就较为宽松，"那个老师让我们把课程作业交到他的信箱，我交过去了。可是他说没有收到，让我再去交一份，亲自交给他。我又打印了一份到办公室找到那个老师，他都没有打开认真看我的作业，就问我'你想要多少分？'，我犹豫了一下，他随后说到'95分可以吗？'（满分100），就这样我得到了那门课的成绩而且分数很高。"有的留学生甚至用同一份作业"应付"了好几门课程，最后也通过了考核。

针对留学生的培养是否会"放水"这一问题，某学院外事秘书L说道："肯定会有一个底线，在这个底线之内就主要看你对他们的要求有多高了，如果差得很远的话，肯定不行，不能砸了自己的'招牌'吧。但是，学习上如果对他们要求太高，老师可能也觉得有点心有余而力不足。""有的老师给分比较仁慈，基本上都是七八十分，但也有不及格重修的。在考试形式方面，很多考试就是让他们写一篇论文，或者是期末考试给他们几个题目，直接开卷考试，所以其实就是考察你的逻辑和你的知识积累。这学期有两个不及格的，一个是坦桑尼亚的，一个是别的国家的。"事实上，也确实存在一些水平较低的留学生让老师很费力。有多年留学生教学经验的P老师表示，"非洲留学生整体水平相对欧美学生较差，他们虽然说英语，但有语法错误，还有口音，作业质量不是很高。有的老师要求高，有的老师会降低要求。要求高就要花很多精力去指导，要求低做得差点就差点吧，总体上，相比中国学生要求要低。"比如，学习法律专业的非洲留学生，"确实指导他们要费不少精力，他们学习中国法，隔着两层障碍（用英文学习中国法律），这增加了学习难度，不可避免地对他们降低学业要求。"有些专业对用中文思考的要求特别高，非洲留学生的中文水平远远不能达到专业学习要求，所以不得不对他们降低要求。对于在中文项目中学习的留学生来说，完成较高质量的课程作业更加困难。例如，布勒，他所提交的作业是先用英文写，然后再翻译成中文，里面有很多不通顺、错误的地方，任课老师对这份作业很不满意，在批阅意见后退给他修改重写，可是以他的中文水平来说这是个艰巨的任务，于是只能寻求中国学生的帮助，虽然最后修改交上的作业老师还是不太满意，但是给他通过了。

在课题参与方面，来华非洲留学研究生的表现也是无法令人满意的。"至于让不让他们参与课题研究要看具体情况，因人而异，主要看个人能力。之前有欧美学生帮助收集资料，因为有语言优势。这不是一个愿不愿意的问题，是他能不能的问题，如果非洲学生有这个能力的话我也会考虑，还要看与我课题的契合度。"T老师说道，"有的留学生向我要求参与项目赚点零花钱，但是我很少找非洲学生，原因就是，找非洲学生不如找欧美学生，我找过一个非洲学生、两个白人学生，我发现那个非洲学生干活不行，最后交给我的活我还得重新干一遍。"由此看来，在来华留学生的生源素质方面，是存在洲际差异的。"整体上欧美的学生学习表现要比非洲学生好。他们有语言优势，像之前来过的，比利时的、希腊的，他们从学习成绩、适应度、教师反馈等方面普遍比非洲国家的要好，但是如果亚非国家之间或者非洲国家之间相比的话，差别不太大。"生源素质低是由于录取时的低标准，P老师表示，"在标准方面，以我在教学中跟本科留学生接触的情况来讲，我认为，可能中国对他们定的标准太低了，你达到这个标准就可以来中国听大学的课，但是我个人觉得，他们可能去听高中的课更合适一些。国家应该把标准提高一点。"

在毕业论文的写作方面，也存在"放水"现象。有过非洲留学生教学管理经验的W讲道："这些留学生在第一年上半学期进行课程学习，课程作业完成得还可以，在我的印象中，他们没有挂科的，而且成绩也不是那么重要，因为它不涉及奖学金的申请，在这两年时间。如果你想要那个成绩，可以调看一下，但是具体里面有多少'水分'就不好说了，可能有的老师给分数时会'放水'。第二学期就要准备写论文，他们在毕业方面没什么问题。他们是两年制，毕业论文一般是做他们国内的，这样也方便些，中间这个暑假，他得回国，从7月份到10月份，待上3个月左右，把调查、数据采集等弄完。但是，你想想就3个月，他也没有受过什么学术训练，就商务部这个项目来说，有的留学生都40多岁了，脱离学校好多年了，老师们也知道这种情况，这就好像是天然的屏障，你又不让他说汉语，他做的东西大部分都是本国国内的，回家又不那么方便，只能在这3个月里做，没有办法去（好好做）。无论采集情况怎么样，都得把它写出来。我们也做了一个案例，发现这个东西好像不太合适，现在正在调整。"

S是某院校的中国博士生，其所在学院有很多获得MOFCOM奖学金的非洲留学研究生，他在学习和生活中与他们有过较多接触。在毕业论文的标准方面，S认为，"学校对他们的标准很低，能写出来，差不多通过查重检测就行了，对他们论文的质量要求不高，因为很多人是当地政府部门的工作人员，他们就是来拿学历的。我们学院发展研究方向的老师倾向于带外国留学生，其实事情挺多的，师门的硕士、博士都要去帮助指导他们的论文，帮助他们毕业。能过就给过，实在不行就改改。"

有的留学生在毕业时获得了优秀毕业论文奖，但这也并不代表其毕业论文本身的质量有多高，而是在留学生中，他的论文质量相对较好而获得的奖项。因为"这个是有比例的，留学生基数不是很多，如果人多一点可能获奖的也会多一些"。齐尔菲是某院校公共管理专业的硕士生，其毕业论文写的是坦桑尼亚一个贫困项目的政策效果，虽然他的导师认为他写得并不是很好，但是也给他通过了。虽然非洲留学生的学业表现有很多不令人满意的地方，但P老师表示，"到目前为止，都还是过了的，没有不能毕业的。甚至有学生主动要求延期，但是没有被答应（延期的留学生还可以继续申请中国政府奖学金）。"

再以语言能力为例，《来华留学生高等教育质量规范（试行）》规定："以中文为专业教学语言的学科、专业中，来华留学生应当能够顺利使用中文完成本学科、专业的学习和研究任务，并具备使用中文从事本专业相关工作的能力；毕业时中文能力应当达到《国际汉语能力标准》五级水平。以外语为专业教学语言的学科、专业中，来华留学生应当能够顺利使用相应外语完成本学科、专业的学习和研究任务，并具备使用相应外语从事本专业相关工作的能力；毕业时，本科生的中文能力应当至少达到《国际汉语能力标准》四级水平，硕士研究生、博士研究生的中文能力应当至少达到《国际汉语能力标准》三级水平。"

但在实际情况中,有相当比例的来华留学生并未达到相应汉语语言水平。甚至有的留学生在毕业时都不会用中文说出自己所在学院的名称。还有许多留学生不会将毕业论文的题目、摘要等翻译成中文,需要中国老师和同学的帮助。S同学曾帮他们翻译过论文题目,"他们的中文很差,不能将自己的论文题目流畅地翻译成中文,我还教过他们如何写那些文章"。

不只是中文,他们用以学习的英文水平也存在问题。笔者在跟某院校老师访谈时,也获得反映说,有的留学生交上来的作业会存在很低级的错误,比如,有很明显的语法、词汇等错误。L认为,"语言是一个很大很大的问题,有些留学生不是来自纯英语的国家,对他们来说英语也是个外语,口语有口音,语法表达也存在一些问题。不知道是他们无意识的还是他们真的能力就到那里了。所以,现在他们的毕业论文,老师们给他们改了几稿之后,还有后面的外审,老师们都说涉及这些问题,比如,语法错误、拼写错误,可能他们也已经尽力了。他们的语法结构可能还没有中国学生好,毕竟中国学生比较注重语法。"W表示这很正常,"前两天来了一批新的留学生,有的我跟他用英语交流的时候,明显感觉到他们好像什么都听不懂。但是他们来了以后,就算英语不太好,经过几个月的学习,英语也会突飞猛进,但在写作上还是有些缺陷的。让他写论文,他可能能把意思表达清楚,但是写得不一定多么好。他们的论文写作都是用英文来完成的,英语学不好的话,很多学术上的东西他就表达不出来,最后形成的论文可能也没有那么学术化,学术性不是很强,但是,一般也让他们通过了。"

(三) 较为完善的教学管理与服务

招收国际学生的中国高校都会设有管理国际学生相关事务的办公室,统筹负责全校来华留学管理事务,包括招生、外事管理(签证、居留)、社会管理以及奖学金工作等事项。具体承担国际学生教学培养与管理的学院也安排有1~2名专门人员负责协助解决他们在学习与日常生活中遇到的问题。笔者在向某大学负责留学研究生事务的W了解非洲留学生的学术适应情况时,他直言道:"实际上是我们在适应他们。我们这儿没有中文项目的留学生,全是英文项目的。我们都是更多地去适应他们,给他们提供一些服务,像我们的教学系统没有英文的,就得助管帮助他们,去给他注册、选课什么的。"

参与观察片段:

2019年6月19日下午,穆勒德和他班级的同学集体到其所在学院找L(外事秘书)提交学位论文,笔者也跟随前往,并在办公室帮了两个多小时的忙。穆勒德所在的班级有6位坦桑尼亚留学生、1位西非某国留学生、1位老挝留学生、1位巴基斯坦留学生。他们需要在研究生管理系统和图书馆系统上传毕业学位论文，而这些系统都是中文的，这些留学生不懂中文，需要我们来帮助填写相关信息，手把手地提醒他们每一部分要填什么信息。还有一个留学生助教在协助他们，她也是留学生，但是汉语很好。这些留学生所上传的学位论文信息是全英文的，包括题目、摘要、关键词等，没有相应的中文翻译，虽然系统有要求这几项填写中文，但他们也是以英文填进去的。

来华留学生管理人员不只是在教学管理方面提供服务，在对留学生的生活上也是尽可能地照顾。T老师讲道："以前我在××大学的时候，有一个英文项目，期限是两年时间。班里有个班主任，负责什么呢？比如，有留学生病了，带着他们去看病，校医院的医生是不会讲英文的，所以班主任就帮他们看病，在他们和医生之间解释沟通，外面有学生酗酒被警察抓住了，班主任也得管，好多都是这类事情。很多很麻烦的事情，包括签证问题，学校这边是出了很多资源去帮他们适应的。"针对来华留学生配置的教学助理对他们在华的学术适应起到了重要作用。楚玛是SF大学新来的坦桑尼亚硕士新生，刚来中国的他很少有中国朋友，其中一个是他们外国留学生课程的教学助理，"她是中国学生，很友好，有时候我们会见面，彼此学习交流，我从她那里学习新文化、新事物，她从我这里学习关于非洲的事情，我们会在每周二和周日见面，一周两次。"

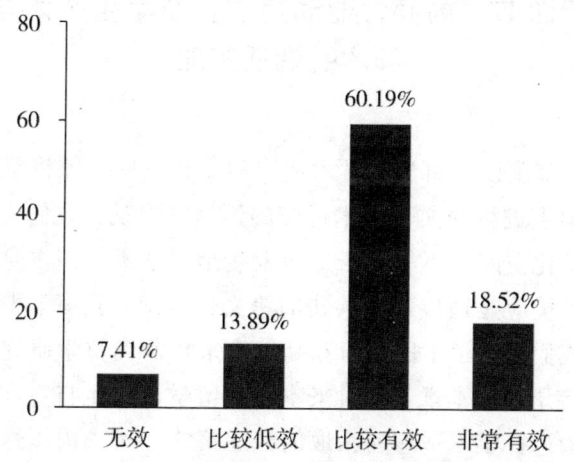

图5-19 中国学校对国际学生所遇困难解决的有效程度

针对来华留学生的管理和服务，有的院系配置了外事秘书，有的院系配置了班主任，有的则是教学助理或学生助理，虽然岗位名称有差异，但其工作内容大体相同，都是为来华留学生进行管理和服务，协助解决他们在日常学习和生活中遇到的各种具体问题。从图5-19中可见，有78.71%的样本认为所在学校对其困难做出了有效解决，这说明中国高校为来华非洲留学研究生提供了较为有效的管理与服务。而学术适应与中国高校对国际留学生困难的处理是否有效之间有着显著的正相关关系，如表5-14所示。

表5-14　高校解决国际学生困难的有效程度与学术适应的相关矩阵

		学术适应
中国高校解决国际学生困难的有效程度	相关系数	0.348**
	p 值	0.000

*$p<0.05$，**$p<0.01$

由上可知，较为宽松的来华留学生教育政策、良好的物质经济支持和相对独立的教学培养与管理等保护性逆向适应举措在一定程度上消解了来华非洲留学研究生在理论上应当面临的学术适应困难与挑战。来华非洲留学研究生依靠其自身学习和发展潜力所换取的政策性支持资源，即中国政府和高校给予的经济资本和文化资本形式以及营造的良好学习生活场域为他们在中国的学术适应提供了有效支持。

第四节　内倾性能动适应：留学生个体与群体的调适策略

现有研究大都预设了留学生学术适应的文化空间，即将留学目的国社会及高校视为留学生进行跨文化学术适应的语境。但是，我们应当看到，留学生学术适应的文化空间并不等同于适应发生地，学术适应本身是一个相互的过程，适应的语境应是适应双方共建的跨文化空间，具有非既定性。从上一章节的分析中我们探讨了中国政府和高校为来华非洲留学研究生构建的"保护性"学术适应语境，本章节将对来华非洲留学研究生自身在时空和文化的结构性条件下为进行学术适应所采取的调适策略，即"内倾性能动适应"进行探讨。本研究在使用这一概念时，指的是留学生在留学国与母国之间的游离状态下，无法真正适应和融入留学世界，从而诉诸个体内在的自我能动力以及在内群体之中不断扩展的各种社会关系和网络，并从中获取社会支持，满足情感需求。

一、留学生个体能动力的积极发挥

来华非洲留学研究生在中国的学术适应离不开他们个人的积极努力。虽然想来中国留学的非洲学生很多,但是由于奖学金申请及考核等原因,最后能来中国学习的很少。非洲留学研究生申请来中国留学的程序非常复杂,申请护照也很慢,要3个多月,还有其他各种程序及费用。而且,在非洲很多国家高等学校的教授很少,也都很忙,两封教授推荐信并不容易获取。这些非洲青年有着自己的梦想和奋斗目标,同时也承载着家族和国家的期望,所以他们大部分人都很珍视来华学习的机会,努力学习。

非洲留学研究生所来自的国家相对贫穷和落后,他们看到了中国的发展和成功,想要了解中国并学习一些知识和经验,以期改变自己的国家。"我需要在中国学一些东西带到我的国家,使我的国家得到一些改变。"对某些学科专业的人来说,中国的学术和研究环境为其提供了便利。众所周知,中国的基建能力和水平世界领先,JT大学土木工程专业的硕士研究生马克描述,"坦桑尼亚的基础设施建设很差,很多路很窄,只能通行一辆车,如果对面来一辆车经常相撞发生车祸,他们没钱修路,而且高楼也很少,基本都是矮房子,也没有高架桥"。马克的室友查尔斯夸赞中国很发达也很漂亮,"全世界总共有4200千米的高速铁路,中国就有3100千米,比美国、欧洲、加拿大都要长得多。我去过中国的天津、上海、厦门、广州、沈阳等地,都非常漂亮,我很喜欢中国。China is everything.这里(中国)什么都有,在坦桑尼亚则会错过很多东西"。查尔斯表示,在中国学习期间其专业能力提升了很多,因为在中国到处都能看到各式建筑,这种直观感受有助于专业的学习和思考。在SF大学教育学专业就读的博士研究生吉米在他所修的课程中学到了很多东西,不仅在课程上,还有在与来自其他国家留学生的交流上,从老师和同学那里,都学习到了新的观点。吉米表示,"通过在中国的学习,我在专业能力上提升很大,获得了很多新的、有用的信息,并把它们带给自己的国家,帮助我的国家的教育发展。"吉米在第一学期的课堂上学到了很多在坦桑尼亚没有的新东西,在教育领域的新思想、新方法,他把这些思想分享给了他国内所在大学的同事,他们很喜欢,并且开始贯彻实施。在ZF大学国际法专业就读的博士研究生库瓦也表示在中国学到了很多东西,而且正在继续学习、了解中国。"我喜欢做一些研究,对于博士生来说,你需要很多做研究的训练,我提升了很多,我现在能够去理解中国的法律体系,事实如何真正地诉诸法律等,我获得了很大的提高。"库瓦想在中国找一个研究非洲的机构工作,继续做关于中国和非洲的研究,他关注了湘潭大学非洲研究所和澳门大学非洲研究所,还有北京大学非洲研究中心,中国的这些研究机构为库瓦提供了便利。

研究生阶段的学习与本科阶段是有很大不同的,在研究生阶段除了要完成课程学习和考核,还要完成一定量的研究,学业任务相比本科生要繁重。库瓦知道有很多在中国留学的本科生,"大部分本科生不会认真学习,你不会见到他们,他们会出去喝酒、参加俱乐部,他们来自富裕的家庭,自己支付费用,他们会花很多时间来放松,所以他们非常了解中国。研究生们则需要刻苦学习,而且这具体也要看学校和专业,一些学校要求非常严格,比如,ZF 大学的法律专业、SF 大学的教育专业等"。

库瓦作为 ZF 大学国际法专业的博士研究生,学习、科研任务繁重,2019 年的整个暑假他都在学校写毕业论文,其他大部分时间也都很忙,他不经常跟来自坦桑尼亚的朋友联系,对很多同学都很陌生,没有跟他们一起出去过,即使是与他在同一所学校的同学。"这所大学的学生都太忙了,非常非常忙,很难在房间里见到他们,大家都想赶快做出一个好的研究来,所以很忙。这所学校与其他的学校不同,你不会在学校里发现俱乐部,这就是为什么大部分国际留学生不知道中国政法大学,因为他们不会遇见这所学校的学生,这里的学生不会出去跳舞、喝酒、唱歌,这所学校非常特殊,他们一般没什么朋友,需要努力学习。"库瓦表示,有时候发现了关于研究非洲与中国的、很好的文献,会把它读完才去休息,这样就不会失去联结,有时到凌晨四五点钟才睡觉。

文森特是 SJ 大学国际贸易专业的博士研究生,根据其所在学校制定的学习时间表,他们有一年半的时间用来课程学习,一年半的时间进行论文写作。在博士一年级和博士二年级上学期他们完成课程的学习,在博士二年级下学期的 3 月份要完成开题,在博士三年级要完成毕业论文写作,所以文森特表示他们的课业学习也很忙。弗兰斯现在是 JT 大学计算机专业的博士研究生,硕士阶段是在 LG 大学就读的(2 年),博士阶段需要读 4 年,他现在博士一年级。"课程学习又累又忙,每天都有课,玩的时间太少了。"他表示,"课程学习不存在什么困难,但是博士阶段需要发表 3 篇论文(他在硕士阶段发表过 1 篇论文),这并不容易,需要努力去完成。"

不仅是博士研究生,硕士研究生在华留学时也很努力。非洲留学生在中国拿到学位,回国后工资待遇会有所提高,尤其是在中国公司工作的人,这种前景也在激励着他们努力学习专业知识和汉语。比如,马克在坦桑尼亚是土木工程师,在京坦桑尼亚留学生中只有十人是土木工程师,如果马克回到坦桑尼亚会有更多机会找到很好的工作。他之前在建筑部的某办公室工作,做建筑代理,每个月 2000 元工资，他嫌太少，这次毕业回国后马克将会与办公室谈判，如果工资不涨到 6000 元，他就会去中国公司。在坦桑尼亚有很多中国公司，中国公司可以给他 7000 元，但是在中国公司不稳定，不能保证可以长期工作下去。在办公室可以长期工作，但是工资太低。马克的父亲鼓励他在中国学好汉语，并推荐他去中国公司工作。马克在第一学年学习了汉语和专业课程，各门课程都考试合格，第二年又自主用一学期时间专门学习了汉语，每天从 8 点到 12 点，从未缺课，期末时"初级汉语（二）"考了 80 分，下学期回国实习，直到 2019 年 3 月份才回来。马克本想继续学习汉语，但由于汉语辅导班开始收费，需要交 1000 元，他就没有报名继续学习，遂用两个月时间专门把毕业论文写完，并于 2019 年 6 月通过答辩顺利毕业。

在调查期间，笔者时常到这些非洲留学生的宿舍做客，他们有时会忙于完成课程作业，有时正在准备即将向导师汇报的材料，有时在修改自己的论文。有一次，克豪卡正在宿舍做作业，为明天的上课做准备。"每门课每周或每两周都会有作业，每个题目讲完就会有作业。作业不是很难，学习一些书就知道怎么做了。每个人都会完成作业，如果有人不去完成，老师会扣掉他期末的作业成绩分数，作业是最终成绩的一部分，占 40%，期末考试成绩占 60%，所以为了最终成绩的及格每个人都必须做作业。挂科的人必须重修。"正如某位给这些留学生授课的中国老师所说的，"他们的思维逻辑方式等很难改变，达不到一个比较高的水准，这都可以理解。但整体上他们的学习态度还是比较认真的，学习积极性还是可以的，挺努力的"。

有论文发表要求的部分非洲留学研究生，为了顺利毕业，也很努力地去达到要求。LG 大学计算机专业的硕士生艾瑞克说道："我们这里硕士学制 2 年，博士 4 年，但也可能会延长 2 年。如果表现好，发表了论文，导师会觉得这个小伙子干得不错，发表了不错的论文，可以毕业了。有些人很聪明，在第三年就发表了论文，达到了毕业要求，导师会说你在第四年完成博士毕业论文就可以毕业了。发表论文需要 1 年或 2 年，如果没有达到毕业要求就很糟糕。如果你表现不好，你就要向表现好的人学习。"他表示，"对非洲留学生来说，发表论文很难。如果学生来到这里善于发表文章就会按时毕业，甚至有些人很幸运，导师会允许他提前毕业，但是，3 年就能毕业的很少，大部分需要 4 年。博士需要在顶级期刊上发表 1 篇或在二等期刊上发表 2 篇论文，对博士生来说这非常困难，尤其是在北京理工大学，他们的标准很高。硕士不需要发表论文，但是能发表最好，这样有助于申请博士，他们会觉得这个小伙子知道如何写作并发表论文，就会倾向于要你。所以，如果你在硕士阶段发表了论文，申请博士就会很容易，但是发表论文很难。4年内拿到博士学位非常困难，如果博士没有发表论文将不能毕业。在低等级期刊发表文章很容易，但在高等级期刊不容易，要求很高，很难发表。"在调查中，笔者了解到，这些来华非洲留学研究生绝大部分都顺利毕业了，而且有很多在中国读完硕士后又接着申请博士学位的留学生，由此可见他们为了达到学校的毕业要求和谋求更好的个人发展所付出的努力。

在来华非洲留学研究生中有少数人没有获得中国政府奖学金，他们是自费来华留学的，为了减轻学业压力，他们要更为努力地学习以争取获得其他奖学金。贝克夫妇都是来了之后申请的学校奖学金，第1年没有，是他们自费的，本科学费3万、硕士4万，拿出这笔钱对他们来说很艰难，在第2年和第3年他们都申请到了一等奖学金，所以压力小一些。"50%的人可以得到奖学金，奖学金分为三个等级，一等可以免掉全部学费，二等可以免掉80%的学费，三等可以免掉50%的学费。学校奖学金一年评一次，但是分月发放，每月2000或3000。"为了获得奖学金，他们必须努力学习，表现优秀，平均成绩越好，付的学费越低。另外，由于贝克不是博士，不能申请夫妻住房，他们在学校不能住在一个宿舍，所以他们在校外租房住，为了降低租房压力，贝克找了一份英语家教兼职。

虽然整体上他们在中国的学习不是很难，但也是需要努力的。库瓦表示他的导师会帮助他进行论文写作，但是并不经常，因为中国的导师太忙了，有时候他需要孤军奋战，自己进行研究，为发表论文而奋斗。库瓦的学制是4年，还有1年毕业，他的毕业论文已经完成了大部分章节的写作，大约120000字，还有最后一章就完成了，现在在试着发表两篇期刊论文。正如库瓦所说，论文难不难发表要看期刊，如果想要在一个很好的期刊上发表，那么是很困难的。库瓦在毕业前需要发表两篇论文，并且是在很好的期刊上发表才行，他表示这很不容易，因为ZF大学在中国法律学界是很好的大学之一，要求很严格，所以他们需要做得很好，如果最后没有发表论文，他们就毕不了业。但是，库瓦表示很少有因为论文发表问题而毕不了业的，他们大部分都毕业了。SJ大学国际贸易专业的博士研究生文森特说道："当你在学校的时候，你不能说那是容易的，你必须去研究去调查，如果你不努力就不容易，如果你努力就不用担心。"文森特的回答比较中允，困难是相对的，不是绝对的，这与个人的努力程度密切相关。正如弗兰斯所说："非常努力的学生在课程学习上差不多是一样的。"但是，努力与学业成就之间的关系很难用量化的数据去描述，我们可以从他们具体的客观表现和主观感知中去分析，他们大都表示学到了很多东西，基本也都顺利毕业了。

当然也存在个别在学习上不太努力的留学生，有少数几个延期毕业的。比如，马克的室友查尔斯，他是延期了一个多月才通过了毕业论文答辩，然后毕业回国的。究其原因，固然有导师因素的影响，不同的导师给予留学研究生的支持和帮助是不同的，有的导师对学生的研究指导很多，有的则较少。有一次，笔者在微信上询问查尔斯对导师的评价，是否在学习尤其是毕业方面帮助了他很多，他回答说事实上并不是，导师对他的帮助不多，主要靠自己独立完成，这使得研究很困难，就像一个幼儿在水洼中走路容易滑倒，小孩在无助的时候需要大人的帮扶。但更重要的是个人原因，研究生阶段的学习，主要还是要靠自己努力。马克和查尔斯所在的土木工程专业是3年制，第1年上课，第2年和第3年完成实习和毕业论文的写作，马克是在坦桑尼亚实习的，返校后用了两个月时间把论文写出来，顺利通过了答辩。而查尔斯一直在学校，有很多时间，却没有写好毕业论文。据马克所知，或许是他花费太多时间和精力去谈恋爱，以至于影响了学业。

二、内群体组织的有效社会支持

一个最早的群体互动原则是由威廉·格雷厄姆·萨姆纳（William Graham Sumner）总结提出的，他创造了内群体（ingroups，即他所属的群体）和外群体（outgroups，即他所不属于的群体）这两个词语来分别描述成员对自己群体以及对别的群体的感受。一般来说，群体成员对于他们的内群体都有特别的感觉，他们用怀疑的眼光看待别的群体，或者说是外群体，认为外群体不如内群体重要。[1]这个由相互熟悉的人组成的内群体组织是一个拥有某种持久性的关系网络，它赋予了关系网络中的每个成员一种集体拥有的资本，即社会资本。[2]来华非洲留学研究生就在中国自发形成了规模范围大小不等的内群体层级组织（如图5-20所示），这些内群体组织作为他们的主要社会资本形式在其学术适应过程中发挥了重要作用。

---

[1] 戴维·波普诺. 社会学[M]. 李强，等，译. 11版. 北京：中国人民大学出版社，2007：206.

[2] 杨善华，谢立中. 西方社会学理论：下卷：普通高等教育"十五"国家级规划教材：21世纪社会学系列教材[M]. 北京：北京大学出版社，2006：171.

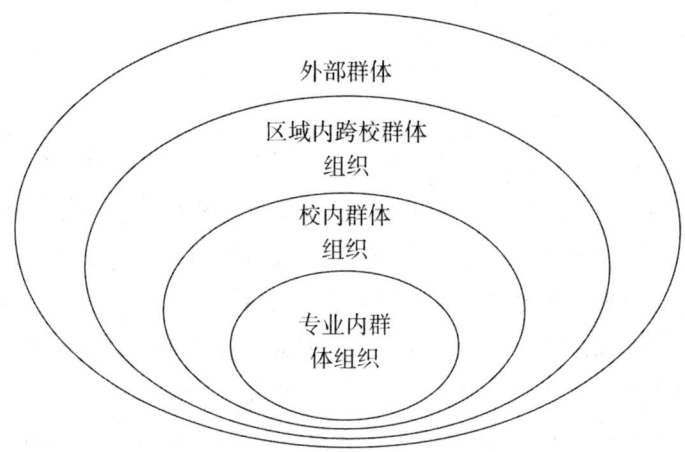

图 5-20　来华非洲留学研究生内群体层级组织

(一) 区域内留学生跨校学生会组织

非洲留学生在华留学期间通常会以来源国家或地区为单位形成不同范围内的内群体组织。例如，为了加强坦桑尼亚学生之间的联系，保持同胞手足关系，在京坦桑尼亚学生成立了坦桑尼亚北京学生会 (Tanzania Student Union in Beijing - TZSUB)，并且得到了坦桑尼亚驻华大使馆的帮助。在中国，除了北京，其他地区的高校中也有很多坦桑尼亚留学生，在坦桑尼亚留学生较为集中的城市也会有坦桑尼亚学生会组织。在调研中笔者了解到，在武汉也有一些坦桑尼亚留学生，他们组织了坦桑尼亚武汉学生会，与坦桑尼亚北京学生会相似。这些区域内的学生会有着完善的组织结构，并发挥着积极而重要的功能，为其组织成员在中国进行学术适应提供了有效支持。

1. 坦桑尼亚北京学生会的组织结构

坦桑尼亚北京学生会一开始是由坦桑尼亚驻华大使馆牵头组织起来的，因为每个坦桑尼亚学生来到中国之后都要向大使馆报到，所以他们知道谁在北京就读，第二年大使馆会把这些老生们的联系方式给新生，以便互相帮助，这样坦桑尼亚学生之间就很容易建立起联系。随着来京坦桑尼亚学生数量的增多，坦桑尼亚北京学生会于2012年成立，最初成员有36人，目前所有在北京的坦桑尼亚学生都是成员，有250名左右①，其中硕士生和博士生大约120个，并建立有微信群。由于每年都会有人毕业，同时又有新生来报到，该群会把毕业生请

---

① 由于我国高校每年接收坦桑尼亚留学生的人数及其毕业人数不同，该组织每年总人数都会有所变化。

出去,把新生请进来。该学生会组织的领导由他们内部选举产生,每年会进行一次换届选举,通过选举产生 5 个主要领导,即主席、副主席、秘书、副秘书和财务会计。坦桑尼亚北京学生会组织结构完善,下设有 6 个具体分管不同事务的委员会,分别是管理委员会、财务委员会、教育委员会、社交委员会、运动委员会和纪律委员会(如图 5-21 所示)。每个委员会都有相应的工作职责。管理委员会主要负责学生会成员组织事宜,统计在京各高校的坦桑尼亚学生人数及具体情况,还有联系大使馆等事项;财务委员会主要负责学生会的运作经费管理;教育委员会主要负责督促大家努力学习;社交委员会主要负责组织聚会活动事宜;运动委员会主要负责组织足球等运动的训练和赛事;纪律委员会主要负责学生会内部成员之间的矛盾调解。该学生会组织还制定有相应的规章制度(law and discipline)以约束其成员行为。

2. 坦桑尼亚北京学生会的功能

坦桑尼亚北京学生会组织发挥着积极而重要的功能,满足了来华坦桑尼亚留学生诸多工具性和表意的需要。该学生会能够加强对在京坦桑尼亚留学生的组织并对其成员负有一定的义务,比如,在留学生个人遇到特殊困难时会得到学生会的帮助。在一些重要的节日,学生们也会组织传统舞蹈和其他表演活动来庆祝节日,该学生会能够有效地组织这些聚会活动,同时,在这些聚会活动中大家也分享信息、讨论问题。在坦桑尼亚留学生中有众多足球爱好者,该学生会能够有效地组织各种足球运动和赛事。该学生会还为学生与坦桑尼亚政府部门及政府人员进行沟通创造了机会,他们可以迎接坦桑尼亚来华的政府官员,为其来华访问提供志愿服务,也能够为坦桑尼亚政府遇到的问题建言献策。

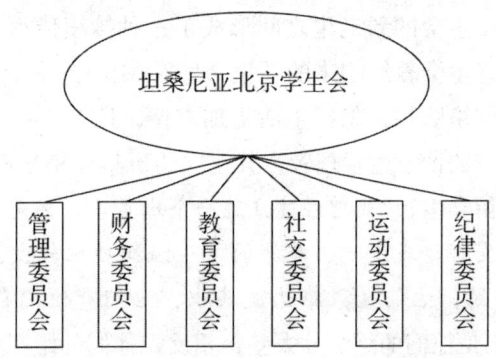

图 5-21 坦桑尼亚北京学生会组织架构

坦桑尼亚北京学生会的核心职责是尽可能满足坦桑尼亚学生的需要,该学生会组织内的成员会相互帮助解决一些在华学习生活中遇到的问题。由于学生远离家乡，学生组织可以帮助坦桑尼亚学生互相团结起来解决困难，在学生成员发生疾病、亲人去世及遭遇其他事故时提供支持。有时候留学生在中国会遇到一些个人无法解决的困难，比如，医疗困难，这是很多在华留学生普遍遇到的问题。来华留学生作为短期在华居住的外籍人口，他们的医疗保障没有被纳入中国政府的医疗体系之中，而是通过中国保险公司购买健康保险。侯赛因表示，"我们必须自己购买医疗保险，当我们生病的时候，我们自己先付钱，全额，然后再去报销，非常昂贵，去医院看医生就要先花5000元，你是中国人，你们去医院看病很便宜，我们不是中国人，当我们去医院的时候我们是不一样的，我们的医疗保险报销比例很低，这点不好。而且，要保持身体健康并不容易"。徐姚也说："如果你生病了，需要花很多钱，虽然有保险，但是你必须先自己支付，如果你支付不起，就只能等死，如果你没有钱，你什么都做不了，这是最大的问题。"对某些坦桑尼亚留学生来说，中国医疗服务费用很昂贵，当有人突发疾病时，学生会的成员们会提供帮助，有学生生病住院3天及以上，会得到2000元的医疗资助，这样就不会因为没有足够的钱看病而困扰。有学生的亲人去世需要回国参加葬礼时，会得到3000元的机票资助。在调研中笔者了解到，2019年海南有一位坦桑尼亚的留学生意外去世了，年仅32岁，他在坦桑尼亚还有一个3岁的孩子，为此，坦桑尼亚北京学生会发起了募捐，大家在微信群里面自愿捐款。"有人去世这种事情不会经常发生，但是会发生，你必须把他送回家，这就需要大家筹集一些钱来帮助他，把他送到广州，再送回国去。大家50元、100元地捐钱。在中国大约有600个坦桑尼亚留学生，在每个省都有联合会，大家会互相帮助，人越多就会越好。"文森特说。

坦桑尼亚北京学生会的新老生之间形成了一种接续传承。例如，已经在中国留学了一两年的老生会教给刚来的新生一些在中国学习生活的技巧和注意事项，包括怎么进行网络购物，怎样生活更加方便，还有一些需要注意遵守的规则等。这让中国高校的留学生管理者为其建立的班集体稍显逊色，在W负责的班级中主要是非洲留学生，"我曾经建立过一个班集体，但是现在他们班集体的作用基本上还没有发挥。我发现，非洲的学生组织性比较差，本来依靠班级组织很容易解决的问题，他们也很难达成共识，他们有他们自己的行为处事风格"。实际上，并不是他们的组织性太差，相反，他们的组织性很好，只是他们对于由自己建立起来的内群体组织更加有归属感和责任感。他们在异文化的外部群体中可能获得的更多的是否定性的自我形象，每个人都渴望能够在内群体中找到优点，获得肯定性的自我形象，因为在这个场域结构中他们有着类似的行为倾向，可以满足人们对肯定性自我形象的需要①，获得类似的自我形象对跨文化行动者来说极为重要。

3. 坦桑尼亚北京学生会的活动

坦桑尼亚北京学生会每年都会举行会议和庆祝活动，其中有三次大型聚会，即开学迎新活动、换届选举会议和毕业欢送活动，此外还有很多小型聚会，如各种节日欢庆活动、足球俱乐部活动等。组织经费主要来自学生会的会费以及成员们的众筹，该组织中的每位成员每年需要缴纳350元会费（最初为150元），由财务委员会负责管理，有时坦桑尼亚驻华使馆会提供资金和场所支持。

参与观察片段一：

2019年10月12日晚，坦桑尼亚北京学生会在三里屯大使馆附近北小街2号的印度餐厅举行了迎新活动。他们一般都是挑选穆斯林餐厅聚会就餐，因为他们中有一部分人是穆斯林。应迈克邀请，笔者也前去参加了这次聚会活动。在餐厅门口有专门负责统计前来参加聚会人员情况的社交委员会人员，他们会向每人收取100元，用作餐饮费用。在开餐之前，坦桑尼亚北京学生会的领导讲话，主要使用的是斯瓦希里语，由于笔者听不懂，坦桑尼亚朋友布勒为笔者翻译了一些，大致内容是欢迎新生，给出一些在中国学习和生活的建议等，此外，还有来自其他国家的友人发言。之后大家一起合影，由于来的人较多，场地空间有限，大家是分批次与学生会领导合影的。这次聚会也邀请了不少来自非洲其他国家的朋友，还有三四个中国人，他们都对新生的到来表示欢迎。欢迎仪式之后大家开始用餐，他们提供的饮食是坦桑尼亚风格的，咖喱风味，有鸡肉、牛肉、炸鱼、炒米饭、薄饼、沙拉、可乐、雪碧、矿泉水、红酒、啤酒等。布勒表示，并不是全部的坦桑尼亚留学生都来参加了这次聚会，有一部分人没有来。这次聚会，坦桑尼亚大使馆提供了资金支持。大家吃完饭以后，把一部分餐桌撤掉，腾出一块空地，准备跳舞。据鲁布瓦介绍，他们跳的这种非洲舞是把非洲多个国家的舞蹈和音乐结合在一起的，非洲内部之间的多元文化相融得很好。餐厅的穆斯林服务员被他们的热情所感染，也为大家展示了一段舞蹈，他们的舞蹈风格明显不同。笔者也参与其中尝试学习他们的舞蹈动作，大家陷入了一种集体欢腾的状态中，笔者好像看到了涂尔干在《宗教生活的基本形式》中描述的场景。在震耳欲聋的音乐声中，舞池中的人们发出阵阵欢呼。不过，也有几个人静静地坐在座位上没有参与进来，只是围观。晚上11点，笔

---

① 戴维·波普诺. 社会学［M］. 李强，等，译. 11版. 北京：中国人民大学出版社，2007：206.

者与坦桑尼亚朋友鲁布瓦一起离开了,其他人还正在兴头上没有要结束的意思,要继续狂欢到深夜,大家在集体欢腾中忘记了时间。

参与观察片段二:

2019年11月1日晚,坦桑尼亚北京学生会在五道口西部马华餐厅举行了为足球队庆祝的聚会。随着天气转冷,留学生们的足球赛季也即将结束,他们在这个赛季取得了不错的成绩,在以往的比赛中赢了四场输了两场。北京理工大学的Kihombo博士是该足球队的教练,他邀请笔者参加了坦桑尼亚足球队的庆祝聚会。参加此次聚会的预计有70人左右,原定日程安排是在7点开始(如图5-22所示),但实际拖延了近1个小时,大家都姗姗来迟。8点左右现场音乐响起,聚会气氛渐浓……

18:00—19:00 大家到场
19:00—19:05 开场
19:05—19:15 诗歌朗诵
19:15—19:20 祝安辞
19:20—19:30 颁发奖章
19:30—19:45 趣味游戏
19:45—20:00 答谢词
20:00—21:00 晚餐
21:00—00:00 音乐舞蹈

图5-22 聚会活动安排表

由于时间调整,空间有限,聚会日程安排也有所变化。在晚餐开始前学生会主席侯赛因讲话,介绍并欢迎来场嘉宾。然后是一位在北大就读的留学生献唱坦桑尼亚传统诗歌,用的是斯瓦希里语,他们自己听得很深情,但笔者却完全听不懂,不能融入他们的情感世界。此时笔者处于一种既在场又缺场的状态,虽然身处他们之中,却不懂他们的文化,不能对其感同身受。晚餐开始后,大家开始用餐,并相互敬酒问候交流……晚餐结束后,他们让服务员把餐具收走,中间的桌子移开,空出一点空地,开始了颁奖和游戏环节。侯赛因为一位美国友人和其他几个人赠送球衣,并合影留念。在游戏环节,抽到数字签的人向大家讲述在中国遇到的囧事,娱乐气氛渐浓。之后便开始了音乐舞蹈环节,大家又陷入了集体欢腾之中……笔者询问服务员这个包间他们预订了多长时间,他说:"一般外国人来这里聚餐,几乎是没有时间点的,但是我们也不敢让他们往后玩,之前就有发生过,因为扰民,被楼上物业、旁边宾馆投诉之类的事情,所以我们会给订包间者规定时间,时限是晚上12点。"有时候参加聚会的人很多,难免发生一些矛盾。这时,文森特作为坦桑尼亚北京学生会纪律委员会的负责人，会出面进行制止，调解矛盾双方的冲突，让他们和解，"我们的职责就是使他们所有人和睦相处"。

参与观察片段三：

坦桑尼亚人喜欢聚在一起，不管是娱乐，还是运动。他们非常喜爱足球，在北京学习的坦桑尼亚留学生会经常聚在一起踢足球。由于坦桑尼亚北京学生会这个组织的存在，他们很容易就建立起一支坦桑尼亚留学生足球队，并组织日常训练和相关赛事活动，具体事宜由该学生会运动委员会负责。据迈克介绍，坦桑尼亚留学生的球队有教练、队长和球员等大约 26 人，大家都愿意为球队踢球或当啦啦队员在场边加油助威。这支球队会经常在北京各大高校参与比赛，多在夏秋季节，冬春季节由于天气寒冷会休赛。在赛季，球队每周五都会进行训练，通常是在北京理工大学的足球场上，这个足球场很大，场地多且开阔。有一次，迈克邀请笔者去参观他们球队的足球训练，在那里笔者可以认识很多坦桑尼亚留学生。他们收拾好踢球用的衣服、鞋子之后带上足球出发。这次去进行足球训练的都是坦桑尼亚留学生，有 20 多人，有球员也有啦啦队员，分别在北京的不同高校学习。LG 大学足球场离他们很近，他们打算一起坐公交车过去，他们对路线很熟悉。我们来到足球场时，其他大部分队员已经赶到，正在场边坐着等待空闲的足球场地。他们先在场边换好衣服，然后拿出辅助用具做热身运动。大家还一起进行了合照，先是全体合影照，然后是队员们与印有坦桑尼亚"塞卢斯禁猎区"标志的球衣合照。拍完照后，球场另一侧正好有一支球队训练完离场了，他们紧接着便过去那边开始进行训练。正式足球比赛一般是在周末，运动委员会的负责人会联系北京各高校的外国留学生，计划组织比赛。他们通常是与来自南部非洲发展共同体①（Southern African Development Community，SADC）国家的留学生进行友谊比赛。2019 年，来自这些国家的留学生足球爱好者一起在北京组织了"2019 年北京南共体锦标赛"，并设置了详细的比赛日程。

坦桑尼亚北京学生会除了组织各类聚会和运动，还会参与到政府或民间的

---

① 南部非洲发展共同体（Southern African Development Community，SADC），简称南共体，其前身是 1980 年成立的南部非洲发展协调会议。1992 年 8 月 17 日，南部非洲发展协调会议成员国首脑在纳米比亚首都温得和克举行会议，签署了有关建立南部非洲发展共同体的条约、宣言和议定书，决定改南部非洲发展协调会议为南部非洲发展共同体，朝着地区经济一体化方向前进。截至 2019 年 1 月，共有组织成员 16 个：南非、安哥拉、博茨瓦纳、津巴布韦、莱索托、马拉维、莫桑比克、纳米比亚、斯威士兰、坦桑尼亚、赞比亚、毛里求斯、刚果（金）、塞舌尔、马达加斯加、科摩罗。成员国总面积为 987 万平方千米，约占全非面积的 33%；总人口 2.8 亿，约占全非人口的 27%。

外交事业中去。2019年，是中坦建交55周年，这年的10月14日是尼雷尔①总统逝世20周年纪念日。在这个重大时间，由北京大学非洲研究中心主办的民间外交活动——"尼雷尔日在中国"在北京大学英杰交流中心举行。出席本次活动的有坦桑尼亚前总理、尼雷尔基金会副主任、10位坦桑尼亚政府代表团成员、坦桑尼亚媒体代表、学者、驻华使馆代表，另有来自非盟20多个国家的24位外交官代表以及中国政府部门代表。坦桑尼亚北京学生会的一些人也前来参与交流，并志愿做了一些会务服务工作。他们的积极参与让中坦、中非友谊不断焕发出青春活力，为建设紧密的中非命运共同体做出贡献，使其自身价值得以彰显，更加激发了他们学有所成、回国报效的信念和动力。

（二）各校留学生群体组织

在北京范围内，坦桑尼亚留学生群体由坦桑尼亚北京学生会组织起来，在各高校范围内，又形成了小规模的次级群体。例如，LG大学坦桑尼亚学生群、JT大学坦桑尼亚学生群、SF大学坦桑尼亚学生群、DJ大学坦桑尼亚学生群、SJ大学坦桑尼亚学生群等。甚至在招收坦桑尼亚留学生较多的学校，在不同学科专业中又形成了规模更小的群体。这些分布在不同高校、不同专业的小群体在日常的学习、生活中相互联系得更加密切，营造出一个个可以延续其原有行为倾向系统的学习和生活场域。

笔者在调查中了解到，在JT大学留学的坦桑尼亚研究生有10人左右，他们本科时大都就读于坦桑尼亚国内的同一所学校，他们经过相互介绍申请来到JT大学留学。北京师范大学的坦桑尼亚留学生情况与此类似，是经过同学老乡，或同一职业圈相互推荐介绍，一起抱团申请来华留学的。据SF大学法学院外事秘书L介绍，该院几个坦桑尼亚留学生大都是口碑介绍过来的。"那年我们招收了两个坦桑尼亚的留学生，后来他们又向其他认识的人介绍我们的项目，反馈挺好的，第二年，这些朋友向我们报名，然后我们挑选一些好的录取了，辐射的影响越来越大，现在（生源）就是停留在桑给巴尔地区法律圈的人士，法官、律师、公职人员这些。"在SF大学教育专业学习的坦桑尼亚留学生也大都有同

---

① 朱利叶斯·坎巴拉吉·尼雷尔（Julius Kambarage Nyerere，1922年4月13日—1999年10月14日）是坦桑尼亚政治家、外交家、教育家、文学家、翻译家、国务活动家，坦桑尼亚联合共和国和坦桑尼亚革命党的缔造者，也是坦桑尼亚建国后的第一任总统，尼雷尔是非洲民族解放运动的伟大领袖和非洲社会主义尝试的代表人物之一，在坦桑国内享有崇高威望，被尊称为"国父"和"导师"，退休后仍在坦桑政坛发挥举足轻重的作用，在国际社会特别是非洲大陆也具有重要影响。尼雷尔长期致力于促进南南合作与南北对话。

事或师生关系，比如，吉米是坦桑尼亚某高校的教师，他是与他的几位同事一起申请来华留学的，次年他又介绍了他本科毕业的学生们申请来这里留学。这样他们就很容易地凝聚在一起，形成一种守望相助的内群体关系。

在JT大学，马克及其同学们在日常的学习生活中相互帮助，形成了一个良好的内群体网络。在生活中，住在同一个公寓内的坦桑尼亚留学生会经常互动交流，一起购物、游玩、娱乐、吃饭。一般他们会在自己宿舍做饭，楼层内有公共厨房，大家每人每月出一部分钱用来采购食材，所花费用会由一个人专门记录，形成收支明细，到月底时多退少补。大家排好班轮流做饭，到饭点时一起在某个宿舍用餐。宿舍内放松时，他们时常喝着咖啡、饮料，兴致盎然地播放非洲现代流行音乐MV，点播欧美电影（宿舍内的电视很少有中文频道，他们不懂中文一般也不会去看）。在周末或其他假期时间他们会三五成行出去游玩，他们游历了很多中国的名胜古迹和山河风光，有时他们也会体验感兴趣的中国传统文化。他们把在中国的生活营造得丰富多彩，但同时也在时刻关心着自己国家内的情况。有一次，他们在谈论坦桑尼亚国内发生的一起政治事件，表情很凝重，"坦桑尼亚国内的执政党对反对党不公平，对反对派的一个领导人实施了16次枪击，差点致其死亡，现在他在瑞典接受治疗"。据查尔斯介绍，在坦桑尼亚有两个大政党，还有其他一些小政党。

在学习方面，他们也会时常在一起交流，尤其是同专业的同学。比如，马克所在的土木工程专业，会经常用到软件建模，一些新来的学生不会使用某款软件，便会向已经学会的老生请教，他们约定好时间，相互交流学习。例如，蒙纳德是来华留学的坦桑尼亚新生，他要学习使用的某项软件正是马克所熟悉的，马克对他进行了多次讲授，直到毕业临走前还在教，蒙纳德也差不多学会了。在有人毕业遇到困难时，他们也会互相帮助。如果留学生是正常申请延期并获得学校批准的话，是可以继续获得中国政府奖学金资助的。但由于查尔斯是非正常延期，导师让他在暑假的一两个月内把毕业论文好好修改一下，合格通过之后才能离开回国，从7月份开始其奖学金已经停发，学校宿舍也到期不能继续居住，在外面租房子对他们来说又很贵，他自己没有足够的钱来支付费用，所以查尔斯面临着很大的困难。于是，同校的10位坦桑尼亚同学专门开会一起商量了一下如何解决查尔斯遇到的困难，他们9人决定每人支持查尔斯300元，一共是2700元。像查尔斯这种非正常延期的情况，不会得到坦桑尼亚北京学生会的资助，"因为有好几个要延期的，如果都去资助，要很多钱"。不过，查尔斯得到了他在JT大学的坦桑尼亚朋友们的资助，这也大大缓解了查尔斯在延期期间的经济压力。

在毕业的时候，不仅坦桑尼亚北京学生会会为毕业生们举行毕业欢送活动，而且每个学校的坦桑尼亚留学生群体也会在小范围内进行庆祝活动。2019年6月22日，马克邀请笔者去参加了JT大学为毕业生举办的毕业典礼。在上午10点多毕业典礼结束后，马克和同学们穿着毕业服纷纷在校园内拍照留念，中午他们计划去五道口某餐厅聚餐庆祝，马克邀请笔者一起去。参与这次会餐的人员主要是JT大学的坦桑尼亚留学生，马克的室友查尔斯没有按时毕业，也没有心思喜悦地参加毕业聚餐，自己返回了学校继续修改论文。用餐期间，除了与笔者进行交流时用英文或简单中文，他们之间用斯瓦希里语交流，马克为笔者做了简单翻译，他们话题广泛，谈话内容涉及工作、生活、两性、圣经、宗教、政治等话题，还会时常相互调侃，聚会气氛非常轻松愉悦。大家都乐在其中，并对马克的顺利毕业表示了祝福。聚餐结束后，马克让笔者帮他翻译了一段文字："当我看到这些照片时，它让我想起了我从小就听到的一句话：'无论你来自哪里，你的梦想都会实现。'谢谢你，中国！谢谢你，JT大学！"随后他配上今天拍的毕业留念照片，发布在了微信朋友圈中。

（三）留学生的家庭

除了同胞朋友的相互帮助，家人亲友的支持对来华留学生的学术适应也很重要。对于远离家乡和亲人在异文化社会中学习和生活的留学生来说，孤独和寂寞总是难免的。在笔者接触到的坦桑尼亚留学生中，他们会经常在微信朋友圈中表达对家乡和亲人的思念。来华留学的坦桑尼亚研究生年龄普遍较大，很多人都已结婚并育有孩子，家人是他们重要的精神寄托。在中国留学期间，他们会经常与家人联系。有些留学生还未结婚和工作，经济上有时还需要家人的资助。比如，迈克，他虽然获得了中国政府奖学金，但是每月3000元的生活费补助对他来说并不够用，他的家庭还会资助他1000元，而且奖学金经常不按时发放，可能会延迟两周或者更久，这段时间的生活花费就需要家人的帮助。

还有的留学生是夫妻结伴来华留学，例如，来自坦桑尼亚的留学生贝克夫妇（分别是26岁、25岁），相继申请来到BH大学就读，贝克是硕士生，学习的是无人机专业，即将毕业回国，妻子是本科生，学习的是经济与国际贸易专业，还有两年毕业。他们已经结婚六年，并育有一个三岁的孩子，现由贝克的妈妈带着，他们每天都会跟孩子通话，孩子会说："爸爸妈妈，你们什么时候回来？"他们夫妻二人在校外租房子住，在平时的生活中很少参与坦桑尼亚北京学生会组织的活动。笔者在与坦桑尼亚留学生接触的过程中，发现还有几位是带着孩子的。毫无疑问，家人的陪伴为他们在中国这个异文化社会中的学习和生活起到了很重要的精神支持作用。

穆勒德作为某校留学生优秀硕士毕业论文的获选者，在其学院的毕业典礼上对家人表示了感谢，"我想借此机会，以不同的方式表达我的父母为我今天的学业成功所做的贡献。他们培养了我良好的道德操守，鼓励我从小就努力学习，因此他们在帮助我完成今天这一目标方面发挥了非常独特的作用，得到了我们教员中亲爱的教授们的赞赏。借此机会，我特别感谢我的家人在我在 SF 大学学习期间给予我的鼓励和支持。"有的留学生家庭教育背景较好，父母具有优良的教育经历，可以在学术方面给予其直接的帮助和指导。

由上可知，来华非洲留学研究生群体的内倾性主要表现在社会交往、社会认同和社会支持等方面。从社会交往角度看，来华非洲留学研究生在来到中国留学时，与中国人的交往只限于日常的简单交流，几乎不涉及情感方面，当其无法融入中国社会时，他们不得不在群体内部寻求认同，同质化群体内部的共同语言使得来华非洲留学研究生获得了极大支持。从社会支持的角度看，来华非洲留学研究生的社会网络资源十分匮乏，他们大多只能依赖内群体中的亲密伙伴关系来获得情感支持，结果在"系统外部受到约束，系统内部不断精细"的过程中，其情感状况就呈现出内倾性的状态。从社会认同角度看，其社会认同也趋向于内倾性的建构，即认同由同胞组建起来的内群体组织，而不认同其他群体组织，或对其认同度不高。但是，这种内倾性为来华非洲留学研究生在中国这个异文化社会场域中进行学术适应提供了直接或间接的重要物质和精神支持。

来华非洲留学研究生学术适应正是在中国政府和高校的"保护性逆向适应"及留学生自身的"内倾性能动适应"的双向适应中得以可能的。来华非洲留学研究生正是在这种双向适应过程中充分利用中国高等教育机构为其提供的丰富经济资本和文化资本以及其自身所拥有的社会资本和符号资本，建构出与其在原有社会文化中相似的学习生活场域，使其原有的性情倾向或惯习结构在很大程度上得以保持和再生产，进而促进了他们自身在中国这个异文化社会环境中的学术适应。但是，从其学术适应的过程和内容来看，或许可以说他们所达到的仅是一种浅层适应，并没有达到深度学术适应的水平。

第五节　意外后果：促进来华非洲留学研究生学术适应的非预期影响

研究发现，中非高等教育运行体制的差异、非洲留学研究生的不同教育文化背景，以及中文语言能力的不足等并没有构成他们在华学术适应上的严峻挑战。一方面，中国宽松的来华留学政策、优越的物质经济条件支持、相对独立的教学培养与管理等保护性逆向适应举措，在客观上消解了他们在理论上应当面临的学术适应压力与困境；另一方面，来华非洲留学研究生也在通过个体自我能动力的积极发挥和内群体组织的有效支持，内倾性地能动调适着其学术适应过程。但是，这种促进来华非洲留学研究生学术适应的双向机制也引发了一些"意外后果"，产生了双方没有预料到的影响。

一、中文语言学习困难

成也语言，失也语言。

问：是什么帮助了你在中国的学习？

答：语言……

问：是什么阻碍了你在中国的学习？

答：语言……

（一）二元分裂的语言环境

我们知道，语言使用的背后有着强大的政治经济逻辑。现如今，在全世界使用范围最广、应用价值最高的语言仍然是英语，但是随着中国国力的不断增强，中文的使用范围与应用价值也在不断扩展和提升。很多留学生有着强烈的学习中文的意愿与积极性。随着中非在各领域合作的日益加深、中国在非洲影响力的日益提升，很多非洲人对中国的经济、政治、文化等方面产生了浓厚的兴趣，特别是非洲青年，想来华学习中国的语言、文化和发展经验。在来到中国之后，他们对中文的学习需求更加强烈，因为中文是他们在中国生活时不可避免要用到的语言工具。"所有来到中国的外国留学生，都想从你们的文化中学习到一些东西，首先就是要学习你们的语言，因为他们在这里需要跟你们交流，他们应该掌握你们的语言。"

但实际上，很多来华非洲留学研究生到毕业回国时也没有掌握基本的中文表达能力，甚至不会用中文说出自己所就读院校的名字。其中一个很重要的原因是中国高校为国际学生设置的英文授课项目提供了独立于中国学生的英文教学环境和宿舍居住环境，这使他们习惯于使用英文表达。英文教学使他们对专业课程的学习极为便利，但是这不利于其中文语言的学习。吉米说："我们经常与国际留学生交流，这所公寓里都是国际学生，在我的班级里也都是国际学生，不怎么使用中文，所以不会说中文。"他们很少说中文，只会说简单的中文，像

"你好""你叫什么名字?"诸如此类的。可以说,他们是学习生活在二元分裂的语言环境中的。

在中国高校英文项目的设置中缺乏支持外国留学生学习中文的完善机制,不利于留学生对中文的学习和掌握。虽然在英文项目中也设置有中文语言课程,但是留学生们普遍表示中文课程太少,不能满足其中文学习需求。不同高校和专业的英文项目对中文课程的安排是不同的,有的学校和专业是将中文课程与专业课程的学习安排在一起,每周两节课学习中文,有的则是专门拿出一学期的时间集中学习中文,然后再开始专业课的学习,这期间也穿插着零散的中文课程。在JT大学,申请英文项目的研究生被安排在威海校区集中进行一学期的中文学习,然后再回到北京校区进行专业课的学习,在专业课程的学习中每周也会安排2~3节的中文学习课程。在SJ大学,中文课程安排在前三学期,每周一次,每次4个小时。文森特认为,"这并不够,因为我们是在用英语学习,所以我们只是在了解中国文化,不是在课堂上使用中文。我认为可以一周2次,不是放在一天,即使是4小时,也可以分开到两天上,一天2小时,这样就会有一个重复率"。还有很多留学生都觉得中文学习时间太短了,满足不了他们的语言需求。比如,楚玛,"每周只有一节的中文课程,我认为这不公平,我们应当有更多的中文课,或许应该每周三四节,现在我们只有每周一节,这并不能满足外国学生快速学习中文的需求。所以,我认为这是一个问题"。"或许等我完成硕士项目之后,我可以再来重新完成中文学习。"马克也表示,"我很想学习中文,但是课程中只有两学期的中文课程,这远远不够,学校应该开设更多中文课程"。迈克计划在完成专业课程之后,继续学习一些中文听、说课程,"下一年我将会学习更多中文,我将会去教室听老师讲、跟同学们交谈。"迈克认为,中国的大学需要做更多工作去帮助外国留学生提高他们的中文水平,因为在中国需要懂中文。而且,在非洲有很多中国公司,现在有很多中国人去了非洲,会经常用到中文,如果不会说中文就是个问题。

如前文所述,在华坦桑尼亚留学生形成了联结紧密的各级学生团体组织,这些内群体组织的存在满足了他们在华留学期间的基本需要,特别是安全的需要、归属的需要以及尊重的需要,为来华坦桑尼亚留学生的学习生活提供了极为重要的组织关怀和心理寄托。他们在这个内群体组织内保持着在本国家乡的习俗与习惯,包括在语言、饮食、舞蹈、音乐、服饰以及社交等方面。特别是在语言方面,坦桑尼亚留学生在一起时基本是说他们的本地语——斯瓦希里语,在与其他国家的师生交流时使用英文,中文基本不会使用,这非常不利于他们对中文的学习和掌握。

（二）缺乏语言交流练习

缺乏语言交流练习也是他们中文不好的一个重要原因。有很多非洲留学研究生在中国学习了两三年时间仍不会说中文，但是他们其实非常想学好中文，因为在中国需要说中文。很多人只是上过中文课，但并没有实践练习。正如一位留学生所说的，"我们在课堂上学习到的只是基本的中文知识，在现实交流中这些远远不够用。如果你没有一个本地人跟你用本地语言交流，只是在课堂上学习，你是不会掌握这门语言的。就像你学习英语，也需要与说英语的人交流练习才行。如果你能找到一个愿意跟你交流的本地人，情况会好一些，但是没有"。在文森特就读的学校里，外国留学生与中国学生是分开居住的，在他所在的校区，大部分都是外国留学生，这种环境对他们学习中文很不利，他们极度缺乏与中国学生的交流练习机会，"我们没有实践练习的机会，这是一个问题，大部分时间我们在说英语。这个校园里大部分都是外国留学生，中国学生都在另外一个校区，这里是一个小的校区，大校区在丰台，中国学生在那边。所以，我们一直都是在说英语。但是，学习语言的最好途径是实践练习。正如你所看到的，我们都是外国学生住在一起，一些人在说英语，一些人在说法语，学习中文就变得很困难。虽然我们在课堂上学习中文，但是那不够，我们需要实践练习才行，我们有很多话题，但只是在课堂上"。"……你知道，这里有外国学生专门在学习中文，使用中文对他们来说是很容易的，因为他们有很多时间在课堂上与老师交谈。但是，如果你用英语学习，很多时候没有使用到中文，这样的话，学习中文并不是容易的，熟能生巧，需要时常练习才行，没有实践练习是掌握不了语言的。但是，没关系……（这并不影响他们的学业）"在很多情况下，是来自不同国家的留学生与留学生之间互相帮助练习中文，比如，来自欧洲国家的留学生找来自美洲或非洲的留学生练习中文，他们之间沟通交流比较容易。

如果说外国留学生与中国学生居住生活在同一区域，甚至是同一栋宿舍楼里面，有利于他们学习语言的话，我们可以发现库瓦的情形并不支持这个观点，虽然他所住公寓内有很多中国学生，但他的中文还是不好，问题在于缺乏有效的语言交流。大部分中国学生的英文听、说能力不好，很重要的原因是缺乏与外国人的有效交流，外国留学生也面临着同样的问题，他们中文不好是由于缺乏与中国人的有效交流。而有效语言交流的一个重要前提是双方良好人际关系的建立，其中又涉及外国留学生与中国人的社会交往问题，这一点将在下文展开讨论。

二、中国社会融入困难

虽然来华非洲留学研究生来到中国学习和生活，被"包围"在中国社会和文化之中，但是由于中国高等学校为他们提供了相对独立于中国学生的英文教学环境和居住环境，加之本民族文化的某些特质与中国文化之间有较大差异，他们习惯于"圈子"式的学习和生活，很少有中国朋友。即使与中国学生有些交往也多限于学习场域中，比如，贝克有一些中国朋友，但基本上都是在实验室里一起做研究的同学，吉米也有一些在课堂上认识的中国朋友（他们有一门有关国际教育的课程，根据课程设置，该专业的中外学生在一起上这门课），但是在课程结束后他们之间很少交流，吉米曾尝试主动联系这些中国朋友，但是他们正忙于准备开题，于是也渐渐没有了联系。这导致他们在华的学术适应易、社会适应难，与中国人和中国社会处于一种相对区隔的状态中。正如一位坦桑尼亚留学研究生所描述的状态一样，"很多留学生来到中国之后，并不去外面了解关于中国的任何事情，因为他们不能去一些地方，担心出去以后不能与中国人说话交流，他不会去买某些东西，例如，中国食品。如果他是与一个中国朋友一起，他或许会尝试，这个是什么？味道怎么样？但是，大多数国际学生与中国学生是分开的，我认为这对他们适应中国的社会文化制造了困难"。在调研中，有个别留学生甚至表示不想再来中国了，因为他们不能交到中国朋友，尽管他们在中国待了三四年时间，他们对此很失望。

中国现已成为亚洲第一大、全球第三大留学生接受国，在来华留学生带来潜在人才红利的同时，也带来了丰富的文化资源。留学生群体是一个能够窥见千种人生的窗口。当他们静静地来，又静静地离开，无法和当地社会有任何交集的时候，对于中国高校、留学生群体来说都是一种遗憾。① 虽然中外学生融合交流是我们希望看到的，但也无法强求。我们可以发现，在英文授课项目中某些促进来华非洲留学研究生学术适应的因素却在制约着他们的社会适应。

（一）语言藩篱难以逾越

语言障碍影响到来华非洲留学研究生在中国的社会适应，这体现在它们在华生活的方方面面。

1. 交友交往

很多申请英文项目的留学生不会说中文，同时很多中国人不会说英文或听、说能力较低，这导致了留学生与中国人之间的交流困难。"问题在于很多中国人

---

① 屠梦薇. 来华留学生：标签下的千面人生 [EB/OL]. 澎湃新闻网，2019-08-13.

不说英语。在国际班级，同学们说英语，但是当你出来在学校外面时，人们不说英语，这带来很多困难，在中国带来困难最多的就是语言问题。""我的中文说得不好，跟中国人交流很困难。"外国留学生在中国高校的校园内外看似有很多与中国人交流的机会，他们也很想跟中国人谈话交流，但是他们并没有多少交流接触，语言障碍是最大的问题，阻碍了他们之间的交往交流。这使他们很少能交到中国朋友，进而在一定程度上阻碍了他们对中国社会的了解，也影响到他们在中国的学习生活体验。

2. 出行旅游

不会中文对他们的日常出行造成一定困扰，例如，在火车站和其他运输机构。弗兰斯介绍了他刚来中国时的经历。"我刚来的时候，需要坐出租车，我是要去北京理工大学的，但是我不会说中文，不知道怎么告诉他，他也不明白我说的话，所以就把我拉到了别的地方。"2019年9月27日，坦桑尼亚留学生球队在中央财经大学有一场足球比赛，比赛原计划4点开始，但是4点半时他们的人还没到齐。有的人正在路上打滴滴赶过来，但是又遇到语言问题，他们不会跟司机说中文，他们接通电话后把手机递给了笔者——他们唯一认识的、在场的中国人，请求帮助告诉司机要到哪里下车，笔者告诉了司机他们进行足球比赛的所在位置，随后司机将人送达。对中国人来说出行打车是很简单的一件事，但是对不懂中文的外国留学生却造成了很大困扰。在中国留学时，他们也会想趁假期出去旅游，但如果没有会中文的朋友帮助，这对他们来说也是一种困难，因为涉及车票、房间等的预订，不懂中文就很难操作，以至影响其出行。不过，由于在京的外国人很多，催生了一些专门服务外国人出游的旅行团，他们很多时候都是通过这种方式出游的。

3. 购物邮寄

当外国留学生出门购物时，由于很多中国人不会说英文，他们又不会说中文，交流就会很困难，也会给购物带来不便。吉米表示，"有时确实需要一个会中文的朋友来帮助你。"很多留学生也会在网上购物，手机上装载有淘宝App，但由于是中文版的，他们看不懂上面的字，只能看图片，而且是用英文搜索查找出来的，在搜索到想要购买的商品后，就让懂中文的朋友帮忙代买。穆勒德不会使用淘宝，也找不到帮他代买的朋友，在我们认识之后，笔者帮他在淘宝上买了很多东西，并帮助他邮寄到广州，再运回国内。其间还有一些留学生在淘宝上购买了商品后，出现某些问题，比如，货物损毁、物流异常等，需要联系商家进行售后服务，但由于语言障碍，他们自己不能很好地解决这些问题，于是笔者帮他们处理了很多。来华留学的新生需要下载百度地图、淘宝、支付宝等常用手机应用软件，在支付宝上绑定学校新发的银行卡并充值，将淘宝和支付宝绑定并进行选购支付、设定地址等操作。他们中文不好，所以需要懂中文的人来帮助设置填写相关选项信息。有一次笔者在帮马克邮寄快递时，有一位埃及学生要邮寄他的毕业证书回国，他不知道如何微信扫码下单，笔者帮助他填写了相关信息。

4. 新闻影视

有很多外国留学生由于不懂中文，他们不会浏览中文版的网站和电视频道，不管是新闻还是影视作品，他们更习惯于浏览英文版的网站和电视频道，不在英文网站或频道发布的信息，他们基本不了解。例如，2019年6月发生的"山大学伴"事件，该事件的相关信息多发布在中文自媒体上，很多外国留学生不会接触到，对于完全是中文的信息他们看不懂，也不会去关注，除非有人在微信上发给他。这也在一定程度上造成了来华留学生与中国人和中国社会之间的隔阂，因为他们不能深入了解中国社会和文化。

5. 聚会娱乐

有些留学生也会参与到其所在学校组织的交流聚会中，由于语言交流障碍，中国学生说的有些信息他们不能获得。一位中国学生S同学讲到中外学生聚会时的尴尬场面，"我们每年中秋节、元旦会举办庆祝晚会，请他们（留学生）过来，但是他们的中文表达大部分都很不利索，有时候还有很尴尬的情况出现，比如，我们唱中文歌时我们很兴奋，他们唱英文歌时他们很兴奋，不能同时兴奋起来，虽然在同一个场域下，但就有一个区隔存在，他们在一方，我们在另一方，他们兴奋的时候我们有的也能明白，但是我们兴奋的时候他们不明白，比如，主持人讲了个笑话，他们一脸茫然，听不懂，不知道讲的是什么意思"。

（二）居住区隔难以打破

申请英文项目的来华非洲留学研究生不仅在课堂上与中国学生分开，在住宿方面同样也是，这种相对区隔的居住格局也在一定程度上影响了他们在中国的社会适应。以北京高校为例，中外学生大致有4种不同类型的居住格局：分住不同校区（例如，SJ大学）、同一校区不同宿舍区（例如，SF大学）、同一宿舍区不同公寓（例如，JT大学）、同一公寓不同楼层（例如，ZF大学）（如图5-23所示）。在华坦桑尼亚留学研究生中，文森特所在的SJ大学属于第一种类型（该校有2个校区，分别是丰台校区和红庙校区，所有的外国留学生都住在红庙校区），这种类型的居住格局很少。第二、三种类型最多，大部分高校中外学生的居住格局都属于这两种类型，在很多高校中这两种居住格局同时存在。库瓦所在的ZF大学研究生院校区属于第四种类型，这种类型的居住格局也较少。

（二）	（一）
同一校区	分住
不同宿舍区	不同校区
同一宿舍区	同一公寓
不同公寓	不同楼层
（三）	（四）

图 5-23　中外学生居住格局类型

不同的居住格局会对中外学生之间的交往产生不同影响。中外学生分住在不同校区极大地降低了他们之间的交流频率，这非常不利于外国留学生在中国的社会适应，笔者在调研中遇到的一位表示不想再来中国的非洲留学生在很大程度上就是受这种因素的影响。将中外学生安排在同一校区的不同宿舍区或同一宿舍区的不同公寓，会在一定程度上增加他们之间的交流频率，但大部分是浅层交流，"也就路上碰到帮个忙、问个路，没有深入交流"。将中外学生安排在同一公寓的不同楼层会进一步增加他们之间的交往频率，但是也无实质性的改善。

我国这种区分本地学生与国际学生的居住模式与国外高校是不同的。库瓦介绍，"在大多数国家，我们国家还有欧洲国家，外国学生可以和本地学生住在一起。在坦桑尼亚，学校是把外国留学生和本地学生安排在一起的，这样可以促进中外学生之间的交流。在中国，都是外国学生和外国学生住在一起的，或许一个中国学生与一个外国学生这样搭配住在一个宿舍是很好的安排，因为这些外国学生可以向中国学生学习，中国学生也可以向外国学生学习"。虽然在库瓦所住的公寓中有很多中国学生，但他表示，"中国学生太难接触了，你不能去到他们的房间里，因为他们在其他的楼层，到其他的楼层去很难。中国学生可以到我们这里来，找我们要咖啡、茶或聊天，但是我们不能直接去他们楼层的房间，敲门 say hello，因为他们可能会想，为什么要到我的房间?! 你想要干什么?! 你可以去，但是很困难，如果你不认识人家，又没有人邀请你去他们的房间，你不能直接过去敲门并说'嗨，你好，我可以过来这里吗？我可以跟你聊聊天吗？'，他会很吃惊地说'What?!' 中国学生来我们楼层容易一些，但是他们一般也不会来"。

库瓦认为把中外学生安排住在一起是个好办法。"如果我与外国学生在一起，就会经常说英文，因为他们是外国人。如果我的室友是中国人，对我来说学习中文就容易了。如果把中国学生与外国学生放在一起，这种环境氛围就很好,它有助于学习新文化、学习语言。但是,现在,比如说,这一楼层住的都是外国留学生,所以当我们见面彼此之间只说英语。如果能够把中国学生与外国学生混合在一起,这个房间是中国学生,那个房间是外国学生,甚至是住在一个宿舍。那样就很好,人们就会很好地了解中国,因为或许在某一天的晚上,你和室友就会一起谈论中国、谈论非洲,你了解我的国家,我了解你的国家(中国),那样就很有助于国际学生了解中国、了解中国人。"

或许实行中外学生之间相互嵌入式的居住格局,即打破这两种群体宿舍之间的界限允许混合居住,可以真正有效地促进他们之间的交往交流,从而帮助来华留学生进行社会适应。但是,也要考虑到双方在文化习俗、生活方式等方面的差异,以避免发生矛盾冲突,例如,有些信仰伊斯兰教的留学生会在半夜两三点进行礼拜活动,影响其他同学休息。

(三)难以融入中国社会

在调研中笔者发现,很多留学生在中国社会处于一种相对区隔的状态中。随着来华留学教育事业的不断发展、来华留学生规模的不断扩大,很多高校中来自不同国家的留学生都建立起了留学生联谊会等留学生组织。在有的高校,来自非洲国家的留学生之间会自发组织起非洲留学生联谊会。在某一地区范围内,来自某个国家的留学生也会自发形成自己国家成员之间的内群体组织,例如,坦桑尼亚北京学生会。在某一高校范围内,来自同一国家和地区的留学生又会形成各种小群体。申请英文项目的来华留学研究生所在的班级内都是国际学生,再加上其自发组织建立了自己内部的各种大小团体,很多事情都是他们在自己群体内部处理解决,他们的群体活动一般也是自己国家的人或与来自其他国家的人一起组织,如球赛、聚会、出游等,很少有中国人参与进去。完善的内群体组织给留学生营造了一个功能齐全的"堡垒",使他们在即使不参与到本土社会文化中的情况下也能在中国较好地生活下去。当他们在外面的世界受到挫折和伤害的时候,回到"堡垒"中可以得到很好的治愈。内群体组织的有力支持在一定程度上影响了来华非洲留学研究生在华的社会适应。他们并没有很好地融入中国的社会文化,而是"漂浮"在中国社会文化之上,其自发组织形成的结构功能完善的内群体为之提供了组织基础。他们在中国社会所处的状态就像是一滴油滴在了水面上,水为油滴提供了漂浮空间,油滴可以在水面上相对自由地漂浮,其自身也具有一定的凝聚力,但不能溶于水中(如图5-24所示)。也就是说,他们在中国社会之中营造了一个自得其乐、相对独立的生活世界。但是,在这个生活世界中,他们不是在抵御着系统世界对他们的侵扰①,而主要是在调剂外部生活世界(主流文化社会)给他们带来的不适。我国为来华留学生提供了便捷舒适的物质生活条件,在照顾他们不同的风俗习惯和宗教信仰等方面做得较为完善,为他们在华的学习和生活给予了极大便利,但反过来这也让留学生与中国学生接触的机会更少,从而无法融入主流文化社会,这些使得留学生将社交与学习圈子局限于自己熟悉的群体内,因而很难有深入了解中国文化和融入中国社会的渠道。

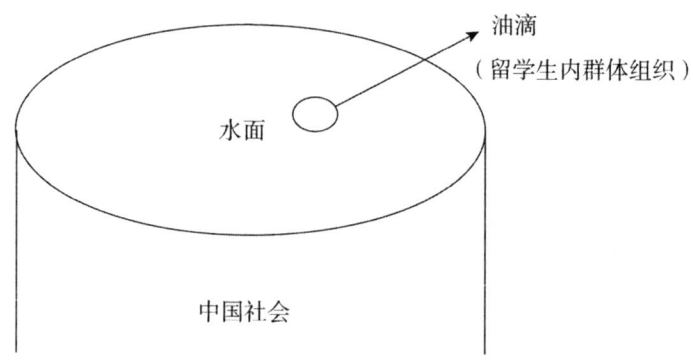

图 5-24 来华非洲留学研究生在华社会适应状态

此外,中国学生的"保守"性格也影响到非洲留学研究生在华的社会适应。有着非洲国家、美国和中国学习背景的文森特从自身经历出发对中国人和外国人做出了对比:"我喜欢经历新的事物、新的文化、新的人群……这就是我为什么来这里。学习关于中国的文化,体验在中国的生活,我认为这是一个好的经历。大体上中国人与其他国家的人比起来比较害羞,可能是文化的原因,我认为中国文化有很多年没有与外界互动,你们真正的开放是在20世纪90年代以后了,所以,这是一个过程,需要时间。中国有很长一段时间是处在封闭状态,很多年没有与其他文化相互交流,现在一点点地开放了,但是仍然很少。这与欧美是不同的,他们是开放的,是不同的文化。但是,我认为中国人很好。因为我在美国留过学,所以我可以做出比较。本科和硕士阶段我在美国学习,所以,我有很多世界各地的朋友。在美国我认识了中国朋友,在美国我有很多中国学生,你可以与其他国家比较,中国人很安静,他们不是很开放,不善言谈。但是,这并不是说……你知道的,仅仅是由于文化原因。在美国,中国人不会说很多英语,因为他们与其他人交流不多。中国人很谦逊,你知道在美国人非

---

① 阮新邦. 批判诠释与知识重建 [M]. 北京: 社会科学文献出版社, 1999: 70.

常喧闹，像特朗普，非常……（做出咆哮状）但是在中国不一样，你们的主席习近平非常谦逊，他是中国人民的代表，我认为这样很好，你们国家很好，只是……（有待进一步开放）"

这是大部分来华留学生所感知到的，中国学生很友好却又比较"害羞"，外国留学生与之难以接触交流。

虽然在外面也有很多中国学生，但是跟他们交流很困难，他们会畏惧害怕，因为当你试图与他们谈话的时候，"你好，不好意思……"他们总是感到很害羞，他们担心的太多……（侯赛因，男，DJ大学博士研究生）

大多数中国人不好交流沟通，他们在与人接触上非常害羞，他们的羞于交流让我们很难练习中文。我去外面与本地人说话的时候，他们不愿与我对话。如果中国人善于交流接触的话会对我们的中文学习很有帮助。（杨古思，男，LG大学硕士研究生）

大多数中国学生看上去非常害羞，他们不跟我们说话交流，如果你试图跟他们交朋友，他们可能会走开……特别是这个学校的学生，女生大部分都很害羞，甚至有些男生也害羞。但是有些男生很好、很热情，大多数情况下他们会提供帮助。（库瓦，男，ZF大学博士研究生）

虽然校园里有很多中国学生，我有时候也尝试着去跟他们接触交流，但是，并不是那么令人愉快。或许是由于他们很害羞或者我们害羞，没有自信去开始，也可能是他们很忙。（吉米，男，SF大学博士研究生）

中国学生应该与其他人交流。我觉得大部分中国人太害羞，只是与自己人聚会交流。事实上，来自其他国家的留学生也想成为其中的一部分。我想有尽可能多的中国朋友，但不幸的是，很难找到愿意跟你交流的中国人。（萨梅尔，男，JT大学硕士研究生）

比如说，当你去食堂吃饭的时候，中国人不会跟你坐一桌，即使你这桌有空位子，他们会坐在另外一桌，即使那个桌子已经坐满了。所以，你会好奇，这是怎么回事？他们非常害羞，不与你坐在一起，也可能是因为他们英语说得不好。我曾尝试主动与他们交谈过，但是失败了。我想如果他们像你一样说英语就好了。我尽量去了解中国朋友，他们告诉我是由于害羞，因为他们英语不好。（麦哈姆波，男，NY大学硕士研究生）

很多留学生认为，"如果会说中文会很容易交到中国朋友"，但另一方面他们又表示，"如果有中国朋友能够进行交流才能学会中文"。可见，学习中文和与中国人交往交流是相辅相成的。就目前的情况来看，大部分来华非洲留学研究生陷入了二者之间的恶性循环状态中，如何打破这种状态使之成为良性循环是一个值得思考的问题。

三、学术适应与社会适应难以兼得

如前文中所介绍的，针对来华留学生我国高等教育机构设置了不同语言的授课项目，既有中文授课项目也有外文授课项目。来自非洲有英语背景的留学研究生整体上比较倾向于申请英文授课项目，很少有申请中文授课项目的。但是，如果我们分别把就读于中、英文授课项目的来华非洲留学研究生作为不同的类型进行比较分析，可以发现二者之间在学术适应与社会适应方面呈现出不同的关系和特征。在英文授课项目中某些促进来华非洲留学研究生学术适应的举措却并没有很好地促进他们在华的社会适应，这主要体现在他们对中文语言的学习和对中国社会的融入等方面，而就读于中文授课项目的来华非洲留学研究生中文水平更高，对中国社会也更加适应，他们可以交到很多中国朋友，对在中国的生活很享受。

与笔者所接触到的大部分坦桑尼亚留学生不同，布勒有很多中国朋友。他认为，会说中文是他交到中国朋友的主要原因。"我跟你说，我第一次来这儿，我不懂中文，我需要问中国人，有的人会不好意思地跑开，可能是因为他们的英文不好。我最近一开始就用中文说话，有的人认为我很有意思，愿意跟我继续接触。有的人会说：'你的中文说得特别好，我们加个微信吧。'其实我的微信里有好多中国朋友，但是有很多都不认识，我不好意思拒绝他们加我微信。我有好多朋友的。"对于布勒来说，"我在中国很享受，虽然在学习方面不习惯，但是在社会适应方面很好，比如，我不缺朋友，一点都不缺。我也很努力地交朋友，我出去也会很努力地和中国人接触，我会主动和他们说话，比如，在吃饭，我们几个人坐在这里聊天，对方会说，你很有意思，我们加个微信吧。我不问他加微信，他自己会主动加我。还有，很有意思的是什么呢，除了语言，别人也会听你的思想，'你的思想太好了，我要多跟你聊天啊'，就这样的"。此外，个人性格原因也很重要。布勒的性格很随和，也很积极主动，这使他交到了很多中国朋友。"我认识几个人，他们会语言，但是性格不行。性格不行也是会影响交际的，你知道吗？比如，我的很多中国朋友，一开始他们不愿意跟我交流，我说没事，我们用中文聊天。最后呢，他们还是用英文跟我聊天，后面他们就习惯了，其实他们英文说得很好啊。我问他们为什么一开始是那样的，他们会说那时候担心自己的英文水平差，太害羞了不敢用英文聊天。但是，我一开始学中文的时候就不管这些，我会大胆开口去说话，因为我要学习啊，他们会纠正我，'你这个说错了，应该是这样的'。这样语言才会学好。"

第五章 来华非洲留学研究生的学术适应研究

由此可见,就读于中文授课项目的坦桑尼亚留学研究生布勒是个积极的例子,在他身上保持了学习中文和与中国人交往交流二者之间的良性循环状态。他的例子可以带给我们一些启发。一方面,中国学生在与外国留学生交往时有着保守、害羞的情况,需要做出改变。但另一方面,外国留学生需要更加积极主动地去突破,不能遇到一挫折就退缩,回到"堡垒"中寻求自我安慰和保护,放弃对外交流的动力和希望。

但是,布勒在学术适应方面则表示很困难。在京高校大部分都为留学生设有英文授课项目,而他所在的学校只有中文授课项目,该校的留学生是根据所申请专业被安排在中国学生的班级里与中国学生一同上课的。当他的朋友们听闻他在用中文上课时,都表示很吃惊。由于是中文教学,他在学习过程中不可避免地会遇到一些困难。语言对他来说是一个很大的问题,如前文所述,布勒在课堂学习、课程作业等方面都面临着严重的语言障碍。从布勒这个案例中我们可以看到就读于中文项目的非洲留学研究生在学术适应上所面临的挑战。

语言的使用与来华非洲留学研究生的学术及社会适应之间有着密切的联系(如图5-25所示)。选择英文授课项目的非洲留学研究生,由于是在英文环境中与国际学生一起学习,他们可以较为容易地进行学术适应,但这不利于他们习得中文,中文水平的低下影响他们对中国社会的适应,进而又在一定程度上妨碍他们对中文的习得。选择中文授课项目的非洲留学研究生,由于身处中文教学环境中,他们的中文水平可以获得较大提高,这有利于他们对中国社会的适应,但同时由于中文学术语言的复杂性及教学方式和文化思维的特殊性,他们很难适应在中文课堂中与中国师生的学习交流与互动。这形成了一种来华非洲留学研究生在学术适应与社会适应之间不能兼顾的现象。整体来看,英文授课项目中来华非洲留学研究生对中国社会较低的适应程度并未对其学术适应产生较大不良影响。

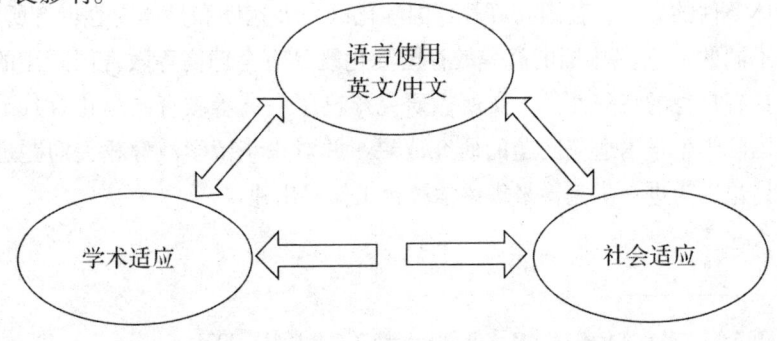

图5-25 来华非洲留学研究生学术适应、社会适应与语言使用之间的关系

总体来说，就读于英文授课项目的来华非洲留学研究生在学术适应方面较为容易，而在社会适应方面困难。就读于中文授课项目的来华非洲留学研究生在社会适应方面较为容易，而在学术适应方面较为困难，如表5-15所示。

表5-15 不同语言授课项目中留学生的适应状况差异

	学术适应	社会适应
英文授课项目	易	难
中文授课项目	难	易

根据本研究所获调查资料，来华非洲留学研究生在完成学业后基本会选择回国就业发展，他们虽然有着与中国人进行社会交往的强烈意愿，但是缺乏与中国人进行深入社会交往并融入中国社会的强大动力，这与其留学目的也有很大相关性。归根结底，阻碍来华非洲留学研究生在中国社会适应的主要原因是中非之间的社会文化差异。但是，影响其学术适应的各种因素，特别是对不同语言授课项目的设置与选择及其内倾性的社会交往，使这种差异得以不同程度地保持或消解，进而影响到他们在中国的社会适应。相比较来说，英文授课项目中的来华非洲留学研究生在社会适应上面临着更多的跨文化困境，而这种困境对在中文授课项目中的来华非洲留学研究生来说则更多地体现在学术适应上。

第六节 总结与讨论

目前，高等教育国际化已经成为教育发展的全球性趋势。具有全球眼光，占有世界信息，具备国际视野，已经成为做好教育研究和实践工作的前提条件。[①] 作为一种正在全球范围内展开的教育实践，由于受各自的经济、政治、文化等具体条件的影响，各国高等教育国际化的发展速度和具体内容也有所不同，呈现出不同的特色。[②] 中国的高等教育国际化既具有全球高等教育国际化的普遍性，也具有自身的特殊性。本文所做研究丰富了在高等教育国际化背景下学术界关于国际学生学术适应问题的研究成果，并对来华留学教育相关问题进行了思考与讨论，为进一步完善来华留学教育工作提出建议。

---

① 郑金洲. 多元文化教育 [M]. 天津：天津教育出版社，2004：1.
② 陈学飞. 高等教育国际化：跨世纪的大趋势 [M]. 福州：福建教育出版社，2002：168.

一、总结

本研究在分析借鉴跨文化适应理论成果的基础上，结合布迪厄的实践理论，坚持关系主义方法论原则，从主体间性视角出发，利用问卷法、访谈法和参与观察等方法对来华非洲留学研究生的学术适应现状、学术适应机制和学术适应后果进行了分析和阐释，得出了以下主要研究结论：

第一，关于来华非洲留学研究生学术适应现状。国际学生是由一种社会文化到另一种社会文化中求学，其所要经历的是一种跨文化学术适应过程。从理论上来讲，当留学生来到一个与自己之前社会文化差异巨大的环境中求学时，会由于文化背景的不同而产生矛盾或不适，这会对留学生的学术适应产生影响，这在以往的研究中得到了验证。然而，本研究通过调查发现，尽管中非之间存在着明显的社会文化背景和教育体制差异，且来华非洲留学研究生的中文能力水平严重不足，然而这并没有构成他们在华学术适应上的严峻挑战。由于有英语背景的来华非洲留学研究生绝大部分是申请就读于英文授课项目，他们在学术适应上整体表现良好。在教学方面，他们可以很好地适应中国高等教育机构为其营造的教育教学环境，能够较为顺利地完成课程学习并取得良好成绩；在科研方面，他们有着较为强烈的参与相关科研项目的意愿，但实际上很少有人能够参与其中，其学术成果也较少，主要是进行了毕业学位论文的研究，通过在中国的学习取得了一定收获；在学术交往方面，他们有着较为活跃的表现，积极参与各种学术活动，并可以与老师和同学之间进行良好的学术交流，但形成了相对独立于中国学生的学术交流圈。相比之下，少数就读于中文授课项目中的来华非洲留学研究生则在专业课程学习中遭遇了较多跨文化挑战。来华非洲留学研究生虽然在学术适应方面存在着不同语言授课项目的类型差异，但其整体表现良好，基本都能取得良好学习成绩并表示在华学习期间收获提升很多，而且基本上都能顺利毕业回国。

第二，关于来华非洲留学研究生学术适应机制。通过深入分析来华非洲留学研究生的学术适应机制，本研究发现，这种现象的形成一方面是由于我国良好的物质经济支持和在教学培养上对留学生的保护性逆向适应举措，包括奖学金和英文授课项目的设置、教学培养标准的降低以及较为完善的教学管理与服务等，在客观上消解了他们在理论上、在学术适应方面应当面临的困境。另一方面是由于来华非洲留学研究生通过个体自我能动力的积极发挥和内群体的有效社会支持内倾性地能动调适着在华学习生活。本研究在使用"保护性逆向适应"这一概念时，意在强调中国政府和高校为降低来华非洲留学研究生在中国这个异文化环境中的学术适应挑战而采取的支持性措施；在使用"内倾性能动适应"这一概念时，指的是留学生在留学国与母国之间的游离状态下，无法真正适应和融入留学世界，从而诉诸个体内在的自我能动力以及在内群体之中不断扩展的各种社会关系，具体表现为来华非洲留学研究生自身在时空和文化的结构性条件下为进行学术适应所采取的内倾性调适策略。来华非洲留学研究生的内倾性能动适应与作为异文化社会的中国政府和高校的保护性逆向适应也是具有一定关系的，后者是前者的一种充分条件。这种内倾性为来华非洲留学研究生在中国这个异文化社会场域中进行学术适应提供了直接或间接的重要物质和精神支持。来华非洲留学研究生正是在这种双向适应过程中充分利用中国高等教育机构为其所提供的丰富经济资本和文化资本以及其自身所拥有的社会资本和符号资本，建构出与其在原有社会文化中相似的学习生活场域，使其原有的性情倾向或惯习结构在很大程度上得以保持和再生产，进而促进了非洲留学研究生在中国这个异文化社会环境中的学术适应。但是，从其学术适应的过程和内容上看，或许可以说他们所达到的仅是一种浅层适应，并没有达到深度学术适应的水平。

而且本研究还发现，在华非洲留学研究生并非单向度地融入了中国的教育文化环境之中。我们知道，研究生阶段的学习需要进行调查研究或实习实验，由于语言的障碍、社会文化背景的差异和修学时间的限制，很多专业的来华非洲留学研究生在中国收集数据存在很大困难，他们不得不回国做研究。这也是大部分来华非洲留学研究生在做毕业论文研究时所采取的做法，即以非洲的经济、社会、文化等为研究对象进行毕业论文的写作。他们在中国使用英文进行专业课程学习，然后回派遣国开展调查研究或实习实验，搜集论文写作素材和数据，最后在中国进行论文答辩并获得学位。有论文发表要求的学生基本是选择发表在英文国际学术期刊上。由此我们发现，来华非洲留学研究生的学术适应是在中国文化、非洲文化与西方文化的、多元的跨文化空间之中展开的，这也是他们的学术适应策略之一。

第三，关于来华非洲留学研究生学术适应后果。进一步研究表明，这种促进来华非洲留学研究生学术适应的双向机制也引发了一些意外后果，产生了一些非预期影响，这主要体现在来华非洲留学研究生学术适应和社会适应的关系上。通过对比研究，本研究发现不同语言授课项目中来华非洲留学研究生的适应状况存在明显差异。就读于英文授课项目的来华非洲留学研究生在学术适应方面较为容易，而在社会适应方面困难，促进其学术适应的部分因素却阻碍了他们对中国社会的适应。中国高等教育机构对来华留学研究生与中国学生实行了"双轨制"管理,特别是对申请就读于英文授课项目的留学研究生来说,他们学习和生活在相对独立于中国学生的场域中,这种局限于国际学生内部的英文教学环境和居住环境阻碍了他们对中文语言的深入学习和掌握,使他们很难融入中国社会文化,他们凭借中国高等教育机构所赋予的和自身所拥有的各种资本营造了自得其乐的学习生活世界。就读于中文授课项目的来华非洲留学研究生在社会适应方面较为容易,而在学术适应方面较为困难。对中文的习得可以有效促进他们与中国人之间的交往交流和对中国社会的适应,但以他们的中文水平还难以理解更为复杂深奥的学术话语,尤其是在应用中文进行学术论文的写作方面困难突出,从而对他们的学习效率和效果以及学业考核造成影响。整体来看,英文授课项目中来华非洲留学研究生对中国社会的较低适应程度并未对其学术适应产生较大不良影响,中文授课项目中来华非洲留学研究生对中国社会的较高适应程度也未对其学术适应产生明显的促进作用。这形成了一种来华非洲留学研究生在学术适应与社会适应之间不能兼顾的现象。

二、讨论

来华留学教育不仅作为我国高等教育国际化的重要组成部分,同时也作为我国对外交往的重要方面,在对外开放的事业中发挥着重要作用。可以说,来华留学教育不仅具有教育文化属性,同时还具有政治外交属性和经济市场属性。所以,来华留学生学术适应问题不仅仅是一个教育问题,也是一个政治经济问题,从社会学的角度看,它还是一个社会问题。虽然来华非洲留学研究生学术适应的"良好"结果离不开其个体和群体自身能动性的发挥,但中国政府和高校的各种保护性逆向适应举措也发挥了不可忽视的重要作用,因此我们不得不反思这种"逆向适应"的合理性。考虑到来华非洲留学研究生可能遭遇的跨文化学习生活困难问题,我国高等教育机构对其实行的一些"逆向适应"举措具有一定的合理性,但也会在某些方面让人产生疑问,尤其是来华留学教育质量保证问题。

国际化学术环境中的一个重要问题是如何保证教育质量。虽然存在国家和国际性的教育资格和质量认证系统,但世界各国在保证学校最基本的学术水平问题上还缺少有效的措施,尤其当进入国际教育市场的人越来越多地受到经济利益而不是教育使命驱动的时候,质量保证变得尤其艰难。[1]我国要打造世界一流大学,不仅要注重来华留学生数量和比例的增加,更要注重其培养质量的提

---

[1] 侯定凯. 高等教育社会学 [M]. 桂林:广西师范大学出版社,2004:264.

高。来华留学生学术适应问题是与我国高等教育的发展密切相关的，为了促进来华留学生学术适应，最根本的是从自身资源和能力出发提高我国来华留学教育质量，坚守高等教育的学术精神与学术价值，这也是高等教育国际化竞争中的根本遵循。如果说来华非洲留学研究生的学术适应主要是在中国高等教育机构的逆向适应特别是降低了培养标准的条件下才能达成的话，那么来华留学研究生的教育培养质量是存疑的，他们所达到的学术适应仅是表面的或者说是浅层的，并没有达到深度适应的水平。这种矛盾和冲突与我国高等学校的治理结构密切相关。

首先，体现在高等学校的外部治理结构中。我国高等学校作为一种资源依赖型组织，是受到其所置身的行政体制深刻影响的，在很多方面体现出对政府的依赖特征，例如，学校的办学资源主要是来自政府财政，各种科研经费及项目经费都主要由中央宏观调控拨付，决定学校发展的学位审批权集中于政府，此外还有来自政府的各种评估。因此在一定程度上，政府主导了我国高等教育国际化的竞争，其表现之一就是追求"数字工程"。例如，2010年9月教育部印发《留学中国计划》，按照计划，到2020年，全年在内地高校及中小学就读的来华留学生规模将扩大到50万人次，其中学历留学生达到15万人，使我国成为亚洲最大的国际学生流动目的地国家。政府的大力支持与政策引导无疑加快了我国高等教育国际化的步伐，使我国高等教育在国际化的竞争中处于有利地位。但是，在来华留学规模快速扩张的进程中，也暴露出一些我国高等教育国际化的短板，如缺少高质量的国际化师资队伍和非师资队伍投入来华留学生的教学培养与管理中，从而在一定程度上影响到来华留学生的学术适应。

其次，体现在高等学校的内部治理结构中。高等学校中的事务可以分为学术性事务和行政性事务两种，与此相对应，其内部也存在着两种并行的权力系统，即以教授、专家、学者为核心的学术组织为主体的学术权力系统和以行政管理组织结构为网络的行政权力系统。这两种权力系统的运作方式有很大不同。高等学校的学术权力是通过学术人员和学术组织对学术性事务进行管理而体现的，这种权力不是外部赋予的，学者的学术权威在其中发挥着重要作用。而行政权力主要是依靠行政机构及行政人员通过政策、指令、指示等方式对行政性事务进行管理而体现的，它具有一定的强制性。[1]布迪厄指出，在分析学术世界时，必须同时考虑两种不同的等级制原则。在学术场域中，文化资本的等级制原则经常与经济资本或政治权力的等级制原则发生冲突。也就是说，在高等学

---

[1] 肖昊，周丹. 高等学校运行机制研究[M]. 武汉：武汉大学出版社，2010：16.

校内部,学术权力与行政权力在价值取向上存在一定程度的冲突。学术权力追求的是学者所从事的学科得以发展,保证学术标准得以贯彻;而行政权力则是要保证教育方针和办学思想得以落实,保障大学组织目标的实现。这种冲突在对来华留学生的培养中得到体现。比如,在来华非洲留学研究生中,有一部分人获得了中国商务部奖学金项目的支持。商务部做这个项目主要是为了跟非洲国家达成一个友好的合作伙伴关系,至于让他们在学术上有多大成果,这些倒是其次的。但是,如果有在学术上非常严谨、较真儿的老师,"我培养学生,不管项目的事,你让我培养,我就要负责,要充分地自主,他要做得好就让他毕业,做不好(论文不合格)就不能毕业",这样就存在一种冲突。项目执行本身有它的目标,老师自己的培养也有一个目标,这两个目标可能有所冲突。高等学校中的行政权力要确保项目的顺利实施,学术权力要确保学术标准得以贯彻,从而导致二者之间产生一定冲突。

因此,如何在我国高等教育国际化的进程中兼顾来华留学教育规模与质量,平衡来华留学教育政策与学术价值目标,切实提高来华非洲留学研究生的学术适应能力和学术水平,是高等学校应着重考虑并予以解决的问题。

(崔希涛 何俊芳)

第六章

北京国际社区中的群际交往研究

第一节 导 论

北京作为我国的政治、经济、文化中心，历来吸引着大批外国人在此工作、学习、生活和居住，由此形成了一些国际化社区。外国人无论是零散居住，还是集聚性居住，他们与中国本地居民之间的日常互动和交流都不可避免，但其交往特点会有所不同。而外籍人士与东道主之间的交往程度是体现其社会融入度的重要内容之一。一般而言，社会融入需要经历职业（行业）进入、经济报酬获得、社会交往展开及生活方式与价值观念认同等诸多阶段，这几个阶段由低及高，代表了融入广度和深度的不断提升。因此，对国际化社区中反映外国人和中国人之间社会融合程度的群际交往①及其相关问题进行专门探究至关重要。

---

① 本文基于身份认同的视角，将中国人和外国人划分为两大群体，将"群际交往"定义为"外国人与中国人的跨群体接触、交往的总和"。对于外籍移民而言，"外国人"本身就是很重要的身份标志，这个身份标志决定了身份持有者必须采取一系列行动，使自己能够在移居地实现生存和发展。现行的社会政策和制度，如社会保障制度、医疗制度和教育制度等的"屏蔽"，更进一步导致了中国人对于"外国人"在政策上的排斥，因此强化了"外国人"这一身份标签，并使这一身份被外国人群体所接受和认同，产生"我们外国人"和"他们中国人"这样的"局外人"心态。大多数中国人内心都持有身份意识，也就是以身份为重的思想情感和行为导向，中国人与外国人之间有着天然的社会距离，不管他们做出怎样的努力，都很难被接受为"中国人"。"外国人"是横亘在他们与中国人之间的一个永恒的标签，这样的身份区隔是外国人进行深层次社会融入的障碍之一，也使得外国人在群际交往、心理认同等方面的融合情况不甚理想。

一、北京的国际社区

国际社区的分布程度和活跃程度能够反映出城市对外国人的吸引力，反映出城市的国际化水平。如纽约的外籍居民比例占总人口的20%左右，香港地区约占7.6%①，北京的常住外国人则约占常住人口的1%。

从空间分布上看，有学者认为北京的国际社区可按照就业、公共服务、居住进行划分，如外国驻华使馆、国际组织驻华代表机构、外国新闻机构、外国商会、外国企业代表机构、外商投资企业等在京常驻外国机构的空间分布主要集中于3个区域：一是东二环、东三环、机场高速和长安街围合而成的区域及其外围不大的范围内；二是机场高速、北四环、北五环和京承高速围合而成的区域；三是八达岭高速以西、向南至北三环的范围内。为外国人服务的公共服务设施的分布同样存在相对集中的区域，为北京的东北部分，可以将其划分为6个相对集中的区域，即使馆区、望京、五道口、亚运村、王府井和金融街。从为外国人提供居住设施的专门化供应角度看，它们主要集中在长安街东沿线、东二环和东三环及至望京之间。总之，通过对外国人就业、公共服务设施和居住场所的空间分布分析，可以明显看出：在京外国人主要分布在城市东北部，东二环、东三环和机场高速这样一条狭长的走廊上集中了北京大部分与外国人有关的设施，另外，大量留学生集中在以五道口为中心的地区。②

在京来自不同国家的外国人虽有一定程度聚居，如韩国人大多居住在望京地区，日本人多居住于长富宫和发展大厦附近，德国人集中于亮马桥的凯宾斯基饭店及其周边地区，法国人主要分布在东三环以西的地区，俄罗斯人主要集中在东直门内和雅宝路两个地区等，但北京的国际社区不同于美国的"唐人街"或意大利裔聚居的社区，在北京的国际社区中外籍人士的来源国较为多元，且社区中中国人的占比较高，这种特殊性也使得北京国际社区中的群际交往呈现出不同的特征，社区建设和治理也具有更高的难度和挑战。相关统计资料显示，在北京市的社区中，外籍居民占全体居民20%以上的社区仅有10余个，比如，朝阳区建外街道秀水社区、麦子店街道枣营北里社区、朝阳公园社区、海淀区中关村街道新科祥园社区、顺义区后沙峪镇天房第二社区等。其中，麦子店街

---

① 戴春. 社会融入：上海国际化社区建构 [M]. 北京：中国电力出版社，2007：4.
② 孙博远. 北京国际社区现状及展望 [J]. 北京规划建设，2012（03）：72-76.

道是第一个提出建设国际化社区的街道,境外人士为三千多人①,以欧美人士为主,集中了第三使馆区、高档写字楼、高档小区等众多涉外资源,吸引了大量外交人员和外企工作人员居住。

麦子店街道地处朝阳区中东部,辖区面积6.8平方千米,东与东风乡接壤,南与团结湖街道、六里屯街道相邻,西北与左家庄街道毗邻,北与太阳宫乡交界,东北接将台乡。2000年以后,麦子店街道外籍人士的数量迅速增加,截至2011年年末,麦子店街道常住人口35103人,流动人口10900人,其中外籍人士7848人。② 根据2020年的相关报道,麦子店街道下辖6个社区,常住人口近6万人,其中有来自93个国家和地区的外籍人口近万人,区域内有15个国家大使馆、2个国际组织及多家涉外机构。③

本研究综合考虑社区内居民的构成、国际化社区建设的成熟度、调研可行性等因素,选取北京市麦子店街道中的Y国际社区作为主要调研地点。该社区地处北京市朝阳区,位于中央商务区的延伸带,紧邻美、法、日等为代表的第三使馆区,拥有丰富的国际资源。同时,社区毗邻燕莎商圈、蓝色港湾、朝阳公园、农业展览馆等,形成了政治、经济、商务、娱乐休闲互相支撑的区域格局。社区交通便利,附近有东三环、京通快速路、北三环等主干道,距离机场高速仅6千米,便于居民出行和交流。

Y国际社区现共有居民440余户,其中外籍居民150户左右,占比34%,涉及国家28~30个,以来自法国、意大利、德国和英国等国家的居多,也有来自澳大利亚、俄罗斯、巴基斯坦、新西兰等国家的人士。可见,该社区中外籍人士占比较高,且职业以大使馆外交人员、外企高管、技术人员为主,处于较高的社会阶层。

Y国际社区的管理经验较为丰富,其所在的麦子店街道,是第一个提出建设国际化社区的街道,迄今已连续举办九届"国际社区文化季"活动,作为一项品牌文化活动,该活动吸引众多中、外籍居民参与其中。同时,在政府的支持下,街道根据自身特色,不断探索国际化社区建设的新路径,例如,即将建成的国际服务中心,致力于为中、外籍居民提供国际化标准的综合性社区服务,

---

① 王名,杨丽. 国际化社区治理研究:以北京市朝阳区为例 [J]. 北京社会科学,2011 (04):63-69.
② 国务院人口普查办公室,国家统计局人口和就业统计司. 中国2010年人口普查分乡、镇、街道资料 [M]. 北京:中国统计出版社,2012:2.
③ 北京朝阳官方发布. 朝阳全方位做好外籍人士疫情防控工作 [EB/OL]. 百家号,2020-03-16.

不断提升社区治理与服务水平。此外，Y国际社区也引入了品牌物业对社区进行管理，在发展和建设过程中，尽可能地便利外籍居民的生活，关于社区管理的具体方案也在不断探索和完善。

从硬件设施来看，Y国际社区内设有中、外籍居民的活动场所，为中、外籍居民的交流提供平台，在社区活动区域内也举办了多项活动，例如，中秋佳节手工制作月饼、小年夜一起包饺子、春节前夕写对联、社区文艺晚会等联谊活动，皆邀请中、外籍居民共同参与其中。通过观察也可以看到，社区内几乎所有的通知、告知、提示、设施使用说明等，均以中、英文对照的方式呈现，便于外籍居民阅读和了解。

从软件环境来看，该社区物业管理团队配备有专门负责解答外籍居民问题的人员，并引入社工进行专业化管理。Y国际社区也通过多种方式，积极吸纳外籍居民参与到社区事务的管理中，例如，探索和组建"洋雷锋"志愿者队伍等，意在提高外籍居民的社区自治意识。Y国际社区在发展和建设过程中，逐渐探索出了社区工作者、专业社会工作机构、物业、中国和外籍居民骨干以及社会共建单位资源，打造出了国际化社区建设融合共建的特色社区治理模式，意在提供中、外籍居民交流的平台，促进交往与融合。

那么，作为一个当前典型的北京国际社区，生活于其中的外国人和本地居民之间的交往状况究竟如何？其交往意愿和交往方式如何？哪些因素影响着其群际交往？国际社区应该发挥什么功能？应当如何发挥功能？本研究旨在对北京国际社区中生活的外国人和中国人之间的群际交往进行调查，通过对所收集资料的整理，深入分析影响或阻碍其群际交往的主要因素，进而探索性地了解国际社区中促进群际交往的路径。

二、研究对象与研究方法

（一）研究对象

本文的研究对象主要为在北京市Y国际社区中工作、生活的本地居民和外籍人士，要求在社区中生活累计时长半年及以上，原因在于本文的研究主题围绕社区中本地居民和外籍居民的群际交往展开，若在社区中生活时长较短，交往关系处于初始阶段，尚未完全建立交往网络，对于调查的问题无法进行完整的回答。

同时，由于语言的限制，本文的研究对象为母语主要为英语，以及能够用英语进行简单沟通和交流的外籍人士。在调查过程中，主要以外貌特征对本地居民和外籍人士进行区分，并在此基础上展开进一步的调查。

（二）研究方法

本研究以朝阳区麦子店街道为研究地点，2020年6月至2021年11月期间主要采用社会学研究方法，通过调查问卷、半结构式访谈和查阅文献等方式收集资料。由于疫情防控规定，研究者在调研初期无法进入社区内部，只能在社区周边，利用中、外籍居民外出等车的间隙，进行简单交流。再加上部分外籍居民因疫情滞留国外，尚未返回中国，调研对象的减少也在无形之中增加了调研的难度。所幸借着社工机构入驻社区的机会，研究者能够以志愿者的身份一同进入社区，以更好的视角全面地了解社区情况。志愿者的身份，也在一定程度上降低了中、外籍居民的防备心理，他们更愿意和研究者进行沟通、交流，并坦诚告知其真实的想法和顾虑，极大地完善了访谈资料。在对所收集的资料进行整理的基础上，采用定量研究和定性研究相结合的方法进行分析。

1. 问卷调查法

设计调查问卷，将群际交往概念进行操作化，将其细化为调查问卷中的问题，通过问卷测量出调查对象的交友情况、交往意愿，以及经济、文化、心理和社区管理等因素对群际交往的影响。本研究采用定额抽样、判断抽样、滚雪球抽样等非概率抽样的方式选取样本，对国际社区中的外国人和中国人分别发放调查问卷90份和120份，最后回收有效问卷189份，其中外籍居民问卷85份，本地居民问卷104份。在此基础上，通过SPSS统计软件对调查数据进行统计分析，整体把握国际社区中外国人和本地居民群际交往的情况。

2. 深度访谈法

本研究对14位国际社区中的居民进行了深度访谈，其中外国人和中国人群体各7位。深度访谈主要通过半结构式访谈，按照拟定好的访谈提纲，与研究对象面对面谈话、接触与互动，从微观层面分析北京市国际社区的群际交往状况、制约因素及其存在的问题，并对促进国际社区群际交往的路径进行探讨。

三、样本特征

需要说明的是，由于语言的限制，本次调研面向的是能够使用英语进行简单阅读和交流的群体，无形之中排除了部分不会使用英语的外籍人士，因此所得结论仅是对Y国际社区抽取样本情况的大致概括。但在问卷调研过程中，笔者和90%的被访者都进行了一定的语言沟通，以筛选出符合条件的被访者，获得更全面的信息，同时结合观察法等方式，尽可能展现Y国际社区群际交往的特征。调查样本的基本状况如下（如表6-1所示）：

表6-1 调查样本的基本状况（外籍居民）（N=85）

特征		占比（%）	特征		占比（%）
性别	男性	61.2	来京目的	工作	74.1
	女性	38.8		商务	11.8
年龄区间	24岁及以下	3.5		学习	7.1
	25~34岁	24.7		探亲访友	3.5
	35~44岁	40.0		其他原因	3.5
	45~54岁	21.2	国家来源	欧洲	71.8
	55岁及以上	10.6		北美洲	10.6
是否学习过中文	学习过	67.1		大洋洲	4.7
	没有	31.8		非洲	7.1
受教育程度	高中及以下	8.2		亚洲	4.7
	大学	42.4	未来计划留京时间	小于1年	15.3
	硕士研究生	44.7		1~2年	16.5
	博士研究生	4.7		3~4年	29.4
是否想获得永久居留证	是	15.3		5年及以上	17.6
	否	72.9		不知道	21.2
平均在京时间（年）			5.02		

注：由于部分被访者未填写该问题项，导致相关数据存在缺失值，统计结果中各选项的占比总和可能低于100%。

（一）外籍居民特征

1. 受教育程度较高，主要因工作来京

从受教育程度看，被访者整体学历较高，大多数被访者为大学本科及以上学历。其中,36 位被访者为大学学历,所占比例为 42.4%;38 位被访者为硕士学历,占比 44.7%;4 位被访者为博士学历,所占比例为 4.7%。外籍居民中技术人才占比高,与我国实施的引进海外高层次人才政策直接相关,带动了重点领域和新兴学科人才来华创新创业。

调查样本中,外籍人士来京的主要目的为工作,占比约为 74.1%,其次为商务和学习,占比分别为 11.8% 和 7.1%,这一结果和第七次全国人口普查数据保持一致。根据第七次全国人口普查公报(第八号),外籍人员来华目的主要为就业、学习和商务,以定居为目的来华者较少。[1]

2. 居住期限长,语言程度较好

在京居住期限长,通常意味着对中国社会有一定了解,具备良好的交往基础。有效样本中,85 位被访者的在京时间平均为 5.02 年。其中,在京 5 年以上的被访者有 33 人,占比约为 38.8%;在京 10 年以上的被访者有 16 人,占比约为 18.8%。根据第七次全国人口普查数据,在京 5 年以上的来华外籍人士占比为 42%[2],可见,Y 国际社区外籍居民的在京时间相对长于普查结果。

此外,语言作为交流和沟通的媒介,也是衡量交往可能性的重要指标。根据调查结果,67.1% 的受访者曾学习过中文,有 31.8% 的受访者没有学习过中文。从访谈过程中也可得知,部分受访者专门到大学或语言机构学习中文,以便更好地进行交流。尤其是中外通婚家庭,外籍人士的中文程度更高,整体具备较好的语言基础。

3. 未来留京意愿强,但永久居留的意向较低

从调查结果可以看出,未来计划留京时间为 3 年以上的被访者为 40 人,占比为 47%。尽管外籍居民留京意愿较强,但想获得中国永久居留证的外籍人士占比仅为 15.3%,大多数外籍居民对获得永久居留证没有意向。

值得注意的是,关于这一问题的回答,出现了较多的缺失值,有 10 位被访者未对这一问题进行填写。其中,部分被访者填答这一问题时,提到"会根据后续的工作情况决定",或认为"申请中国的永久居留证太难了,不指望拿到"。由此可见,外籍居民未来留京意愿较强,但通常只是暂时居住,长期居住并永久居留的意愿并不强烈。

---

[1] 第七次全国人口普查公报:第八号:接受普查登记的港澳台居民和外籍人员情况 [J]. 中国统计,2021(05):14.

[2] 第七次全国人口普查公报:第八号:接受普查登记的港澳台居民和外籍人员情况 [J]. 中国统计,2021(05):14.

（二）本地居民特征

表 6-2 调查样本的基本状况（本地居民） （N=104）

特征		占比（%）	特征		占比（%）
性别	男性	44.2	受教育程度	小学及以下	3.8
	女性	55.8		初中	5.8
年龄区间	17岁及以下	3.8		高中/中专	21.2
	18~40岁	53.8		大专/本科	32.7
	41~65岁	26.9		硕士研究生	30.8
	66岁及以上	15.4		博士研究生	5.8
是否学习过英语	学习过	69.2	居住原因	工作	53.9
	没有	30.8		商务	5.8
在京居住时间	小于1年	9.6		学习/培训	11.5
	1~5年	44.2		家属随迁	13.5
	6~10年	26.9		婚姻	3.8
	10年及以上	19.2		旅游	5.8
				其他原因	5.8

1. 受教育程度较外籍居民略低，主要因工作居住

本地居民整体受教育程度较高，学历为大专或本科的受访者有34人，占比32.7%，硕士研究生有32人，占比为30.8%，博士研究生有6人，占比为5.8%，仅有30.8%的受访者学历在高中或中专及以下。尽管本地居民的学历整体处于较高层次，但和外籍居民相比仍有一定差距，这一点在本科及以上学历人员占比上有明显体现：学历在本科及以上的外籍居民被访者占比为91.8%，而本地居民占比为69.3%。这种情况的出现，一方面源于调研中本地居民样本的年龄结构偏大，多为跟随子女居住，不需要更多的人力资本以应对谋生需要；另一方面，也和人才强国战略下我国实施的人才引进政策有较大关系，政策优势吸引了更多的高层次国际人才和创新创业人才聚集。

本地居民选择该小区居住的主要原因是工作，占比为53.9%，这一点和外籍居民选择来京的原因类似，其次分别为家属随迁和学习培训，占比分别为13.5%、11.5%。但和外籍居民因"距离大使馆近""靠近工作地点""方便孩子上学"等原因选择该小区不同，本地居民还会因"交通便利""租金合适""设施齐全、户型好"等原因前来。但无论出于何种考量，首要目的还是便于工

作、学习和生活。

2. 英语学习的比例较高，具备一定的英文交流基础

从学习英语的情况来看，有 72 位被访者曾进行过英语学习，占比为 69.2%，32 位被访者未学习过英语，占比为 30.8%，这反映出本地居民具备一定的语言基础。语言作为交流的媒介，在中、外籍居民进行沟通和交往的过程中，承担着最为基础和根本的角色。① 中、外籍居民只有理解和使用同一种语言，才能够较好地展开沟通，这也是进一步组建社会关系网络、进行互动和交往的前提。Y 国际社区过半数的本地居民都曾学习过英语，为中、外籍居民间进行交往提供了良好的语言条件。

3. 居住时间较长，对社区更为熟悉和了解

国际社区具有异质性和复杂性的特征，和中国传统的"熟人社会"有着较明显的区别。但随着本地居民居住时长的增加，在日常生活中不可避免地会出现人际关系的"熟悉"。所谓抬头不见低头见，并由此发展出长期性、稳定性的关系网络。居住时间越长，对社区及周边的环境便更为熟悉和了解，但与此同时，传统社区中存在的新老居民"两张皮"——原居民会对新居民抱有"排斥"心理，并采取一系列的防范措施，即"抱团"问题，也可能发生②，社区进行管理时需要加以考虑。

在调查样本中，居住时间少于 1 年的被访者有 10 人，占比为 9.6%；居住时间为 1~5 年的被访者有 46 人，占比为 44.2%；居住时间为 6~10 年的被访者有 28 人，占比为 26.9%；居住时长长于 10 年的被访者有 20 人，占比为 19.2%。由此可见，本地居民在社区中的居住时间普遍较长，对社区具有一定的情感基础，Y 国际社区在进行管理时，应当充分发挥这一优势，推进居民参与和互动，同时也应注意中、外籍居民间可能存在的隔离和屏障，更有效地组织促进中、外籍居民交往的活动（如表 6-2 所示）。

第二节　Y 国际社区的群际交往概况

国际社区作为经济全球化的产物，成为外籍居民、本地居民、物业、政府

---

① 孙烨. 外籍人士的社会融入状况：基于对上海市古北国际社区的调查 [D]. 上海：华东师范大学，2010.
② 黄立敏. 社会资本视阈下的"村改居"社区治理：以深圳市宝安区为例 [J]. 江西社会科学，2009（09）：215-219.

组织等多主体互动的实践场域。一方面,国际社区新场域影响着外籍居民与外籍居民、外籍居民与本地居民、外籍居民与行政组织等主体之间的互动;另一方面,各个行动主体之间的互动也重塑并构建了新的"交往关系",这一互构过程形塑了当前国际社区中特有的群际交往样态。

本部分主要聚焦于外籍居民与本地居民之间的群际交往,探析在国际社区这一特殊的场域内,双方之间的交往特点,以及交往关系的互构过程。首先从交往意愿、交往频率和交往程度方面,对中、外居民的交往态度进行宏观上的描述;其次将研究视角集中于国际社区这一场域内不同主体之间的互动关系,主要是从交往场合和具体的交往行为角度展开分析,并对双方交往关系的评价进行描述和概括;最后,简要总结当前中、外籍居民交往的效果及影响,并对双方倾向的交往关系进行阐述。

一、交往态度

态度指的是人际交往中表现出来的预先的倾向或准备的状态,在人们的日常生活领域中起着重要的作用。随着社会交往的深入,群体成员在交往实践中不仅会产生一系列的认知活动,逐渐形成对其他群体相对稳定的看法,同时也会在认知的基础上,表现出一定的行为方式和交往态度特征。[①] 态度是群体成员在交往过程中,经过学习和经验积累形成的,采取不同的交往态度,会对群体间的社会交往产生不同的直接影响,具体体现在采取何种方式对待人或事物,进而推动人们做出不同的行动,并在此基础上形成不同的交往效果。

交往态度可以通过具体的量表进行测量,美国社会心理学家、社会学家 Emory Bogardus 提出对不同族群间的关系进行测量的社会距离量表,主要包括以下问题:(1)是否愿意通婚成为亲戚;(2)是否愿意结交成为亲密朋友;(3)是否愿意成为邻居;(4)是否愿意与这些族群的成员进行交往;(5)是否愿意参加同一个社会团体的活动;(6)是否愿意接受这些族群的成员成为朋友。通过将问题的回答划分为不同的维度,可以从中反映被调查者对其他族群的交往态度。

本文结合以上研究,将交往态度划分为三个层次,分别为交往意愿、交往频率和交往程度。交往意愿指的是中、外居民是否愿意和对方进行互动的态度;交往频率主要是对中、外居民各项交往活动的参与频率进行统计,从中反映群体的共有态度倾向,主要体现在相对浅层次的交往活动;交往程度则是从是否

[①] 戴宁宁. 民族交往心理及其影响因素研究:对南疆维汉民族交往的民族学考察 [D]. 兰州:兰州大学博士学位论文,2012.

愿意做邻居、交朋友、结婚等维度，进一步深层次探讨群体间的心理距离。

(一) 交往意愿

交往意愿指的是个人和他人进行交往时的看法或想法，具有一定的主观性，是促进不同个人或群体进行交往的心理动力源泉。① 有学者将交往意愿划分为主动交往意愿、被动交往意愿，前者指的是交往过程中一方表示愿意与对方进行交往的态度，后者指的是当对方表示交往的意愿时，自身对此不排斥的状态。本文所指的交往意愿主要是前者，即自身主动和另一群体成员进行交往的意愿和态度。

从外籍居民的调查结果看，过半数的受访者表示，愿意参加社区组织的中、外籍居民交往活动，仅有4.7%的受访者表示"不太同意"，3.5%的受访者表示"非常不同意"。由此可见，在Y国际社区中中、外群体之间交往的意愿比较强烈（如图6-1所示）。

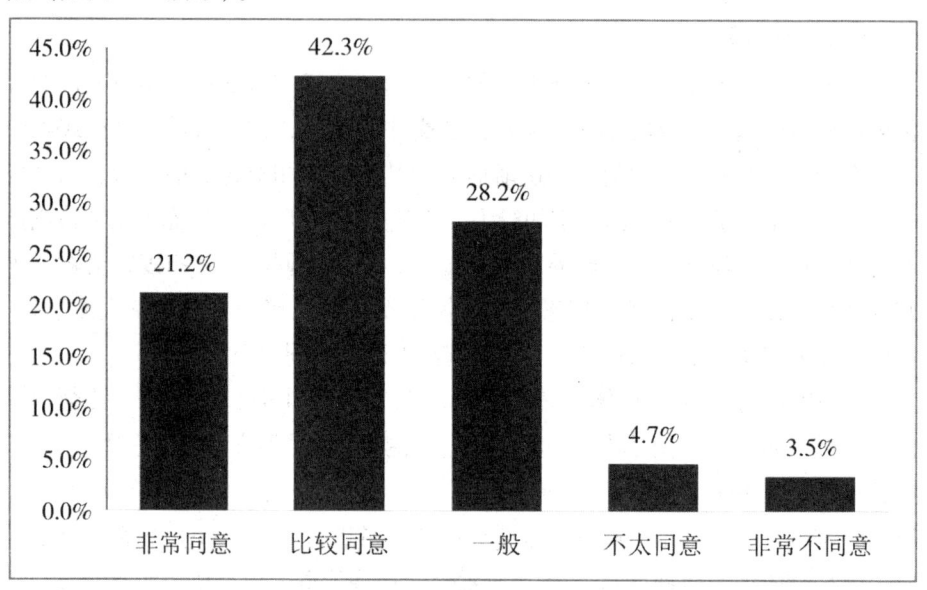

图6-1 外籍居民的交往意愿

交往意愿作为个体在社会日常生活中与他人互动的倾向，具有一定的主观性，选择不愿意交往的受访者，共同点是认为居住在同一社区的邻居之间不需要有很密切的交往，顺其自然即可，这也是外籍居民和中国居民"普遍热情，

---

① 陈祎，成嫒. 脱贫攻坚背景下宁夏生态移民心理距离与交往意愿实证研究 [J]. 西南民族大学学报（人文社科版），2019，40 (07)：186-191.

喜欢交朋友"的不同之处。

他们只是我的邻居，不是我的朋友，我不需要去认识他们。当社区里的孩子们（因我是外国人）朝我微笑或者因为好奇看着我时，我向他们挥手，这就够了。（被访者B，男，新西兰人，外教，来京4年）

增加交往，没有必要，我们见面说"hello"就可以了，不需要有更多的行为。我们只是一起住在这里而已，也不是朋友，可以通过工作、参加活动、朋友介绍朋友的方式认识，不必因为住在一起成为朋友，你能理解吗？（被访者E，男，英国人，音乐家，来京25年）

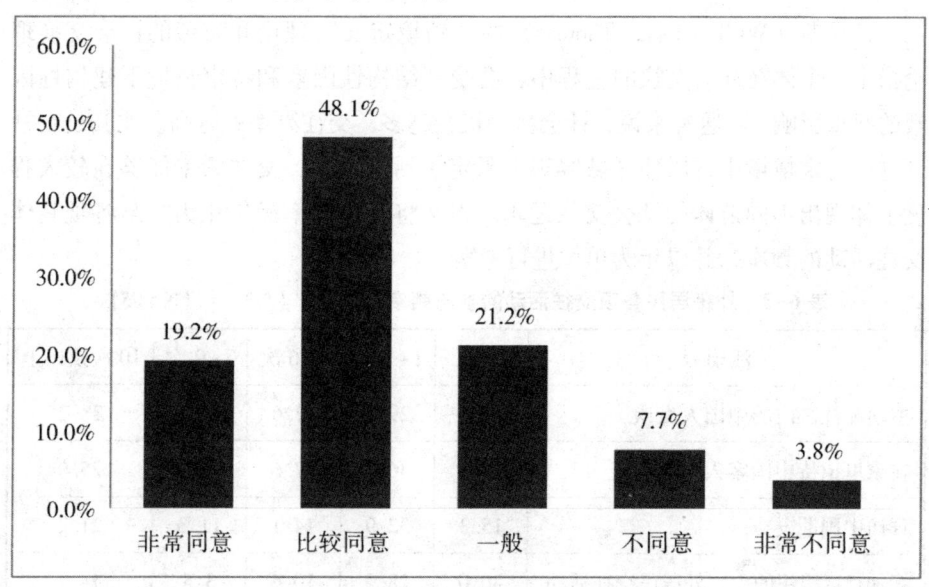

图6-2 本地居民的交往意愿

从本地居民交往意愿的调查结果来看，关于愿意参加社区组织的中、外籍居民交往活动这一问题，有19.2%的被访者表示自己非常同意，48.1%的被访者表示比较同意，21.2%的被访者表示一般。此外，表示不同意参与中、外籍居民交往活动的被访者占比约为7.7%，还有3.8%的被访者表示非常不同意。尽管通常认为中国人的性格特点之一是喜欢广交朋友，调查样本数据也反映出，高达67.3%的被访者有较强的交往意愿，但在实际访谈过程中，过半数的本地居民提到不太想主动和外籍居民交往，更愿意与中国人交往（如图6-2所示）。

我从事的是商务相关的工作，工作中会接触到很多外国人，我们交流相处得也很融洽。但是工作和生活（不太一样），生活中与外国人的交往意愿一般吧。说实话，我不太喜欢和他们交流，我和他们各自都有自己的圈子。从各个方面看，我和他们都不一样，比如，生活、行为（等方面），总体来说，我和他们不会有很多交往。（被访者 H，女，北京人，外企管理层，来京 27 年）

我跟这些外国人交流得不多，可能是刚来没多久吧，我也比较随意，有没有（交往）无所谓，没什么区别。交往的话，我还是更倾向于中国人。要是真的邀请外国人去干什么，比如，参加活动，人家可能还以为你有什么想法呢，而且也没那个必要，我的中国朋友也不少，比如，一起工作的同事这些的，也都熟悉。（被访者 K，男，浙江人，项目经理，来京 2 年）

（二）交往频率

托马斯（Willian Lsaac Thomas）的"情境定义"理论和布劳的社会交换理论指出，个体在社会交往的过程中，会受到结构性因素和特定情境下建构性因素的双重影响。[①] 通常来说，社会接触机会越多，交往频率就越高。尤其是在社区这一特定情境中，居住区域客观上限定了活动范围，交往频率能够在较大程度上体现出不同群体的社会交往逻辑。本文将交往频率操作化为参与各项具体交往活动的频次，并以年为单位进行考察。

表 6-3　外籍居民各项交往活动的参与频率（每年）（%）　　（N=85）

活动	没有	1~3 次	4~6 次	7~9 次	10 次及以上
主动和社区内的中国人交谈	3.5	29.4	17.6	17.6	28.2
在家里招待中国客人	14.1	36.5	17.6	1.2	25.9
拜访中国朋友	15.3	32.9	14.1	11.8	21.2
参加社区组织的中、外居民交往活动	40.0	28.2	10.6	3.5	14.1
遇到困难时，向中国居民求助	14.2	32.9	8.2	11.8	28.2

调查结果显示，有 32.9% 的外籍居民每年主动和社区内中国人交谈的次数不超过 3 次，有 48.2% 的外籍居民每年拜访中国朋友的次数不超过 3 次，有 47.1% 的外籍居民每年遇到困难向中国居民求助的次数不超过 3 次，过半数的外籍居民每年在家里招待中国客人或参加社区组织的中、外居民交往活动不超过 3 次。由此可见，外籍居民各项活动的参与频率并不是很高（如表 6-3 所示）。

[①] 刘庆. 流动儿童城市社会交往探析：基于武汉市的实证分析［J］. 北京青年研究，2015，24（01）：73-78.

表 6-4 本地居民各项交往活动的参与频率（每年）（%） （N=104）

活动	没有	1~3次	4~6次	7~9次	10次及以上
主动和社区内的外国人交谈	34.6	23.1	17.3	11.5	13.5
在家里招待外国客人	59.6	11.5	17.3	3.8	7.7
拜访外国朋友	57.7	13.5	15.4	7.7	3.8
参加社区组织的中、外居民交往活动	23.1	34.6	23.1	11.5	5.8
遇到困难时，向外籍居民求助	59.6	9.5	11.5	5.8	13.5

本地居民参与各项交往活动频率的结果显示，每年主动和社区内的外国人交谈不超过3次的被访者占比为57.7%，在家里招待外国客人不超过3次的被访者占比为71.1%，拜访外国朋友不超过3次的被访者占比为71.2%，参加社区组织的中、外居民交往活动不超过3次的被访者占比为57.7%，遇到困难时，主动向外籍居民求助不超过3次的被访者占比为69.1%。以上各项活动的参与频率均远低于外籍居民，尽管相对于本地居民，外籍居民需要更多地参与社会互动和交往，以构建社会关系网络，促进社会融合，但这也反映出本地居民对于交往活动缺乏主动性和开放性（如表6-4所示）。

（三）交往程度

对群际关系的评价，不同群体之间的交往程度是一个重要的指标[1]，并以"是否有其他民族的朋友""是否与其他民族进行通婚"等指标，对群际交往和关系进行测量。周传斌在对宁夏L镇回族聚居区的社会交往与群际关系的调查中也指出，通婚情况是反映群际之间相互关系、深层次融合程度的重要变量。[2]此外，择邻方面的开放程度和意愿也是影响交往的指标。[3] 综上，本文主要以"是否愿意与对方做邻居""是否愿意与对方交朋友"和"是否愿意与对方结婚"等指标，对中、外居民之间的交往程度进行分析。

外籍居民的调查结果显示，愿意和本地居民做邻居的人数占比为72.9%，愿意和本地居民交朋友的人数占比为75.3%，仅有36.4%的外籍居民愿意同本地居民结婚。而不愿意和本地居民做邻居、交朋友和结婚的比例分别为8.2%、

---

[1] 马戎，马雪峰. 西部六城市流动人口调查综合报告 [J]. 西北民族研究, 2007 (03)：135-175.

[2] 周传斌. 回族聚居地区的民族关系：基于宁夏L镇回汉社会交往与民族关系的调查 [J]. 北方民族大学学报（哲学社会科学版）, 2011 (06)：93-98.

[3] 马戎，潘乃谷. 居住形式、社会交往与蒙汉民族关系：从赤峰调查看影响民族关系的因素 [J]. 中国社会科学, 1989 (03)：179-192.

5.9%和18.8%。芝加哥学派创始人帕克对距离的含义进行了描述,并指出社会距离可以反映出社会群体之间关系的亲密程度。[①] 从下图"做邻居"到"交朋友",再到"结婚"的意愿比例,表现出随着交往距离的缩小,外籍居民和本地居民建立关系和进行交往的意愿大致呈现出下降的趋势。这也从侧面体现了外籍居民对于本群体属性的坚持,面对更为私密的领域,仍然有着自身的坚守,较难突破。值得注意的是,在填答问卷的过程中,部分外籍被访者指出,对恋爱或结婚这一问题不好做出回答,这和中、外籍居民之间不同的婚恋观也有一定关系(如图6-3所示)。

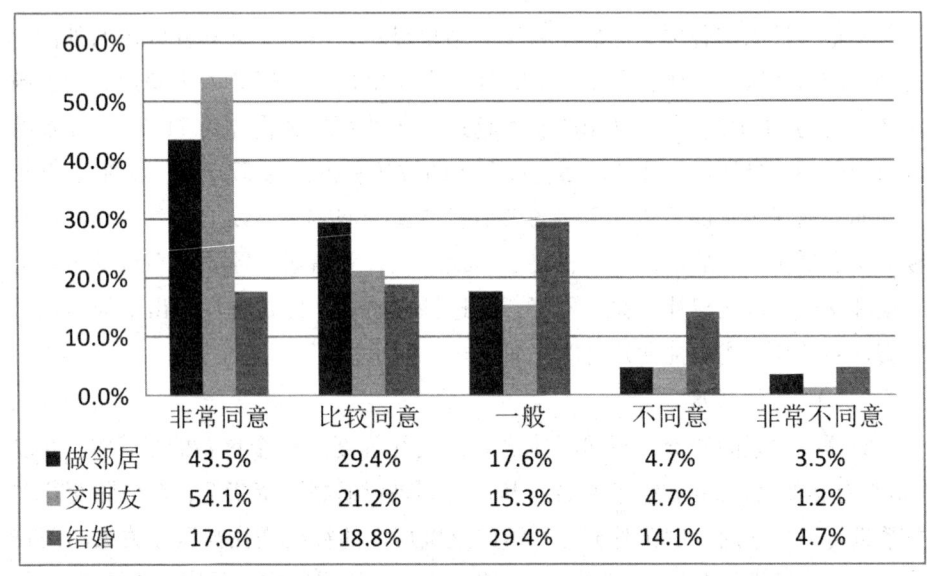

图6-3 外籍居民与本地居民的交往程度

这样的问题不方便做出明确回答,可能每隔一段时间就会换一位(不同的恋爱对象),怎么界定爱上、结婚呢? 不同的时间,交往的对象不同,这很难说。(被访者E,男,英国人,音乐家,来京25年)

本地居民与外籍居民交往程度的结果反映出,有53.8%的被访者愿意和外籍居民做邻居,61.5%的被访者愿意和外籍居民交朋友,32.7%的被访者愿意和外籍居民结婚。而不愿意和外籍居民做邻居、交朋友和结婚的比例分别为15.3%、9.6%、46.1%。本地居民和外籍居民关于交往程度的接受度存在较大的差异性,本地居民对社会距离最小的"组建婚姻关系"接受程度明显更低

---

① 王桂新,武俊奎. 城市农民工与本地居民社会距离影响因素分析:以上海为例[J]. 社会学研究,2011,25(02):28-47,243.

（如图6-4所示）。

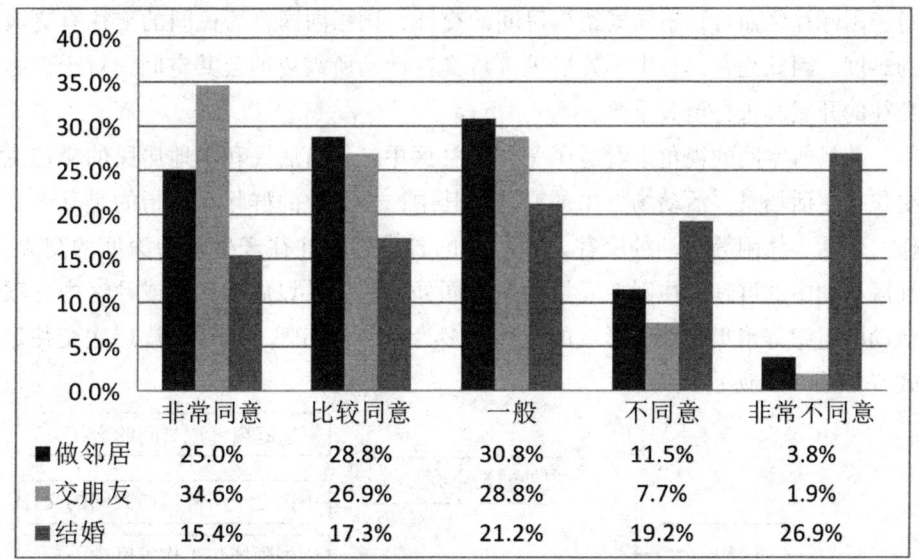

图6-4 本地居民与外籍居民的交往程度

外来居民更加愿意交往，两个群体对社会距离的态度不同，这与卢国显的研究发现是一致的。① 外籍居民作为外来者，在选择与本地人进行交往的程度时，通常会对彼此之间的关系状况进行一定的想象，即存在参照标准，假想本地居民可能不好相处，不容易进行交往，但是在实际交往过程中，发现真实情况并不是如此。由于刚开始的期望处于较低水平，因此更加容易满足，更愿意组建较深层次的交往关系。而对本地居民来说，会用和中国居民组建交往关系的标准来评判外籍居民，期望值相对更高，较难以实现，由此产生不同的交往看法，采取更为保守的交往行动。当然，不可否认的是，外籍居民相对开放的思维方式和价值观念，也会在其中发挥一定的作用。

二、不同场合的交往行为

交往的重要特征是行为性或实践性，不同群体之间的交往行为是交往双方为了展开交流与往来而采取的具体行动，即主要通过何种交往方式进行。② 而社

---

① 卢国显. 差异性态度与交往期望：农民工与市民社会距离的变化趋势：以北京市为例[J]. 浙江学刊，2007（06）：50-54.

② 陈烨，史大胜. 民族院校中的族际交往及其影响因素研究：基于对X民族大学藏汉大学生族际交往的调查[J]. 民族教育研究，2020，31（04）：95-103.

会交往需要具备一定的条件，相聚在同一空间便是交往得以进行的先决条件。[①]对于国际社区而言，不同国籍居民间的交往，比相同国籍居民间的交往有更大的难度，因此是否具备中、外居民进行交往活动所需要的公共空间，对于群际交往的开展和进行至关重要。

从场所空间的视角来看，在 Y 国际社区中，外籍居民和本地居民的交往主要包括生活场景、活动场景中的交往。其中，生活中的群际交往指的是基于工作、生活、休闲等活动的交往，和居民的日常生活往往产生较为深度的交集；社区活动中的群际交往则主要指的是因同处社区公共设施空间，或社区内各项活动的组织等聚集起来而形成的交往，多为见面打招呼、观看等浅层次交往形式（如图 6-5 所示）。

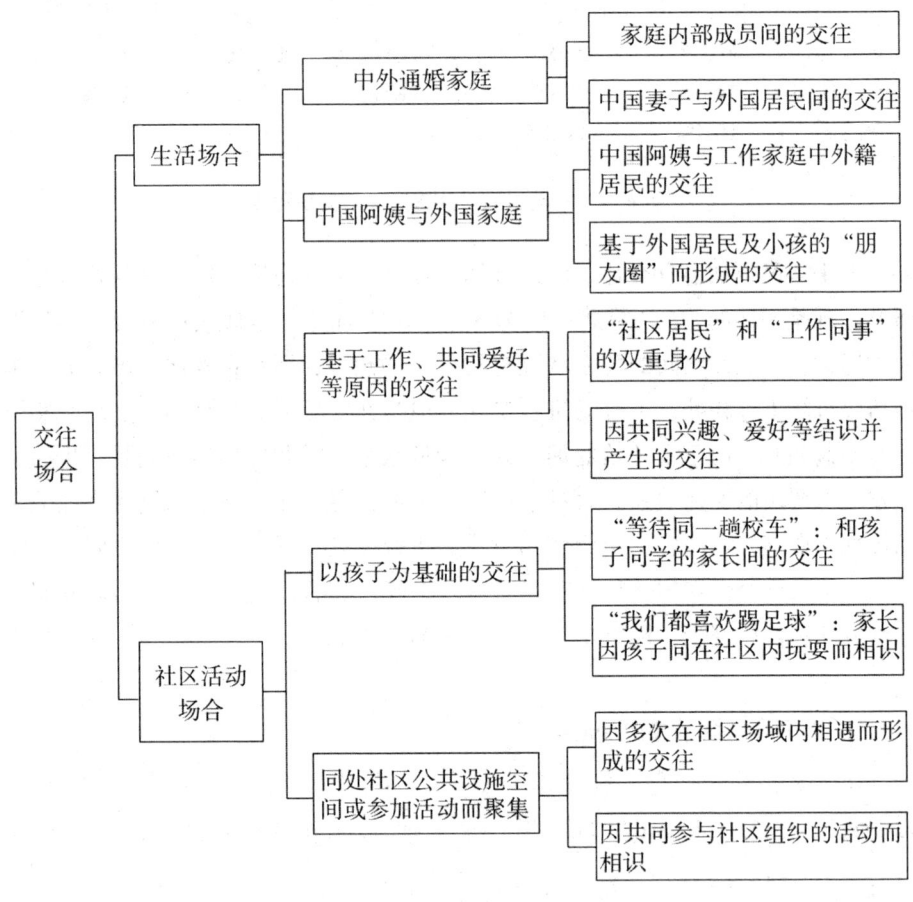

图 6-5 不同场合的社会交往

---

① 叶继红. 集中居住区移民社会网络的变迁与重构 [J]. 社会科学, 2012 (11): 67-75.

(一) 生活中的群际交往

1. 以中外通婚家庭为基础产生的交往

伊夫·格拉夫梅耶尔（Yves Meyer）对社会化互动进行了分析，总结出三种类型的交往网络，其中一种是以家庭为核心的社会关系网络，即通过婚恋关系产生的交往。① 在国际社区中，外籍居民通过和本地居民恋爱或结婚，就能够基于婚恋关系形成一定的社会交往。按照美国社会学家鲍格达斯（Bogardus）的社会距离量表，这种形式的交往下，中、外居民之间的社会距离最小，因此往往会产生大量的交往和互动行为，并有着融入对方生活空间的必要意愿。

本次调研过程中，有 3 位被访者来自中外通婚家庭。一般情况下，外籍居民与中国居民组建起恋爱或婚姻关系，意味着双方需要去接受彼此的家庭及社会关系，并融入对方的社会交往网络，由此形成一定的社会交往。

我丈夫是德国人，所以我会认识一些外国朋友，德国、法国、意大利的都有，也会一起聚餐。但我觉得这个（丈夫是外国人）不能起到很重要的作用，最多就停留在见面打招呼、聊天，很多时候怎么说呢，人家可能也是别人的太太，平时也不会单独约别人出来吃饭，除非是有共同的事情要做，否则人家还以为你有什么想法，毕竟你们之间是隔了一个人的，和自己结识的朋友还是有区别的。（被访者 N，女，上海人，全职妈妈，来京 2 年）

除了已经获得法律承认的婚姻关系之外，当外籍居民和本地居民建立起交往、恋爱关系，同样也会在一定程度上扩展社会交往网络，并产生一些新的互动和交往，包括和恋人家庭之间的交往，以及同恋人的朋友间展开的交往。

我女朋友是中国人，我和女朋友以及女朋友的儿子一起生活。我每天照顾他，其实（参加社区组织的活动）也不是因为我要了解中国文化，是因为我的那个儿子要弹钢琴，这些孩子他们每天都一起玩，所以认识了一些社区里的中国人……（女朋友）有朋友结婚，我也会去参加他们的婚礼。（被访者 D，男，波兰人，自主创业，来京 5 年）

本地社会交往关系的建立，会给外籍居民带来多方面的积极影响。一方面，和本地居民进行更多的接触和交往，能够使外籍居民使用中文的频率提高，语言水平更强，这一点在访谈过程中也有一定体现：其中 2 位中外通婚家庭中的外籍居民均能够使用中文接受访谈。另一方面，本地的社会交往网络会帮助外籍居民更多地了解中国的文化、习俗等，例如，在中国传统节日时一起参加聚

---

① 孙烨. 外籍人士的社会融入状况：基于对上海市古北国际社区的调查 [D]. 上海：华东师范大学，2010.

会,体验本地的生活方式,增加对本地文化和习惯的认同,提高生活的适应性。此外,中外通婚家庭的交往和互动行为本身会具有情感性,能够极大地满足外籍居民来到异乡,对于安全感和归属感的需要。[①] 笔者在调研中也发现,和本地居民结成恋爱或婚姻关系的外籍人士,和其他外籍居民相比,通常会产生更高的居留意愿,并将长期留在中国生活作为未来的生活计划之一。

2. 中国"阿姨"与外籍居民之间的交往

与本地居民占据绝大比例的社区不同,国际社区居民的日常生活中,家政工作者(中国"阿姨")在群际交往中起着至关重要的作用。本文中所指的中国"阿姨",主要为外籍家庭或中外通婚家庭中,聘用来照顾小孩的家政服务人员。一方面,中国"阿姨"能够和本地居民群体、共同从事家政行业的群体等搭建起良好的沟通和交往关系;另一方面,中国"阿姨"在居家工作的过程中,会接触到外籍居民的朋友圈,在接送小朋友上课或玩耍时,也会和以外国小朋友交友为核心的外国家庭有更多的交往。从这一角度而言,中国"阿姨"是最大程度和社区内外籍居民及本地居民均搭建起交往关系的群体。因此在日常生活情境中,分析中国"阿姨"和外籍居民的交往行为,对于了解国际社区中的群际交往特征具有重要意义。

外籍居民聘用的中国"阿姨",通常负责照顾小孩起居、接送其上学、在其公共空间玩乐过程中进行看管以保障其安全等工作。由于在家庭中共处的时间较长,且与家庭成员的交往较为密切,因此中国"阿姨"会和所工作外籍家庭的朋友圈有一定的接触,甚至会有外籍居民认为中国"阿姨"是他的中国朋友。

我有一个中国朋友,她是我朋友家孩子的阿姨。我认为中国人和外国人的交流是很难的,我不会中文,他们不会英文,(但是)阿姨会说英文,我们会聊天,我需要一些面对面的交流。(被访者A,男,加纳人,待业,来京2年)

有趣的是,笔者在和中国"阿姨"交流的过程中得知,外籍居民在聘用时并没有对她们的英文水平做出要求,她们的学历水平通常也为高中及以下,未进行过系统的英语学习,但她们却能够使用较为流利的英语进行简单对话,甚至在一次社区活动中,担任了中、外居民沟通的翻译志愿者。这一现象的产生无外乎有三种原因:"在那样的环境下,听多了、说多了自然就会简单交流了""每次老是用微信翻译转换,麻烦,就开始摸索学习""之前在别家工作,人家觉得我工作还行,交流也比较顺畅,就向朋友推荐了我"。无论是基于何种原

---

① 孙烨. 外籍人士的社会融入状况:基于对上海市古北国际社区的调查[D]. 上海:华东师范大学,2010.

因，不可否认的是，中国"阿姨"的英文水平在促进中、外籍居民进行交流和交往的过程中发挥着重要作用。

此外，中国"阿姨"在带领外籍小朋友上课、玩耍的时候，会因共同等候，和外籍居民"见得多了，面熟"而进行一定的交往，并伴随着小朋友之间共同分享零食、玩具而加深交往关系，由此便形成一定的社会交往网络。

和中国'阿姨'也会认识，基本上是孩子的朋友（家的阿姨）。他们（自己孩子）会跟其他孩子玩，但不一定是朋友，但是我们也会跟他的阿姨聊天。（被访者F，男，德国人，工程师，来京10年）

3. 基于工作、共同爱好等原因的交往

现代化和市场化的发展，使得固有的社会结构发生变化，社会交往关系也不断发展出新的特点。[①] 业缘等关系的注入，也让交往关系的边界进一步扩大。通常认为，业缘关系指的是人们由于职业或行业活动而结成的交往，会对人们的日常生活产生影响。尽管相对于中国传统的血缘、地缘等交往关系，基于工作、共同爱好等原因的交往显得没有那么亲密和被重视，但在国际社区这一特殊情境下，由于更为亲密的交往关系通常缺位，因此外籍居民对于同事关系、共同兴趣群体关系等构建起来的交往便尤为信服和依赖。围绕工作、共同爱好等的交往形式，也在国际社区内的中、外籍居民交往中占据重要位置。

我在小区的第一个朋友是我在新西兰的上司，几年后当我决定学习中文时，他邀请我来北京，并把我介绍到他的朋友圈。通过朋友介绍朋友（的方式），我在小区有了20多个朋友，有中国人，也有外国人。（被访者B，男，新西兰人，外教，来京4年）

我在这里（小区）有一位中国同事，有时候遇到困难，也会找他帮忙。我们一起打球、跑步，我也会邀请他来家里聚餐，关系还是挺好的。（被访者F，男，德国人，工程师，来京10年）

（二）社区活动中的群际交往

1. 以孩子为基础的交往

社区活动中的群际交往通常和生活圈没有太多联系，仅因同处社区公共空间而形成，此类交往存在层次浅、频次高等特点，据此发展出朋友关系的较少。以孩子为基础进行交往是此类交往活动的显著特点之一，如中、外籍居民同一个时间点在社区门口等着送孩子的校车过来，见面次数多了会打招呼，孩子在

[①] 姚林. 贵钢搬迁与B村社会关系变迁：以贵州省B村研究为例[J]. 农村经济与科技，2021，32（19）：251-255.

社区一同踢足球、打羽毛球或追逐玩闹，家长需要时刻照看，无聊时也会进行交流。时间久了，会逐渐发展成一个"小圈子"，偶尔会有家长带零食、水果等过来，给孩子的朋友们分享。中国人崇尚礼尚往来，通常也会鼓励孩子采取同样的分享行为，这也进一步巩固了这一群体之间的交往关系。

会根据家庭成员的情况，有的单亲家庭，他们在小区里面停留的时间就不会很长。基本都是以家庭为单位的，有的孩子需要户外活动，通常是在小区里，我们双方会相互交流，是以孩子为中心的方式进行的交际。（被访者F，男，德国人，工程师，来京10年）

值得注意的是，外籍居民同本地居民围绕孩子形成的交往，基本上集中在中外通婚家庭（本地居民常默认通婚家庭的小孩是中国人）中，或在国际学校读书的中国小孩，那些土生土长的本地小孩通常被"隔绝"在这样的活动外。

我有很多好朋友，我们在一个法国学校，会坐一辆班车回来。我有一个朋友会西班牙语，她妈妈教她的，她之前还教我们唱歌，给我们带吃的。他，还有他，都是我的好朋友，我们都上法语课。（茉莉，8岁，中法混血）

我读的是英国的国际学校，我们有一个共同的好朋友，然后我俩就认识了。她（好朋友，伊朗人）说波斯语，但是中文很好，我们用中文交流。（甜甜，12岁，中国小孩）

对于社会身份范畴的区分能力在孩子身上也有一定的体现，这使中国小孩在互动中很大程度上将自己和外国小孩区分开来。交往观念或潜移默化的交往行为，在一定程度上会出现代际传递，并反映到下一代子女的交往策略选择上。

我和中国小朋友玩，那两个（外国小朋友）原本是我的好朋友，可是我有两次和他们说话，他们不理我，我就不和他们是好朋友了……能听懂呀，他们说话我能听懂，我说的是英语呀。（萌萌，6岁，中国小孩）

他们英语可好了，我不敢和他们说话，主要和中国小朋友一起玩。有时候他们在打篮球，我也会和他们去玩一会儿。（川川，7岁，中国小孩）

2. 共同参加社区活动而形成的交往

有被访者提及，之所以选择这个小区居住，是因为"这里有孩子玩的地方，有游乐场，下楼的时候可以遇到人，相比其他小区，这里更像一个家"。在观察社区内中、外籍居民交往活动的过程中也可以发现，除了围绕生活圈子形成的交往以外，几乎所有的交往活动都发生在社区公共设施空间内，且以连片规划的足球场、儿童游乐场、公共座椅等为核心进行。

当交往活动不以孩子为载体发展时，通常集中于两个方面：一是多次在社区公共空间相遇而形成的交往；二是多次共同参加社区组织的活动而熟识。这种类型的交往活动依然集中在浅层次，但交往形式更为多样化。

他经常来这里，来这个游乐场，每天都来这里，很友好，所以（见面次数多了认识了）。（被访者 A，男，加纳人，待业，来京 2 年）

很多活动她都参加，端午节包粽子，做风筝，疫情没发生的时候，举办过跳蚤市场，那个活动很受欢迎，有很多人参加。我们带着小孩来，她也经常来，经常见到，有人会和她说话。（被访者 L，男，北京人，退休人员）

三、交往关系评价

社会交往群体对交往关系进行评价体现了两个方面的内容，一是以观念的形式对群际交往进行整体把握，二是从价值认知的角度对社会交往状况"怎么样"做出探究。通过评价活动，能够对群际交往进行全面的认识，并通过现象把握本质，了解居民的真实想法和内在倾向。这种对交往过程和结果的评价，也会构成群际交往意识的一部分，对后续的交往行为、交往能力等诸多方面产生影响。①

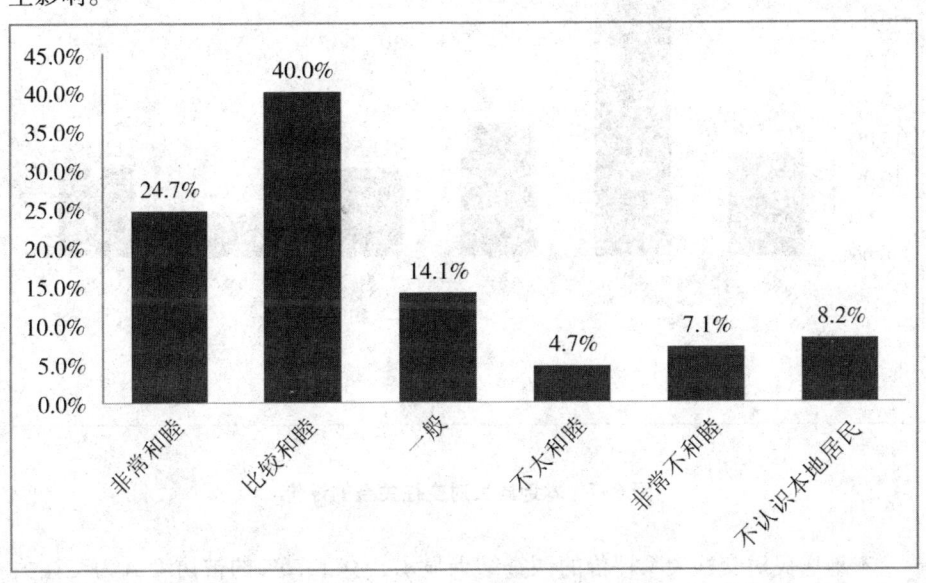

图 6-6 外籍居民对交往关系的评价

在谈到外籍居民和本地居民的关系时，除了 7 位被访者表示不认识本地居

---

① 唐婧. 民汉合校情境中的族际交往及启示：新疆乌鲁木齐 S 校的个案研究［D］. 北京：中共北京市委党校，2018.

民外，认为交往关系不太和睦的外籍居民占比为4.7%，认为交往关系非常不和睦的外籍居民占比为7.1%，过半数的外籍居民用和睦评价和本地居民的交往关系。这也反映出外籍居民对中、外居民间的群际交往评价良好，呈现出较为积极的交往认知。但在交往关系整体评价的背后，也会有着不同阶段评价的变化（如图6-6所示）。

作为一个外国人搬到另一个国家（中国），首先需要调整并且学习如何和当地人沟通……其次是文化差异，比如，他们喜欢吐痰，这很可怕，总是有人不喜欢排队，乱哄哄的，让人烦恼……一旦我熟悉了以后，发现我们之间的关系，和在新西兰与其他人的关系没有什么不同。世界上的人都是一样的，有些人很善良，乐于助人，有些人则是彻头彻尾的坏人，因此我在北京已经和很多中国人交了朋友。（被访者B，男，新西兰人，外教，来京4年）

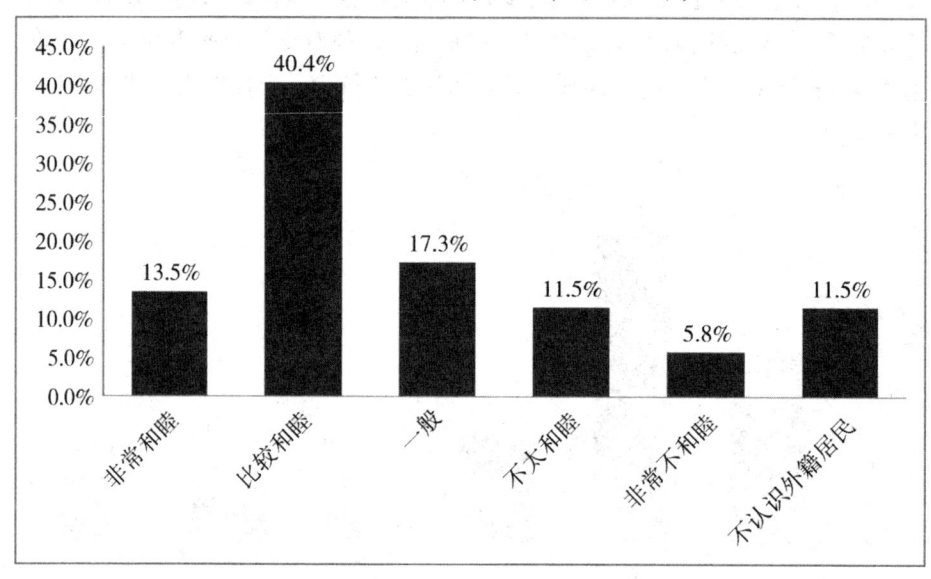

图6-7 本地居民对交往关系的评价

本地居民对交往关系评价的调查结果显示，有13.5%的被访者认为交往关系非常和睦，有40.4%的被访者认为交往关系比较和睦，认为交往关系一般和不和睦的被访者占比为34.6%。此外，有11.5%的被访者表示不认识外籍居民。和外籍居民的调查结果类似，大多数居民认为交往关系是和睦的，但在访谈过程中发现，也有部分居民对"关系和睦"的理解有一定的偏差，并将对群体中某个或某些个体行为的不满，视为双方交往关系的不和睦（如图6-7所示）。

外国人养出来的小孩，整天在小区乱跑乱叫，经常几个人聚在一起，在小区的草坪上聚餐、喝酒,一个人拿几个菜,他们喜欢这样,就直接坐在地上。那花,你看到没,外国小孩会全部摘掉,还有广场的玻璃,那么大块的玻璃,有小孩故意踢碎,查监控查出来的。他们的性格野,我和他们相处不来,我不喜欢他们。(被访者 J,女,辽宁人,退休人员,来京 12 年)

四、交往效果

中、外居民在经历不同程度的接触后,产生了较为积极的交往效果。主要包括两个层面:一是改变固有的想法,增加对交往群体和国家的认同,二是对进一步交往的开放心态。

从对交往群体的理解和认同来看,不同群体之间的亲密接触,在一定程度上能够对群际关系产生缓和作用,引发共情,推动群体对外群体表现出支持性倾向,并促使交往产生的积极效果由个体层面泛化到群际层面①,进而提升对交往群体和国家的理解、认同。

完美吗?不是的,偶尔会发生一些小冲突……实际上,我们已经习惯了离开北京一段时间,进行一个月的短途旅行。我们以为会在墨西哥待上几个月,但这次的旅行是不同的,你知道的,COVID-19。我们非常想念北京,我们的家,我们的社区,以及亲爱的中国朋友。我们有很多"homes",但北京是"home home"。在中国的首都北京发生着如此多的事情,充满着前进的动力和发展的活力。(被访者 G,女,美国人,瑜伽老师,来京 14 年)

外国人比较有礼貌,有礼数,也尊重人,见面会微笑,打招呼。中国人就不会(打招呼),有的(中国人)还会跟门卫发生冲突。会对外国人的看法有影响,重新认识到外国人的文化、素质、修养各有不同,值得我们学习、借鉴。(被访者 I,男,山西人,物业管理人员,来京 7 年)

像秋千,昨天就有一个外国小孩,她就老占着,后来那个中国小孩说"姐姐我玩一会儿",人家就下来了。你感觉说家长教育怎么这样啊,但他就是那样(的想法),人家的意识比较强,需要互相理解。(被访者 L,男,北京人,退休人员)

从对进一步交往的心态来看,部分受访者也表现出了深度交往、融入的想法,而这样的想法会体现在日常行为中,对于增强社区的凝聚力产生积极影响,提高社区成员的安全感和归属感,促进社区成员之间的沟通和交流。

---

① 戴宁宁. 民族交往心理及其影响因素研究:对南疆维汉民族交往的民族学考察 [D]. 兰州:兰州大学博士学位论文,2012.

我觉得我已经非常了解中国，在工作上一直用中文，我会做中国菜，我就是个中国人。我心里觉得我是中国人，也在争取拥有绿卡。我想在中国定居，在中国（直到）过世。我可以自己去看京剧，研究中国的文化……有时候我去遛狗，（有人）就会说这么可爱的狗，然后就慢慢开始（有更多交流）。（被访者D，男，波兰人，自主创业，来京5年）

我在小区，包括对面的小区，也有一些外国朋友。我儿子今年也要去幼儿园了，在小区门口遇到带着小朋友的（外国）父母也都会打个招呼，我比较热情开朗。虽然完全融合是不可能的，因为你的文化背景、你的语言和他们不同，（更不用说）你的脸跟他们长得就不一样，这本身就会是一个问题。我会让小孩去国际学校，第二代的孩子可能会融入，包括第二代、第三代……融入需要一个过程。（被访者N，女，上海人，全职妈妈，来京2年）

在以上分析的基础上，本文尝试对中、外籍居民双方倾向的群际交往关系进行简单论述和概括。改革开放和全球化的发展，极大地推进了人际关系由"熟人社会"向"陌生人社会"转变的进程。吉登斯（Anthony Giddens）使用"脱域化"概念来形容这一转变阶段的特征，以更好地理解陌生人社会的复杂性和交往的可能性。吉登斯指出，"脱域机制将社会关系和信息交流从具体的时间—空间情境中提取出来，同时又为他们的重新进入提供了新的机会"，即随着社会开放程度的加深，即使人们之间的交往愈发频繁，也仍然会存在很强的陌生感。[1] 开放是不可避免的大趋势，在这样的前提条件下，仅通过交往将陌生人社会转变为熟人社会是不可能的。在承认陌生人社会不可逆转的前提下，去深入挖掘促进互动和发展的方向，才能依据具体的关系变动去思考社区管理的问题。

美国社会学家格兰诺维特在《弱连接的力量》一书中，从社会关系测量学的角度，将人际关系分为三种，分别为：强连接关系、弱连接关系和无连接关系。其中，弱关系指的是在社会关系网络中，人们之间具有较强的异质性，人际关系较少，不会特别紧密，也没有过多的情感维系。[2] 尽管格兰诺维特主要将这一理论用于劳动力市场中，但我们通过梳理访谈资料和观察内容，认为Y国际社区中、外籍居民倾向的交往关系类似于"弱连接关系"的相关阐述：双方之间不用特别密切，保持相对独立的空间，交流时间不必过长，见面时多表现

---

[1] 张康之."熟人"与"陌生人"的人际关系比较[J].江苏行政学院学报，2008（02）：58-64.

[2] 陈世华，黄盛泉.近亲不如远邻：网络时代人际关系新范式[J].现代传播（中国传媒大学学报），2015，37（12）：129-132.

为礼貌的问候，或者开几句玩笑，围绕孩子进行一定的交流和分享，必要时交流一些信息，但这些信息大多不是对日常工作和生活产生决定性作用的信息。至于彼此之间的深度融合，双方都认为"暂时是不可能的""也没有必要""可能到第二代、第三代会好一些吧"。

第三节 国际社区中群际交往的影响因素分析

一、群际接触影响交往：以情境、个体经历和时间为中介

Allport 对群际接触的条件进行了假设，指出若想产生积极效果，需要符合平等地位、共同目标、群际合作关系和制度支持等条件。但这一假设遭到了诸多质疑和挑战，在此基础上，Pettigrew 对其进行了一定的修正，并建立起群际接触的理论模型。① Pettigrew 对群际接触理论的阐释将社会和制度背景、个体经历和特质等因素纳入模型中进行分析，同时包含了时间这一纵向维度，更加全面地反映出群际接触影响交往涉及了多方面的因素（如图 6-8 所示）。

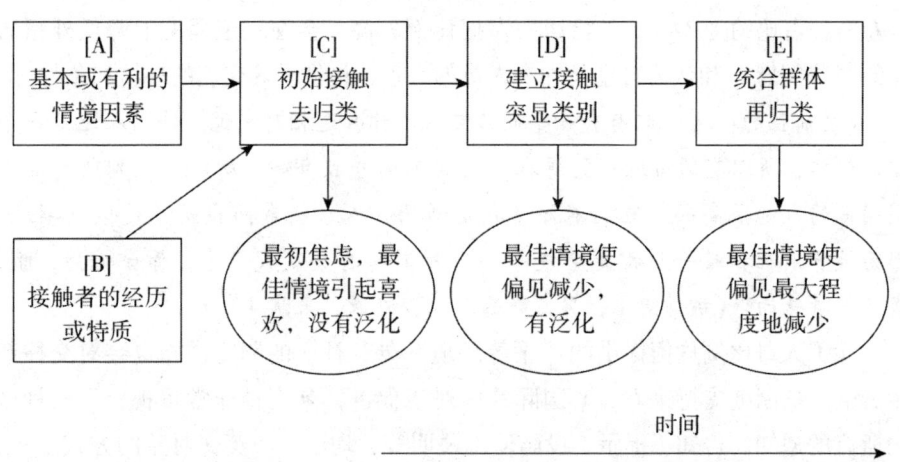

图 6-8 Pettigrew 对群际接触理论的阐释

群际接触对中、外籍居民积极交往态度的形成有正向的影响作用，而社会

---

① 陈晶，佐斌. 群际接触理论介评 [J]. 心理学探新，2004 (01): 74-78.

距离的存在，在一定程度上会影响群际交往行为的深度。① 本文对 Y 国际社区群际交往的影响因素进行分析时，指出群际接触对交往有着重要影响，通过社会或制度情境、个体经历或特质、时间因素为中介发挥作用，并从宏观层面——社区空间环境、微观层面——个体经历与特质、动态因素——时间三方面展开具体论述。

(一) 宏观层面——社区空间环境

处于特定时空环境的不同群体，通过相互之间的交往，能够在一定程度上改变群际交往态度和行为，增强理解和认同，同时也可以减少群际之间的偏见和歧视，平衡群体之间的矛盾和冲突，促进群际问题的解决，并为更进一步的交往和互动奠定良好的基础。奥尔波特提到的群际接触产生积极效果，正是由于交往情境提供的最优条件而得以实现：平等地位、共同目标、群际合作关系和制度支持。社区空间环境具备着群际交往的情境条件，并通过有效增进群际接触，对中、外籍居民之间的交往产生积极影响。

布劳在《不平等和异质性》一书中，对群际交往和社会结构进行了一定的推演，并指出不同群体的相对规模是影响群际交往的重要因素之一。② 在国际社区内，中、外籍居民数量和结构的均衡，作为一种特殊的"平等环境"，为群际交往提供了基础条件。Y 国际社区目前共有居民 440 余户，其中外籍居民有 150 户左右，占比约为 34%。外籍居民占据比例较高，会在一定程度上降低外籍居民的"隔阂感"和认为自己是外来人员的心理，提供平等交流的环境和条件。

(之前住的小区) 只有我一个新西兰人，你知道相对来说，外国人还是一个少数群体，所以有的当地人觉得我们与众不同并且有趣。所以我见到所有非中国国家的人都很高兴，他们不知道我是新西兰人，经常问我是不是俄罗斯人，因为俄罗斯人和我一样都是金发……当外国人有一定数量了，你会觉得，哦，我不是特殊的。(被访者 B，男，新西兰人，外教，来京 4 年)

除了人口比例均衡提供的"平等环境"外，社区的制度措施也会对交往产生影响。从制度支持来看，Y 国际社区对于促进群际交往非常重视，不仅社区内所有的通知、告知、提示、设施使用说明等，均以中、英文对照的方式呈现，便于外籍居民阅读和了解，而且也组织、策划了一系列面向中、外籍居民的活

---

① 陈烨，史大胜. 民族院校中的族际交往及其影响因素研究：基于对 X 民族大学藏汉大学生族际交往的调查 [J]. 民族教育研究，2020，31 (04)：95-103.
② 彼得·布劳. 不平等和异质性 [M]. 王春光，谢圣赞，译. 北京：中国社会科学出版社，1991.

动,如中秋佳节手工制作月饼、小年夜一起包饺子、春节前夕写对联、社区文艺晚会等联谊活动,皆邀请中、外籍居民共同参与其中。此外,社区也引入专业的社工团队,打造社区内本地居民志愿者、"洋雷锋"志愿者等队伍,共同助力中、外籍居民之间的交往和融合。社区的制度支持在无形之中也对居民的交往意识发挥了作用,并形成交往和互动的概念,减少隔阂和戒备。

社区会举办活动,上次回来看到在那边(社区游乐场)有很多人,物业那里也贴有海报,我路过大厅看到过。虽然因为工作没时间参加,但能感觉到他们的用心。(被访者K,男,浙江人,项目经理,来京2年)

(二)微观层面——个体经历与特质

Pettigrew在阐述群际接触理论时指出:"先前的态度和经验,会影响人们寻求或避免群体间的接触,以及这种接触会产生的效果。"对于来到国际社区中居住的中、外籍居民而言,入住之前的生活、工作和学习等经历,无疑会是双方进行互动和交往的重要影响因素。例如,有被访者指出,因之前的一些经历,他对中国人普遍不信任,导致不想同中国人进行交往,即使他的妻子本身是中国人。

我对中国人很不信任,你上次拿着这个问卷让我填,我会觉得你是中国派过来的间谍或者别的什么的,你们会监听我,监视我的生活,这一点儿也不自由……不需要有更多的行为(参与交往),我的妻子是中国人,当在小区有问题的时候,我可以找我的妻子,或者联系我在小区的外国朋友。(被访者E,男,英国人,音乐家,来京25年)

个体以往的生活环境以及对多元文化的广泛接触,对于群际交往有着较为积极的影响。新西兰学者沃德(Ward)提到,跨文化适应行为发生于两种不同文化之间,而适应和接受陌生文化的能力,会形成多元文化背景,增强适应当地社会和文化环境的能力,促进与当地人进行有效接触。[①] 从个体层面来看,所经历生活变化的次数、国际迁移经历的丰富程度等因素,在一定程度上会对价值观念产生影响,并推动个体更加尊重并理解对方的思维和行为模式。因此,群体之间接触的次数和质量,是影响群际交往的重要因素之一。

我自己本身也是在外企工作,之前在国外读书,所以外国朋友比较多,一方面是我比较热情开朗,另一方面就是更能理解(中外之间的差异)。思维、语言、行为方式都不太一样,即使你说上海人和北京人之间再聊得来,也会有思

---

① 田丽娜,张宏莉.在俄中国留学生跨文化适应现状调查与分析[J].西伯利亚研究,2015,42(05):51-55.

维、行为上的不同，对吧？所以这很正常。（被访者 N，女，上海人，全职妈妈，来京 2 年）

动机指的是激励人们完成某项活动或维持某种状态的主观意愿，可以分为内部动机和外部动机两种。前者指行为是由于自身的意愿或兴趣驱使，后者指动机源于外界因素①，如工资、升职等。一般来说，受内部动机驱使的居民比外部动机驱使的居民更愿意进行交往和互动，并主动去适应社区生活，建立起社会交往网络。

我在波兰出生，在美国读高中，在英国读大学。在每个学校也有这样的情况，中国人更喜欢和中国人一起，他们一起吃饭、聚餐，法国人和法国人一起，小时候也是这样，一直是这样。虽然我去过很多国家，但我不喜欢那些国家，在美国我不喜欢美国，所以我根本不想拿到他们的绿卡。我爱中国，在这边"天时地利人和"。我要在这里成立我自己的家，也愿意和中国人交朋友，我前妻就是老北京人。（被访者 D，男，波兰人，自主创业，来京 5 年）

此外，有过中外通婚经历的居民对交往的态度会更加积极。有被访者谈到自己喜欢和中国人交朋友的原因："我喜欢中国女孩，我的妻子是中国人，她去世了。回到自己国家以后，刷短视频软件也会经常浏览中国人拍的视频，发现我对这里很留恋，就重新回到中国。我和很多中国人交了朋友，和小区大门的警卫也是朋友。"由此可以看出，个体以往的生活、工作、学习、交友等经历或特质，都会对开展群际互动和交往产生影响。

（三）动态因素——时间

外群体的简单暴露效应（mere exposure effect）会影响人们对外群体成员的信任程度，进而影响群际关系。主要指的是随着和外群体的不断接触，熟悉度会增加，进而可能会影响对外群体的喜欢和信任程度。② 在国际社区中，中、外籍居民接触和交往的时间延长，交往的范围会随之扩大，交往的关系和程度也会加深。这种直接性的群际接触，会通过群际互动和交往行为，改变人们对外群体的固有认知，从而对群际交往产生影响。

笔者在社区观察时也发现，那些在社区居住时间较长的被访者，通常会更加自在，包括熟练地使用社区公共设施、和不同国家的居民打招呼等。而刚来社区生活不久的被访者，行为则更加拘束，常站立或坐着观察社区居民的行为，

---

① 李红兰. 北非来华留学生跨文化适应问题研究：以甘肃高校为中心的考察 [D]. 兰州：兰州大学，2021.
② 辛素飞，明朗，辛自强. 群际信任的增进：社会认同与群际接触的方法 [J]. 心理科学进展，2013，21（02）：290-299.

仿佛对一切充满了好奇,被动地等待别人打招呼并在别人时做出简单回应。

接触时间的增加,意味着直接的、面对面的群际接触增多,通常会使得居民对外群体成员展现出更为积极的交往态度。例如,社区中一位来自伊朗的居民,来京10年2个月,笔者多次看到,他和社区的很多居民在友好地进行互动。他的女儿杏杏也是社区中的"名人",很多人都认识她,并称她为"中文说得很好的外国小姑娘""中文得有十级,说得和中国人一样好""我们沟通时遇到问题都会找她,她在我们小区可有名了"。杏杏今年11岁,在中国长大,虽然就读的是大使馆的国际学校,但是会跟着老师和动画片自学中文,慢慢地在小区里也有很多位中国朋友,并向笔者列举了4位小区里的中国好朋友。而与之相对比的是被访者A,来京接近2年,会在上文提及的伊朗居民打招呼时做出回应,并称他为"很友好、热情的人",但大多数在社区游乐场的时间,都是一个人在角落站着,等儿子和同伴玩耍结束后一起回家。

我认为中国人和外国人的交流是很难的,我不会中文,他们不会英文,……交流是非常重要的,对于社区、家庭、孩子来说,都是很重要的。我需要交流,但是其他人好像不需要交流,很忙,没时间交流,都是通过网上的方式进行。我有一个中国朋友,她是我朋友家孩子的阿姨,我不经常和小区里随机的人说话。(被访者A,男,加纳人,待业,来京2年)

二、经济因素:经济差异引发的不平衡影响群际交往

经济作为生存性的因素,是交往发展的基础,如果没有经济支撑,其他层面将无从谈起。只有当移民有了一份像样的工作,具备一定的经济实力,外籍居民才能够有机会、有信心、有能力和本地居民展开深层次的交往,才能够更好地被当地人接纳。[①] 根据第七次全国人口普查数据,外国人来华的主要目的是工作,因此外籍居民取得较以往更高的收入和报酬不足为奇。但群际间的经济发展差异过大,可能会使部分居民做出不恰当的归因,从而引发心理层面的不平衡,对交往关系的建立产生影响。

从中、外籍居民的经济收入状况可以看出,外籍居民普遍具有较高收入。月平均收入水平在4万元及以上的占比最大,为31.8%;其次分别为2万到4万、1万到2万,占比分别为25.9%、15.3%;月平均收入在1万元及以下的被访者占比为8.3%。本地居民月平均收入水平占比最大的为1万到2万元,为

---

① 杨菊华. 从隔离、选择融入到融合:流动人口社会融入问题的理论思考 [J]. 人口研究, 2009, 33 (01): 17-29.

46.7%；其次为2万到4万、4万元及以上，占比分别为13.4%、11.5%；月平均收入在1万元及以下的被访者占比为21.1%。由此可见，中、外籍居民的收入有着较大的差距，外籍居民的收入普遍高于本地居民（如图6-9所示）。

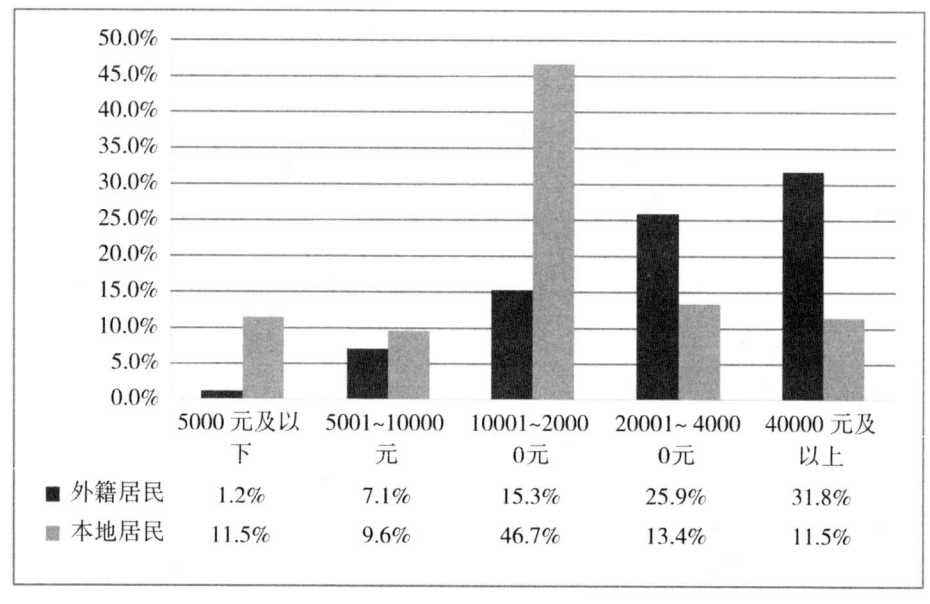

图6-9　中、外籍居民的经济收入状况（月）

对群体或个体经济发展的归因通常有两种情况：一个群体或群体中的个体在经济上取得的成功，可以做出外部归因，即认为其获得的成功主要源于自然资源、技术、外部资金及他人的帮助等外部因素，也可以做出内部归因，即认为成功主要是因为群体或个体自身的努力、能力，或主观上的人格、价值观等驱动所致。① 根据发展归因理论，若将成功归因为自身努力、能力强等内部因素，则有助于提升参与各项活动的积极性和主动性。相反，若将成功视为外部因素所致，如外国人的身份，认为成功和个人努力关系较小时，则会影响交往时的心态，阻碍交往的顺利进行。

这边赚钱比他们那边容易，相对来说，可以干一些比之前赚钱要快的工作。你就看这边（中国）的外教，教两个外国人，他的收入就一下高了，对吧。就像同样是中国老师和外国老师带的，就因为语言，家长就愿意向外国老师多付一些钱。其实就是希望他（外国人）能说多一种语言给你的孩子，是吧。但其实真

---

① 李静，刘继杰. 影响新疆族际交往的心理因素分析 [J]. 新疆社会科学，2012（05）：55-62, 151.

的没必要，这带点盲目迷信。(被访者N，女，上海人，全职妈妈，来京2年)

外国人挣钱多，一个月挣好几万，都用来吃、穿，他们住房子不要钱的。那些在大使馆工作的人，房子都是国家给他们出的，不用交房租，也给他们车子，他们在中国挣钱多，家里都有一个人不上班在家照顾小孩。这钱从哪来啊……这房租太高了，挣少了不够付房租的，现在(中国)年轻人压力大，不容易。(被访者J，女，辽宁人，退休人员，来京12年)

这种经济差异引发的心理不平衡在本地居民中较为常见，且通常会对外籍居民的高收入做出外部归因。群际交往过程中的这种负面情绪，无形之中增加了彼此间的隔阂，并对交往和互动产生影响。但对外籍居民而言，情况并非如此，除了部分国家分配工作的外籍居民，其他人来到中国时，也会面临着就业和工作的压力，例如，处于待业状态的被访者A。只有在中国能够找到工作，才具备在这里生存和生活下去的条件，也才能拥有和本地居民进行沟通和交往的基础。

三、文化因素：多层面构建群际交往的深度

文化因素的存在，使得群际之间的交往带有跨文化交际的性质，在交往的过程中，不同群体成员的文化认同和对外群体文化的认识，对群际交往具有一定的规约性作用。① 文化因素作为影响群际交往关系和交往深度的重要因素，包含了多个方面的内容，如语言、生活习惯、宗教信仰等。作为群际交往中的关键因素，文化间的差异过大，会影响中、外籍居民深入交往的意愿和积极性，抑制交往需要的产生，并限制交往关系的深度发展。

(一) 语言作为交往的媒介和工具，是群际认同的基础

在群际交往的过程中，语言一方面是群际交往的媒介和工具，另一方面也是产生群际认同的基础，是交往的关键因素。中、外籍居民之间要想进行顺利的交往，必然要求双方使用同一种语言进行沟通和交流。Y国际社区以本地居民居多，尽管部分本地居民能够使用英语和外籍居民交流，但在以中文为主的语境中，通常很少有机会开口说英语。大多数外籍居民有过中文学习的经验，可以同时使用本国语言、汉语两种不同的语言，但整体汉语水平参差不齐，加上外籍居民普遍认为中文"很难""很麻烦"，因此双方在交流时"有很多考虑"，并对交往关系的建立有一定的阻碍，甚至会因为语言影响到遇到困难时的

---

① 崔延虎. 多元文化场景中的文化互动与多民族族际交往：新疆多民族社会跨文化交际研究之一 [J]. 新疆师范大学学报(哲学社会科学版), 2005 (02): 113-117.

求助对象选择。

有语言局限,英语交流方面你会一点儿,但跟人家交流也不流畅。你说中文呢,他也是半吊子。所以你看这些社区附近,都是有很多的双语幼儿园,孩子他们会(两种语言)。(被访者L,男,北京人,退休人员)

我的中文很差,和中国人交流是很难的。当我遇到困难时,会向其他国家的人求助,因为我不会说中文,每个人都会说英文,英文是容易的。(被访者A,男,加纳人,待业,来京2年)

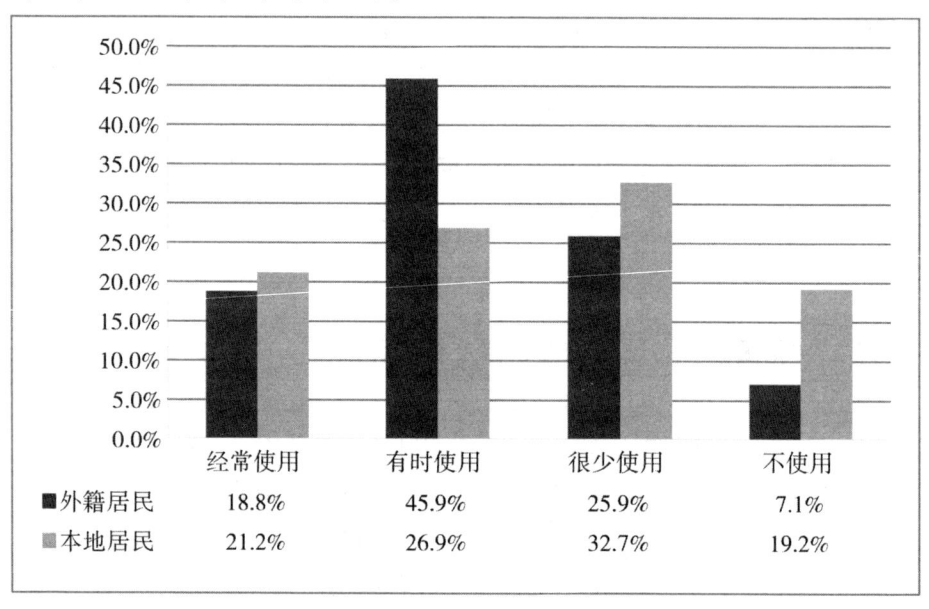

图6-10 中、外籍居民对英文/中文的使用情况

从中、外籍居民对语言的使用情况来看,经常使用中文的外籍居民占比为18.8%,有时使用的占比为45.9%,很少使用和不使用的占比分别为25.9%、7.1%。本地居民中,经常使用英文的被访者占比为21.2%,有时使用英文的被访者占比为26.9%,过半数的被访者表示很少使用或不使用(如图6-10所示)。这反映出总体的语言使用情况需要改善,尤其是本地居民,在和外籍居民对话时,需要放下顾虑,尽量使用英文进行沟通,也能够在一定程度上展现出对外籍居民的友好。值得注意的是,尽管本地居民使用英文的占比较高,但也有被访者指出,自己将见面时和外籍居民用"hello"打招呼,界定为经常使用英文,而外籍居民对使用中文的界定较为严格,认为只有能够较为熟练地交流,才算是"使用"。此外,多数外籍居民会主动学习中文,并提到自己想和中国人互相学习语言,"很多外国人来这儿,3年或者5年可能就回去了,(他们)不想学

习中文，他们的观念有可能没有那么好"。

现代社会中，如果缺少共同使用的语言，群际之间的交流、交往往往只能浮于表面、缺乏根本。调研的过程中，过半数的被访者都提及在语言方面的障碍，并指出语言无法交流，会对正常交往造成影响。群际交往时，语言的不通不仅会使交往关系难以为继，即使交往能够勉强进行，也可能因为语言之间表达的差异引发误会，这也造成中、外籍居民在交往未进行时就产生畏惧和回避心理，阻碍群际交往的发生和发展。

(二) 日常行为对交往活动有着正反效应

日常行为和生活习惯是一定社会历史的产物，和现实生活有着千丝万缕的联系，也是不同群体社会生活方式的组成部分，对群际社会生活的方方面面产生着深刻影响。习惯是客观存在的，通常而言会对群际之间交往活动的开展产生正、反两方面的效应：一方面，共同的行为能够促进群体形成一致的价值观和群际认同感，使得群体的凝聚力和向心力增强；另一方面，不同的习惯和行为可能会加深和其他群体或成员之间的疏离和对立，引发排外心理，增大群际交流和交往的难度。[1] 不同国家在日常行为和生活习惯之间的差异是客观且广泛存在的，这种差异在日常生活中体现得较为明显，且对彼此之间的交往产生较大的影响，但双方并不会主动提及这些差异，这些差异多是以不易察觉的方式出现，需要双方用更长的时间接触和交流才能够互相理解。

本地居民经常提及外籍人士喜欢喝酒、聚餐等行为，并认为外国人更注重生活品质，双方行为差异较大，不是"一个圈子"的人。

(外国人) 经常几个人聚在一起，在小区的草坪上聚餐、喝酒，一个人拿几个菜，他们喜欢这样，就直接坐在地上……一到周末，他们都待在家里不出来，或者跟他们国家的人吃饭、喝啤酒，喜欢抱团。(被访者J，女，辽宁人，退休人员，来京12年)

他们每人端一个菜，一起吃，有的对面小区的也会过来……附近有打网球、高尔夫的地方，对面小区就有，但他们都不去，嫌不好，去顺义打，他们挣钱多，讲究生活品质……外国人都关在家里，买餐、买吃的都在网上，手机点了人家给送过来，很少见他们出门。他们也不坐公共交通工具，都是打车，像刚才出去的这个人扫码骑车的也有，但很少。(被访者I，男，山西人，物业管理人员，来京7年)

外籍居民则对本地居民的一些不文明行为更加介意，例如，不排队、随地

---

[1] 姚继刚. 交往的世界：当代交往理论探索 [M]. 北京：人民出版社，2002：85.

吐痰、遛狗不规范等。也有外籍居民指出，本地居民见到小区里不认识的人都不打招呼，不友好，很"自私"。

> 我认为我和当地人之间非常不同……你看到你的邻居，和你见面，每天早上都不说早上好，这在欧洲是不会发生的。因为在德国我们是非常密切的混居，所以我们常常聚餐、聊天，但是（这里）大家都是靠自己，这是非常自私的。（被访者 C，女，德国人，建筑设计师，来京 6 年）

> 我右边的中国邻居，有时会在门前的地板上堆放东西。他们喜欢吐痰，这很可怕。你用过这样的电梯吗，当你还没下电梯的时候，很多人就想上电梯。总是有人不喜欢排队，乱哄哄的，让人烦恼。（被访者 B，男，新西兰人，外教，来京 4 年）

由此可见，作为特定文化和行为的传承者，个体经过长时间形成的一套习以为常的行为，可能会在无意识中对群际交往产生影响。这种行为上的差异引发的心理冲突，也对进一步开展交往的主动性产生了冲击。理解对方的行为方式需要一定的时间，在国际社区这样一个特殊的文化环境中，观察并了解对方的行为不是难事，部分外籍居民也会在尊重本地居民生活方式的基础上，尝试进行跨文化的互动：居住一定时间后，许多外籍居民会一起过中国的传统节日，并在春节时学着包红包发给邻居。真正将人们维系在一起的正是这些日常行为和生活习惯，要实现群际之间的深层次交流和互动，理解并尊重对方的行为，用更长的时间进行接触和交流至关重要。

（三）宗教信仰会在一定程度上引发群际隔阂

宗教信仰是文化交流互动和群际认同的另一重要因素。共同的宗教信仰可能成为群体内部的强大聚合力量，但是不同的宗教信仰也会成为强化我群（self-group）和他群（others-group）的区分力量。[①] 在现实生活中，宗教行为可能会因缺乏对话，使得在信奉不同宗教的群体成员之间产生距离与隔阂，影响群际交往的顺利进行，甚至会导致较为激烈的群体冲突。作为一种根深蒂固的潜意识，宗教信仰本身通常不会直接引起冲突，因信仰的不同而导致的群体在生活习俗方面的差异，是影响交往的主要因素。

从调查样本数据来看，外籍居民认为宗教信仰引发的冲突很少发生或没有发生过的占比为 65.9%，本地居民占比为 71.1%。在外籍居民中，认为宗教信仰引发的冲突有时发生的被访者占比为 18.8%，经常发生的占比仅为 3.5%。在

---

① 刘有安. 族际交往中的"民族心理距离"解析 [J]. 云南社会科学，2008（05）：63-66.

本地居民中，认为有时发生的占比19.2%，有9.6%的居民认为经常发生宗教信仰冲突（如图6-11所示）。在访谈过程中笔者也发现，关于宗教信仰引发的冲突，在社区生活中较少，一方面源于有信仰的人占比较低，另一方面是信仰发生的场所通常在家里或宗教活动场所，在社区公共空间进行宗教活动的很少。复杂的宗教信仰导致不同群体在思想观念和行为方面的差异，如果处理不好，势必会影响群际交往的进行，更有可能对群际关系和社会稳定造成破坏。Y国际社区的管理人员向笔者介绍了一起因宗教信仰冲突引发的矛盾，以及采取的解决办法。

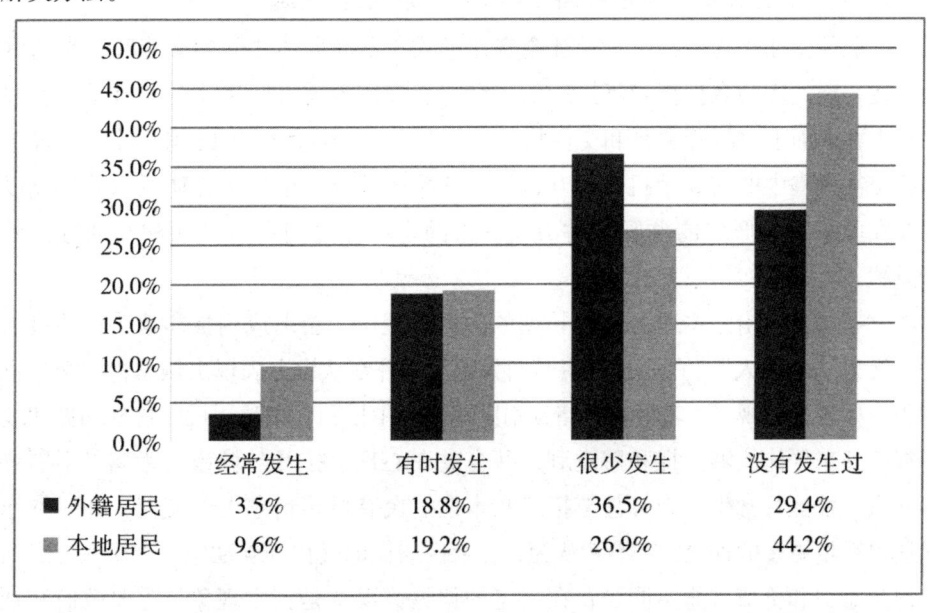

图6-11 中、外籍居民因宗教信仰引发的冲突情况

"有一起是新西兰和德国的一对夫妇，他们是两个国家的，他们当时是在家门口摆了一个人形的（模型），反正带一个小牛角，是新西兰的一个什么风俗吧。但是邻居不太能接受，觉得吓人。遇到这种情况我们就会和客户沟通，最后就是他需要把模型搬到屋里去，不能在门口放着，因为公共区域不只你一户，一层会有好几户，放在公共区域会影响别人。如果邻居不反对的话，就还可以，如果反对的话，就（需要解决）……居民自己在家里进行一些宗教仪式，这些我们不管，我们没有干预他们这些。除非其他的居民投诉了，对邻居产生影响了，这种情况我们会介入，剩下的我们都不会介入。"（被访者M，女，北京人，社区管理人员）

除此以外，有中国"阿姨"也向笔者提及了所工作家庭的宗教信仰和仪式，

"（所工作的家庭）来自埃及，母亲信仰伊斯兰教，平时会裹头，自己在家做一些仪式，不会影响别人""（所工作家庭是来自）阿根廷的，信奉基督教，会去教堂，对别人都没有什么影响"。中、外籍居民在宗教信仰上还是互相尊重的，这和政府及文化相关部门的引导不无关系。但也有一些外籍居民会认为进行正常宗教活动的过程受到了影响，没有之前在自己国家那么顺利，这可能使他们在心理上排斥交往对象，从而影响到群际之间的和谐相处和交往。

四、心理因素：内在层面上影响交往关系和状态

群际交往作为一种特殊的社会交往形式，不同群体之间的交流和往来通常是在一定的主观意识指导下进行的，交往心理体现着群际关系的心理基础，并在内在层面上对群际关系和交往状态产生影响。[1] 群际交往的心理因素，不仅包括交往过程中的需要动机、相互认知、情感体验等，也包括交往意识的形成以及在此基础上形成的群际交往方式，指的是群体之间所有接触和互动群体的总称。[2]

有研究指出，本地居民在长期的生活过程中，会形成刻板印象，将外籍居民视为"外来人"，在心理上将其归为异类，并在认识上表现出偏见，在交往行为中体现出歧视。[3] 郭星华、储卉娟则在研究中提到，本地居民的这种偏见和歧视，外来群体能够捕捉和感觉到，并自觉在心理上拉开与城市的距离，不愿意介入到社区日常生活中，甚至拒绝和本地居民有更多情感上的交流，并对本地居民产生更多的偏见。[4] 笔者认为，在社区居民的交往和互动中，由于双方之间思想意识和价值观念不同，存在一定的偏见或误解是正常现象，需要政府和社区采取一定的措施，引导双方友善交流，帮助外籍居民增强归属感，并在实际交往过程中改变对彼此的态度。

对于外籍居民而言，即使来中国工作或生活，能够提高收入，改善生活状况，并建立起一定的本地社会交往网络，但仍会存在一种"过客心态"，将自己视为"外来人"，并缺乏对移民城市的认同感和归属感，这种心理看法也会反映

---

[1] 李静，刘继杰. 影响新疆族际交往的心理因素分析 [J]. 新疆社会科学，2012（05）：55-62，151.
[2] 李静. 民族交往心理构成要素的心理学分析 [J]. 民族研究，2007（06）：22-32，107.
[3] 朱力. 群体性偏见与歧视：农民工与市民的磨擦性互动 [J]. 江海学刊，2001（06）：48-53.
[4] 郭星华，储卉娟. 从乡村到都市融入与隔离：关于民工与城市居民社会距离的实证研究 [J]. 江海学刊，2004（03）：91-98.

在对自身所处状况的评价之中，并间接影响交往关系。

表6-5　外籍居民对所处状况的认知（%）　　（N=85）

问题	非常同意	比较同意	一般	不同意	非常不同意
我认为我是个外来者	11.8	38.8	15.3	22.4	4.7
我认为我只是暂时居住在这里	21.2	35.3	15.3	17.6	7.1
我认为当地居民对我差别对待	15.3	10.6	21.2	38.8	10.6
我认为我和当地居民没什么差别	11.8	24.7	38.8	17.6	3.5
我认为我能适应北京生活	32.9	42.4	15.3	1.2	3.5
我感觉我是社区一部分	21.2	18.8	36.5	15.3	1.2
我认为我能融入社区	22.4	25.9	31.8	11.8	3.5

从外籍居民对所处状况的认知来看，认为自己是"外来者"的居民占比为50.6%，而认为自己只是暂时居住的被访者比例更高，为56.5%。此外，认为当地居民对自己没有差别对待、和当地居民没什么差别、能够适应北京生活、自己是社区的一部分、能够融入社区的被访者比例分别为25.9%、36.5%、75.3%、40.0%和48.3%（如表6-5所示）。造成心理层面这种状况的原因是多方面的，群际偏见、认知偏差、民族情结等因素都会对此产生影响，并在此基础上影响群际交往。

心理因素内在反映出群际交往的特点，并对后续交往产生持续的影响。因此，本节主要从群际偏见、认知偏差、民族情结等角度，对群际交往的心理因素进行探讨和分析。

（一）群体意识中的偏见导致交往壁垒

群体意识指的是人对自身所处群体的认知，在多种不同的群体意识中，民族意识是最重要和最有意义的一种。[①] 每个人都归属于不同的民族群体，代表着一定的群体文化，并在群体逐渐形成和社会化的过程中，成为群体中的一员，共同维系民族的存在和进一步发展。民族意识作为社会群体发展到一定阶段的产物，是民族心理的核心内容，并在群际交往中表现出正、反两方面的作用：一方面，相对理性的民族意识会在群际交往过程中发挥引导和促进的作用，不仅能够增强本群体的凝聚力和向心力，推动本民族前进和发展，同时也会使群体成员在交往时采取更加科学、合理的态度面对交往对象，使得交往行为更加

[①] 戴宁宁. 民族交往心理及其影响因素研究：对南疆维汉民族交往的民族学考察 [J]. 兰州：兰州大学博士学位论文，2012.

理性和积极；但与此同时，偏激狭隘的民族意识则会使民族更加保守和落后，在这样的群体意识影响下，群体成员可能会对先进事物和科学文化进行抵制，恪守本民族落后、愚昧等产物，尤其是在和其他群体进行交往的过程中，面对其他民族的发展和进步，产生非理性的意识和想法，甚至感到失衡和被剥夺，由此导致对其他群体的偏见。[1] 偏见和歧视的存在，会对群际关系的建立造成极大阻碍，导致交往壁垒，阻碍群际交往和互动的正常进行，甚至可能导致群体间的对立与冲突。

有的外国人比较坏，你看刚才那个外国人，他会带不同的女性回家，也不知道是不是女朋友。他们在这方面比较开放，和中国人不一样，相处多了觉得有一部分（外国）人很坏，具体也说不上来，就是不喜欢他们。（被访者I，男，山西人，物业管理人员，来京7年）

刚开始还可以，觉得他们有礼貌，见面会打招呼，说"你好"，会微笑，现在没有那样了。最近几年小区里的外国人越来越多了，以前还没那么多，因为疫情他想回也回不去。外国人爱"抱团"，他们只跟外国人玩，也瞧不起人。（被访者J，女，辽宁人，退休人员，来京12年）

这种民族意识中的偏见，看似针对个人，实质上是在映射整个群体，将某些个体成员的行为视为群体的共性，并做出错误的归因和概括。美国社会学家萨姆纳根据群体成员之间的不同立场和态度，将群体划分为内群体与外群体。群体成员会将和自身关系密切，归属感较强的群体归为内群体，并对内群体中的成员表现出尊重、友善的态度；而将自己目前没有加入，从长期来看也没有机会加入，和自身几乎无关的群体归为外群体，并对外群体成员表现出偏见、冷漠的态度。[2] 外籍居民和本地居民表现出鲜明的内、外群体意识，在思考问题和采取行动时，都站在自己的立场上，并将对方视为自己所在群体无关的群体类别，由此产生较大的偏见，并阻碍群际交往。尽管外籍居民和本地居民共同生活在社区空间中，表面上必然会有许多联系，但在心理层面上，彼此之间存在明显的偏见和疏离，不愿意主动突破交往圈，成为"居住在同一屋檐下的陌生人"，交往关系保持着微妙的平衡。

（二）基于个体经验的认知偏差阻碍群际交往

认知偏差是影响群际交往的重要因素，个体对于自己或他人的心理状态、

---

[1] 李静，刘继杰. 影响新疆族际交往的心理因素分析 [J]. 新疆社会科学，2012（05）：55-62，151.

[2] 朱力. 群体性偏见与歧视：农民工与市民的磨擦性互动 [J]. 江海学刊，2001（06）：48-53.

行为动机和人际关系做出不客观的评判时，即是认识偏差，主要包括对自我认知的偏差和对他人认知的偏差两方面的内容①。从对自我认知的偏差来看，主要体现为对自己所在的群体过高评价而孤芳自赏，或过低评价自己而自卑自贱。通常来说，部分本地居民在交往过程中，会以"东道主"的姿态自居，认为外籍居民来中国工作，主要是来谋生，没有必要和他们进行交往。也有部分本地居民会倾向于过低评价自己，看到外国人生活条件优于自己，再加上他们大多数来自"发达国家"，便认为自己比较落后，由此将自己封闭起来，不敢和外籍居民进行交往。不可否认的是，中国经济不断发展，综合国力提升，和发达国家之间的差异越发缩小，这极大地提高了民族自信心，因此过高评价自己的倾向会更加明显。

外国人一般不会主动和中国人起冲突，这么多年了我也没遇到过，很少。你想啊，他都到了咱们的地盘工作赚钱来了，他的态度肯定得好，我没见过什么冲突……俄罗斯人最好，更愿意和咱们交朋友，电视上都说俄罗斯是友好国家，他们确实更友好，不像其他发达国家。（被访者I，男，山西人，物业管理人员，来京7年）

笔者追问友好和不友好体现在哪里时，被访者也未举出具体的事例，只是说"感觉"，感觉发达国家会瞧不起自己。这种对自己评价过高或过低的认知偏差，在外籍居民身上也会有一定的体现，部分外国居民认为自己国家的环境、人的素质等方面都远好于中国，诸多方面的落后使他们时常思考未来的就业和居住选择，因此不能以更加平和的心态和本地居民开展交往和互动也就不足为奇了。

让我告诉你，我是如何在新西兰生活的。独栋房屋、自由土地……这里的生活方式有点不同，我住在一个小镇上，所以如果邻居造成大问题，我们只需要打电话给警察，而不是物业，我不需要在（中国）这些粗鲁家庭的公寓居住。（被访者B，男，新西兰人，外教，来京4年）

对他人的认知偏差通常是根据片面的、缺乏客观依据支撑的、错误认识的结果。个体根据自己的经验，对外群体做出一定的评价，尽管这种评价在一定程度上反映了客观现实，但是对外群体的"首因效应"，会极大地影响今后的交往过程，并很难修正这种固定、片面的认知，本地居民通常会带着这种最初印象和外籍居民展开交往，存在彼此之间的隔阂。

---

① 叶萍，蔡浩. 影响民族交往的心理原因及对策研究 [J]. 科技创新导报，2008（07）：129-130.

我觉得比方说，像非洲啊，伊朗啊，这些国家的人我觉得可能（愿意在中国居住较长时间）。就这个问题我能直接和你说，就是这样子的。可能这边的环境更好，包括微信、线上支付，都发达很多。再一个就是这边赚钱比他们那边容易，相对来说，可以干一些比之前赚钱要快的工作。（被访者N，女，上海人，全职妈妈，来京2年）

（三）历史情结可能引发群体对立

群际交往问题不仅关乎居民的认知和体验，还涉及国家政治利益之间的博弈，牵扯到民族历史因素的心理和情感冲突，在中、外籍居民的交往过程中，会成为永远解不开的"疙瘩"，并以深层次、不易察觉的心理因子存在于居民心中，影响其交往策略的选择。相对于偏见心理和认知偏差，民族历史情结引发的群体对立更不易察觉，但造成的影响广泛，也更难以修正和改变。

之前社区圣诞节也组织活动，你知道那个狂欢节吗？……他们历史上都是杀戮的，性格都比较野，这种节日，有什么好庆祝的。（被访者J，女，辽宁人，退休人员，来京12年）

被访者J的这番言论，引起了在场其他居民的认同，并告诉笔者"你可以上网去查，这个都可以查到的"。不可否认的是，许多居民在建立交往关系，尤其是进行交往的过程中，会带有一定的历史痕迹，无论是认为目前"俄罗斯是我们的友好国家，所以好相处"，还是"部分国家在历史上有过杀戮行为，不喜欢他们"，都反映了过去的历史在如今生活中的影响力。而这背后，既体现了同胞们的爱国情怀，也离不开现代传媒的发展：部分无良媒体夸大事实，推波助澜，为博眼球和流量煽动对立情绪。

此外，笔者在访谈中发现，这类言论通常出现在年纪较长的本地居民中，交往过程中受历史因素影响的年轻本地居民较少。但这并不意味着年轻本地居民爱国情结轻，而是了解外群体的方式不同，较为年轻的本地居民更倾向于通过个人亲身经历、纪录片等方式，客观了解外籍居民，并在此基础上做出交往选择。

五、管理和服务：群际交往的重要推动力

随着经济的快速发展，我国已逐步形成全方位、深层次、宽领域的对外开放格局，来华外国人数量不断增加。在新形势下，各地也陆续出台了引进外国人才的工作措施，如财政资助、证件办理"绿色通道"、享受其他优惠政策等，吸引国外优秀人才来中国发展。面对国外移民集聚，国际社区的不断发展，北京市委、市政府高度重视相关发展环境建设和行政管理，并组织多部门进行专

项研究，以提升外籍居民工作、生活和居住的安全感。

除了国家和政府层面的各项管理制度，社区作为中、外籍居民直接接触的组织，在群际交往的过程中，中、外籍居民会因社区的环境、氛围、文化等因素在潜移默化中受到影响，对社区产生一定的归属感。而社区接纳度（community receptivity）在很大程度上影响着外籍居民的社区参与，以及与本地居民之间的互动和交往。① 提高社区接纳度，需要对外籍居民在语言、文化等方面的特殊性予以充分考虑，结合社区获得的资源和支持度，不断提高社区管理团队的专业化水平，策划和组织满足中、外籍居民需求的各类活动，在此基础上促进群际交往。这对于社区的管理水平提出了较高要求，而我国在国际化社区的建设和发展过程中，自治水平较低，社区管理的问题不断涌现，存在外籍居民参与意愿不够强的问题，未能充分发挥社区管理在促进中、外籍居民交往方面的作用。因此，本部分主要从政府和社区的各项管理服务入手，探讨其对群际交往的重要影响。

（一）政府政策未充分考虑外籍居民需求，加剧其"外来者"心态

我国作为非移民制国家，对国外移民进行的管理和制度制定必然没有移民制国家那么成熟，各项审批的限制也较为严格，这可能会使一些来自移民国家，或有过移民制国家生活经历的外籍居民感到"不适应""很麻烦"。例如，有被访者提到政府相关政策的不便利，如创业行业的限制、火车站自助取票机外籍人士不能使用、很难办理信用卡等，都会对其与本地居民之间的交往和适应社区生活造成影响。

除了当地人认为你与众不同，中国政府还把你当成一个（外来人员）。如果没有中国的身份证，一切都在提醒你，你是一个"outsider"。西方人在交往上的主要问题，不是与普通人（居民）的沟通，而是与政府层面的沟通。例如，一些公共信息的更新，是在一个中文网站上，用中文写的，因为这里90%都是中国人。举个例子，当他们规定电动自行车需要一个号码牌的时候，我之所以知道，是因为一个朋友告诉我，3个星期后这将是规则。因为我没有中国身份证，没法获得。（被访者B，男，新西兰人，外教，来京4年）

很多方面也有限制，你要做生意的话，如果你是个外国人，很多行业是做不了的，有些行业很敏感的，这是第一个。第二个，比如，你去火车站要取票，你没办法用那些机器，所以你需要花很长时间去排队。第三个是信用卡也很难

---

① 赵聚军，齐媛. 我国国际社区治理中的外籍居民参与：基于京津三个国际社区的观察[J]. 南开学报（哲学社会科学版），2020（03）：27-36.

办，因为他们（中国）以为你会骗钱跑了，找不到你。国外任何一个国家，外国人都可以拿到信用卡，中国会问你的工资是多少，比如，你的工资是一万块，那就可以（办）。这说明中国政府不相信外国人，或者银行不相信外国人。（被访者D，男，波兰人，自主创业，来京5年）

尽管多数外籍居民认识到中国作为非移民制国家，各项管理制度的严格和不成熟情有可原，需要自己逐渐适应，但这依然对他们和本地居民交往的心态产生了一定影响，即使想在中国长久定居，在潜移默化中他们也会将自己归为"外来者"，而不是中国社区的一部分。甚至也有被访者认为，这样是"非常不公正"的，影响了外籍居民在中国的正常工作和生活。

我知道外国人还挺少的，所以中国不太管我们。150万外国人，对于中国这么多的人口来说，不算什么，所以我们并不重要。现在的绿卡政策越来越好，我也一直想要得到绿卡，因为这样我就不需要每几年管那个签证，签证也挺麻烦的，（绿卡）要求很多……我爱中国，我要在这儿建立我自己的家，但我还不算是中国人。（被访者D，男，波兰人，自主创业，来京5年）

在与许多西方人的交往中，无论为当地居民设立什么机构，都需要为西方居民设立同样的机构，且使用英语。当然，对于中国这样的非移民国家而言，适应当地社区是西方人的责任，不需要（每个机构都）国际化。（被访者B，男，新西兰人，外教，来京4年）

（二）国际社区管理团队专业化较低，活动缺乏针对性

Y国际社区在管理上有一套较为完备的体系，包括业务代办、上门维修、配备超市和健身房等，同时经过长期探索，逐渐形成了由社区工作者，专业社会工作机构，物业，中、外籍居民骨干，以及社会共建单位资源等主体，融合共建的特色社区治理模式，不断推动国际化社区建设。在过去的一年中，Y国际社区先后策划组织了中秋佳节手工制作月饼、小年夜一起包饺子、春节前夕写对联、社区文艺晚会等联谊活动，皆邀请中、外籍居民共同参与，并逐步打造成了标杆。但不可否认的是，在管理和活动举办的过程中，仍存在管理队伍语言水平较低、活动宣传不到位、活动方式未充分吸引居民参与、专业社工尚未形成长效机制等问题，这种社区管理行政化与自治化之间的张力，对居民间的积极交往和互动产生了相对直接的影响。

1. 社区管理队伍语言水平较低

Y国际社区的外籍居民来自多个国家，除了部分外籍居民能够使用中文进行交流，大部分居民会将英语作为唯一的沟通语言，这对于社区管理人员的英语沟通和表达能力提出了较高的要求。尽管社区宣称有专门对接外籍居民的双

语工作者，但我们在观察中发现，双语工作者的语言专业能力有待提高。例如，有外籍居民前来咨询门禁卡如何更换，笔者正好在场，需要回复"今天师傅下班了，明天早上九点过来"时，社区工作人员会拉笔者"救场"。此外，除了这位专门负责解答外籍居民问题的工作者，其他社区管理人员在上门拜访时，会进行以下流程：外籍居民提出问题，社区管理人员将这段语音录入手机软件，并转译为中文，之后对着手机用中文说出解决办法，通过软件转译为英文，再播放给外籍居民。毫无疑问，这样的流程烦琐且复杂，不仅会影响解决外籍居民在社区所遇到问题的效率，同时也极大地影响了社区管理服务的体验，加重了沟通时的负面情绪，并使外籍居民产生和本地居民不易沟通的想法。

当在社区遇到麻烦的时候，因为交流的问题，我不会寻求帮助，语言（沟通）是很困难的。（被访者C，女，德国人，建筑设计师，来京6年）

需要双语工作者，（如果）出现问题，要有人可以帮助解决这些问题，主要是交流的问题，当然，可以用翻译Apps，手机让生活变得更加容易。（被访者B，男，新西兰人，外教，来京4年）

2. 活动宣传不到位，中、外籍居民均未能及时了解

社区策划组织的活动通常使用海报、微信群、登门拜访等方式进行宣传，宣传方式较为多样化，使得居民能够提前获得活动信息。同时，社区内几乎所有的通知、告知、提示、设施使用说明等，均以中、英文对照的方式呈现，便于外籍居民阅读和了解，值得肯定。但笔者在调研和观察中发现，部分居民对于活动的开展并不清楚，看到活动现场才知晓。

从中、外籍居民对社区活动的了解渠道可以看出，外籍居民主要通过社交媒体获得活动消息，占比为47.1%；其次对社区活动的了解渠道分别为朋友告知、物业宣传栏、社区工作人员和其他，占比分别为40.0%、35.3%、32.9%和4.7%。本地居民主要通过朋友告知、物业宣传栏和社交媒体等方式获得活动信息，占比分别为71.2%、55.8%和53.8%（如图6-12所示）。值得注意的是，部分居民提到自己主要是看到活动现场后，才知道要举办什么活动，并错过了一些感兴趣的活动，"社区举办的园庆活动，小朋友很想上去表演才艺，说已经过时间了，报不上名了"。

笔者在观察中发现，社区组织的群际交往活动会通过物业宣传栏的方式进行发布，但宣传栏主要设置在位于地下室的物业办公室门口，居民如果未从物业办公室经过，可能会错过活动消息。此外，居民主要在社区游乐场进行活动，而这块区域并未设置宣传栏，未能充分发挥宣传效果。也有部分外籍居民向笔者提及，对物业登门拜访介绍社区活动的方式不满，认为这侵犯了他们的隐私。

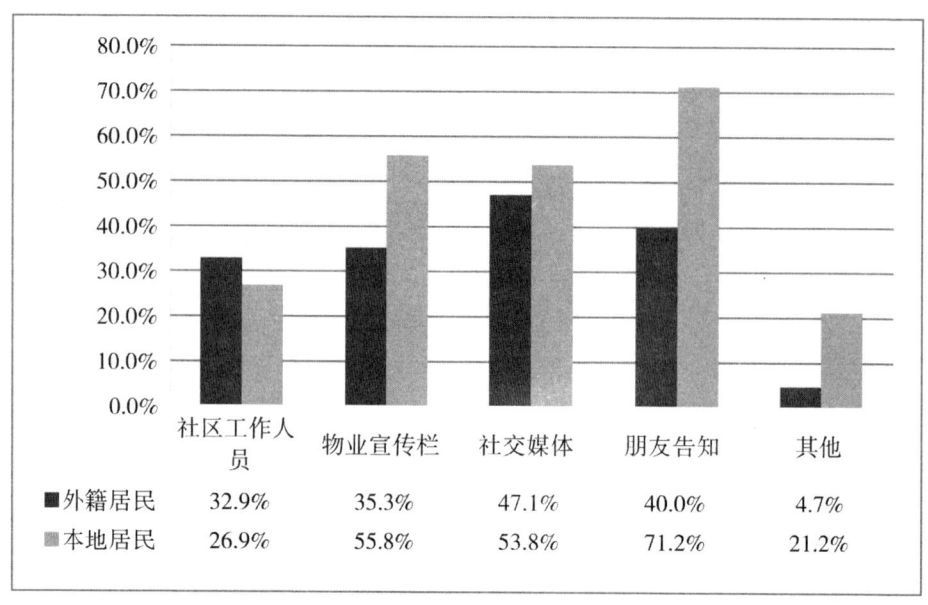

图 6-12 中、外籍居民了解社区活动的渠道

3. 活动方式需改进，未充分吸引中、外籍居民参与

目前的活动方式主要围绕中国传统节日展开，如端午节、中秋节、春节等，尽管这在很大程度上增加了外籍居民对中国文化的了解，但这类同质性较强的活动也造成部分居民并不感兴趣、从未参加过的局面。同时，关于西方文化的活动类型较少，可能会引发外籍居民的不平衡心态，也不利于本地居民充分了解西方文化。据 Y 国际社区管理人员反映，疫情之前也举办过西方的一些活动，并取得了较好反响。

我们活动的举办频次非常高，西方的活动，像之前的复活节，就有彩蛋，我们会把礼物塞到草丛里、树底下，大朋友和小朋友们可以一起去找……除了传统文化活动，我们也在政府的扶持下组织了青少年足球会，中国的孩子和外国的孩子一起参加。也会组织大家参与比如，捐物，家里有不要的东西，我们这边有一个定点的捐赠，会邀请一些中、外居民来参加，给中、外居民发爱心证书。很多的活动就是让大家共同来参与一些事。（被访者 M，女，北京人，社区管理人员）

研究者也一起参与了多项活动，发现参与的居民多为老人或小孩，青年居民参与的较少。而部分居民在接受访谈时也提及这一点，并指出是因为：活动缺乏吸引力，不是为他们准备的，且缺乏社会交往功能；活动时间不合适，主要在工作日举办，没有时间参加；外籍居民则更多强调对语言问题的担心，提出如果可以安排外国人和中国人互相学习语言，可以更好地增进交往，拉近关系。

年轻人谁有时间去参加呢，都是打工人，哈哈，再加上疫情。（参加的是）老人，退休的，他们有那个精力，这活动也不是给我们准备的。真想举办，放在周六啊周日啊，人家不上班的这个时间。我比较随性，也更愿意自己待着，不会去凑热闹。（被访者K，男，浙江人，项目经理，来京2年）

如果社区组织促进外国人和中国人交往的活动，中国人很可能也不愿意参加，参加这些的只会是那些没有什么事情做的老人。（活动中）需要双语工作者，主要是交流的问题。（被访者B，男，新西兰人，外教，来京4年）

这个活动基本上是下午我上班的时候进行，所以我很少参加，但是我的孩子会参加……我觉得如果他们会口语（就可以参加）。可以安排外国人和中国人互相学习外语，（社区里）有很多外国人的妻子是中国人，那有可能他们可以教中国人他们的母语，英文、德语、法语。可以想一下，安排这样的活动，我觉得可以尝试，这种（活动）可以把关系开展得更好。省得一聊天，就（很难交流）。一般也有很多外国人会说中文，所以这个不是非常大（的问题）。（被访者F，男，德国人，工程师，来京10年）

笔者认为，从参与人数、活动效果等方面来看，最受欢迎的是"园庆活动"：社区提前组织居民上报才艺和节目，搭建表演舞台，聘请专业艺术团，进行才艺表演。虽然很多节目由社区中的小朋友进行表演，但在表演的过程中，中国"阿姨"会将表演的照片、视频发送给外国小朋友的家长，因此在接下来活动开展的过程中，不断有外籍居民赶到现场观看。笔者观察到，许多外籍居民来到现场后，纷纷举起手机拍摄精彩瞬间，并将拍摄到的内容通过社交平台分享出去，也有外籍居民跟随舞台播放的音乐起舞。这次活动的成功举办也让笔者感受到，中、外籍居民之间有着交往的基础和可能性，本地居民在表演时，外籍居民会热烈鼓掌，外籍居民表演时，本地居民也会以同样的热情喝彩。这样的场景，像是一个微型的"交融社会"，尽管大家来自不同的文化背景，有着不同的肤色和语言，但同处于一个地球村的人们彼此之间有温暖，也有交流和交往的需求，需要时间"等待花开"。

4. 行政色彩较浓厚，专业社工未形成长效机制

国际社区配套较为完善，且在社区管理上具有一定的特殊性，政府自上而下的、行政命令式的工作在国际化社区中通常难以展开，因此社工机构入驻国际社区，不失为一种制度创新。Y国际社区在社会工作者加入后，服务品质有了极大的提升。例如，拉来一定的资金，扩充了活动物资；丰富社区活动的形

式，增加了活动开展的频率；发挥社工人才的专业优势，对中、外籍居民进行了系统的调研，充分把握居民的意见和需求，活动组织更有针对性；组建了"洋雷锋"志愿服务队伍，组织了一批本地居民志愿者，充分运用社会力量，提高居民对社区活动和社区事务的参与度，取得良好成效。

社工专业人才在居民中的认可度和接受度很高，在国际社区的发展和建设中也起着至关重要的作用，但在活动过程中，领导讲话环节、社区管理人员推荐非社区外居民参与节目表演等现象时有发生，活动的行政化对实际效果产生了影响。此外，在该项目完成后，社工队伍便陆续撤出，活动的策划和组织仍交由社区物业管理队伍负责。专业社工未能建立起长效机制，形成多元主体互动、互补的社区管理模式，未能在促进社区居民交往和互动中发挥持续稳定作用，也会在一定程度上影响群际交往。

第四节 总 结

交往是人的一种存在方式。在社会生活中，存在多种多样的交往方式，个人之间、群体之间、个人与群体之间等。其中，社区作为居民居住和生活的重要场所，社区内的交往和互动尤为频繁和多样化。随着我国综合国力和开放化程度的提高，对外交流日益频繁，人口的频繁流动促使越来越多的外籍人士来华工作、生活和学习。外国人来华的数量、规模迅速扩大，越来越多的外籍人士举家来华，在华定居的时间和永久居留意愿也呈现出增加的趋势。随着北京逐步放开对居住区域的限制，外籍人士可以自由选择在不同社区居住，由此形成了一批各具特色的国际社区。改革开放以来，在房地产开发商和基层政府的联合推动下，国际社区的发展劲头日渐迅猛。[①] 在国际社区中，交往呈现出了与以往不同的新特点，跨文化、跨群体间的交往比重迅速上升。我国不是典型的移民制国家，有着较为严格的移民政策，来华外国人和本地居民同住一个屋檐下，文化间的冲突和碰撞不可避免。作为一种新生事物，国际社区在我国的发展更是处于起步阶段，关于国际社区中群际交往的研究也相当匮乏。北京市于2017年出台《关于推进首都国际人才社区建设的指导意见》，首次提出国际人才社区的概念，意在增强国际人才的认同感和归属感，由此可见，国际社区在

[①] 孙烨. 外籍人士的社会融入状况：基于对上海市古北国际社区的调查 [D]. 上海：华东师范大学，2010.

我国未来发展和交往中的重要价值。

本文对北京市朝阳区麦子店街道Y国际社区的中、外籍居民进行了调查,基于调查的定量数据资料,对群体的基本特征进行了基本了解。从调查样本来看,外籍居民受教育程度较高,主要因工作、商务和学习来京,这和第七次全国人口普查数据结果保持一致;社区中外籍居民的语言程度较好,且在京居住时间较长,对中国社会有一定的了解;外籍居民未来在京继续工作和生活的意愿较强,但获得永久居留的意向较低。本地居民的受教育程度相对外籍居民略低,主要因工作、照顾家庭等原因来社区居住;居民的英语基础较好;本地居民普遍居住时间较长,对社区更为熟悉和了解。

本文结合实地访谈所得的定性资料,聚焦国际社区这一特殊场域,对群际交往的状况进行了描述,主要从交往态度、交往场合、交往关系评价和交往效果四方面展开。交往态度主要包括三个层次:交往意愿、交往频率和交往程度。对中、外籍居民的交往态度进行宏观上的描述:交往意愿较强,但对各项交往活动的参与频率有待提高;从"做邻居"到"交朋友",再到"恋爱结婚",随着交往距离的缩小,交往意愿呈现出下降趋势;由于婚恋观的差异,外籍居民对婚恋问题较难做出回答。交往场合方面,主要是对不同主体之间具体的互动关系和行为进行考察,分为生活场合中的交往、社区活动场合中的交往等。生活中的交往通常关系较为紧密,且和其他层面的交往有一定的交集;社区活动中的交往则具有频率高、层次浅等特点。中国"阿姨"作为和中、外籍居民都有大量交往的群体,在促进群际交往中发挥重要作用。双方对群际交往关系的评价均较为积极、乐观。在交往效果方面,简要总结了积极的群际接触产生的影响,一是增强对交往群体和国家的认同,二是对进一步交往具有开放心态,并对双方倾向的交往关系进行了尝试性描述。

从国际社区中群际交往的影响因素来看,群际接触主要以情境、个体经历和时间为中介影响交往。社区空间环境为交往提供了"平等环境";个体以往的经历和特质会在潜移默化中对交往产生影响,国际迁移经历的丰富程度、群际接触的数量和质量、内在动机驱动的交往、有过恋爱通婚经历等因素,都会影响对待交往的态度;群际接触时间的增加,会影响对外群体成员的信任程度,进而影响群际关系。经济因素对交往的影响,主要体现为中、外籍居民间经济收入的差异而引发的不平衡,个体易对经济差异做出错误归因,影响交往时的心态。文化互动从多方面构建交往关系的深度,作为交往的媒介和工具,若缺少能够沟通交流的共同语言,则不利于群际认同;日常行为对交往活动存在正反效应,在国际社区环境中,外籍居民已开始尝试进行跨文化的互动和交流;

宗教信仰对中、外籍居民的影响较小，但需注意部分外籍居民正常开展宗教活动受到影响的情况。

值得注意的是，尽管外籍居民来华居住和生活的时间已较长，已经较为了解和适应当地生活，但多数外籍居民仍在心理层面将自己界定为"外来者"。心理因素主要在内在层面上影响交往关系和状态，并对后续交往产生稳定、持续的影响。偏见和歧视的存在，导致交往壁垒，并对群际交往和互动的进行造成阻碍；自我认知的偏差和对他人的认知偏差，都使交往时存在隔阂，不能以平和心态开展交往；民族历史情结因素主要发生在本地居民中，这一因素产生的心理和情感冲突尤为激烈，可能引发群体对立。作为重要推动力，政府和社区的管理与服务对群际交往起着直接的作用。当前，在政府的相关政策和公共服务中，对外籍居民具体需求的考虑较少，可能会加剧其"外来者"心态；国际社区管理行政化与自治化之间的张力，加之管理团队的专业性较低，发展不够成熟等，都会对中、外籍居民间的积极交往和互动产生影响。

（何俊芳　王迎迎）

第七章

研究总结与相关政策建议

目前,全球化的发展已进入新阶段,出现了一些新特征。一方面,国际移民的增速有所放缓,但规模仍呈不断扩大的趋势;另一方面,世界各国对国际人才的争夺日益激烈,移民政策呈现出"紧中有松""人才导向"等特征。中国作为世界移民的重要组成部分,除了保持移民输出不断扩大的趋势,已经成为新兴的移民目的国,来华外籍移民不断增多,国家也将国际移民发展与人才强国的国家战略布局相结合。国际移民进入移居地后面临的首要问题之一是其在社会文化方面的适应、融入问题,在华外籍移民也不例外,其融入程度的高低直接影响着我国对国际移民的吸引力,这使得全面了解该群体的社会融入状况、分析其社会融入模式、完善对在华外国人群体的管理制度等日益重要。正是基于以上考量,本文研究者采取案例研究的方式,希望能够从不同方面、不同角度比较深入地了解在华外籍人口的融入状况、模式及其影响因素等,以弥补我国目前这方面研究的一些不足,以及促进人们对在华外籍人口生存发展状况的认识及相关制度的完善。

在本部分,我们在总结所研究案例群体社会文化融入状况、融入类型及其影响因素等问题的基础上,就促进在华外国人群体的社会融入及治理策略等方面提出我们的对策建议。

第一节 研究总结

在本文的案例研究中,对在京外国人、义乌阿拉伯商人群体社会融入的状况从经济融入、文化融入、行为适应和身份认同四方面进行了较为全面的描述和分析;对在成都的印度人、巴基斯坦人则主要从文化融入的角度进行了更为深入的探究。考虑到留学研究生群体社会融入的核心问题在于学术方面,因此在本研究中对非洲留学生群体(以坦桑尼亚为例)的学术适应问题进行了专题研究。国际社区内中、外居民间的群际关系也是反映移民和本地居民之间社会融合状况的重要领域,因此本研究以北京的 Y 国际社区为例,主要从群际交往的角度对该社区内的群际关系进行了探讨。在对各案例的社会文化融入状况、学术适应状况、群际交往状况等进行调查的基础上,本研究还进一步探讨了其适应或融入的类型、机制及影响因素等,我们的主要研究结论如下。

一、在华外国人社会融入状况

本文所使用的社会融入概念,是指外籍移民在经济、政治、文化、行为、认同等方面的整体融入情况。在本研究中,鉴于在华外国人很少参与政治性活动,因此这方面的内容没有列入考察。下面就其他四方面的主要结论进行总结性概述。

(一)经济融入状况

经济融入是指迁移人口在移居地经济结构方面面临的挑战及在劳动就业、职业声望、工作条件、经济收入、社会福利、居住环境等方面的融入情况,是个体经济地位的综合反映。本研究主要从职业、收入、保险、居住状况等方面对被调查者的经济融入状况进行了调查。

在职业方面:

在京外国人的职业分布比较广泛,大多集中在教育、金融、外交、商业贸易等行业领域,职业类型多为专业技术型和行政型。其中多数人从事专业技术型工作,如工程师、科研人员、记者、律师、艺术家、金融分析师等,少部分人为外交工作人员、企事业单位负责人等从事行政型工作人员。

在成都的印度及巴基斯坦从业人员中,印度人主要在跨国公司从事 IT 行业,以外派形式来蓉工作,其次在科研、餐饮行业,还有瑜伽培训行业也有印度人工作。巴基斯坦人主要分布在高校、研究机构、外企和物流公司,也有小部分从事餐饮行业。从职业分布特征来看,印巴人在成都的就业范围并不广泛。

义乌阿拉伯商人的具体职业主要可分为三类,其中有一半以上的人从事的是以家庭和个人为单位的自由贸易,还有一部分人是外贸公司的员工,另有少部分阿拉伯商人经营与阿拉伯文化相关的餐饮娱乐、生活服务类店铺等。

在收入方面:

在京外国人普遍具有较高的收入,且来自欧美国家的样本比来自亚、非、拉美国家样本的月收入更高、高收入的特征更加明显。如 2017 年时,前者的样本数据显示,月平均收入在 2 万到 4 万元之间的人占 40.4%,其次为 1 万到 2 万元之间的人占 27.9%，另有 12% 的人月收入超过 4 万，总计有 81.5% 的人平均月收入在 1 万元以上；而后者的样本数据显示，月平均收入在 1 万到 2 万元之间的人占比最大，为 42%，2 万到 4 万元及以上的比例分别为 15.1% 和 2.6%，总计有 59.7% 的人月平均收入在 1 万以上。二者之间的相差比约为 20%。

2021 年我们对北京 Y 国际社区中外籍居民的调查进一步说明，在京外国人的收入的确普遍高于当地居民。如调查样本中月平均收入水平在 4 万元及以上的占比为 31.8%；其次分别为 2 万到 4 万元、1 万到 2 万元，占比分别为 25.9%、15.3%；月平均收入在 1 万元及以下的被访者占比为 8.3%。

2018 年对义乌阿拉伯商人的调查显示，66% 的人认为自己的收入比来中国之前好很多，好一些的占 30.1%，总计 96.1% 的样本表示他们的经济水平优于迁移之前。

社会保障方面：

在京的欧美国家的样本中，有约 37% 的人表示没有享有任何的社会保险，约 56% 的人表示享有医疗保险；在亚、非、拉美国家的样本中，有约 30% 的人表示没有享有任何社会保险，有约 68% 的人表示享有医疗保险。少数人较全面地享有失业保险、养老保险和工伤保险。同时部分调查对象表示"自己的社会保障福利是本国享有的，在中国并没有享有社会保障"。

居住方面：

北京外国人的样本数据显示，绝大多数的被调查者都选择租房这一居住方式。在欧美国家和亚、非、拉美国家的被调查者中，租房居住的比例分别为 81% 和 73.9%，少部分表示居住在职工宿舍、酒店、自己的房子或借住在亲朋处。在租房费用方面，欧美国家的样本中，每月租金花费在 8000 元～10000 元的人数占比最多，为 22.8%，多数人的租金由自己支付（67.4%）。在亚、非、拉美国家的样本中，每月租金花费在 5000 元以下的人数占比最多，为 72.3%，多数人的房租也由自己支付（57.1%），部分人的房租由公司支付（37.8%）。

在义乌的阿拉伯商人被调查者中，59.2% 的人租房居住，13.6% 的人住员工宿舍，16.5% 的人住在亲友家，另有 9.7% 的人住在自己的房子中。

经济状况满意度：

从在京外国人的调查样本看，来自欧美国家和来自发展中国家的被访者中，分别有 39.3% 和 61.3% 的人表示对收入很满意；表示还可以的分别占 55.4% 和 38.7%。在两类样本中，前者对住所表示很满意的占 32.6%，后者占 45.4%；表示还可以的分别占 60.4% 和 54.6%。仅有少数受访者对这两项情况表示不满意。可见，在经济情况满意度这一方面，亚、非、拉美国家的样本相比于欧美国家的样本，满意度要更高一些。

（二）语言、文化融入状况

本研究采用的是广义文化的概念，包括语言、物质文化、社会制度和风俗习惯、价值观念等多方面的指标。当然，在我们的调查中，对不同群体的调查内容不完全相同。

语言方面：

在京外国人中，在掌握中文自评方面，来自欧美的样本中超过一半的人（52.9%）表示会一点，27.2%的人表示掌握得很好，而20%的人表示一点都不会；在来自亚、非、拉美国家的被调查者中，8.4%的人表示掌握得很好，76.5%的人表示会一点。在使用中文的频率上，在前者中79.5%的人表示"经常使用"或"有时使用"，而后者中"经常使用"和"有时使用"的比例为74.7%，两类样本中的这一比例比较接近。

在义乌阿拉伯商人的样本中，该群体除熟练掌握其母语阿拉伯语外，多数人在一定程度上还掌握英语或汉语中的一种，如自认为能用汉语熟练对话，听、说、读、写均可的各占33%，完全不懂汉语的占6.8%。

对成都印巴人士的调查数据显示：听力方面，大部分能听懂和完全能听懂汉语的人分别占45.9%和12.5%；在汉语表达能力方面，基本能表达但不流利的人占42.5%，能流利表达的占10.8%；在阅读方面，大部分能看懂和完全能看懂中文的人分别占10%和4.2%；在书写能力方面，仅有5.8%的人能用中文写较高水平的论文，完全不会书写的人占59.2%。但他们绝大多数均有较好的英语听、说、读、写能力。在工作中，中、外籍员工之间交流主要使用英语，印巴人士和懂英语的中国同事"使用中文频率更高"的只占5.1%，"仅使用中文"的人数为0；和不懂英语的中国同事交流时，使用中文频率更高的则占32.2%，"仅使用中文"的比例为28.8%，其他人多依靠翻译才能达到基本的社交。在日常生活中，印巴人士和懂英语的中国人"使用中文频率更高"的占12.1%，"只使用中文"的人数为0；和不懂英语的中国人交流时，使用中文频率更高的占40.9%，"只使用中文"的比例为39.4%。从以上语言使用情况，可窥见语言能力、语言认同与语言使用及人的惰性之间多方面的关系。

文化方面：

对在京外国人的文化融入，本研究主要是从饮食习惯、风俗民情和当地禁忌三个指标的适应程度来衡量的。从调查结果看，在欧美国家和亚、非、拉美国家的样本中，大部分人对于饮食文化、风俗民情和禁忌都表示能够适应，各自所占比例分别为85.3%、74.2%、61.9%和66.4%、54.6%、52.9%。在两类样本中，表示对这三方面的文化差异不能适应的人，均占一成左右。但从我们的调查看，因中外语言、文化差异而导致的矛盾发生概率较大，其中因语言差异引发的矛盾发生的频率更高一些。如在欧美国家的样本中，由于语言差异所产生的矛盾经常发生和偶尔发生的比例分别为 42.9%和 48.7%；由于文化差异所产生的矛盾经常发生和偶尔发生的比例为 20.5%和 78.6%。在亚、非、拉美国家的样本中，相应的比例分别为，语言方面的原因为 29.4%和 64.7%，文化方面的原因占 26.1%和 63%。总体来看，在亚、非、拉美国家的样本中，语言差异与文化差异引发的矛盾在程度上并没有明显差异，而在欧美国家的样本中有较大差异。

义乌阿拉伯商人在各种文化形式的融入情况中，对节庆文化融入最好，对饮食文化了解最多，而礼仪和禁忌文化则处于中间水平。如该群体对中国的饮食、礼仪、禁忌和节庆文化"知道并适应"的分别占 44.7%、68.9%、67%和 79.6%。

对成都的印巴人士而言，在物质文化方面，通过对其饮食、服饰、新型生活方式，如购物方式及支付方式等融入情况的调查，可以总结出以下两个特征：（1）印巴人士总体对成都的食物表现出极大的喜爱，但实际动手制作的频率较低，务工人员相较于留学生更不易改变传统的用餐方式，在服饰上并未有多大的改变，他们既能接纳现代的穿着方式，又保持着原来的服饰传统；（2）使用新的软件和接纳新型的生活工具对外国人来说不构成挑战，极少表现出不适应或很不适应的情况。总体而言，印巴人士在物质文化方面的适应情况良好，仅有 1%的人不太适应。在制度文化方面，我们的样本数据显示，务工人士对有关工作制度、留学生对学校相关制度"和本国不同基本能适应""和本国差别不大且基本能适应"的分别占到 55.9%、44.1%（务工人士）和 48.1%、42.6%（留学生）。对社会上相关办事机构制度的适应情况为："和本国不同基本能适应"的占 53.5%，"和本国差别不大且基本能适应"的占 22.5%，其余为不能适应者，可见印巴人士对社会上办事机构相关制度的适应度要低于对工作制度和学校制度的适应。在对中国传统文化的参与和认知方面，如印巴人士对成都文化场所的参与情况可概括为：一是参观态度积极；二是选择地区具有偏向性，首先偏向于选择最知名、最方便到达的景点；三是停留在表层的参观，对背后的文化意义了解不足。外籍人士参与中国传统节日的频率较高，如参加过春节、元宵节、清明节、端午节和中秋节的比例分别为 67.5%、75%、10.8%、41.7%和 66.5%。而他们愿意参与中国传统节日的原因主要在于"为了理解传统文化"（占 63.3%）、"为了和朋友增进感情"（占 42.5%）、"对传统文化感兴趣"

(34.2%)等,而这些都是十分有助于促进其融入当地社会的重要因素。

(三)社会交往状况

行为融入是指流动者在行为上能够按照流入地所认可的规矩和习俗办事,在言行举止方面向当地人靠拢,衡量行为融入的指标包括人际交往、社会网络、生活习惯、社区参与等。其中,社会交往(与谁交往、如何交往、交往面有多宽)直接体现着行为融入的程度。因此以下我们主要从社会交往的情况进行总结。

从我们的调查情况看,在欧美国家的样本中,其主要的交往对象为当地人的仅占7.2%,32.7%的人表示他们的主要交往对象为外国人,有60.1%的人表示两者都有。有过半的外国人表示有5个以上的中国朋友,表明大多数外国人已经在当地建立了自己的、跨国际的朋友网络。而6.3%的人则表示没有中国朋友,说明他们没有融入当地人的社交网络中。大多数人与邻居保持着和谐的关系。在亚、非、拉美国家的样本中,其主要交往对象为当地人的占2.5%,主要交往对象为外国人的占14.2%,其主要交往对象包括中国人与外国人的占83.2%。有近半数的人表示有5个以上的中国朋友,过半的人表示不认识自己的邻居。

在义乌阿拉伯商人的具体社会交往关系中,中国朋友、商业伙伴、代办以及政府等中国社会关系的数量比例低于本国亲人和非中国朋友的比例,但从总体分布来看,绝大部分样本都能建立一定的社会交往关系,形成与中国社会的联系,尤其是在结交中国朋友方面,其与"本国亲人和非中国朋友"的各选项数量占比相差不大,这显示出义乌阿拉伯商人的社会网络拓展情况,如他们拥有1~4个、5~9个、10个及以上中国朋友的比例分别占42.7%、31.1%、23.3%,没有一个中国朋友的仅占2.9%。

从北京Y国际社区内的社会交往情况看,在交往频率上,外籍居民每年主动和社区内中国人交谈的次数在3次及以下的有32.9%,4次至9次的合计占35.2%,10次及以上的占28.2%。外籍居民每年拜访中国朋友的次数在3次及以下的占48.2%,4~9次的占25.9%,10次及以上的占21.2%。遇到困难时每年向中国居民求助次数不超过3次的占47.1%,求助次数超过10次的则占到28.2%。另外,虽然过半数的外籍居民每年"在家里招待中国客人""参加社区组织的中、外居民交往活动"不超过3次,但仍有25.9%和14.1%的外籍居民"在家里招待中国客人"超过10次、"参加社区组织的中、外居民交往活动"超过10次。从上可见,外籍居民与中国人的交往频率并不是很高。而本地居民参与各项交往活动频率的结果显示,每年主动和社区内的外国人交谈不超过3次的被访者占比为57.7%，在家里招待外国客人不超过3次的被访者占比71.1%，拜访外国朋友不超过3次的被访者占比71.2%，参加社区组织的中、外居民交往活动不超过3次的被访者占比57.7%，遇到困难时，主动向外籍居民求助的被访者占比69.1%。以上各项活动的参与频率均远低于外籍居民，尽管相对于本地居民，外籍居民需要更多地参与社会互动和交往，以构建社会关系网络，促进社会融入，但这也反映出本地居民对于交往活动缺乏主动性和开放性。

从国际社区内中、外居民间的交往程度看，外籍居民的调查结果显示，愿意和本地居民做邻居的人数占比为72.9%，愿意和本地居民交朋友的人数占比为75.3%，有36.4%的外籍居民表示愿意同本地居民结婚。而不愿意和本地居民做邻居、交朋友和结婚的比例分别为8.2%、5.9%和18.8%。本地居民与外籍居民交往程度的结果反映出，有53.8%的被访者愿意和外籍居民做邻居，61.5%的被访者愿意和外籍居民交朋友，32.7%的被访者愿意和外籍居民结婚。而不愿意和外籍居民做邻居、交朋友和结婚的比例分别为15.3%、9.6%、46.1%。可见，本地居民和外籍居民关于交往程度的接受度存在较大的差异性，本地居民对社会距离最小的"组建婚姻关系"接受程度明显更低。

关于国际社区内中、外居民对双方之间交往关系的评价，外籍居民中认为交往关系不太和睦的占4.7%，认为非常不和睦的占7.1%，过半数的外籍居民用和睦评价和本地居民的交往关系，其中认为交往关系非常和睦、比较和睦的分别占24.7%、40%。在本地居民中，认为交往关系非常和睦、比较和睦、一般、不太和睦和非常不和睦的分别占13.5%、40.4%、17.3%、11.5%和5.8%。上述数据说明，中、外居民对他们之间的交往关系评价良好，呈现出较为积极的交往认知。当然，在交往关系整体评价良好的背后，也有着人们对"关系和睦"的不同认知，也可能将对群体中某个或某些个体行为的不满，视为双方交往关系的不和睦。

（四）身份认同状况

身份认同是指移民与移入地居民之间的心理距离、归属感，即移民心理方面的融入程度，是判断其是否真正深层次融入移居地社会的关键依据。从我们对北京外国人的调查结果看，在欧美国家和亚、非、拉美国家这两类样本中，分别有44.6%和54.6%的被访者认为"我是个外来者"，59.5%和51.3%的人"认为我只是暂时居住在这里"，另外分别有52.2%和54.7%的人"认为当地居民对我差别对待"。欧美国家样本中，有71.6%的人认为"能适应北京生活"，这一问题的比例在亚、非、拉美国家样本中也有64.7%。在"我认为我能融入社区"这一问题上，欧美国家样本中的比例高于亚、非、拉美国家样本，分别为44.2%和25.2%。总体来看,被访者多数呈现出一种"我是暂居在这里的外来者"但同时又表示"能够适应北京生活"的状态。

对义乌阿拉伯商人群体的调查数据显示,有31%的样本认为自己是为了钱和中国人进行交往的,有51.5%的样本更喜欢和自己国家的人待在一起,并且有高达81.6%的样本用不同的方式对待中国朋友和本国朋友。虽然有37.9%的人表示自己是因为喜欢中国文化而与中国人进行交往,且有49.7%的人认为"中国人可以帮助自己适应在义乌的生活",但是这依然深刻地体现出义乌阿拉伯商人较低的心理融入程度。虽然他们中的大多数人还想在义乌长期生活,但这只是他们追求经济利益或者保证生活安全的一种方式,他们在心理上并没有成为或想要成为一个"新义乌人"。

非洲留学研究生群体的学术适应状况:

我国高等教育机构对来华留学生设置有不同语言的授课项目,既有中文授课项目也有外文授课项目。来自非洲有英语背景的留学研究生整体上倾向于学习英文授课项目(在本研究的样本群体中,有97.22%的样本是申请就读于英文授课项目的),很少有就读于中文授课项目的。在这种背景下,尽管中非之间存在着明显的社会文化背景和教育体制差异,且来华非洲留学研究生的中文能力水平严重不足,但这并没有构成他们在华学术适应上的严峻挑战,从我们的调查结果看,他们在学术适应上整体表现良好。

在教学方面,他们可以很好地适应中国高等教育机构为其营造的教育教学环境,能够较为顺利地完成课程学习并取得良好成绩。如他们的课程平均成绩在80分以上的占83.33%,其中90分以上者占31.48%,极少有低于80分的。而且,从其自身的学习感知来看,有80.56%的人认为自己在专业知识的学习中收获较大或非常大,有73.15%的人认为自己在研究方法的学习中收获较大或非常大。总体来看,就读于英文授课项目的非洲留学研究生的学业表现良好,收获程度也较高。相比之下,少数接受中文授课项目教育的留学研究生则在专业课程学习中遭遇了较多跨文化挑战。

在科研方面,他们有着较为强烈的参与相关科研项目的意愿(如有71.3%的样本表示想参加或非常想参加导师的科研项目),但实际上很少有人能够参与其中(只有29.63%的人参加过),其学术成果也较少(有78.7%的样本未发表过论文),主要是进行了毕业学位论文的研究,通过在中国的学习取得了一定收获。

在学术交往方面,他们有着较为活跃的表现,积极参与各种学术活动,如有高达87.96%的样本参加学术交流活动的频率较高,且有76.85%的样本表示其所在学校或学院会较多或经常地组织学术交流活动，如学术研讨、讲座等会议。在与学校师生的学术交流方面，总体而言有着良好的学术交流，他们与自己的导师交流较多，其次是与任课老师、自己国家的学生和其他国家学生之间的交流，与中国学生之间的学术交流最少。这主要是因为他们绝大部分就读于英文授课项目，所在班级全部是国际留学生，很少有机会与中国学生一起上课，这在客观上限制了中外学生之间在学术方面的交流，并因此形成了相对独立于中国学生的学术交流圈。

综上，来华非洲留学研究生虽然在学术适应方面存在着不同语言授课项目的类型差异，但其整体表现良好，基本都能取得良好学习成绩并表示在华学习期间收获提升很多，而且基本上都能顺利毕业回国。

二、融入动机和过程

（一）融入动机

研究者在田野调查时发现，在京外国人群体中，存在着差别比较明显的两种社会融入动机，这两种动机推动着他们的思想观念与行为选择，并在整个社会融入过程中贯穿始终。这两类动机可概括为：

一类是部分外籍移民主要将体验不同的生活文化、丰富人生经历作为其主要的融入动机，这类外国人多数来自经济较为发达的国家和地区。另一类是部分外籍移民将提高经济收入和生活质量作为其主要的融入动机，这类外国人多数来自发展中国家和地区。无论是追求"体验"还是改善"生存"，寻求更多的人生发展机会和更广阔的发展路径，是这两类外国人共同拥有的目标。因此，本文将在京外国人的主要融入动机归纳为"体验—发展型"与"生存—发展型"两类。当然，这两类动机并不是完全割裂的，这两类动机可能在一个个体身上同时存在，通常既有"生存—发展"的需求，也有"体验—发展"的追求，但个体在这两类融入动机之间具有较为明显的倾向性。我们认为，"生存—发展型"动机与"体验—发展型"动机在一个坐标轴的两端，每个在京外国人的融入动机都落在这个坐标轴的某一点上。

（二）融入过程

在华外国人的融入过程是他们在现行中国较为严格的移民政策的制约下，通过经济、文化等活动逐渐获得更多的资本和交往机会，拓展活动空间和交往范围，从而更广泛地融入中国社会的过程。

结合已有研究与我们的调查情况发现，以在京外国人为代表的、外籍人口的社会融入有一个较为明显的层次性特征，基于时间维度我们可将外籍移民的社会融入归纳为起始阶段、相持阶段和相融阶段，可从互动整合、融入选择、互相融合三方面概括这三个阶段的大致内容。

具体而言，在京外国人以不同的融入动机倾向来到中国，他们经过融入过程中的"起始阶段"，对移入地进行初步的接触和了解，并且与周围的人进行简单的社会交往，对移居地的生活环境进行初步的适应。熟悉适应过后逐步进入"选择阶段"，此时他们会在经济、文化、社会交往状况等基础上，结合自己以往的生活经验与思想观念，对自己在移居地的生活体验进行思考，并对自己接下来的融入方向进行选择。在这一阶段中，在京外国人体现出了较大的个体差异，主要表现在不同外籍移民对于是否接纳移居地的文化、是否主动学习中文，以及与中国人的社会交往程度等方面做出了不同的选择。一部分外国人选择对中国社会只进行浅层的了解，并不深度融入，与移入地主流社会保持距离；另一部分外国人则有选择地对移居地的文化、生活习惯和是否与本地人深入交往等方面接纳一部分；还有一部分人则持开放的态度，表示出对在移居地生活的各方面积极融入的意愿。外国人原有的价值观念和身份认同，以及所在地的经济环境、生活环境，当地人对他们的态度，中国的相关移民管理政策等因素，都对在华外国人的融入选择产生着重要的影响。这种对移入地各方面进行选择性融入的差异性逐渐形成了不同的融入结果类型。

三、融入的类型

本文通过对北京、义乌等地外国人的融入意愿、融入过程及程度的考察，运用类型化视角对外籍移民的融入模式进行分类，大致归纳出隔离型、选择型和开放型三种融入类型。需要说明的是，与国内流动人口普遍属于低收入群体不同，在华外国人普遍具有较高的经济收入，表现出较高的经济融入程度，因此本研究对在京外国人融入类型进行界定时，重点关注的是行为适应、文化融入和身份认同三方面，对义乌阿拉伯人的融入类型则主要是从社会网络视角切入的。

（一）隔离型

根据调查资料，部分在京外国人基于其以往的社会经验和价值观念，主动选择将自己和主流社会隔离开来，具体表现为不说中文、不与中国人交往、拒绝改变自己的行为习惯、坚守其自身原有的文化和风俗传统，对于移入地具有一种优越感，甚至拥有民族中心主义，贬低移居地社会和文化等，具有主动隔离倾向，因此不愿意接触和融入移入地社会，形成了主动隔离的状态。属于这一类型的外国人，除了经济整合状况较好外，其在文化融入、行为适应、身份认同等方面皆显现出较低的取向。我们的调查资料显示，部分在外资或合资企业工作的外国人更具有主动隔离的倾向，其中派遣工作人员表现更明显，因为他们很多属于非自愿来京工作。由于外交关系、历史和意识形态等因素，部分派遣工作人员在来京之前就存在一定的主观偏见。较高的人力资本和良好的经济条件使外籍工作人员能够保持原生社会的生活水平以及生活习惯，而部分公司管理层位置的派遣人员，配备有能为自己在工作上和日常生活中提供帮助的助理或翻译，他们即便适应不了当地社会，也不会遇到很大问题，因此他们没有必要努力地适应当地社会，反而主动地将自己与当地社会隔离。

在义乌经商的一部分阿拉伯商人，学历相对较低，在来到义乌之前没有其他海外经历，来到义乌之后主要从事个体经营工作，且受众主要为阿拉伯商人群体，如理发师、阿拉伯服饰经销商、阿拉伯风格休闲馆老板等。他们接触中国社会的机会非常有限，对汉语和中国文化了解不多，生活和经济来源主要依靠本族裔群体，这对其融入意愿和态度有比较大的影响。对于这部分人而言，其原生社会关系占绝大多数，黏合性社会资本能给他们提供全面的社会支持。而他们与中国人接触的机会十分有限，即使偶有接触也不会和中国人产生长久、深入的社会关系，这导致其在中国社会背景下的社会资本非常单薄，而本族裔源源不断的客流又让其与阿拉伯群体之间的纽带不断牢固。这些都对他们的社会融入产生了直接、深刻的影响，即他们对中国人的行为、文化了解不多。总体来说，这部分阿拉伯人沉浸于原生社会网络之中，无论是在行为上还是在文化和心理上，都依赖于黏合性社会资本的扶持，仍遵循其原生社会的相关社会规则，从而形成了只有经济融入，而未进行其他方面融入的割裂状态。

(二) 选择型

外籍移民在适应和融入主流社会的过程中，不可避免地会遭遇生活方式和文化差异的冲击，但随着在居住国居留时间的增加，部分外国人充分发挥个体主观能动性，在对自身母国文化和移居地文化充分认识的基础上针对自身行为习惯、风俗文化等方面选择性地调整和部分地融入，对于自己不认同或不能够适应的部分则选择保持距离，从而形成了选择型的社会融入结果，这种情况可称为选择型融入。

形成选择型融入结果的外国人，其融入选择的部分主要集中在文化融入和行为适应两个部分，如他们会根据北京当地的行为习惯和文化习俗等对自己的行为做出一些调整和改变，像参加中国的传统节日、与中国人交朋友、学习中文、吃中餐等，但是在身份认同方面则依然保持着较低的认同程度。也就是说，形成选择型融入类型的外国人，尽管在文化和行为适应方面会选择性地进行融入，但对北京没有归属感，也没有想要取得中国永久居留证的动力，认为自己只是一个外来者。总体而言，他们对于移入地社会的很多方面都会进行主动了解和选择接纳，但是在根本的文化价值观念和身份认同上，则体现出了内在的保守性和传统特征。这种类型是在华大部分外国人社会融入最常见的形式。

从社会网络角度看，在义乌有很大一部分阿拉伯商人从事与中国人交易的商业活动，他们对于中国人的行为逻辑和思维方式比较熟悉，能够用汉语或英语熟练地与当地人交流，且一些人有在中国留学和生活的经历，对于中国有较高的认可度。同时，他们在义乌的时间较长，也积累了许多本族人脉关系。可以说，他们是具有双重优势的外籍群体，这对于其社会融入状态的形成产生了深刻影响。在这部分阿拉伯人中，原生社会网络和中国社会网络是相对平衡的，但他们对于两种社会网络的态度并不相同。相比于隔离型，这部分阿拉伯商人对中国的了解更加深入，对中国价值观念的理解更加明显，但这并不意味着他们对黏合性社会资本的放弃。在他们的身上，阿拉伯文化和中国文化被以一种界限分明的形式拼接在一起，在需要表现出中国式社会行为的时候，他们可以践行中国式社会规范，但更多的时候他们还是用原生社会规范生活。本研究将这种以黏合性社会资本为本质，在利益驱动下利用连接性社会资本的混合状态称为选择型融入。

（三）开放型

开放型融入的在京外国人不仅具有良好的经济整合能力，同时在文化融入、行为适应和身份认同方面也都能够融入迁入地社会之中。他们既保留着自己的文化，也能接纳中国的文化，能够适应中国社会的行为习惯，并且在人际交往方面也发展出自己的新圈子，他们在这里与中国人交朋友，甚至组成家庭等。在融入中国社会的过程中，他们既有主观的融入意愿，也感受到自己被迁入地社会所接纳，通过在迁入地良好的融入状况，他们逐渐产生身份认同，对北京产生归属感，认为自己是迁入地社会的一员。开放型融入类型是一种很理想的融合情境，迁移者与移入地当地居民之间有良好的互动，以及迁移者从心理上认同自己是移入地的一员，从而使得迁移者与移入地的主流社会形成一种平等和谐的良好关系。当然，能够实现这种理想的开放型融入的外国人比较少，他们通常是长期居住在中国，有很强的移民意愿，并且已经在中国形成了以当地人为主的、新的社交网络，甚至是建立了与中国人组成家庭这样的强关系。同时，他们一般拥有较强的社会资本，或者对主流社会做出巨大的贡献，具有较高的声望，这样才使得他们不仅能够从主观上愿意适应和融入移入地的主流社会中，也能够具备获得中国永久居留证的资格，在制度上获得移入地的合法身份。

义乌作为一个国际化趋势比较明显的城市，吸引了许多具有开放视野和经历的阿拉伯商人，这一类商人或由于公司派遣，或由于行商习惯，长年游走于世界各地，对于各种文化和价值呈现出包容心态，并对了解和学习迁入地的文化抱有极大兴趣。在这部分阿拉伯商人的社会网络中，其原生社会关系相对较少，而中国社会关系则丰富多样，不仅有商业合作伙伴，还有同事和学生群体，这使他们有广泛地了解中国社会的途径。相比于隔离型和选择型融入对于黏合性社会资本根深蒂固的推崇，他们对各种文化和观念的接受程度很高，接受的标准以自我为中心，建立起一套非常个性化和独特的融入方式。这部分阿拉伯商人在对待融入问题上相当宽容和开放，特殊的经历造就了他们身上杂糅的思维和观念。他们没有融入的界限要求，而是把融入看作和兴趣爱好一样的一种私人取向，并不掺杂国家、民族、地域、宗教上的束缚。在他们的融入过程中，黏合性社会资本对他们没有更特殊的象征意义，它与连接性社会资本一样作为社会网络组成部分对其社会融入产生了巨大影响。本研究将这种自由运用连接性社会资本和黏合性社会资本，以自我为中心的相对个性和自由的融入状态称为开放型融入。

以上我们根据在京外国人和义乌阿拉伯商人在不同方面的社会融入情况，将其融入类型划分为隔离型、选择型和开放型三种。需要说明的是，大量已有研究表明，无论是国际移民还是国内流动人口，群体本身属性千差万别，融入意愿也各不相同，因此很难对其融入过程和类型进行完全一致、确定的归类。外籍人口的融入是一个动态的发展过程，本文仅是从单一类型化差异视角对调查对象的融入类型所做的归纳总结。

四、融入的机制

不同的移民群体因其特点不同，其融入机制也会有所不同。我们在导论部分论述了阿尔巴等人有关影响社会融合结果差异性的因果机制问题。[1] 他们把影响的机制区分为理性行动机制、社会网络机制、资本占有机制和社会制度机制。理性行动机制指的是移民为实现特定目标（特别是教育、工作、置业、社交

---

[1] ALBA R, NEE V. Remaking the American Mainstream: Assimilation and Contemporary Immigration [M]. Cambridge: Harvard University Press, 2005.

等)而采取的策略性行动,而这一行动的逻辑则深深地扎根于移民族群的传统文化与制度背景中,因此同一族群的移民经历有许多相似之处,并呈现出受到传统文化影响的、相似的融合状态。社会网络机制是一个强化群体内规范和谋求内部成员福利最大化的社会过程(比如,在劳动力市场上的求职),由于移民族群内的利益诉求与身份认同相似,所以能够通过成员合作致力于共同目标的实现。资本占有机制强调的是对人力资本、金融资本、社会资本、文化资本等资本的拥有及其使用情况。这些资本形式的占有,不仅直接影响到移民在劳动力市场的竞争能力,而且其本身也具有移民融合的象征意义。社会制度机制强调移民融合过程嵌入于特定的制度与环境背景中。而且,这种制度背景对于不同移民群体所提供的发展机会存在差异。可见,上述有关移民融合机制的分析既充分考虑了个体层次的因素,又融入了制度与环境的宏观因素,对研究在华外国人的社会融入机制的探讨有重要的借鉴意义。

在本研究中,仅从社会网络的角度对义乌阿拉伯商人的融入机制进行了比较全面的探讨,因此下面仅对该群体的融入机制进行总结。

义乌阿拉伯商人在义乌构建了广泛的社会网络,主要包括原生社会网络、中国社会网络以及组织中的社会网络三类。其中其原生的社会网络主要有两种,一种是建立在血缘和亲缘关系上的亲属关系网络,一种是同样在义乌生活的本地区的朋友关系网络。中国社会网络主要包括与中国商业合作伙伴、在中国化的交往场域中接触到的形形色色的人物以及中介群体等建立起来的社会关系网络。目前,义乌阿拉伯商人自发形成的社会组织主要有行业协会和地域协会两种,其中第二种组织不论是从规模上还是数量上都占据绝对优势。

阿拉伯商人在义乌建立和维持的各种社会网络都对其社会融入发挥着独特的作用,其中大部分有着促进作用。从社会迁移的环节来看,原生社会网络从移民行为的萌发开始便起到了引导和支持的作用,它们促进了移民行为的发生,为阿拉伯商人提供来到义乌的信息、途径和情感支持,陪伴阿拉伯商人完成迁移之后在所难免的新奇和冲击阶段,填补中阿文化差异给阿拉伯商人带来的落差和迷茫,帮助他们适应初到中国的文化和社会差异。而随着在中国生活时间的延长和经济活动的深入参与,中国社会网络开始发力,它们不断向阿拉伯商人展现中国社会的风俗习惯和人际交往规则,增加了解中国的途径,使阿拉伯商人对于"中国"的认识更加丰满和形象,这对于其脱离原生社会网络影响来独立自主建立对中国社会文化的看法,并不断找准自身发展所需的社会融入类型有着至关重要的意义。如果说原生的和中国的社会网络在不断加深阿拉伯商人社会融入的深度,那么社会组织中的社会网络就是在深度建立起来后的广度上下功夫，各类社会组织为阿拉伯商人提供了接触陌生人的机会，也带来了获取更多信息和人脉的通道，通过在社会组织中的熟识与合作，阿拉伯商人能够将社会网络铺就得更广、更有价值，从而将社会网络不断转化为社会资本，为自己在义乌的融入带来深深根植和源源不断的资源。从不同机制的作用来看，原生社会基础上的社会网络更多地提供了信息和情感支持，从而促进其经济和行为方面的社会融入；与中国人形成的各种社会网络则增加了其了解中国的途径，不仅从经济、行为上，还从文化理解和心理认同方面促进了其社会融入；而组织中的社会网络则让阿拉伯商人积累了更多社会资本，将整个社会网络补充得更加全面，使他们可以获得更多的信息和资源，从而更稳固地在义乌发展下去。

但一些社会网络也对其在新环境中的社会融入有消极影响。由于生活圈子和商业类型的影响，一些原生社会网络非常充沛的阿拉伯商人，并没有在了解环境和调试情绪中建立起包含适当数量的中国社会关系网络，而是因原生社会网络能充分满足其经济、行为、文化和心理上的需求，抑制了其建立新的中国社会网络的欲望，这不利于其全面深入地与各种中国群体进行接触，甚至对其了解、学习中国文化和社会规则产生了阻碍，形成双方之间的误会和不理解。而过多地参与本国组织，则可能会加深一部分阿拉伯商人的凝聚性和集体意识，形成族裔社区，进而形成规模化的族裔经济体和跨国社会空间，对我国基层社会治理和治安管理造成一定压力。同时，在中国方面组织的社会活动没有达到商人们所希望的目的的情况下，会造成很多阿拉伯商人对后续中国社会活动兴趣的丧失以及对活动内容的不重视，从而使活动的形式大于实际作用，不利于活动影响力的提升和更多外籍人口的广泛参与。因为与个人化的社会网络相比，在中国组织中的社会参与更多地是以一种官方、普适的形式出现在义乌阿拉伯商人的视野中，如果说与商业伙伴的社会网络构建是双方相互选择的结果，那么在中国社会组织中的融入效果则更多由组织或活动的主办方决定。这就在无形中对组织性质和活动内容提出了更高地要求，在中国社会组织严格受到涉外部门和基层组织管辖的背景下，如何利用阿拉伯商人个人化社会网络增加其对中国社会组织的关注度、参与度，以及如何利用组织中的活动和交流切实为义乌阿拉伯商人带来融入上的进步和商业上的帮助，是当前中国社会组织需要深入思考和积极创新的重要现实问题。

五、融入的影响因素

移民融入移居地社会取决于多种因素，"包括有能力使用当地语言进行交流、准入劳工市场和就业、熟悉风俗习惯、接受东道国的社会价值、有可能与直系亲属相伴或团聚和有可能入籍",同时,"融入社会的基石是平等待遇和禁止任何形式的歧视"①。可见,外来移民在移居地社会的融入,不仅需要移民自身具有较为强烈的融入意愿和良好的融入行为,同时还需要当地社会的包容、接纳和平等对待。

从我们的调查研究看,影响移民融入迁入地社会的主要因素可归纳为以下七方面。

(一) 经济融入是社会融入的基础

良好的经济整合能力是跨国移民融入移居地社会的基础,也是最基本的条件。首先,如果移民能拥有稳定的职业和较高的收入,就能够在移居地选择环境优美、设施齐全的居住条件,大大提高外籍人口的职业满意度和住房满意度,进而提升其生活满意度和深层次的社会满意度。伴随着移民在移居地社会居住时间的增加和生活境遇的不断改善,部分经济能力较高的外籍人口会选择在移居地购置房产,或者也可能会与本地居民通婚,从而增加了在移居地定居的可能性,也增加了移民融入当地社会的可能性。

当然,良好的经济整合能力也不仅限于跨国移民具有较高的经济能力,这种经济整合需要跨国移民和移居地双方共同的参与才能达到更为满意的效果。就外籍人口而言,他们自身需要增加经济收入、改善工作环境和工作质量,而从外部条件来看,还需要有相应的外部保障,即完善的社会保障体系,尤其是医疗保险,能够在移居地有相当于或好于母国的就业、医疗、教育和卫生等基础设施。

(二) 居住隔离是阻碍社会融入的空间因素

居住隔离是指群体在空间上的非随机分布,并且形成以某些社会特征为基础的系统性居住模式。② 其中移民普遍喜欢以种族、族群为边界,在居住上与当地人处于一定程度的隔离状态。在中国,来华外国人尽管没有形成类似于美国的"唐人街"或意大利裔高度聚居的社区,但仍形成了一些外国人占比较高的国际社区。如在京的韩国人大多居住在望京的一些社区,日本人多居住于长富宫和发展大厦附近,德国人集中于亮马桥的凯宾斯基饭店及其周边地区,俄罗斯人主要集中在东直门内和雅宝路两个地区等。义乌的阿拉伯商人多居住在福

---

① 联合国第60届大会秘书长的报告:国际迁徙与发展 [EB/OL]. 豆丁网, 2012-12-31.
② WHITE M J. American Neighborhoods and Residential Differentiation [M]. New York: The Russell Sage Foundation, 1987: 82-83.

田街道和江东街道的鸡鸣山社区、五爱社区、商苑社区和江南社区等。另外，在中国普遍存在留学生和中国学生分开居住的情况。如以北京高校为例，中外学生大致有四种不同类型的居住格局：分住不同校区、同一校区不同宿舍区、同一宿舍区不同公寓、同一公寓不同楼层。这种相对区隔的居住格局也在一定程度上影响了他们在中国的社会融入，因为空间上的融入是社会融入中关键性的步骤，"如果一个群体没有在物理上融入社会，结构同化及其随后的各种同化阶段，其发生将变得极为困难"[1]。

从已有的研究成果看，居住隔离从以下方面对移民族群的社会融入产生影响[2]：第一，居住隔离减少或隔绝了移民群体和主流社会的接触机会，进而导致社会分割；第二，居住隔离从需求和机会两个层面抑制了少数族群对社会通用语言的学习，而社会参与和社会融入在很大程度上受制于个体的语言技能；第三，高密度的族群聚居区促进了那些可能与主流社会价值规范不一致的文化传统的存留。因此，很多西方国家在政治实践中将"空间分散"视作少数族群社会融合的重要标志，尽力通过社会政策消除居住隔离以促进社会融合。

的确，以留学生为例，中外学生分住在不同校区，或者将中外学生安排在同一校区的不同宿舍或同一宿舍区的不同公寓都大大降低了他们之间的交流频率，这非常不利于外国留学生在中国的社会融入。或许实行中外学生之间相互嵌入式的居住格局，即打破这两种群体宿舍之间的界限允许混合居住，可以真正有效地促进他们之间的交往交流，从而帮助来华留学生的社会融入。当然，也要考虑到双方在文化习俗、生活方式等方面的差异，以避免发生矛盾冲突。

（三）语言障碍是阻碍社会融入的工具性因素

语言作为日常生活中不可缺少的交流工具，是影响在华外国人社会融入的重要因素。移居到中国各地的外国人中，很多人的中文都处于低水平状态，因为处于中文的环境之中，他们大多可以听懂一些中文语句，但只会说一些简单的日常用语，读、写能力普遍就更差一些。对中文这一沟通工具的掌握程度，是影响他们社会融入的重要工具性因素。因为语言不通就无法进行与他者的对话和交流，更不能建立更深层次的社会关系网络。只有学会另一种语言，才能在平等的基础上进行对话和交流，从而实现对社会活动的实践。外籍人口拒绝学习迁入地语言，在一定程度上体现了这些移民拒绝了参与迁入地社会的实践

---

[1] MASSEY D S, MULLAN B P. Processes of Hispanic and Black Spatial Assimilation [J]. American Journal of Sociology, 1984, 89 (04).

[2] 郝亚明. 城市与移民：西方族际居住隔离研究述论 [J]. 民族研究, 2012 (06)：12-24, 108.

活动和与迁入地居民社会交往的机会，主动将自己隔离在迁入地社会之外。

总体而言，语言作为跨文化交流的工具，是在华外国人社会融入的重要影响因素。第一，语言障碍阻碍着在华外国人的社会融入，影响着他们进一步的融入意愿。由于中文水平不高，很多外国人在生活中会因为与中国人沟通不畅而给自己带来很多烦恼，进而对与中国人交往和融入中国社会产生抵触情绪。第二，语言学习动机能够体现出在京外国人社会融入的意愿。那些具备融入型语言学习动机的外国人，希望通过提高中文水平，来更好地了解和融入中国社会。第三，拥有较好的中文能力，能够对在华外国人的社会融入起到促进作用。能够流利地使用中文的外国人，往往有更好的、与中国人进行社会交往的体验，这有助于提高他们进行更深层次社会融入的积极性。

（四）文化差异是阻碍社会融入的重要因素

移民在移居地社会都会遭遇己文化与他文化的碰撞与适应、融入问题，不同理论对此进行了解释和分析。同化论认为融入实质上是社会同化的过程，来自不同文化背景下的移民通过"去移民化"融入主流社会中，进而实现完全同化。这一观点受到多元文化主义的挑战和质疑，多元文化主义认为，移民的融入或同化会呈现一种多样化、差异化的特征，人们不可能完全放弃自己原有的价值观或文化，完全投入新文化中去。从我们对在华外国人的调查看，选择型融入是在华外籍人口最普遍的融入类型，多元文化论更具有解释力。因为一方面，为了生存和发展，移民需要在一定程度上"融入"当地社会，因此有必要接纳一部分当地的文化；另一方面，移民需要用自身的文化表达他们的生命意义和归依。"对移民来说，文化更是他们获得存在价值的依托，当然在异域社会中，他们更能体会到文化的差异，更容易用自己的文化去应对面临的困难和挑战，尤其是去化解他们在困境上产生的心理和精神的失落。"[①]

中国是一个有着自己悠久文化历史传统的国家，中国社会的文化从风俗习惯到传统的价值观念都具有自身的独特性。在华的外国人来源国多样，他们来自与中国文化传统完全不同的国家。相比较而言，他们对中国的饮食文化、节日文化等相对更易于接受和吸纳，但在深层的思维方式和价值观念等方面很难改变。因此，即使在华外国人与本地居民在同一个地点工作、居住在同一个社区之中、在同样的场域活动，他们也会由于彼此不同的价值观念和行为习惯而产生一些误会与矛盾。此外，由于中国不是一个典型的移民国家，相比本地居民而言，在华外国人所占的比例非常小，这也使得在华外国人对周围的异国文

---

① 王春光. 移民空间的建构 [M]. 北京：社会科学文献出版社，2017：127-128.

化与自己的原有文化传统之间的差异感受更加深刻。在与本地人的交流和互动之中，双方的文化差异经常会导致外国人与本地居民之间的矛盾，这些矛盾也加深了部分外国人对于进一步融入中国社会的抵触心理，在逐渐对本地主流社会的文化价值观念进行了解之后，他们认为由于双方的文化差异很大，所以在生活中也逐渐形成了以其他在华外国人为主的社交网络，减少了向移居地主流社会进一步融入的可能性。

（五）社会关系网络是社会融入的主要社会资本

跨国移民在移居地的社会交往情况，是衡量其社会融入程度的重要维度，也是影响其社会融入意愿的重要因素。在华外国人的社会交往在社会融入中的影响主要体现在两方面：一是其来华前原有的社会关系网络；二是与中国人的交往状况。

对于迁移到中国的外国人来说，如果他们的社会强关系（父母、配偶等）与他们同在中国，使他们在这里能有较强的情感陪伴和支持，他们会更愿意留在中国生活，对移居地社会有更积极的融入意愿。也就是说，强关系不仅能够为移民提供直接的帮助和社会支持，有助于其逐渐适应移居地，同时还能对移民在移居地的长期居留产生重要的影响。但是对于那些原有的强关系都不在中国的外国人来说，强烈的情感吸引会降低他们对中国社会进行深度融入的意愿。

除了外国人在迁移到中国之前所原有的强关系和社会关系网络之外，他们来到中国之后要建立新的社会关系网络。在华外国人与中国人之间的社会交往意愿，很大程度上是在他们与中国人的交往过程中逐渐形成的，在交往过程中，他们所感受到的中国人的态度，以及他们自己本身主观上与中国人的交往意愿，都影响着他们的社会融入。在本研究中，以交友、恋爱、婚姻三个关系程度衡量了在华外国人与中国人社会交往的意愿。对于部分外国人而言，他们很乐意同中国人交朋友，但是如果要与中国人发展恋爱或婚姻关系，他们则表示犹豫或拒绝，文化隔阂与种族差异性是他们做出这一选择的主要原因。而部分与中国人组成家庭的外国人，明显在社会融入的意愿和深度方面都呈现出更加良好的状态。另外，对于很多在华务工的外国人而言，工作占据了生活的很大一部分时间，在工作中与中国同事的接触也是他们与中国人交往的一个重要部分。由于文化背景、社交礼仪、风俗习惯以及工作思想的不同，他们在工作中与同事经常会发生一些误会和分歧，这需要他们去适应。这些体验使他们思考自己与中国人之间的差异，并影响着他们在中国的社会融入选择与融入的意愿。

总之，移民的社会关系网络是移民迁移过程中十分重要的社会资本，在跨国移民到达移居地之初，如果拥有一定的亲属和朋友等强关系，则能够帮助其减少陌生感和不适感，为外籍移民适应陌生社会提供较大的支持与帮助。而那些拥有较少强关系的外籍人口则通过在移居地社会同其他移民群体和当地居民建立广泛的社会联系和异质化的社会关系网络，从而成为移居者适应社会的重要资本。社会关系网络，特别是弱关系的建立需要移民主动与他人建立联系，需要投入相当数量的时间、资源来维系和发展，接触到的本地人越多，所建立的社会关系网络异质性越强，进而社会参与越广泛，主动融入的意愿越强烈。

（六）心理认同是深度融入的标志

社会融入在个体层面上体现为个人的社会身份认同感和归属感，真正意义的社会融入必然是建立在外来人口对迁入地高度的心理认同基础之上的。

与欧美的国际移民不同，中国境内的跨国移民，有一大部分来自西方发达国家。一方面，与已经形成了较为完备的国际移民体系的英国、美国、加拿大等国家相比，中国尚处于作为国际移民目的地国的初期阶段，国内各大城市的国际化程度相比伦敦、纽约和邻国日本的首都东京还比较低。因此来自发达国家的在华跨国移民，自身具有从发达国家来到发展中国家的优越感，难免会对移居地社会及其居民具有一定的距离感，固守自己发达国家的身份认同，拒绝接触和融入移居地社会。但另一方面，虽然有些在华外国人在主观意愿上对移入地没有排斥心理，愿意融入主流社会，积极学习主流社会语言、行为习惯和风俗民情，积极改变自身的文化传统，但是由于中国并不是一个典型的移民国家，中国人"内外有别"的身份意识，即使外国人与移居地居民通婚，拿到移居地永久居留签证，依然存在被视为外国人和外来者。中国人普遍难以接受和黄种人不同人种特征的外国人作为本国居民，这种被动的身份区隔给那些已经在中国长久居住和那些与中国人通婚的外籍人口造成了最根本的困扰。

总之，在国际移民融入的过程中，不仅需要移民自身积极融入移居地社会，同时也需要移居地社会的包容接纳，需要移居地居民在态度和行为上真正地接纳外来移民。

（七）移民制度是影响社会融入的政策性因素

国际移民到达迁入地之前首要面临的就是跨国门槛的制度性要求，主要表现为自身条件能否符合迁入地的入境要求、进入迁入地境内的签证办理以及在迁入国工作、生活所享有的包括就业、医疗、子女教育和社会保障等众多制度体系。由于中国不是移民国家，在目前中国的外国人管理体系中，只有高学历的精英人才才有可能获得长居或永久居留许可，中国国籍更是难以获得。相比较而言，由于受教育程度、技术等因素影响，来自发达国家的在华外国人中持长期签证、工作签证的比例高于来自发展中国家者的比例，而后者中持留学签证和商务签证的比例高于前者。

目前，中国已改善了来华外国人的签证制度，但在一些方面还比较繁琐、僵硬和不完善。如对商人群体而言，就算是一些免签国家的商人，也不得不面对一个月就要出境一次的困扰，而其他大多数需要签证的商人，则只能借助中介来延长自己的停留期限。从国际视野来看，目前中国的外籍人口居留和服务政策，也对其社会融入产生了阻碍作用：如果进入这一市场的成本过大，将会导致很多商人放弃这一市场转而寻找其他替代者；如果进入市场后其生意被中断的风险很大，也将会降低外籍商人的安全感，还可能影响投资规模，甚至一些因亲属、婚姻等原因具有居留需求的商人，也因客观条件限制只能望而却步。可以预见的是，如果一位商人赖以为生的收入来源被影响严重，其对于发布政策的国家及其社会的归属感和融入积极性将会大幅降低。总体而言，签证制度成了一些来华外籍人口社会融入的障碍。

总之，影响移民社会融入的因素有很多，移民社会融入涉及的层次也比较多，以上仅就主要的一些方面进行了论述。

第二节　对策建议

一、对促进外籍人口治理及融入的几点建议

目前，随着我国对外开放的不断深入及融入全球化进程步伐的加快，来华国际移民总量呈不断增长态势，如据联合国经济和社会事务部 2019 年统计，中国大陆（不包括香港、澳门）共有国际迁入移民 72.04 万人，与 2015 年相比增加了 3.7 万人，增幅达 5.4%[①]，而根据 2020 年第七次全国人口普查资料，外国人共有 845697 人，比 2010 年的人口普查数据增长了 42.4%。另，科技部部长王志刚在 2018 年 4 月举办的第十七届中国国际人才交流大会上表示，2018 年中国累计发放外国人工作许可 33.6 万份，预计在中国境内工作的外国人超过 95 万人。[②] 而公安部的相关统计数据显示，仅 2018 年上半年，就批准了 2409 名外国

[①] 王辉耀，苗绿．中国国际移民报告：2020［M］．北京：社会科学文献出版社，2021：49．

[②] 李晓玲，王丰．逾 95 万外国人在中国境内工作［EB/OL］．中华人民共和国中央政府网，2019-04-14．

人在华永久居留,同比增长109%,这一数字是2016年全年的近1.5倍。① 从以上数据可见,中国正成为国际人才流动的新兴市场。2018年4月国家移民管理局的成立及2020年《中华人民共和国外国人永久居留管理条例》(征求意见稿)的出台,也都标志着国家层面开始对外籍移民服务与管理的高度重视。但从总体上看,我国的国际移民政策及服务、管理,特别是促进移民的社会融入等方面的举措还相对滞后,因此在我国把吸引国际人才作为移民政策目标的情况下,做好相关的管理与服务,制定更加完善的移民政策,树立和谐发展、融合共赢的治理理念,有助于吸引更多的国际人才,维护我国强国战略的实施。在此,本文对北京、成都、义乌的外国人治理、服务和社会融入方面提出以下三点建议:

(一) 优化对外国人的治理理念

我国作为非移民国家,对于日益增多的国际移民,还没有形成成熟的治理理念。面对外国人时,缺少平等互惠、权利与义务相一致等国际通行的治理准则。在治理外国人的过程中,时常出现两种极端的情况,一种是认为外国人应该按照中国的习惯和风俗办事,完全同化于中国社会,不能保持自己的独特性。另一种是过分抬高外国人的地位,给外国人诸多优待,认为他们的身份高于本地人,从而使他们产生高高在上的感觉,不利于融入中国的生活。这种特殊的优待也容易引起本地人对外国人的排斥心理,引发双方的矛盾。对外国人的治理应该遵循尊重和平等的理念,既不对他们进行贬低,也不过分抬高他们的地位,将外国人与中国人一视同仁,公平地看待每一位来到中国的外国人,使他们感受到平等、友好的管理服务,从而减少他们与本地社会的隔阂,促进外国人与本地居民的和谐互动。优化对外国人的治理理念,有助于让在华外国人更好地融入中国各地的社会之中,体会到所在城市的独特魅力。

(二) 加快提升移民治理与服务的专业性

在我国国际移民的治理与服务实践中,不同城市的差异性较大,一些城市走在前列,如上海、义乌等。如2019年,上海建立了全国首家永久居留事务服务中心,将人社、外专、税务、侨务、出入境检验检疫、公证等移民相关部门纳入其中,开设综合服务专门窗口,并提供政府咨询等服务,与此同时,服务中心还引入社会化服务机构作为对外服务机构,为常住外国人提供语言培训、就业、就学、就医、医保、社保、租房、租车、法律援助等多方位、专业化咨

---

① 国家移民管理局. 2018年上半年全国出入境证件签发量和人员出入境量同比稳步增长[EB/OL]. 国家移民管理局网站, 2018-07-23.

询与服务。北京则针对大量外籍人口迁入的新形势，于2016年提出了打造"首都国际人才社区"的目标。① 成都也不断推出了服务外籍人士的新举措，如2016年7月成都市首个外国人志愿服务站在电子科技大学挂牌成立。同年，由成都市外事侨务办牵头启动"家在成都工程"，旨在在努力提升成都的国际化水平和综合竞争力的背景下，进一步优化成都外籍人士的服务环境，提高外国人在成都的融入感和归属感。《外籍人士生活指南》、"家在成都"官网、"Homein Chengdu"微信公众号相继推出，以中英双语的形式发布成都市政府相关部门的重要信息，以及出入境、居住、旅游、就业、入学等各方面的实用资讯，提供办理保险、办理居住证，提供居家生活的便利，营造国际化大家庭的氛围。义乌市为了改善营商环境，给外籍人口提供更便利的生活环境，市政府采取了相当多的有效措施，包括将各种针对外国人的手续审批业务集中到统一地点进行办理、发放义乌商友卡使外籍人口在义乌市境内与本地人一样享受医保服务、在街道指示牌和地图上标写多种语言以供参考、开发英文版公众号供外籍人士浏览等。义乌市还大胆尝试"以外治外"的新模式，聘请外籍调解员参与涉外纠纷调解，同时在外籍人员较多的小区引入专业化社工团队，开展包括语言培训、文化体验等在内的课程，帮助外籍人员尽快融入本地。以上城市在国际移民的治理与服务实践中虽然取得了很多成就，但仍然存在一些需要改进之处。

如以北京为例，虽然北京提出了打造"首都国际人才社区"的目标，但由于目标宏大，真正达成还尚需时日，且其目标主要在于国际人才社区建设也有一定局限性。在此情况下，建议在北京建设国际人才社区的同时，以各级政府为主体，整合其他移民发展利益相关单位（移民中介、基层社区、国际医疗、国际教育等）的资源与力量，推动移民治理与服务向全方位、多领域和专业化方向发展，以便在有效提升治理与服务的同时，尽可能地做到相关资源的高效、协同运转，因为随着在京国际移民数量的逐步增长，移民社会治理与服务的复杂性与难度也在不断提升，仅仅依靠政府相关部门开展移民治理与服务供给是远远不够的。当下，为吸引和稳定技术人才，为优秀人才消除后顾之忧，可以在增加技术移民的签证数量、设立科研基金、为技术人才的子女和配偶入境提

---

① 首都国际人才社区的共性标准，做了"1+3+9"的顶层设计。"1"是以国际人才需求为核心，"3"是以国际化、生态化、数字化为主要导向和建设理念。在这个基础上，提出了9大建设场景，分别是宜居社区、邻里交往、教育文化、创新事业、医疗健康、交通网络、生态低碳、服务配套、管理治理，覆盖到了国际人才所主要关心的9方面。北京市人民政府外事办公室．北京全面展开首都国际人才社区建设，吸引更多国际人才来京创新创业［EB/OL］．北京市人民政府网，2020-09-27．

供便利等方面多做考虑。地方政府可设置专门的机关，协调解决外籍人才及其家属在工作和生活中遇到的问题，组织和开展有关语言、文化习俗、法律等方面的培训工作，使外籍人才有在北京等城市"安家落户"的想法，从而努力破解"引才容易留才难"的难题。

（三）不断完善外国人的相关工作，促进外国人对中国的认同感

第一，加强语言服务。通过对调查问卷的基本分析，我们了解到，大部分外国人都不能使用汉语进行有效沟通，语言障碍会导致很多不便，因此提供外语服务是必然的趋势。我们建议从以下两方面加强语言服务。（1）加强有关部门工作人员的外语水平。随着大量外国人在华一些城市的聚集，应该强化涉外部门以及基层部门办事人员的外语水平，语言是顺利沟通的必要保障，也是提供优质服务的基石，因此提高工作人员的外语水平（尤其是英语）应该被公共服务部门所重视。（2）加强公共场所的多语言标志。在出行中缺乏语言标示让很多外国人感到烦恼。很多交通运输部门的工作人员因为不会外语无法向其提供服务，完善公共场所的语言标志是一种效率更高的办法。加强这些多语言标志的规范化和广泛化，能够为在华外国人的出行提供更多的便利，提升其对所在城市及中国的认同感。

第二，增加社区组织的参与，加强移民的社区归属感。社区基层组织对于本社区内居住的外国人了解不足，缺乏服务意识，会增加外国人的抵触情绪，加大社区工作难度。因此社区组织应该将社区内的外国人纳入社区工作范围内，增加社区层面的公共服务，主动了解他们的生活情况，为他们提供相应的语言服务，减少沟通障碍和文化隔阂，组织他们参加社区活动，使在华外国人感受到自己是所居住社区的一员，从而增强他们对社区、对所在城市的归属感，促进外国人和本地居民形成良好的互动，提高社区凝聚力。通过基层社区组织的工作，让移民参与到社区的建设中来，不仅能够建立起移民和本地居民及社区之间的信任，还能够加强移民在移入地城市社会中的存在感，使他们在城市建设中发挥更多的作用，促进移民和移入地城市的共同发展。

第三，推动国际学校的建设，尽快解决外籍人口子女的入学问题。北上广已经建设了许多招收外国学生的国际学校，在普通学校也聘请有优秀的外国教师，解决了外籍人口子女在中国上学的一大难题。但目前在成都、义乌等城市，孩子的上学问题是影响外籍人口是否留下来的重要因素。如以义乌为例，目前该市阿拉伯商人的平均年龄为30岁，其子女正处于需要接受教育的阶段，有相当多的阿拉伯商人都反映之所以忍受亲人两国分离是因为义乌没有完善的外籍儿童入学机制，由于习惯和语言等各方面的因素，目前义乌公立学校很少招收

外籍儿童入校学习，除特定国家针对本国儿童开办学校之外，义乌仅有几所价格昂贵的国际学校，不适合普通商人家庭，如果根据义乌外籍人口数量，开办一定数量的涉外学校或在公立学校中设置外国班，可以在一定程度上缓解目前外籍人口对教育资源的需求，也可以使外籍人口更长时间地在义乌进行生活和工作，减轻外籍人口的牵挂和负担，体现出我国对于外籍商人的人文关怀和情感照顾。从另一个角度说，教育是增加社会认同感，促进文化融入的一剂良药，如果能让外籍人口的子女在中国接受教育，让其有正规途径系统地学习中国语言、中国文化和中国价值观，也让其接触和交往的中国群体更加多样化，不仅能促进其个人的文化与心理融入，还能在一定程度上带动其所在的家庭的社会融入，甚至还可以将自己在学习期间积累的各种社会资源应用于其社会活动当中，这不失为一个一举多得的措施。

第四，针对外籍人口开展的活动要更多地从形式转向内容，并将更多的外籍人口纳入其中，尤其要更重视外籍人口中经济收入较差和社会地位较低群体的社会融入状况，增加其对中国社会现实的了解和理解，在一定程度上降低外籍人口的犯罪率，减轻治安管理压力。关于活动的举办方，要多鼓励居委会等基层组织举办活动，通过政府—公益组织—社区的联动最大限度地将外籍人口纳入政府的管理宣传体系中去，根据社区外籍人口国家来源、性别和年龄的不同举办有针对性的活动可能会取得更好的效果。在举办活动的内容上，不仅要重视活动的时效性，还要重视活动内容的实用性和创新性，不能一味将其当作政治任务来完成，如果能充分考虑到外籍人口的需求并从这一方向出发进行布置和组织，外籍人口的参与积极性也许会有所提升。在有条件的情况下，也可以将本地居民纳入活动中去，培养其跨文化交往能力，降低身份隔阂意识，增加双方的接触渠道和沟通方式，从而减少对于"外国人"这一身份的陌生感和敏感度，提高双方的认同感和接纳度，积极利用社交活动的方式实现双方在社会生活方面的畅通交流。另外，对于中国政府、公益组织和居委会所组织的各项活动，应尽量丰富形式和内容，不仅进行中国文化和政策的宣传、讲解，也可以根据外籍人口的需求，组织行业内部和行业之间的交流会、沟通会，或是了解外籍人口需求的座谈会等，从而使各类活动能够更好地发挥作用，更精准地对接需求。对于一些创新内容和形式的活动，审批部门应尽可能采取包容审慎的态度，可以通过全流程关注的方式进行观察和参与，从而不断规范，形成风尚，逐步培养适合各类社会组织发展的制度因素和社会环境，为各行各业的外籍人口创造社会融入的机会和深入发展的精神家园。

第五，对外国人以原生社会网络为基础建立的各种社会组织，应本着"宜疏不宜堵"的原则,将一些不违反法律法规、社会道德的社会组织纳入到社会管理的范畴之中。可以通过提供资金、场地等一些力所能及的帮助和支持,从而促进其登记和注册的积极性。在其组织活动、进行节庆的过程中,也可以进行器材、安保和工作人员等各方面的协助。这一方面有利于其组织的社会活动在监管下进行,确保合法合规和安全有序,另一方面也可以使更多的外国人在本地区社会组织中感受到中国社会规则,从仅与原生社会网络联系的状态中脱离出来,更好地理解中国的社会政策,加深对中国社会的印象。

第六,进一步完善、简化外籍人口签证办理手续,并加大对外籍人口证件办理政策的宣传力度。目前,一些城市积极优化外国人签证办理流程,大幅压缩办理时限,如成都自2018年6月1日起,市公安局正式推出外国人便利办证新举措:签证办理时间由7个工作日缩短至5个工作日,居留许可办理时限由15个工作日缩短为10个工作日,在蓉外国人办理签证和居留许可已更加快捷便利。[1]如义乌为了避免在个体中介业务办理过程中的一些纠纷和欺诈行为,目前义乌市政府在出入境大厅当中设立了官方中介,为外籍人口免费提供咨询和翻译等业务。但在北京、成都和义乌等城市,由于语言障碍、习惯使然、消息渠道不畅通,很多外籍人口对有关签证和居留的政策不了解,多通过中介办理相关手续,这未尝不是一种融入过程中的阻碍。在未来,有关部门可以针对这些服务项目增设人手,实行预约制,尽可能多地为外籍人口提供服务;同时,也可以将这些机构的宣传工作与活动的开展结合起来,开展参观和现场试运行活动,并通过活动与外籍人口沟通交流,更好地提升服务质量,也让外籍人口能更自主地办理各项业务,减少因使用中介而产生的生活成本和法律风险,更好地融入中国社会。

第七,有关部门应根据现实发展情况,制定更加符合现状的移民法律或出入境管理条例。目前,我国移民管理领域所参考的法律仅有《中华人民共和国出境入境管理法》和一些法律中的涉外条例,并没有一部专门的移民法来对外籍人口的相关活动进行管理,参与管理的部门也不明晰,往往有多个部门参加,但职责划分又不完善,使得一些外籍人口的问题无人管,而有一些问题又解决口径不一。这对外籍人口在华的工作、生活造成了很大影响,也造成了目前他们在居留证办理、工商执照申请、房屋租赁等各个方面都严重依靠代办的情况。同时,签证难拿到、续签和居留许可条件严格也是在华外籍人口普遍反映的问

---

[1] 成都市人民政府. 明日起,外国人在成都办理签证时限缩短至5个工作日 [EB/OL].
百家号,2018-05-31.

题，随着现在在中国境内工作生活的外籍人口不断增多，这一问题的存在，一方面会严重耗费外籍人口在中国的物力、财力，使外籍人口感受到中国社会强烈的排斥力，甚至可能影响其对中国的看法和国家形象；另一方面也会损伤其与中国建立长久合作关系的信心，不利于一种在文化和心理上"根"的形成，如果没有稳定感和踏实感，就难以真正融入中国社会。抛开定居或长居不谈，仅从合理构建外籍人口的社会位置来说，也应该进行一些政策上的调整以增加支持。比如，针对在华工作多年且无不良记录的外籍人口，可以给予一些"国民待遇"，如在享受社会福利及财务流通方面的一些权利可以适当放开，从而简化其在中国工作、商务活动的复杂流程，节省精力、财力。值得肯定的是，从国家层面来说，政府已经开始有所动作，2018年4月，国家成立了移民管理局来加强对移民和出入境管理的统筹协调，这标志着我国在逐渐重视移民管理工作。近年来，移民管理局与司法部联合针对《中华人民共和国外国人永久居留管理条例》（征求意见稿）向公众征求意见，引发社会讨论，也说明了国家正在关注外籍人口的在华居留条件审查、签证发放以及续签流程等外国人在中国生活中方方面面的问题，相信国家之后也会根据我国的实际情况出台更多外籍人口在华发展的法律法规和制度政策。

二、促进留学研究生群体学术适应的建议

本研究表明，积极的来华留学教育政策、奖学金和英文授课项目的设置以及较为完善的教学管理服务在来华非洲留学研究生的招收与培养方面发挥了非常重要的作用，我们应当继续坚持和完善，但也存在一些不足之处，如来华留学教育质量保证、学术适应程度及其与社会适应不能兼顾等方面的问题。为了进一步做好来华留学教育工作，提高来华非洲留学研究生教育培养质量和适应能力水平，本研究提出以下建议。

（一）完善来华留学生教育质量保障体系

2018年，我国已出台了《来华留学生高等教育质量规范（试行）》，要求高校将来华留学生教育纳入全校的教育质量保障体系中，实现统一标准的教学管理与考试考核制度，提供平等一致的教学资源与管理服务，但在落实环节有待加强。比如，有些中国高校对本地学生与外国留学生的招收标准存在很大差异，中国学生往往需要通过严格的考试或考核才能进入研究生阶段的学习，而外国留学生一般不需要参加专业考试或经历严格的考核，甚至不需要基本的语言水平能力测试，就可以申请进入中国高校攻读研究生。我们的研究表明，虽

然来华非洲留学研究生在学术适应方面具有"良好"的表现，但这一定程度上是在中国高校对其降低了教学培养标准的条件下形成的。中国有着比非洲国家较高的教育质量和水平，但是招收标准和教学培养标准的降低使来华非洲留学研究生培养质量得不到很好的保证，影响到中国对非教育援助的政策效果。因此，要着力完善来华留学生教育质量保障体系。

首先，要严把留学生入学标准，确保生源质量。中国高校对来华非洲留学研究生的语言水平应该有更加严格的要求。从本研究中就读于中文授课项目中来华非洲留学研究生的就读表现来看，他们的中文能力水平还很难应对其学业任务，在专业课程的学习和论文的写作中也遭遇很大困难。由此可见，虽然教育部对来华留学生的汉语能力有着明确的要求，但要求并不严格。为了提升其应对学业的能力，就读于中文授课项目中来华非洲留学研究生应当具备更高级的中文水平，以保证其顺利地、有质量地完成学业任务。因此，本研究认为中国高校要提高对申请中文授课项目来华非洲留学研究生的中文水平入门要求。中国高校可以给他们开出正式录取的条件，要求其中文补课结束后必须通过HSK六级才可以进入专业学习，这样一方面禁止那些中文水平低的学生进入专业，另一方面为学生提高中文水平提供动力，也可避免学生在开始攻读专业之后因为无法按时开题或答辩而被开除或放弃学习的情况。对于申请英文授课项目的留学生，中国的高校一般要求其要有良好的雅思或托福成绩，但也有些高校在申请规定上没有严格要求其具备英语水平的证书。从本研究关于就读于英文授课项目来华非洲留学研究生的学业表现和中国教师对他们的评价来看，其英语能力水平也存在一定问题。这说明中国高校对来华非洲留学研究生的英文能力也没有提出严格要求，而是每个学校根据自己的情况弹性制定招收留学生的英文要求。因此，中国高校也应该更加严格要求来华非洲留学研究生的英文水平。除了语言水平，中国高校对申请来华攻读研究生的非洲学生的专业能力水平也应当进行考核，以保证其专业能力水平达到中国高校的教学要求标准。

其次，要实施教学质量监控，严把教学过程质量。中国高校可以根据不同学科专业特点，健全专家评教、同行评教制度，同时完善留学生评教指标体系、实施办法，形成领导、专家、同行、学生四级评教体系，建立完善激励、认证、评估、督查等质量保障机制，探索构建常规性检查与临时性抽查相结合、自上而下监督与自下而上反馈相结合、过程性评教与终结性评教相结合、教学质量督导制与教学信息反馈制相结合的留学生教学质量监控体系，保障来华留学教育的教学过程质量。

最后，要完善激励保障机制。高等学校可以把留学生教学质量作为教师职务评聘的重要依据。根据实际,出台相关规章制度,将有国际化经历、高学历、高职称、高英语水平及留学归国等条件作为为留学生上课的一项基本要求,并在职称评聘和评优评先方面予以充分的优先考虑。

(二) 加强非教职人员国际化建设

高校师资力量国际化是高等教育国际化的重要前提,是提高来华留学教育质量的关键。目前我国高等学校已经引进了大量海归教师和一定比例的外国教师,有效满足了日益扩大的来华留学生教学需求。但是,学校其他部门的非教职人员普遍存在因跨文化交际能力不足而影响留学生在华学习生活的状况,导致留学生在使用学校提供的设施与服务(学校图书馆、医院、行政服务部门等)时因交流沟通困难而影响留学体验。有鉴于此,我国高校有必要在推进国际化师资队伍建设的同时推进非教职人员国际化的建设。第一,高等学校要加强对非教职人员的外语培训,提升其自身外语能力和水平。高校不仅要对单位内部非教职人员统一进行基础的外语培训,还需要针对不同部门的非教职人员定期开展其所主要负责业务领域的语言培训和考核,着重提升其服务国际学生的有效性。第二,在加强非教职人员语言培训的同时,也要加强其对世界多元文化知识的掌握。由于高等学校招收的国际留学生来源国复杂,他们都带有自身特有的文化惯习,因此高校非教职人员要对此有一个较为全面清晰的认知,这样才能在对留学生的日常管理和服务中减少误解,促进有效沟通。第三,要加大具备一定跨文化交际能力的非教职人员的引进力度,提高留学生管理服务人员的整体素质和水平,使之与日益扩大的来华留学教育规模相适应。通过建立专业能力强的国际化师资队伍和服务能力强的国际化非教职人员队伍,共同促进我国高等教育国际化的健康发展。

(三) 提高来华留学研究生中文水平

中国高校应采取有效措施着重提高来华留学研究生的中文水平。本研究发现中文水平对来华非洲留学研究生在华的学习和生活都起着至关重要的作用,而这种作用在其中文达到更高水平后变得更加明显。当来华非洲留学研究生具备较好的中文水平时,他们的就读经验会有明显的提升,然而中文水平较低的留学生几乎一直被语言障碍所困扰,无法融入中国的社会文化,就读感知消极。虽然用中文进行学习的留学生在正式进入专业学习之前可以学习一两年的汉语,但这不一定能够让他们在一个完全用中文授课的研究生项目中做好准备。因此,就读于中文授课项目的留学生除了要学习一般的中文,还需要经过专业中文的训练,尤其是用中文授课的研究方法和论文写作课程。虽然就读于英文授课项目的来华非洲留学研究生在课堂学习和论文写作中遇到的困难较小,但是其较低的中文水平不仅导致他们与学校图书馆管理人员、留学生事务相关管理人员以及中国学生之间存在沟通障碍,还会影响到其课外学习体验及相关事务的办理,对于想要在中国进行实地调查或实习实践的留学研究生,由于存在语言障碍则不得不放弃。另外,在更深层次上则影响到他们对中国社会文化的深度了解和理解。因此,用英文进行学习的来华留学生也应当提升其自身中文水平,这样才能更好地适应在华的学习生活。中国高校可以采取以下三方面的措施,切实提高其中文水平。一是在确保来华非洲留学研究生专业课程教学的情况下适当增加中文语言学习课程,打破原有教学计划中只有第一学期或第一学年开设中文课程的限制,开设全过程的中文语言课程;二是增设课外学习中文兴趣培训班,使来华非洲留学研究生可以有充足的机会在课外灵活学习和巩固中文;三是鼓励中外学生之间组成形式多样的语言学习互助小组,在真实的交流互动场景中提高其中文语言理解与运用能力。

(四) 增加来华留学研究生科研参与机会

虽然来华留学研究生有较强烈的科研参与意愿,但是在我国许多高校中科研参与信息并未与来华留学生信息对称,这导致他们很少参加到科研竞赛中去。而且由于其自身科研能力或其他原因的限制,他们也很少参与到导师的科研项目中去。如大部分非洲留学研究生只是在自己导师的指导下做了毕业学位论文研究,其科学研究能力没有得到有效锻炼。对此,中国高校需采取措施增加来华非洲留学研究生科研参与度。第一,中国高校科研竞赛项目要更加开放化,为来华非洲留学研究生提供适当的科研机会,比如,针对留学生群体设置科研竞赛项目,开通适合留学生的特色研究领域,搭建留学生参与科研活动的实际平台,并鼓励他们积极参与,在科研实践中促进其学术能力的提高;第二,留学生导师也要适当给予来华非洲留学研究生参与科研项目的机会,并给予专业指导和培训,以提高其科研创新能力,使其学术适应水平得到实质性提升;第三,可以为对相近领域科研活动感兴趣的留学生与中国学生搭建学术沟通平台,鼓励留学生与中国学生合作完成科研项目,这样不仅可以在相互学习和团结协作中提高实践能力、培育科学精神,还可以促进中外学生间的深入交流,实现真正意义上的多方位交流和多角度融合。

(五) 促进来华留学研究生与中国学生的交往

本研究发现来华非洲留学研究生的互动网络主要以与本国人的交往为主,而与中国人的交往在频率和交往深度方面都存在一定的局限。研究显示,缺乏与中国人的交往造成来华非洲留学研究生消极就读的感知。虽然留学生与本国人的交往能给他们提供重要的社会支持,而且也是一种有效的应对跨文化困境的策略，但这却也阻碍了他们与当地学生或来自不同文化背景的学生的交往。有研究表明，国际学生与当地学生的交往不仅有助于国际学生的融入，而且这种交往对当地学生也有很多好处。①大量的留学生来到中国高校学习，给中国学生提供很好的、跨文化接触的机会，可以帮助中国学生获得跨文化交际能力，也有助于加强族际间友好关系的建立。因此，管理留学生的有关部门应该通过各种渠道增加留学生和中国学生的互动机会，注重协调好国际学生与本地学生之间的关系。首先，应在尊重、照顾来华留学生文化习俗差异的同时，平衡好中外学生之间所享有的待遇，实行趋同化管理，缩小待遇差距，如提供相近的奖学金资助金额和住宿条件一致的宿舍环境。其次，在住宿方面可以以更加开放的态度尝试打破生活空间的隔阂，探索对中外学生进行嵌入式居住管理的模式，为促进中外学生之间的互动创造条件。虽然目前中国的留学生政策给予了来华留学生在住宿方面选择的自由，然而中国高校的住宿一般是安排中外学生分开居住的。本研究发现，在教学管理和居住管理上的区隔的制度安排是影响来华非洲留学研究生与中国学生人际交往的主要障碍。如果留学生能与中国学生一起居住，就能使他们尽快了解中国的风俗习惯并更好地融入中国社会，同时还有利于他们在学习上互帮互助，尽快融入新的学习环境中。②再次，可以探索开设中外学生混合课程，创造中外学生共同学习交流的氛围，这样不仅可以促进我国高等教育课程国际化，也可以开拓中国本地学生的国际视野，提高其跨文化交际能力，培养人类命运共同体意识。最后，学校有关部门或老师可以安排各种学术性和非学术性的项目或活动，鼓励中外学生合作完成，以增加中外学生之间的交往机会。当然，我们也不应该为了增加留学生与中国学生的互动，而去限制留学生与本国学生的交往，因为与本国人的交往对留学生也至关重要。我们在鼓励留学生与本国学生交往的同时，还要引导留学生扩大自己的互动网络，并增加更多的跨国和跨文化的交往。皮提鲁格（Pettigrew）认为，接触对促使态度改变具有重要作用，通过接触可以了解外群，降低偏见，促进情感联结和群际友谊的产生。③基于接触假设的理论，高校可以通过留学生与中国学生共同参与的项目或活动淡化原初的"我们"与"他们"之间的界限，构

---

① SPENCER R J, MCGOVERN T. Attitudes Toward the Culturally Different: The Role of Intercultural Communication Barriers, Affective Responses, Consensual Stereotypes, and Perceived Threat [J]. International Journal of Intercultural Relations, 2002, 26 (06): 609-631.
② 汪妮妮. 高校来华留学生住宿管理探析 [J]. 文教资料, 2007 (11): 15-16.
③ PETTIGREW T F. Intergroup Contact Theroy [J]. Annual Review of Psychology, 1998 (01): 65-85.

造一个更具涵括性的"我们",以此改变留学生和中国学生双方对各自群体资格的感知,认识到彼此都同属于一个定义更为广泛的群体,实现彼此共享的群体认同。

三、促进国际社区中群际交往的建议

(一)国家层面:制定法律法规,为国际社区管理提供法律依据

作为一种新生事物的国际社区,在其发展和管理的过程中也存在一定的问题,这些都对我国国际社区相关法律法规的制定提出了新的要求。

北京市曾于 2017 年出台了《关于推进首都国际人才社区建设的指导意见》,并首次提出了国际人才社区的概念,意在为国际人才提供发展的环境和舒适的生活,增强国际人才的认同感和归属感,并将建设 8 个国际人才社区的规划,纳入了《北京城市总体规划(2016—2035 年)》中,足以看出我国对于国际社区建设的重视。① 但我们探讨的国际社区,主要是基于外籍居民自发集聚而形成的社区,和政府打造的国际人才社区有着本质的区别。

我国大多数外籍居民居住的国际社区在发展过程中,普遍存在难管理的问题,主要在于管理和服务缺乏法律法规依据。关于国际社区的标准和管理评价缺乏,在具体的规划建设和管理中也没有政策引导。有社区管理人员指出,"没有法律依据,不知道哪些可以做,哪些不能做。具体的管理工作中,不知道能否吸纳外国人加入,因为他们没有中国国籍",只能采取一些相对保守的管理措施进行社区管理。同时,疫情防控期间外籍人士以隐私为由,常不愿随时接受上门调查信息,入户登记等,也给社区管理增加了难度,急需法律制度来支撑。

因此,政府应出台国际社区中、外籍人士管理的法律和规章制度,将国际社区各项具体事务的管理措施标准化,并对国际社区建立一定的管理评价指标,切实促进国际社区的建设和发展。法律法规的制定,应当兼顾国际化、法治化、自治化和专业化的原则,为社区自治留出一定的弹性空间,使得社区能够在和法律制度不冲突的前提下,根据社区实际情况,制定出契合社区发展需求的政策,并提交政府审批,不断优化管理和服务。

(二)社区层面:积极营造群际接触的"最优条件"

社区文化是一个城市的重要文化符号,社区的融合多元是城市和谐的关

---

① 北京日报. 首都国际人才社区建设导则(试行版)解读[EB/OL]. 千龙网,2020-06-11.

键。① 社区是一个多元的活动场域，作为中、外籍居民共同居住和生活的场所，社区的人文环境和空间氛围打造，对于促进中、外籍居民交往和互动起到核心作用。如北京的 Y 国际社区在当前的发展和建设中，主要采取以下方式增强群际交往：配备专门负责解答外籍居民问题的工作人员；采用双语通知、告知、提示、设施使用说明等，便于外籍居民及时获得信息；策划组织了一系列面向中、外籍居民的交往活动。这些措施对中、外籍居民互相了解，搭建起沟通和互动的渠道有明显成效。但由于管理体系和内容不够完善，Y 国际社区的管理目前处于起步阶段，中、外籍居民对社区活动的参与度也需进一步提升。

作为一种变化的现象，群际接触可以分为积极接触和消极接触，其中，促进积极群际接触的最优条件包括：平等地位、共同目标、群际合作关系和制度支持。中、外籍居民在恰当的条件下进行积极接触，可以减少群体之间的敌意，形成积极的外群体态度。社区是营造群际接触"最优条件"的主体，应当在促进中、外籍居民的交往中发挥更大作用，如提供平等的交流交往平台、创造深度交往的条件、为鼓励和支持双方互相学习语言创造机会等。因此，本部分从以下四方面对社区的优化措施提出思考。

1. 引入专业社工，提高英语沟通水平和专业性

国际社区居民整体受教育程度较高，追求高质量生活，这对社区管理工作提出了较高的要求。② 而社会工作作为解决社会问题的专业学科，其个案工作、小组工作和社区工作等方法，对于完善国际社区的管理，推进国际社区的进一步建设起到了重要作用。如专业社工入驻后，Y 国际社区对中、外籍居民的需求进行了调查，并将调查结果融入活动设计和组织中，开展了一系列颇受欢迎的活动，组建了微信沟通平台，群里有 50 余人，包括本地居民和外籍居民，吸纳了外籍志愿者，组成"洋雷锋"志愿队伍，提供沟通和翻译服务等，一系列举措获得了中、外籍居民的认可。但专业社工在项目完成后便陆续撤出，微信群也停止了活动发布和沟通交流，活动的突然终止，对中、外籍居民的参与热情和交往关系建立产生了不利影响。因此，社区需要引入长期性的专业社工，为社区的组织和管理提供专业化、针对性服务。此外，负责解答社区内外籍居民问题的管理人员的英文水平也有待提升，管理队伍中其他人员也需要进行一定的英语培训，以具备基本的沟通交流能力。

---

① 陈宇鹏. 多元文化背景下"国际社区"管理与服务的创新研究 [J]. 长春师范学院学报，2012，31（02）：28-30.
② 王晓虎. 浦东新区外籍人口集聚与国际社区建设 [D]. 上海：复旦大学，2011.

总之，国际社区应当引入专业性的社工人才，负责与政府的职能联动，加强和外籍人士的沟通交流，充分了解社区内中、外籍居民的需求，并采取恰当的应对方式，有效提升国际社区的形象。国际社区也要注重对工作人员的语言和技能培训，支持管理队伍逐渐摆脱对翻译类软件的依赖，加强口语表达能力，适应英语交流的氛围，提高服务的专业性。还要不断引进新人，尤其是语言技能过硬的人才，不断充实管理队伍，提升社区管理人员的服务水平。

2. 社区活动组织考虑外籍居民需求，增强针对性

国际社区普遍存在居民对活动形式不感兴趣，对社区活动参与热情较低等问题，原因主要为活动形式较为单一化、活动时间设在工作日等。不同居民对于社区活动的需求千差万别，有些居民更看重语言学习活动，有些居民喜欢美食制作活动，外籍居民对中国传统文化也较为感兴趣。据 Y 国际社区对中、外籍居民活动倾向的问卷调查结果，社区居民最想参加的活动类型分别为：文化融合活动，公益志愿服务活动，亲子教育学习活动，中、外居民交流活动等。多元化的活动方式和手段必不可少，能够在吸引更多居民参与的过程中，加强中、外籍居民在活动内外的交流联系，从而提高对社区的认同感和归属感。针对部分外籍居民反映的宗教信仰不能正常进行等问题，也可以通过在社区内成立宗教和兴趣小组等方式，号召外籍居民加入和参与。

因此，国际社区应当组织多元化的活动，围绕文化、志愿服务、教育、语言学习和美食等主题，激发中、外籍居民的参与热情；通过问卷调查、访谈、座谈会，以及活动后的满意度调查等方式，充分了解中、外籍居民的活动需求，听取居民的意见和建议，及时进行活动调整，使社区活动更具针对性；针对居民的个性化需求，可以组建相应的活动小组，如中华文化兴趣小组、语言学习小组、中外美食兴趣小组等，培养起一批骨干力量，并带动更多居民加入；结合中、外籍居民需求，适当调整活动时间，如设在周六、周日、工作日的晚上等，让更多年轻居民有时间参与活动。

3. 设立交流、互助平台，提升认同感和归属感

进入信息化时代，各种信息工具的使用提高了工作的效率和便捷程度，对于社区管理工作也是如此。设立交流、互助平台，能够使中、外籍居民广泛参与到社区的表达机制中，利用这一平台充分展现自身的需求，并发表对社区事务的看法和建议。一方面，社区的各项具体事务可以在平台上发布，使居民足不出户了解到信息，及时反馈并解决问题。同时，也为居民参与社区管理提供了渠道，社区管理人员、街道办事处工作人员等能够通过平台广泛听取中、外籍居民的想法和意见，并根据居民关注动向和实际需求，来最终制定和推行政

策。设立居民了解并参与社区事务的平台，能够让居民真正参与到社区的管理和服务中，在提出自身建议和问题的同时，也可以促进居民间的互帮互助，形成团结合作的社区氛围。

因此，社区可以通过打造社区论坛或建立微信群的方式，拓展中、外籍居民的网络参与渠道。社区的各项具体事务和举措在平台上发布，使信息公开透明；社区工作人员应经常开展活动，鼓励居民参与和发言，并利用平台进行活动宣传和接受相应反馈。此外，社区可以通过平台开设一些帮助项目，使中、外籍居民能够进行有效沟通和交流，促进社区内居民的互帮互助，减少隔阂和冲突，增强社区群体意识和归属感。

4. 加强对社区志愿者的培养力度，增加参与意识

党的十九大报告对社区管理提出了更高要求，指出应当培养居民的"主人公"精神，使居民能够积极主动地参与社区建设。对此，社区可以借鉴国外先进经验，大力培育社区志愿服务民间组织，充分发挥社区多元力量在社区管理中的作用。志愿者在社区管理和建设中具有重要意义，社区管不好或没有精力管的事情，可以由志愿者队伍进行管理和协调。语言能力较高的居民还可以担任翻译志愿服务工作，促进社区中、外籍居民间的交流和交往，提高对社区的归属感。而根据Y国际社区对中、外籍居民的问卷调查，过半数的居民有意愿参加志愿服务活动，具有较高的参与意识，组建社区志愿者队伍有着良好的基础，但囿于对志愿服务活动的宣传不到位，居民不了解相关活动，不知道如何参与。

因此，社区需要加强对志愿服务的宣传，向中、外籍居民介绍活动的内容、形式和意义，如垃圾分类知识普及、流浪小动物救助、社区大型活动的宣传和筹备等，使居民意识到参与社区管理服务的责任；对积极参与社区各项活动的居民重点关注，介绍志愿者队伍的组建，号召其加入；鼓励来华时间较长，对中国有一定了解的居民加入"洋雷锋"志愿者队伍，参与一定的翻译服务工作，也对其他外籍居民的加入有一定激励作用；对志愿者进行简单培训，使其了解相关技能和应急处理方法，提高志愿者队伍的服务能力和凝聚力。此外，还可以吸纳高校学生志愿者参与社区各项活动，尤其是能够使用多种语言交流的学生，丰富社区志愿服务力量，降低活动中的语言障碍，为和谐社区建设助力。

（三）中、外籍居民层面：引导居民改变固有偏见，理性面对经济、文化差异

群际交往对个体的意义在于：通过和其他群体的互动和交流，明确自我认识和角色定位；群际交往中和其他群体共同学习，相互了解，更好地应对人际冲突和文化差异等因素造成的交往障碍，培养其跨文化交际能力和适应复杂文

化环境的能力。① 作为交往和互动的主体，社区居民应当及时调整自己对待群际交往的情感，端正交往态度，逐步消除群际偏见、认知偏差等阻碍交往的不利因素。同时，也要理性对待双方在经济、文化方面的差异，尊重和理解其他群体成员，促进群际之间团结互助。

对于外籍居民而言，应当树立和本地居民展开交往的信心；积极主动学习中文，逐渐克服在语言方面的交流障碍；可以通过参与社区活动等方式，增加与本地居民间的交往；打破原先较为封闭的交往模式，主动谋求拓宽交往的范围。对于本地居民而言，应当注重行为规范，减少不文明现象的出现，展现良好的素养；主动了解外籍居民的文化，积极学习英语；尊重并理解社区内的不同文化行为和风俗习惯；尽可能参与到社区活动中，增强对社区的参与和建设能力。总之，中、外籍居民应具备共同的目标，并在日常相处和参与社区活动的过程中，团结合作、共同努力，在构建合作型的群际交往关系中，推动双方之间互动和交往的深入发展。本文对于促进国际社区中，中、外籍居民的群际交往提出以下建议。

1. 居民注重行为规范，减少不文明现象

日常行为体现着居民和所在群体的形象，在建立交往关系前，个体通常会根据日常生活中的行为对外群体有初步印象，而不文明行为的出现，很大程度上对个体进一步开展群际交往的意愿产生影响，并形成个体对所在群体的不良感知，甚至对国家形象造成负面影响。外籍居民认为本地居民的不文明行为主要包括：随地吐痰、不爱排队、遛狗不规范、电梯抢上抢下等。本地居民认为外籍居民在公共场所聚餐、喝酒、席地而坐等行为不文明，影响观感。由此可见，中、外籍居民对不文明行为的界定有一定的差异，部分不文明行为的出现，是因居民"素质"不高，长期形成的不良行为习惯导致，但有些行为则是因对当地的"文化风俗"不了解，意识不到自己的行为是不文明、不规范的。国际社区中，不同国籍的居民数量多、规模大，文化差异和碰撞不可避免，而不文明行为的发生，则会加剧对群体和国家形象的破坏，由此产生一定的刻板印象，不利于交往关系的建立。

因此，居民在日常生活中应当谨记自己代表着国家的形象，重视文明习惯的养成，提高文明素养，减少不文明行为；提前对彼此的文化、风俗习惯有一定了解，避免出现与外群体文化风俗相冲突的行为；加强自律的同时，主动对

---

① 唐婧. 民汉合校情境中的族际交往及启示：新疆乌鲁木齐S校的个案研究［D］. 北京：中共北京市委党校，2018.

所在群体成员的不文明行为进行劝导和制止，共同遵守行为规范，维护群体和国家形象。

2. 克服语言交流障碍，提高中、英文沟通水平

国际社区中的人际关系较为疏离，社会纽带联系不够紧密，个人和公共世界之间存在较为明显的隔离，主要体现在社区内的中、外籍居民之间缺乏深层次的沟通和交流。尽管共同居住、生活在社区场域内，但只有少数居民实现了跨文化交际，大多数居民仍是和本国居民开展交往，跨文化互动极为缺乏。最主要的原因在于语言不通，无法展开交流，并因语言障碍对交往产生畏惧的心理。值得高兴的是，在当前国际社区中，许多居民能够通过语言培训班、互助小组等，自觉学习对方的语言，语言学习以外籍居民居多。例如，笔者调研的小区，有法国居民组织进行语言学习活动，互学法语和中文。这体现了中、外籍居民对语言学习的迫切兴趣，以及语言对群际交往的重要意义。

在国际社区的群际交往中，语言承担着最为基础的角色，不仅具有日常交流的功能，还在交往互动、文化融合、身份认同等方面有着重要功能，因此中、外籍居民要自觉克服语言的障碍，不断提升自身的语言沟通交流水平，这对于群际交往至关重要。从居民自身来说，应当积极学习对方的语言，提高中、英文的表达能力，要敢于开口表达。同时，主动参加社区和中、外籍居民自发组织的语言互助学习活动，以活动的方式增进交往，提高语言水平。

3. 主动了解对方文化，增进尊重和理解

民族文化都具有自身鲜明的个性，正是因为文化边界的存在，国际社区中的群际交往才呈现出跨文化的性质。不同文化群体的居民在进行跨文化交往时，会产生以自己所属群体为界限的群体意识。文化差异和群体意识的存在，在增强群体成员内部认同的同时，也可能会拉大彼此间的心理距离，从而对群际交往产生一定的制约，并对进一步的交流和互动造成阻碍。不同文化间的差异也可能会导致外群体形成偏见，对交往存在抵触的心理，使得群际关系逐渐僵化，不利于和谐群际交往的发展。

但在现代社会，特别是国际社区，群体文化之间交流和渗透的趋势不可阻挡，面对这种文化间的碰撞，群体成员需要积极应对，理性看待。一方面，要主动了解对方文化，意识到文化间的差异是客观存在的，不因文化的不同而对外群体成员存在偏见和刻板印象。另一方面，要增强对彼此文化的尊重和理解，稳固交往时的心理基础。

4. 积极参加社区活动，建立合作型群际关系

社区组织多种形式的交往活动，主要目的是加强中、外籍居民之间的互动

和沟通，增强不同群体居民间的凝聚力，并在此基础上提升居民对社区的认同感和归属感。如目前，Y国际社区已围绕中华传统文化、文艺节目、美食、垃圾分类和流浪小动物救助等主题，开展了多项交流和交往活动，但居民的参与热情有待进一步提高。因此，居民应当更加积极地参与到社区活动中，提升主人翁意识，以建立起合作型群际关系，增强社区生活的归属感。

综上，在全球化日益发展的今天，越来越多的国际人才来华就业和居住，因此需要不断完善促进群际交往的新路径，探索出适合我国发展的方式和举措，以增强中、外籍居民对社区的认同和归属感。

第三节 研究展望

在华外籍人口的社会融入问题，是新形势下我国面临的一种复杂的群体现象和综合性的社会问题，目前国内对这一问题的研究还处于初步探索阶段，因此还有很多研究空缺以及值得进一步深化研究的问题。

首先是社会融入的理论及指标体系的本土化问题。目前，国内的相关研究在理论基础和测量指标的构建上，基本沿用的是西方已有的研究成果，这就涉及相关理论和指标体系的本土化问题。我国的国际移民情况虽有与以美国为代表的移民国家的相似之处，但差异性是明显的，因此不能完全套用美欧国家的社会融合理论，需要在借鉴国际经验的基础上，构建基于我国国情的社会融入理论及指标体系。这涉及什么是符合中国国情的"社会融入"，如何简明、科学、合理地测量在华外籍人口的社会融入，阻碍其社会融入的主要因素有哪些等问题，本研究虽在前人研究的基础上做出了一些尝试，但由于作者在认识及能力上的局限性，还存在着很多不足，这些理论问题都是值得不断推进的重要议题。

其次是案例资料的收集、积累问题。目前，国内有关外国人社会融入方面的研究案例还非常少，被关注相对较多的是韩国人、广州非洲人和各国的留学生群体，有关其他国家外国人较有深度的研究还很少见，因此在探索阶段有必要大量积累案例资料，在此基础上探寻不同在华外国人群体（国别群体、行业或职业群体）社会融入的共性及差异性，为国际移民研究提供中国的经验研究资料。

目前，有鉴于国内有关外国人的研究要么是纯定量研究，要么是纯定性研究，因此在案例资料的收集和积累过程中，应整合资源，既要获取具有时效性且高质量的定量数据资料，也要收集大量定性资料，不仅要更好地把握来华外国人的融入现状及特点，还要深入了解其融入机制。也就是说，后续的研究最好能够结合以上两种类型的数据资料，既要回答"是什么"，也要回答"为什么"，并为回答"怎么办"提供有力的依据。

在研究议题上，在把握总体融入状况的基础上，应聚焦某个方面进行深入探讨。社会融入是个比较宽泛的概念，涉及政治、经济、语言文化、行为、身份认同等方面，在具体研究中如果面面俱到，得到的研究结论往往会比较空泛。如在本项目的早期研究中，对北京外国人等群体的调查就因涉及方面太多，研究内容不够聚焦深入，之后对义乌阿拉伯人、在蓉印巴人士的调查仅从社会网络和文化融入切入，相对而言研究就更有深度一些。研究的广度固然重要，但有深度的挖掘更难能可贵。

总之，在华外籍人口既是全球跨国移民的一部分，同时也是社会学研究不可忽视的一个社会群体，在对外籍人口的研究中，需要运用社会学多方面的视角及想象力，既要重视个人层面的行动背景、动机和意义，同时也要将之放在社会结构层面中去理解。本研究试图在重视个体差异的基础上，将之放在社会结构中去考察，避免陷入二元论。但由于笔者本身学术能力上的局限性及其他客观条件的限制，本研究只是一个初步的、探索性的研究，相关理论和指标体系的构建等问题期望能在后续的研究中不断得到改进和完善。

（何俊芳　崔希涛　王迎迎）

主要参考文献

中文文献

著作：

［1］边燕杰．社会网络与地位获得［M］．北京：社会科学文献出版社，2012．

［2］陈向明．旅居者和"外国人"：留美中学生跨文化人际交往研究［M］．北京：教育科学出版社，2004．

［3］陈学飞．高等教育国际化：跨世纪的大趋势［M］．福州：福建教育出版社，2002．

［4］戴春．社会融入：上海国际化社区建构［M］．北京：中国电力出版社，2007．

［5］关世杰．跨文化交流学［M］．北京：北京大学出版社，1995．

［6］黄荣清．在京外国人调查研究［M］．北京：中国书籍出版社，2013．

［7］梁玉成．广州外国人研究报告［M］．北京：中国社会科学出版社，2019．

［8］刘建娥．中国乡—城移民的城市社会融入［M］．北京：社会科学文献出版社，2011．

［9］陆学艺．社会学［M］．北京：知识出版社，1996．

［10］麻国庆．走进他者的世界：文化人类学［M］．北京：学苑出版社，2001．

［11］马戎．民族社会学：社会学的族群关系研究［M］．北京：北京大学出版社，2004．

［12］马戎．西方民族社会学经典读本：种族与族群关系研究［M］．北京：北京大学出版社，2010.

［13］马晓燕．移民适应的行为策略研究：望京韩国人的创业史［M］．北京：中国政法大学出版社，2013.

［14］裴善勤．列国志：坦桑尼亚［M］．北京：社会科学文献出版社，2008.

［15］彭宇，高颖．流动人口社会融合状况的城际差异与影响分析［M］．北京：经济科学出版社，2017.

［16］史兴松．来华留学生跨文化语言社会化研究［M］．北京：对外经济贸易大学出版社，2017.

［17］孙淑女．跨文化适应理论［M］．北京：社会科学文献出版社，2021.

［18］王春光．巴黎的温州人：一个移民群体的跨社会建构行动［M］．南昌：江西人民出版社，2000.

［19］王春光．移民空间的建构［M］．北京：社会科学文献出版社，2017.

［20］王辉耀．中国国际移民报告：2014［M］．北京：社会科学文献出版社，2014.

［21］王辉耀，苗绿．中国国际移民报告：2018［M］．北京：社会科学文献出版社，2018.

［22］王辉耀，苗绿．中国国际移民报告：2020［M］．北京：社会科学文献出版社，2021.

［23］王亮，张庆鹏．非洲人在广州：跨境迁移者的口述史［M］．北京：知识产权出版社有限责任公司，2017.

［24］王瑜卿．民族交往的多维审视［M］．北京：中央民族大学出版社，2004.

［25］文军．承传与创新：现代性、全球化与社会学理论的变革［M］．上海：华东师范大学出版社，2003.

［26］夏莉萍．世界城市外国移民管理研究［M］．北京：世界知识出版社，2015.

［27］肖子华，徐水源．人口流动与社会融合：理论、指标与方法［M］．北京：社会科学文献出版社，2018.

［28］许涛．在华非洲商人的社会适应研究［M］．杭州：浙江人民出版社，2013.

［29］杨菊华．中国流动人口经济融入［M］．北京：社会科学文献出版

[30] 姚继刚. 交往的世界：当代交往理论探索［M］. 北京：人民出版社，2002.

[31] 于富增. 改革开放30年的来华留学生教育：1978—2008［M］. 北京：北京语言文化大学出版社，2009.

[32] 张继焦. 城市的适应：迁移者的就业与创业［M］. 北京：商务印书馆，2004.

[33] 赵晔琴. 融入与区隔：巴黎华人新移民研究［M］. 北京：中国社会出版社，2016.

译著：

[34] 阿尔弗雷德·舒茨. 社会世界的意义建构：理解社会学的引论［M］. 霍桂恒，译. 北京：北京师范大学出版社，2017.

[35] 孔飞力. 他者中的华人［M］. 李明欢，译. 南京：江苏人民出版社，2016.

[36] 林南. 社会资本：关于社会结构与行动的理论［M］. 张磊，译. 上海：上海人民出版社，2005.

[37] 罗纳德·S. 伯特. 结构洞：竞争的社会结构［M］. 任敏，李璐，林虹，译. 上海：格致出版社，2017.

[38] 马丁·N. 麦格. 族群社会学［M］. 祖力亚提·司马义，译. 北京：华夏出版社，2007.

[39] 马克·格兰诺维特，理查德·斯威德伯格. 经济生活中的社会学［M］. 翟铁鹏，姜志辉，译. 上海：上海人民出版社，2014.

[40] 麦高登. 香港重庆大厦：世界中心的边缘地带［M］. 杨旸，译. 上海：华东师范大学出版社，2015.

[41] 密尔顿·M. 戈登. 美国生活中的同化［M］. 马戎，译. 南京：译林出版社，2015.

[42] 达姆图·塔费拉，菲利普·G. 阿尔特巴赫. 非洲高等教育：国际参考手册［M］. 郑崧，王琳璞，张屹，等译. 杭州：浙江大学出版社，2014.

[43] 丹条·特佛拉，简·奈特. 非洲高等教育国际化［M］. 万秀兰，孙志远，等译. 杭州：浙江大学出版社，2013.

[44] 伊曼纽尔·沃勒斯坦. 转型中的世界体系：沃勒斯坦评论集［M］. 路爱国，译. 北京：社会科学文献出版社，2006.

［45］周敏．唐人街：深具经济潜质的华人社区［M］．鲍霭斌，译．北京：商务印书馆，1995．

期刊论文：

［46］陈红艳，喻忠磊，张华．中国国际人口迁移的空间格局及影响因素［J］．人口与发展，2016，22（06）．

［47］陈晶，佐斌．群际接触理论介评［J］．心理学探新，2004（01）．

［48］陈宇鹏．非洲商人的中国文化适应：以来华尼日尔商人为例［J］．北方民族大学学报（哲学社会科学版），2017（01）．

［49］崔希涛，何俊芳．来华非洲留学研究生学术适应问题探究：以坦桑尼亚为例［J］．民族教育研究，2021，32（02）．

［50］崔岩．流动人口心理层面的社会融入和身份认同问题研究［J］．社会学研究，2012，27（05）．

［51］狄金华，周敏．族裔聚居区的经济与社会：对聚居区族裔经济理论的检视与反思［J］．社会学研究，2016，31（04）．

［52］姜飞，孙彦然．"跨文化协商"：广州非洲裔移民身份建构研究［J］．新疆师范大学学报（哲学社会科学版），2017，38（01）．

［53］郝亚明．城市与移民：西方族际居住隔离研究述论［J］．民族研究，2012（06）．

［54］何俊芳，刘梅，沈凯琪．在京外国人的城市融入探究［J］．城市发展研究，2023，30（07）．

［55］何俊芳，石欣博．义乌阿拉伯商人的社会融入探究［J］．西北民族研究，2020（03）．

［56］黄匡时，嘎日达．社会融合理论研究综述［J］．新视野，2010（06）．

［57］李强．中国城市化进程中的"半融入"与"不融入"［J］．河北学刊，2011，31（05）．

［58］李志刚，杜枫．"跨国商贸主义"下的城市新社会空间生产：对广州非裔经济区的实证［J］．城市规划，2012，36（08）．

［59］李志刚，杜枫．中国大城市的外国人"族裔经济区"研究：对广州"巧克力城"的实证［J］．人文地理，2012，27（06）．

［60］梁波，王海英．国外移民社会融入研究综述［J］．甘肃行政学院学报，2010（02）．

［61］梁玉成．在广州的非洲裔移民行为的因果机制：累积因果视野下的移民行为研究［J］．社会学研究，2013，28（01）．

［62］刘程．西方移民融合理论的发展轨迹与新动态［J］．河海大学学报（哲学社会科学版），2015，17（02）．

［63］陆自荣．社会融合理论的层次性与融合测量指标的层次性［J］．社会科学战线，2014（11）．

［64］麻国庆．全球化：文化的生产与文化认同：族群、地方社会与跨国文化圈［J］．北京大学学报（哲学社会科学版），2000（04）．

［65］吕利丹，王涵，段成荣．国际移民最新趋势和政策应对［J］．人口学刊，2021，43（06）．

［66］庞丽华．国际人口迁移的概念和测量：兼论中国国际人口迁移趋势［J］．人口与发展，2018，24（01）．

［67］王春辉．在华国际移民的相关语言问题研究［J］．江汉学术，2016，35（01）．

［68］王名，杨丽．国际化社区治理研究：以北京市朝阳区为例［J］．北京社会科学，2011（04）．

［69］梶茂树，徐微洁．非洲的语言与社会［J］．非洲研究，2016，9（02）．

［70］辛素飞，明朗，辛自强．群际信任的增进：社会认同与群际接触的方法［J］．心理科学进展，2013，21（02）．

［71］许涛．广州地区非洲人的社会交往关系及其行动逻辑［J］．青年研究，2009（05）．

［72］姚烨琳，张海东．国际移民的社会融入研究：以上海为例［J］．学习与探索，2018（06）．

［73］杨菊华．从隔离、选择融入到融合：流动人口社会融入问题的理论思考［J］．人口研究，2009，33（01）．

［74］杨菊华．流动人口在流入地社会融入的指标体系：基于社会融入理论的进一步研究［J］．人口与经济，2010（02）．

［75］杨菊华．中国流动人口的社会融入研究［J］．中国社会科学，2015（02）．

［76］张文宏，雷开春．城市新移民社会融合的结构、现状与影响因素分析［J］．社会学研究，2008（05）．

［77］张文宏，雷开春．城市新移民社会认同的结构模型［J］．社会学研

究，2009，24（04）．

[78] 周大鸣，杨小柳．浅层融入与深度区隔：广州韩国人的文化适应[J]．民族研究，2014（02）．

[79] 周大鸣，许多天．结构洞视角下在穗非洲导购中介商社会网络研究[J]．民族研究，2017（03）．

[80] 周皓．流动人口社会融合的测量及理论思考[J]．人口研究，2012，36（03）．

[81] 邹湘江，邹林杰．外籍常住人口社会融合指标体系研究[J]．社会福利（理论版），2018（03）．

硕博论文：

[82] 车笠．美国旅居者在中国的跨文化适应[D]．上海：华东师范大学，2010．

[83] 黄慧莹．法国旅居者在沪的跨文化适应：质和量的研究[D]．上海：华东师范大学，2010．

[84] 彭青云．在京外国人研究[D]．北京：首都经济贸易大学，2010．

[85] 孙烨．外籍人士的社会融入状况：基于对上海市古北国际社区的调查[D]．上海：华东师范大学，2010．

[86] 唐洁．在中国城市生活的外籍旅居者：生活状况、文化适应及社会互动研究：以厦门市为例[D]．厦门：厦门大学，2009．

[87] 于涛．莫斯科华商：一个跨国迁移群体的适应行动[D]．北京：中央民族大学，2013．

[88] 朱蓓倩．上海外籍人口城市融入研究[D]．上海：华东师范大学，2016．

英文文献

一、著作

[1] BODOMO A. Africans in China: A Sociocultural Study and Its Implications on Africa-China relations [M]. London: Cambria Press, 2012.

[2] ALBA R, NEE V. Remaking the American Mainstream: Assimilation and Contemporary Immigration [M]. Cambridge, MA: Harvard University Press, 2003.

[3] ROY D H. The Reuniting of America: Eleven Multicultural Dialogues [M]. New York: Peter Lang Publishing, 1996.

[4] ENTZINGER H, BIEZEVELD R. Benchmarking in Immigrant Integration [M]. Rotterdam: Erasmus University, 2003.

[5] LEE E S. A Theory of Migration [M] //COHON R. Theories of Migration. Cheltenham: Edward Elger Publishing Ltd, 1996.

[6] GESCHWENDER JAMES A. Racial Stratification in American [M]. Los Angeles: Wm. C. Brown Company Publishers, 1978.

[7] NATHAN G, MOYNIHAN D P. Beyond the Melting Pot: The Negroes, Puerto Ricans, Jews, Italians and Irish of New York City (Second Edition) [M]. Cambridge: Massachusetts Institute of Technology Press, 1970.

[8] GOLDSCHEIDER C. Urban Migrants in Developing Nations: Patterns and Problems of Adjustment [M]. Boulder, CO: Westview Press, 1983.

[9] MATHEWS G. The World in GUANGZHOU: Africans and Other Foreigners in South China's Global Marketplace [M]. Chicago and London: The University of Chicago Press, 2017.

[10] COLEMAN J S. Foundation of Social Theory [M]. Cambridge: Belknap Press of Harvard University Press, 1990.

[11] SANDBERG N C. Ethnic Identity and Assimilation: The Polish-American Community: Case Study of Metropolitan Los Angeles [M]. New York: Praeger Publishers, 1974.

二、期刊

[1] Bernard, Paul, Socil Cohesion: A Critique, Canadian Policy Research [J]. Networks, 1999 (09): 1-26.

[2] DUSTMAN N C. The Social Assimilation of Immigrants [J]. Journal of Population Economics, 1996, 9 (01).

[3] GOLDSCHEIDER C. Urban Migrants in Developing Nations: Patterns and Problems of Adjustment [J]. Population Studies, 1984, 38 (03).

[4] KAO G, TIENDA M. Optimism and Achievement: Educational Performance of Immigrant Youth [J]. Social Science Quarterly, 1995, 76 (01).

[5] HANLON J. Unsightly Urban Menaces and the Rescaling Ofresidential Segregation in the United States [J]. Journal of Urban History, 2011, 37 (05).

[6] HEALTH J. Immigration, Multiculturalism, and the Social Contract [J]. Canadian Journal of Law and Jurisprudenec, 1997, 10 (02).

[7] GANS H J. Comment: Ethnic Invention and Acculturation: A Bumpy-Line Approach [J]. Journal of American EthnicHistory, 1992, 12 (01).

[8] HOUT M, GOLDSTEIN J R. How 4.5 million Irish Immigrants Became 40 million Irish Americans: Demographic and Subjective Aspects of the Ethnic Composition of White Americans [J]. American Sociological Review, 1994, 59 (01).

[9] BERRY J W. Acculturation: Living Successfully in Two Cultures [J]. International Journal of Intercultultural Relations, 2005, 29 (06).

[10] LANDECKER W S. Types of Integration and Their Measurement [J]. The American Journal of Sociology, 1951, 56 (04).

[11] STARK O, TAYLOR J E. Migration Incentives, Migration Types: The Pole of Relative Deprivation [J]. The Economic Journal, 1991, 101 (408).

[12] PARK, ROBERT E. Human Migration and the Marginal Man [J]. American Journal of Sociology, 1928, 33 (05).

[13] PETTIGREW T F. Intergroup Contact Theory [J]. Annual Review of Psychology, 1998, 49 (01).

[14] PORTES, ALEJANDRO, ZHOU M. The New Second Generation: Segmented Assimilation and Its Variants [J]. The Annals of the American Academy of Political and Social Science, 1993, 530 (01).

[15] SPENCER R J, MCGOVERN T. Attitudes Toward the Culturally Different: The Role of Intercultural Communication Barriers, Affective Responses, Consensual Stereotypes, and Perceived Threat [J]. International Journal of Intercultural Relations, 2002, 26 (06).

后　记

　　对"外国人"的情结,早在20世纪90年代本人留学莫斯科大学时就已产生。当时作为外国留学研究生的我们,除了语言障碍,明显感觉到了各方面"融入"的困难。还有那些大批活跃在莫斯科的各类公司代表们、奔波于各市场中的中国"倒爷"们等,他们在当地的各种境遇也令我印象深刻。1996—1998年在中央民族大学读博士后期间,本人常去俄罗斯人、东欧人的"天下"——雅宝路,用现在的称谓可叫作"族裔社区",当时那里满大街都是俄文,用中文写着的多是"非请莫入"之类的话语。当时我在想,在中国地盘上的药店、商店,为什么其招牌只有俄文?中国人不被容许随意进入雅宝路的药店、商店的理由难道真的仅仅是怕泄露商业机密吗?在俄罗斯生活的中国人和在中国生活的俄罗斯人在社会适应方面究竟有何不同?当时虽有一探究竟的想法,但由于当时本人的主要关注点在中国少数民族的双语问题,这一想法只好搁置。

　　历史进入21世纪,来华的外国人越来越多,像早期留学中国的加拿大人大山(Mark Henry Rowswell)那样说着一口地道的普通话或方言的"中国通"越来越多。但与此同时,在中国长期工作却与中国社会基本处于隔离状态、完全不想"融入"中国社会的外国人也不少,而大部分外国人处于这两端之间的某个点上,选择性地在某些方面"融入"中国社会,如就像长期在中央民族大学教英文的美国人马克·力文(Mark Levine),特别热衷于宣传中国的文化,甚至拿到了中国的绿卡,却不怎么会讲中文。本人不时交往的各国友人,以及长期关注的央视节目"外国人在中国"都生动地呈现着他们在中国的生存状态和"融入"状况,因此对该群体进行较为系统的调查的想法日益强烈。2017年,本人以"外国来华居住、学习与就业人员的社会交往与融合研究"为题,申请了该年度的国家社科基金项目并获准立项,本书就是该项目成果中的一部分。

　　本项目能够完成,得力于本人指导的硕士、博士研究生们的参与,其中刘梅(现为中共海淀区委党校综合教学部讲师)、沈凯琪(现在中国红十字会总会事业发展中心办公室工作)参与了在京外国人的社会融入的调研及报告撰写工作，石欣博（现在国家统计局北京调查总队工作）参与了义乌阿拉伯商人的社会融入的调研及报告撰写工作，潘梦俐（现为南昌市复兴外国语学校中学思政教师）参与了成都印度、巴基斯坦人的社会融入的调研及报告撰写工作，崔希涛（现为菏泽学院马克思主义学院教师）参与了非洲留学研究生学术适应的调研和报告撰写工作，王迎迎（现在北京双高志远管理咨询有限公司工作）参与了北京Y国际社区群际交往部分的调研与报告撰写工作。另外，王莉（现为哈尔滨商业大学法学院教师）参与了哈尔滨俄罗斯人社会融入的实地调研和报告撰写工作，何健（现在崇左市司法局行政执法指导协调科工作）参与了广州非洲裔人士社会融入的实地调研和报告撰写工作，两位留学研究生贾维德（Javad Yaghout）和松叶佳子也分别对伊朗留学生的学术适应和在华日本人的社会融入问题进行了调查并撰写了相关论文，但由于篇幅所限，后面所列资料均未能纳入本书。

对在华外国人的调研，难度和挑战巨大，但在大家的努力下仍然获得了比较丰富的第一手资料，现在我们将主要依据这些实地资料写就的拙作奉献给大家，请读者们批评指正。

最后，在致谢部分，首先要向我们的调查对象致敬！谢谢他们为我们填写冗长的问卷，也感谢他们将自己的人生故事奉献给我们，也要对他们说一声珍重，祝愿他们都能有好的归宿。

另外要特别感谢中央民族大学民族学与社会学学院领导将本书纳入城市民族学学科出版计划之中，并提供出版经费支持。感谢光明日报出版社，使本书能被纳入"光明社科文库"出版。也衷心感谢为本书的出版付出辛勤劳动的责任编辑和其他相关工作人员，谢谢你们，你们辛苦了！

何俊芳

2023年9月16日于北京